城市轨道交通建设系列指南

城市轨道交通工程检测技术与管理指南

江苏省住房和城乡建设厅
江苏省土木建筑学会城市轨道交通建设专业委员会 组织编写

中国建筑工业出版社

图书在版编目（CIP）数据

城市轨道交通工程检测技术与管理指南/江苏省住房和城乡建设厅，江苏省土木建筑学会城市轨道交通建设专业委员会组织编写．—北京：中国建筑工业出版社，2020.6

（城市轨道交通建设系列指南）

ISBN 978-7-112-25049-3

Ⅰ.①城…　Ⅱ.①江…②江…　Ⅲ.①城市铁路-铁路工程-检测-指南　Ⅳ.①U239.5-62

中国版本图书馆 CIP 数据核字（2020）第 075123 号

本指南共分为五篇，第一篇绪论，主要介绍城市轨道交通工程检测工作的重要性和特点、检测管理的现状及检测发展趋势。第二篇检测管理，主要介绍见证取样管理、现场材料验收管理、现场试验管理制度和规定、检测资料制度化与信息化管理。第三篇现场取样检测、第四篇实体质量检测，主要围绕土建工程、装饰装修工程、机电工程、系统工程和轨道工程等方面，详细论述检测依据、检测抽样要求、检测结果评价等。第五篇常见质量问题检测识别，主要对城市轨道交通建设过程中常见的质量问题进行分析。全书在相应章节插入了大量工程实景照片和典型检测照片，具有较强的实用性和可操作性。

本指南可供城市轨道交通工程参建各方、质量监督机构、科研院所、高等院校等单位相关人员参考和使用，也可作为相关专业和职业教育的培训教材。

责任编辑：万　李　张伯熙

责任校对：张　颖

城市轨道交通建设系列指南

城市轨道交通工程检测技术与管理指南

江苏省住房和城乡建设厅
江苏省土木建筑学会城市轨道交通建设专业委员会　组织编写

*

中国建筑工业出版社出版、发行（北京海淀三里河路 9 号）

各地新华书店、建筑书店经销

北京红光制版公司制版

南京海兴印务有限公司印刷

*

开本：787 毫米×1092 毫米　1/16　印张：34¼　字数：827 千字

2020 年 6 月第一版　2020 年 6 月第一次印刷

定价：**105.00** 元

ISBN 978-7-112-25049-3

（35810）

《城市轨道交通工程检测技术与管理指南》

主编单位：

江苏省土木建筑学会城市轨道交通建设专业委员会

江苏省建筑工程质量检测中心有限公司

参编单位：

国家城市轨道交通建设工程产品质量监督检验中心

苏交科集团股份有限公司

南京科杰建设工程质量检测有限公司

中铁十七局集团有限公司

苏州市建设工程质量检测中心有限公司

南京地铁建设有限责任公司

苏州市轨道交通集团有限公司

无锡地铁集团有限公司

常州市轨道交通发展有限公司

南通城市轨道交通有限公司

徐州市城市轨道交通有限责任公司

本书编审委员会

顾　　问　钱七虎　陈湘生　缪昌文　周　岚　顾小平　佘才高
周明保　徐　政　宋晓云　朱明勇　王　智

本书编写委员会

主　　任　张大春
副 主 任　汪志强　卢红标　杨晓虹　汤东婴
主　　编　孙正华　沈东美
副 主 编　王志勇　李东平　王　辉
编写人员　（按姓氏笔划排列）
丁钟铭　王　胜　王　辉　王小明　王开材　王宁宁
王勇春　王海东　孔　文　卢红标　史　林　史小昕
付文强　司孙义　朱　辉　朱俊杰　朱慧娟　任　彬
刘　晔　刘　蓉　刘庆霄　许国东　那金凤　孙　晋
孙智博　杜　然　李　磊　李东平　杨飞飞　汪　晟
沈　强　沈东美　张　雪　张　群　张　慧　张大春
张亚挺　张志权　张建波　陈　涛　陈　斌　周梦杰
赵　进　赵元军　郝宏伟　胡　静　胡其浩　侯立平
姜美琴　耿春风　顾　欣　钱奕技　钱嘉伟　高敏洁
郭　强　唐明珠　黄　丽　黄国根　鲁　明　谢　晨
蔡志军　黎　平　薛书敏　薛春领　戴芳芳　戴国亮
魏晓斌

本书审定委员会

主　　任　徐学军
委　　员　姜　红　陶建岳　时贺龙　陈先军　谢　波　缪雪荣
刘懿敏　石平府　周大同　张永乐　谷亚军　顾　颖
蔡　荣　王炤文　刘德顺　徐彩霞

序　一

自 20 世纪 90 年代至现在是中国城市轨道交通快速发展的新阶段。随着经济的快速发展，城市综合规模的迅速扩大，中国城镇化进程的加快，我国的轨道交通也进入了大发展时期。规划建设城市轨道交通的城市迅速增多，大中城市轨道交通正逐步形成网络化，中国正初步形成了以地铁为主体，轻轨、单轨、有轨电车、磁浮、APM 和市域快轨等其他制式为补充的多元化发展格局，城市轨道交通正在高位稳定发展。中国城市轨道交通用不到 30 年的时间，走过了国外发达国家 150 年的发展历程。

实践证明，城市轨道交通在优化城市地下空间结构，促进新型城镇化发展，缓解城市交通拥堵和保护环境等方面显示出无比优越的作用。在大规模、高速度、跨越式发展的阶段，我们必须清醒地认识到，当前我国城市轨道交通建设正面临着一些严峻的问题和挑战。轨道交通建设的前期线网规划、线路、可行性研究、方案设计、比较研究和优化工作不够；在大建设时期还未来得及形成一套系统、完善的管理、勘察、设计、施工、监理、运营等在内的技术与管理标准体系；强调快速建设而压缩工期，强调最低价中标而造成材料设备和施工竞相压价，导致建设投入不足；建设管理薄弱，管理信息化水平不高，风险管理意识薄弱，工程事故时有发生；由于建设项目多、规模大、专业性强，造成目前轨道交通行业技术和管理力量稀释，专业技术人员、管理人员和熟练岗位技术工人严重匮乏，特别是一线操作工人来源短缺，技术水平较低，难以适应需求；工程建设中常见质量问题仍较普遍，质量水平不容乐观。

可喜的是，江苏省土木建筑学会城市轨道交通建设专业委员会在江苏省住房和城乡建设厅、江苏省科协的大力支持下，从 2014 年 10 月成立以来，一直以“建设一批优质工程、带动一批骨干企业、培养一批优秀人才、研究一批急需成果”为己任，先后开展了城市轨道交通工程“835”、“926”科技创新计划，经过 5 年多的努力，终于完成了两轮科技创新任务。两轮科技创新计划涵盖了城市轨道交通科研项目、地方标准和建设指南。其中编写的一套《城市轨道交通建设系列指南》，始于城轨需求，源自城轨实践；有理论，更有经验的提炼；有系统性，更重操作性，可喜可贺！本套丛书的问世，顺应了“聚焦高质量发展”新时代的要求，将对我国城市轨道交通建设水平的提升起到积极和重要的促进作用。

中国工程院院士、国家最高科学技术奖获得者：

2019 年 12 月 9 日

序　二

从 1863 年英国伦敦第一条地铁线到 1965 年我国北京地铁一号线建设以来，因快捷准点、运输量大、节能环保等优点，城市轨道交通已成为百姓出行首选的交通工具。截至 2019 年 9 月底，我国已有 43 个城市运营突破 6300 公里；在建里程达 6600 公里。截至 2019 年 12 月，江苏省城市轨道交通已有 7 个地级市运营或在建，其中运营地铁 18 条线 704.5 公里、有轨电车 5 条线 83.8 公里；在建地铁 19 条线 539.4 公里。

城市轨道交通工程建设涉及土木工程、机电工程和管理工程等近 40 个专业。随着我国城市轨道交通进入高速发展阶段，该领域的管理、勘察设计、监理、施工、检测、监测等专业人员紧缺，安全与质量管理面临着严峻的问题和挑战。因此，项目管理、安全与质量风险管控，技术与管理人员管理水平等亟待提升。

为此，江苏省土木建筑学会城市轨道交通建设专业委员会（以下简称江苏城轨专委会）自 2014 年成立以来，一直把科技创新工作放在首位。先后联合了省内外城市轨道交通建设 110 余家勘察设计、施工、监理、检测、监测、科研院所、监管等单位和部门，共同开展了两轮科技创新活动，取得了一批可喜的成果。已出版了第一批《城市轨道交通建设系列指南》7 本、省级地方标准 6 本和 10 余项重要科研成果，第二批《城市轨道交通建设系列指南》将有 10 余本陆续出版，相关成果对推动城市轨道交通建设高质量发展起到了很好的引领作用。

组织《城市轨道交通建设系列指南》的编写，反映了江苏城轨专委会想城轨建设所想，急城轨建设所急，具有前瞻眼光和强烈的责任感。组织编写这样一套系列丛书，工程浩大，需要组织协调和筹集大量人财物。从选题、立项、确定主参编单位和人员、每本书的大纲和定位，到编写过程中邀请国内相关专家的数轮指导审核把关，付出了艰辛的努力；他们坚持不流于形式、不急于求成，坚持实用、创新、引领和指导等原则，体现了编审委员会严谨、求实和负责的态度和精神。

系列指南涵盖了我国城市轨道交通建设的多个领域，涉及面广。它的陆续出版，是我国城市轨道交通建设的一件盛事和喜事。编写者在城轨一线边工作边写作，边调研边提炼总结，对现行标准规范融会贯通，集思广益，倾注了大量的心血。他们紧扣该领域建设的实际需要，突出问题导向，突出经验总结和梳理，突出实用性和操作性，奉献出了一本本图文并茂、可读性强，集指导性、实用性、专业性为一体的指南，可喜可贺！系列指南的问世将对我国城市轨道交通工程建设水平的提高和高质量发展具有重要的促进作用。

陈湘生，博士，教授，中国工程院院士
深圳大学土木与交通工程学院院长
深圳市地铁集团有限公司技术委员会主任
2019 年 12 月 9 日

序　　三

随着城市建设的快速发展，城市轨道交通作为百姓出行的首选方式，其工程建设也进入迅猛发展时期。针对如此大规模的城市轨道交通建设任务，为提高工程整体建设水平，急需在施工质量控制、新材料研究及应用、安全管理标准化、检测监测技术研究、建设项目管理等多方面编写一系列指南来指导工程建设。

江苏省土木建筑学会城市轨道交通建设专业委员会（以下简称江苏城轨专委会）作为科技社团，2014 年 10 月成立以来，紧紧围绕城市轨道交通建设“四大目标”和“六项任务”开展工作。“四大目标”即：建设一批优质工程、带动一批骨干企业、培养一批优秀人才、研究一批急需成果；“六项任务”即：搭建交流平台、开展标准（课题）研究、提供咨询服务、组织人才培训、指导工程创优、发挥助手作用。

通过 5 年多的努力，江苏城轨专委会充分发挥专家团队的技术优势，积极开展系列科技创新活动。先后牵头组织省内外 110 余家单位，近 800 人共同开展城市轨道交通“835”和“926”计划，参加的单位有城市轨道交通参建单位、高等院校、科研院所以及政府主管部门等，目前已基本完成全部科技创新计划任务。

系列指南的编写立足于城市轨道交通建设，内容丰富，书中大量的观点、做法、数据和案例都来自各编写单位一线工程实践经验，具有鲜明的工程特色，同时还引用了国内大量最新发布的标准和规范性文件，在写法上做到了图文并茂，整体具有较好的先进性、创新性和实用性。

本轮系列指南在编写过程中凝聚了全体主参编、审定人员的智慧和辛勤汗水，对推动城市轨道交通工程高质量发展具有非常重要的指导价值。

中国工程院院士：

2019 年 12 月 18 日

序　四

近年来，江苏省城市轨道交通工程建设进入大规模、高速度、跨越式发展阶段。自2000年南京地铁1号线开工建设以来，先后有苏州、无锡、常州、徐州、南通、淮安及昆山等地陆续开工建设，截至2019年12月，江苏省城市轨道交通在建和投入运营的线路（含有轨电车）共42条，共1327.7公里；预计到“十三五”末将达到1400公里左右。

城市轨道交通工程建设周期长、施工环境复杂、风险大，涉及专业众多。多年来，我省各级建设主管部门和奋战在我省城市轨道交通建设战线的广大管理和技术人员，在轨道交通工程建设和管理方面十分重视向北京、上海、广州、深圳等兄弟城市学习，同时结合江苏省的实际和特点进行探索，并注重实践经验的积累和总结。2014年7月25日，江苏省住房和城乡建设厅下发了“关于开展江苏省城市轨道交通工程建设系列指南（标准）编写工作的通知”，并委托江苏省土木建筑学会城市轨道交通建设专业委员会具体实施。通过110余家单位、近800人的攻关，首批系列指南已正式出版发行。第二批指南也列入江苏省住房和城乡建设厅科技创新工作计划，计划到“十三五”末，基本建立和健全江苏省城市轨道交通建设标准体系。目前，已出版了第一批《城市轨道交通建设系列指南》7本、省级地方标准6本和10余项重要科研成果，第二批《城市轨道交通建设系列指南》有10余本也陆续出版，相关成果对推动城市轨道交通建设高质量发展起到了很好的引领作用。

组织编写《城市轨道交通建设系列指南》，是我省城市轨道交通建设史上的一件大事，是全面总结和提高我省城市轨道交通建设水平的重要工作。江苏省土木建筑学会城市轨道交通建设专业委员会在组织编写系列指南过程中，积极协调各方资源，严密组织编写过程，坚持每本指南召开编写大纲、中间成果、修改后成果三次评审会和最终成果专家审定会，每次会议均邀请国内城市轨道交通建设专家学者严格把关，经过多次反复沟通修编，较好地保证了指南编写的质量。

由于江苏省城市轨道交通建设起步较晚，建设经验与兄弟省市相比还有较大的差距，系列指南（标准）的编写还存在许多不足，希望编委会和广大编写人员继续向兄弟省市学习，向实践学习，不断改进、总结和完善，为城市轨道交通建设作出积极的贡献。

江苏省住房和城乡建设厅党组书记：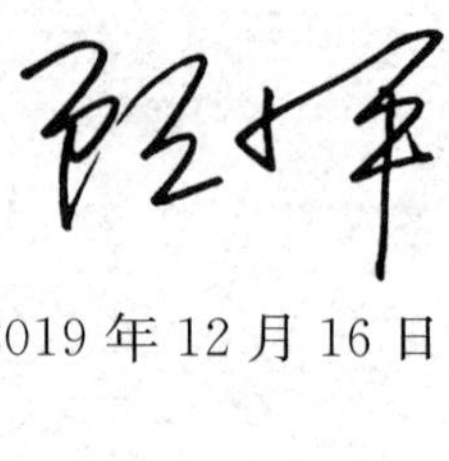

2019年12月16日

前　言

城市轨道交通工程是重要的基础设施，其工程质量关乎百年大计，轨道交通工程质量检测是确保建设和运营安全的重要保证。为指导城市轨道交通工程质量检测工作，提高工程质量检测技术和管理水平，江苏省住房和城乡建设厅、江苏省土木建筑学会城市轨道交通建设专业委员会组织江苏省建筑工程质量检测中心有限公司等多家单位共同编写本指南。

本指南编写组在广泛调研近年来国内城市轨道交通工程质量检测的基础上，对江苏省内外已建和在建的多条城市轨道交通工程质量检测经验进行认真的梳理和总结，结合中华人民共和国住房和城乡建设部课题《城市轨道交通工程质量检测常见质量问题识别及控制》等科研成果，依据国家现行相关法律法规及各相关专业的国家、行业等技术标准，经反复讨论编制完成。

本指南共分五篇。第一篇为绪论。主要介绍城市轨道交通工程检测工作的重要性和特点，检测管理的现状及检测发展趋势。第二篇为检测管理。主要介绍见证取样管理、现场材料进场的验收管理、现场试验管理制度和规定、复验异常数据的处理。第三篇、第四篇为现场取样检测和实体质量检测。主要围绕土建工程、装饰装修工程、机电安装工程、系统工程、轨道工程等方面详细论述检测依据、检测抽样要求、检测结果评定等。第五篇为常见质量问题检测识别。主要介绍轨道交通建设过程中遇到的常见质量问题检测识别及不合格原因分析等。同时，本指南为突出城市轨道交通工程的检测特点，对检测过程中常见的质量问题进行了分析，在相应章节插入了大量工程实景照片和典型检测照片，具有较强的实用性和可操作性，可供城市轨道交通工程参建单位、建设主管部门、质量监督部门、科研院所、高等院校等单位相关人员使用和参考。

本指南在编写过程中得到了江苏省内外城市轨道交通建设相关主管部门、质量安全监督部门、建设单位及相关单位等专家、学者的大力支持和帮助，在此表示衷心的感谢！因时间仓促和编写人员的学术水平局限性，编写过程中难免存在一些不足和疏漏，敬请读者提出宝贵的意见和建议，并及时反馈至江苏省土木建筑学会城市轨道交通建设专业委员会，以供修订时参考。

本书编审委员会

2020年3月

目　　录

第一篇　绪　　论

第二篇　检　测　管　理

第三篇 现场取样检测

第四篇　实体质量检测

第五篇 常见质量问题检测识别

第一篇　绪　　论

第1章 城市轨道交通工程质量检测工作概述

城市轨道交通工程规模大、工期长、建设条件复杂、影响工程质量安全因素多，其质量问题和安全隐患不容忽视，这给工程建设过程中的检测与管理提出了新的挑战。

城市轨道交通建设过程中，质量检测是确保工程建设阶段质量安全的重要手段，检测的目的在于保证工程实体质量符合设计及国家标准规范要求，通过多个环节的检测对工程质量层层把关，从而为轨道交通的安全运行提供保障。

1.1 城市轨道交通工程质量检测工作的重要性和特点

1.1.1 城市轨道交通工程质量检测工作的重要性

城市轨道交通工程建设阶段不合格的建筑材料、工程实体质量缺陷以及运营阶段的结构变形等质量问题，将直接影响到城市轨道交通工程正常运营。质量检测作为工程质量安全的重要保障手段，其重要性主要体现在以下几个方面：

（1）杜绝不合格建筑材料流入城市轨道交通工程的建设工地。城市轨道交通工程作为百年工程，且地下工程居多，环境条件复杂，其材料性能要求较一般建设项目高。通过对各类原材料的进场复验，及时发现不合格材料，防止不合格的建筑材料使用到工程中。

（2）评价工程实体质量，为工程验收提供技术依据。施工阶段工程实体质量检测是判定施工质量是否满足设计及相关规范要求的重要依据，质量检测可以为验收提供技术依据。

（3）及时识别工程质量问题，为后续治理提供技术依据。一方面，通过一定数量的抽样检测，识别出肉眼不易察觉的质量缺陷，如暗挖隧道衬砌背后质量、钢筋混凝土实体质量等。另一方面，对工程建设过程中已出现的各类质量问题进行检测鉴定。施工过程中质量缺陷、质量事故难以完全杜绝，一旦出现质量缺陷或质量事故，可以通过及时、准确的检测，查明原因、分析缺陷程度，为后续治理提供有力的数据支撑。

（4）质量检测是优化工程设计及提升施工质量的重要手段，可以为工程设计优化提供数据支持，为新材料、新施工工艺等可令施工质量提升的应用提供技术依据。

（5）通过质量检测，结合智慧监测等手段，及时发现问题，为工程全寿命周期的健康运营保驾护航。

1.1.2 城市轨道交通工程质量检测工作的特点

1. 检测技术更新发展快

城市轨道交通工程建设的快速发展，带来了新材料、新工艺、新技术的广泛应用。其施工方法众多，地下工程施工方法有明（盖）挖法、暗挖法、盾构法等；高架工程施工有整体现浇、预制装配、挂篮悬浇等施工方法，而冷冻、降水、注浆、高压旋喷、常压换刀等辅助工法也在地下工程中得到广泛应用，多种不同的施工方法对于工程质量检测的要求也不尽相同；同时，建设过程中也不断出现新的材料、新的施工工艺，如地下防水工程方面积累了大量新材料、新工艺的成功应用经验，这些新材料、新工艺给传统的质量检测技术带来了新的需求，这就要求不断跟踪新材料、新技术与新工艺，提出相适应的检测方法和检测技术。随着无线传输与实时远程在线监测技术的日趋成熟，利用大数据分析统计，实现预警预报，也为工程质量检测监测提供了新的技术。

2. 检测工作专业多、综合性强

城市轨道交通工程建设过程中，涉及土建、信号、供电、系统等多专业不同阶段的材料及实体质量检测，使得检测方式多元化。本指南对常见的见证取样复检的材料，包括其取样要求、检测依据、检测方法、结果判定等进行梳理，以指导工程实际。如：工程所使用的主要原材料、成品、半成品、设备部件等应提供合格证明和型式检验报告；有见证复验要求的应该按规定从施工现场随机抽取，经见证后送至具备相应资质的检测机构进行检验；属于国家工业产品生产许可证管理目录内的产品，应验证生产许可证明材料；属于中华人民共和国实行能源效率标识产品目录的产品，应验证能效标识证明；属于国家强制认证的产品，应验证 CCC 认证证明；进口设备与材料，还应验视商检证明。结构实体质量优劣直接影响工程的使用寿命和功能，实体质量检测项目包括：地基基础、基坑、盾构法区间、矿山法区间、高架区间、车站工程、钢结构工程质量检测以及机电设备功能验证和系统设施调试验证等方面内容。

3. 检测服务立体化

工程质量管理体制和机制不断创新，由最初的以施工单位自控为主发展为目前的政府监督、社会监理和企业自控相结合的较为完善的质量管理体系，政府同时积极引导购买第三方服务的模式。依据中共中央国务院关于开展质量提升行动的指导意见精神，践行工程质量检测监管工作改革，强化建设单位和检测机构的质量责任，检测工作不再是以往的“仅对来样负责”，检测机构不仅承担工程所用原材料一定比例的抽检任务，而且还承担现场施工质量管控技术服务工作。具体的工作目标是根据有关规范、建设单位的要求及工程特点，事前建立工作流程、检测频率、控制指标，事中进行过程控制、严格把关，事后进行检查分析总结、优化提高，站在施工、监理以外第三方公正的立场上，专职为建设单位把关，为施工服务，协助建设单位发现问题、解决问题，避免工程质量隐患，保证施工质量和工程建设顺利进行。

4. 检测类别多元化

城市轨道交通工程的检测，按时间阶段可分为：建设期工程质量检测、运营期工程质量检测。

按工作方式可以分为：工程现场见证取样检测、工程实体质量检测和设备系统功能性质量检测。其中，工程现场见证取样检测系指城市轨道交通工程建设过程中，各阶段、各专业常见的见证取样复检的材料（包括原辅材料、半成品、成品）检测，包括取样要求、检测依据、检测方法、结果判定等；工程实体质量检测和设备功能性质量检测系指城市轨道交通工程建设过程中，各阶段、各专业需要进行现场实体检测或设备系统功能性验证检测，包括抽样要求、检测依据、检测方法、结果判定等。

按检测对象可分为：材料质量检验、工序质量检验、工程实体质量检验、质量缺陷问题检测识别。其中质量缺陷问题检测识别系指对城市轨道交通工程建设过程中各阶段、各专业常见的质量问题进行成因分析、检测识别、鉴定评估等工作。

按检测服务的范畴可分为：施工质量检测、第三方检测。

5. 检测技术与管理要求高

城市轨道交通工程设计、施工、监理等参建单位通常都为行业内技术领头企业，同样参与城市轨道交通工程的质量检测单位也是各地优中选优的单位。作为各地重点工程，民生工程，其质量安全面临的压力较大，这也要求质量检测单位在具体工作中，秉承高标准高要求的原则，对检测人员、检测设备、检测技术的应用以及检测组织管理提出更高的要求。

1.2 城市轨道交通工程质量检测管理现状

城市轨道交通工程质量检测工作，目前通常的做法是一条线路项目按施工标段划分为若干个施工检测标段，由建设单位委托不同的检测单位承担各标段的工程施工质量检测工作。在此基础之上，建设单位另行委托一家不同于各施工检测标段的检测机构，进行整条线路项目层面的第三方检测工作，着重咨询管理。城市轨道交通工程施工阶段检测工作通常包括：材料及实体施工质量检测、第三方检测、建设主管部门监督抽检三类。

1.2.1 施工质量检测

施工质量检测，即工程取样检验，系指依据国家法律法规、规范标准的要求，开展必要的材料检测复试、实体检测工作，为工程施工过程中的材料报验、工序报验、节点验收作为支撑，是属于基本建设程序中不可或缺的一部分。检测项目按施工进程，分为：材料设备进场检测、施工过程质量检测、工程实体质量与使用功能检测三类。

1. 工程质量检验制度

《中华人民共和国建筑法》（2019 修订版）第五十九条规定：建筑施工企业必须按照工程设计要求、施工技术标准和合同的约定，对建筑材料、建筑构配件和设备进行检验，不合格的不得使用。

《建设工程质量管理条例》（国务院令第 279 号）第三十一条规定：施工人员对涉及结构安全的试块、试件以及有关材料，应当在建设单位或者工程监理单位监督下进行现场取样，并送具有相应资质等级的质量检测单位进行检测。第六十五条规定：违反本条例规定，施工单位未对建筑材料、建筑构配件、设备和商品混凝土进行检验，或者未对涉及结构安全的试块、试件以及有关材料取样检测的，责令改正，处 10 万元以上 20 万元以下的罚款；情节严重的，责令停业整顿，降低资质等级或者吊销资质证书；造成损失的，依法承担赔偿责任。

《建设工程质量管理条例》所指具有相应资质等级的质量检测单位，一般均指社会独立的检测单位，由建设单位招标委托，负责工程建设施工过程中各阶段材料进场复验、现场实体质量检测。

《建筑工程施工质量验收统一标准》GB 50300—2013 第 3.0.3 条规定：建筑工程的施

按照《房屋建筑和市政基础设施工程质量监督管理规定》（住房城乡建设部令第5号）的要求，质量监督机构不定期地对主要建材如混凝土、钢筋原材、钢筋焊接等进行随机抽检，如发现存在不满足设计要求的建材要求施工方停止使用，限期整改，无法整改返工的，需有资质检测机构检测鉴定或设计单位核算认可，对其违规行为进行情况通报，予以诚信扣分，同时对该项目加强重点监督抽检，强化监督工作，促使各参建方不敢违规操作，确保采购的建筑材料符合规范、设计文件要求。

2. 监督施工质量行为，提高建筑工程整体质量

工程质量监督机构通过监督抽检，检查施工质量，如发现工程施工不符合工程设计、施工技术标准或者合同约定要求时，书面通知施工单位要求其整改。通过监督抽检，督促施工单位规范施工行为。

3. 监督施工检测行为，确保检测工作诚信规范

工程质量监督机构的监督抽检，是工程材料、实体质量的再次复检，是对施工过程中的材料报验、工序报验的检测结果的一次比对、校验，起到监督施工检测行为的目的。

1.2.4 城市轨道交通工程质量检测机构要求

1. 质量检测机构的管理要求

住房城乡建设部印发了《城市轨道交通工程安全质量管理暂行办法》（建质〔2010〕5号），明确了检测机构的工作职责：

（1）从事城市轨道交通工程质量检测业务的检测机构，应当具备相应资质。检测机构不得转包检测业务，不得与所检测工程项目相关的设计单位、施工单位、监理单位有隶属关系或者其他利害关系。

（2）检测机构应当按照工程建设标准和国家有关规定进行质量检测。在检测过程中发现有结构安全检测结果不合格、严重影响使用功能等情况，应当及时向建设、监理单位反馈。

（3）检测单位出具的检测报告应当经检测人员签字，检测单位法定代表人或其授权签字人签署，并加盖公章后方可生效。质量检测单位出具的见证取样检测报告中应当注明见证人单位及姓名。质量检测单位应当对检测报告的真实性和准确性负责。

（4）检测单位应当按照规定对检测人员进行安全质量培训，培训考核合格后方可上岗。

（5）检测单位应当按照规定将工程质量检测资料立卷归档。

2. 检测工作要求

（1）遵守国家法律法规、当地建设主管部门的管理要求

试验检测工作应严格遵守国家相关法律法规、行业规定的要求。遵守当地建设主管的管理要求，如不合格信息上报等具体要求，检测机构应建立检测结果不合格项目台账，并应对涉及结构安全、重要使用功能的不合格检测项目按规定报送时间上报建设单位和建设主管部门。

（2）遵守国家、行业检测标准及检测单位的质量管理规定

试验检测工作应严格遵守相关国家、行业、地方标准以及单位内部质量管理规定，如质量手册、程序文件、作业指导书等，严格按照标准规范的要求，科学、准确地进行检测。

（3）遵守合同约定及既定的检测计划与方案

试验检测计划方案是进行工程试验检测的基础，制订此计划便于在日常施工中合理、有效地控制各种原材料、半成品及成品的检测频率、试验项目，从而能够从试验检测的角度加强对工程质量的控制。

（4）遵守职业道德要求

检测工作应遵循科学、公正、准确的原则开展，检测行为要公正公平，检测数据要真实可靠。坚持真理，实事求是，廉洁自律，反腐拒贿。

1.3 城市轨道交通工程质量检测技术发展趋势

当前城市轨道交通工程发展迅速，近年来全国范围内城市轨道交通建设规模越来越大。城市轨道交通工程涉及的建筑材料、构配件或半成品品种繁多、数量大、要求高，“四新技术”不断得到推广，促使检测技术不断创新发展，对检测的需求也越来越大，同时对于检测人员的要求也不断提高。

1.3.1 快速无损检测新技术不断发展

随着我国经济的不断发展，城市轨道交通建设正逐步进入稳步、有序和快速的发展阶段，然而城市轨道交通工程建设难度大、涉及专业多、技术要求高、施工环境复杂，同时工程建设新材料、新工艺工法也不断增多等，促使检测技术不断创新发展，众多新型检测仪器也不断应用于城市轨道交通工程质量检测中，如探地雷达、激光扫描、电测技术、冲击回波技术等。新型检测技术的应用为检测工作提供了全面、专业、精准的数据，为工程质量评估提供了科学的保障。

住房城乡建设部 2019 年 4 月 28 日印发《城市轨道交通工程创新技术指南》（建办质函〔2019〕274 号），其中第 8 章节，列出了 9 项勘测与监测、检测新技术，如综合物探、勘探技术、围护结构渗漏声呐检测技术、三维激光扫描技术等。

1.3.2 自动化智慧检测技术发展迅速

随着计算机技术、微电子技术、测量计算、传感技术等学科的发展，以及大数据信息化时代的到来，自动化技术的迅猛发展，轨道交通工程建设也进入到网络化、信息化、自动化的新阶段，各类智能检测手段、检测机器人的应用使得检测效率及检测准确性得到提升。这些新技术的发展，使得智慧检测无人试验室成为将来的发展方向，通过检测机器人在试验室实现混凝土养护及抗压试验过程的无人化。依托云平台的服务模式，采用物联网的技术手段，通过试验检测云系统收集到的大数据，实现了试验检测业务的平台化和网络化管控。

通过智慧检测平台，按照云计算的服务模式对试验室的数据进行集中存储、资源共享、统一调度，并利用移动 APP 应用、短信网关、数据采集、条形码、定制表单、视频监控等技术实现了对试验检测的人、机、料、法、环五大要素的综合管控，通过移动终端来实现对无法自动采集试验数据的有效管控，对试验数据进行自动修约、计算、判定，自动生成原始记录和检测报告。及时发现混凝土施工质量的不良变化趋势，并进行原因分析，提出相应的处置措施，指导现场施工，提升试验检测工作的整体数字化、智能化、远程化水平。

第二篇 检 测 管 理

城市轨道工程施工过程中的工程质量应从施工现场质量检测管理着手，严抓进场的建筑材料、构配件或半成品的质量验收、检测复验、材料报验以及不合格材料的闭合等环节。本篇重点从城市轨道交通工程过程中的见证取样人员要求、施工进场材料验收、材料复验检测委托、不合格材料闭合流程、施工现场标准试验室以及施工竣工资料存档要求等方面进行讲述。对标准、规范、相关制度结合江苏省城市轨道交通工程现场检测管理经验，利用图例讲解施工、监理在现场检测管理中的注意事项，确保建筑材料及构配件进场后的规范管理，使轨道交通工程所用建筑材料、构配件或半成品的质量得到更好的控制，为轨道交通工程的实体质量保驾护航。城市轨道交通工程施工过程中的材料种类复杂，因章节内容所限，不能一一举例。本篇重点对轨道交通工程建设过程中所涉及的建筑材料、构配件或半成品按照进场验收、检测复验、材料报验、现场试验及竣工资料存档等质量检测管理要求进行描述。

第2章　见证取样管理

城市轨道交通工程作为政府投资的百年民生工程，建设体量庞大，政府投入资金巨大，同时也是一个建设周期长、工序繁琐、工艺复杂的综合性建设项目，其建设质量关系人民生命财产的安全，项目运营后将惠及百姓，改善城市交通状况。但有些城市轨道交通工程因施工项目采购或使用不合格以及假冒伪劣建筑材料，导致轨道交通工程的实体质量出现问题，让地方政府花费大量的财力、物力、人力来弥补因施工材料质量管理不规范带来的损失。当今社会虽然进入技术人才高速发展的年代，城市轨道交通工程项目建设速度也高速发展，轨道交通工程施工队伍发展迅猛，但仍有不少单位人才培养不够，人才专业岗位配置不足或检测人员的岗位责任心不够，在原材料取样环节，特别是混凝土及砂浆试块制作、钢材焊接件等取样中存在不规范甚至弄虚作假现象，导致检测单位按来样签发的检测报告，往往不能真实反映工程实体质量，致使轨道交通工程上的不合格材料不能及时发现，给工程项目留下了安全隐患。在当前市场经济影响下，一些检测单位热衷于为其他单位提供委托检测服务，少数检测单位还采用不正当的手段进行"竞争"；部分轨道交通施工项目的现场取样缺少必要的监督管理机制，产生了因取样不规范甚至弄虚作假而出现样品合格但工程实体质量不合格的现象，使检测手段失去对轨道交通工程质量保驾护航的作用。因此，需要落实城市轨道交通工程项目材料见证取样、送样检测制度。

城市轨道交通工程各项目长期以来参照《关于印发〈房屋建筑工程和市政基础设施工程实行见证取样和送检的规定〉的通知》（建建〔2000〕211号）文件要求，坚守轨道交通施工项目必须实现见证取样制度，要求各轨道交通项目施工和监理单位都配备一定数量的取样人员和见证人员，各相关人员必须具备一定的专业水平和质量意识，同时要取得政府管辖范围内的地方见证取样人员资格，并在日常工作过程中严格按照对轨道交通工程所使用的全部原材料、构配件、半成品材料、现场制作的混凝土试块、砂浆试块、钢筋焊接件及机械连接接头试件等进行见证取样，确保城市轨道交通工程所用的材料、构配件及半成品的质量，确保城市轨道交通工程的质量和长期耐久性。

城市轨道交通工程施工作业工序复杂，主要包含地基与基础、围护结构、车站主体、盾构区间、高架桥梁、装饰装修、机电安装、供电、信号、牵引系统等，所使用的全部原材料（混凝土原材料及配合比耐久性、钢筋等金属材料、盾构注浆和防水材料、砌筑墙体材料、饰面石材、电线电缆、接触网、信号通信等）、构配件、半成品材料、现场制作的混凝土试块、砂浆试块、钢筋焊接件及机械连接接头试件等，均实行见证取样、送样制度。具体参考本指南的第三、四、五篇。

2.1　见证取样人员要求

城市轨道交通工程施工项目的现场见证取样人员应具有一定的专业技能，满足现场材料进行验收、制样、送样见证以及报验工作的要求，保证见证取样工作的规范性、真实性、代表性。对见证取样人员的具体要求如下：

（1）城市轨道交通工程施工项目的见证人员，由城市轨道交通工程的建设单位书面授权，委派在本轨道交通工程现场，并由具备一定城市轨道交通工程专业能力的监理人员担任，具体见证取样人员数量应根据各城市轨道交通建设单位的招标要求或施工标段范围的工作量进行合理安排人员。

（2）城市轨道交通工程建设单位应向当地工程质量监督站和工程质量检测单位递交《见证人员授权证书》，参见表 2-1。授权证书应写明轨道交通工程现场委托的见证单位和见证人员姓名、持证号、简单履历（包括近期照片），人员资格条件应满足招标文件要求，以便轨道交通工程质量监督站和检测单位检查核对。

见证人员授权证书　　　　表 2-1

见证人员授权证书 __________工程质量监督站 __________工程质量检测中心： 现委托下列人员为我单位建设的______________城市轨道交通程质量检测见证人员，负责该轨道工程质量检测取样、送样的见证工作。 姓名______　技术职称______　持证号______　电话______ 姓名______　技术职称______　持证号______　电话______ 姓名______　技术职称______　持证号______　电话______ 委托单位________（章） ____年____月____日

（3）每个施工项目须设置独立的试验室，须任命 1 名试验室主任，并配置数名取样/试验人员。轨道项目部的取样人员在现场进行原材料进场验收及取样和试块制作试验时，见证人员必须在旁见证，保证材料进行自检与试验的规范性和真实性。

（4）城市轨道交通项目见证人员应对送检的试样（样品）进行全程监护，并和轨道项目的取样人员一起将试样送至检测单位。

（5）轨道交通项目的检测单位在接受委托检测任务时，须由送检单位填写委托单，见证人员应出示《见证人员证书》，并在检测委托单上签名。各检测单位均须实施密码管理制度。

（6）轨道交通项目的检测单位在检测报告单上加盖“有见证检测”印章。发生试样不合格或异常数据的情况时，在 24h 内通知轨道项目质量监督站，并建立现场材料见证取样台账，见表 2-2。

城市轨道交通工程现场建筑材料见证取样登记台账 表 2-2

轨道工程名称：

材料项目名称： 施工单位：

序号	产地型号	进场数量	进场时间 取样时间	代表数量	使用部位	委托单编号	检测结果 报告单编号	不合格材料处理情况	取样人员	见证人员	备注

注：1. 本台账按材料类别分别设立；
2. 本台账由见证人填写；
3. 本台账在工程竣工后作为技术资料一并报城市轨道交通工程质量监督站审查。

2.2 见证取样人员的基本要求和工作职责

参照《关于印发〈房屋建筑工程和市政基础设施工程实行见证取样和送检的规定〉的通知》（建建〔2000〕211号），城市轨道交通工程的见证人员作为整个施工过程中现场原材料进场验收、材料进场见证取样复验、材料报验等环节的监督管理人员，必须加强见证人员的质量管理意识，提高见证人员为轨道工程保驾护航的责任感，并对见证人员的素质要求与工作职责按照规范管理。

2.2.1 见证人员的基本要求

城市轨道交通工程项目建筑材料、构配件、半成品及实体等见证取样检测工作由监理单位见证人员全过程参与并监督。见证人员必须具备初级以上技术职称或高中以上学历且具有轨道交通工程相关施工专业基本知识。同时见证人员必须在对应城市轨道交通工程所在城市政府管理范围内的相关培训机构培训考核合格，并取得《见证人员证书》。政府监管部门应加强对轨道交通工程见证人员的监督管理，主要宗旨就是不断提升城市轨道交通工程见证人员的专业技术水平与质量管理意识，使轨道交通工程的质量管理进一步提升。监理单位进场后开展监理工作之前，应把见证人员的个人简历、相关资质证明、证件照片等递至城市轨道交通工程质量监督站审查、备案，符合见证取样人员条件的由轨道交通工程质量监督站发给见证人员《见证人员授权证书》和登记表，见表2-1、表2-3，其中见证人员登记表须由轨道交通建设单位填写意见并加盖公章。

轨道交通工程见证人员登记表 **表2-3**

编号：________

<table>
<tr><td>姓名</td><td></td><td>单位</td><td colspan="3"></td><td>职务</td><td></td><td>职称</td><td></td></tr>
<tr><td>性别</td><td></td><td>年龄</td><td></td><td>学历</td><td></td><td>专业</td><td></td><td>工作年限</td><td></td></tr>
<tr><td colspan="2">照
片</td><td>简历</td><td colspan="7"></td></tr>
<tr><td colspan="10">推荐单位意见：
单位公章：
负责人：
年 月 日</td></tr>
<tr><td colspan="10">1. 证书编号：
2. 见证范围：
年 月 日</td></tr>
<tr><td colspan="10">1. 审批情况：
2. 有效期：
批准单位公章：
签发人：
年 月 日</td></tr>
</table>

2.2.2 见证取样人员的工作职责

取样人员应遵守国家、省、市有关法规及行业技术规范、标准有关规定。城市轨道交通施工现场取样人员应努力学习与轨道交通工程见证取样工作相关的专业知识。要熟练掌握轨道交通工程建筑原材料、构配件、半成品等进场验收规范中检测项目、质量标准和取样方法、取样数量和验收批，促进自身工作水平的不断提高。在材料进场验收和制取样工作中要坚持原则、坚持标准、坚持实事求是的原则。取样人员应根据工程形象进度安排制订轨道交通工程建筑原材料、构配件、半成品等取样工作计划，并应将其计划预先通知见证人员。

在施工过程中，见证人员应按照见证取样和送检计划，对施工现场的取样和送检进行见证，取样人员应在试样或其包装上作出标识、封志。标识和封志应标明工程名称、取样部位、取样日期、样品名称和样品数量，并由见证人员和取样人员签字。见证人员应制作见证记录，并将见证记录归入施工技术档案。

见证人员和取样人员应对试样的代表性和真实性负责。

2.3 见证取样人员管理培训考核

城市轨道交通工程的见证、取样人员是整个轨道工程施工质量检测管理的参与者，更是轨道交通工程现场质量检测管理的关键岗位之一，为了保证见证取样人员的专业素养，提高见证取样人员的社会责任感，必须不间断地对见证取样人员进技术专业培训，并按照规定加强考核。

2.3.1 见证取样人员管理

城市轨道交通工程的见证和取样人员必须经培训考核合格，可由市住房和城乡建设局或地方监管部门颁发《见证人员授权证书》。见证取样送样工作由各地轨道交通工程质量监督站负责管理，由各城市轨道交通工程建设单位、监理单位和各有关检测单位具体实施。

城市轨道交通工程参建的检测单位对无见证人员签字的检测委托单、无见证人员监护（伴送）的试样一律拒收；同时检测单位出具的检测报告上未加盖有“见证取样检测”印章的检测报告一律无效，不得作为轨道交通工程质量保证资料和竣工验收资料，由轨道交通工程质量监督站指定法定检测单位重新检测。轨道交通工程建设、施工、监理和检测单位不得以任何形式弄虚作假或者玩忽职守，一经查实将按有关法规、规章严肃查处，对情节严重、造成重大损失者，将移送司法机关依法追究其法律责任。

2.3.2 见证取样人员培训考核

见证和取样人员日常培训可通过各市、县住房和城乡建局或地方监管部门统一组织。当有关轨道交通工程相关的技术、检测等标准规范修订后，及时通知各轨道交通工程建设单位、监理单位见证人员（施工单位取样人员），见证人员（取样人员）更应该通过工程质量检测，加深对标准、规范的理解，以此提高自身的素质。见证人员（取样人员）定期培训由市住房和城乡建设局或地方监管部门组织培训。对考核合格的见证人员（取样人员）由市住房和城乡建设局或地方监管部门颁发统一的证书。

第3章 现场材料验收管理

城市轨道交通工程作为综合性大型重点工程建设项目，设计理念新颖，项目建设过程“四新”技术运用多，致使出现很多新型材料，工程检测项目多。同时轨道交通工程的建设周期长，大部分属于地下工程，施工质量要求高。城市轨道交通工程的施工质量保证，关键要从源头抓起，施工项目进场后立即按照轨道交通工程设计图纸、标准规范进行建筑原材料及构配件的选择采购，同时保证建筑原材料及构配件进场时进行资料检查、入库验收的管理工作。本章节重点从轨道交通工程建筑原材料、构配件的质量验收、施工单位自检、台账登记管理、见证取样、材料入库堆放及异常数据处理流程几个方面进行讲述，为轨道交通工程的现场建筑原材料、构配件的现场检测与管理提供一些管理建议，让轨道交通工程的建筑原材料及构配件的质量进一步得到提升，提高轨道交通工程的实体质量、使用性能及长期耐久性能。

由于轨道交通建筑材料及构配件种类繁多，建筑材料市场竞争激烈，材料质量不稳定，生产厂家为了保证自身利益，在材料生产制造、运输、包装及使用过程中，都有可能出现各类质量异常情况，为确保轨道交通工程建筑材料及构配件的质量符合设计及国家相关验收标准要求，必须对各类建筑材料及构配件进行进场验收。做好进场验收工作是保证轨道交通工程实体质量的基础。轨道交通工程的建筑材料及构配件进场均需通过质量验收，质量验收报验工作是指通过见证取样人员对进场建筑材料及构配件的厂家资质、质保书、合格证、型式检验报告、包装及标识等的查验，同时对建筑材料及构配件对外观尺寸和外观质量进行检查，并对建筑材料及构配件的部分指标进行见证复验检测的技术活动的总称，分为初验和见证检测报验。初验是指查验生产厂家资质、质保书、合格证、型式检验报告、包装及标识等，检查材料规格等级、外观尺寸和外观质量等。见证复验检测报验是指建筑材料及构配件进场后进行的见证取样复验检测，检测合格后向监理单位报验审批使用。倡议城市轨道交通工程项目的施工监理单位进场后，组织见证取样人员学习规范的建筑原材料及构配件、半成品及实体验收报验程序，加强轨道交通工程的现场材料的检测与管理，保证轨道交通工程的实体质量。

3.1 材料进场质量验收要求

轨道交通工程施工单位进场后，应立即按照合同要求组建现场试验室（符合合同要求的取样人员或试验人员，并取得岗位资格证），编制建筑材料及构配件、半成品、实体检测、不合格处理、见证取样等试验检测方案与试验管理制度，建立完善的材料进场验收组织架构。可由工程项目部总工牵头，试验室等相关技术人员具体实施，物资设备部门配合落实，监理单位见证人员见证，规范各岗位的工作职责，做好轨道交通工程建筑材料与构配件的进场验收报验工作。

3.1.1 材料进场验收基本要求

（1）制订建筑材料及构配件进场验收管理制度，指定专人负责，并对相关人员进行业务培训。

（2）严格执行材料验收程序。应当卸车前验收的各类建筑材料及构配件，必须在卸车前先进行供货资料核对并对外观尺寸与外观质量等方面进行进场初验，记录各类台账与检验记录。比如新进场的钢材、胶凝材料、混凝土、防水材料、砌筑材料、装饰材料、机电材料等，初验不合格的严禁卸车。初验合格后，应立即进行见证取样复验检测，在取得合格的见证复验检测报告后，按照材料报验程序报监理验收，验收通过后方可使用。

（3）异常数据的处理。见证取样复验检测结果为异常时，严格按照城市轨道交通工程合同中的异常数据管理办法执行。部分城市轨道交通工程为了保证轨道工程的建筑材料及构配件的质量，主要建筑原材料及构配件采用招标投标或品牌入围管理的方式，并要求采用招标投标或入围品牌的钢筋原材不允许复检，混凝土试件检测结果异常需进行实体检测闭合销项。对进场验收不合格或不符合设计要求的建筑材料要坚决退场，所有闭合证明材料均需图文并茂，能够追溯闭合的真实性。

3.1.2 材料进场验收工作要求

（1）查验轨道交通工程的建筑材料及构配件生产厂家资质、出厂质量合格证、质保书、型式检验报告、供货清单等资料，施工监理单位的技术人员需认真核对各类资料和报告的真实性、准确性，在有异议时应第一时间告知物资部门或总工，要保证建筑材料及构配件的规格型号相关资料要求符合本工程的设计要求。

（2）对轨道交通工程进场的建筑材料及构配件的规格型号、等级、外观尺寸、外观质量及进场数量等进行查验，按照轨道交通工程试验管理要求配备一定的仪器设备，并对建筑材料及构配件进行实测实量的检验工作，将检查的数量、检验的数据需记录到相应的台账与报验资料中，保证现场检查检验的数据真实有效，如实反映建筑材料及构配件进场实际情况，严格把控轨道交通工程建筑材料及构配件进场质量关，让不符合设计要求的建筑材料及构配件无法使用到轨道交通工程实体上来。

3.1.3 原材料进场验收流程图

原材料的进场验收流程图如图 3-1 所示。

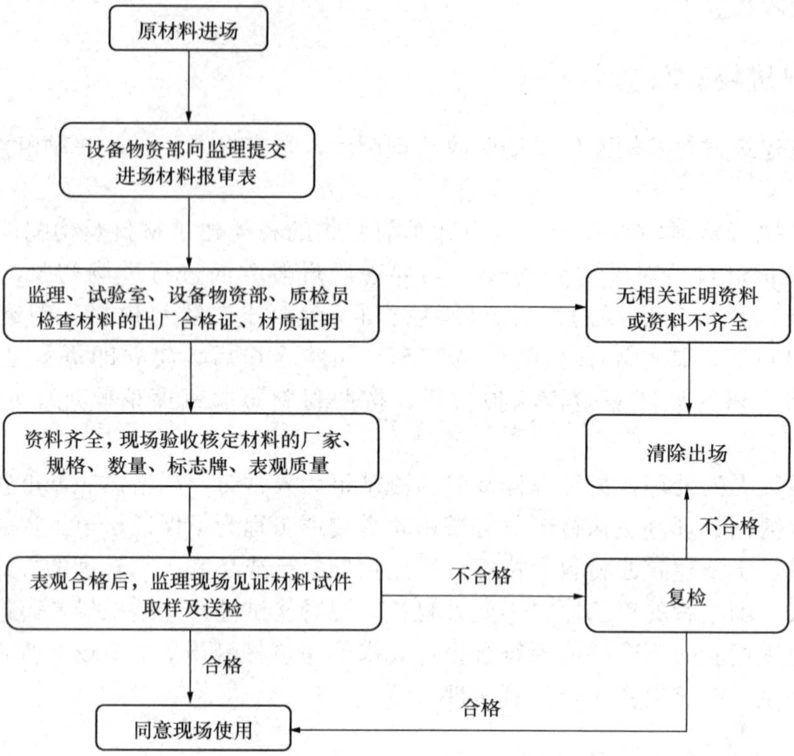

图 3-1　原材料进场验收流程图

3.2　材料进场质量验收程序

城市轨道交通工程项目要求施工单位进场后，必须规范进场质量验收工作，保证建筑材料及构配件报验通过后才能用到轨道工程实体上。

3.2.1　材料进场验收准备

（1）按照材料进场验收管理办法召集相关人员。轨道交通施工项目部总工牵头，根据进场建筑材料及构配件的情况与技术要求，可以由试验室主任和试验员或取样员、物资部主任或相关人员，总监（代表）或见证员等参加。

（2）资料准备工作。轨道交通工程建筑材料及构配件进场后，物资设备部通知试验室技术人员携带对应材料验收标准、设计文件、验收记录表等，保证现场进场查验时有据可依。

（3）材料验收实测实量工具要准备完善。为了保证轨道交通工程建筑材料及构配件进场的规格型号、外观尺寸及外观质量等，试验室技术人员应配备相机，能够拍摄到实测实量的检验数据，同时进行实测实量的仪器设备应满足检验要求，如经计量合格的数显游标卡尺、钢直尺、钢卷尺等。

（4）落实材料存放地点和保护措施。初验合格后，确定材料的存放场地或仓库。城市轨道交通工程施工质量管理要求高，要求建筑材料及构配件堆放于预先建好的库房中，并保证按照材料的特性划分区域，做好规范堆放建筑材料及构配件，能够保证各类材料不受天气和温度影响，进一步保证建筑材料及构配件的质量。也有部分城市轨道交通因场地所限，为露天堆放，如露天堆放，须准备好上盖下垫的方木、防雨防刺的帆布、货架等，并做好遮阳防雨措施。

(5) 库存建筑材料与构配件应设置标识标牌。保证施工过程中材料按照进场验收合格后才能使用，同时保证先来先用、后来后用，避免建筑材料及构配件混淆错用，进一步保证轨道交通工程建筑材料在使用过程中质量受控。标识标牌应包括材料名称、产地、规格等级、生产厂家、进场数量、批号、进场时间、见证取样送检时间、检验状态、责任人等信息。标识标牌与建筑材料及构配件要一一对应。

3.2.2 材料进场初验

城市轨道交通工程项目的建筑材料及构配件进出场时，施工监理单位相关技术人员应立即到场核对建筑材料及构配件的各类资料信息，包含送货清单、合格证、质保单、型式检验报告、使用说明书等，并与设计图纸中的要求规格型号、性能指标等进行核查。在核查符合设计要求的情况下，根据设计和规范标准要求对建筑材料及构配件进行外观检查、测量尺寸偏差，记录数据、留取影像资料，登记物资台账、进场验收台账。初验不合格的，要如实登记记录处理措施，并告知物资设备部签发退货单进行退货流程。

3.2.3 材料见证取样复测

针对城市轨道交通工程施工周期长、建筑材料及构配件种类多、使用数量大的工程特点，进场的施工项目团队应制订有针对性、切实可行的检测方案和检测计划，并严格执行。轨道交通工程施工项目部要积极配合检测单位、监理和政府监督部门的复验与抽检工作，取样见证人员必须持证上岗。取样员证书和见证员证书分别如图 3-2 和图 3-3 所示。

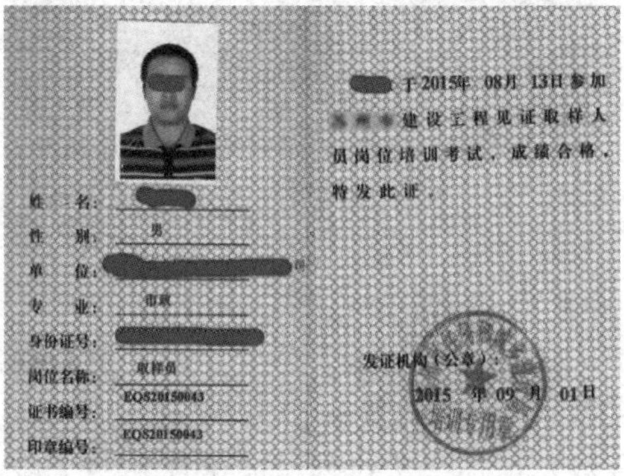

图 3-2　取样员证书

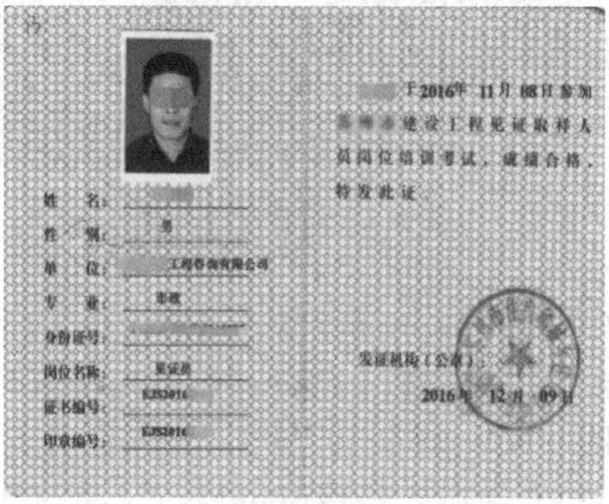

图 3-3　见证员证书

3.3　材料进场质量验收案例

城市轨道交通工程材料种类繁多，因章节内容有限，重点选取轨道交通工程使用较多的材料做代表性讲述，其他材料可参考本章节材料进场质量验收要求进行，具体检测参数、送样要求等可以参考本指南的第三、四、五篇。

3.3.1 钢筋原材

（1）核查钢筋厂家是否在准入名录中，质保书与材料各种信息与进场材料是否一致，规格型号等级是否符合设计要求。

图 3-4 钢筋牌号

（2）每捆钢筋都应有出厂铭牌，并采用扁铁捆绑，带肋钢筋表面应有轧制的牌号标志，仔细查看钢筋铭牌及钢筋实体上的产品标识是否相对应。钢筋牌号如图 3-4所示。

（3）钢筋严重锈蚀，螺纹钢筋弯曲、不够规定长度，发现成捆螺纹钢筋中有“夹带”的不予验收。

（4）统计每批钢筋的规格、炉批号及进场数量，登记物资台账、进场台账，钢筋自检台账如图 3-5 所示，钢筋委外试验台账如图 3-6 所示。

（5）逐捆对钢筋直径进行实测实量，留取影像资料、记录数据，如图 3-7 所示。初验合格后进行见证取样检测。

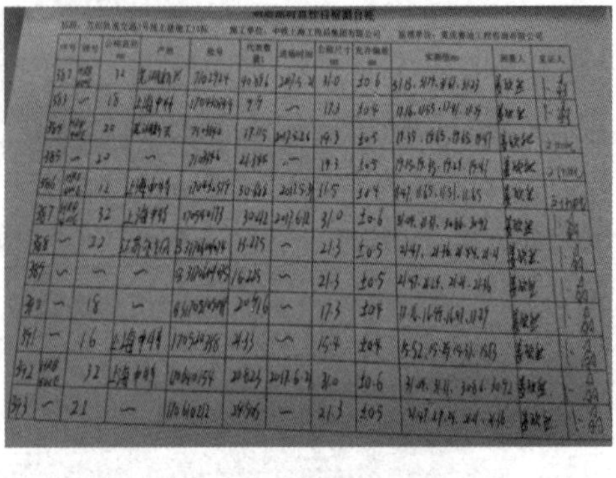

图 3-5 钢筋自检台账

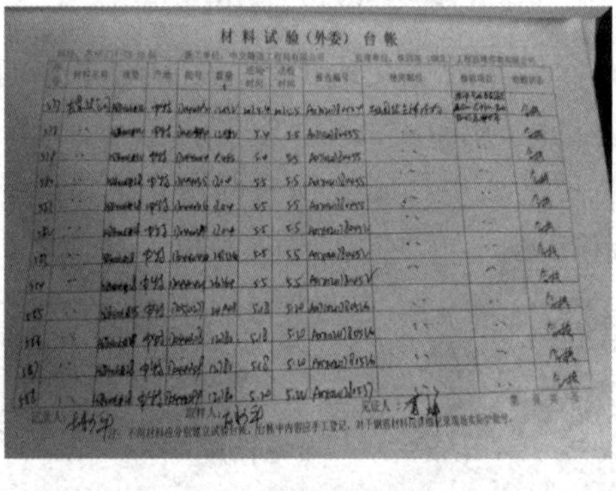
材料试验（外委）台账

图 3-6 钢筋委外试验台账

（6）根据《钢筋混凝土用钢　第 2 部分：热轧带肋钢筋》GB/T 1499.2—2018、《钢筋混凝土用钢　第 1 部分：热轧光圆钢筋》GB/T 1499.1—2017 要求：热轧带肋钢筋每批以同一牌号、同一炉罐号、同一品种、同一尺寸、同一交货状态，不超过 60t 为一批，超过 60t 的部分，每增加 40t（或不足 40t 的余数）增加一个拉伸试验试件和一个冷弯试验试件。热轧带肋钢筋的力学性能和工艺性能应逐盘（捆）检验，从每盘或每捆任一端截去 500mm 以后，取试样，拉伸试样长 500mm×2 根，冷弯试样长 400mm×2 根，反向弯曲试样长 1000mm×1 根。尺寸、重量：测量钢筋重量偏差，试样应从不同根钢筋上截取，数量不少于 5 支，每支试样长度不小于 500mm，尺寸逐支测量。或者逐盘或逐捆做 1 个拉伸试样，牌号 CRB550 每批做 2 个弯曲试验，牌号 CRB650 及其以上每批做 2 个反复弯曲试验。钢筋委外试验样品如图 3-8 所示。

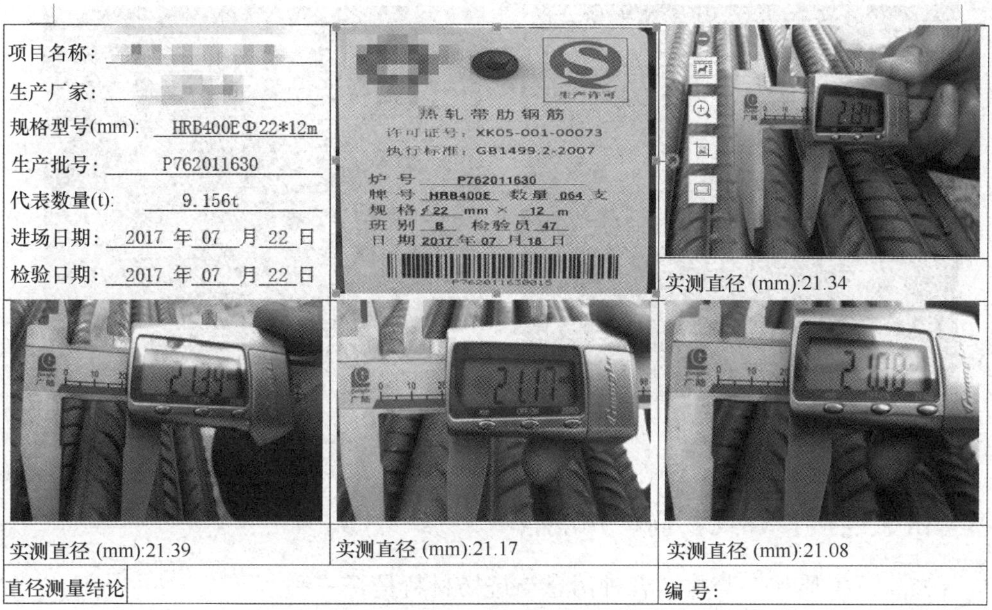

图 3-7 钢筋自检照片

图 3-8 钢筋委外试验样品

3.3.2 型钢钢板

（1）核查厂家质保书及材料各种信息与进场材料是否一致。

（2）统计该批型钢钢板进场的规格、批号及进场数量，仔细登记物资台账、进场台账。

（3）对型钢钢板进行外观检查，对尺寸进行实测实量，如图 3-9 所示，留取影像资料、记录数据。初验合格后进行见证取样检测。

（4）根据《碳素结构钢》GB/T 700—2006、《低合金高强度结构钢》GB/T 1591—2018 要求：每种规格按批量 60t 为一批，超过 60t 的部分，增加一个拉伸试验试件和一个冷弯试验试件。

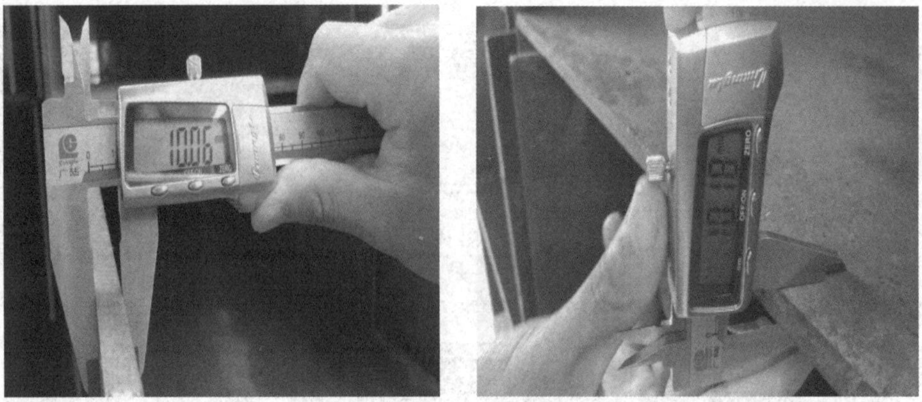

图 3-9　钢板自检

3.3.3　机械连接直螺纹套筒、声测管

（1）核查厂家质保书与材料各种信息与进场材料是否一致。

（2）统计该批机械连接直螺纹套筒、声测管进场的规格、批号和进场数量，仔细登记物资台账、进场台账。

（3）对机械连接直螺纹套筒、声测管进行直径、厚度、长度等实测实量，留取影像资料、记录数据。初验合格后向监理报验，审批后使用。机械连接套筒自检如图 3-10 所示，声测管自检如图 3-11 所示。

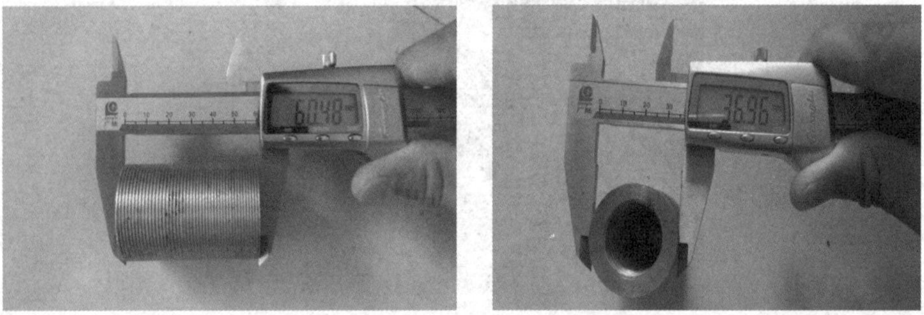

图 3-10　机械连接套筒自检

图 3-11　声测管自检

3.3.4 钢筋焊接/连接件的取样要求

钢筋焊接件：工程施工前，对所有进场的电焊工进行工艺水平测试，满足要求方可开展现场施焊工作。《钢筋焊接及验收规程》JGJ 18—2012 要求：同一台班内，由同一焊工完成的同牌号、同直径的 300 个接头为一批，不足 300 个按一批计，随机取样，闪光对焊和电渣压力焊（一组 6 个试件，其中 3 个拉伸、3 个冷弯）、电弧焊（一组 3 个拉伸试件）。《钢筋机械连接技术规程》JGJ 107—2016 要求：同钢筋生产厂，同强度等级、同规格、同类型和同型式接头应以 500 个钢筋接头为一批，不足 500 个按一批计算（一组 3 个拉伸试件）。焊接加工件送检和机械连接加工件送检如图 3-12、图 3-13 所示。

图 3-12 焊接加工件送检

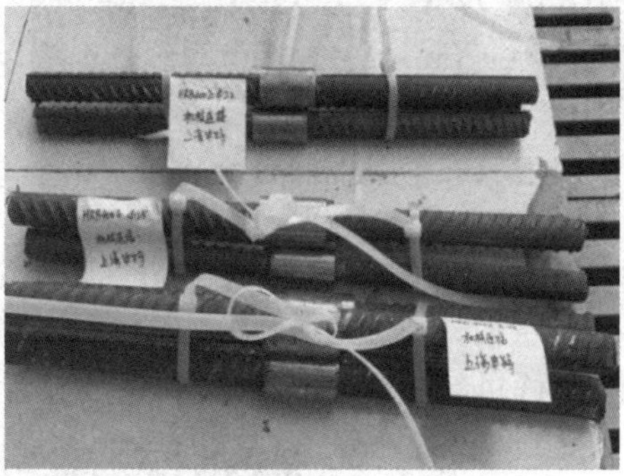

图 3-13 机械连接加工件送检

3.3.5 防水材料

（1）确认主要材料的厂家是否是业主招标确定的厂家，核查厂家质保书与材料各种信息与进场材料是否一致。防水材料质保单和防水材料送检台账如图 3-14、图 3-15 所示。

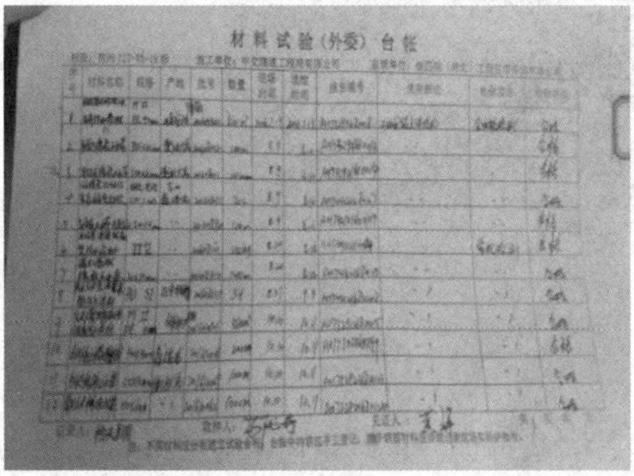

图 3-14 防水材料质保单

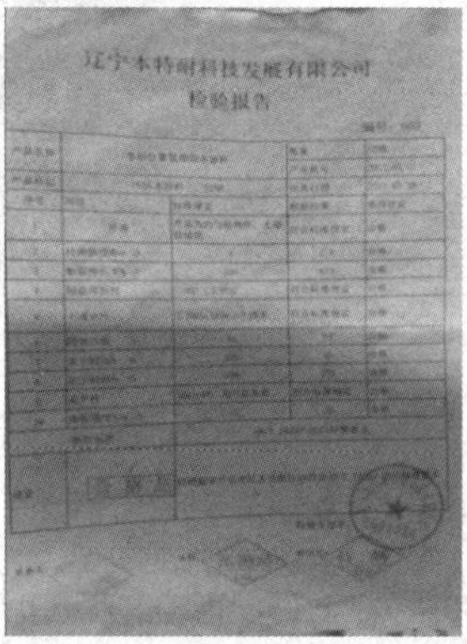

图 3-15 防水材料送检台账

（2）统计该批防水材料进场的规格、批号及进场数量，仔细登记物资台账、进场台账。

（3）对防水材料进行外观检查，对厚度、宽度、长度进行实测实量，留取影像资料、记录数据。初验合格后进行见证取样检测。防水材料自检记录和防水材料自检如图 3-16、

图 3-17 所示。

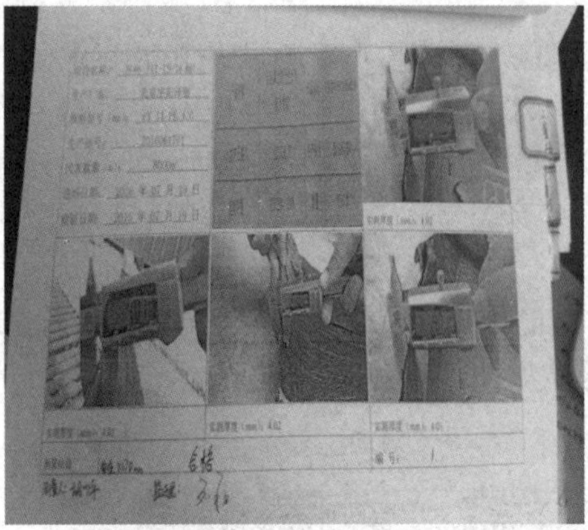

图 3-16　防水材料自检记录

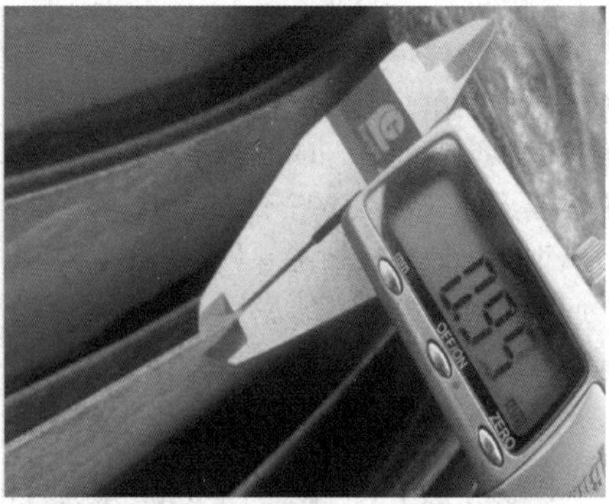

图 3-17　防水材料自检

（4）根据《自粘聚合物改性沥青防水卷材》GB 23441—2009：同一类型、同一规格、10000m^{2}为一批，不足 10000m^{2}亦作为一批。从初验合格的产品中随机抽取一卷不少于 1.5m^{2}的试样进行检测。防水材料送检样品制作如图 3-18 所示。

图 3-18　防水材料送检样品制作

3.3.6　混凝土驻场管理

城市轨道交通工程的车站围护结构、桩基工程、车站主体及装修装饰二次结构等工序，都需要使用大量的混凝土，为了规范管理商品混凝土的质量，城市轨道交通工程一般采取商品混凝土供应商申请入围，入围通过才可以供应轨道交通工程混凝土。同时参照《混凝土质量控制标准》GB 50164 标准中质量管理要求，对轨道交通工程项目施工单位、监理单位要求在浇筑混凝土前要按照专业技术人员到商品混凝土企业进行生产驻场管理，从混凝土材料场地、材料质量、生产配合比、生产计量、搅拌时间、混凝土拌合物质量等环节进行质量监督，进一步完善商品混凝土的质量管理，保证城市轨道交通工程混凝土的质量。城市轨道交通工程项目施工单位、监理单位所派的驻场人员必须是本项目从事试验检测的专职人员，并持有省或市住房和城乡建设部门颁发的试验员或见证取样员证书。驻场的主要工作内容参考表 3-1 城市轨道交通工程商品混凝土驻场检查记录表（施工、监理）及下列描述。

城市轨道交通工程商品混凝土驻场检查记录表（施工、监理）　　　　表 3-1

商品混凝土厂家：　　　　　　　　施工单位及标段：　　　　　　　　监理单位：

浇筑日期		浇筑部位			
生产时段		设计方量（m^3）		实际方量（m^3）	
强度等级		设计坍落度（mm）		堆场情况	

原材料质量	材料名称	检验情况	报告编号	报告日期	材料名称	检验情况	报告编号	报告日期
	水泥				水			
	砂				外加剂			
	碎石				粉煤灰			
	矿粉				膨胀剂	—	—	—

检查结果：

1. 水泥是否为准入材料：　　是○　否○　备注：________________（注明水泥品牌）
2. 砂、石是否为轨道专用材料　　是○　否○　备注：
3. 配合比是否验证：　　是○　否○　备注：验证报告号：__________ 验证日期：
4. 集料含水率测定及时准确：　　是○　否○　备注：测定时间：________ 含水率：
5. 每盘称量误差符合要求：　　是○　否○　备注：
6. 每车称量误差符合要求：　　是○　否○　备注：
7. 搅拌机搅拌时间（≥30s）　　是○　否○　备注：　搅拌时间：

厂容厂貌道路排水	厂容厂貌道路：好○　一般○　积水○　泥泞○　　滴水扬尘：有○　无○
其他情况	混凝土供应连续性：较快○　一般○　较慢○　　服务态度：较好○　一般○　不好○

材料名称	水泥	黄砂	碎石	水	外加剂	粉煤灰	矿粉	HEA
设计配合比（kg）								
施工配合比（kg）								
实际用料（单盘 kg）								
单盘偏差（%）								
累计偏差（%）								

施工驻场人员：　　　　　　　　监理驻场人员：　　　　　　　　日期：

（1）驻场检查的具体开始与结束时间，驻厂检查的施工、监理人员信息。

（2）准备浇筑的混凝土结构部位名称、强度等级、方量、混凝土坍落度等信息。

（3）进场材料准备是否充足，严禁边进料边生产。

（4）材料是否为城市轨道交通工程专用材料，是否使用专线进行生产。

（5）各种原材料的产地、厂家、材质、品名、规格、强度等级等是否与验证配合比所提供的材料信息相同。

（6）各种混凝土原材料是否经检验合格。

（7）所使用的混凝土配合比是否经检测单位验证通过。

（8）砂、石材料的含水率是否经过测定，是否对生产配合比进行调整，有无具体的测定、调整记录。

（9）材料堆放是否存在混堆、串堆、粉料淤积等影响级配的情况；料场是否有积水。

（10）混凝土搅拌楼计量系统的单盘、累计计量误差是否超限。

（11）生产配合比与拌合楼显示配合比是否一致。

（12）混凝土的搅拌时间是否满足规范要求。

（13）拌制好的混凝土坍落度是否满足设计及验证要求。

（14）混凝土生产过程中是否存在违规操作行为等。

3.4 原材料入库及存放

城市轨道交通工程属于综合性大型建设项目，涉及土建工程、装饰装修工程、机电安装、系统工程、轨道工程等，项目众多，使用建筑材料及构配件种类繁多且数量较多，导致材料进场初验后或复验检测合格的入库堆放管理工作尤为重要。一般要求城市轨道交通施工项目上建设具有一定容量的标准化原材料存放库，各单位根据不同材料的储存环境条件要求建立入库制度，保证材料储存质量，同时各单位要建立物资材料入库台账，制订入库材料管理办法和出入库制度，保证入库物资数量要准确、质量完好，验收记录、技术证件要齐全，对技术复杂的物资应会同技术人员共同验收。物资点验入库后，由保管员认真填写《材料动态明细台账》，做到字迹清楚、项目齐全、数字准确。采购物资一次性出账，必须建立台账，保证反映的经济信息及时、完整、真实、可靠。各种技术证件、运单、发货明细表、过磅单等附在《点验单》后装订整齐。

原材料进场由物资设备部门组织入库，入库的物资应根据材料规格型号单独分类储存，保管员要及时在料签上标明物资的名称、规格、数量、用途、产地（或购货地点）、日期、检验状态（未检、在检、检测合格）等信息，识别标记和标签应规范化，字迹清晰，牢固耐久；对城市轨道交通工程项目产品质量有重要作用并有可追溯性的材料（如：钢材、水泥、河砂、碎石、速凝剂、防水材料等）识别标记在整个生产过程中应保持一致，从入库到发至最终目的地应完整无缺；当需要追回某批材料或对某批材料进行专门检查时，能通过识别标记和记录查出该批材料；各类原材料质量检验状态一定要规范标识，保证原材料在未检状态下不得使用，检测不合格后物资设备部门立即联系供货单位进行退场处理，并留存影像资料和退货单，保证不合格材料处理彻底。

3.4.1 钢筋原材料及半成品存放管理

城市轨道交通工程项目施工现场采用钢筋加工棚的形式集中管理钢筋进场原材料、钢筋半成品及钢筋机械连接的加工等，这样能保证钢筋原材料及半成品避免日晒雨淋；钢筋原材料、半成品堆放要与标识标牌对应，同时标识标牌上的生产厂家、规格型号、批号、检测状态、检验日期等信息一目了然，方便物资部门统一管理、方便试验室技术人员进场验收工作、方便加工人员合理有序使用钢筋原材料及半成品。堆放钢筋原材的场地要坚实平整，在场地基层上用混凝土硬化，并从中间向两边设排水坡度，避免基层出现积水。堆放时钢筋下面要垫高，垫块高度不应小于 200mm，间距 1500mm，以防止钢筋锈蚀和污染。钢筋原材料进入现场后，按照规格分型号进行堆放，不能为了卸料方便而随意乱放。钢筋原材料标识牌上应注明钢筋进场时间、受检状态、钢筋规格型号、长度、产地、使用部位等；部分城市轨道交通工程因施工条件限制，钢筋材料为露天堆放时，钢筋原材料、半成品等应用防雨防刺帆布覆盖完整，以防止钢筋锈蚀和污染。钢筋集中加工中心、钢筋原材料堆放要求和钢筋半成品堆放分别如图 3-19～图 3-21 所示。

图 3-19　钢筋集中加工中心

图 3-20　钢筋原材料堆放要求

图 3-21　钢筋半成品堆放

3.4.2 各类原材料物资堆放管理

项目需建立健全仓库管理岗位职责、库房收发料工作程序、进库须知（严禁火源火种）、库房管理制度等，设计安全作业警示牌等。项目根据不同材料的储存环境条件要求，对施工用部分材料采用物资库房存放、保管。物资的储存应考虑其使用期限、使用规模、集散效能、周转频次、建设单位要求、物资需要进度安排、项目物资供应特点、组织方式（直达工地、料场中转）等合理储备。物资库房应根据不同材料的特点要求，分别具备防盗、防火、防水排水、防洪、防潮、防爆炸、防雷击等措施，配备必要的消防设备设施（如：避雷针、灭火器、消防水、消防砂）。根据不同材料的储存方式要求，城市轨道交通工程施工项目部库房的物资按照建筑原材料和物资的理化性能、结构、包装状况、保管性质划区存放，选择适宜的堆码存放方式、合理垫高，做到整齐、稳固，保证必要的通道。标识、标志齐全明显，防止变质、锈蚀、损坏霉烂、虫蛀等现象，维护材料的使用价值，确保储存安全。凡具有保质期的物资，保管人员应注明有效保管期限，发料时实行“先进先出”原则，并在保质期内发出使用。各种存储设施要做好日常检查、维护、保养，定期对设施进行检修。

施工现场有部分建筑材料产品性能比较特殊，不能重叠堆放，不能温度过高，如防水材料要存放在库房或料棚里，贮存在通风、干燥、阴凉处，防止日光直接照射，贮存温度不应高于40℃，严禁与其他易燃、易爆品一起贮存，并应保持库内清洁，杜绝粘有油污的杂物随地丢放；应按照规格、分型号进行堆放，不能为了卸料方便而随意乱放。材料标识牌上应注明防水材料的进场时间、受检状态、名称、类别、型号、件数、质量、生产厂家、出厂日期、贮存保管有效期、存放位置等登记卡，以便清查和选用；防水材料如果超过了有效贮存期，应按照产品的技术标准的规定进行各项指标的检验，如检验结果符合技术标准的有关规定，仍可继续使用，不符合要求的涂料应及时进行处理。水泥、成品砂浆等粉状袋装材料按不同的生产厂，不同品种、强度等级和生产日期分别堆放，不得混装。粉状材料是防潮物资，必须注意防潮，存放粉状材料的仓库，必须注意干燥，门窗不得有漏雨、渗水的情况，以免潮气侵入，导致材料变质。临时存放的水泥，必须选择地势较高、干燥的场地作料棚，并做好上盖下垫工作。粉状材料储存期不宜过长，以免受潮变质或降低强度等级；储存期按出厂日期起，一般为3个月。物资材料库房、防水材料堆放、水泥类粉料堆放、机械连接套筒存放、施工配件五金材料存放和物资劳保用品存放示例分别如图3-22～图3-27所示。

图3-22　物资材料库房

图3-23　防水材料堆放

图 3-24　水泥类粉料堆放

图 3-25　机械连接套筒存放

图 3-26　施工配件五金材料存放

图 3-27　物资劳保用品存放

3.5　复验异常数据闭合

虽然城市轨道交通工程对建筑材料的质量管理层层把关，力求从进场验收、见证取样、委托检测、加工安装等过程实现标准化流程管控，但工程建设过程难免出现不合格异常项目，所以，对出现异常后的材料整改闭合工作则是重中之重，是及时纠偏异常的关键性程序。如何使存在异常的材料得到妥善处理，避免用于工程实体，则是需要各个环节紧密配合，从异常数据的上报到遏制，需要一个紧密且可靠高效的上报流程。

另外施工、监理单位应把对问题的整改闭合工作当成一项重要工作落实，施工单位应严格对待监理方下发的材料类、工程质量类问题通知单；监理单位应根据存在的材料类、工程质量类问题的严重程度下发书面通知单，查找问题要准确，切记不要把指令发挥成“纸片形式”。各方应正视问题的存在，认真落实整改工作，施工单位对通知单整改工作要重视，避免出现假回复、迟回复、不回复、应付等现象。

3.5.1 检测单位对检测异常数据上报流程

城市轨道交通工程的检测单位须严格执行建设单位制订的异常数据上报流程，结合检测单位内部的异常上报程序。在检测过程中发现检测异常情况（检测结果达不到规范或设计要求）时，检测单位必须按照异常数据上报流程在24h内向建设单位、监理单位和当地备案建设工程质量安全监督站通报，做好通报记录及进一步质量检测工作，并建立完善的异常数据登记台账。施工单位、监理单位接到异常数据报告后应第一时间停止对不合格材料的加工或者安装工作。检测异常数据上报流程图如图3-28所示。

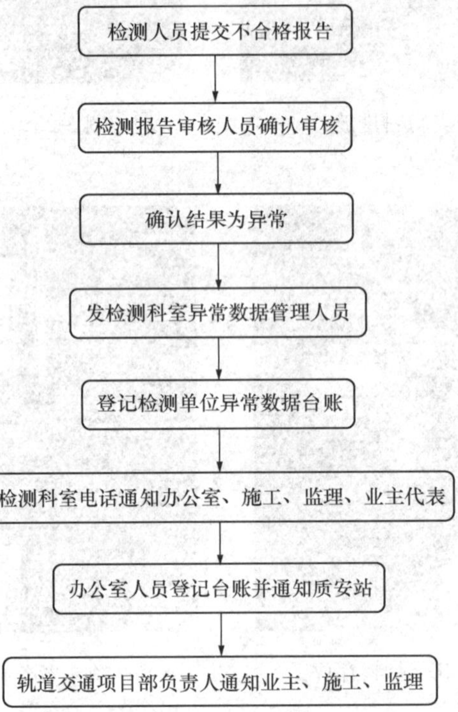

图3-28 检测异常数据上报流程图

3.5.2 监理单位对异常数据管理要求

（1）监理单位总监或总监代表接收到检测单位的异常通知单（信息）后，应第一时间转达施工单位，同时召集施工单位对异常数据进行分析，根据异常类别，制订切实可行的整改闭合措施，明确监理方责任人，确定整改时效，同时根据异常情节严重情况下发监理工程师通知单或者工作联系单等书面通知。

（2）凡是材料类的异常数据分为可复测和不可复测两种类型。可复测的材料必须经见证取样员同取样人员现场见证取样，按照正常见证取样流程双倍取样进行委托复测；不可复测的材料则要在见证取样员或监理工程师的全程旁站进行清理退场。

（3）监理工程师收到异常数据闭合通知时，首先要对提交的材料进行审核，其次是要实地核查闭合质量，确认无误后方可确认完成闭合，并签署闭合意见。

（4）及时完善异常数据台账的登记汇总工作。

3.5.3 施工单位异常数据管理要求

（1）施工单位收到监理的异常数据通知单（信息）后，或者收到监理方下发的书面通知单后，应联合技术人员、监理人员立即对异常数据进行分析，查找原因，制订整改闭合措施，明确施工方责任人，确定整改时效。

（2）施工方根据不同的闭合形式积极落实整改闭合，凡是材料类的异常数据分为可复测和不可复测两种类型。可复测的材料必须经见证取样员同取样人员现场见证取样，按照正常见证取样流程双倍取样进行委托复测；不可复测的材料则要在见证取样员或监理工程师的全程旁站进行清理退场。

（3）施工单位根据异常数据的实际闭合形式，在整改期限内向监理工程师提交回复资料，可复测的闭合资料需要提供复测报告和不合格报告；不可复测的材料闭合时，应向监理工程师提交材料清退时全过程的证明材料，包括，不合格报告→异常数据通知单→异常数据回复单→检测单位合格检测报告或整改闭合资料包含供货商退货单、影像资料（须施工、监理单位有签字盖章），保证闭合资料的规范性和及时性，若退场的材料还应包括材料退场清单明细，退料清单中需要供货方加盖公章。

（4）及时完善异常数据台账的登记汇总工作。

3.5.4 异常数据所对应的不合格品处理程序

城市轨道交通工程施工过程中的现场质量检测项目很多，面广量大的有建筑原材料检测、半成品检测、现场实体检测，出现检测不合格情况时，首先对不合格项所包含的内容进行正确区分，不合格项应分为不合格原材料（包括钢筋、防水材料、生产混凝土的原材等）、不合格半成品（钢筋连接件、混凝土试件等）及不合格成品（工程实体）三大类。对每一类又按照不合格程度可分为轻微不合格、一般不合格、严重不合格这三种情况，然后结合对每一种不合格情况确定如何处理：

（1）不合格原材料（包括钢筋、防水材料、生产混凝土的原材等）：原材料经检测单位检测判定为不合格材料后，应及时进行标识与隔离，然后予以清退出场，并留下相应的影像资料予以闭合，钢筋原材（轨道交通工程的钢筋一般采用品牌厂家入围管理）检测实行“一票否决”制，即钢筋原材经施工质量检测或第三方检测不合格，直接作退场处理，不得进行复检，其他材料出现的异常根据其产品规范和验收规范中的具体要求进行闭合处理。

（2）不合格半成品（钢筋连接件、混凝土制品等）：在施工过程中所发现的不合格半成品，施工质量检测的不合格可按照规范要求进行双倍复试、报废处理或者实体检测；第三方检测单位抽检不合格须报废处理或者实体检测，原则上哪家检测单位出的不合格报告由哪家检测单位负责复测，建设方指定复测单位除外。第三方检测单位抽检的不合格复测或者报废、清退则要根据建设方检测管理办法具体实施。

（3）不合格成品（工程实体检测项目包含钢筋混凝土结构实体、盾构端头井加固、桩基、地连墙、回填土、钢结构、砌体等）：首先应确定其不合格程度，根据不合格程度现场调整工艺加大抽样比例或进行返工处理。如果是严重不合格，则应立即进行停工，组织施工、监理等部门共同调查分析，研究处理办法，处置过程要及时跟踪，确保处置到位，保证后续规范施工，保证实体质量。

3.6 进场原材料检测项目、频率及标准

城市轨道交通工程项目的特点是施工标的划分多，场站划分多，单体结构多，根据竣工档案移交管理办法要求，单个施工项目的单位工程、子单位工程、分部工程、分项工程、节点工程等划分清晰且众多，所以导致检测项目多，检测频次高。本指南主要将轨道交通工程项目土建工程、装饰装修工程、机电工程、系统工程、轨道工程 5 大类罗列出涉及的检测项目、检测频率、检测参数、检测依据，方便施工、监理及检测单位现场质量检测工作，进一步加强城市轨道交通工程现场检测质量的管理，保证城市轨道交通工程的建筑原材料、构配件、半成品及实体质量。具体参考本指南“第三篇　现场取样检测”。

第 4 章　城市轨道交通工程现场试验管理

为了保证城市轨道交通工程进场建筑原材料、构配件的初验检查工作的完善性，提高城市轨道交通工程施工现场半成品加工或成型的规范性，确保城市轨道交通工程施工工序的标准化，同时为了体现城市轨道交通工程项目试验管理的重要性，本章节参考《建筑工程检测试验技术管理规范》JGJ 190 中部分要求，结合近几年管理总结，通过图文并茂的形式将城市轨道交通工程现场需要配备的试验场所、试验设备及自行检测的能力进行描述，对城市轨道交通工程项目施工单位现场试验管理提出一些建议，促进轨道项目施工单位现场试验检测管理，优化试验检测流程，提高试验人员质量意识，改善试验检测场所环境，完善试验管理制度等，让参加城市轨道交通建设的试验人员在业务能力上有所提升，在现场试验检测管理上有所创新。

4.1　现场试验管理的基本要求

城市轨道交通工程项目进场后，应立即按照合同要求筹建工地试验室，项目要设置独立的试验管理机构，试验室主任及取样人员或试验人员必须持证上岗，现场组建混凝土试件成型室和标准养护室，面积须满足工程需要或者建设方指定要求，同时配备满足工程检测的试验检测仪器设备，并通过当地技术监督局检定或校准。按照项目工程情况、工序及工期要求制订现场检测试验计划、编制各类试验方案。试验检测方案必须包含材料进场自验与制样要求、混凝土砂浆试件制作与养护、试验台账管理、送检制度、不合格制度、实体检测制度、见证取样制度、检测报告归档及材料报验等内容；工地试验室必须配备相关标准、规范、设计图纸等；城市轨道交通工程工序复杂、分部分项较多，尤其桩基工程、盾构区间、机电装修、通信信号等特殊专业工程需要专业分包时，所涉及现场检测试验工作的组织与实施必须由总包施工单位负责，所以施工单位的取样人员必须保证材料检测试样及混凝土砂浆试件制作的真实性和代表性，保证工程范围内的现场检测试验工作的及时性、全面性、规范性，保证轨道交通工程的竣工验收顺畅。

城市轨道交通工程项目的复验检测工作一般由轨道交通建设方招标确定，具有相应资质的检测机构负责，承担轨道交通工程施工检测试验任务的检测单位应符合国家行政法规、现行标准或合同对检测单位的资质要求，检测单位的检测试验能力应与其所承接检测试验项目相适应。检测方法应符合国家现行相关标准的规定，当国家现行标准未规定检测方法时，检测机构应制订相应的检测方案并经相关各方认可，必要时应进行论证或验证。检测机构应确保检测数据和检测报告的真实性和准确性。城市轨道交通工程施工检测试验中产生的废弃物、噪声、振动和有害物质等的处理、处置，应符合国家现行标准的要求。

城市轨道交通工程涉及的建筑原材料、构配件、半成品及设备进场检测的内容包括材料性能复测和设备性能测试，进场建筑原材料、构配件、半成品性能复测和设备性能测试的项目和主要检测参数，必须依据国家现行相关标准、设计文件和合同要求确定。对不能在施工现场制取试样或不适于送检的大型构配件及设备等，可由监理单位与施工单位等协商在供货方提供的检测场所进行检测。轨道交通工程在施工过程的质量检测试验项目和主要检测试验参数应依据国家现行相关标准、设计文件、合同要求和施工质量控制的需要确定，主要内容应包括：土建工程、装饰装修工程、机电工程、系统工程、轨道工程5类。

4.2 现场试验室配置要求

城市轨道交通工程主要的见证检测工作由建设方招标确定的检测单位负责完成，所以，施工项目仅需配备日常检查、检测用部分试验检测仪器设备，其主要是满足涉及建筑原材料、构配件需要进行进场自验（外观尺寸、外观质量）、样品制样，涉及半成品需要试件制作或加工，涉及结构实体及设备性能需要进行实测实量和性能测试等；一系列的专业检查检测与样品制作加工等环节都需要施工项目团队有专业的技术人员、可靠精准的仪器设备及规范的检测场所与设施作为保障。施工项目团队的试验人员或取样人员必须掌握相关标准规范，并经过技术培训、考核，持证上岗，人员数量也须满足轨道交通项目工程特性和工作量的需求；施工项目现场配置的仪器、设备应建立管理台账，按有关规定进行计量检定或校准，并保持状态完好；施工项目现场试验环境及设施应满足检测试验工作的要求，设置必要的混凝土成型室、养护室及其他试验间，具体根据各地方城市轨道交通工程需要进行。

城市轨道交通工程项目施工现场应建立健全检测试验管理制度，施工项目技术负责人应组织检查检测试验管理制度的执行情况。检测试验管理制度应包括试验人员（取样人员）岗位职责、现场试样制取及养护管理制度、仪器设备管理制度、现场检测试验安全管理制度、检测试验报告管理制度。施工现场需要按照轨道交通工程项目特性和施工工期需求编制施工检测试验计划，检测试验计划应在工程施工前由施工项目技术负责人组织有关人员编制，并应报送监理单位进行审查和监督实施。试验室主任根据施工检测试验计划，制订相应的见证取样和送检计划。施工检测试验计划应按检测试验项目分别编制，并应包括检测试验项目名称、检测试验参数、试样规格、代表批量、施工部位、计划检测试验时间等信息。

施工检测试验计划编制应依据国家有关标准的规定和施工质量控制的需要，同时参考四个方面尽量完善检测试验计划的编制。四个方面主要包括：材料和设备的检测试验应依据预算量、进场计划及相关标准规定的抽检率确定抽检频次；施工过程质量检测试验应依据施工流水段划分、工程量、施工环境及质量控制的需要确定抽检频次；工程实体质量与使用功能检测应按照相关标准的要求确定检测频次；计划检测试验时间应根据工程施工进度计划确定。当轨道交通工程在实际施工过程中有设计变更、施工工艺改变、施工进度调整、材料和设备的规格、型号或数量变化等情形时，试验负责人应及时调整施工检测试验计划，并重新提交技术负责人审核、监理审批，保证检测试验计划的科学性、真实性。

4.3 现场试验试样标识与送检

城市轨道交通工程的各类材料进场后，材料的检测试样必须从施工现场随机抽取，严禁在现场外制取。施工过程质量检测试样，除用作确定工艺参数可制作模拟试样外，必须从现场相应的施工部位制取。工程实体质量与使用功能检测应依据相关标准抽取检测试样或确定检测部位。检测试样应有唯一性标识，并应符合三个规定：试样应按照取样时间顺序连续编号，不得空号、重号；试样标识的内容应根据试样的特性确定，宜包括：名称、规格（或强度等级）、制取日期等信息；试样标识应字迹清晰、附着牢固。试样的存放、搬运应符合相关标准的规定。试样交接时，应对试样的外观、数量等进行检查确认。

城市轨道交通工程现场试验人员或取样人员制取试样并做出标识后，应按试样编号顺序登记试样台账。施工现场应按照单位工程分别建立对应试样台账，如钢筋试样台账、钢筋连接接头试样台账、混凝土试件台账、砂浆试件台账、防水材料台账、盾构管片台账、加气块台账、电线电缆台账、需要建立的其他试样台账。同时在进场复测检测试验结果为不合格或不符合要求等异常情况时，应建立异常数据台账或试样台账中注明处置情况。现场试验人员或取样人员应正确填写复测委托单，有特殊要求时应注明。见证取样送检到对应的检测单位办理委托检测，委托成功后现场试验人员与或取样人员应将检测单位给定的委托编号在试样台账上登记。各类试样台账和异常数据台账应作为施工资料保存。试验台账的格式可根据各地方城市轨道交通工程需要进行。

城市轨道交通工程现场试验人员或取样人员应及时到检测单位领取检测报告，核查报告内容。当检测结果为不合格或不符合要求时，应及时报告施工项目技术负责人、监理单位及有关单位的相关人员。检测报告的编号和检测结果应在试样台账上登记。现场试验人员或取样人员应将登记后的检测报告移交有关人员或试验室自行保存留档报验，对检测结果不合格的报告严禁抽撤、替换或修改。检测试验报告中的送检信息需要修改时，应由现场试验人员或取样人员提出申请，写明原因，经施工项目技术负责人批准并经见证人员同意并签字，检测单位根据申请，内部按照程序和规范进行审批修改，报告信息修改原则不得影响检测结果或结果判定。对检测试验结果不合格的材料、设备和工程实体等质量问题，施工单位应依据相关标准的规定进行处理，监理单位应对质量问题的处理情况进行监督，保证各类异常情况规范闭合。

4.4 现场试验室标准化

城市轨道工程项目施工团队进场后，须按照城市轨道交通工程现场试验管理要求配备试验人员、仪器设备、环境设施，土建工程混凝土用量是轨道交通工程中使用量最大的原材料，且一般都用当地城市范围内的商品混凝土，商品混凝土的特性是通过商品混凝土公司的混凝土拌合物进场，由施工单位进行拌合物进场验收、混凝土浇筑、混凝土取样制作试件等一些工序及材料见证复测的工作，因此对城市轨道工程的混凝土进场验收必须建立符合标准要求的混凝土养护室、成型间，配备各类检测仪器设备及试模。本章节重点讲解城市轨道交通工程混凝土的标准试验室，其他原材料、半成品、实体检测的试验环境、设备等要求参照本章节并按照对应标准要求进行。

4.4.1 现场试验室制度标准化

城市轨道交通工程项目施工单位进场后，试验室负责人应立即完善试验室的各项规章制度，保证现场试验检测管理工作完善，做到制度上墙，尤其在试验室内部需将对应的制度或操作规程张贴上墙。混凝土工程的试验标准依据为《普通混凝土拌合物性能试验方法标准》GB/T 50080、《混凝土物理力学性能试验方法标准》GB/T 50081。为了加强对轨道交通混凝土工程施工质量的全面管理，强化混凝土工程质量控制，保证商品混凝土进场后施工单位自验与混凝土试件制作的规范性，通过规范的管理办法让城市轨道交通工程的混凝土质量进一步得到保障。部分试验室管理制度与操作规程如图 4-1～图 4-6 所示。

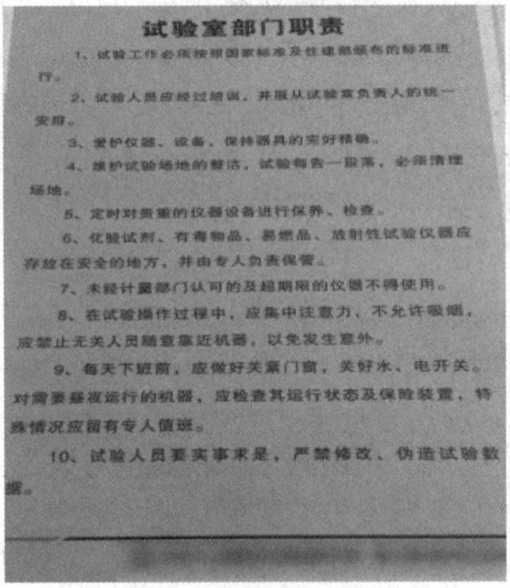

图 4-1 试验室部门工作职责制度

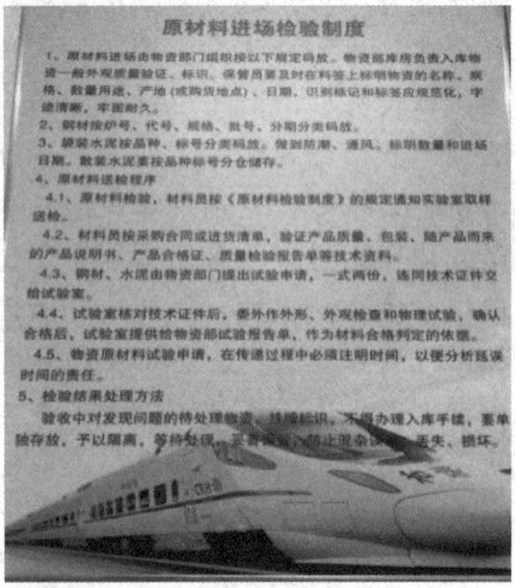

图 4-2 原材料进场检验制度

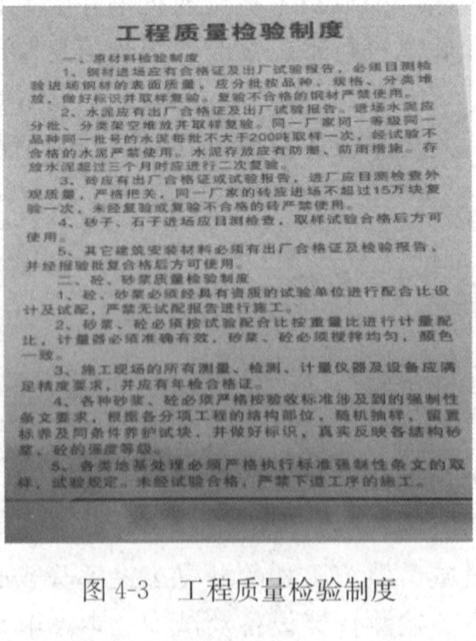

图 4-3 工程质量检验制度

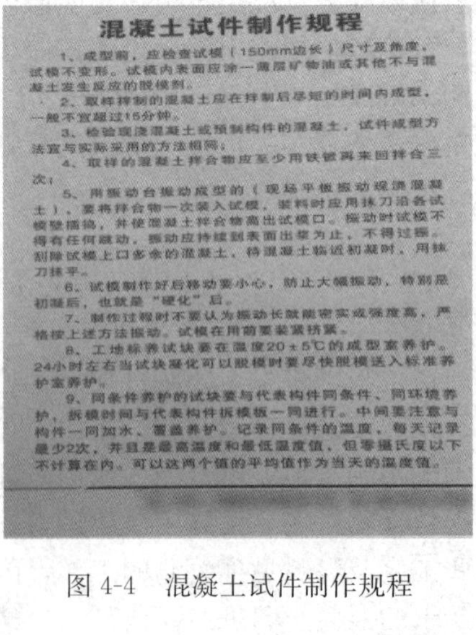

图 4-4 混凝土试件制作规程

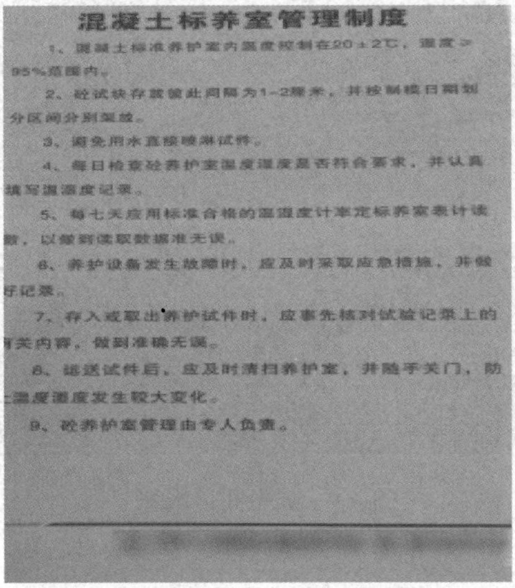

图 4-5　混凝土标准养护管理制度

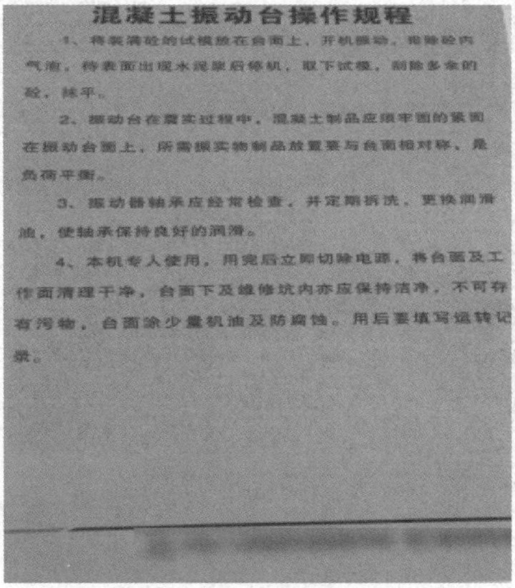

图 4-6　混凝土振动台操作规程

4.4.2　现场设备及成型间筹备标准化

城市轨道交通工程的混凝土成型室使用面积不小于 $10m^2$，保证混凝土振实台、混凝土试模、坍落度筒等仪器设备的合理布置与使用方便，成型间配置空调，保证温度控制在20±5℃范围，混凝土试件能够静置一昼夜至二昼夜。具体城市轨道交通工程试验室混凝土成型间可参考图 4-7～图 4-11 中部分标准成型间照片。一般建议成型间能够同时保证其他现场自检项目的仪器设备的存放与布置，保证试验室的仪器设备集中管理，方便试验人员工作开展。具体城市轨道交通工程试验室应配备的试验仪器可参考表 4-1。

图 4-7　成型间整体布置照片

图 4-8 成型间试模与仪器放置架

图 4-9 成型间排水细节

图 4-10 成型间混凝土振实台

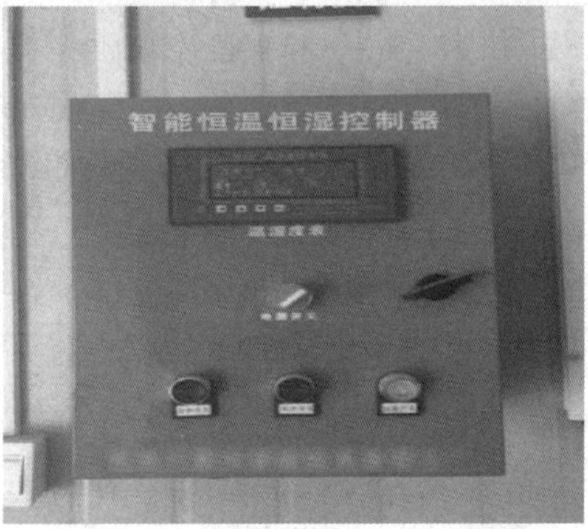

图 4-11 成型间内安装的养护控制器

城市轨道交通工程试验室常规仪器配备表 **表 4-1**

名称	型号	数量	备注
养护室控制仪	HWS-SW30	1 台	已标定，合格
干湿度计	272-A	2 个	已标定，合格
坍落度筒及振动棒	100×200×300	2 个	已标定，合格
钢卷尺	5m	1 个	已标定，合格
钢直尺	0～500mm	1 把	已标定，合格
泥浆黏度计	1006	1 个	已标定，合格
泥浆含砂量仪	NA-1	1 个	已标定，合格
泥浆密度计	NB-1	1 个	已标定，合格

续表

名称	型号	数量	备注
回弹仪	ZC3-A	1个	已标定，合格
振动台	1m	1台	已标定，合格
抗压试模	150mm×150mm×150mm	60个	已标定，合格
抗渗试模	185mm×175mm×150mm	36个	已标定，合格
游标卡尺	0～200mm	1把	已标定，合格
厚度针	0～5cm	1把	已标定，合格
数显扭力扳手	FTW-400AR	1把	已标定，合格
环规、塞规	14～40mm	1套	已标定，合格
钢筋保护层测定仪	HC-GY61T	1台	已标定，合格
塞尺	0.06～1.0cm	1台	已标定，合格

4.4.3 现场养护室筹备标准化

标准养护室使用面积不小于 $30m^2$。整个养护室做好保温节能措施，地面硬化，排水通畅，配备合适的空调与加湿装置（应能够雾化养护，混凝土试件表面应保持潮湿，并不得被水直接冲淋），保证温度控制范围：20±2℃，相对湿度：95%以上，整个温度、湿度仪器应使用混凝土养护室温湿度控制装置，保证整个试件养护过程中温湿度受控；养护室内设混凝土试件放置架（须防锈处理），满足试块放置间隔10～20mm，不重叠。具体城市轨道交通工程现场养护室可参考图4-12～图4-17中部分标准养护室照片。

图4-12　标准养护室整体布置照片

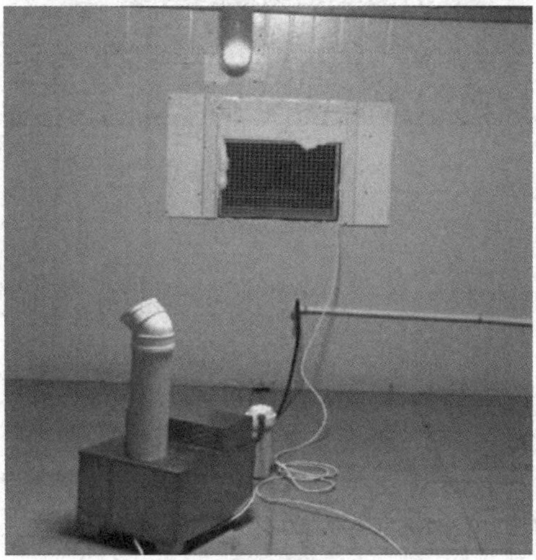

图4-13　成型间整体布置照片

图 4-14　养护室温湿度控制器外机

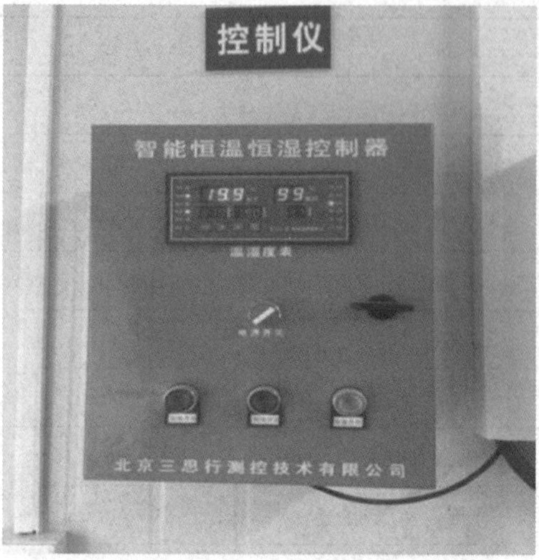

图 4-15　养护室温湿度控制器

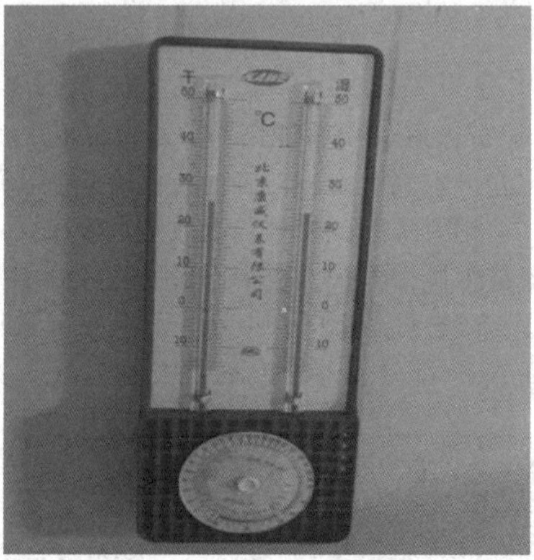

图 4-16　养护室内配备温湿度计

图 4-17　养护室内地面硬化与排水

4.5　现场试验室管理制度及规程

城市轨道交通工程项目试验管理制度的编制依据，应根据建设单位检测管理办法和相关质量管理办法以及标准、规范等要求进行编制。由项目试验室负责人及试验人员或取样人员进行编制，项目总工程师审核，母体试验室负责人进行批准。按照试验室管理要求，编制试验室管理方面的各类管理制度、自检或委外台账和实体检测规程等，试验室的管理类制度及规程应归入试验检测管理方案中，并由技术负责人签字审核。同时部分重要的管理制度及规程，应张贴到对应试验场所的墙上，保证制度上墙。保证试验室各岗位人员在城市轨道交通工程施工过程中规范维持各岗位工作，保证试验室管理有条不紊，试验室各项工作保质保量，为城市轨道交通工程质量保驾护航。因指南章节内容有限，重点讲解城市轨道交通工程试验室主要的管理制度、检测规程及安全防护要求，便于城市轨道交通工程施工单位试验室进场后在项目上筹建、学习、借鉴。

4.5.1 试验室管理职责

（1）贯彻执行现行国家技术标准、规范、规程、方法，并结合本项目实际情况制订各项规章制度和试验管理办法，确保试验数据的真实、科学、公正。

（2）负责本项目的试验检测工作，负责原材料及混凝土质量控制，并对工程质量进行有效监控，为施工生产提供质量保证。

（3）加强业务学习，规范操作，及时提供准确、公正的试验报告。

（4）参加有关的工程质量检查与评定和质量事故的调查分析。

（5）负责试验原始数据的积累、整理和保管，对混凝土及原材料质量情况进行统计分析，定期向主管领导上报资料。

（6）负责编制本部门试验设备的购置计划，并按规定进行采购，负责试验设备的检定、使用、维修、报废等日常管理工作。

（7）参与质量体系审核，制订本部门不合格项的纠正和预防措施，进行整改和验证。

（8）在职责范围内，确保质量体系的有效运行。

4.5.2 样品管理制度

（1）样品必须指定专人进行管理，无关人员禁止进入样品室。

（2）进入样品室的样品应按型号、规格、品种登记编号，并做到账物一致。样品的试验状态，用“未检”、“待检”、“已检”标签加以标识并按类别分区存放，放置排列有序。

（3）样品的贮存环境应安全，无腐蚀，清洁干燥。

（4）对需要在特定环境下贮存的样品，应严格控制环境条件，环境条件应定期加以记录。

（5）易燃、易爆的有毒的危险样品应隔离存放，做出明显标记。

（6）检验后的样品留样期按规范要求进行留样，当委托单位要求领回样品时：在留样期满后，办理手续；对有利用价值的样品：由样品管理员填写样品处理申请表，提出处理意见，技术负责人批准后执行。

（7）报废、报损的样品：样品管理员列出样品处理申请单，技术负责人批准后统一销毁。

（8）会造成公害、必须监护处理的样品，应按有关环保规定运输，防止污染环境及造成危害。

4.5.3 台账管理制度

（1）试验资料台账：对工地来的各种原材料、试件，必须分别建立试验台账和试验报告台账，每种台账必须按规定项目认真填写，字迹清楚，不得任意涂改，坚持签字制度。

（2）试验设备台账：各种试验机建立保养维修台账，记录试验机的维修使用检定情况，以便了解设备状况，决定大修和设备更新。

（3）试验仪器使用台账：确保仪器检定在有效期内使用，了解仪器现状，保证试验数据的准确性。

4.5.4 仪器设备管理制度

（1）购置试验仪器设备，首先编制购置计划，提出购置申请，购置仪器设备时要注意性能的先进性和质量的可靠性，以及量程、精度是否满足测试要求等；对于精密、贵重设备应检查厂家的ISO证书和仪器设备的出厂计量检定证书或测试报告。

（2）建立仪器设备管理台账及档案，写明设备名称、规格型号、产地、数量、性能状况、检定情况、购买时间、量程、精度等内容。

（3）主要、常用仪器设备操作规程上墙，并配备“仪器设备使用、维修记录簿”，使用或维修保养后，认真填写。

（4）做好试验仪器设备的计量标定和自检自校，确保仪器设备工作状态良好，精度满足检测要求，保管好相关记录等资料。

（5）属于送检仪器设备，应编制检定计划，按周期送检，取得检定合格证后才能使用，严禁不检或超过检定周期使用；在检定周期内，仪器设备如果经过修理、搬运、移动等影响力值系统，要重新送检。

（6）各种仪器设备须在试验室内放置整齐，并按要求分别粘贴合格（绿色）、准用（黄色）、停用（红色）标志。

（7）试验人员要严格按操作规程使用仪器，使用过程中要注意设备和人身安全，使用完毕应进行断电和必要的常规保养，保持仪器设备的清洁，保持工作间的整洁。

（8）仪器设备的报废，应由设备管理员提出申请，经主管领导批准后按规定手续办理。

4.5.5 试验仪器维修保养制度

（1）试验室应指定专人对试验检测仪器设备进行维护保养。

（2）对贵重、精密、大型仪器设备应指定仪器负责人加强管理、维护和保养；制订操作细则，建立档案，内装仪器设备说明书、检定证书、使用维修情况记录等。填写记录要整洁、清晰，不得涂改，做到准确无误，具有可追溯性。

（3）主要、常用仪器设备应经常检查其运转状态，发现读数偏离或运行状态异常时应暂停使用，由计量检定员负责检定或请生产厂家进行维修。维修后的仪器设备必须经计量部门检定或自校合格后才能重新使用，维修过程及检定结果应在仪器设备使用维修记录表中认真记载。

（4）定期对仪器设备进行全面保养，包括对运转轴承等部位进行加油，仪器设备防锈、防晒、全面除尘等，使仪器设备保持良好工作状态。

（5）仪器设备如需进行搬运、移动等，要重新检定后方能重新启用。

（6）试验检验人员要严格按操作规程使用仪器，并密切注意观察量程和精度情况，发现异常及时采取相应措施。使用完毕后应切断电源进行必要的常规保养，并填写仪器设备维修保养记录。始终保持仪器设备的清洁和工作间的整洁。

（7）恒温恒湿控制设备要经常检查温湿度控制情况，发现偏离及时采取相应措施维修或校准。

4.5.6　取样和送检管理制度

（1）试验检测一般采用抽样检验的方式，而很少采用全数检验，抽样检验是从一批或一个过程的产品中随机抽取少量个体进行检验，来判定一批产品或一个过程是否合格，所以个体的抽取方法非常重要，直接影响检验结果的准确性，试验人员要特别重视此项工作。

（2）取样要有代表性，严格按试验标准规范要求，随机抽取样品，避免造成检测试验结果与实际产品不符。

（3）取样工作必须由试验室协助物资部按有关标准、规定完成，不得受任何干扰，严禁施工现场工作人员取样送检。

（4）抽取样品的数量依据现行国家标准或部颁标准有关规定一次性完成；抽取样品的频率严格按试验规范要求进行。

（5）样品抽取完毕，要妥善保管，填写试验委托单，和样品一起送到试验室进行检测。

（6）试验室对照试验委托单检查样品外观是否符合要求、数量是否足够，检查后进行来样登记，将样品放入样品室或工作间备检。

（7）对于水泥、外加剂等要按标准、规定留取复检样品，以供试验存在争议时仲裁使用。

4.5.7　外委试验管理制度

（1）根据业主指定的检测单位进行外委试验。

（2）试验室必须建立外委试验计划和台账，对外委试验的检测报告要严格规范管理。

（3）试验室主任要对外委试验的技术和质量要求把关，对外委试验报告必须审核，有问题及时联系沟通完善。

（4）各项外委试验采用的试验方法和评定标准必须符合轨道工程设计图纸或标准要求。外委试验报告至少一式两份，保证竣工归档需要。

（5）对于外委试验项目，监理人员必须全部见证取送样，做好封样标识工作，并取得委托试验室的收样确认委托单。

（6）对于城市轨道工程部分重要的试验项目，外委试验应留样以备复验。

4.5.8　不合格品管理制度

（1）所有的不合格品不得进入施工现场，严禁使用到工程中。

（2）对进入施工现场的钢筋、水泥、外加剂、砂、石、防水材料等原材料，如发现检测不合格，在监理的见证下进行清退出场。

（3）当混凝土试件出现不合格时，须请第三方检测单位对实体进行回弹、钻芯取样等检测并进行销项闭合。

（4）对于发生的所有不合格项须有记录，保证资料齐全，并由试验室主任负责组织召开分析会议，制订对策，防止类似事件重复发生。

4.5.9 试验报告台账管理制度

（1）试验报告台账必须字迹清晰整洁，分类整理记录管理。

（2）必须建立试验报告发放台账，台账上须注明材料名称、规格、试验日期、报告日期等重要内容。

（3）发放报告时，接收人必须亲自在台账上签名，不允许代签、涂抹。

4.5.10 混凝土试件管理制度

（1）混凝土标准养护试件的取样与制作应严格按照标准规定（每拌制100盘且不超过100m^3的同配合比的混凝土，取样不得少于一次；每工班拌制的同配合比的混凝土不足100盘，取样不得少于一次；现浇筑混凝土的每一结构部位，取样不得少于一次；每次取样应至少制作试件两组），耐久性试件的制作应严格按照规定取样和制作，抗冻试件（每20000m^3）一组，抗渗试件（每5000m^3）一组，抗氯离子渗透试件（每20000m^3）一组。地连墙每30幅制作一组抗渗试件，不足30幅按照30幅取样一组，其他结构每500m^3制作一组抗渗试件，不足500m^3按照500m^3取样一组。混凝土同条件养护试件根据《混凝土结构工程施工质量验收规范》GB 50204或者建设方规定的频率进行取样留样。

（2）当主体结构浇筑混凝土时，应随机取样制作标准养护和施工用的同条件混凝土强度，并且应从不同混凝土罐车处分别取样。施工单位取样员在项目监理旁站的情况下对进场混凝土进行规范取样、坍落度检测和试块制作，在初凝后终凝前将混凝土的强度等级、浇筑部位、制作时间刻在试块上。取样员应及时登记现场试块留样台账，监理签字确认。

（3）试件拆模后，试模应清理干净，涂油后堆放整齐，并且试模应口朝下堆放。

（4）检查送检试件的尺寸、数量、工地编号是否与填好的委托单相符，委托单项目是否齐全，有疑问及时弄清。

（5）对检查好的试件进行试验室统一编号，填写试验台账注明收样日期。

（6）送入标准养护室的试件应按单位放在预定的位置上，以便查找。

（7）每组试件摆成一行，字迹向外，试件之间的距离在10～20mm之间。

（8）试件养护至试压龄期时，从标准养护室中取出，核对编号测量尺寸进行试压。

4.5.11 成型室工作制度

（1）试验前应检查本室所有仪器设备、配件、水、电是否正常，如有异常应立即采取措施。

（2）试验人员应对所使用的仪器及配件性能完全了解，做好使用记录。

（3）试验人员应熟悉每项试验的操作规程，避免在试验过程中查阅操作规程。

（4）定期保养仪器，保持室内清洁，应注意计量仪器的检查期限。

（5）下班前应检查门、窗、水、电。

4.5.12 标准养护室工作制度

（1）标准养护室温度20±2℃、湿度≥95%；每日应测定标养室温湿度，每天记录不少于3次，并记录测定时间、测定值，记录人签字。

（2）试块成型拆模后应及时放入标养室内养护。间距为10～20mm，试块上应标明成型时间、结构部位、强度等级，标准养护室内不得有空白或编号不齐全的试块。

（3）进入标准养护室前应切断电源，以免发生触电事故。标准养护室禁止无关人员进入，工作人员进入需随手关门，确保室内温、湿度的稳定。

（4）每7d应用标准合格的温湿度计率定标养室表计读数，以做到读取数据准确无误。

（5）养护设备发生故障时，应及时采取应急措施，并做好记录。

（6）存入或取出养护试件时，应事先核对试验记录上的有关内容，做到准确无误。

（7）运送试件后，应及时清扫养护室，并随手关门，防止温度、湿度发生较大变化。

（8）混凝土标准养护室管理由专人负责。

（9）保持标准养护室的环境整洁，每天当班人员必须清扫室内卫生保持地面整洁，试件摆放整齐有序，养护室不得作为它用。

4.5.13 混凝土坍落度检测规程

（1）湿润坍落度筒及其他用具，把筒放在不吸水的刚性水平底板上，然后用脚踩住两边的踏脚板，使坍落度筒在装料时保持位置固定。

（2）将混凝土拌合物试样用小铲分三层均匀地装入坍落度筒内，使捣实后每层高度为筒高的1/3左右。每层用振动棒插捣25次，插捣应沿螺旋方向由外向中心进行，每次插捣应在截面上均匀分布。插捣筒边混凝土时，振动棒可以稍稍倾斜；插捣底层时，振动棒应贯穿整个深度；插捣第二层或顶层时，插捣应插透本层至下一层表面。浇灌顶层时，混凝土应高出筒口。插捣过程中，如混凝土沉落到低于筒口，则应随时添加。顶层插捣完后，刮去多余的混凝土，并用抹刀抹平。

（3）清除筒边底板上的混凝土后，垂直平稳地提起坍落度筒，坍落度筒的提离过程宜控制在3～7s；从开始装料至提起坍落度筒的整个过程应不间断地进行，并应在150s内完成。

（4）提起坍落度筒后，轻放于试样旁边；当试样不再继续坍落或坍落时间达30s时，用钢尺测量出筒高与坍落后混凝土拌合物试体最高点之间的高度差，即为该混凝土拌合物的坍落度值（以mm为单位，读数精确至1mm，结果应修约至5mm）。如混凝土发生崩坍或一边剪坏的现象，则应重新进行测定。如第二次试验仍出现上述现象，则表示该混凝土和易性不好，应予以记录备查。

（5）测定坍落度后，观察拌合物的黏聚性和保水性等性质，并记录。

（6）黏聚性的检测：用振动棒在已坍落的混凝土锥体侧面轻轻敲打，如果锥体逐渐下沉，表示黏聚性良好；如果锥体坍塌、部分崩裂或出现离析现象，表示黏聚性不好。

（7）保水性的检测：坍落度筒提起后如有较多的稀浆从底部析出，锥体部分的混凝土也因失浆而集料外露，则表明保水性不好；如无稀浆或只有少量稀浆自底部析出，则表明保水性良好。

4.5.14　混凝土试块的制作与养护规程

（1）在试模内表面涂一薄层矿物油，或其他不与混凝土发生反应的隔离剂。这一步骤的目的是使试模中混凝土终凝后能很方便地取出。

（2）对混凝土进行振捣密实。坍落度不大于70mm的混凝土宜用振动振实，振动时试模不得有任何跳动，振动应持续到混凝土表面出浆为止，不得过振；坍落度大于70mm的混凝土宜用振动棒人工捣实，制作时混凝土拌合物应分两次装入试模，每层装料厚度应大致相等，插捣按螺旋方向从边缘向中心均匀进行。插捣底层混凝土时，振动棒应达到试模底部；插捣上层时，振动棒应贯穿上层后插入下层2～30mm，插捣时振动棒应保持垂直，不得倾斜。最后用抹刀沿试模内壁插拔数次。

（3）时间成型后应立即用不透水的薄膜覆盖表面。采用标准养护的试件，应在15～25℃的环境中静置一昼夜至两昼夜，然后编号、拆模。拆模后应立即放入标准养护室中养护，标准养护龄期为28d。

（4）试块制作后应在终凝前用铁钉刻上制作日期、工程部位、设计强度等，为保证试件的代表性不允许在试块终凝后用毛笔等易涂改的标识进行标记。

4.5.15　钢筋保护层扫描仪操作规程

（1）便携式无损钢筋测量仪器，能在混凝土表面测量钢筋位置、钢筋直径和混凝土保护层厚度，测量钢筋分布和钢筋走向。

（2）直径的测量范围：ϕ6～ϕ32mm。

（3）工作环境要求：无强交变电磁场干扰，不得长时间阳光直射，避免进水。环境温度：－10～40℃；空气湿度：＜90％。

（4）在测量钢筋时，应保持传感器轴线与钢筋走向平行，在垂直于钢筋走向的方向移动传感器进行扫描测量。

（5）使用前将仪器接好传感器，开机测试，如果电量显示小于5h，请准备一套新电池放入仪器箱，以备随时更换。

（6）仪器的基本操作流程：安装电池→连接主机传感器→开机→复位→确定钢筋位置及钢筋走向→输入设计钢筋直径→测量保护层厚度→存储数据→退出→关机。

（7）在测量过程中应每10min左右进行一次复位操作。

（8）一般先定位上层钢筋（或箍筋），然后在两条上层钢筋（或箍筋）中间测量来定位下层钢筋（或主筋）。

（9）当钢筋保护层测定仪示数数值最小时，钢筋与传感器距离最小、信号最大，传感器方向即为混凝土内部被测钢筋的走向。

（10）使用后用干净柔软的干布清洁仪器及其部件，不得用湿布或有机溶剂擦洗仪器及配件。钢筋保护层厚度检测如图4-18所示。

图 4-18　钢筋保护层厚度检测

4.5.16　混凝土回弹仪操作规程

1. 回弹仪检定与保养

回弹仪有下列情况之一，应送检定单位校验，校验合格的回弹仪应具有检定合格证，其有效期为一年。

（1）累计弹击次数超过 6000 次。

（2）弹击拉弹座、弹击杆、缓冲压弹、中心导杆、导向法兰、弹击锤、指针轴、指针片、指针块、挂钩及调零螺丝等主要零件之一经更换后。

（3）弹击拉弹前端不在拉弹座原孔位或调零螺丝松动。

（4）遭受严重撞击或其他损害。

2. 回弹仪率定

回弹仪有下列情况之一，应在钢砧上进行率定试验：

（1）在工程检测前后；

（2）回弹仪在保养后；

（3）回弹仪率定应符合下列规定：率定试验应在室温为 5～35℃的条件下进行；钢砧表面应干燥、清洁，并应稳固地平放在刚度大的物体上；回弹值应取连续向下弹击 3 次的稳定回弹结果的平均值；率定试验应分 4 个方向进行，且每个方向弹击前回弹杆应旋转 90°，每个方向的回弹平均值均应为 80±2。

3. 测定步骤

（1）每一结构或构件的测区应符合下列规定：

1）对于一般构件，测区数不应少于 10 个。当受检构件数量大于 30 个且不需提供单个构件推定强度或受检构件某一方向尺寸不大于 4.5m 且另一方向尺寸不大于 0.3m 时，每个构件的测区数量可适当减少，但不应少于 5 个。

2）相邻两测区的间距应控制在 2m 以内，测区离构件端部或施工缝边缘的距离不宜大于 0.5m，且不宜小于 0.2m。

3）测区应选在使回弹仪处于水平方向检测混凝土浇筑侧面。当不能满足这一要求时，可使回弹仪处于非水平方向检测混凝土浇筑表面或底面。

4）测区宜选在构件的两个对称可测面上，也可选在一个可测面上，且应均匀分布。在构件的重要部位及薄弱部位必须布置测区，并应避开预埋件。

5）测区的面积不宜大于 $0.04m^2$。

6）检测面应为混凝土表面，并应清洁、平整，不应有疏松层、浮浆、油垢、涂层以及蜂窝、麻面。

7）对弹击时产生颤动的薄壁、小型构件，应进行固定。

（2）结构或构件的测区应标有清晰的编号，并宜在记录纸上绘制测区布置示意图和描述外观质量情况。

（3）当检测条件与测强曲线的适用条件有较大差异时，可采用同条件试件或钻取混凝土芯样进行修正，对同一强度等级混凝土修正时，芯样数量不应少于 6 个。芯样应在测区内钻取，计算时，推荐采用修正量方法对测区混凝土强度进行修正。

（4）回弹值测量：

1）检测时，回弹仪的轴线应始终垂直于结构或构件的混凝土检测面，缓慢施压，准确读数，快速复位。

2）每一测区应记取 16 个回弹值，每一测点的回弹值读数估读至 1。测点宜在测区范围内均匀分布，相邻两测点的净距不宜小于 20mm；测点距外露钢筋、预埋件的距离不宜小于 30mm。测点不应在气孔或外露石子上，同一测点只应弹击 1 次。

（5）碳化深度值测量：

1）回弹值测量完毕后，应在有代表性的测区上测量碳化深度值，测点数不应少于构件测区数的 30%，应取其平均值为该构件每测区的碳化深度值。当各测点间的碳化深度值相差大于 2.0mm 时，应在每一回弹测区测量碳化深度值。

2）碳化深度值测量应符合下列规定：可采用适当的工具如铁锤和尖头铁凿在测区表面形成直径约 15mm 的孔洞，其深度应大于混凝土的碳化深度。应清除孔洞中的粉末和碎屑，且不得用水擦洗；应采用浓度为 1%～2%的酚酞酒精溶液滴在孔洞内壁的边缘处，当已碳化与未碳化界线清晰时，应采用碳化深度测量仪测量已碳化与未碳化混凝土交界面到混凝土表面的垂直距离，并应测量 3 次，每次读数应精确至 0.25mm；取 3 次测量的平均值作为该测区的碳化深度检测结果，每次读数精确至 0.5mm。

（6）回弹值计算：

计算测区平均回弹值时，应从该测区的 16 个回弹值去掉 3 个较大值及 3 个较小值，将其余 10 个回弹值计算测区平均回弹值。当回弹仪非水平方向测试混凝土浇筑侧面时，应根据回弹仪轴线与水平方向的角度将测得的数据进行修正，计算非水平方向测定的修正回弹值。当水平方向检测混凝土浇筑表面或浇筑底面时，测区的平均回弹值应进行浇筑面修正。当检测时回弹仪为非水平方向且测试面为非混凝土的浇筑侧面时，应先对回弹值进行角度修正，再对修正后的值进行浇筑面修正。

回弹强度检测和回弹碳化检测如图 4-19、图 4-20 所示。

图 4-19　回弹强度检测

图 4-20　回弹碳化检测

4.5.17　砂浆稠度仪操作规程

（1）测定前检查仪器设备，将试锥、容器表面用湿布擦净，用少量润滑油轻擦滑杆后将滑杆上多余的油用吸油纸擦净，保证滑杆自由滑动。

（2）将砂浆拌合物一次装入容器，使砂浆表面低于容器口 10mm 左右，用振动棒自容器中心向边缘插捣 25 次，轻击或轻摇容器 5～6 下，使砂浆表面平整，立即将容器置于稠度测定仪的底座上。

（3）把试锥调至尖端与砂浆表面接触，拧紧制动螺丝，使齿条侧杆下端接触滑杆上端，并将指针对准零点。

（4）拧开制动螺丝，同时以秒表计时，待 10s 立即固定螺丝，将齿条侧杆下端接触滑杆上端，从刻度盘读出下沉深度（精确至 1mm），即为砂浆稠度值。圆锥容器内的砂浆，只允许测定一次稠度，重复测定时，应重新取样。

（5）测试结束后，擦拭仪器。填写仪器设备使用记录。砂浆稠度仪的操作如图 4-21 所示。

图 4-21　砂浆稠度仪操作照片

4.5.18　泥浆三件套操作规程

泥浆三件套包括泥浆黏度计、泥浆密度计、泥浆含砂量测定仪。

1. 泥浆密度计操作方法

仪器的校验：泥浆杯中注满 20℃清洁的淡水，用同样测量泥浆方法所测得相对密度如为 1，则表明密度计是准确的。如果测得结果不为 1，则可将泥浆密度计的平衡圆柱盖拧开，增减圆柱内的金属颗粒，使所测量的相对密度为1即可。

（1）取下杯盖，装满欲测泥浆试样，如泥浆中浸入气泡，需轻轻敲测试杯，直至气泡溢出杯外（如测水泥时需要摆动水泥泥浆25次）。

（2）将杯盖重新盖上，并转动直并盖紧，使多余的泥浆和空气从盖的中间小孔挤出。

（3）将秤体外表面及杯盖上多余的泥浆擦拭干净。

（4）将秤体主刀刃对准刀口，放于支撑座上。

（5）将砝码移到刃口附近，然后再缓缓向右移动砝码，使杠杆主尺保持水平的平衡位置（杠杆主尺的平衡，可用水准泡测量是否平衡）。

（6）读数，砝码左侧边线所对的刻线就是所测泥浆的相对密度。

（7）每次用后要彻底洗净、擦干，重新放于盒内。

2. 泥浆含砂量操作方法

（1）把泥浆充至测管上标有“泥浆”字样的刻线处，加清水至标有“水”的刻线处，堵死管口并摇振。

（2）倾倒该混合物于滤筒中，丢弃通过滤筛的液体，再加清水于测管中，摇振后再倒入滤筒中，反复操作，直至测管内清洁为止。

（3）用清水冲洗筛网上的砂子，剔除残留泥浆。

（4）把漏斗套进滤筒，然后慢慢翻转过来，并把漏斗嘴插入测管内，用清水把附在筛网上的砂子全部冲入管内。

（5）待砂子沉淀后，读出砂子的百分含量。

（6）将仪器清洗并擦干，收入箱内。

3. 泥浆黏度计操作方法

（1）在测定黏度之前，先将泥浆黏度计用水刷干净，再在检验用的泥浆搅拌机中，把泥浆搅拌1min，量杯将500mL及200mL（共700mL）的泥浆通过筛网注入黏度计，其流出口用手指堵住不使流出。

（2）测量时将500mL的量杯置于流出口下，当放开堵住出口的手指时，同时开动秒表，待泥浆流满500mm量杯，达到边缘时，再按动停表，记下泥浆流出的时间，以秒为单位，这就是泥浆的黏度。

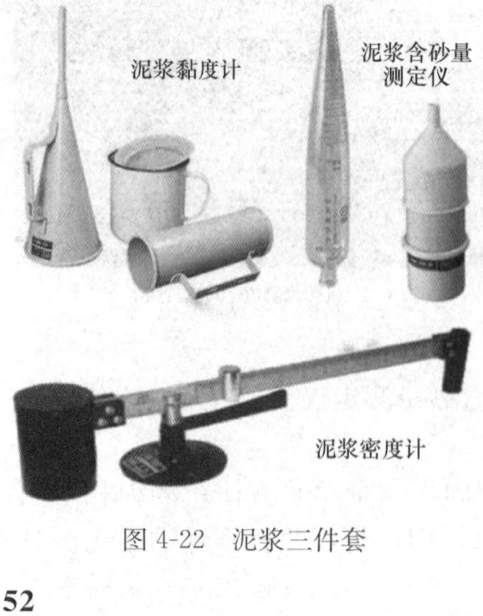

图4-22　泥浆三件套

（3）假如在测定黏度以前，没有将泥浆按照上述方法在搅拌中充分搅拌，则应把泥浆由量杯重新倒入泥浆黏度计中，重复测量，一直到流出的时间不再减少为止。泥浆三件套如图4-22所示，泥浆检测操作照片如图4-23所示。

4.5.19　安全防护工作

（1）制订《安全操作手册》，按照项目部建立的防火、防毒、安全用电制度，加强人员的安全教育，经常检查安全操作情况，及时消除隐患，杜绝机械、人身事故发生。

（2）标准养护室要配备消防器材，对易燃、易

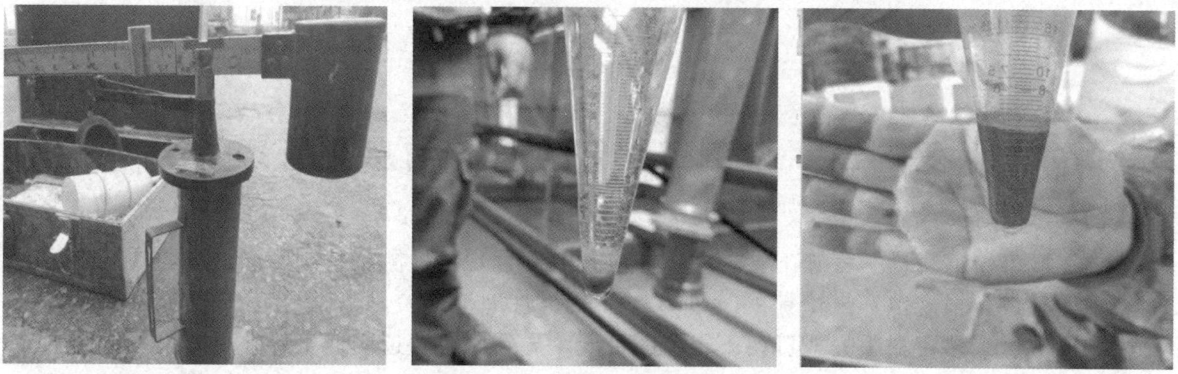

图 4-23 泥浆检测操作照片

爆危险品和剧毒放射性有害物品等设有隔离防护措施，指定专人妥善保管。

（3）做好仪器设备防尘、防晒、防锈工作，环境设施满足仪器设备技术条件要求，搞好室内卫生。

（4）试验人员工作时，要穿工作服，戴手套、口罩，室内应备有肥皂、毛巾、指刷等用品。

（5）检测人员操作检测仪器时严格按照仪器设备的操作规程进行操作，操作过程严禁抽烟。

（6）现场检测人员到现场进行检测时，须按照工地要求佩戴安全帽，脚穿劳保用鞋，检测时根据检测部位、检测仪器等的特殊性，对检测人员及检测仪器做好安全保护。

（7）进入工地现场取样或检查时应正确佩戴好安全帽，严禁穿拖鞋及奇装异服进入工地，检查过程严禁抽烟，遵守现场安全管理规定，服从现场管理人员的指挥，不得随意在工地上逗留。夜间检查必须穿反光背心。

（8）进入工地检查过程要时刻注意施工现场的交通运输车辆、指挥车辆、起重作业车辆、挖运及牵引等车辆的交通安全。

（9）凡在高度基准面 2m 以上的架子上、屋顶上、窗口上的检测人员，在检测过程中，当无法采取可靠安全防护设施时，一定要系好安全带，正确佩戴安全帽。

第5章　检测资料制度化与信息化管理

在城市轨道交通工程施工管理中，标准化的工程现场检测资料制度已经成为施工现场管理最有效、最规范、最快捷的管理方式。人工管理检测资料方式在建筑行业发展过程中，出现过诸多资料丢失或资料不规范的情况，导致城市轨道交通工程在材料报验或分部分项验收等过程中受到较大影响。出现检测资料管理不当时，虽然可以到提供方进行确认或补出检测资料，但因为人工管理的失误，导致轨道交通工程进度不顺畅，验收受阻。因检测资料管理无制度化和未采用信息化的管理方式出现的资料管理方面的异常问题，不断警示我们轨道交通工程施工项目管理人员："无制度、不规范、不作为"不仅给施工项目带来损失，还会受到参建各方的鞭策。城市轨道交通工程档案作为轨道工程项目建设的最终成果的反映，绝大部分是由施工原始文件转化而来，其内在和外在的质量高低，直接取决于施工原始文件质量的高低。因此，要使其收集、整理、归档做到齐全、完整、准确、系统，就必须加强施工单位项目档案管理的监督、指导以及信息化技术的应用，要求施工单位在施工过程中将施工原始文件做到及时、齐全、完整、准确、规范，并采用计算机信息化系统管理。城市轨道交通工程行业在社会经济产业中是关系到民生发展、起到中流砥柱作用的基础行业，其有带动社会发展的决定性作用，将计算机信息化管理融入城市轨道交通工程管理当中，能够有效提高工程质量资料的准确性及工作效率，做到规范管理，避免人工干预。

5.1　检测资料制度化管理

城市轨道交通工程检测资料制度化管理是以制度规范为基本手段，协调城市轨道项目施工团队集体协作行为的管理方式。检测制度化管理是施工项目团队成长必须经历的一个阶段，是施工项目实现规范化的具体表现。城市轨道交通工程对于检测资料制度化管理要求建立"谁产生，谁立卷，谁负责"的统一管理模式；监理、业主对建设过程中产生的检测文件进行全过程监管；工程项目实行纸质、电子双轨制移交管理办法；要求检测资料在正式验收检查通过后将盖有红章和签名的原件进行数字化加工，扫描后的成果挂接离线客户端，同步移交给城市轨道交通集团档案部门；文件扫描格式为彩色双层 PDF 格式，DPI≥200，竣工图纸扫描格式为彩色 JPG 文件，DPI≥300；城市轨道工程建设单位的项目管理部门对项目建设形成的文件积累和归档按轨道公司档案管理制度、归档范围及移交管理办法进行监管审核，轨道公司档案部门指导分类、立卷、整理、归档移交工作；各参建单位归档内容须真实反映各个阶段、各环节的真实状况；勘察、设计、施工、监理等单位应指派专人负责工程文件资料的收集与整理，人员要求固定，确保文件材料编制与工程进度同步。施工单位、监理单位对城市轨道交通工程的全过程负责，其中检测资料管理要求制度化管理，保证竣工资料整理规范、及时顺畅。

5.1.1　城市轨道项目建设单位职责

（1）城市轨道交通工程项目所有参建单位应将资料的形成和积累纳入轨道建设项目管理的各个环节和有关人员的职责范围。

（2）负责城市轨道项目档案的管理工作，并将档案工作纳入城市轨道建设单位工作计划，督促检查。

（3）在城市轨道项目招标及与参建各方签订合同与协议时，对城市轨道项目档案资料的编制提出明确要求。

（4）由城市轨道项目建设单位采购的建筑材料、构配件和设备，应保证建筑材料、构配件和设备符合设计文件和合同要求，保证相关物资文件的完整、真实和有效。

（5）负责监督各参建单位建设项目档案资料的形成、积累和立卷工作，在组织建设项目竣工验收时，凡未通过档案验收检查，该工程项目不得通过竣工验收。

（6）反映与项目有关的重要职能活动，具有查考利用价值的各种载体的文件，应收集齐全，归入建设项目档案。

5.1.2　城市轨道项目监理单位职责

严格按照监理合同履行监理职责，对所监管项目档案资料的形成、积累和立卷工作，各工程监理部门必须将单位（子单位）工程竣工文件材料的编制纳入监理职责范围，负责督促、检查施工单位竣工文件材料的收集、整理、立卷工作，审核、签署竣工文件。单位（子单位）工程验收前，要对竣工档案的真实性、完整性、准确性进行检查、评价，对所存在的问题提出整改意见、填报竣工资料审核意见单。

5.1.3　城市轨道项目施工单位职责

负责建设项目资料的管理工作，实行项目经理负责制，逐级建立健全建设项目档案管理岗位责任制。配备专职档案资料管理人员，随时收集建设项目建设过程中形成的文件和资料，执行城市轨道工程档案管理规章制度及管理办法，建设项目应在项目竣工验收完成后，按照验收意见整改，完成竣工档案数字化扫描加工，填写（打印）案卷封面，装订案卷，整理移交文件清册，并按规定的质量、数量在3个月内移交城市轨道项目建设单位和城建档案馆。城市轨道施工项目资料室和城市轨道施工项目存档如图5-1、图5-2所示。

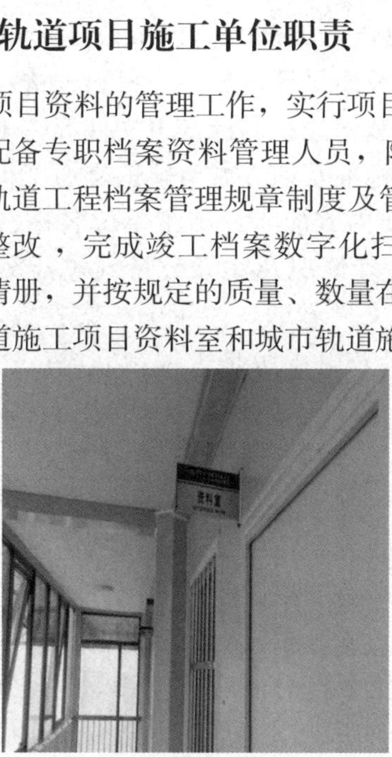

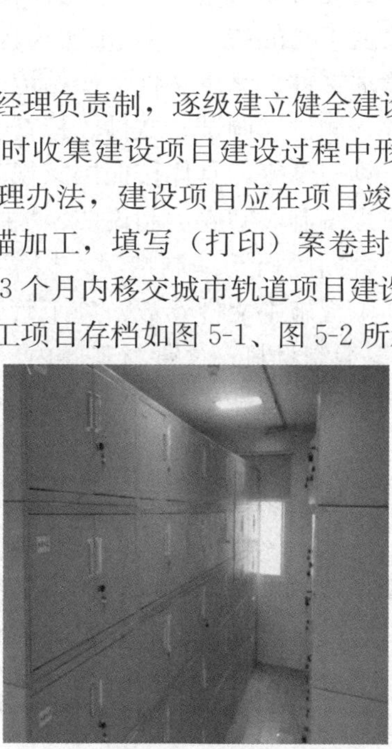

图5-1　城市轨道施工项目资料室

图 5-2　城市轨道施工项目资料存档

5.2　城市轨道工程施工竣工资料

城市轨道交通工程竣工资料是指从轨道项目开工到竣工全过程中形成的具有保存、查考利用价值的各种载体的文件材料。竣工资料是工程建设的真实记录，是施工技术、管理经验和科研成果的总结，是质量终身制追溯的文字体现。竣工资料对轨道交通工程以后的管理、运行有着重要的参考价值。为进一步规范轨道交通工程项目竣工档案管理工作，确保竣工资料完整、准确、系统，有必要依据国家及行业有关规定，结合轨道工程项目的实际情况，编制一套完善的轨道项目竣工资料。

城市轨道交通工程的竣工文件由施工单位负责编制，监理单位负责审核。主要内容有：施工综合管理文件、测量文件、原始记录及质量评定文件、材料（构、配件）质量保证书和复试文件、测试（调试）文件、检查安装记录、设计变更文件、竣工图、质量事故报告、预（结）算文件等，具体按照国家规范标准及地方城市轨道交通工程建设单位的要求。施工单位应当编制《案卷编制说明》，主要内容应有：施工单位名称、合同段名称及施工建设内容；合同段档案编制情况；档案整理情况及案卷数量（包括案卷总数，各单位、分部、分项工程施工文件卷数，施工管理文件卷数，竣工图、案卷数，照片、光盘、实物数量）、档案编制材料；文件材料卷内目录及电子版是否编制完成；档案案卷目录及电子版是否编制完成；设计变更文件及竣工图对应一览表是否编制完成；合同段设计变更文件份数；其他需要说明的问题（含档案员和技术负责人姓名）；电子、声像照片档案归档套数与纸质数量相一致。竣工资料移交 2 套，其中 1 套原件、1 套复印件。监理文件移交 1 套原件。城市轨道交通工程提交资料原件要齐全，签字、盖章要完备；设计变更内容要正确标注和修订在竣工图上，设计变更单内所有变更图号的图纸归入竣工图，作废图纸不需归档在竣工图内；设计变更通知单汇总表、施工图汇总表、设备厂家图纸、资料目录汇总表与实物一一对应；施工图汇总表、设计变更汇总表应按设计单位分别汇总，并有设计人员签字和盖章；编制“施工图汇总表”作为竣工图完整性审查依据；设备供货商提交施工单位归档“设备厂家图纸、资料目录汇总表”作为设备厂家、资料完整性审查依据。

城市轨道交通项目竣工资料应真实、完整和有效，参建单位、监理单位、项目业主工程师多方检查和审核，资料档案人员对收集、整理归档内容时的系统性和规范性进行指导，满足接收条件后，经各方审核后签字盖章移交。

5.2.1　城市轨道项目材料、立卷质量要求

（1）文件材料要准确、系统、齐全，内容真实，签署手续完备，符合《建设工程文件归档规范》《房屋建筑和市政基础设施工程档案资料管理规范》的要求。

（2）档案材料的材质与书写材料必须有利于长期保存。

（3）立卷应遵循文件材料的自然形成规律，保持卷内文件材料的有机联系，便于档案的保管和利用。

（4）工程准备阶段文件、监理文件、施工文件、竣工验收文件、竣工图以及不同载体的材料，原则上要分别组卷，组卷应合理有序。

（5）案卷内封面、卷内目录、备考表应使用激光打印机打印。

5.2.2　城市轨道项目立卷程序与标准

工程文件可按建设程序划分为工程准备阶段文件、监理文件、施工文件、竣工图、竣工验收文件、声像及电子文件六大类。一个建设工程项目由多个单位工程组成时，施工文件、竣工图应严格按单位工程分类组卷；工程准备阶段文件、监理文件、竣工验收文件、声像及电子文件应以项目为单位分类组卷，其中不同监理单位的监理文件应分别组卷。

1. 排列原则

（1）文字材料在前，图纸在后。

（2）文字材料按事项、专业顺序排列。同一事项的请示与批复、同一文件的印本与定稿、主件与附件不能分开，并按批复在前、报告在后，印本在前、定稿在后，主件在前、附件在后的顺序排列。

（3）图纸排列时，综合图在前，专业图在后；室外图在前，室内图在后；土建图在前，设备安装图在后。排列顺序为综合、建筑、结构、给水排水、电气、暖通等。

2. 排列顺序

工程文件共分六大类，排列顺序为：工程准备阶段文件、监理文件、施工文件、竣工验收文件、竣工图、声像及电子文件材料。

（1）一个建设工程项目由多个单位工程组成时，以项目为单位分类组卷的准备阶段文件、监理文件、竣工验收文件、声像及电子文件四大类，应排列在该项目的主要单位工程或第一个竣工的单位工程的相应位置。

（2）组卷应以文件材料的内容为主线，兼顾其他特征，使之联系密切，分级适当，类型鲜明，内容尽量单一，适当兼顾案卷厚度。文件材料中工程准备阶段文件、监理文件、施工文件、竣工验收文件四个部分应分别组卷。

（3）竣工图原则上按专业组卷，卷内按图号排序。当工程图纸较少时，也可合并立卷。

（4）案卷厚度以 20～30mm 为宜。

5.2.3 城市轨道项目施工资料整理

（1）去除文件材料上的金属物，对破损的文件材料进行托裱。

（2）文件材料统一整理成 A4 幅面（297mm×210mm）。卷内其他不同尺寸的材料，通过折叠、裱贴等达到统一。

（3）对于文件材料原件规格不足 A4 时，常用裱贴方法有两种：一是将每一张小尺寸的文件材料裱贴在一张 A4 规格的白纸上；二是将若干张（视原件大小定）需裱贴的小尺寸文件材料贴于一张 A4 规格的白纸上，但是文件之间不可重叠。裱贴时，应在左边留出大于 25mm 的装订边。

（4）裱贴衬纸用 70g 以上书写纸。

（5）图纸一律按手风琴折叠法，折成四号图幅规格（297mm×210mm），图签外露于右下角，图纸不应露白。

5.2.4 城市轨道项目施工资料编目

编目是指组成一个案卷后，编制卷内文件页号、卷内目录、卷内备考表、案卷封面。

1. 卷内文件页号

（1）卷内文件材料均按有书写内容的页面编写页号，每卷单独编号，页号从 1 开始。

（2）页号编写位置：单面书写的文件材料在右下角编写页号；双面书写的文件材料，正面在右下角，背面在左下角；图纸页号的编写位置应紧靠标题栏外的右下角。

（3）若是多张小尺寸文件材料裱贴于一张 A4 纸上的，每张小尺寸文件材料编写一个页号。

（4）页号编写一律使用号码机。

（5）案卷封面、卷内目录、备考表不编写页号。

2. 卷内目录的编制

卷内目录由序号、文件编号、责任者、文件题名、日期、页次和备注组成。

（1）序号用以固定卷内文件次序。卷内文件依其排列先后填写序号，序号用阿拉伯数字从 1 起依次标注。

（2）文件编号填写文件的文号或每张（类）图纸图号。

（3）责任者填写文件材料的主要形成单位（竣工图的责任者为施工单位），建材质保及材料出厂证明书的责任者可以省略。

（4）文件题名填写文件标题的全称，无标题的文件应根据内容拟写题名。

（5）日期填写编制文件的形成日期或形成的起止日期，质保资料的编制日期可以省略。

（6）页次填写每份（类）文件材料的起始页号，最后一份文件的页次应注明起止页号。

（7）备注填写需要说明的问题。

（8）卷内目录排列于卷内文件的首页之前。

3. 卷内备考表的编制

卷内备考表由本卷页数、说明、立卷人、审核人、时间等组成。

(1) 本卷页数填写已编号的文件材料的数量。

(2) 说明填写卷内文件缺损、修改、补充等情况。

(3) 立卷人应由立卷单位立卷责任人签名。

(4) 审核人应由案卷质量审核者签名。

(5) 日期应由立卷人、审核人等填写立卷日期和审核日期。

(6) 卷内备考表排列于卷内文件材料的尾页之后。

4. 案卷封面的编制

(1) 案卷封面采用内封面形式，主要内容有案卷题名、编制单位、编制日期、密级、保管期限。

(2) 案卷题名应简明扼要，准确揭示卷内文件材料的内容，便于保管和利用。

1) 案卷题名一般由项目名称、工程名称、分部工程或专业名称、卷内文件材料内容四个部分（要素）组成，字数控制在50个汉字内。

2) 同一项目的案卷题名，项目（工程）名称应按立项文件内容准确填写，保持前后一致。建设项目只有1个单位工程时，案卷题名只需写项目名称，工程名称省略；一个建设工程项目由多个单位工程组成时，案卷题名应写明项目名称和工程名称（或编号），如“桂花新村五期（项目名称）1～7号住宅（工程名称）工程准备阶段文件”。

3) 案卷题名中需增加建设单位名称的，应用单位全称或通用简称。如：“苏州市城市建设投资发展有限公司”，简称“苏州市城市建设投资公司”或“苏州市城投公司”，不得简称“苏州市投资公司”或“苏州市城建公司”。

4) 卷内文件材料内容应尽量揭示案卷内文件材料的主要内容。同一份、类文件材料内容可以用“之一、之二……”表示，但文字材料一般不超过3卷，图纸卷不能超过5卷。

5.2.5 城市轨道项目施工资料装订

(1) 案卷采用装订和不装订两种形式。即文字材料装订，图纸不装订。

(2) 装订采用三孔式，孔距为85mm，距纸张左边缘15mm，上中下位置距中，用棉线穿孔，结头打在背面。

5.2.6 城市轨道项目施工资料照片的整理

(1) 照片按照工程前期、施工过程、竣工验收三个阶段的次序分类排列。

(2) 将排列整理好的照片，依次粘在芯页上，芯页规格统一为297mm×210mm(A4)。2张照片粘一张芯页。

(3) 每张照片应编写页码，有简洁扼要的文字说明，要写明被摄物所在的具体地点、时间、内容（含人物）。

(4) 对于一组联系密切的照片应加以总说明。

(5) 编目、拟定案卷标题等，参照文件材料要求进行。

(6) 照片材料原则上应单独立卷。当照片较少时（几张），可不单独立卷，将整理好的芯页排列在竣工验收文件之后，与竣工验收文件一并立卷。

5.2.7 著录

城市轨道交通工程的著录按规范及地方《城建档案馆档案著录规则》要求进行，应准确、规范，不能随意使用简化用语。著录项目的有关内容应与该工程档案的案卷封面内容相符。

5.2.8 检测机构档案管理

（1）检测机构应建立档案管理制度，指定专人负责各类资料的搜集和归档。

（2）档案内容主要包括管理档案、技术档案。

1）管理档案包括：标准规范、质量管理体系文件、质量体系运行记录、人员资料、法律法规文件、上级部门来文、内部行政文件、设备资料等。

2）技术档案包括：检测合同、委托书、抽样记录、原始记录、检测报告、检测报告登记等。

（3）档案应用书面资料存档，并以书面资料为准，同时用电子文档辅助保存，但不得违背原档案文件管理的要求。电子档案的保存应有防止信息丢失或被篡改的可靠措施。

（4）档案的保存应有符合保存要求的固定场所。

（5）档案保存时间：

1）检测合同、委托书、原始记录、检测报告保存期应符合有关规定，无规定时保存15年。

2）检测软件数据备份长期保存。

3）设备档案的保存期应保留到设备报废后1年。

4）技术人员档案的保存期应保留到该人员退休或与单位解除劳动关系后1年。城市轨道项目结算报告存档、城市轨道项目竣工报告归档和检测单位资料存档如图5-3～图5-5所示。

图5-3　城市轨道项目结算报告存档

图5-4　城市轨道项目竣工报告归档

图 5-5　检测单位资料存档

5.3　检测资料信息化管理

随着信息化的不断发展，计算机、扫描仪等作为检测资料拷贝存储的主要介质，在各项工作的信息化管理中作出了卓越的贡献。城市轨道交通工程施工单位检测资料信息化管理也在借助这种手段，利用计算机等硬件设备，实现检测资料的科学存储与网络共享化，以发挥资料的最大价值。检测资料信息化管理使得工程项目施工团队从传统、经验、习惯式管理向程序化、制度化、标准化管理转变，从之前人工归档的简单化、粗放式管理，转变为科学化、规范化、精细化管理。从以往来说，施工单位检测资料量大、无序且缺乏统一分类，但同时查阅量较大，传统的人工整理归档在实践中已凸显各种问题，因此，施工项目检测资料信息化管理势在必行。

5.3.1　施工检测资料信息化优点

1. 方便各部门查阅

以往，人工纸质化检测资料满足短期工程查阅归档需要，但长时间来看，其不方便携带、不方便快速查阅、修改手续繁杂，同时缺乏统一分类，施工项目进行一段时间后，常常会有前期检测资料部分丢失的情况，造成各种不利影响。检测资料信息化管理利用计算机等软硬件，将检测资料等信息编进数据库中，这样既方便检索查阅，又不受纸质数量的影响，极大地方便了各部门查阅。

2. 方便管理，节省人力、物力、财力

传统的检测资料管理需要大量的人力、物力、财力，同时也占用了很多储藏空间。数字信息化检测资料管理可以代替诸多人力，且有巨大的资料存储空间，提高了检索速度和效率，提高了资源共享的效率。

3. 管理理念、水平的创新

检测资料信息化是以计算机应用为主要手段的管理模式，这有利于管理思想的转变和理念的更新，是提高项目管理能力水平的重要途径之一。同时，支持无纸化办公、实现检测资料的收集、整理、审核及归档一体化，也会给业务实施管理水平带来质的飞跃。

5.3.2 检测资料信息化管理系统的开发

“检测资料信息化管理系统”将以专业的、易用的信息管理平台对检测资料信息数据进行统一集中管理，使得总管部门、各二级部门之间实现数字信息自动归档和共享，能及时方便地查阅有关资料信息。

该系统提供文件管理子系统、档案管理子系统、查询利用子系统、系统维护子系统以及统一的业务系统接口。

（1）文件管理子系统实现了文件组卷、文件鉴定、案卷号和归档号的生成等功能。

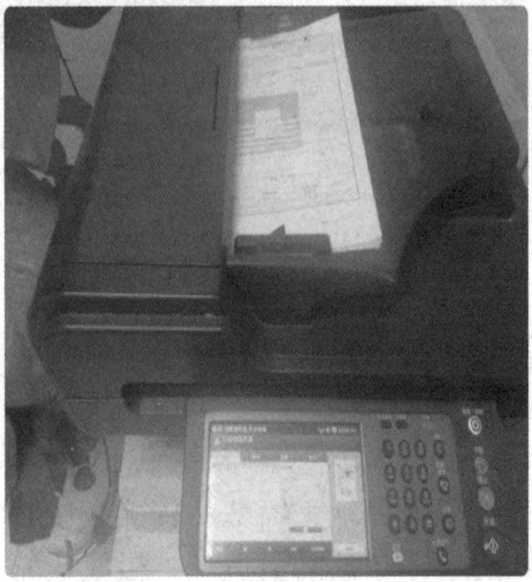

图 5-6　资料自动扫描

（2）档案管理子系统实现了编目管理、原文件管理、档案检索、移交接收、档案保存、档案统计、档案查阅、档案编研等功能。

（3）查询利用子系统，实现每个人在自己的权限范围内，进行目录及原文的查询、借阅情况查询、档案所在部门查询及打印等功能，对于在自己权限范围外的文档，要经过相关审批流程，得到批准后，才可以对之进行利用。

（4）归档接口。接收 OA 系统的基础数据，实现与 OA 系统的无缝连接。为了扩展的需要，预留对其他管理系统的接口。资料自动扫描、资料扫描、验收资料整理、验收资料和档案资料存放如图 5-6～图 5-10 所示。

图 5-7　资料扫描

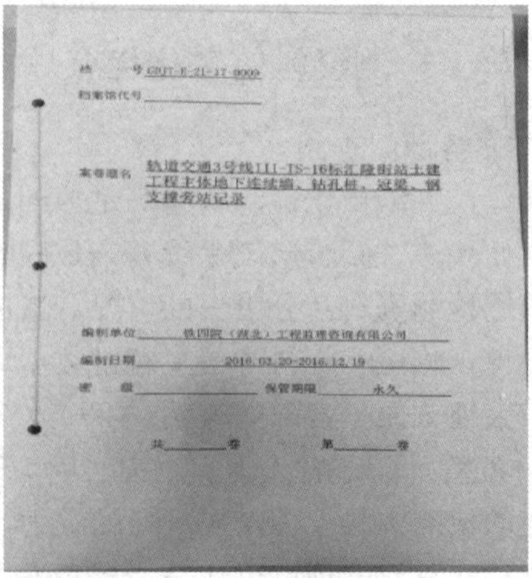

图 5-8　验收资料整理

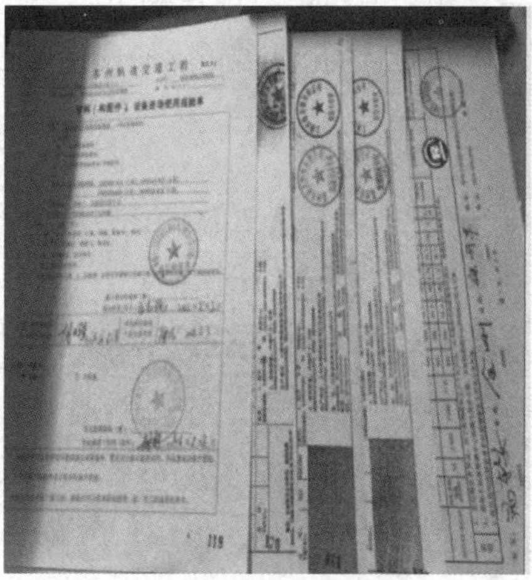

图 5-9 验收资料

图 5-10 档案资料存放

5.3.3 检测机构信息化管理

1. 信息化基本要求

（1）检测软件应通过省检测主管部门组织的评审。

（2）检测软件设计应严谨，生成的记录、报告格式应符合相关规程的规定，且能够对各种非法操作进行有效的控制并记录。

（3）检测软件控制的操作流程必须符合国家及省行业主管部门的要求，并应根据标准、规范更新情况及时更新和扩充。

（4）检测软件应能将数据用互联网传输到省检测监管系统。

（5）检测软件应能实现对检测数据自动备份的功能，长期保存，防止数据的非法生成、变更、丢失及破坏。

（6）检测软件应能通过工程质量监督注册号、工程名称、委托单位名称等进行有关信息的检索、统计。

（7）检测软件应能对检测数据等信息的修改实施监督检查。

2. 信息化安全性要求

（1）检测软件登录应采用权限控制机制。

（2）检测软件应能实现对不同人员操作不同功能模块、不同检测项目的权限进行设定和管理。

1）委托登记：仅能对检测流程中委托登记部分规定的功能进行操作。

2）检测人员：仅能对取得岗位合格证的检测项目进行操作，自动采集数据系统的数据和经检测得出的数据严禁随意修改。

3）审核人：仅能对检测项目的委托信息、检测数据、计算结果及结论进行审核，不能修改数据。若发现有误，应退回检测人员按规定进行更正。

4）签发人：仅能对检测项目的相关信息、数据、结果及结论进行签发，不能修改数据。若发现有误，应退回按规定进行更正。

5）报告打印：检测报告自动生成，检测报告打印人员仅能打印检测报告。

6）系统管理员：能够对整个系统进行管理维护，但不能对已形成的检测报告进行修改、删除等操作。

7）查询：对查询、统计等进行权限设置。

（3）系统管理员只能在允许的界面中维护，严禁对系统底层进行操作。检测系统登录界面和检测系统委托收样等管理界面如图 5-11、图 5-12 所示。

图 5-11　检测系统登录界面

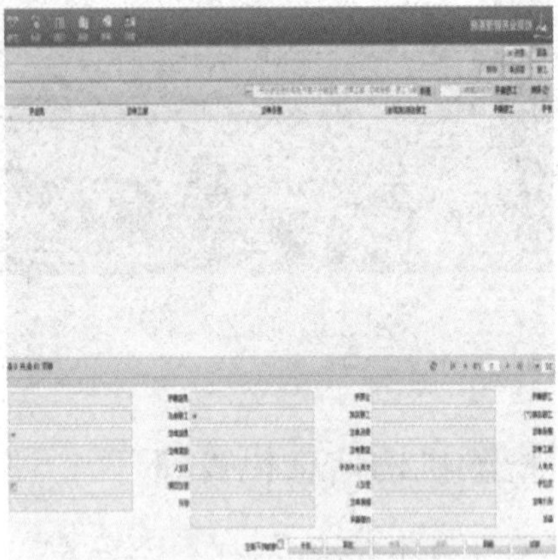

图 5-12　检测系统委托收样等管理界面

3. 检测数据管理

（1）检测软件应能够记载相关规范要求的信息。

（2）检测软件对数据和检测结论的定义与描述应符合国家相关标准的要求。

（3）应确保数据及数据结果符合数据库系统本身的特点与要求，尽可能降低数据的冗余。

（4）数据计算、结果修约、结论判定等数据处理，必须按照相关标准要求执行。

（5）对录入的检测数据，经确认后需要更正，必须有一定的程序，并可追溯到源数据。

（6）数据库应有存贮 5 年以上检测数据的容量。

4. 检测数据自动采集

（1）自动采集所使用仪器应当通过有资质机构的计量检定。

（2）自动采集所使用仪器应进行必要的期间核查。

（3）须采用数据自动采集和自动控载的检测项目应符合地方规程的规定。

（4）自动采集的数据应直接进入检测软件，并可通过软件打印检测报告。钢筋试件数据自动采集和混凝土试件数据自动采集如图 5-13、图 5-14 所示。

5. 检测软件的维护

（1）检测软件使用单位应定期对软件进行核查，确保软件的功能持续符合相应标准的要求。

（2）当软件进行局部修改、升级或增添功能时，应对其适用性进行测试。

（3）检测软件应根据国家有关检测的标准及规范的修订，及时更新软件。软件更新应通过“建设工程质量监督网”网上实施。

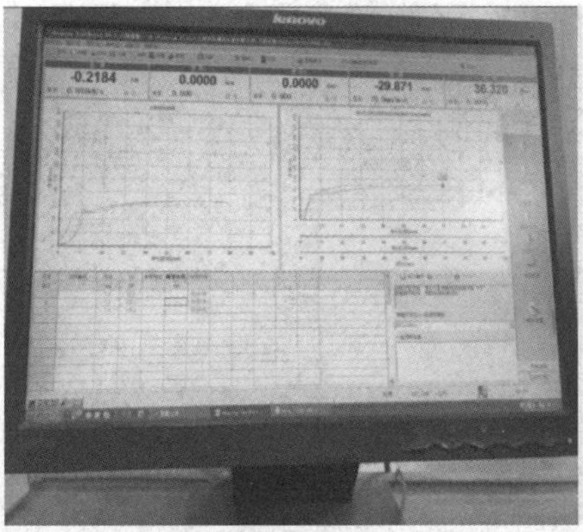

图 5-13　钢筋试件数据自动采集

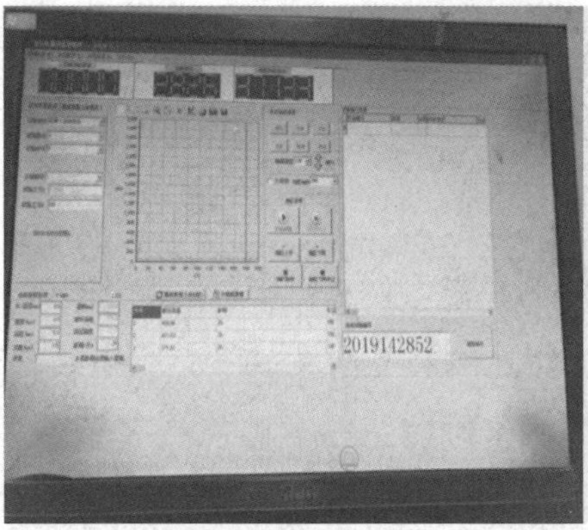

图 5-14　混凝土试件数据自动采集

5.3.4　检测机构信息化远程监督管理

1. 基本要求

（1）检测机构应接受建设行政主管部门、工程质量监督机构的检测远程监管。检测远程监控主要包括对检测机构的检测数据、检测报告监控和视频监控。

（2）检测机构应有专人负责信息化管理工作，确保检测业务软件有效运行及互联网的畅通，检测远程监控所需信息能及时、完整、准确地传送到检测监管系统，并应及时更新。

（3）检测机构应安排信息化管理工作人员检查自身系统，保证其符合监管要求，相关信息上传至检测监管系统，检测视频监控设备开通并运行正常。

（4）新成立检测机构在开展检测业务前应符合网上远程监控的要求。

2. 社会监督

（1）检测机构应将资质（备案）证书、计量认证证书原件扫描并上传到省检测监管系统。检测机构在资质（备案）、计量认证扩项后，应将扩项后的资质（备案）、计量认证证书原件扫描上传到省检测监管系统。

（2）资质（备案）证书、计量认证证书应使用原件扫描成彩色图片，扫描分辨率为300DPI（线），图片大小为100～150kB，JPG格式。检测服务流程标准化公示、检测资质能力公示和检测收费标准公示如图5-15～图5-17所示。

图 5-15　检测服务流程标准化公示

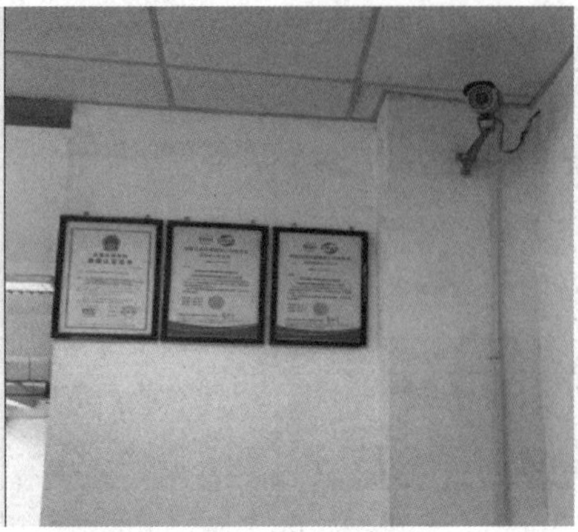

图 5-16　检测资质能力公示

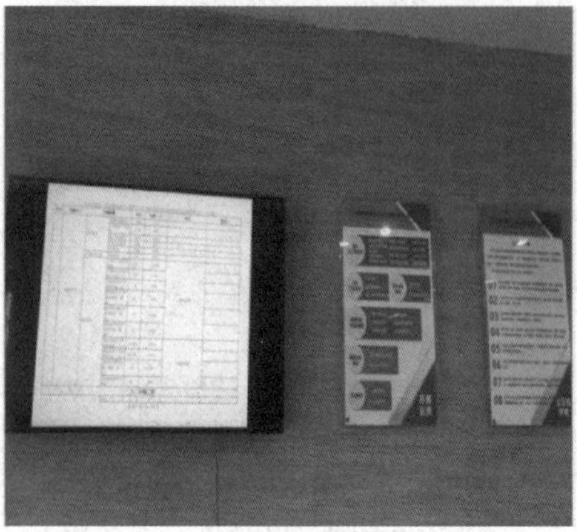

图 5-17　检测收费标准公示

3. 政府监管

（1）各建设行政主管部门可通过检测监管系统检查当地和为当地服务的检测机构的检测工作行为，主要检查是否超资质出具检测报告、检测报告编号是否规范连续、检测工作行为是否符合相关规程的要求。

（2）工程质量监督人员可通过工程质量监督业务系统检查所监督工程的检测报告，实施工程质量监督与工程质量检测互动。工程质量监督人员对工程质量进行监督时除检查书面检测报告外，还可核查监督业务系统中的检测报告，并以工程质量监督业务系统中的检测报告为准。

（3）当工程未报监、未取得工程质量监督注册号，已进行工程质量检测时，检测机构应在工程质量监督注册号处填写工程所在当地质量监督站代码，工程一旦取得监督注册号后，检测机构应在系统中填写监督注册号。

（4）检测机构出具资质（备案）范围内管理的检测项目和参数的检测报告以省检测监管系统中检测报告为准，如只有书面检测报告，检测监管系统中没有相应检测报告，此书面检测报告作为虚假检测报告，按地方规程中规定处理。

4. 视频监管

（1）检测机构视频必须安装 4 路或以上视频监控点。视频覆盖接样室、混凝土试块、水泥砂浆试块及钢筋等力学性能检测室，且能观察到试样留置区域情况。

（2）检测机构工作时间内必须满足通过检测监管系统实现对检测机构视频远程监控、录像存储、云台控制等操作。

（3）应确保移动侦测录像，录像保存时间为 2 个月，以 D1 格式（720×576）录像。若硬盘空间不足，必须以 CD/DVD 等介质刻录保存。检测验收受理视频、检测留样间视频和检测试验室视频如图 5-18～图 5-20 所示。

5. 数据监管

（1）检测机构应确保自动采集的检测数据、检测报告即时上传至检测监管系统。

（2）检测机构应对所有检测项目和参数的计算过程、结果及结论进行复核并做相应记录，发现错误或有异议，以国家标准、规范为准，同时告知检测软件管理部门。

图 5-18　检测验收受理视频

图 5-19　检测留样间视频

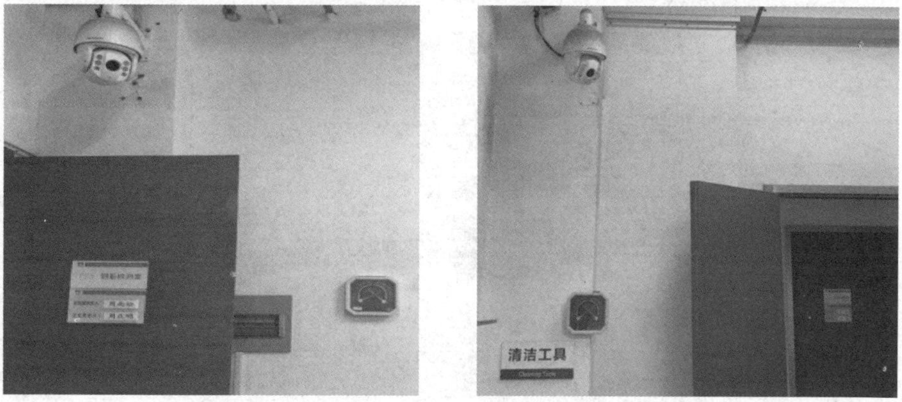

图 5-20　检测试验室视频

（3）修改委托信息、检测数据等必须在检测软件中有修改记录，备查。检测监控、数据上传等机房，检测监控、数据上传设备，检测自动化服务管理系统，委托录入系统界面和检测数据实时上传界面如图 5-21～图 5-25 所示。

图 5-21　检测监控、数据上传等机房

图 5-22　检测监控、数据上传设备

图 5-23　检测自动化服务管理系统

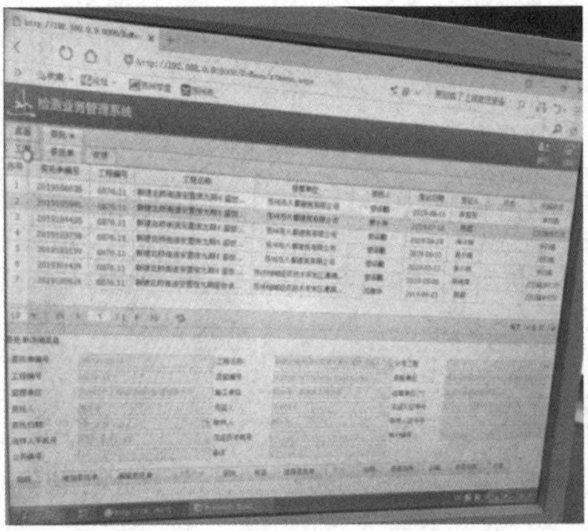

图 5-24　委托录入系统界面

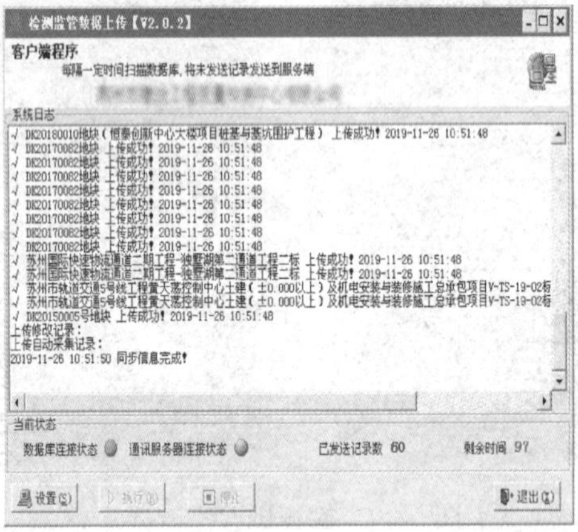

图 5-25　检测数据实时上传界面

第三篇　现场取样检测

建筑材料（包括原辅材料、半成品、成品）、构配件的质量是城市轨道交通工程质量的基础，也是提升建设工程质量、建造百年工程的基本保障。规范有效地开展现场取样检测，能及时地发现不合格材料，消除隐患，为工程建设的有序开展保驾护航。

现场取样检测是指在城市轨道交通工程建设过程中，依据国家现行标准规范、设计文件以及地方行业管理要求，对需要进场复验（复试）的建筑材料（包括原辅材料、半成品、成品）、构配件等进行见证取样送检的过程。

根据城市轨道交通工程建设的特点，以分部分项工程为主线，本篇分为5章，分别是土建工程现场取样检测、装饰装修工程现场取样检测、机电工程现场取样检测、系统工程现场取样检测和轨道工程现场取样检测。

城市轨道交通工程建设过程中使用的建筑材料（包括原辅材料、半成品、成品）、构配件种类繁多，同一种材料在不同分项工程中可能都会涉及，且技术要求可能也不尽相同。为此，对于技术要求不同的材料，将根据标准规范要求逐一列入；对于要求基本相同的材料，不再复述。

鉴于城市轨道交通工程的重要性及特殊性，除对国家现行标准规范、设计文件有进场复验的材料（参数）外，也列入了一些地方行业要求的以及一些虽暂无要求，但按习惯开展检测的材料（参数）。

在具体写法上，以服务现场为主要目标，以准确、简洁、实用为基本要求，从相关标准、检测参数及检测频率、结果判定和常见检测问题及分析四个方面进行了梳理。

第 6 章　土建工程现场取样检测

城市轨道交通土建工程涉及混凝土工程、钢筋工程、模板工程、预应力结构、防水工程、地基基础与支护工程、钢结构工程、区间工程、屋面工程、声屏障工程。

城市轨道交通土建工程中屋面工程涉及的防水材料主要包括改性沥青防水卷材、合成高分子防水卷材、防水涂料、密封材料以及一些配套材料，其检测详见第 6.5 节。屋面工程涉及的钢结构材料主要包括型钢、钢板、钢管、高强度螺栓及连接副、防腐防火涂料等，其检测详见第 6.7 节。

为方便读者，将土建工程中涉及的材料、构配件按四个不同阶段需要进行的检验进行分类，分别为出厂检验、进场检验、安装检验和调试检验。

出厂检验：用于土建工程的各类原材料、构配件及半成品均应进行出厂检验，出厂检验项目应覆盖产品规范要求的全部参数。属于同一工程项目且同期施工的多个单位工程，对同一厂家生产的同批材料、构配件及半成品，可统一划分检验批对品种、规格、外观和尺寸等进行验收。各类原材料、构配件及半成品包装完好，并应有产品合格证书、中文说明书及性能检验报告等质量证明材料，进口产品应按规定进行商品检验。

进场检验：水泥、砂、石、粉煤灰、粒化高炉矿渣粉、混凝土外加剂、水、商品混凝土拌合物、钢筋原材、钢筋焊接网、钢筋焊接件、钢筋机械连接、钢绞线、锚夹具及连接器、金属波纹管、塑料波纹管、盆式支座、球型支座、板式橡胶支座、水泥基桥梁支座灌浆料、管道压浆料（剂）、回填料、改良土外加剂、PHC 管桩、钢材（包含钢板及镀锌钢板）、连接用紧固件、防腐防火涂料、注浆材料、钢管片、管片连接螺栓及连接副、速凝剂、锚杆用钢筋、管栅、超前小导管、型钢、排水板、土工复合材料、声屏障等。

安装检验：无。

调试检验：无。

6.1　混 凝 土 工 程

混凝土作为城市轨道交通工程的重要材料，选取合适的胶凝材料、砂、石、外加剂、水，根据工程设计要求，按照适当的比例，拌和而成。城市轨道交通工程混凝土除工作性能、强度、抗渗性符合相关设计规定外，混凝土耐久性也应满足地下工程的要求。不同地区根据环境不同，对耐久性指标要求不同。

6.1.1　水泥

水泥是一种粉状水硬性无机胶凝材料，加入适量水后，既能在空气中硬化，又能在水中硬化，并能把砂、石或纤维等材料牢固地胶结在一起。长期以来，水泥作为一种重要的胶凝材料，广泛应用于土木建筑、水利、国防等工程。水泥根据包装方式不同分为散装水泥和袋装水泥，如图 6-1、图 6-2 所示。通用硅酸盐水泥根据混合材料的品种和掺量不同分为硅酸盐水泥、普通硅酸盐水泥、矿渣硅酸盐水泥、火山灰质硅酸盐水泥、粉煤灰硅酸盐水泥和复合硅酸盐水泥，城市轨道工程中常用的水泥品种为散装普通硅酸盐水泥。

图 6-1 散装水泥

图 6-2 袋装水泥

1. 相关标准

《通用硅酸盐水泥》GB 175。

2. 检测参数及检测频率

检测参数：强度、凝结时间、安定性、细度等。

检测频率：按同一生产厂家、同一等级、同一品种、同一批号的水泥，袋装水泥不超过 200t 为一批，散装水泥不超过 500t 为一批，每批检测不少于一次。

注：当使用中对水泥质量有怀疑或水泥出厂超过 3 个月（快硬硅酸盐水泥超过 1 个月）时，应复查试验，并按其结果使用。

3. 结果判定

（1）强度：不同品种不同强度等级的通用硅酸盐水泥其不同龄期的强度应符合表 6-1 的规定。

通用硅酸盐水泥不同龄期的强度应符合规定 **表 6-1**

品 种	强度等级	抗压强度（MPa）		抗折强度（MPa）	
		3d	28d	3d	28d
硅酸盐水泥	42.5	≥17.0	≥42.5	≥3.5	≥6.5
	42.5R	≥22.0		≥4.0	
	52.5	≥23.0	≥52.5	≥4.0	≥7.0
	52.5R	≥27.0		≥5.0	
	62.5	≥28.0	≥62.5	≥5.0	≥8.0
	62.5R	≥32.0		≥5.5	
普通硅酸盐水泥	42.5	≥17.0	≥42.5	≥3.5	≥6.5
	42.5R	≥22.0		≥4.0	
	52.5	≥23.0	≥52.5	≥4.0	≥7.0
	52.5R	≥27.0		≥5.0	

续表

品 种	强度等级	抗压强度（MPa）		抗折强度（MPa）	
		3d	28d	3d	28d
矿渣硅酸盐水泥 火山灰质硅酸盐水泥 粉煤灰硅酸盐水泥	32.5	≥10.0	≥32.5	≥2.5	≥5.5
	32.5R	≥15.0		≥3.5	
	42.5	≥15.0	≥42.5	≥3.5	≥6.5
	42.5R	≥19.0		≥4.0	
	52.5	≥21.0	≥52.5	≥4.0	≥7.0
	52.5R	≥23.0		≥4.5	
复合硅酸盐水泥	42.5	≥15.0	≥42.5	≥3.5	≥6.5
	42.5R	≥19.0		≥4.0	
	52.5	≥21.0	≥52.5	≥4.0	≥7.0
	52.5R	≥23.0		≥4.5	

（2）凝结时间：硅酸盐水泥初凝时间不小于 45min，终凝时间不大于 390min。普通硅酸盐水泥、矿渣硅酸盐水泥、火山灰质硅酸盐水泥、粉煤灰硅酸盐水泥和复合硅酸盐水泥初凝时间不小于 45min，终凝时间不大于 600min。

（3）安定性：沸煮法合格。

（4）细度（选择性指标）：硅酸盐水泥和普通硅酸盐水泥的细度以比表面积表示，其比表面积不小于 $300m^2/kg$ 且不宜超过 $350m^2/kg$；矿渣硅酸盐水泥、火山灰质硅酸盐水泥、粉煤灰硅酸盐水泥和复合硅酸盐水泥的细度以筛余表示，其 80μm 方孔筛筛余不大于 10%或 45μm 方孔筛筛余不大于 30%。

（5）水泥中碱含量按 $Na_2O+0.658\ K_2O$ 计算值表示。若使用活性集料，必须采用低碱水泥，水泥中碱含量应不大于 0.60%或由设计规定。

（6）硅酸盐水泥、普通硅酸盐水泥中的铝酸三钙含量不宜超过 8%，大体积混凝土所用水泥 3d 水化热不宜大于 240kJ/kg，7d 水化热不宜大于 270kJ/kg。

4. 常见检测问题及分析

（1）水泥取样分为手工取样和自动取样。取样不合格原因包括：样品取样时没有按照规范要求使用取样器；没有在规范要求的部位取样；没有按照取样步骤取样；取样数量不满足检测要求。

（2）送检过程中没有按照规范要求做好密封造成受潮或者污染；封存容器不符合要求；封存样未加封条。

（3）送检单位提供的水泥样品信息缺少、错误或与实际送检水泥样品不符。

（4）水泥的强度和细度（比表面积）较容易出现不合格，城市轨道交通工程使用水泥需关注这两项指标的波动情况。

6.1.2 砂

砂按照来源分为天然砂、机制砂，如图 6-3、图 6-4 所示，按直径不同分为粗砂、中砂和细砂。城市轨道交通工程中常用细度模数为 2.3～3.0 的Ⅱ区中砂，不得使用山砂、未经淡化的海砂及风化严重的多孔砂。

图 6-3　天然砂

图 6-4　机制砂

1. 相关标准

(1)《普通混凝土用砂、石质量及检验方法标准》JGJ 52；

(2)《建设用砂》GB/T 14684。

2. 检测参数及检测频率

检测参数：颗粒级配、含泥量、泥块含量、氯离子含量等。

检测频率：同一产地、同一规格分批验收。以 400m^3 或 600t 为一验收批，每批检测不少于一次。其中氯离子含量按同一产地、同一规格、3 个月内连续进场的黄砂为一验收批，每批检测不少于一次。

3. 结果判定

(1) 颗粒级配。配制混凝土优先选用Ⅱ区砂。砂的实际颗粒级配与表 6-2 的累计筛余相比，除公称粒径为 5.00mm 和 630μm 的累计筛余外，其余公称粒径的累计筛余可稍有超出分界线，但总超出量不应大于 5%。

砂颗粒级配区　　　　**表 6-2**

累计筛余(%) 级配区 / 公称粒径	Ⅰ区	Ⅱ区	Ⅲ区
5.00mm	10～0	10～0	10～0
2.50mm	35～5	25～0	15～0
1.25mm	65～35	50～10	25～0
630μm	85～71	70～41	40～16
315μm	95～80	92～70	85～55
160μm	100～90	100～90	100～90

(2) 含泥量。天然砂中含泥量应符合表 6-3 的规定。

天然砂的含泥量　　表 6-3

混凝土强度等级	≥C60	C55～C30	≤C25
含泥量（按质量计，%）	≤2.0	≤3.0	≤5.0

对于有抗冻、抗渗或其他特殊要求的小于或等于 C25 混凝土用砂，其含泥量不应大于 3.0%。

（3）泥块含量。砂中泥块含量应符合表 6-4 的规定。

天然砂的泥块含量　　表 6-4

混凝土强度等级	≥C60	C55～C30	≤C25
泥块含量（按质量计，%）	≤0.5	≤1.0	≤2.0

对于有抗冻、抗渗或其他特殊要求的小于或等于 C25 混凝土用砂，其泥块含量不应大于 1.0%。

（4）氯离子含量。钢筋混凝土用砂，其氯离子含量不得大于 0.06%（以干砂的质量百分率计）；预应力混凝土用砂，其氯离子含量不得大于 0.02%（以干砂的质量百分率计），沿海地区根据地质环境不同需对氯离子含量提高要求。

（5）碱含量。当集料的砂浆棒膨胀率大于等于 0.10%且小于 0.20%时，混凝土碱含量应不超过 3.0kg/m^3；当集料的砂浆棒膨胀率大于等于 0.20%且小于 0.30%时，除碱含量应满足规定外，还应采取掺加矿物掺合料等抑制碱集料反应的技术措施，并经试验证明抑制有效。不得使用砂浆棒膨胀率大于等于 0.30%的集料，不得使用具有碱活性的集料。

（6）机制砂与天然砂相比，除检测颗粒级配、含泥量、泥块含量等参数外，必须检测 MB 值和石粉含量、压碎值。轨道工程混凝土中如使用机制砂，MB 值应小于 1.4 且石粉含量不大于 7.0%。海砂需要关注氯盐、贝壳及轻物质等有害物质含量，未经淡化的海砂会造成钢筋过早锈蚀，不得用于轨道混凝土。

4. 常见检测问题及分析

（1）在料堆上取样时，未将取样部位表层铲除或者未从不同部位随机抽取大致等量的砂 8 份组成一组样品；从皮带运输机上取样时，未采用与皮带等宽的接料器，或者未随机抽取等量砂 4 份组成一组样品；从火车、汽车、货船上取样时，未从不同部位和深度随机抽取大致等量的砂 8 份组成一组样品。

（2）提供的砂样品信息错误或与实际送检砂样品不符。

（3）砂的细度模数和含泥量、泥块含量较容易出现不合格，城市轨道交通工程用砂需关注这三项指标的波动情况。

6.1.3　石

混凝土用石包括碎石和卵石。碎石是由天然岩石、卵石或矿石经机械破碎、筛分制成的，粒径大于 4.75mm 的岩石颗粒，如图 6-5 所示；卵石是由自然风化、水流搬运和分选、堆积形成的，粒径大于 4.75mm 的岩石颗粒，如图 6-6 所示。城市轨道工程中通常选用级配合理、粒形良好、质地坚固的洁净碎石。

图 6-5　碎石

图 6-6　卵石

1. 相关标准

（1）《普通混凝土用砂、石质量及检验方法标准》JGJ 52；

（2）《建设用卵石、碎石》GB/T 14685。

2. 检测参数及检测频率

检测参数：颗粒级配、含泥量、泥块含量、针片状含量、压碎值、碱含量等。

检测频率：同一产地、同一规格分批验收。以 400m³ 或 600t 为一验收批，每批检测不少于一次。

3. 结果判定

（1）颗粒级配。碎石或卵石的颗粒级配，应符合表 6-5 的要求。混凝土用石应采用连续粒级，单粒级宜用于组合成满足要求的连续粒级；也可与连续粒级混合使用，以改善其级配或配成较大粒度的连续粒级。

当卵石的颗粒级配不符合表 6-5 要求时，应采取措施并经试验证实能确保工程质量后，方允许使用。

碎石（卵石）颗粒级配范围　　表 6-5

级配情况	公称粒级（mm）	累计筛余（按质量，%）											
		方孔筛筛孔边长尺寸（mm）											
		2.36	4.75	9.5	16.0	19.0	26.5	31.5	37.5	53	63	75	90
连续粒级	5～10	95～100	80～100	0～15	0	—	—	—	—	—	—	—	—
	5～16	95～100	85～100	30～60	0～10	0	—	—	—	—	—	—	—
	5～20	95～100	90～100	40～80	—	0～10	0	—	—	—	—	—	—
	5～25	95～100	90～100	—	30～70	—	0～5	0	—	—	—	—	—
	5～31.5	95～100	90～100	70～90	—	15～45	—	0～5	0	—	—	—	—
	5～40	—	95～100	70～90	—	30～65	—	—	0～5	0	—	—	—
单粒级	10～20	—	95～100	85～100	—	0～15	0	—	—	—	—	—	—
	16～31.5	—	95～100	—	85～100	—	—	0～10	0	—	—	—	—
	20～40	—	—	95～100	—	85～100	—	—	0～10	0	—	—	—
	31.5～63	—	—	—	95～100	—	—	75～100	45～75	—	0～10	0	—
	40～80	—	—	—	—	95～100	—	—	70～100	—	30～60	0～10	0

（2）针片状颗粒含量、含泥量。碎石或卵石中针、片状颗粒含量应符合表 6-6 的规定。

针、片状颗粒含量　　表 6-6

混凝土强度等级	≥C60	C55～C30	≤C25
针、片状颗粒含量（按质量计,%）	≤8	≤15	≤25

（3）针片状颗粒含量、含泥量。碎石或卵石中含泥量应参见表 6-4 的规定。

对于有抗冻、抗渗或其他特殊要求的混凝土，其所用碎石或卵石中含泥量不应大于 1.0%。当碎石或卵石的含泥是非黏土质的石粉时，其含泥量可由表 6-7 的 0.5%、1.0%、2.0%，分别提高到 1.0%、1.5%、3.0%。

（4）泥块含量。碎石或卵石中泥块含量应符合表 6-7 的规定。

碎石或卵石中泥块含量　　表 6-7

混凝土强度等级	≥C60	C55～C30	≤C25
泥块含量（按质量计,%）	≤0.2	≤0.5	≤0.7

对于有抗冻、抗渗或其他特殊要求的强度等级小于 C30 的混凝土，其所用碎石或卵石中泥块含量不应大于 0.5%。

（5）碱含量：碎石或卵石碱含量检测指标要求同第 6.1.2 小节，此处不做详细描述。

4. 常见检测问题及分析

（1）在料堆上取样时，取样部位没有均匀分布，取样部位表层未铲除，没有在规范要求的部位取样，未在各部位抽取大致相等的石 16 份组成一组样品；在皮带运输机上取样时，未使用接料器在运输机机位出料处定时抽取石 8 份组成一组样品；在火车、汽车、货船上取样时，未从不同部位和深度抽取大致相等石 16 份组成一组样品。

（2）二级配或三级配碎石、卵石应定期进行筛分自检试验，掺配比例按照筛分结果进行调整，在取样送检时根据实际筛分结果填写掺配比例。

6.1.4　粉煤灰

粉煤灰是从煤燃烧后的烟气中收捕下来的细灰，是燃煤电厂排出的主要固体废物，外观类似水泥，颜色在乳白色到灰黑色之间，如图 6-7 所示。粉煤灰有低钙粉煤灰和高钙粉煤灰之分，颗粒呈多孔型蜂窝状组织，比表面积较大，具有较高的吸附活性，在混凝土中掺入适量粉煤灰能有效改善混凝土拌合物和易性及耐久性。城市轨道工程通常选用 F 类Ⅰ级或Ⅱ级灰，拌制大体积混凝土时，严禁使用 C 类粉煤灰。在使用粉煤灰前应进行预拌试验，对于搅拌及生产过程中释放强烈氨味的脱硝粉煤灰，禁止使用。

1. 相关标准

《用于水泥和混凝土中的粉煤灰》GB/T 1596。

2. 检测参数及检测频率

检测参数：细度、烧失量、含水量、三氧化硫含量、需水量比等。

检测频率：相同厂家、相同等级、相同种类、同一批号的粉煤灰不超过 200t 为一批，每批检测不少于一次。取样方法按《水泥取样方法》GB/T 12573 进行，取样应有代表

图 6-7　粉煤灰

性，可连续取，也可从 10 以上不同部位取等量样品，总量至少 3kg。

3. 结果判定

拌制砂浆和混凝土用粉煤灰理化性能要求见表 6-8。

拌制砂浆和混凝土用粉煤灰理化性能要求　　　　**表 6-8**

检　测　项　目		理化性能要求		
		Ⅰ级	Ⅱ级	Ⅲ级
细度（45μm 方孔筛筛余，%）	F 类粉煤灰	≤12.0	≤30.0	≤45.0
	C 类粉煤灰			
需水量比（%）	F 类粉煤灰	≤95	≤105	≤115
	C 类粉煤灰			
烧失量（%）	F 类粉煤灰	≤5.0	≤8.0	≤10.0
	C 类粉煤灰			
含水量（%）	F 类粉煤灰	≤1.0		
	C 类粉煤灰			
三氧化硫（SO_3）质量分数（%）	F 类粉煤灰	≤3.0		
	C 类粉煤灰			

4. 常见检测问题及分析

（1）样品取样时没有按照规范要求使用取样器；没有在规范要求的部位取样；没有按照取样步骤取样；取样量不满足要求；样品取得后未储存在密闭容器中；储存容器不符合洁净、干燥、防潮、密闭的要求。

（2）送检过程中没有按照规范要求做好密封。

（3）提供的样品信息错误或与实际送检样品不符。

（4）粉煤灰验收检验时，应关注是否有浓烈氨味。电厂进行脱硝处理工艺，因过量的脱硝剂产生的氨气被粉煤灰吸附，容易造成氨释放量超标，导致混凝土不合格。

6.1.5　粒化高炉矿渣粉

粒化高炉矿渣粉是一种优质的混凝土掺合料，由粒化高炉矿渣经干燥、粉磨，达到相当细度且符合一定活性指数的粉体，如图 6-8 所示。在混凝土中掺加粒化高炉矿渣粉可改善混凝土流动度，降低水泥水化热，提高混凝土抗渗能力，城市轨道工程应选用 S95 级以上级别粒化高炉矿渣粉。

1. 相关标准

《用于水泥、砂浆和混凝土中的粒化高炉矿渣粉》GB/T 18046。

2. 检测参数及检测频率

检测参数：密度、比表面积、活性指数、流动度比、含水量、三氧化硫等。

检测频率：相同厂家、相同等级、同一批号的矿渣粉不超过200t为一批，每批检测不少于一次。取样应有代表性，可连续取样，也可在20个以上部位取等量样品，总量至少20kg。

图 6-8 粒化高炉矿渣粉

3. 结果判定

粒化高炉矿渣粉应符合表6-9的技术指标规定。

粒化高炉矿渣粉的技术要求 **表 6-9**

检 测 项 目		级别		
		S105	S95	S75
密度（g/cm³）		≥2.8		
比表面积（m²/kg）		≥500	≥400	≥300
活性指数（%）	7d	≥95	≥75	≥55
	28d	≥105	≥95	≥75
流动度比（%）		≥95		
含水量（质量分数，%）		≤1.0		
三氧化硫（质量分数，%）		≤4.0		

4. 常见检测问题及分析

（1）样品取样时没有按照规范要求使用取样工具，没有在规范要求的部位取样，没有按照取样步骤取样，取样量不满足要求。

（2）送检过程中没有按照规范要求做好密封。

（3）提供的样品信息错误或与实际送检样品不符。

（4）在矿渣粉使用过程中应重视比表面积和矿渣粉活性的检测。

6.1.6 混凝土外加剂

混凝土外加剂根据功能不同分为减水剂、膨胀剂、泵送剂、抗冻剂等。因混凝土外加剂品种较多，本节选取工程中应用较多的减水剂和膨胀剂进行细述，其他外加剂不在本节介绍。

减水剂是一种在维持混凝土坍落度不变的条件下，能减少拌合用水量的混凝土外加剂，如图6-9所示。根据减水率的不同分为普通减水剂、高效减水剂和高性能减水剂。减水剂应选用能明显改善混凝土新拌性能和耐久性能，品质稳定的产品，同时减水剂与水泥及矿物掺合料应具有良好的相容性，C40以上的混凝土应选用高性能减水剂。

膨胀剂是为了引入定量的体积膨胀，补偿混凝土材料本身的收缩值，防止材料出现收缩开裂，影响其结构、功能与外观。含氧化钙类膨胀剂配制的混凝土不得用于海水或有侵蚀性水的工程。

图 6-9　外加剂

1. 相关标准

(1)《混凝土外加剂应用技术规范》GB 50119；

(2)《混凝土外加剂》GB 8076；

(3)《混凝土膨胀剂》GB/T 23439。

2. 检测参数及检测频率

检测参数：

(1) 减水剂：主要减水剂的检测参数见表 6-10～表 6-12。

普通减水剂的检测参数　　表 6-10

类型	检　测　参　数
早强型/标准型	pH 值、密度（或细度）、含固量（或含水率）、减水率、抗压强度比
缓凝型	pH 值、密度（或细度）、含固量（或含水率）、减水率、抗压强度比、凝结时间差

高效减水剂的检测参数　　表 6-11

类型	检　测　参　数
标准型	pH 值、密度（或细度）、含固量（或含水率）、减水率、抗压强度比、28d 收缩率比
缓凝型	pH 值、密度（或细度）、含固量（或含水率）、减水率、抗压强度比、28d 收缩率比、凝结时间差

聚羧酸系高性能减水剂的检测参数　　表 6-12

类型	检　测　参　数
早强型	pH 值、密度（或细度）、含固量（或含水率）、减水率、抗压强度比、28d 收缩率比
标准型	pH 值、密度（或细度）、含固量（或含水率）、减水率、抗压强度比、28d 收缩率比、1h 坍落度经时损失
缓凝型	pH 值、密度（或细度）、含固量（或含水率）、减水率、抗压强度比、28d 收缩率比、凝结时间差、1h 坍落度经时损失

(2) 膨胀剂：细度、凝结时间、抗压强度、限制膨胀率等。

检测频率：

(1) 减水剂：同生产厂家、同批号、同品种、同出厂日期的外加剂，每 50t 为一批，不足 50t 也按一批计。每季度抽检一次。当同一品种外加剂的供方、批次、产地和等级等发生变化时，对材料进行复检，合格后方可使用。

(2) 膨胀剂：日产量超过 200t 时，以 200t 为一编号；不足够 200t 时，以日产量为一编号。每一编号为一取样单位，取样方法按《水泥取样方法》GB/T 12573 进行。取样应具有代表性，可连续取，也可从 20 个以上不同部位取等量样品，总量不少于 10kg。

3. 结果判定

混凝土外加剂性能应符合表 6-13～表 6-15 的技术指标规定。

受检混凝土性能指标

表 6-13

检测项目		高性能减水剂 HPWR 早强型 HPWR-A	高性能减水剂 HPWR 标准型 HPWR-S	高性能减水剂 HPWR 缓凝型 HPWR-R	高效减水剂 HWR 标准型 HWR-S	高效减水剂 HWR 缓凝型 HWR-R	普通减水剂 WR 早强型 WR-A	普通减水剂 WR 标准型 WR-S	普通减水剂 WR 缓凝型 WR-R	引气减水剂 AEWR	泵送剂 PA
减水率（%），≥		25	25	25	14	14	8	8	8	10	12
泌水率比（%），≤		50	60	70	90	100	95	100	100	70	70
含气量（%）		≤6.0	≤6.0	≤6.0	≤3.0	≤4.5	≤4.0	≤4.0	≤5.5	≥3.0	≤5.5
凝结时间之差（min）	初凝	−90～+90	−90～+120	>+90	−90～+120	>+90	−90～+90	−90～+120	>+90	−90～+120	—
	终凝			—		—			—		
1h 经时变化量	坍落度（mm）	—	≤80	≤60	—	—	—	—	—	—	≤80
	含气量（%）	—	—	—						−1.5～+1.5	—
抗压强度比（%），≥	1d	180	170	—	140	—	135	—	—	—	—
	3d	170	160	—	130	—	130	115	—	115	—
	7d	145	150	140	125	125	110	115	110	110	115
	28d	130	140	130	120	120	100	110	110	100	110
收缩率比（%），≤	28d	110	110	110	135	135	135	135	135	135	135
相对耐久性（200 次）（%），≥		—	—	—	—	—	—	—	—	80	—

注：1. 表中抗压强度比、收缩率比、相对耐久性为强制性指标，其余为推荐性指标；
2. 除含气量和相对耐久性外，表中所列数据为掺外加剂混凝土与基准混凝土的差值或比值；
3. 凝结时间之差性能指标中的"−"号表示提前，"+"号表示延缓；
4. 相对耐久性（200 次）性能指标中的"≥80"表示将 28d 龄期的受检混凝土试件快速冻融循环 200 次后，动弹性模量保留值≥80%；
5. 1h 含气量经时变化量指标中的"−"号表示含气量增加，"+"号表示含气量减少；
6. 其他品种的外加剂是否需要测定相对耐久性指标由供需双方协商确定；
7. 当用户对泵送剂等产品有特殊要求时需要进行的补充试验项目，试验方法及指标由供需双方协商决定。

匀 质 性 指 标 **表 6-14**

检测项目	技术指标
氧离子含量（%）	不超过生产厂控制值
总碱量（%）	不超过生产厂控制值
含固量（%）	S>25%时，应控制在 0.95S～1.05S
	S≤25%时，应控制在 0.90S～1.10S
含水率（%）	W>5%时，应控制在 0.90W～1.10W
	W≤5%时，应控制在 0.80W～1.20W
密度（g/cm^3）	D>1.1 时，应控制在 D±0.03
	D≤1.1 时，应控制在 D±0.02
细度	应在生产厂控制范围内
pH 值	应在生产厂控制范围内
硫酸钠含量（%）	不超过生产厂控制值

注：1. 生产厂应在相关的技术资料中明示产品匀质性指标的控制值；

2. 对相同和不同批次之同的匀质性和等效性的其他要求，可由供需双方商定；

3. S、W 和 D—分别为含固量、含水率和密度的生产厂控制值。

混凝土膨胀剂性能指标 **表 6-15**

检 测 项 目		指标值	
		Ⅰ型	Ⅱ型
细度	比表面积（m^2/kg）	≥200	
	1.18mm 筛筛余（%）	≤0.5	
凝结时间（min）	初凝	≥45	
	终凝	≤600	
限制膨胀率（%）	水中 7d	≥0.035	≥0.050
	空气中 21d	≥−0.015	≥−0.010
抗压强度（MPa）	7d	≥22.5	
	28d	≥42.5	

4. 常见检测问题及分析

（1）样品取样时或送检过程中没有按照规范要求取样或者存放。

（2）样品受到污损、受潮、雨淋或者暴晒。

（3）提供的样品信息错误或与实际送检样品不符。

6.1.7 拌合水

理想的混凝土拌合水是饮用水和自来水。

1. 相关标准

《混凝土用水标准》JGJ 63。

2. 检测参数及检测频率

检测参数：pH 值、不溶物、可溶物、氯化物、硫酸盐、碱含量等。

检测频率：同一水源检查不少于一次。

3. 结果判定

混凝土拌合用水水质要求见表 6-16。

混凝土拌合用水水质要求 **表 6-16**

检测项目	预应力混凝土	钢筋混凝土	素混凝土
pH 值	≥5.0	≥4.5	≥4.5
不溶物（mg/L）	≤2000	≤2000	≤5000
可溶物（mg/L）	≤2000	≤5000	≤10000
Cl^-（mg/L）	≤500	≤1000	≤3500
$S0_4^{2-}$（mg/L）	≤600	≤2000	≤2700
碱含量（mg/L）	≤1500	≤1500	≤1500

4. 常见检测问题及分析

（1）样品取样时或送检过程中没有按照规范要求取样或者存放。

（2）不得使用受到污染的水拌和混凝土。

6.1.8 混凝土配合比设计

混凝土配合比设计是指选取合适的原材料，确定各组成材料之间的比例关系，设计的混凝土能够满足拌合物性能、配制强度及其他力学性能、长期性能和耐久性能的要求，且宜遵循下列原则：低用水量、低水泥用量、适当水胶比、最大堆积密度、活性掺合料和高性能减水剂双掺等。

在确定大体积混凝土配合比时，应根据混凝土的绝热温升、温控施工方案的要求等，提出混凝土制备时粗细集料和拌合用水及入模温度控制的技术措施；大体积混凝土制备前，应进行常规配合比试验，并应进行水化热、泌水率、可泵性等对大体积混凝土控制裂缝所需的技术参数的试验；必要时其配合比设计应当通过试泵送。

1. 相关标准

（1）《普通混凝土配合比设计规程》JGJ 55；

（2）《普通混凝土拌合物性能试验方法标准》GB/T 50080；

（3）《混凝土物理力学性能试验方法标准》GB/T 50081；

（4）《普通混凝土长期性能和耐久性能试验方法标准》GB/T 50082；

（5）《岩土锚杆与喷射混凝土支护工程技术规范》GB 50086；

（6）《混凝土结构设计规范》GB 50010；

（7）《混凝土质量控制标准》GB 50164。

2. 检测参数及检测频率

检测参数：

（1）普通混凝土：抗压强度（7d、28d）、凝结时间、含气量、坍落度、1h 经时变化量、表观密度。

（2）抗渗混凝土：在普通混凝土检测参数的基础上，增加抗水渗透性能检测。

（3）有耐久性要求混凝土：在普通混凝土检测参数的基础上，增加氯离子含量、碱含量、三氧化硫含量、抗裂性能、抗碳化性能、抗氯离子渗透系数检测。

(4) 微膨胀混凝土：在普通混凝土检测参数的基础上，增加限制膨胀率检测。

(5) 预应力混凝土：在普通混凝土检测参数的基础上，增加弹性模量检测。

检测频率：符合设计规定检测指标要求。

3. 结果判定

(1) 混凝土的最大水胶比、胶凝材料用量应符合表 6-17 要求。

混凝土最大水胶比、胶凝材料用量范围限值　　表 6-17

混凝土强度等级	最大水胶比	胶凝材料用量范围（kg/m^3）
C35	0.45	350～400
C40	0.43	380～440
C45	0.40	400～460
C50	0.36	420～480
C55	0.34	430～500
C60	0.32	440～520

(2) 应根据环境类别与水胶比确定混凝土中矿物掺合料的种类和掺量。对于预应力混凝土结构，宜采用Ⅰ级粉煤灰，其掺量不宜超过 30%。严重氯盐环境与化学侵蚀环境下，粉煤灰的掺量应大于 30%，或磨细矿渣粉的掺量大于 50%。

(3) 抗压强度（7d、28d）、凝结时间、坍落度、1h 经时变化量、表观密度、抗水渗透性能、三氧化硫含量符合设计及规范要求。

(4) 碱含量对一级环境无限制，其他不大于 $3kg/m^3$。

(5) 含气量的判定见表 6-18。

混凝土最小含气量　　表 6-18

粗集料最大公称粒径（mm）	混凝土最小含气量（%）	
	潮湿或水位变动的寒冷和严寒环境	盐冻环境
40.0	4.5	5.0
25.0	5.0	5.5
20.0	5.5	6.0

注：含气量为气体占混凝土体积的百分比。

(6) 水溶性氯离子的判定见表 6-19。

混凝土拌合物中水溶性氯离子最大含量　　表 6-19

<table>
<tr><th rowspan="2">环 境 条 件</th><th colspan="3">水溶性氯离子最大含量（水泥用量的质量百分比，%）</th></tr>
<tr><th>钢筋混凝土</th><th>预应力混凝土</th><th>素混凝土</th></tr>
<tr><td>干燥环境</td><td>0.3</td><td rowspan="4">0.06</td><td rowspan="4">1.00</td></tr>
<tr><td>潮湿但不含氯离子的环境</td><td>0.2</td></tr>
<tr><td>潮湿且含有氯离子的环境、盐渍土环境</td><td>0.1</td></tr>
<tr><td>除冰盐等侵蚀性物质的腐蚀环境</td><td>0.06</td></tr>
</table>

混凝土抗氯离子渗透性能的等级划分应符合下列规定：

1) 当采用氯离子迁移系数（RCM 法）划分混凝土抗氯离子渗透性能等级时，应符合表 6-20 的规定，且混凝土龄期应为 84d。

混凝土抗氯离子渗透性能的等级划分（RCM 法）　　表 6-20

等　　级	RCM-Ⅰ	RCM-Ⅱ	RCM-Ⅲ	RCM-Ⅳ	RCM-Ⅴ
氯离子迁移系数 D_{RCM}（RCM 法，$\times10^{-12}m^2/s$）	$D_{RCM}\geqslant4.5$	$3.5\leqslant D_{RCM}<4.5$	$2.5\leqslant D_{RCM}<3.5$	$1.5\leqslant D_{RCM}<2.5$	$D_{RCM}<1.5$

2）当采用电通量划分混凝土抗氯离子渗透性能等级时，应符合表 6-21 的规定，且混凝土龄期宜为 28d。当混凝土中水泥混合材与矿物掺合料之和超过胶凝材料用量的 50％时，测试龄期可为 56d。

混凝土抗氯离子渗透性能的等级划分（电通量法）　　表 6-21

等级	Q-Ⅰ	Q-Ⅱ	Q-Ⅲ	Q-Ⅳ	Q-Ⅴ
电通量 Q_s（C）	$Q_s\geqslant4000$	$2000\leqslant Q_s\leqslant4000$	$1000\leqslant Q_s<2000$	$500\leqslant Q_s<1000$	$Q_s<500$

（7）混凝土抗碳化性能的判定。混凝土抗碳化性能等级划分应符合表 6-22 规定。

混凝土抗碳化性能的等级划分　　表 6-22

等级	T-Ⅰ	T-Ⅱ	T-Ⅲ	T-Ⅳ	T-Ⅴ
碳化深度 d（mm）	$d\geqslant30$	$20\leqslant d<30$	$10\leqslant d<20$	$0.1\leqslant d\leqslant10$	$d<0.1$

（8）混凝土早期抗裂性能等级划分应符合表 6-23 的规定（GB 50164）。

混凝土早期抗裂性能的等级划分　　表 6-23

等　　级	L-Ⅰ	L-Ⅱ	L-Ⅲ	L-Ⅳ	L-Ⅴ
单位面积上的总开裂面积 C（mm^2/m^2）	$C\geqslant1000$	$700\leqslant C<1000$	$400\leqslant C<700$	$100\leqslant C<400$	$C<100$

（9）混凝土的弹性模量应符合表 6-24 的规定。

混凝土的弹性模量　　表 6-24

混凝土强度等级	C15	C20	C25	C30	C35	C40	C45	C50	C55	C60	C65	C70	C75	C80
E_c（$\times10^4N/mm^2$）	2.20	2.55	2.80	3.00	3.15	3.25	3.35	3.45	3.55	3.60	3.65	3.7	3.75	3.80

注：1. 当有可靠试验依据时，弹性模量可根据实测数据确定；
　　2. 当混凝土中掺有大量矿物掺合料时，弹性模量可按规定龄期根据实测数据确定。

（10）掺膨胀剂的补偿收缩混凝土，其限值膨胀率应符合表 6-25 的规定（GB 50119）。

补偿收缩混凝土的限值膨胀率　　表 6-25

用途	限值膨胀率（％）	
	水中 14d	水中 14d 转空气中 28d
用于补偿混凝土收缩	≥0.015	≥－0.030
用于后浇带、膨胀加强带和工程接缝填充	≥0.025	≥－0.020

4. 常见检测问题及分析

配合比设计前应进行原材料指标检测，掌握设计图纸对混凝土的全部技术要求，掌握采购单位的施工工艺等。

6.1.9 混凝土

对混凝土质量进行评价采用的指标包括抗压强度、抗渗等级、弹性模量及电通量等。混凝土的耐久性是指混凝土抵抗环境介质作用并长期保持其良好的使用性能和外观完整性的能力。它是一个综合性概念，包括抗渗、抗冻、抗侵蚀、碳化、碱集料反应及混凝土中的钢筋锈蚀等性能。轨道工程耐久性指标与地区及环境有关，侧重于抗碳化、抗裂、抗渗及氯离子渗透，北方地区关注抗冻性能，硫酸盐环境关注硫酸盐侵蚀，海洋氯化物环境考虑氯盐引起的钢筋锈蚀。混凝土拌合物和混凝土浇筑如图 6-10、图 6-11 所示。

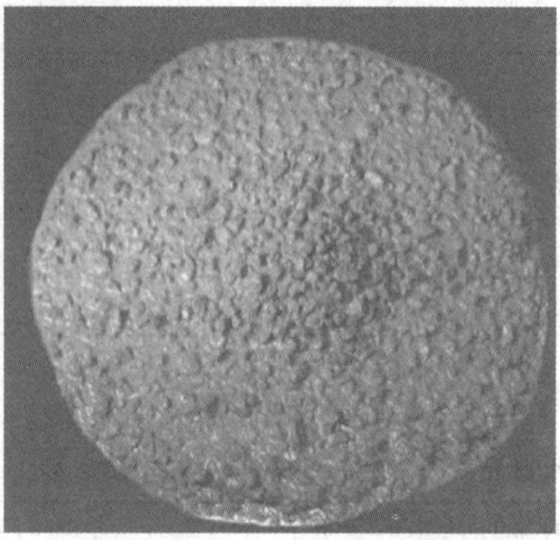

图 6-10 混凝土拌合物

图 6-11 混凝土浇筑

1. 相关标准

(1)《混凝土结构工程施工质量验收规范》GB 50204；

(2)《建筑地基基础工程施工质量验收标准》GB 50202；

(3)《混凝土结构耐久性设计标准》GB/T 50476；

(4)《铁路桥涵工程施工质量验收标准》TB 10415；

(5)《铁路混凝土工程施工质量验收标准》TB 10424；

(6)《地下铁道工程施工质量验收标准》GB/T 50299；

(7)《地下防水工程质量验收规范》GB 50208；

(8)《铁路混凝土结构耐久性设计规范》TB 10005。

2. 检测参数及检测频率

检测参数：抗压强度、抗渗等级、弹性模量、电通量。

混凝土抗压强度试件用于测定混凝土结构的施工质量，一般采用边长为 150mm 的立方体，标准养护 28d。混凝土抗渗等级是以 28d 龄期的标准试件，按标准试验方法进行试验时所能承受的最大水压力来确定。混凝土弹性模量是指在单向压缩（有侧向变形）条件下，混凝土试件压缩应力与应变之比。混凝土电通量是利用仪器测量通过混凝土的电流值、电通量累积值，可用来评价混凝土抵抗氯离子渗透性能。

检测频率：

（1）混凝土拌合物取样

1）《建筑地基基础工程施工质量验收标准》GB 50202 和《混凝土结构工程施工质量验收规范》GB 50204 等国标对混凝土拌合物的检测频率如下：

① 每拌制 100 盘且不超过 $100m^3$ 的同一配合比的混凝土，取样不得少于 1 次；每工作班拌制的同一配合比的混凝土不足 100 盘时，取样不得少于 1 次；当连续浇筑超过 $1000m^3$ 时，同一配合比的混凝土每 $200m^3$ 取样不得少于 1 次；对于地铁工程的辅房、配套房建，每楼层取样不得少于 1 次；每次取样应至少留置 1 组。

② 除高架区间灌注桩基础、地下连续墙每浇筑 $50m^3$，制作混凝土抗压试件 1 组，小于 $50m^3$ 的桩，每根桩有 1 组试件；每幅地连墙槽段不少于 1 组。

③ 对涉及混凝土结构安全的重要部位留置抗压强度同条件养护试件，同一强度等级的同条件养护试件其留置数量不宜少于 10 组，且不得少于 3 组，每 $2000m^3$ 取样不得少于 1 组。

2）《铁路混凝土工程施工质量验收标准》TB 10424 和《铁路桥涵工程施工质量验收标准》TB 10415 等铁标对混凝土拌合物检测频率如下：

① 高架区间灌注桩基础试件，每根桩不得少于 2 组。

② 桥梁每墩台、每孔（片）梁和隧道每 200m 初砌按不同强度等级用同条件养护试件分别检测结构实体强度不少于 1 次。

（2）抗渗性能取样：每 $500m^3$ 同一配合比、同一施工工艺的混凝土至少制作抗渗试件 1 组，不足 $500m^3$ 时也应制作抗渗试件 1 组；地下连续墙混凝土抗渗试块每 5 幅槽段不少于 1 组；有抗渗等级要求的灌注桩，每灌注 10 根留置 1 组，一次灌注不足 10 根者，也留置 1 组。每段结构（不应大于 30m）区间至少留置 1 组。

（3）弹性模量取样：每孔（片）梁标准条件养护 28d 和随构件同条件养护的终张拉（放张）弹性模量试件各不少于 1 组。

（4）电通量取样：同一单位工程、同一施工工艺、同一配合比混凝土，每 $20000m^3$（不足也按 $20000m^3$ 计）应至少检验电通量 1 次。电通量试件尺寸应采用直径 100±1mm，高度 50±2mm 的圆柱体试件，每组 3 个试件。

3. 结果判定

（1）抗压强度：依据设计强度进行判定。

（2）抗渗等级：依据设计文件进行判定。根据混凝土试件在抗渗试验时所能承受的最大水压力，混凝土的抗渗等级划分为 P4、P6、P8、P10、P12、大于 P12 六个等级，相应表示能抵抗 0.4MPa、0.6MPa、0.8MPa、1.0MPa 及 1.2MPa 的静水压力而不渗水，混凝土抗渗试验时一组 6 个试件中 4 个试件未出现渗水时为合格。

（3）弹性模量：依据设计要求进行判定。

（4）电通量：依据设计要求进行判定。

4. 常见检测问题及分析

（1）混凝土试件成型时没有按照规范取样，或者在制作试件过程中操作不规范；试件成型后未及时养护或养护条件不满足规范要求。

（2）混凝土试件未养护到龄期或在送样过程中损坏。

（3）混凝土试件后应做好标识，在送检时确保混凝土试件信息正确。

6.2 钢　筋　工　程

钢筋工程属于隐蔽工程，钢筋原材质量的好坏都会直接影响到钢筋混凝土结构的强度、承载能力、抗震能力等性能。在钢筋工程施工中，不合格的原材料等原因造成的缺陷会危害结构，造成质量隐患。

钢筋是指钢筋混凝土、预应力钢筋混凝土用钢材，其横截面为圆形，有时为带有圆角的方形，包括光圆钢筋、带肋钢筋。钢筋接头形式主要分为钢筋焊接件和钢筋机械连接。

6.2.1　钢筋原材

轨道交通工程常用钢筋原材包括热轧光圆钢筋、热轧带肋钢筋。钢筋混凝土用钢筋是指钢筋混凝土配筋用的直条或盘条状钢材，其外形分为光圆钢筋和变形钢筋两种，交货状态为直条和盘圆两种。

轨道交通工程中通常受力钢筋采用 HRB400、HRB500 级钢筋，普通钢筋混凝土主体结构中的纵向受力钢筋及预应力混凝土结构中的非预应力纵向受力钢筋采用符合抗震性能指标的 HRB400E 级钢筋，箍筋、拉筋选用 HRB400、HPB300、Q215、Q235 级钢筋。

6.2.1.1　热轧光圆钢筋、热轧带肋钢筋

光圆钢筋实际上就是普通低碳钢的小圆钢和盘圆。变形钢筋是表面带肋的钢筋，通常带有 2 道纵肋和沿长度方向均匀分布的横肋。横肋的外形为螺旋形、人字形、月牙形 3 种。用公称直径的毫米数表示。变形钢筋的公称直径相当于横截面相等的光圆钢筋的公称直径。钢筋的公称直径为 8～50mm，推荐采用的直径为 8mm、12mm、16mm、20mm、25mm、32mm、40mm。钢筋在混凝土中主要承受拉应力。变形钢筋由于肋的作用，和混凝土有较大的粘结能力，因而能更好地承受外力的作用。热轧带肋钢筋和热轧光圆钢筋如图 6-12、图 6-13 所示。

图 6-12　热轧带肋钢筋

图 6-13　热轧光圆钢筋

1. 相关标准

(1)《钢筋混凝土用钢　第 1 部分：热轧光圆钢筋》GB/T 1499.1；

(2)《钢筋混凝土用钢　第 2 部分：热轧带肋钢筋》GB/T 1499.2；

(3)《混凝土结构工程施工质量验收规范》GB 50204。

2. 检测参数及检测频率

检测参数：

(1) 热轧光圆钢筋：化学成分、屈服强度、抗拉强度、伸长率、弯曲性能和重量偏差等。

(2) 热轧带肋钢筋：化学成分、屈服强度、抗拉强度、伸长率、弯曲性能和重量偏差等。对用于抗震结构钢筋，增加检测最大力下总伸长率、计算屈强比、超强比、反向弯曲等。

检测频率：由同一厂家、同一牌号、同一炉罐号、同一规格、同一交货状态的钢材不超过 60t 为一批。每批取样不少于一次。试验项目、取样方法及试验方法见表 6-26。

试验项目、试验数量及取样方法 **表 6-26**

试验项目	试验数量	取样方法
化学成分（熔炼分析）	1 根	GB/T 20066
拉伸	2 根	任选两根钢筋切取
弯曲	2 根	任选两根钢筋切取
反向弯曲	1 根	任选一根钢筋切取
疲劳试验	供需双方协议	
尺寸	逐支	
表面		
重量偏差	5 根	任选五根钢筋切取
晶粒度	2 根	任选两根钢筋切取

注：对化学分析和拉伸试验结果有争议时，仲裁试验分别按 GB/T 223 系列标准、《金属材料　拉伸试验　第 1 部分：室温试验方法》GB/T 228.1、《金属材料　拉伸试验　第 2 部分：高温试验方法》GB/T 228.2 进行。

3. 结果判定

(1) 热轧光圆钢筋

热轧光圆钢筋重量偏差见表 6-27。

热轧光圆钢筋重量偏差 **表 6-27**

公称直径（mm）	实际重量与理论重量的偏差（%）
6～12	±6
14～22	±5

钢筋的屈服强度 R_{eL}、抗拉强度 R_m、断后伸长率 A、最大力总伸长率 A_{gt} 等力学性能特征值应符合表 6-28 的规定。表 6-28 所列各力学性能特征值，可作为交货检验的最小保证值。

热轧光圆钢筋拉伸 **表 6-28**

牌号	R_{eL}（MPa）	R_m（MPa）	A（%）	A_{gt}（%）	冷弯试验 180° d—弯芯直径 a—钢筋公称直径
	不小于				
HPB300	300	420	25	10	$d=a$

根据供需双方协议，伸长率类型可从 A 或 A_{gt} 中选定。如伸长率类型未经协议确定，则伸长率采用 A，仲裁检验时采用 A_{gt}。

弯曲性能：按表 6-29 中规定的弯芯直径弯曲 180°后，钢筋受弯曲部位表面不得产生裂纹。

（2）热轧带肋钢筋

热轧带肋钢筋重量偏差见表 6-29。

热轧带肋钢筋重量偏差 **表 6-29**

公称直径（mm）	实际重量与理论重量的偏差（%）
6～12	±6
14～20	±5
22～50	±4

钢筋的屈服强度 R_{cL}、抗拉强度 R_m、断后伸长率 A、最大力总伸长率 A_{gt} 等力学性能特征值应符合表 6-30 中的规定。表 6-30 中所列各力学性能特征值，可作为交货检验的最小保证值。

热轧带肋钢筋拉伸 **表 6-30**

牌　号	R_{cL}（MPa）	R_m（MPa）	A（%）	A_{gt}（%）
	不小于			
HRB400、HRBF400	400	540	16	7.5
HRB500、HRBF500	500	630	15	

直径 28～40mm 各牌号钢筋的断后伸长率 A 可降低 1%；直径大于 40mm 各牌号钢筋的断后伸长率 A 可降低 2%。

有较高要求的抗震结构适用牌号为：在表中已有牌号后加 E（例如：HRB400E、HRBF400E）的钢筋。该类钢筋除应满足以下 1）、2）、3）的要求外，其他要求与相对应的已有牌号钢筋相同。

1）钢筋实测抗拉强度与实测屈服强度之比不小于 1.25。

2）钢筋实测屈服强度与表中规定的屈服强度特征值之比不大于 1.30。

3）钢筋的最大力总伸长率 A_{gt} 不小于 9%。

4. 常见检测问题及分析

常见不合格项目有：屈服强度、抗拉强度、重量偏差等；不合格原因主要有：

（1）出厂后被“瘦身”处理。

（2）取样不规范，钢筋原材端部呈马蹄状，造成重量偏差不合格。

（3）提供的样品信息错误或与实际送检样品不符。

（4）试验过程操作不规范。

6.2.1.2 低碳钢热轧圆盘条

盘条也叫线材，通常指成盘的小直径圆钢，如图 6-14 所示。盘条的直径在 5～19mm 范围内（通常为 6～9mm），其下限值是热轧钢材断面的最小尺寸。

图 6-14 低碳钢热轧圆盘条

1. 相关标准

《低碳钢热轧圆盘条》GB/T 701。

2. 检测参数及检测频率

检测参数：屈服强度、抗拉强度、伸长率、弯曲性能和重量偏差检验。

检测频率：由同一牌号、同一炉号、同一尺寸的盘条组成一检验批。试验项目、试验数量及取样方法见表 6-31。

试验项目、试验数量及取样方法　　表 6-31

试验项目	试验数量	取样方法
化学成分（熔炼分析）	1 个/炉	GB/T 20066
拉伸	1 个/批	GB/T 2975
弯曲	2 个/批	不同根盘条、GB/T 2975
尺寸	逐盘	
表面		

注：对化学分析结果有争议时，仲裁试验按 GB/T 223 系列标准进行。

3. 结果判定

盘条的力学性能和工艺性能应符合表 6-32 的规定。经供需双方协商并在合同中注明，可做冷弯性能试验。直径大于 12mm 的盘条，冷弯性能指标由供需双方协商确定。

力学性能　　表 6-32

牌号	力学性能		
	抗拉强度 R_m（N/mm²）	断后伸长率 $A_{11.3}$（%）	冷弯试验 180° d—弯心直径 a—试样直径
Q195	≤410	≥30	$d=0$
Q215	≤435	≥28	$d=0$
Q235	≤500	≥23	$d=0.5a$
Q275	≤540	≥21	$d=1.5a$

4. 常见检测问题及分析

常见不合格项目有：屈服强度、抗拉强度、断后伸长率、重量偏差等。不合格原因主要有：

（1）出厂后被“瘦身”处理。

（2）取样不规范，钢筋原材端部呈马蹄状，造成重量偏差不合格。

（3）提供的样品信息错误或与实际送检样品不符。

（4）试验过程操作不规范。

6.2.1.3　碳素结构钢

碳素结构钢，碳素钢的一种，含碳量约 0.05%～0.70%，个别可高达 0.90%。可分为普通碳素结构钢和优质碳素结构钢两类，如图 6-15 所示。用途很广，用量很大，主要用于铁道、桥梁、各类建筑工程，制造承受静载荷的各种金属构件及不重要不需要热处理的机械零件和一般焊接件。

图 6-15　碳素结构钢

1. 相关标准

《碳素结构钢》GB/T 700。

2. 检测参数及检测频率

检测参数：屈服强度、抗拉强度、伸长率、弯曲性能。

检测频率：由同一牌号、同一炉罐号、同一质量等级、同一品种、同一尺寸、同一交货状态的钢材重量不超过 60t 为一批，每批检测不少于一次。试验项目、取样数量及取样方法见表 6-33。

试验项目、取样数量及取样方法　　表 6-33

试验项目	取样数量（个）	取样方法
化学成分	1（炉）	GB/T 20066
拉伸	1	GB/T 2975
弯曲		
冲击	3	

3. 结果判定

碳素结构钢屈服强度及断后伸长率判定见表 6-34，碳素结构钢冷弯试验判定见表 6-35。

碳素结构钢屈服强度及断后伸长率判定　　表 6-34

牌号	等级	屈服强度 R_{eH}(N/mm²)，≥						抗拉强度 R_m (N/mm²)	断后伸长率 A(%)，≥					冲击试验（V 型缺口）	
		厚度(或直径，mm)							厚度(或直径，mm)					温度(℃)	冲击吸收功(纵向，J)，≥
		≤16	>16～40	>40～60	>60～100	>100～150	>150～200		≤40	>40～60	>60～100	>100～150	>150～200		
Q195	—	195	185	—	—	—	—	315～430	33	—	—	—	—	—	—
Q215	A	215	205	195	185	175	165	335～450	31	30	29	27	26	—	—
	B													+20	27
Q235	A	235	225	215	215	195	185	370～500	26	25	24	22	21	—	—
	B													+20	27
	C													—	
	D													−20	
Q275	A	275	265	255	245	225	215	410～540	22	21	20	18	17	—	—
	B													+20	27
	C													—	
	D													−20	

碳素结构钢冷弯试验判定　　表 6-35

牌号	试样方向	冷弯试验 180°　$B=2a$	
		钢材厚度（或直径，mm）	
		≤60	>60～100
		弯心直径 d	
Q195	纵	0	—
	横	$0.5a$	
Q215	纵	$0.5a$	$1.5a$
	横	a	$2a$
Q235	纵	a	$2a$
	横	$1.5a$	$2.5a$
Q275	纵	$1.5a$	$2.5a$
	横	$2a$	$3a$

注：1. B—试样宽度；a—试样厚度（或直径）；
2. 钢材厚度（或直径）大于 100mm 时，弯曲试验由双方协商确定。

4. 常见检测问题及分析

常见不合格项目有：屈服强度、抗拉强度、伸长率等。不合格原因主要有：

（1）出厂后被“瘦身”处理。

（2）取样不规范，钢筋原材端部呈马蹄状，造成重量偏差不合格。

（3）提供的样品信息错误或与实际送检样品不符。

（4）试验过程操作不规范。

6.2.2　钢筋焊接网

钢筋焊接网是纵向钢筋和横向钢筋分别以一定的间距排列且互成直角、全部交叉点均焊接在一起的网片，如图 6-16 所示。钢筋混凝土用焊接钢筋网适于在工厂制造，用冷轧带肋钢筋或冷轧光圆钢筋焊接而成。钢筋混凝土用焊接钢筋网是一种良好、高效的钢筋混凝土用材料。它的出现对提高建筑施工效率、结构质量及安全可靠性、改变传统的建筑施工方法都具有十分重要的意义，可用于钢筋混凝土结构的配筋和预应力混凝土结构的普通钢筋。钢筋焊接网也应用在工业与民用房屋的梁柱楼板、屋盖、墙体、混凝土路面、桥面铺装、机场跑道、隧道衬砌、箱涵、码头地坪、预制构件等领域。

1. 相关标准

《钢筋混凝土用钢　第 3 部分：钢筋焊接网》GB/T 1499.3。

2. 检测参数及检测频率

检测参数：抗拉强度、弯曲性能、抗剪力、重量偏差、网片尺寸等。

检测频率：每批应由同一型号、同一原材料来源、同一生产设备并在同一连续时段内制造的钢筋焊接网组成，重量不大于 60t。试验项目、取样数量及

图 6-16　钢筋焊接网

取样方法见表 6-36。

试验项目、取样数量及取样方法　　**表 6-36**

试验项目	试验数量	取样方法
拉伸试验	2 个	两个方向各截取一个试样
弯曲试验	2 个	
抗剪力试验	3 个	两个方向任意截取三个试样
重量偏差	5 个试样，仲裁检验时不小于 600mm×600mm	每个试样至少有 1 个交叉点，仲裁检验时交叉点应不少于 9 个
网片尺寸	逐片	
网片表面		

3. 结果判定

焊接网钢筋的力学与工艺性能应分别符合相应标准中相应牌号钢筋的规定。对于公称直径不小于 6mm 的焊接网用冷轧带肋钢筋，冷轧带肋钢筋的最大力总伸长率 A_{gt} 应不小于 2.5%，钢筋的强屈比应不小于 1.05。

钢筋焊接网焊点的抗剪力应不小于试样受拉钢筋规定屈服力值的 0.3 倍。

钢筋焊接网实际重量与理论重量的允许偏差为±4%。

4. 常见检测问题及分析

常见不合格项目有：抗拉强度、弯曲性能、抗剪力、重量偏差、网片尺寸等。不合格原因主要有：

（1）纵向钢筋与横向钢筋的公称直径选用不符合要求。

（2）焊接质量差、焊点不满足要求。

（3）取样不规范。

（4）提供的样品信息错误或与实际送检样品不符。

（5）试验过程操作不规范，选用设备有误。

6.2.3 钢筋焊接件

钢筋焊接是用电焊设备将钢筋沿轴向接长或交叉连接。钢筋焊接质量与钢材的可焊性、焊接工艺有关。可焊性与钢筋含碳、锰、钛等合金元素有关。

钢筋的焊接方式主要有如下几种：电弧焊、电阻电焊、电渣焊、闪光对焊等，如图 6-17、图 6-18 所示。

图 6-17　闪光对焊

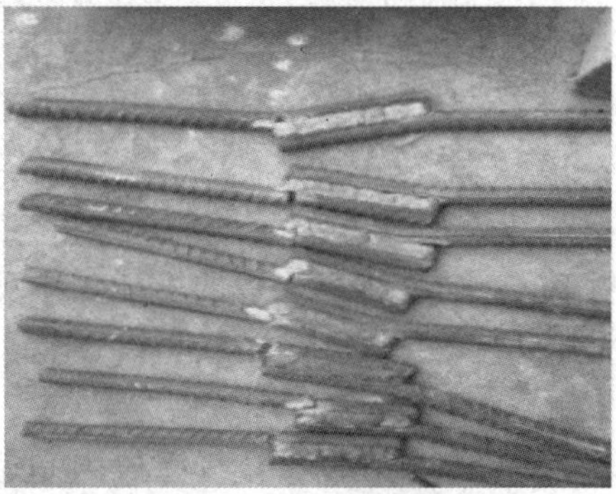

图 6-18　电弧焊

1. 相关标准

《钢筋焊接及验收规程》JGJ 18。

2. 检测参数及检测频率

检测参数：抗拉强度、弯曲性能（闪光对焊、气压焊）等。

检测频率：在同条件下（指同一生产厂、同一批号、同一级别、同一直径、同一焊工、相同焊接工艺和焊机）完成并经外观检查合格的焊接接头，以300个作为一批，不足300个也按一批计，对箍筋采用闪光对焊按600个作为一批。

注：在钢筋工程焊接开工之前，参与该项工程施焊的焊工必须进行现场条件下的焊接工艺试验（拉伸、冷弯），经试验合格后，方准于焊接生产；当钢筋牌号、直径发生变更时，应同样进行焊接工艺试验，见表6-37。

试验项目及取样方法 **表6-37**

试验项目	试验数量	取样方法
拉伸试验	3个	批次中任意抽取试样
弯曲试验	3个	

3. 结果判定

钢筋闪光对焊接头、电弧焊接头、电渣压力焊接头、气压焊接头、箍筋闪光对焊接头、预埋件钢筋T形接头的拉伸试验结果评定如下。

符合下列条件之一，评定为合格：

（1）3个试件均断于钢筋母材，延性断裂，抗拉强度大于等于钢筋母材抗拉强度标准值。

（2）2个试件断于钢筋母材，延性断裂，抗拉强度大于等于钢筋母材抗拉强度标准值；1个试件断于焊缝，或热影响区，脆性断裂，或延性断裂，抗拉强度大于等于钢筋母材抗拉强度标准值。

符合下列条件之一，应进行复验：

（1）2个试件断于钢筋母材，延性断裂，抗拉强度大于等于钢筋母材抗拉强度标准值；1个试件断于焊缝，或热影响区，呈脆性断裂，或延性断裂，抗拉强度小于钢筋母材抗拉强度标准值。

（2）1个试件断于钢筋母材，延性断裂，抗拉强度大于等于钢筋母材抗拉强度标准值；2个试件断于焊缝，或热影响区，呈脆性断裂。

（3）3个试件全部断于焊缝，或热影响区，呈脆性断裂，抗拉强度均大于等于钢筋母材抗拉强度标准值。

复验时，应再切取6个试件。复验结果，当仍有1个试件的抗拉强度小于钢筋母材的抗拉强度标准值；或有3个试件断于焊缝或热影响区，呈脆性断裂，均应判定该批接头为不合格品。

凡不符合上述复验条件的检验批接头，均评为不合格品。

当拉伸试验中，有试件断于钢筋母材，却呈脆性断裂；或者断于热影响区，呈延性断裂，其抗拉强度却小于钢筋母材抗拉强度标准值。以上两种情况均属异常现象，应视该项试验无效，并检查钢筋的材质性能。

钢筋闪光对焊接头、气压焊接头进行弯曲试验时，焊缝应处于弯曲中心点，弯曲直径和弯曲角度应符合表 6-38 的规定。

接头弯曲试验指标 **表 6-38**

钢筋牌号	弯曲直径	弯曲角度（°）
HPB300	2d	90
HRB335、HRBF335	4d	90
HRB400、HRBF400、RRB400	5d	90
HRB500、HRBF500	7d	90

注：1. *d*—钢筋直径（mm）；

2. 直径大于 25mm 的钢筋焊接接头，弯心直径应增加 1 倍钢筋直径。

4. 常见检测问题及分析

常见不合格项目有：抗拉强度、弯曲性能。不合格原因有：

（1）焊接前未清理钢筋、钢板焊接部位以及钢筋与电极接触处表面的锈斑、油污、杂物等。

（2）钢筋端部存在弯折、扭曲，未予以矫直或切除。

（3）焊剂受潮、焊条或焊丝不符合要求。

（4）两根钢筋的轴线不在同一条直线上。

（5）进行电阻点焊、闪光对焊、埋弧压力焊时，电源电压波动。

（6）焊接温度不满足要求（低于－20℃），雨天、雪天未采取有效遮蔽措施，焊后未冷却碰到冰雪等。

（7）焊接质量差，钢筋端面缝隙未完全密合，焊缝不饱满，有焊伤、焊孔、裂缝等缺陷；焊缝长度不满足规范要求等。

（8）钢筋原材质量不合格，可焊性差。

（9）不同直径钢筋焊接时，直径相差超过规范要求。

（10）闪光对焊接头处有横向裂纹、接头处的弯折角大于 3°。

（11）提供的样品信息错误或与实际送检样品不符。

6.2.4 钢筋机械连接（钢筋滚轧直螺纹接头等）

钢筋机械连接是一项新型钢筋连接工艺，被称为继绑扎、电焊之后的“第三代钢筋接头”，具有接头强度高于钢筋母材、速度比电焊快 5 倍、无污染、节省钢材 20％等优点。

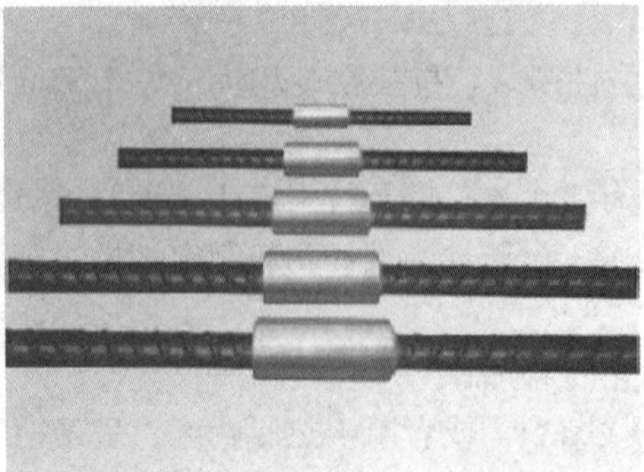

图 6-19 滚轧直螺纹套筒接头

直螺纹套筒是传递钢筋轴向拉力或压力的钢筋机械接头用的钢套管，如图 6-19 所示。直螺纹套筒分为直接滚轧直螺纹套筒、剥肋滚轧直螺纹套筒和镦粗直螺纹套筒。直螺纹套筒的连接方法就是将待连接钢筋端部的纵肋和横肋用滚丝机采用切削的方法剥掉一部分，然后直接滚轧成普通直螺纹，用特制的直螺纹套筒连接起来，形成钢筋的连接。

套筒挤压连接接头：通过挤压力使连接件钢套筒塑性变形与带肋钢筋紧密咬合形成的接头，如图 6-20 所示。有两种形式，径向挤压连接和轴向挤压连接。由于轴向挤压连接现场施工不方便及接头质量不够稳定，没有得到推广；而径向挤压连接技术得到了大面积推广使用。工程中使用的套筒挤压连接接头，都是径向挤压连接。

图 6-20　套筒挤压连接接头

1. 相关标准

《钢筋机械连接技术规程》JGJ 107。

2. 检测参数及检测频率

检测参数：抗拉强度。

检测频率：同一施工条件下采用同一批材料的同强度等级、同型式、同规格机械连接接头，以 500 个为一个验收批进行检验和验收，不足 500 个也作为一个验收批。试验项目、取样数量及取样方法见表 6-39。

注：钢筋连接工程开始前，应对不同钢筋生产厂的进场钢筋进行接头工艺检验（拉伸、残余变形）；施工过程中，更换钢筋生产厂时，应补充进行工艺检验。

试验项目、取样数量及取样方法　　　　**表 6-39**

试验项目	试验数量	取样方法
拉伸试验	3 个	批次中任意抽取试样

3. 结果判定

Ⅰ级、Ⅱ级、Ⅲ级接头的极限抗拉强度必须符合表 6-40 的规定。

接头极限抗拉强度　　　　**表 6-40**

接头等级	Ⅰ级	Ⅱ级	Ⅲ级
极限抗拉强度	$f_{mst} \geqslant f_{stk}$ 钢筋拉断 或 $f_{mst} \geqslant 1.10 f_{stk}$ 连接件破坏	$f_{mst} \geqslant f_{stk}$	$f_{mst} \geqslant 1.25 f_{yk}$

注：1. 钢筋拉断指断于钢筋母材、套筒外钢筋丝头和钢筋镦粗过渡段；

2. 连接件破坏指断于套筒、套筒纵向开裂或钢筋从套筒中拔出以及其他连接组件破坏。

4. 常见检测问题及分析

常见不合格项目有：抗拉强度。

（1）螺纹接头不合格主要原因：

1）钢筋原材加工端面不平，连接处有空隙。

2）螺纹加工质量较差：钢筋丝头长度不满足产品设计要求、钢筋丝头精度要求等。

3）接头安装时未用扭力扳手拧紧、钢筋丝头未在套筒中央位置相互顶紧。

4）钢筋与连接件的尺寸和材料不一致。

5）提供的样品信息错误或与实际送检样品不符。

（2）套筒挤压接头不合格的主要原因：

1）钢筋端部弯曲、锈蚀或有附着物。

2）套筒挤压后有裂纹。

3）钢筋与连接件的尺寸和材料不一致。

4）提供的样品信息错误或与实际送检样品不符。

6.3 模 板 工 程

建筑工程中已广泛采用模板施工技术，对其要求也越来越高。工程建设过程中，需要按照建筑工程具体情况选择适宜的工程模板，同时严格控制模板施工质量，确保建筑物的质量。

在建筑工程中，脚手架不仅起到安全防护和工作平台的作用，还可以用于内部结构临时支撑防护作用，如门窗临时支撑、卸料平台等，脚手架搭设安全性、稳定性直接影响建筑工程安全和施工进度。不达标的脚手架构件产品，对建设工程的安全造成极大的威胁，因此必须提高钢管脚手架构件的质量，积极地对脚手架构件进行检测，明确脚手架构件的相关检测标准和方法，严格按照国家现行标准规范检测，保证生产安全性。

脚手架是为了保证施工过程顺利进行而搭设的平台，主要种类有钢管脚手架扣件、碗扣式钢管脚手架构件、承插型盘扣式钢管支架构件，其中常见的钢管脚手架扣件又包括旋转扣件、直角扣件、对接扣件和底座，如图 6-21、图 6-22 所示。

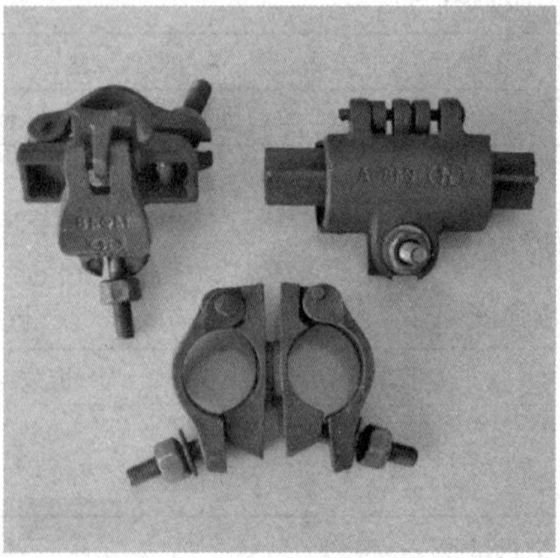

图 6-21 脚手架扣件

图 6-22 承插型盘扣式钢管支架构件

1. 相关标准

（1）《钢管脚手架扣件》GB 15831；

（2）《碗扣式钢管脚手架构件》GB 24911；

（3）《承插型盘扣式钢管支架构件》JG/T 503。

2. 检测参数及检测频率

检测参数：

（1）钢管脚手架扣件：外观、抗滑性能、抗破坏性能、抗拉性能、扭转刚度性能。

（2）碗扣式钢管脚手架构件：外观、尺寸、上碗扣强度、下碗扣焊接强度、横杆接头强度、横杆接头焊接强度、可调支座抗压强度。

（3）承插型盘扣式钢管支架构件：外观、尺寸、连接盘单侧抗剪强度、连接盘双侧抗剪强度、连接盘抗弯强度试验、连接盘抗拉强度试验、连接盘内侧环焊缝抗剪强度、可调托撑和可调底座抗压强度。

检测频率：具体取样数量见表 6-41。当批量超过 10000 件，超过部分应作为另一批抽样。

脚手架构件取样数量 **表 6-41**

脚手架构件类别	代表数量（件）	样品数量（件）
钢管脚手架扣件	281～500	8
碗扣式钢管脚手架构件	501～1200	13
承插型盘扣式钢管支架构件	1201～10000	20

3. 结果判定

产品的强度指标、外观质量、尺寸均合格，才应称为合格。

4. 常见检测问题及分析

（1）未按要求随机抽样，取样不具有代表性。

（2）样品表面有磨损、破坏、严重生锈等情况。

（3）样品使用次数多，较为陈旧。

（4）旋转扣件、直角扣件、对接扣件样品未配备相应的螺母和垫圈。

6.4 预应力结构

预应力是为了改善结构服役表现，在施工期间给结构预先施加压应力，结构服役期间预加压应力可全部或部分抵消荷载导致的拉应力，避免结构破坏，常用于混凝土结构。

6.4.1 钢绞线

钢绞线是由多根钢丝绞合构成的钢铁制品，如图 6-23 所示，碳钢表面可以根据需要增加镀锌层、锌铝合金层、包铝层、镀铜层、涂环氧树脂等。

图 6-23 钢绞线

1. 相关标准

（1）《城市桥梁工程施工与质量验收规范》CJJ 2；

（2）《铁路混凝土工程施工质量验收标准》TB 10424；

（3）《预应力混凝土用钢绞线》GB/T 5224。

2. 检测参数及检测频率

检测参数：钢绞线伸直性、整根钢绞线最大力、0.2%屈服力、最大力总伸长率、弹性模量、应力松弛性能（首批进场的钢绞线）。

检测频率：

（1）依据《铁路混凝土工程施工质量验收标准》TB 10424，同一生产厂家、同一牌号、同一规格、同一生产工艺捻制的钢绞线每 30t 为一批验收，不足 30t 亦按一批计。

（2）依据《城市桥梁工程施工与质量验收规范》CJJ 2、《预应力混凝土用钢绞线》GB/T 5224，同一生产厂家、同一牌号、同一规格、同一生产工艺捻制的钢绞线每 60t 为一批验收，不足 60t 亦按一批计。

（3）拉伸、弹性模量试验，在每（任）盘卷中任意截取共 3 根/批，长度为 1.1m；松弛试验，在每（任）盘卷中任意截取不小于 1 根/每合同批，长度为 2.5m。

3. 结果判定

（1）依据《预应力混凝土用钢绞线》GB/T 5224，整根钢绞线最大力、0.2%屈服力、最大力总伸长率、应力松弛性能应符合表 6-42～表 6-45 规定。

1×2 结构钢绞线力学性能 **表 6-42**

钢绞线结构	钢绞线公称直径 D_n（mm）	公称抗拉强度 R_m（MPa）	整根钢绞线最大力 F_m（kN） ≥	整根钢绞线最大力的最大值 $F_{m,max}$（kN） ≤	0.2%屈服力 $R_{p0.2}$（kN） ≥	最大力总伸长率（L_0≥400mm） A_{gt}（%） ≥	应力松弛性能：初始负荷相当实际最大力的百分数（%）	应力松弛性能：1000h 应力松弛率 r（%） ≤
	8.00		36.9	41.9	32.5			
	10.00	1470	57.8	65.6	50.9			
	12.00		83.1	94.4	73.1			
	5.00		15.4	17.4	13.6	对所有规格	对所有规格	对所有规格
	5.80		20.7	23.4	18.2			
	8.00	1570	39.4	44.4	34.7			
	10.00		61.7	69.6	54.3			
	12.00		88.7	100	78.1			
	5.00		16.9	18.9	14.9			
	5.80		22.7	25.3	20.0		70	2.5
1×2	8.00	1720	43.2	48.2	38.0	3.5		
	10.00		67.6	75.5	59.5			
	12.00		97.2	108	85.5			
	5.00		18.3	20.2	16.1		80	4.5
	5.80		24.6	27.2	21.6			
	8.00	1860	46.7	51.7	41.1			
	10.00		73.1	81.0	64.3			
	12.00		105	116	92.5			
	5.00		19.2	21.2	16.9			
	5.80		25.9	28.5	22.8			
	8.00	1960	49.2	54.2	43.3			
	10.00		77.0	84.9	67.8			

1×3 结构钢绞线力学性能 **表 6-43**

钢绞线结构	钢绞线公称直径 D_n（mm）	公称抗拉强度 R_m（MPa）	整根钢绞线最大力 F_m（kN）≥	整根钢绞线最大力的最大值 $F_{m,max}$（kN）≤	0.2%屈服力 $R_{p0.2}$（kN）≥	最大力总伸长率（L_0≥400mm）A_{gt}（%）≥	应力松弛性能 初始负荷相当实际最大力的百分数（%）	应力松弛性能 1000h 应力松弛率 r（%）≤
1×3	8.60	1470	55.4	63.0	48.8	对所有规格	对所有规格	对所有规格
	10.80		86.6	98.4	76.2			
	12.90		125	142	110			
	6.20	1570	31.1	35.0	27.4			
	6.50		33.3	37.5	29.3			
	8.60		59.2	66.7	52.1			
	8.74		60.6	68.3	53.3			
	10.80		92.5	104	81.4			
	12.90		133	150	117			
	8.74	1670	64.5	72.2	56.8			
	6.20	1720	34.1	38.0	30.0			
	6.50		36.5	40.7	32.1			
	8.60		64.8	72.4	57.0			
	10.80		101	113	88.9			
	12.90		146	163	128			
	6.20	1860	36.8	40.8	32.4		70	2.5
	6.50		39.4	43.7	34.7	3.5		
	8.60		70.1	77.7	61.7			
	8.74		71.8	79.5	63.2		80	4.5
	10.80		110	121	96.8			
	12.90		158	175	139			
	6.20	1960	38.8	42.8	34.1			
	6.50		41.6	45.8	36.6			
	8.60		73.9	81.4	65.0			
	10.80		115	127	101			
	12.90		166	183	146			
1×3I	8.70	1570	60.4	68.1	53.2			
		1720	66.2	73.9	58.3			
		1860	71.6	79.3	63.0			

1×7 结构钢绞线力学性能 **表 6-44**

钢绞线结构	钢绞线公称直径 D_n (mm)	公称抗拉强度 R_m (MPa)	整根钢绞线最大力 F_m (kN) ≥	整根钢绞线最大力的最大值 $F_{m,max}$ (kN) ≤	0.2%屈服力 $R_{p0.2}$ (kN) ≥	最大力总伸长率 (L_0≥400mm) A_{gt}(%) ≥	应力松弛性能：初始负荷相当实际最大力的百分数(%)	应力松弛性能：1000h 应力松弛率 r(%) ≤
1×7	15.20 (15.24)	1470	206	234	181			
		1570	220	248	194			
		1670	234	262	206			
	9.50 (9.53)	1720	94.3	105	83.0			
	11.10 (11.11)		128	142	113			
	12.70		170	190	150			
	15.20 (15.24)		241	269	212			
	17.80 (17.78)		327	365	288	对所有规格	对所有规格	对所有规格
	18.90	1820	400	444	352			
	15.70	1770	266	295	234			
	21.60		504	551	444			
	9.50 (9.53)	1860	102	113	89.8			
	11.10 (11.11)		138	153	121			
	12.70		184	203	162			
	15.20 (15.24)		260	288	229			
	15.70		279	309	246		70	2.5
	17.80 (17.78)		355	391	311			
	18.90		409	453	360	3.5		
	21.60		530	587	466		80	4.5
	9.50 (9.53)	1960	107	118	94.2			
	11.10 (11.11)		145	160	128			
	12.70		193	213	170			
	15.20 (15.24)		274	302	241			
1×7I	12.70	1850	184	203	162			
	15.20 (15.24)		260	288	229			
1×7C	12.70	1860	208	231	183			
	15.20 (15.24)	1820	300	333	264			
	18.00	1720	384	428	338			

41×19 结构钢绞线力学性能　　　　表 6-45

钢绞线结构	钢绞线公称直径 D_n (mm)	公称抗拉强度 R_m (MPa)	整根钢绞线最大力 F_m(kN) ≥	整根钢绞线最大力的最大值 $F_{m,max}$(kN) ≤	0.2%屈服力 $R_{p0.2}$ (kN) ≥	最大力总伸长率 (L_0≥400mm) A_{gt}(%) ≥	应力松弛性能	
							初始负荷相当实际最大力的百分数 (%)	1000h 应力松弛率 r (%) ≤
1×19S (1+9+9)	28.6	1720	915	1021	805			
	17.8	1770	368	410	334			
	19.3		431	481	379			
	20.3		480	534	422			
	21.8		554	617	488	对所有规格	对所有规格	对所有规格
	28.6		942	1048	829			
	20.3	1810	491	545	432			
	21.8		567	629	499		70	2.5
	17.8	1860	387	428	341	3.5		
	19.3		454	503	400			
	20.3		504	558	444		80	4.5
	21.8		583	645	513			
1×19W (1+6+6/6)	28.6	1720	915	1021	805			
		1770	942	1048	829			
		1860	990	1096	854			

（2）钢绞线弹性模量为 195±10GPa，可不作为交货条件，当需方要求时，应满足该范围值；0.2%屈服力 $F_{p0.2}$ 值应为整根钢绞线实际最大力 F_{ma} 的 88%～95%。

（3）如无特殊要求，只进行初始力为 70%F_{ma} 的松弛试验。允许使用推算法进行 120h 松弛试验确定 1000h 松弛率。用于矿山支护的 1×19 结构的钢绞线松弛率不做要求。

4. 常见检测问题及分析

（1）钢绞线表面不得有裂纹、毛刺、机械损伤、氧化铁皮和油迹，但表面允许有轻微浮锈，锈蚀严重者不能使用。

（2）三盘为一批约 10t，在任一盘端头头上取三根试件，一根做拉力（整根破断）试验；另两根做弯曲试验。

（3）预应力钢绞线必须保持清洁。在存放、搬运、施工操作过程中应避免机械损伤和有害的锈蚀。如长时间存放，必须安排定期的外观检查。

（4）存放的仓库应干燥、防潮、通风良好、无腐蚀气体和介质。存放在室外时不得直接堆放在地面上，必须垫高、覆盖，防腐蚀、防雨淋，时间不宜超过 6 个月。

（5）夹具应按时清理维护，并根据不同材料选择不同夹具。

6.4.2 锚具、夹具、连接器

锚具是指预应力混凝土中所用的永久性锚固装置，是在后张法结构或构件中，为保持

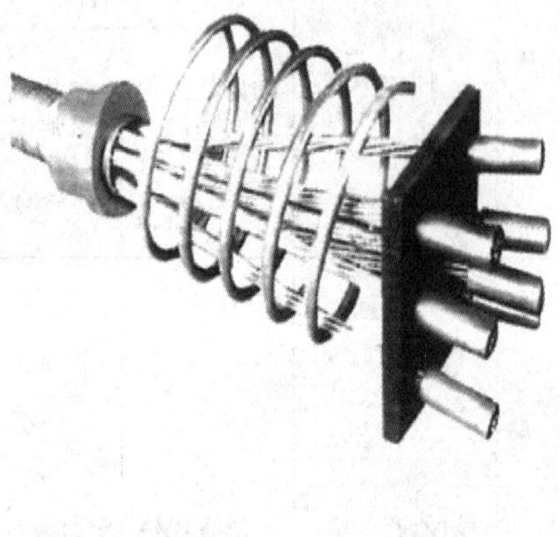

图 6-24 锚具、夹具、连接器

预应力筋的拉力并将其传递到混凝土内部的锚固工具，也称之为预应力锚具，如图 6-24 所示。

1. 相关标准

(1)《城市桥梁工程施工与质量验收规范》CJJ 2；

(2)《预应力筋用锚具、夹具和连接器》GB/T 14370；

(3)《铁路混凝土工程施工质量验收标准》TB 10424；

(4)《预应力筋用锚具、夹具和连接器应用技术规程》JGJ 85。

2. 检测参数及检测频率

检测参数：硬度、静载锚固能力试验等。

检测频率：

(1) 硬度检测应从每批中抽取 5%的锚具（夹片或连接器）且不少于 5 套。

(2) 静载锚固性能试验应从同批锚具中抽取 6 套锚具（夹片或连接器）组成 3 个预应力锚具组装件，进行静载锚固性能试验。

(3) 同种材料和同一生产工艺条件下，锚具和夹片应以不超过 1000 套为一个验收批，连接器应以不超过 500 套为一个验收批。

3. 结果判定

(1) 依据《预应力筋用锚具、夹具和连接器应用技术规程》JGJ 85，锚具效率系数不应小于 0.95，预应力筋总应变不应小于 2.0%；预应力筋—夹具组装件的静载锚固性能试验实测的夹具效率系数不应小于 0.92；硬度值应符合产品质量保证书的规定。

(2) 依据《预应力筋用锚具、夹具和连接器》GB/T 14370，锚具效率系数 η_a 和组装件预应力筋受力长度的总伸长率 ε_{Tu} 应符合表 6-46 的规定；夹具的静载锚固性能应符合 $\eta_g = F_{Tu}/F_{ptk} \geqslant 0.95$；硬度值应符合设计文件的规定。

静载锚固性能要求 **表 6-46**

锚具类型	锚具效率系数	总伸长率
体内、体外束中预应力钢材用锚具	$\eta_a = F_{Tu}/(n \times F_{pm}) \geqslant 0.95$	$\varepsilon_{Tu} \geqslant 2.0\%$
拉索中预应力钢材用锚具	$\eta_a = F_{Tu}/F_{ptk} \geqslant 0.95$	$\varepsilon_{Tu} \geqslant 2.0\%$
纤用增强复合材料筋用锚具	$\eta_a = F_{Tu}/F_{ptk} \geqslant 0.90$	—

4. 常见检测问题及分析

(1) 样品受到污损、雨淋造成锈蚀。

(2) 填写的样品信息错误，与实际送检样品不符。

6.4.3 金属波纹管

金属波纹管是一种外形像规则的波浪样的管材，常用的金属波纹管有碳钢的和不锈钢的，也有钢质衬塑的、铝质的等，如图 6-25 所示。主要用于需要很小的弯曲半径非同心轴向传动，或者不规则转弯、伸缩，或者吸收管道的热变形等，或者不便于用固定弯头安装的场合作管道与管道的连接，或者管道与设备的连接使用。

1. 相关标准

(1)《预应力混凝土用金属波纹管》JG 225；

(2)《混凝土结构工程施工质量验收规范》GB 50204。

2. 检测参数及检测频率

检测参数：外观尺寸、集中荷载作用下刚度试验、均布荷载作用下刚度试验、抗渗漏性能等。

检测频率：每批应由同一个钢带生产厂生产的同一批钢带所制造的预应力混凝土用金属波纹管组成，每半年或累计 50000m 生产量为一批，抽取 6 根。样品数量应符合表 6-47 的规定。

图 6-25 金属波纹管

金属波纹管检测频率 **表 6-47**

检测项目	取样数量
外观尺寸	6 根，每根 1m 长
集中荷载下径向刚度	取 6 根，每根长度 $5d$（$5d_e$）且不小于 300mm
均布荷载下径向刚度	取 6 根，每根长度 $5d$（$5d_e$）且不小于 300mm
集中荷载作用后抗渗漏	取 6 根，每根长度 $5d$（$5d_e$）且不小于 300mm
弯曲后抗渗漏	取 6 根，每根 3m 长

注：d—内径；d_e—外径。

3. 结果判定

(1) 外观尺寸：

1) 预应力混凝土用金属波纹圆管的内径尺寸及其允许偏差应符合表 6-48 的规定。

圆管内径尺寸及其允许偏差 **表 6-48**

内径(mm)	40	45	50	55	60	65	70	75	80	85	90	95	96	102	108	114	120	126	132
允许偏差(mm)	±0.5																		

注：表中未列尺寸的规格由供需双方协议确定。

2) 预应力混凝土用金属波纹扁管的内径尺寸及其允许偏差应符合表 6-49 的规定。

扁管内径尺寸及其允许偏差 **表 6-49**

		适用于Φ^S12.7 预应力钢绞线			适用于Φ^S15.2 预应力钢绞线		
短轴方向	长度 h（mm）	20	20	20	22	22	22
	允许偏差（mm）	0，+1.0			0，+1.5		
长轴方向	长度 b（mm）	52	65	78	60	76	90
	允许偏差（mm）	±1.0			±1.5		

注：表中未列尺寸的规格由供需双方协议确定。

（2）径向刚度应符合表 6-50 的规定。

金属波纹管径向刚度要求 **表 6-50**

<table>
<tr><th colspan="3">截面形状</th><th>圆形</th><th>扁形</th></tr>
<tr><td rowspan="2">集中荷载（N）</td><td colspan="2">标准型</td><td rowspan="2">800</td><td rowspan="2">500</td></tr>
<tr><td colspan="2">增强型</td></tr>
<tr><td rowspan="2">均布荷载（N）</td><td colspan="2">标准型</td><td rowspan="2">$F=0.31d^2$</td><td rowspan="2">$F=0.15d_c^2$</td></tr>
<tr><td colspan="2">增强型</td></tr>
<tr><td rowspan="4">δ</td><td rowspan="2">标准型</td><td>$d\leqslant75$mm</td><td>$\leqslant0.20$</td><td rowspan="2">$\leqslant0.20$</td></tr>
<tr><td>$d>75$mm</td><td>$\leqslant0.15$</td></tr>
<tr><td rowspan="2">增强型</td><td>$d\leqslant75$mm</td><td>$\leqslant0.10$</td><td rowspan="2">$\leqslant0.15$</td></tr>
<tr><td>$d>75$mm</td><td>$\leqslant0.08$</td></tr>
</table>

注：圆管内径及扁管短轴长度均为公称尺寸；

F—均布荷载值（N）；

d—圆管内径（mm）；

d_c—扁管等效内径（mm），$d_c=2(b+h)/\pi$；

δ—内径变形比，$\delta=\Delta d/d$ 或 $\delta=\Delta d/h$；

Δd—外径变形值。

（3）抗渗漏性能：在规定的集中荷载作用后或在规定的弯曲情况下，预应力混凝土用金属波纹管允许水泥浆泌水渗出，但不得渗出水泥浆。

4. 常见检测问题及分析

（1）样品规格尺寸不符合要求。

（2）填写的样品信息错误，与实际送检样品不符。

6.4.4 塑料波纹管

预应力塑料波纹管，如图 6-26 所示，以高密度聚乙烯（HDPE）为生产原材料，主要应用于后张预应力混凝土结构，拥有密封性好、无渗水漏浆、环刚度高、摩擦参数小、耐老化、抗电侵蚀、柔弹力好、不易被振动棒凿破和使施工连接更方便的长处，主要应用于公路、铁路、桥梁、斜坡、高层建筑等大跨度张拉工程建设中。

图 6-26 塑料波纹管

1. 相关标准

（1）《预应力混凝土桥梁用塑料波纹管》JT/T 529；

（2）《混凝土结构工程施工质量验收规范》GB 50204。

2. 检测参数及检测频率

检测参数：外观尺寸、环刚度、局部横向荷载、柔韧性、抗冲击性。

检测频率：同一配方、同一生产工艺、同设备稳定连续生产的一定数量的产品为一批，每批数量不超过 10000m；随机取样，试样长度为 1.2m，试样数量为 6 根。

3. 结果判定

(1) 外观尺寸：圆形塑料波纹管管节规格见表 6-51，管节长度分为 6m、8m、10m 和 12m，偏差 0～＋10mm；扁形塑料波纹管管节规格见表 6-52，管节长度分为 6m、8m、10m 和 12m，偏差 0～＋10mm。

圆形塑料波纹管管节规格 表 6-51

型号	内径 d (mm)		外径 D (mm)		壁厚 S_h (mm)		配套使用的锚具	
	标称值	偏差	标称值	偏差	标称值	偏差		
C-50	50	±1.0	63	±1.0	2.5	0.5	YM12-7	YM15-5
C-60	60		73		2.5		YM12-12	YM15-7
C-75	75		88		2.5		YM12-19	YM15-12
C-90	90		106		2.5		YM12-22	YM15-17
C-100	100	±2.0	116	±2.0	3	0.5	YM12-31	YM15-22
C-115	115		131		3		YM12-37	YM15-27
C-130	130		146		3		YM12-42	YM15-31

扁形塑料波纹管管节规格 表 6-52

型号	长轴 U_1 (mm)		短轴 U_2 (mm)		壁厚 S_h (mm)		配套锚具
	标称值	偏差	标称值	偏差	标称值	偏差	
F-41	41	±1.0	22	0.5	2.5	0.5	YMB-2
F-55	55		22		2.5		YMB-3
F-72	72		22		3		YMB-4
F-90	90		22		3		YMB-5

(2) 环刚度：圆形塑料波纹管环刚度不应小于 $6kN/m^2$，扁形塑料波纹管环刚度不应小于 $4kN/m^2$。

(3) 局部横向荷载：塑料波纹管承受局部横向荷载持荷 2min，管节表面不应出现破裂；卸荷 5min 后，管节变形量不应超过管节外径（或扁形管节短轴）的 10%。

(4) 纵向荷载：塑料波纹管承受纵向荷载时，管节纵向压缩量与管节长度之比不大于 0.8%。

(5) 柔韧性：塑料波纹管反复弯曲 5 次后，采用专用球形塞规，应能顺利地从塑料波纹管节中通过。

(6) 抗冲击性：塑料波纹管低温落锤冲击试验的真实冲击率（TIR）最大允许值为 10%。

4. 常见检测问题及分析

(1) 样品规格尺寸不符合要求。

(2) 填写的样品信息错误，与实际送检样品不符。

6.4.5 盆式支座

盆式橡胶支座是钢构件与橡胶组合而成的新型桥梁支座，与同类的其他型号盆式支座和铸钢辊轴支座相比，具有承载能力大，水平位移量大和转动灵活等优点。盆式橡胶支座

图 6-27　盆式支座

是由上座板、密封圈、橡胶板、底盆、地脚螺栓和防尘罩等组成的，如图 6-27 所示。

1. 相关标准

(1)《城市轨道交通桥梁盆式支座》CJ/T 464；

(2)《铁路桥梁盆式支座》TB/T 2331；

(3)《公路桥梁盆式支座》JT/T 391。

2. 检测参数及检测频率

检测参数：竖向承载力、摩擦系数。

检测频率：同一厂家生产的同一规格产品进场后，逐个进行外观质量检查，再从检查合格的样品中随机抽取 1 个进行物理力学性能检测。

3. 结果判定

(1) 竖向承载力：支座在竖向设计承载力作用下，竖向压缩变形不大于支座高度的 2%，下支座板盆环外侧上口处径向变形不大于盆环外径的 0.5%。

(2) 摩擦系数：在硅脂润滑条件下，活动支座摩擦系数 μ 应满足下列要求：－25～60℃：$\mu \leqslant 0.03$；－40～－25℃：$\mu \leqslant 0.05$。

4. 常见检测问题及分析

(1) 样品保管不当。

(2) 填写的样品信息错误，与实际送检样品不符。

6.4.6　球型支座

球型支座有固定支座、单向活动支座和多向活动支座之分。由于球型支座不再使用橡胶承压，不存在橡胶变硬或老化等不良影响，因此特别适用于低温地区。

1. 相关标准

(1)《城市轨道交通桥梁球型钢支座》CJ/T 482；

(2)《铁路桥梁球型支座》TB/T 3320；

(3)《桥梁球型支座》GB/T 17955。

2. 检测参数及检测频率

检测参数：竖向承载力、摩擦系数。

检测频率：同一厂家生产的同一规格产品进场后，逐个进行外观质量检查，再从检查合格的样品中随机抽取 1 个进行物理力学性能检测。

3. 结果判定

(1) 竖向设计承载力作用下总高度不大于 200mm 的球型支座，竖向压缩变形不应大于 2mm，总高度大于 200mm 的球型支座，竖向压缩变形不应大于支座高度的 1%，且不应大于 4mm。

(2) 硅脂润滑条件下活动支座摩擦系数 μ 应满足下列要求：－25～60℃：$\mu \leqslant 0.03$；－40～－25℃：$\mu \leqslant 0.05$。

4. 常见检测问题及分析

(1) 样品保管不当。

(2) 填写的样品信息错误，与实际送检样品不符。

6.4.7 板式橡胶支座

板式橡胶支座是由多层天然橡胶与薄钢板镶嵌、粘合、硫化而成的一种桥梁支座产品，如图 6-28 所示。该种类型的橡胶支座有足够的竖向刚度以承受垂直荷载，且能将上部构造的压力可靠地传递给墩台；有良好的弹性以适应梁端的转动；有较大的剪切变形以满足上部构造的水平位移。

图 6-28 板式橡胶支座

1. 相关标准

(1)《铁路桥梁板式橡胶支座》TB/T 1893；

(2)《公路桥梁板式橡胶支座》JT/T 4。

2. 检测参数及检测频率

检测参数：极限抗压强度、抗压弹性模量、抗剪弹性模量（有四氟板时：摩擦系数）。

检测频率：同一厂家生产的同一规格产品进场后，逐个进行外观质量检查，再从检查合格的样品中随机抽取 3 个进行物理力学性能检测。

3. 结果判定

支座的力学性能要求见表 6-53，板式橡胶支座抗压弹性模量见表 6-54。

支座的力学性能要求 表 6-53

检测项目	技术指标
极限抗压强度 R_u(MPa)	≥60
抗压弹性模量 E_1(MPa)	$E \pm E \times 20\%$
抗剪弹性模量 G_1(MPa)	$G \pm G \times 15\%$
疲劳试验后的抗压弹性模量 E_2(MPa)	$\leqslant (E_1 + E_1 \times 5\%)$
老化后抗剪弹性模量 G_2(MPa)	$\leqslant (G_1 \pm 0.15\text{MPa})$
抗剪粘结性能(τ=2MPa 时)	无橡胶开裂和脱胶现象

注：E—支座抗压弹性模量标准值；G—支座抗剪弹性模量标准值。

板式橡胶支座抗压弹性模量 E 表 6-54

S	5	6	7	8	9	10	11	12	13	14	15
E (MPa)	270	340	420	500	590	670	760	860	950	1060	1180

支座形状系数 S 应按下列公式计算：

$$S = a \times b / [2(a + b)h_i]$$

式中 a——支座短边长度；

b——支座长边长度；

h_i——两层钢板之间橡胶厚度。

4. 常见检测问题及分析

(1) 样品保管不当。

(2) 填写的样品信息错误，与实际送检样品不符。

6.4.8 水泥基桥梁支座灌浆料

桥梁支座灌浆料，是客运专线橡胶支座安装专用灌浆料，它是以合理级分的高强度集

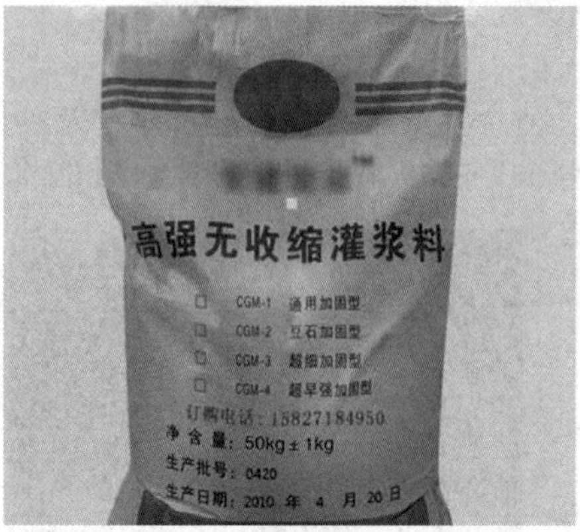

图 6-29　水泥基桥梁支座灌浆料

料为原材料，高强水泥为结合剂，高分子聚合物为增韧剂，辅以高流态、微膨胀、防离析、抗裂化等外加剂、掺合料等精确配合比专业生产而成的干混料，如图 6-29 所示。

1. 相关标准

（1）《桥梁支座灌浆材料》JT/T 1130；

（2）《铁路混凝土工程施工质量验收标准》TB 10424。

2. 检测参数及检测频率

检测参数：匀质性（含水率、氯离子含量、细度）、流动度（初始流动度、30min 流动度）、抗折（24h 抗折、28d 抗折）、抗压（2h 抗压、24h 抗压、28d 抗压）、28d 自由膨胀率、28d 弹性模量。

检测频率：水泥基灌浆材料每 200t 应为一个检验批，不足 200t 的应按一个检验批计，每一检验批应为一个取样单位。灌浆料施工时，每 50t 作为一个检验批，不足 50t 也按一批论；取样方法应按现行国家标准《水泥取样方法》GB/T 12573 执行，取样应有代表性，总量不得少于 30kg。

3. 结果判定

水泥基桥梁支座灌浆材料的匀质性要求见表 6-55，水泥基桥梁支座灌浆材料的物理力学性能见表 6-56。

水泥基桥梁支座灌浆材料的匀质性要求　　表 6-55

检测项目	技术指标		
	早强Ⅰ型	早强Ⅱ型	普通型
含水率（质量分数,%）	≤1.0		
氯离子含量（质量分数,%）	≤0.03		
细度（4.75mm 方孔筛筛余量，质量分数,%）	0		

水泥基桥梁支座灌浆材料的物理力学性能　　表 6-56

检测项目		性能指标		
		早强Ⅰ型	早强Ⅱ型	普通型
流动度(mm)	初始	≥320	≥320	≥320
	30min	≥280	≥280	≥290
凝结时间(min)	初凝	≥30	≥30	≥60
	终凝	—	≤180	≤720
泌水率(%)		0		
抗压强度(MPa)	2h	≥20	—	—
	8h	—	≥20	—
	24h	≥50	≥40	≥20
	3d	—	—	≥40
	28d	≥60	≥60	≥60
	R_{56}/R_{28}	≥1.0		

续表

检测项目		性能指标		
		早强Ⅰ型	早强Ⅱ型	普通型
抗折强度(MPa)	2h	≥4	—	—
	8h	—	≥4	—
	24h	≥10	≥6	≥4
	3d	—	—	≥6
	28d	≥10		
	F_{56}/F_{28}	≥1.0		
弹性模量(GPa)	28d	≥30		
竖向膨胀率(%)	3h	0.1～2.0		
	24h与3h膨胀率之差	0.02～0.5		
自由膨胀率(水中养护,%)	28d	0.02～0.1		

注：1. R_{28}、R_{56}—分别为28d、56d抗压强度；
2. F_{28}、F_{56}—分别为28d、56d抗折强度。

4. 常见检测问题及分析

(1) 取样样品受潮。

(2) 使用的辅材质量不稳定。

(3) 填写的样品信息错误，与实际送检样品不符。

6.4.9 管道压浆料（剂）

管道压浆料是由水泥高效减水剂、微膨胀剂、矿物掺合料等多种材料干拌而成的混合料，如图6-30所示。它是在施工现场按一定比例与水混合均匀后，用于后张梁预应力管道充填的压浆材料；管道压浆剂是由高效减水剂、微膨胀剂、矿物掺合料等多种材料干拌成的混合剂。

图6-30 管道压浆剂

1. 相关标准

《铁路后张法预应力混凝土梁管道压浆技术条件》TB/T 3192。

2. 检测参数及检测频率

检测参数：凝结时间、流动度、泌水率、抗压强度、抗折强度、24h自由膨胀率等。

检测频率：同一厂家、同一批次、同一配合比压浆料用量100t为一批（压浆剂按配合比折算成压浆料数量计算），不足100t检测不少于一次；取样方法应按现行国家标准《水泥取样方法》GB/T 12573执行。取样应有代表性，总量不得少于30kg。

3. 结果判定

浆体的技术指标见表6-57。

浆体的技术指标　　表 6-57

<table>
<tr><th colspan="2">检测项目</th><th>技术指标</th></tr>
<tr><td rowspan="2">凝结时间(h)</td><td>初凝</td><td>≥4</td></tr>
<tr><td>终凝</td><td>≤24</td></tr>
<tr><td rowspan="2">流动度(s)</td><td>出机流动度</td><td>18±4</td></tr>
<tr><td>30min 流动度</td><td>≤30</td></tr>
<tr><td rowspan="2">泌水率(%)</td><td>24h 自由泌水率</td><td>0</td></tr>
<tr><td>3h 毛细泌水率</td><td>≤0.1</td></tr>
<tr><td rowspan="2">压力泌水率(%)</td><td>0.22MPa(当孔道垂直高度≤1.8m 时)</td><td rowspan="2">≤3.5</td></tr>
<tr><td>0.36MPa(当孔道垂直高度>1.8m 时)</td></tr>
<tr><td colspan="2">充盈度</td><td>合格</td></tr>
<tr><td rowspan="2">7d 强度(MPa)</td><td>抗折</td><td>≥6.5</td></tr>
<tr><td>抗压</td><td>≥35</td></tr>
<tr><td rowspan="2">28d 强度(MPa)</td><td>抗折</td><td>≥10</td></tr>
<tr><td>抗压</td><td>≥50</td></tr>
<tr><td colspan="2">24h 自由膨胀率(%)</td><td>0～3</td></tr>
</table>

4. 常见检测问题及分析

(1) 取样样品受潮。

(2) 使用的辅材质量不稳定。

(3) 填写的样品信息错误，与实际送检样品不符。

6.4.10 管道压浆试件

管道压浆试件指的是压浆剂或压浆料制成的 40mm×40mm×160mm 的长方体试件，如图 6-31 所示。

图 6-31　管道压浆试件

1. 相关标准

《铁路混凝土工程施工质量验收标准》TB 10424。

2. 检测参数及检测频率

检测参数：抗压强度、抗折强度。

检测频率：每孔梁留置 3 组标准养护试件，必要时增加留置 1 组同条件养护试件。

3. 结果判定

满足设计文件要求。

4. 常见检测问题及分析

(1) 样品成型质量差。

(2) 制件不规范或样品养护不到位。

6.5 防　水　工　程

近年来，在我国城市轨道交通工程施工的过程中，人们对防水工程施工内容也越来越重视，并且采用相应的控制技术，来对防水工程的施工质量进行有效的控制管理。在城市轨道交通工程中使用的防水材料必须送至经过省级以上建设行政主管部门资质认可和质量技术监督部门计量认证的检测单位进行检测。其性能应符合国家标准、行业标准，且能满足所在地区地下工程的特点、气候条件、地质水文条件和变形要求。

防水材料的选择是防水工程最重要的环节，防水材料性能的优劣也直接影响到结构的使用寿命和质量安全。目前防水材料种类繁多，各种材料的性能和适用范围不明确，容易造成误用错用，防水材料市场混乱，假冒伪劣产品横行，严重阻碍了材料的健康发展。在城市轨道交通建设的过程中，防水材料需求巨大，而防水材料产品规格品种及质量标准繁多，不同的质量标准其检验项目和技术指标也存在差异，若检验标准选择不合理，会在一定程度上影响防水材料性能优势的判断，进而无法确保防水工程的施工质量。

6.5.1　防水卷材

防水卷材主要是用于建筑墙体、屋面，以及隧道、公路、垃圾填埋场等处，起到抵御外界雨水、地下水渗漏的一种可卷曲成卷状的柔性建材产品。作为工程基础与建筑物之间无渗漏连接，是整个工程防水的第一道屏障，对整个工程起着至关重要的作用。产品主要有沥青防水卷材和高分子防水卷材。轨道交通常用防水卷材包括：高聚物改性沥青类防水卷材和合成高分子类防水卷材。

1. 相关标准

(1)《地下防水工程质量验收规范》GB 50208；

(2)《屋面工程质量验收规范》GB 50207；

(3)《弹性体改性沥青防水卷材》GB 18242；

(4)《自粘聚合物改性沥青防水卷材》GB 23441；

(5)《预铺防水卷材》GB/T 23457；

(6)《高分子防水材料　第1部分：片材》GB 18173.1；

(7)《热塑性聚烯烃（TPO）防水卷材》GB 27789；

(8)《聚氯乙烯（PVC）防水卷材》GB 12952；

(9)《种植屋面用耐根穿刺防水卷材》GB/T 35468。

2. 检测参数及检测频率

检测参数：

(1) 弹性体改性沥青防水卷材：可溶物含量、拉力、延伸率、低温柔性、耐热性、不透水性、热老化、渗油性、卷材下表面沥青涂盖层厚度。

(2) 自粘聚合物改性沥青防水卷材：可溶物含量、拉伸性能、耐热性、不透水性、低温柔性、剥离强度、持粘性、热老化、自粘沥青再剥离强度。

(3) 预铺防水卷材：可溶物含量（PY类）、拉伸性能、钉杆撕裂强度、抗穿刺强度、抗冲击性能、耐热性、低温弯折性（P类、R类）、低温柔性（P类、PY类）、抗窜水性、不透水性、与后浇混凝土剥离强度、与后浇混凝土浸水后剥离强度、热老化。

（4）高分子防水片材：拉伸强度（23℃）、拉断伸长率（23℃）、撕裂强度、不透水性、低温弯折、自粘层性能（自粘片）。

（5）热塑性聚烯烃（TPO）防水卷材：中间胎基上面树脂层厚度（P类）、拉伸性能、低温弯折性、不透水性、抗冲击性、静态荷载（P类）、直角撕裂强度（H类）、梯形撕裂强度（L类、P类）。

（6）聚氯乙烯（PVC）防水卷材：中间胎基上面树脂层厚度（P类、G类、GL类）、拉伸性能、低温弯折性、不透水性、抗冲击性、静态荷载（P类、G类、GL类），直角撕裂强度（H类、G类）、梯形撕裂强度（L类、P类、GL类）。

（7）耐根穿刺防水卷材：基本性能、耐霉菌腐蚀性、接缝剥离强度。

检测频率：同一类别、同一规格大于1000卷抽5卷，每500～1000卷抽4卷，100～499卷抽3卷，100卷以下抽2卷，进行规格尺寸和外观质量检验。在外观质量检验合格的卷材中，任取一卷做物理性能检验。

3. 结果判定

常用防水卷材的主要技术指标见表6-58～表6-65。

弹性体改性沥青防水卷材（PY类Ⅱ型）主要技术指标（GB 18242）　　表6-58

检测项目		技术指标 Ⅱ PY
可溶物含量(g/m^2)	3mm	≥2100
	4mm	≥2900
	5mm	≥3500
拉力	最大峰拉力(N/50mm)	≥800
	拉伸时现象	拉伸过程中，试样中部无沥青涂盖层开裂或与胎基分离现象
延伸率	最大峰时伸长率(%)	≥40
低温柔性		−25℃，无裂纹
耐热性	℃	105
	Mm	≤2
	试验现象	无流淌、滴落
不透水性(0.3MPa，120min)		不透水
热老化	拉力保持率(%)	≥90
	延伸率保持率(%)	≥80
	低温柔性	−20℃，无裂纹
	尺寸变化率(%)	≤0.7
	质量损失(%)	≤1.0
渗油性(张数)		≤2
卷材下表面沥青涂盖层厚度(mm)		≥1.0

自粘聚合物改性沥青防水卷材（PY类）主要技术指标（GB 23441）　　表6-59

检测项目			技术指标 I	技术指标 II
可溶物含量(g/m^2)		3mm	≥2100	
		4mm	≥2900	
拉伸性能	拉力(N/50mm)	3mm	≥450	≥600
		4mm	≥450	≥800
	最大拉力时延伸率(%)		≥30	≥40
耐热性			70℃，无滑动、流淌、滴落	
不透水性(0.3MPa，120min)			不透水	
低温柔性			−20℃，无裂纹	−30℃，无裂纹
剥离强度(N/mm)		卷材与卷材	≥1.0	
		卷材与铝板	≥1.5	
持粘性(min)			≥15	
热老化	最大拉力时延伸率(%)		≥30	≥40
	低温柔性		−18℃，无裂纹	−28℃，无裂纹
	剥离强度 卷材与铝板(N/mm)		≥1.5	
	尺寸稳定性(%)		≤1.5	≤1.0
自粘沥青再剥离强度(N/mm)			≥1.5	

预铺防水卷材（PY类）主要技术指标（GB/T 23457）　　表6-60

检测项目		技术指标 P	技术指标 PY	技术指标 R
可溶物含量(g/m^2)		—	≥2900	—
拉伸性能	拉力(N/50mm)	≥600	≥800	≥350
	拉伸强度(MPa)	≥16	—	≥9
	膜断裂伸长率(%)	≥400	—	≥300
	最大拉力时伸长率(%)	—	≥40	—
	拉伸时现象	胶层与主体材料或胎基无分离现象		
钉杆撕裂强度(N)		≥400	≥200	≥130
抗穿刺强度(N)		≥350	≥550	≥100
抗冲击性能(0.5kg·m)		无渗漏		
耐热性		80℃，2h无滑移、流淌、滴落	70℃，2h无滑移、流淌、滴落	100℃，2h无滑移、流淌、滴落
低温弯折性		主体材料 −35℃，无裂纹	—	主体材料和胶层 −35℃，无裂纹
低温柔性		胶层−25℃，无裂纹	−20℃，无裂纹	—

续表

检测项目		技术指标		
		P	PY	R
抗窜水性(水力梯度)		0.8MPa/35mm，4h不窜水		
不透水性(0.3MPa，120min)		不透水		
与后浇混凝土剥离强度(N/mm)	无处理	≥1.5	≥1.5	≥0.8，内聚破坏
	浸水处理	≥1.0	≥1.0	≥0.5，内聚破坏
	泥沙污染表面	≥1.0	≥1.0	≥0.5，内聚破坏
	紫外线处理	≥1.0	≥1.0	≥0.5，内聚破坏
	热处理	≥1.0	≥1.0	≥0.5，内聚破坏
与后浇混凝土浸水后剥离强度(N/mm)		≥1.0	≥1.0	≥0.5，内聚破坏
热老化	拉力保持率(%)	≥90		≥80
	伸长率保持率(%)	≥80		≥70
	低温弯折性	主体材料 -32℃，无裂纹	—	主体材料和胶层 -32℃，无裂纹
	低温柔性	胶层 -23℃，无裂纹	-18℃，无裂纹	—

高分子防水片材（均质片）主要技术指标（GB 18173.1） **表 6-61**

检测项目	技术指标			
	JLI	JS1	≥JS2	JS3
拉伸强度(23℃，MPa)	≥7.5	≥10	≥16	≥14
拉断伸长率(23℃，%)	≥450	≥200	≥550	≥500
撕裂强度(kN/m)	≥25	≥40	≥60	≥60
不透水性(120min)	0.3MPa，无渗漏			
低温弯折	-40℃，无裂纹	-20℃，无裂纹	-35℃，无裂纹	

高分子防水片材(自粘片)主要技术指标(GB 18173.1) **表 6-62**

检测项目			技术指标			
			JLI	JS1	JS2	JS3
拉伸强度(23℃，MPa)			≥7.5	≥10	≥16	≥14
拉断伸长率(23℃，%)			≥450	≥200	≥550	≥500
撕裂强度(kN/m)			≥25	≥40	≥60	≥60
不透水性(120min)			0.3MPa，无渗漏			
低温弯折			-40℃，无裂纹	-20℃，无裂纹	-35℃，无裂纹	
自粘层	低温弯折		-25℃无裂纹			
	持粘性(min)		≥20			
	剥离强度(标准试验条件，N/mm)	片材与片材	≥0.8			
		片材与铝板	≥1.0			
		片材与水泥砂浆板	≥1.0			

热塑性聚烯烃（TPO）防水卷材主要技术指标（GB 27789）　　表 6-63

检测项目		技术指标		
		H	L	P
中间胎基上面树脂层厚度(mm)		—		≥0.40
拉伸性能	最大拉力(N/cm)	—	≥200	≥250
	拉伸强度(MPa)	≥12.0	—	—
	最大拉力时伸长率(%)	—	—	≥15
	断裂伸长率(%)	≥500	≥250	—
低温弯折性		−40℃，无裂纹		
不透水性		0.3MPa，120min，不透水		
抗冲击性能		0.5kg·m，不渗水		
抗静态荷载		—	—	20kg 不渗水
直角撕裂强度(N/mm)		≥60	—	—
梯形撕裂强度(N)		—	≥250	≥450

聚氯乙烯（PVC）防水卷材主要技术指标（GB 12952）　　表 6-64

检测项目		技术指标				
		H	L	P	G	GL
中间胎基上面树脂层厚度(mm)		—		≥0.40		
拉伸性能	最大拉力(N/cm)	—	≥120	≥250	—	≥120
	拉伸强度(MPa)	≥10.0	—	—	≥10.0	—
	最大拉力时伸长率(%)	—	—	≥15	—	—
	断裂伸长率(%)	≥200	≥150	—	≥200	≥100
低温弯折性		−25℃，无裂纹				
不透水性		0.3MPa，120min，不透水				
抗冲击性能		0.5kg·m，不渗水				
抗静态荷载		—	—	20kg 不渗水		
直角撕裂强度(N/mm)		≥50	—	—	≥50	—
梯形撕裂强度(N)		—	≥150	≥250	—	≥220

种植屋面用耐根穿刺防水卷材主要技术指标（GB/T 35468）　　表 6-65

检测项目				技术指标
基本性能				符合现行国家标准中全部相关要求
耐霉菌腐蚀性（防霉等级）				0 级或 1 级
接缝剥离强度	无处理（N/mm）	沥青类防水卷材	SB	≥1.5
			APP	≥1.0
		塑料类防水卷材	焊接	≥3.0 或卷材破坏
			粘结	≥1.5
		橡胶类防水卷材		≥1.5
	热老化处理后保持率（%）			≥80 或卷材破坏

注：须提供该规格型号产品耐根穿刺试验合格报告。

4. 常见检测问题及分析

存在主要质量问题包括：拉力、拉伸强度、拉断伸长率、撕裂强度不合格，导致产品所能承受的荷载和应力较小、韧性较差、在使用过程中易被扯断或裂开，而出现渗漏；低温柔性不合格，在低温条件，防水卷材的柔韧性发生变化，产品发硬变脆，容易折断或开裂，从而失去防水功能；浸水后质量增加不合格，会引起产品的性状发生变化，从而影响到产品的防水性能；厚度不合格，减弱防水效果，降低使用寿命。不合格的主要原因是，有的企业为节约成本使用了劣质低廉的胎基，有的企业生产工艺控制不严或是材料配合比不合理等。

6.5.2 防水涂料

防水涂料是指涂料形成的涂膜，能够防止雨水或地下水渗漏的一种涂料。市场上的防水涂料主要有两大类：一类是聚氨酯类防水涂料，它具有较好的延伸性及较大适应基层变形能力，目前城市轨道建设中大量使用单组分聚氨酯防水涂料；另一类为水泥基渗透结晶防水材料，材料中含有的活化物质以水为载体在混凝土中渗透，与水泥水化产物生成不溶于水的针状结晶体，填塞毛细孔道和微细缝隙。目前在城市轨道防水工程中也采用非固化橡胶沥青防水涂料或喷涂橡胶沥青防水涂料和自粘聚合物改性沥青防水卷材结合使用的复合防水做法。

1. 相关标准

(1)《地下防水工程质量验收规范》GB 50208；

(2)《屋面工程质量验收规范》GB 50207；

(3)《聚氨酯防水涂料》GB/T 19250；

(4)《非固化橡胶沥青防水涂料》JC/T 2428；

(5)《喷涂橡胶沥青防水涂料》JC/T 2317；

(6)《水泥基渗透结晶型防水材料》GB 18445。

2. 检测参数及检测频率

(1) 聚氨酯防水涂料

检测参数：拉伸强度、断裂伸长率、撕裂强度、低温弯折性、不透水性、固体含量、表干时间、实干时间、粘结强度、吸水性、耐水性。

检测频率：同一类型、同一规格每 5t 为一批，不足 5t 按一批。

(2) 非固化橡胶沥青防水涂料

检测参数：固含量、粘结性能、延伸性、低温柔性、耐热性、自愈性、渗油性、抗窜水性能、应力松弛。

检测频率：同一类型、同一规格每 5t 为一批，不足 5t 按一批。

(3) 喷涂橡胶沥青防水涂料

检测参数：固体含量、凝胶时间、实干时间、耐热度、不透水性、粘结强度、弹性恢复率、钉杆自愈性、吸水率、低温柔性、拉伸性能。

检测频率：同一类型、同一规格每 5t 为一批，不足 5t 按一批。

(4) 水泥基渗透结晶型防水涂料

检测参数：抗折强度、抗压强度、基湿面粘结强度、砂浆抗渗性能 (28d)。

检测频率：连续生产，同一配料工艺条件制得的同一类型产品 10t 为一批，不足 10t 亦按一批。

3. 结果判定

常用防水涂料的主要技术指标见表 6-66～表 6-69。

聚氨酯防水涂料（SⅠ）主要技术指标（GB/T 19250）　　表 6-66

检测项目		技术指标
拉伸强度(MPa)		≥2.0
断裂伸长率(%)		≥500
撕裂强度(N/mm)		≥15
低温弯折性		−35℃，无裂纹
不透水性		0.3MPa 120min，不透水
固体含量(%)		≥85
表干时间(h)		≥12
实干时间(h)		≥24
粘结强度(MPa)		≥1.0
吸水性(%)		≤5.0
耐水性(168h) GB/T 16777	拉伸强度保持率(%)	≥80
	断裂伸长率保持率(%)	≥80
	粘结强度保持率(%)	≥80

非固化橡胶沥青防水涂料主要技术指标(JC/T 2428)　　表 6-67

检测项目		技术指标
固含量(%)		≥98
粘结性能	干燥基面	100%内聚破坏
	潮湿基面	
延伸性(mm)		≥15
低温柔性(℃)		−20，无断裂
耐热性(℃)		65
		无滑动、流淌、滴落
自愈性		无渗水
渗油性(张)		≤2
抗窜水性能，0.6MPa		无窜水
应力松弛(%)	无处理(%)	≤35
	热老化(70℃，168h)	

喷涂橡胶沥青防水涂料主要技术指标（JC/T 2317） 表 6-68

检测项目		技术指标
固体含量(%)		≥55
凝胶时间(s)		≤5
实干时间(h)		≤24
耐热度		120±2℃，无流淌、滑动、滴落
不透水性		0.3MPa，30min 无渗水
粘结强度	干燥基面(MPa)	≥0.40
	潮湿基面(MPa)	≥0.40
弹性恢复率(%)		≥85
钉杆自愈性		无渗水
吸水率(24h,%)		≤2.0
低温柔性(无处理)		−20℃，无裂纹、断裂
拉伸性能	拉伸强度(无处理，MPa)	≥0.80
	断裂伸长率(无处理,%)	≥1000

水泥基渗透结晶型防水涂料主要技术指标（GB 18445） 表 6-69

检测项目		技术指标
抗折强度（28d，MPa）		≥2.8
抗压强度（28d，MPa）		≥15.0
基湿面粘结强度（28d，MPa）		≥1.0
砂浆抗渗性能	带涂层砂浆的抗渗压力[1]（28d）	报告实测值
	抗渗压力比（带涂层）(28d,%)	≥250
	去除涂层砂浆的抗渗压力[1]（28d）	报告实测值
	抗渗压力比（去除涂层）(28d,%)	≥175

[1] 基准砂浆 28d 抗渗压力应为 $0.4^{+0.0}_{-0.1}$ MPa，并在产品质量检测报告中列出。

4. 常见检测问题及分析

防水涂料重要检测项目是拉伸强度和不透水性。防水涂料成膜后必须具有一定的强度和延伸性，才能对基层的裂缝有较好的遮蔽作用，即使基层因外界温差、干湿等因素产生微小裂缝，涂膜也不会发生断裂和渗漏现象，保证防水效果。拉伸性能和不透水性是防水涂料产品最基础的物理性能项目，其指标的高低可直接反映该产品的使用性能。不合格的主要原因是聚合物含量低，配方不合理；另外，不少企业为降低生产成本，使用劣质的化工原料也是导致防水材料产品质量低劣的重要原因。

6.5.3 止水、密封材料

密封材料是指能承受变形并具有高气密性及水密性而嵌入建筑接缝中的定型和不定型的材料。定型密封材料是具有一定形状和尺寸的密封材料，如密封条带、止水带等；不定型密封材料通常是黏稠状的材料，分为弹性密封材料和非弹性密封材料。按构成类型分为溶剂型、乳液型和反应型；按使用时的组分分为单组分密封材料和多组分密封材料；按组成材料分为改性沥青密封材料和合成高分子密封材料。为保证防水密封的效果，建筑密封材料应具有高水密性和气密性、良好的粘结性、良好的耐高低温性和耐老化性能、一定的弹塑性和拉伸压缩循环性能。密封材料的选用，应首先考虑它的粘结性能和使用部位。密封材料与被粘基层的良好粘结，是保证密封的必要条件。因此，应根据被粘基层的材质、表面状态和性质来选择粘结性良好的密封材料。对于建筑物中不同部位的接缝，其密封材料的要求也不同，如室外的接缝要求较高的耐候性，而伸缩缝则要求较好的弹塑性和拉伸—压缩循环性能。

1. 相关标准

(1)《地下防水工程质量验收规范》GB 50208；

(2)《高分子防水材料　第 2 部分：止水带》GB/T 18173.2；

(3)《高分子防水材料　第 3 部分：遇水膨胀橡胶》GB/T 18173.3；

(4)《高分子防水材料　第 4 部分：盾构法隧道管片用橡胶密封垫》GB/T 18173.4；

(5)《遇水膨胀止水胶》JG/T 312；

(6)《聚氨酯建筑密封胶》JC/T 482；

(7)《聚硫建筑密封胶》JC/T 483；

(8)《混凝土接缝用建筑密封胶》JC/T 881。

2. 检测参数及检测频率

(1) 止水带

检测参数：硬度、拉伸强度、拉断伸长率、压缩永久变形、撕裂强度、脆性温度、热空气老化、臭氧老化、橡胶与金属粘合性、橡胶与帘布结合强度。

检测频率：B 类、S 类止水带以同标记，连续生产的 5000m 为一批（不足 5000m 按一批计）。J 类止水带以每 100m 制品所需要的胶料为一批。

(2) 遇水膨胀止水条

1) 腻子型遇水膨胀止水条

检测参数：体积膨胀倍率、高温流淌性、低温试验。

检测频率：以 1000m 或 5t 同标记的遇水膨胀橡胶为一批。

2) 制品型遇水膨胀止水条

检测参数：硬度、拉伸强度、拉断伸长率、体积膨胀倍率、反复浸水试验、低温弯折。

检测频率：以 1000m 或 5t 同标记的遇水膨胀橡胶为一批。

(3) 弹性橡胶弹性密封垫成品

检测参数：硬度、拉伸强度、拉断伸长率、压缩永久变形、热空气老化、防霉等级。

检测频率：以同品种，同规格的 300 环橡胶密封垫为一批。

(4) 遇水膨胀橡胶密封垫胶料（盾构管片遇水膨胀橡胶密封垫，盾构管片遇水膨胀橡胶密封圈）

检测参数：邵氏硬度、拉伸强度、拉断伸长率、体积膨胀倍率、反复浸水试验、低温弯折、防霉等级。

检测频率：以同品种，同规格的 300 环橡胶密封垫为一批。

(5) 自粘丁基橡胶钢板止水带

检测参数：橡胶层不挥发物、橡胶层低温柔性、橡胶层耐热度、橡胶层与钢板剪切状态下粘合性、橡胶层与后浇混凝土剪切强度。

检测频率：连续生产的5000m为一批（不足5000m按一批计）。

（6）遇水膨胀止水胶

检测参数：表干时间、拉伸强度、体积膨胀倍率。

检测频率：每5t为一批，不足5t按一批。

（7）聚氨酯建筑密封胶

检测参数：流动性、挤出性、弹性恢复率、拉伸模量、定伸粘结性、浸水后定伸粘结性、冷拉—热压后的粘结性、质量损失率。

检测频率：每5t为一批，不足5t按一批。

（8）聚硫建筑密封胶

检测参数：流动性、弹性恢复率、拉伸模量、定伸粘结性、浸水后定伸粘结性、冷拉—热压后粘结性、质量损失率。

检测频率：每10t为一批，不足10t按一批。

（9）混凝土接缝用建筑密封胶

检测参数：流动性、挤出性、弹性恢复率、拉伸模量、定伸粘结性、浸水后定伸粘结性、冷拉一热压后粘结性、质量损失。

检测频率：每2t为一批，不足2t按一批。

3. 结果判定

常用止水、密封材料的主要技术指标见表6-70～表6-79。

止水带主要技术指标（GB/T 18173.2） **表6-70**

检测项目		技术指标		
		B、S	J	
			JX	JY
硬度(邵尔A，度)		60±5	60±5	40～70
拉伸强度(MPa)		≥10	≥16	≥16
拉断伸长率(%)		≥380	≥400	≥400
压缩永久变形(%)	70℃×24h，25%	≤35	≤30	≤30
	23℃×168h，25%	≤20	≤20	≤15
撕裂强度(kN/m)		≥30	≥30	≥20
脆性温度(℃)		≤−45	≤−40	≤−50
热空气老化(70℃×168h)	硬度变化(邵尔A，度)	≤+8	≤+6	≤+10
	拉伸强度(MPa)	≥9	≥13	≥13
	拉断伸长率(%)	≥300	≥320	≥300
臭氧老化[50×10^{-8}：20%，(40±2℃)×48h]		无裂纹		
橡胶与金属粘合		橡胶间破坏	—	—
橡胶与帘布结合强度(N/m)		—	≥5	—

注：1. 遇水膨胀橡胶复合止水带中的遇水膨胀橡胶部分按《高分子防水材料 第3部分：遇水膨胀橡胶》GB/T 18173.3的规定执行；
2. 橡胶与金属粘合项仅适用于钢边复合的止水带；
3. 若有其他特殊需要时，可由供需双方协议适当增加检验项目；
4. 接头部位的拉伸强度指标不应低于规定的80%(现场施工接头除外)。

腻子型遇水膨胀橡胶的主要技术指标(GB/T 18173.3)　　表 6-71

检测项目	技术指标		
	PN-150	PN-220	PN-300
体积膨胀倍率(%)	≥150	≥220	≥300
高温流淌性(80℃×5h)	无流淌	无流淌	无流淌
低温试验(－20℃×2h)	无脆裂	无脆裂	无脆裂

制品型遇水膨胀橡胶胶料的主要技术指标（GB/T 18173.3）　　表 6-72

检测项目		技术指标			
		PZ-150	PZ-250	PZ-400	PZ-600
硬度(邵尔 A，度)		42±10	42±10	45±10	48±10
拉伸强度(MPa)		≥3.5		≥3	
拉断伸长率(%)		≥450		≥350	
体积膨胀倍率(%)		≥150	≥250	≥400	≥600
反复浸水试验	拉伸强度(MPa)	≥3		≥2	
	拉断伸长率(%)	≥350		≥250	
	体积膨胀倍率(%)	≥150	≥250	≥300	≥500
低温弯折(－20℃×2h)		无裂纹			

注：成品切片测试拉伸强度、拉断伸长率应达到本表的 80%，接头部位的拉伸强度、拉断伸长率应达到本表的 50%。

弹性橡胶密封垫材料成品的主要技术指标（GB/T 18173.4）　　表 6-73

检测项目		技术指标		
		氯丁橡胶	三元乙丙橡胶	
			Ⅰ型(无孔)	Ⅱ型(有孔)
硬度(邵尔 A，度)		50～60	50～60	60～70
硬度偏差(度)		±5	±5	±5
拉伸强度(MPa)		≥10.5	≥9.5	≥10
拉断伸长率(%)		≥350	≥350	≥330
压缩永久变形(%)	70℃×24h，25%	≤30	≤25	≤25
	23℃×72h，25%	≤20	≤20	≤15
热空气老化(70℃×96h)	硬度变化(度)	≤8	≤6	≤6
	拉伸强度降低率(%)	≤20	≤15	≤15
	拉断伸长率降低率(%)	≤30	≤30	≤30
防霉等级		不低于二级	不低于二级	不低于二级

遇水膨胀橡胶密封垫胶料的主要技术指标（GB/T 18173.4） **表 6-74**

检测项目		技术指标	
硬度(邵尔 A，度)		42±10	45±10
拉伸强度(MPa)		≥3.5	≥3
拉断伸长率(%)		≥450	≥350
体积膨胀倍率(%)		≥250	≥400
反复浸水试验	拉伸强度(MPa)	≥3	≥2
	拉断伸长率(%)	≥350	≥250
	体积膨胀倍率(%)	≥250	≥300
低温弯折(−20℃×2h)		无裂纹	无裂纹
防霉等级		不低于二级	不低于二级

注：成品切片测试拉伸强度、拉断伸长率、反复浸水试验中的拉伸强度、拉断伸长率应达到本表的80%。

自粘丁基橡胶钢板止水带的主要技术指标 **表 6-75**

检测项目	技术指标	试验方法
橡胶层不挥发物(%)	≥97	SN/T 0541.4
橡胶层低温柔性(−40℃)	无裂纹	JC/T 942
橡胶层耐热度(90℃，2h)	无流淌、龟裂、变形	
橡胶层与钢板剪切状态下粘合性(N/mm)	≥1.5	
橡胶层断裂伸长率(23℃,%)	≥800	GB/T 528
橡胶层与后浇混凝土剪切强度(N/mm)	≥6.0	GB 12953 GB/T 23457

遇水膨胀止水胶的主要技术指标（JG/T 312） **表 6-76**

检测项目		技术指标	
		PJ220	PJ400
固含量(%)		≥85	
密度(g/cm³)		规定值±0.1	
下垂度(mm)		≤2	
表干时间(h)		≤24	
7d拉伸粘结强度(MPa)		≥0.4	≥0.2
低温柔性(−20℃)		无裂纹	
拉伸性能	拉伸强度(MPa)	≥0.5	
	断裂伸长率(%)	≥400	
体积膨胀倍率(%)		≥220	≥400
长期浸水体积膨胀倍率保持率(%)		≥90	
抗水压(MPa)		1.5不渗水	2.5不渗水

聚氨酯建筑密封胶的主要技术指标（JC/T 482）　　表 6-77

检测项目		技术指标		
		20HM	25LM	20LM
流动性	下垂度(N 型，mm)	≤3		
	流平性(L 型)	光滑平整		
挤出性(mL/min)		≥80		
弹性恢复率(%)		≥70		
拉伸模量(MPa)	23℃	>0.4 或>0.6	≤0.4 和≤0.6	
	−20℃			
定伸粘结性		无破坏		
浸水后定伸粘结性		无破坏		
冷拉一热压后的粘结性		无破坏		
质量损失率(%)		≤7		

聚硫建筑密封胶的主要技术指标（JC/T 482）　　表 6-78

检测项目		技术指标		
		20HM	25LM	20LM
流动性	下垂度(N 型，mm)	≤3		
	流平性(L 型)	光滑平整		
弹性恢复率(%)		≥70		
拉伸模量(MPa)	23℃	>0.4 或>0.6	≤0.4 和≤0.6	
	−20℃			
定伸粘结性		无破坏		
浸水后定伸粘结性		无破坏		
冷拉一热压后粘结性		无破坏		
质量损失率(%)		≤5		

混凝土接缝用建筑密封胶的主要技术指标（JC/T 881）　　表 6-79

检测项目		技术指标						
		50LM	35LM	25LM	25HM	20LM	20HM	12.5E
流动性	下垂度(N 型，mm)	≤3						
	流平性(L 型)	光滑平整						
挤出性(mL/min)		≥150						
弹性恢复率(%)		≥80		≥70		≥60		
拉伸模量(MPa)	23℃	≤0.4 和≤0.6			>0.4 或>0.6	≤0.4 和≤0.6	>0.4 或>0.6	—
	−20℃							
定伸粘结性		无破坏						
浸水后定伸粘结性		无破坏						
冷拉一热压后粘结性		无破坏						
质量损失(%)		≤8						

4. 常见检测问题及分析

（1）止水密封材料出厂前质量未经检测合格后直接运输至现场。

（2）止水密封材料长时间露天暴晒，雨淋，与污染性强的化学物质接触。

（3）在运输过程中，机械、钢筋损伤止水橡胶。

6.5.4 其他

其他防水材料主要包括防水砂浆、软木橡胶衬垫、土工布等防水材料。

1. 相关标准

(1)《地下防水工程质量验收规范》GB 50208；

(2)《砂浆、混凝土防水剂》JC 474；

(3)《聚合物水泥防水砂浆》JC/T 984；

(4)《盾构法隧道管片用软木橡胶衬垫》GB/T 31061；

(5)《土工合成材料 短纤针刺非织造土工布》GB/T 17638；

(6)《高分子防水卷材胶粘剂》JC/T 863；

(7)《丁基橡胶防水密封胶粘带》JC/T 942；

(8)《钠基膨润土防水毯》JG/T 193。

2. 检测参数及检测频率

（1）防水砂浆

检测项目：粘结强度、抗渗性、抗折强度、干缩率、吸水率、冻融循环、耐碱性、耐水性。

检测频率：对同一类别的产品，每 10t 为一批，不足 10t 也按一批计。每批产品在不少于 6 个点共取 20kg 样品，样品分为两份，一份试验，一份备用。

（2）软木橡胶衬垫

检测项目：硬度、拉伸强度、拉断伸长率、恒定形变下的压缩可恢复性、恒定形变下的压缩应力。

检测频率：产品以 500 环为一批，每批抽取 2～3 件进行物理性能检验。

（3）土工布

检测项目：纵横向断裂强度、标称断裂强度对应伸长率、顶破强力、等效孔径、垂直渗透系数。

检测频率：按同产品、同规格、同批次且不大于 10000m^2 为一批。

（4）高分子防水卷材胶粘剂

检测项目：不挥发物含量、剪切状态下的粘合性（标准试验条件）、剥离强度（标准试验条件）。

检测频率：每 5t 产品为一批，不足 5t 的按一批抽样。

（5）丁基橡胶防水密封胶粘带

检测项目：持粘性、耐热性、低温柔性、剪切状态下的粘合性、剥离强度、剥离强度保持率。

检测频率：每 10000m 为一批，不足 10000m 的按一批抽样。

（6）防水毯

检测项目：持粘性、耐热性、低温柔性、剪切状态下的粘合性、剥离强度、剥离强度保持率。

检测频率：每 10000m 为一批，不足 10000m 的按一批抽样。

3. 结果判定

主要技术指标见表 6-80～表 6-85。

防水砂浆的主要技术指标 **表 6-80**

检测项目	技术指标	
	掺外加剂、掺合料的防水砂浆	聚合物水泥防水砂浆
粘结强度(MPa)	>0.6	>1.2(28d)
抗渗性(MPa)	≥0.8	≥1.5(28d)
抗折强度(MPa)	同普通砂浆	≥8.0
干缩率(%)	同普通砂浆	≤0.15
吸水率(%)	≤3	≤4.0
冻融循环(次)	>50	>50
耐碱性	10%NaOH 溶液浸泡 14d 无变化	—
耐水性(%)	—	≥80

注：耐水性指标是指砂浆浸水 168h 后材料的粘结强度及抗渗性的保持率。

软木橡胶衬垫的主要技术指标（GB/T 31061） **表 6-81**

检测项目	技术指标		
	纵缝、环缝		变形缝
硬度(邵尔 A，度)	70±5	80±5	≥90
拉伸强度(MPa)	≥1.5	≥2.0	≥3.2
拉断伸长率(%)	≥45	≥35	≥25
恒定形变下的压缩可恢复性	≥80	≥80	≥90
恒定形变下的压缩应力	≤8	≤8	≤8

土工布的主要性能指标（GB/T 17638） **表 6-82**

检测项目	技术指标								
	标称断裂强度(kN/m)								
	3	5	8	10	15	20	25	30	40
纵横向断裂强度(kN/m)，≥	3.0	5.0	8.0	10.0	15.0	20.0	25.0	30.0	40.0
标称断裂强度对于伸长率(%)	20～100								
顶破强度(kN)，≥	0.6	1.0	1.4	1.8	2.5	3.2	4.0	5.5	7.0
等效孔径	0.07～0.20								
垂直渗透系数(cm/s)	$K\times(10^{-1}\sim10^{-3})$，其中，$K=1.0\sim9.9$								

注：实际规格介于表中相邻规格之间，按线性内插法计算相应考核指标，超出表中范围时，考核指标优供需双方协商确定。

高分子胶粘剂的主要性能指标（JC/T 863）　　表 6-83

检测项目			技术指标	
			基底胶 J	搭接胶 D
不挥发物含量（%）			规定值±2	
剪切状态下的粘合性	卷材与卷材	标准试验条件（N/mm）	—	≥3.0 或卷材破坏
	卷材与基底	标准试验条件（N/mm）	≥2.5	—
剥离强度	卷材与卷材	标准试验条件（N/mm）	—	≥1.5

丁基橡胶防水密封胶粘带的主要性能指标（JC/T 942）　　表 6-84

检测项目			技术指标
持粘性(min)			≥20
耐热性，80℃，2h			无流淌、龟裂、变形
低温柔性，−40℃			无裂纹
剪切状态下的粘合性[1](N/mm)		防水卷材	≥2.0
剥离强度(N/mm)		防水卷材	≥0.4
		水泥砂浆板	≥0.5
		彩钢板	
剥离强度保持率[2](%)	热处理，80℃，168h	防水卷材	≥80
		水泥砂浆板	
		彩钢板	
	碱处理，饱和氢氧化钙溶液，168h	防水卷材	≥80
		水泥砂浆板	
		彩钢板	
	浸水处理，168h	防水卷材	≥80
		水泥砂浆板	
		彩钢板	

1　仅测试双面胶粘带；

2　测试 R 类试样时采用防水卷材和水泥砂浆板基材，测试 M 类试样时采用彩钢板基材。

防水毯的主要性能指标（JG/T 193）　　表 6-85

检测项目		技术指标		
		GCL-NP	GCL-OF	GCL-AH
单位面积质量(干重，g/m^2)		≥4000 且不小于规定值		
膨润土膨胀指数(mL/2g)		≥24		
拉伸强度(N/100mm)		≥600	≥700	≥600
最大负荷下伸长率(%)		≥10	≥10	≥8
剥离强度(N/100mm)	非织造布与编织布	≥40	≥40	—
	PE 膜与非织造布	—	≥30	—
渗透系数(m/s)		$\leqslant 5.0\times10^{-11}$	$\leqslant 5.0\times10^{-12}$	$\leqslant 1.0\times10^{-12}$
滤失量(mL)		≤18		
膨润土耐久性(mL/2g)		≥20		

6.6　地基基础与支护工程

城市轨道交通地基基础与支护工程的质量安全与地基条件、设计条件、施工因素等相关，同时与原材料地基基础与支护工程用原材料质量息息相关。本节分析地基基础与支护分部分项工程中涉及的材料，并确定其检测项目、检测频率等，详见表 6-86。

地基基础与支护工程质量检测内容 表 6-86

分部工程	子分部工程	分项工程	检测项目
地基基础及支护工程	土方工程	土方回填	1. 填料，见本指南第 6.6.1 小节 2. 压实系数，见本指南第 11.1.2 小节
	地基基础处理	水泥土搅拌桩地基	1. 水泥，见本指南第 6.1.1 小节 2. 复合地基承载力、单桩承载力以及桩身强度，见本指南第 11.1 节
		高压喷射注浆地基	1. 水泥，见本指南第 6.1.1 小节 2. 复合地基承载力、单桩承载力以及桩身强度，见本指南第 11.1 节
		水泥粉煤灰碎石桩复合地基	1. 水泥、粉煤灰、砂及碎石见本指南第 6.1.1 小节 2. 复合地基承载力、单桩承载力、桩身完整性以及桩身强度，见本指南第 11.1 节
		夯实水泥土桩复合地基	1. 水泥，见本指南第 6.1.1 小节 2. 夯实土料，见本指南第 6.6.1 小节 3. 复合地基承载力、桩体填料平均压实系数、桩身强度，见本指南第 11.1 节
		注浆加固地基	1. 注浆用砂、粉煤灰等，见本指南第 6.1 节 2. 地基承载力，处理后地基土的强度以及变形指标，见本指南第 11.1 节
		PHC 管桩	1. 见本指南第 6.6.1 小节 2. 桩身完整性、承载力，见本指南第 11.1 节
	桩基础	钢筋混凝土灌注桩 静力压桩 先张法预应力管桩 钢筋混凝土预制桩	1. 钢材，见本指南第 6.2.1 小节 2. 钢筋接头，见本指南第 6.2.3 小节 3. 混凝土，见本指南第 6.1 节 4. 桩身完整性，见本指南第 11.1 节 5. 桩基础承载力检测，见本指南第 11.1 节
	混凝土基础	钢筋、混凝土	1. 钢材，见本指南第 6.2.1 小节 2. 钢筋接头，见本指南第 6.2.3 小节 3. 混凝土，见本指南第 6.1 节
	砌体基础	砖砌体 混凝土砌块砌体 配筋砖砌体	1. 钢材，见本指南第 6.2.1 小节 2. 其余见本指南第 6.3 节
	劲钢（管）混凝土	劲钢（管）焊接、劲钢（管）与钢筋的连接、混凝土	1. 钢材，见本指南第 6.2.1 小节 2. 钢筋接头，见本指南第 6.2.2 小节 3. 混凝土，见本指南第 6.1 节 4. 钢构件，见本指南第 6.7 节
	支护工程	地下连续墙 混凝土灌注桩	1. 钢材，见本指南第 6.2.1 小节 2. 钢筋接头，见本指南第 6.2.3 小节 3. 混凝土，见本指南第 6.1 节 4. 桩身/墙身完整性，见本指南第 11.1 节
		SMW 桩支护	1. 水泥，见本指南第 6.1.1 小节 2. 加固体质量，见本指南第 11.1 节
		土钉墙支护（锚杆、锚索）	1. 钢筋原材，见本指南第 6.2.1 小节 2. 钢绞线及锚具，见本指南第 6.4 节 3. 灌浆材料，见本指南第 6.1 节 4. 土钉抗拔承载力
		水泥土搅拌桩 高压喷射注浆	1. 水泥，见本指南第 6.1.1 小节 2. 加固体质量，见本指南第 11.1 节

续表

分部工程	子分部工程	分项工程	检测项目
地基基础及支护工程	支护工程	钢筋网喷混凝土	1. 钢筋网片，见本指南第6.2.2小节 2. 喷射混凝土原材料、抗压强度，见本指南第6.1节
		混凝土支撑 冠梁 钢支撑	1. 钢筋及钢筋接头，见本指南第6.2.1小节和第6.2.2小节 2. 混凝土抗压强度，见本指南第6.1.9小节 3. 焊缝检测，见本指南第11.6节

6.6.1 地基基础工程

城市轨道交通工程中地基基础工程涉及材料包括水泥、钢筋原材、钢筋网片、钢筋接头、填料、改良土外加剂以及注浆用材料等，材料的质量好坏直接影响地基基础工程施工质量。对于水泥、钢筋原材、钢筋网片、钢筋接头等材料不再进行复述，重点介绍回填料以及改良土外加剂等内容。

6.6.1.1 回填料

填料根据对原土料的使用方法或加工工艺，可分为普通填料以及改良土，如图6-32所示。普通填料按工程性能及级配特征可分为A、B、C、D组填料，改良土分为物理改良土和化学改良土。对于填料的粒径或可压实性不满足相应部位要求的巨粒土、粗粒土，可采用破碎、筛分或掺入不同粒径材料等措施进行物理改良，改善颗粒级配、粒径或细粒含量；另外，还可以根据土的性质，掺入适宜的外掺料进行化学改良。

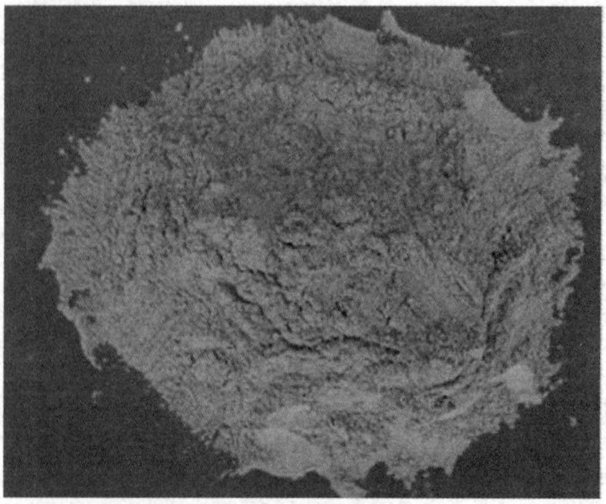

图6-32 回填料

1. 相关标准

（1）《地下铁道工程施工质量验收标准》GB/T 50299；

（2）《城镇道路工程施工与质量验收规范》CJJ 1。

2. 检测参数及检测频率

检测参数：天然含水量、液限、塑限、标准击实、CBR试验，必要时应做颗粒分析、有机质含量、易溶盐含量、冻膨胀和膨胀量等试验。

检测频率：应根据工程地质勘查报告，进行填料试验。

3. 结果判定

依照相关标准和设计文件执行。

4. 常见检测问题及分析

（1）未对进场原材料进行严格把关。

（2）施工人员工作责任心不强，未进行严格的自检。

（3）填料中含有树根和杂草等有机质，未对土层下部存在的杂物在施工中加筛处理。

6.6.1.2 改良土外加剂

1. 相关标准

《铁路路基工程施工质量验收标准》TB 10414。

2. 检测参数及检测频率

(1) 水泥、石灰和粉煤灰

检测参数：强度、终凝时间、有效钙含量、氧化镁、烧失量。

检测频率：对同一产地、厂家、品种且连续进场的水泥每 500t 做一次水泥强度等级和终凝时间检验，石灰每 4000t 做一次有效钙、氧化镁检验，粉煤灰每 4000t 做一次烧失量检验。

(2) 砂、砾石、碎石

检测参数：颗粒分析、密度、压碎值、有机质试验。

检测频率：同一产地、品种、规格且连续进场的砂、砾石、碎石材料每 2000m^3 为一批，不足上述数量时亦按一批计。

3. 结果判定

同第 6.1 节。

4. 常见检测问题及分析

同第 6.1 节。

6.6.1.3 PHC 管桩

预应力混凝土管桩可分为后张法预应力管桩和先张法预应力管桩，如图 6-33 所示。先张法预应力管桩是采用先张法预应力工艺和离心成型法制成的一种空心筒体细长混凝土预制构件，主要由圆筒形桩身、端头板和钢套箍等组成。

1. 相关标准

《先张法预应力混凝土管桩》GB 13476。

2. 检测参数及检测频率

检验项目：混凝土抗压强度、外观质量、抗弯性能、尺寸允许偏差、保护层厚度。

检测频率：在同品种、同规格、同型号的出厂检验合格产品中随机抽取 10 根进行外观质量和尺寸允许偏差检验，10 根中随机抽取 2 根进行抗弯性能检验。抗弯试验完成后，在 2 根中抽取 1 根，于管桩中部同一断面的 3 处不同部位测量保护层。

图 6-33 预应力管桩

3. 结果判定

在混凝土抗压强度、保护层厚度、抗弯性能合格的基础上，外观质量和尺寸偏差全部合格时，则判该批产品为合格，否则判为不合格。单项检测判定参考《先张法预应力混凝土管桩》GB 13476。

4. 常见检测问题及分析

预应力混凝土管桩出现不合格主要为：混凝土强度、外观质量（产生横向环状裂缝、内壁纵向裂纹、桩端混凝土有空洞、蜂窝、桩外麻面、粘皮)。

(1)混凝土强度不合格原因

1)试件的制作和尺寸偏差不符合标准。

2)蒸养过程出现问题，在初蒸或高蒸过程中，可能因为蒸汽压力不够、汽量不足，造成温度达不到规定要求，或者由于一些客观因素提前结束蒸养。

3)原材料的变化。

(2)横向环状裂缝原因

1)混凝土预压应力交底，初蒸脱模后桩身混凝土强度的不足，导致管桩起吊时变形过大，使桩身开裂，同时也增大了放张时钢筋应力的损失。另外，张拉时钢筋的伸长值没有达到要求，钢筋的应力不足，也直接降低了管桩的抗弯能力，导致管桩的横向裂纹。

2)初蒸后拆模时，由于底模的尺寸偏差，出现部分模身脱不出(俗称夹模)的情况，若起吊不注意，动作过快，往往也会使桩身出现横向裂纹。

(3)内壁纵向裂纹产生原因

由于管桩压蒸时，结构内部的压力和温、湿度在恒温之后基本与釜内蒸汽相同，但在降温阶段，内部的压力和温度的降低非常缓慢，出釜时管桩内外的压力差、温度差和湿度差是不可避免存在的，这些差别将在管桩的内外表面产生一定的拉应力，而内壁的浮浆层和砂浆层的强度相对较小，很容易就产生开裂，这是引起内裂的主要原因。另外砂浆层过厚也容易导致内壁开裂。

(4)桩端混凝土有空洞、蜂窝原因

桩端混凝土空洞主要是在布料时端部的混凝土没有扦插密实，局部的下料量不够，张拉后端头板后面的空隙无法被完全填充，造成了局部的空洞现象。而蜂窝则是由于混凝土太平、坍落度过小、离心前放置的时间过长、或端头板螺丝跑浆等原因引起。

(5)桩外表麻面、粘皮原因

一是由于涂刷隔离剂时不均匀，管模的内表面局部漏涂，造成混凝土与管模粘连；二是初蒸后的拆模强度过低，特别是最后完成的几根桩，静停和蒸养的时间最短，很容易出现粘皮现象。

6.6.2 支护工程

支护工程包括地下连续墙、混凝土灌注桩、SMW 工法桩、土钉墙支护、水泥土搅拌桩、高压喷射注浆、钢筋网喷混凝土、混凝土支撑及冠梁以及钢支撑。地下连续墙、灌注桩以及混凝土支撑冠梁用钢筋原材和接头参考本指南第 6.2 节，混凝土参考第 6.1 节；SMW 桩、水泥土搅拌桩、高压喷射注浆用水泥参考第 6.1 节；土钉墙支护及钢筋网喷用混凝土原材料参考第 6.9 节，钢筋原材及钢筋网片分别参考第 6.2 节和第 6.9 节；土钉墙用钢绞线及锚具参考第 6.4 节；钢支撑进场焊缝检测参考第 11.6 节，本节不再复述。

6.7 钢结构工程

钢结构工程的质量检测工作在整个工程建设质量控制中处于重要地位，钢结构工程的质量也是判定整个工程是否合格的重要依据。所以检测工作的质量好坏，将对整个工程项目的质量控制产生直接影响，因此对钢结构工程施工质量检测意义重大，加强钢结构工程检测工作的重要性也不言而喻。

6.7.1 钢材（包含钢板及镀锌钢板）

钢材是钢锭、钢坯或钢材通过压力加工制成的一定形状、尺寸和性能的材料。大部分钢材加工都是通过压力加工，使被加工的钢（坯、锭等）产生塑性变形，根据钢材加工温度不同，可以分为冷加工和热加工两种。钢板和镀锌钢板如图 6-34、图 6-35 所示。

图 6-34 钢板

图 6-35 镀锌钢板

1. 相关标准

（1）《碳素结构钢和低合金结构钢热轧钢板和钢带》GB/T 3274；

（2）《钢和铁 化学成分测定用试样的取样和制样方法》GB/T 20066；

（3）《建筑结构检测技术标准》GB/T 50344；

（4）《钢及钢产品 力学性能试验取样位置及试样制备》GB/T 2975；

（5）《碳素结构钢》GB/T 700；

（6）《钢的成品化学成分允许偏差》GB/T 222。

2. 检测参数及检测频率

检测参数：

（1）化学成分分析：碳、硅、锰、硫、磷及其他合金元素。

（2）力学性能：屈服强度、抗拉强度、伸长率、冷弯、冲击。

检测频率：

（1）化学成分分析：钢材化学成分的分析每批钢材取 1 个试样，制备分析试样的质量应足够大，以便进行必要的复验。屑状或粉状样品，其质量一般为 100g。

（2）力学性能：同一牌号、同一炉号、同一质量等级、同一品种、同一尺寸、同一交货状态，每批重量不大于 60t。按每批钢材，拉伸试验取 1 个试验，冷弯试验取 1 个试样，冲击试验取 3 个试验。当被检钢材的屈服点或抗拉强度不满足要求时，应补充取样进行拉伸试验。补充试验应将同类构件同一规格的钢材划为 1 批，每批抽样 3 个。

注：若材料经过镀锌处理，增加检测镀锌层厚度或镀锌层质量。

3. 结果判定

（1）力学性能：根据《碳素结构钢》GB/T 700，见表 6-87 和表 6-88。

力学性能 **表 6-87**

牌号	等级	屈服强度 R_{eH}(N/mm²)，≥						抗拉强度 R_m(N/mm²)	断后伸长率 A(%)，≥					冲击试验（V 型缺口）	
		厚度(或直径，mm)							厚度(或直径，mm)					温度(℃)	冲击吸收功(纵向，J)≥
		≤16	>16～40	>40～60	>60～100	>100～150	>150～200		≤40	>40～60	>60～100	>100～150	>150～200		
Q195	—	195	185	—	—	—	—	315～430	33	—	—	—	—	—	—
Q215	A	215	205	195	185	175	165	335～450	31	30	29	27	26	—	—
	B													+20	27
Q235	A	235	225	215	215	195	185	370～500	26	25	24	22	21	—	—
	B													+20	27
	C													—	
	D													−20	
Q275	A	275	265	255	245	225	215	410～540	22	21	20	18	17	—	—
	B													+20	27
	C													—	
	D													−20	

冷弯性能 **表 6-88**

牌号	试样方向	冷弯试验 180° B=2a[1]	
		钢材厚度（或直径[2]，mm）	
		≤60	>60～100
		弯心直径 d	
Q195	纵	0	—
	横	0.5a	
Q215	纵	0.5a	1.5a
	横	a	2a
Q235	纵	a	2a
	横	1.5a	2.5a
Q275	纵	1.5a	2.5a
	横	2a	3a

1 B—试样宽度；a—试样厚度（或直径）；

2 钢材厚度（或直径）大于 100mm 时，弯曲试验由双方协商确定。

（2）化学成分分析：判定应符合《钢的成品化学成分允许偏差》GB/T 222 相关规定。

4. 常见检测问题及分析

（1）化学成分分析：试样应去除表面涂层、除湿、除尘以及除去其他形式污染，试样应尽可能避开孔隙、裂纹、疏松、毛刺、折叠或者其他表面缺陷；不合格原因包括试验时样品上有污染物或涂层未清理干净等，取样时未避开孔隙、裂纹、疏松、毛刺、折叠或其他表面缺陷位置影响之外，炼钢、连铸过程控制不到位。

（2）力学性能：试样的选择应按《钢及钢产品　力学性能试验取样位置及试样制备》GB/T 2975—2018 附录 A 中所示位置进行，试样应具有足够尺寸，以保证能取出足够试样进行规定的试验及必要的复检；化学成分、样品尺寸会对力学及工艺性能造成影响，也是力学性能不合格的原因之一。

6.7.2　连接用紧固件

紧固件是将两个或两个以上的零件（或构件）紧固连接成为一个整体时所采用的一类机械零件的总称。螺栓作为钢结构主要连接紧固件，通常用于钢结构中构件间的连接、固定、定位等，钢结构中使用的连接螺栓一般分普通螺栓和高强度螺栓两种。

选用普通螺栓作为连接的紧固件，或选用高强度螺栓但不施加紧固轴均为普通螺栓连接；选用高强度螺栓作为连接的紧固件，并通过对螺栓施加固轴力而起到连接作用的钢结构连接称为高强度螺栓连接，如图 6-36、图 6-37 所示。

图 6-36　高强度大六角头螺栓连接副

图 6-37　扭剪型高强度螺栓连接副

1. 相关标准

（1）《钢结构用高强度大六角头螺栓、大六角螺母、垫圈技术条件》GB/T 1231；

（2）《钢结构工程施工质量验收标准》GB 50205；

（3）《钢结构用扭剪型高强度螺栓连接副》GB/T 3632；

（4）《钢结构高强度螺栓连接技术规程》JGJ 82。

2. 检测参数及检测频率

检测参数：

（1）高强度大六角头螺栓连接副：扭矩系数、抗滑移系数；

（2）扭剪型高强度螺栓连接副：紧固轴力、抗滑移系数。

检测频率：

（1）扭矩系数、紧固轴力检测频率：高强度螺栓连接副应在同批内配套使用，螺栓连接副最大批量为 3000 套。

（2）抗滑移系数检测频率：按分部工程划分每 2000t 为一批，不足 2000t 的可视为一批。

（3）高强度大六角头螺栓：每种规格及批次取 8 套，送检的高强度螺栓要保证出厂状态（出厂后 3 个月内），并且表面清洁、螺纹无损伤。

（4）扭剪型高强度螺栓连接副：每种规格及批次取 8 套，送检的高强度螺栓要保证出厂状态（出厂后 3 个月内），并且表面清洁、螺纹无损伤。

（5）高强度螺栓抗滑移系数：每种规格、批次及摩擦面处理方法取 3 组（6 个芯板＋6 个侧板＋12 个高强度螺栓）。

3. 结果判定

（1）高强度大六角头螺栓连接副：同批高强度大六角头螺栓连接副的扭矩系数平均值为 0.110～0.150，扭矩系数标准偏差应小于或等于 0.0100。

（2）扭剪型高强度螺栓连接副判定指标见表 6-89。

扭剪型高强度螺栓连接副 **表 6-89**

螺纹规格		M16	M20	M22	M24	M27	M30
每批紧固轴力的平均值（kN）	公称	110	171	209	248	319	391
	min	100	155	190	225	290	355
	max	121	188	230	272	351	430
紧固轴力标准偏差 s（kN），≤		10.0	15.5	19.0	22.5	29.0	35

抗滑移系数：符合设计要求。

4. 常见检测问题及分析

样品应妥善包装，避免脏污；螺栓、螺母、垫片均应独立分装，不得将螺栓组装和螺母组装后送检，避免螺母长时间浸油导致试验数据出现偏差。

不合格原因包括螺纹之间配合松紧度是重要影响因素，螺纹间配合松的扭矩系数就小，反之扭矩系数就大，不同表面处理对扭矩系数的影响很大，同一种表面处理，做润滑与不做润滑，扭矩系数也差别很大；样品受到污损、受潮生锈；螺栓、螺母、垫片组装时造成材料损伤。

6.7.3 防腐防火涂料

防腐涂料，一般分为常规防腐涂料和重防腐涂料，是油漆涂料中必不可少的一种涂料，如图 6-38 所示。常规防腐涂料是在一般条件下，对金属等起到防腐蚀的作用，保护有色金属使用的寿命；重防腐涂料是指相对常规防腐涂料而言，能在相对苛刻腐蚀环境里应用，并具有能达到比常规防腐涂料更长保护期的一类防腐涂料。

防火涂料是用于可燃性基材表面，能降低被涂材料表面的可燃性、阻滞火灾的迅速蔓延，用以提高被涂材料耐火极限的一种特种涂料，如图 6-39 所示。

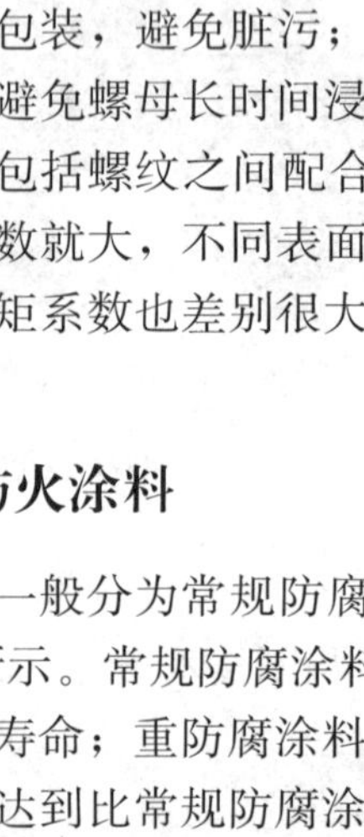

图 6-38　防腐涂料

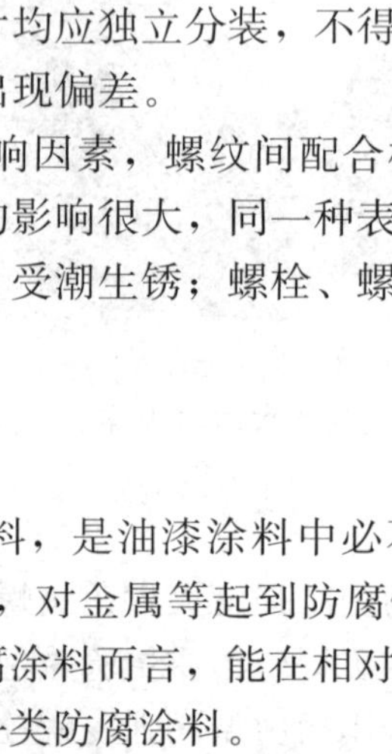

图 6-39　防火涂料

1. 相关标准

(1)《钢结构工程施工质量验收标准》GB 50205；

(2)《钢结构防火涂料》GB 14907；

(3)《色漆、清漆和色漆与清漆用原材料取样》GB/T 3186；

(4)《建筑防腐蚀工程施工规范》GB 50212。

2. 检测参数及检测频率

检测参数：

(1) 防火涂料：膨胀型防火涂料：粘结强度。

非膨胀型防火涂料：粘结强度、抗压强度。

(2) 防腐涂料：涂层厚度、涂层附着力。

检测频率：

(1) 防火涂料：膨胀型防火涂料：每使用 100t 或不足 100t 抽检 1 次。

非膨胀型防火涂料：每使用 500t 或不足 500t 抽检 1 次；样品的最少量应为 2kg 或完成规定试验所需的 3～4 倍。

(2) 防腐涂料：树脂类、水玻璃类和聚合物乳液原材料取样从每批号桶装树脂或水玻璃中随机抽检 3 桶；当该批号小于或等于 3 桶时，可随机抽检 1 桶。粉料应从每批号中，随机抽检 3 袋；当该批号小于或等于 3 袋时，可随机抽样 1 袋；样品的最少量应为 2kg 或完成规定试验所需的 3～4 倍。

3. 结果判定

除火涂料判定原则见表 6-90、表 6-91。

防火涂料（室内） **表 6-90**

检测项目	技术指标		缺陷分类
	室内膨胀型	室内非膨胀型	
粘结强度(MPa)	≥0.15	≥0.04	A
抗压强度(MPa)	—	≥0.3	C

防火涂料（室外） **表 6-91**

检测项目	技术指标		缺陷分类
	室外膨胀型	室外非膨胀型	
粘结强度(MPa)	≥0.15	≥0.04	A
抗压强度(MPa)	—	≥0.5	C

4. 常见检测问题及分析

取样前应选择适宜类型和规则的清洁的取样器具，并了解相关的健康和安全法规，以可能减少释放；对特别敏感的物料，应提供储存条件说明书，以确保样品特别是参考样品在整改储存期的质量。

不合格原因包括样品受到污损、受潮、雨淋或者暴晒；涂料未按照要求进行存放，导致涂料质量发生变化；进场涂料保质期已过期或即将过期。

6.8 盾构法区间工程

盾构法区间质量检测包括施工过程中所使用到的壁后注浆原材料的检测，钢管片生产过程中的质量控制及成品的检测，管片拼装时所用连接螺栓及连接副的检测。

6.8.1 注浆材料

注浆材料主要原材料由水泥、砂、粉煤灰、消石灰、膨润土、水及外加剂等组成。可分为单液浆和双液浆，单液浆又可分为水泥基注浆材料和消石灰基注浆材料（或单液可硬性浆和惰性浆）。

1. 相关标准

(1)《盾构法隧道施工及验收规范》GB 50446；

(2)《地下铁道工程施工质量验收标准》GB/T 50299；

(3)《膨润土》GB/T 20973；

(4)《建筑消石灰》JC/T 481；

(5)《盾构法隧道同步注浆材料应用技术规程》T/CECS 563。

2. 检测参数及检测频率

(1) 水泥、砂、粉煤灰原材料检测参数及检测频率详见第 6.1 节，本小节不再复述。

(2) 膨润土宜采用钠基膨润土，膨润土检测参数及检测频率见表 6-92。

膨润土检测参数及检测频率 **表 6-92**

原材料名称	检测参数	取样频率
膨润土	吸水率、吸蓝量、膨胀指数、75μm 筛余、水分	同一标记的袋装膨润土以 60t 为一批，不足 60t 按一批计；散装膨润土以每一罐车或储仓为一批；取样量：袋装产品不少于 1kg，散装膨润土批量小于 12t 时，采样点为 7 个，每点取样品量约 150g；批量为 12～60t 时，采样点数为 $\sqrt{批量(t)\times 20}$，每点取样品量约 100g；批量大于 60t 时，采样点为 40 个，每点取样品量约 50g

(3) 消石灰应符合《建筑消石灰》JC/T 481 的规定，检测消石灰的钙镁（CaO+MgO）含量、游离水含量、细度、安定性。消石灰取样总量不少于 5kg，检测频率详见《石灰取样方法》JC/T 620。

(4) 注浆材料检测参数：稠度、1h 稠度经时损失、流动度、1h 流动度经时损失、泌水率、分层度、凝结时间、结实率、抗压强度，详见《盾构法隧道同步注浆材料应用技术规程》T/CECS 563。

3. 结果判定

(1) 原材料结果判定

1) 水泥。判定指标详见表 6-1。

2) 砂。判定指标详见表 6-2；使用特细砂时，若试验验证能够满足质量要求，允许使用。

3) 粉煤灰。判定指标详见表 6-8。

4）膨润土。判定指标详见表 6-93。

膨润土质量指标 **表 6-93**

产品属性	钠基膨润土			钙基膨润土		
产品等级	一级品	二级品	三级品	一级品	二级品	三级品
吸水率(2h,%)，≥	400	300	200	200	160	120
吸蓝量(g/100g)，≥	30	26	22	30	26	22
膨胀指数(mL/2g)，≥	15			5		
75μm 筛率(以质量分数计,%)，≥	98	95	95	98	95	95
水分(以质量分数计,%)	9～13			9～13		

5）消石灰。判定指标：钙镁（CaO＋MgO）含量不小于 75%；游离水含量≤2%；细度（0.2mm 筛）≤2%；安定性合格。

（2）注浆材料判定原则

1）根据《地下铁道工程施工质量验收标准》GB/T 50299 和《盾构法隧道施工及验收规范》GB 50446，注浆原材料须符合设计要求。

2）按《盾构法隧道同步注浆材料应用技术规程》T/CECS 563 判定，见表 6-94、表 6-95。

注浆材料浆液的性能要求 **表 6-94**

检测项目	技术指标	
	水泥基	消石灰基
稠度（mm）	100～130	90～130
稠度经时损失（mm/h）	≤10	≤10
流动度（mm）	160～280	—
流动度经时损失（mm/h）	≤20	—
泌水率（%）	≤3.5	—
分层度（cm）	≤0.6	
凝结时间（h）	10～24	—

水泥基同步注浆材料硬化浆体的性能要求 **表 6-95**

检测项目	技术指标	
结实率（%）	≥95	
抗压强度（MPa）	2d	≥0.5
	28d	≥2.5

4. 常见检测问题及分析

（1）高水胶比，高胶砂比，大量掺用膨润土或消石灰，强度低。

（2）浆液选择及使用较为混乱，注浆材料性能的优劣无法界定。

（3）无系统的标准、规范涉及注浆材料配合比、使用环境、性能要求及检测验证方法。

（4）技术人员重视不够，设备配置差，材料供应不及时。

6.8.2 钢管片

钢管片检测有焊缝的检测、涂层的检测，成品还应对管片宽度、弧弦长、内外半径、厚度、螺栓空位及直径、平行度、垂直度及平整度进行检测，如图 6-40 所示。

图 6-40 钢管片

1. 相关标准

(1)《盾构隧道管片质量检测技术标准》CJJ/T 164；

(2)《盾构法隧道施工及验收规范》GB 50446；

(3)《地下铁道工程施工质量验收标准》GB/T 50299。

2. 检测参数及检测频率

检测参数：水平拼装、焊缝、涂层。

检测频率：

(1) 水平拼装每 500 环抽检 1 次，不足 500 环时按 500 环计（《盾构隧道管片质量检测技术标准》CJJ/T 164），每生产 200 环管片应进行 1 次（《盾构法隧道施工及验收规范》GB 50446）。

(2) 焊缝：每 100 环抽检 1 次，检验该环焊缝的 1%，不足 100 环时按 100 环计（《盾构隧道管片质量检测技术标准》CJJ/T 164）。

(3) 涂层：每 100 环抽检 1 环，不足 100 环时按 100 环计（《盾构隧道管片质量检测技术标准》CJJ/T 164）。

3. 结果判定

(1) 一级、二级焊缝的质量等级及缺陷分级应符合表 6-96 的规定。检查数量：全数检查。检验方法检查超声波或射线探伤记录。

一级、二级焊缝质量等级及缺陷分级（GB 50205）　　表 6-96

焊缝质量等级		一级	二级
内部缺陷超声波探伤	评定等级	Ⅱ	Ⅲ
	检验等级	B 级	B 级
	探伤比例	100%	20%
内部缺陷射线探伤	评定等级	Ⅱ	Ⅲ
	检验等级	AB 级	AB 级
	探伤比例	100%	20%

注：探伤比例的计算方法应按以下原则确定：(1) 对工厂制作焊缝，应按每条焊缝计算百分比，且探伤长度应不小于 200mm，当焊缝长度不足 200mm 时，应对整条焊缝进行探伤；(2) 对现场安装焊缝，应按同一类型、同一施焊条件的焊缝条数计算百分比，探伤长度应不小于 200mm，并应不少于 1 条焊缝。

(2) 涂层判定依据同钢结构涂层判定依据。

(3) 水平拼装应符合表 6-97 要求。

盾构隧道管片水平拼装尺寸的检验项目和允许偏差　　表 6-97

检测项目	允许偏差（mm）	检测项目	允许偏差（mm）
成环后内径	±2	环向缝间隙	0～2
成环后外径	+6，-2	纵向缝间隙	0～2

4. 常见检测问题及分析

（1）钢材有弯曲，钢材表面有明显的凹面、损伤、锈蚀、油污或永久变形。

（2）模具后期变形，模具成品不符合要求。

（3）焊工人员水平达不到要求，焊缝表面有焊接等缺陷，焊接材料失效。

（4）涂层厚度不均匀，未达到设计要求。

6.8.3 管片连接螺栓及连接副

管片螺栓及连接副的优劣直接影响管片的连接状态，机械性能达不到要求，使用过程中容易出现管片错位，涂层不符合要求，易受到腐蚀，加速损坏，降低各种性能，带来安全隐患。管片螺栓分为环向、纵向。有的设计中环向和纵向规格一致，有的设计中环向和纵向采用两种规格，甚至两种强度等级。一般而言，环向管片螺栓的长度长于纵向管片螺栓。盾构机在隧道衬砌时，是以几块管片进行拼装的，有一种螺丝起连接紧固作用，组装形成圆柱形的管道，管片就是圆柱形的墙体，将各管片组合在一起，形成管道，这种设计成一种直线形或者有一定弧形的紧固连接件，就是管片螺栓，如图 6-41 所示。

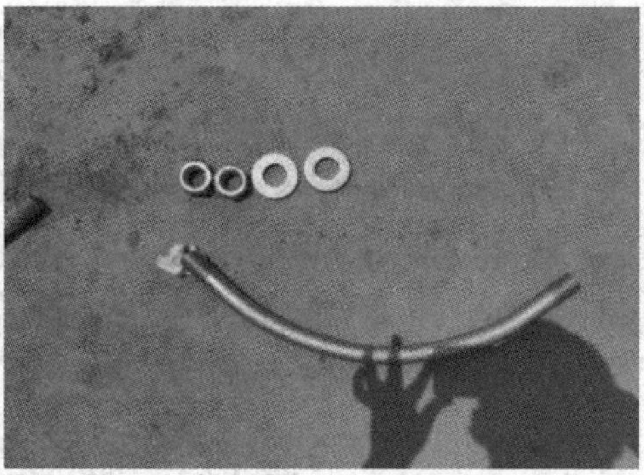

图 6-41　管片连接副

1. 相关标准

《地下铁道工程施工质量验收标准》GB/T 50299。

2. 检测参数及检测频率

检测参数：螺栓材质、最小抗拉强度、螺母、平垫圈连接件的机械性能、防腐涂层。

检测频率：同批次生产出厂的产品应按 1 个检验批，不应超过 200 环管片的螺栓安装总套数，每检验批抽检 1 组，每组 3 套。

3. 结果判定

管片连接副检测项目与判定依据见表 6-98。

管片连接副检测项目与判定依据　　表 6-98

检测项目	判定依据
螺栓材质、最小抗拉强度	符合设计文件，并应符合现行国家标准《紧固件机械性能　螺栓、螺钉和螺柱》GB/T 3098.1
螺母、平垫圈连接件的机械性能	应符合现行国家标准《平垫圈　C级》GB/T 95 或《平垫圈　A级》GB/T 97.1

续表

检测项目	判定依据
防腐涂层	处理工艺与涂层厚度应符合设计文件要求，并应符合现行行业标准《钢铁制件粉末渗锌》JB/T 5067或现行国家标准《金属覆盖层　钢铁制件热浸镀锌层　技术要求及试验方法》GB/T 13912的规定

4. 常见检测问题及分析

送检过程中防腐涂层碰撞、受损等。

6.9　矿山法区间工程

矿山法区间检测包括初期喷混用水泥等原材料的检测，钢筋原材及钢筋网片的检测，管棚、超前小导管的检测，锚杆砂浆强度的检测及所用到的型钢的检测。

6.9.1　速凝剂

速凝剂是掺入混凝土中能使混凝土迅速凝结硬化的外加剂，如图6-42所示。主要种类有无机盐类和有机物类，粉状固体，其掺用量仅占混凝土中水泥用量2%～3%，却能使混凝土在5min内初凝、10min内终凝，以达到抢修或井巷中混凝土快速凝结的目的，是喷射混凝土施工法中不可缺少的添加剂。它们的作用是加速水泥的水化硬化，在很短的时间内形成足够的强度，以保证特殊施工的要求。其主要成分为铝氧熟料（即铝矾土、纯碱、生石灰按比例烧制成的熟料）。

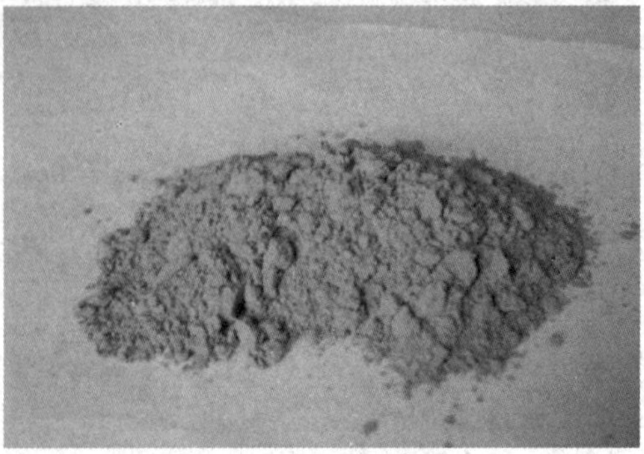

图6-42　速凝剂

1. 相关标准

《喷射混凝土用速凝剂》JC/T 477。

2. 检测参数及检测频率

检测参数：凝结时间差、抗压强度比等。

检测频率：同一批号每20t为一批，不足20t也按一批计。

3. 结果判定

满足《喷射混凝土用速凝剂》JC/T 477相关条文要求。

4. 常见检测问题及分析

速凝剂与水泥适应性差。

6.9.2　锚杆用钢筋

锚杆用钢筋，如图6-43所示，作为深入地层的受拉构件，它一端与工程构筑物连接，另一端深入地层中，整根锚杆分为自由段和锚固段，自由段是指将锚杆头处的拉力传至锚固体的区域，其功能是对锚杆施加预应力。锚杆是当代煤矿当中巷道支护最基本的组成部分，它将巷道的围岩加固在一起，使围岩自身支护自身。现在锚杆不仅用于矿山，也用于工程技术中，对边坡、隧道、坝体进行主体加固。

1. 相关标准

《地下铁道工程施工质量验收标准》GB/T 50299。

2. 检测参数及检测频率

检测参数：表观质量。

检测频率：全数检查。

3. 结果判定

钢筋应平直、无损伤、表面应无裂纹、油污、颗粒状或片状锈蚀。

4. 常见检测问题及分析

（1）放置时间过长。

（2）未按规定要求摆放。

（3）锚杆用钢筋受外力变形。

图 6-43　锚杆用钢筋

6.9.3　管棚、超前小导管

超前小导管，如图 6-44 所示，是隧道工程掘进施工过程中的一种工艺方法，主要用于自稳时间短的软弱破碎带、浅埋段、洞口偏压段、砂层段、砂卵石段、断层破碎带等地段的预支护。超前小导管是稳定开挖工作面的一种非常有效的辅助施工方法。在软弱及破碎岩层施工中，超前小导管对松散岩层起到加固作用，注浆后增强了松散、软弱围岩的稳定性，有利于完成开挖后与完成初期支护时间内围岩的稳定，不至于围岩失稳破坏直至坍塌。

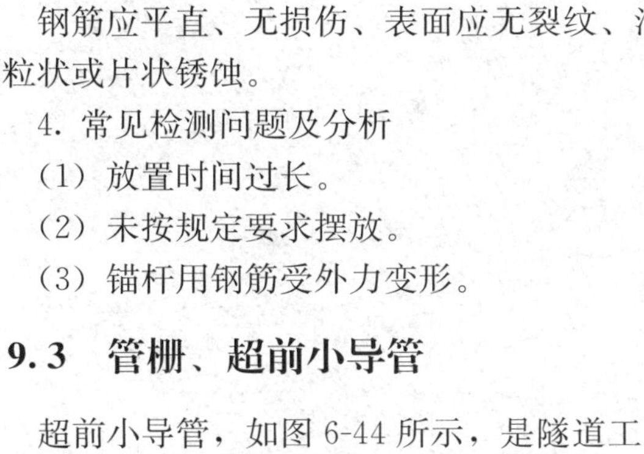

图 6-44　超前小导管

1. 相关标准

（1）《铁路隧道工程施工质量验收标准》TB 10417；

（2）《结构用无缝钢管》GB/T 8162。

2. 检测参数及检测频率

检测参数：拉伸性能。

检测频率：同牌号、同炉罐号、同规格、同交货状态的型钢，每 60t 为一批，不足 60t 也按一批计。

3. 结果判定

优质碳素结构钢、低合金高强度结构钢各钢管，其拉伸性能应符合《结构用无缝钢管》GB/T 8162—2018 表 6 相关要求。

合金结构钢钢管试样毛坯按《结构用无缝钢管》GB/T 8162—2018 表 7 推荐热处理制度进行热处理后制成试样，测出的拉伸性能应符合《结构用无缝钢管》GB/T 8162—2018 表 7 相关要求。

4. 常见检测问题及分析

送检长度不符合要求，送检过程中有碰撞等损坏。

6.9.4 锚杆（管）砂浆强度

锚杆锚固体宜进行高压注浆，注浆材料为水泥、中细砂、水以及一定量的外加剂配制成的水泥砂浆或水泥浆，有一定的强度要求。

1. 相关标准

《地下铁道工程施工质量验收标准》GB/T 50299。

2. 检测参数及检测频率

检测参数：抗压强度。

检测频率：每一作业段检查一次。

3. 结果判定

满足设计强度。

4. 常见检测问题及分析

(1) 水泥质量不合格。

(2) 砂的含泥量大。

(3) 砂浆配合比计量不准确。

(4) 加料顺序颠倒，砂浆搅拌不均匀。

(5) 水灰比控制不好，和易性差。

(6) 砂浆保水性差。

(7) 砂浆品种与设计不相符，或掺外加剂后无相应措施。

6.9.5 型钢

型钢是一种有一定截面形状和尺寸的条形钢材，是钢材四大品种（板、管、型、丝）之一，如图 6-45 所示。型钢根据断面形状，型钢分简单断面型钢和复杂断面型钢（异型钢）。前者指方钢、圆钢、扁钢、角钢、六角钢等；后者指工字钢、槽钢、钢轨、窗框钢、弯曲型钢等。

图 6-45 型钢

1. 相关标准

(1)《铁路隧道工程施工质量验收标准》TB 10417；

(2)《碳素结构钢》GB/T 700；

(3)《低合金高强度结构钢》GB/T 1591。

2. 检测参数及检测频率

检测参数：屈服强度、抗拉强度、伸长率、冷弯。

检测频率：同牌号、同炉罐号、同规格、同交货状态的型钢，每 60t 为一批，不足 60t 也按一批计。

3. 结果判定

型钢判定原则见表 6-99～表 6-103。

型钢判定原则 **表 6-99**

牌号	等级	屈服强度 R(N/mm²)，≥ 厚度(或直径，mm) ≤16	>16~40	>40~60	>60~100	>100~150	>150~200	抗拉强度 R_m (N/mm²)	断后伸长率 A(%)，≥ 厚度(或直径，mm) ≤40	>40~60	>60~100	>100~150	>150~200	冲击试验（V 型缺口）温度(℃)	冲击吸收功(纵向，J) ≥
Q195	—	195	185	—	—	—	—	315~430	33	—	—	—	—	—	—
Q215	A	315	205	195	185	175	163	335~450	31	30	29	27	26	—	—
	B													+20	27
Q235	A	235	225	215	215	195	185	370~500	26	25	24	22	21	—	—
	B													+20	27
	C													—	
	D													−20	
Q275	A	275	265	255	245	225	215	410~540	22	21	20	18	17	—	—
	B													+20	27
	C													—	
	D													−20	

注：1. Q195 的屈服强度值仅供参考，不作交货条件；

2. 厚度大于 100mm 的钢材抗拉强度下限允许降低 20N/mm²，宽带钢（包括剪切钢板）抗拉强度上限不作交货条件；

3. 厚度小于 25mm 的 Q235B 级钢材，如供方能保证冲击吸收功值合格，经需方同意，可不作检验。

型钢判定原则（弯心直径） **表 6-100**

牌号	试样方向	冷弯试验 180° $B=2a$ 钢材厚度（或直径，mm） ≤60 弯心直径 d	>60~100
Q195	纵	0	—
	横	0.5a	
Q215	纵	0.5a	1.5a
	横	a	2a
Q235	纵	a	2a
	横	1.5a	2.5a
Q275	纵	1.5a	2.5a
	横	2a	3a

注：1. B—试样宽度，a—试样厚度（或直径）；

2. 钢材厚度（或直径）大于 100mm 时，弯曲试验由双方协商确定。

型钢的拉伸性能（GB/T 1591） **表 6-101**

牌号		上屈服强度 R(MPa)，≥									抗拉强度 R(MPa)			
钢级	质量等级	公称厚度(或直径，mm)												
		≤16	>16~40	>40~63	>63~80	>80~100	>100~150	>150~200	>200~250	>250~400	≤100	>100~150	>150~250	>250~400
Q355	B、C	355	345	335	325	315	295	285	275	—	470~630	450~600	450~600	—
	D									265				450~600
Q390	B、C、D	390	380	360	340	340	320	—	—	—	490~650	470~620	—	—
Q420	B、C	420	410	390	370	370	350	—	—	—	520~680	500~650	—	—
Q460	C	460	450	430	410	410	390	—	—	—	550~720	530~700	—	—

注：1. 当屈服不明显时，可用规定塑性延伸强度 R 代替上屈服强度；

2. 只适用于质量等级为 D 的钢板；

3. 只适用于型钢和棒材。

型钢的伸长率 **表 6-102**

牌号		断后伸长率 A(%)，≥						
钢级	质量等级	公称厚度或直径(mm)						
		试样方向	≤40	>40~63	>63~100	>100~150	>50~250	>250~400
Q355	B、C、D	纵向	22	21	20	18	17	17
		横向	20	19	18	18	17	17
Q390	B、C、D	纵向	21	20	20	19	—	—
		横向	20	19	19	18	—	—
Q420	B、C	纵向	20	19	19	19	—	—
Q460	C	纵向	18	17	17	17	—	—

注：1. 只适用于质量等级为 D 的钢板；

2. 只适用于型钢和棒材。

型钢的弯曲试验 **表 6-103**

试样方向	180°弯曲试验 D—弯曲压头直径，a—试样厚度或直径	
	公称厚度或直径（mm）	
	≤16	>16~100
对于公称宽度不小于 600mm 的钢板及钢带，拉伸试验取横向试样，其他钢材的拉伸试验取纵向试样	$D=2a$	$D=3a$

4. 常见检测问题及分析

碳化物、合金元素含量较大。

6.9.6 排水板

排水板的检测包括外观质量、尺寸的检测，对强度、抗拉性能等有一定的要求。

排水板是以聚苯乙烯（HIPS）或者是聚乙烯（HDPE）为原料塑胶底板经过冲压制成圆锥突台或者加劲肋的凸点（或中空圆柱形多孔）而成，经过不断的创新研发原料得到巨大提升和变更，现由聚氯乙烯（PVC）为原料压制而成，抗压强度和整体平整度得到大幅度的提升，幅宽有1～3m，长度有4～10m或者以上，如图6-46所示。

图6-46 排水板

1. 相关标准

(1)《铁路隧道工程施工质量验收标准》TB 10417；

(2)《铁路隧道排水板》TB/T 3354。

2. 检测参数及检测频率

检测参数：规格尺寸、外观质量、抗压强度、拉伸性能、撕裂强度、刺破强度、不透水性、低温弯折。

检测频率：同产品、同规格、同批次且不大于5000m^{2}为一批，当排水板数量不足5000m^{2}时作为一批。

3. 结果判定

(1) 规格尺寸及偏差：

凸壳型排水板的规格尺寸及偏差见表6-104，特殊规格由供需双方商定。

凸壳型排水板的规格尺寸及偏差　　表6-104

检测项目	宽度	厚度	凸壳间距	凸壳直径	凸壳高度
规格	≥1m	1.0mm，1.2mm，1.5mm	20～30mm	8～16mm	10mm
极限偏差	−2mm	−5%	—	—	±1mm

毛细型排水板的规格尺寸及偏差见表6-105，特殊规格由供需双方商定。

毛细型排水板的规格尺寸及偏差　　表6-105

检测项目	宽度	板厚	集水槽隔断宽度		孔底板厚		排水孔径	
			板厚 2.0mm	板厚 3.0mm	板厚 2.0mm	板厚 3.0mm	板厚 2.0mm	板厚 3.0mm
规格	≥1.0m	2.0mm，3.0mm	1.2mm	1.5mm	≥0.5mm	≥1.0mm	1.0mm	1.5mm
极限偏差	−2mm	±10%	±10%		±10%		±12%	

（2）外观质量：

1）排水板在规格范围内不应有接头。

2）排水板应表面光滑、边缘整齐，且无裂纹、机械损失、折痕、孔洞及异常黏着等影响使用的缺陷。

3）凸壳型排水板表面凸壳布置应均匀、毛细型排水板排水孔和集水槽应顺直。

（3）凸壳型排水板物理力学性能应符合表 6-106 规定。

凸壳型排水板物理力学性能要求　　表 6-106

检测项目		技术指标
抗压强度（kPa）		≥80
抗拉强度（MPa）		≥10
低温弯折（≤−35℃）		弯折无裂纹
不透水性（0.3MPa/24h）		不透水
撕裂强度（kN/m）		≥70
刺破强度（N）	板厚 1.0mm	≥200
	板厚 1.2mm	≥300
	板厚 1.5mm	≥350

（4）毛细型排水板物理力学性能应符合表 6-107 的规定。

毛细型排水板物理力学性能要求　　表 6-107

检测项目		技术指标
抗压强度（kPa）		≥300
抗拉强度（MPa）	纵向	≥12
	横向	≥12
低温弯折（≤−20℃）		弯折无裂纹
不透水性（0.3MPa/24h）		不透水
撕裂强度（kN/m）	纵向	≥50
	横向	≥50
刺破强度（N）		≥200

4. 常见检测问题及分析

送样或取样过程中经碰触或撞击损坏，影响检测结果。

6.9.7　土工复合材料

将土工织物、土工膜和某些特种土工合成材料中的两种或两种以上互相组合起来就成为土工复合材料，如图 6-47、图 6-48 所示。土工复合材料可将不同材料的性质结合起来，更好地满足具体工程的需要，能起到多种功能的作用。

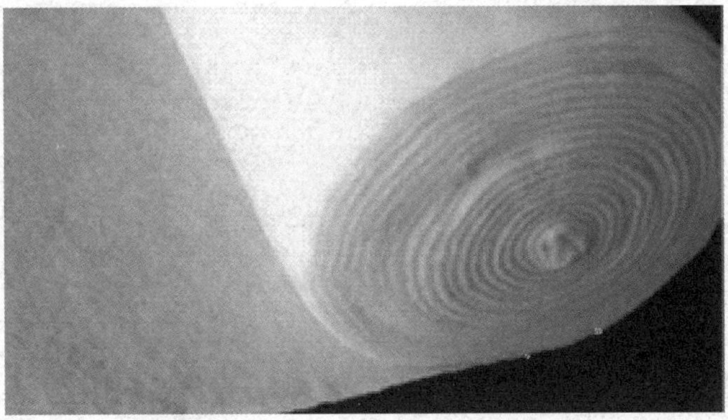

图 6-47　土工布

图 6-48　土工膜

1. 相关标准

《铁路隧道工程施工质量验收标准》TB 10417。

2. 检测参数及检测频率

检测参数：同产品标准的出厂检验。

检测频率：同产品、同规格、同批次且不大于 10000m^2 为一批。

3. 结果判定

土工复合材料物理、力学性能指标应符合设计要求和产品标准的相关规定。

4. 常见检测问题及分析

送样或取样过程中经碰触或撞击损坏，影响检测结果。

6.9.8　初期支护混凝土

采用矿山法进行暗挖施工时，围岩支护一般分为初期支护和二次衬砌，二次衬砌一般是混凝土或钢筋混凝土结构。在二次衬砌施作之前，刚开挖之后立即进行的支护形式称之为初期支护。

隧道开挖后，为控制围岩应力适量释放和变形，增加结构安全度和方便施工，隧道开挖后立即施作刚度较小并作为永久承载结构一部分的结构层。

1. 相关标准

(1)《地下铁道工程施工质量验收标准》GB/T 50299；

(2)《铁路隧道工程施工质量验收标准》TB 10417。

2. 检测参数及检测频率

检测参数：抗压试件、抗渗等级。

检测频率：

(1) 抗压试件：同一配合比，区间或小于其断面结构，每 20m 拱和墙各取一组抗压强度试件，车站各取 2 组（《地下铁道工程施工质量验收标准》GB/T 50299）；同强度等级、每级连续围岩 12m 检验不少于一次（《铁路隧道工程施工质量验收标准》TB 10417）。

(2) 抗渗等级：区间结构每 40m 取 1 组；车站每 20m 取 1 组。

3. 结果判定

满足设计强度、抗渗系数。

4. 常见检测问题及分析

（1）水泥质量不合格。

（2）砂、碎石的含泥量大。

（3）配合比计量不准确。

（4）加料顺序颠倒，搅拌不均匀。

（5）水灰比控制不好，和易性差。

（6）试件密实性差，孔洞较多。

6.9.9 二次衬砌

二次衬砌是隧道工程施工在初期支护内侧施作的模筑混凝土或钢筋混凝土衬砌，与初期支护共同组成复合式衬砌。

相对于初期支护而言，二次衬砌指在隧道已经进行初期支护的条件下，用混凝土等材料修建的内层衬砌，以达到加固支护、优化路线防排水系统、美化外观、方便设置通信、照明、监测等设施的作用，以适应现代化高速道路隧道建设的要求。

1. 相关标准

（1）《地下铁道工程施工质量验收标准》GB/T 50299；

（2）《铁路隧道工程施工质量验收标准》TB 10417；

（3）《铁路混凝土工程施工质量验收标准》TB 10424；

（4）《混凝土结构工程施工质量验收规范》GB 50204。

2. 检测参数及检测频率

（1）抗压试件

不超过 30m 长的区间结构应留置 2 组试件（《地下铁道工程施工质量验收标准》GB/T 50299）；仰拱（底板）、填充混凝土、拱墙每浇筑段检验一次（《铁路隧道工程施工质量验收标准》TB 10417）；实体混凝土强度，每衬砌浇筑段检验一次，左右边墙、拱顶各取不少于 2 个测区（《铁路隧道工程施工质量验收标准》TB 10417）。

（2）抗渗等级

每段结构不大于 30m 的区间应留置 1 组（《地下铁道工程施工质量验收标准》GB/T 50299）；

每 5000m^3 同配合比、同施工工艺的混凝土应至少制作抗渗试件一组，不足 5000m^3 时也应制作抗渗试件一组；隧道衬砌、仰拱、底板每 500m 应至少制作抗渗试件一组，不足 500m 时也应留置一组（《铁路混凝土工程施工质量验收标准》TB 10424）。

（3）同条件养护抗压试件

同一强度等级的同条件养护试件不宜少于 10 组，且不应少于 3 组（《混凝土结构工程施工质量验收规范》GB 50204）。

3. 结果判定

满足设计抗压强度、抗渗系数

4. 常见检测问题及分析

（1）抗压强度不合格原因包括：施工配合比与设计配合比不符；原材料质量不符合要

求；养护条件不符合要求；试块尺寸不符合要求。

（2）抗渗系数不合格原因包括施工配合比与设计配合比不符；原材料不符合要求；试块成型质量差。

6.10 声屏障工程

在声源和接收者之间插入一个设施，使声波传播有一个显著的附加衰减，从而减弱接收者所在一定区域内的噪声影响，这样的设施就称为声屏障。声屏障工程材料主要包括金属复合吸声板、非金属复合吸（隔）声板、通透板及钢构件、预埋件。

6.10.1 金属复合吸声板

金属复合吸声板主要用于消声、隔声，是由金属板材（不限于铝板、镀锌钢板）辊压折弯成型的面板、空腔、背板组成的结构。

1. 相关标准

（1）《铁路声屏障工程施工质量验收标准》TB 10428；

（2）《铁路声屏障声学构件》TB/T 3122。

2. 检测参数及检测频率

检测参数：声学性能（计权隔声量、降噪系数）、抗风压性能、抗冲击性能、防火性能、防腐蚀性能、外观、抗疲劳性能。

检测频率：金属复合吸声板性能，每 $10000m^2$ 现场抽样 1 次，不足 $10000m^2$ 也按 1 次计。

3. 结果判定

（1）声学性能

声屏障声学构件的吸声性能以其朝向声源一侧的降噪系数和吸声系数来表征。声屏障声学构件的隔声性能以计权隔声量和隔声量来表征。应符合：

1）声屏障声学构件的计权隔声量不应小于 30dB；

2）具有吸声性能的声屏障声学构件，还要符合降噪系数的要求，声屏障声学构件的降噪系数不应小于 0.70；

3）同时应满足表 6-108 的要求。

声屏障声学构件声学性能要求 **表 6-108**

性能指标	频率（Hz）	吸声系数		隔声量（dB）
		金属声屏障声学构件	非金属声屏障声学构件	
技术要求	125	≥0.30	≥0.20	≥15
	250	≥0.60	≥0.50	≥16
	500	≥0.80	≥0.70	≥25
	1000	≥0.70	≥0.60	≥30
	2000	≥0.50	≥0.40	≥30
	4000	≥0.50	≥0.40	≥35

注：金属声屏障声学构件是指其主体结构采用金属材料的声屏障声学构件；非金属声屏障声学构件是指其主体结构采用非金属材料的声屏障声学构件。

（2）抗风压性能

声屏障声学构件抗风压性能，以不应发生功能障碍、残余变形或损坏，其最大弹性挠度不应超过 $LA/100$（LA 为声屏障构件最大自由长度，下同），残余变形不应超过 $LA/500$ 进行评价。

（3）抗冲击性能

声屏障声学构件应能承受 30±1J 能量的冲击，按照《硬质塑料　落锤冲击试验方法　通则》GB/T 14153—1993 中 A 法进行测试后，应符合：

1）损坏只局限在结构的表面部分，内部构件不造成损坏或平移断层；

2）冲击钢球不能穿透空腔构件的外壁，但允许呈裂缝状且长度小于 50mm 的局部损坏；

3）对于脆性材料表面允许弧坑状的局部损坏，但弧坑深度应小于 20mm，当外壁厚度小于 20mm 时，弧坑深度应小于外壁厚度。

（4）防火性能

有机合成透明板的声学构件应满足《建筑材料及制品燃烧性能分级》GB 8624—2012 中 B2 级及以上要求。

（5）防腐蚀性能

声屏障声学构件中的金属材料防腐蚀性能以耐盐雾性或涂层附着力来表示，耐盐雾性和涂层附着力应符合《建筑幕墙用铝塑复合板》GB/T 17748—2016 中的规定：耐盐雾性等级小于或等于 1 级，涂层附着力为 0 级。

（6）抗疲劳性能

列车设计运行速度 200km/h 以上的铁路线上的声屏障声学构件应进行抗疲劳试验。采用疲劳试验机在正弦循环载荷下、振动频率 4Hz、进行 4×106 次疲劳循环测试方法进行抗疲劳试验后，不应发生内外结构损坏，如：裂缝、面板破损、粘结失灵及五金件松动等功能障碍的现象。

（7）防水性能

声屏障声学构件的防水性能以吸声材料的憎水率来表示，有限值标准憎水率大于或等于 98%。

（8）外观

声屏障声学构件表面颜色可根据采购方要求进行选择。金属声屏障声学构件涂层或镀层应细致均匀，表面平滑，无目测皱皮、漏镀、气泡色差，且不应有毛刺等缺陷；非金属声屏障声学构件表面无破损。

4. 常见检测问题及分析

吸声材料厚度、密度不符合设计要求会对声学性能产生影响；表面防护层的种类及厚度会对防腐蚀性能产生影响。

6.10.2 非金属复合吸（隔）声板

非金属复合吸（隔）声板主要用于消声、隔声，分为整体式和插板式。

1. 相关标准

（1）《铁路声屏障工程施工质量验收标准》TB 10428；

(2)《铁路声屏障声学构件》TB/T 3122。

2. 检测参数及检测频率

检测参数：声学性能（计权隔声量、降噪系数）、抗风压性能、抗冲击性、防火性能、外观、抗疲劳性能。

检测频率：非金属复合吸（隔）声板性能，每 $10000m^2$ 现场抽样 1 次，不足 $10000m^2$ 也按 1 次计。

3. 结果判定

声学性能（计权隔声量、降噪系数）、抗风压性能、抗冲击性能、防火性能、外观、抗疲劳性能同第 6.10.1 小节。

4. 常见检测问题及分析

吸声材料厚度、密度、表板穿孔率、屏体厚度不符合设计要求会对声学性能产生影响；表面防护层的种类及厚度会对防腐蚀性能产生影响。

6.10.3 通透板

通透声屏障是由金属边框、透明材质隔声板组合而成，透明材质包括：亚克力板，PC 耐力板等材料。

1. 相关标准

(1)《铁路声屏障工程施工质量验收标准》TB 10428；

(2)《铁路声屏障声学构件》TB/T 3122。

2. 检测参数及检测频率

检测参数：声学性能（计权隔声量）、抗风压性能、抗冲击性能、防火性能、防腐蚀性能、外观、抗疲劳性能、透光率、断裂伸长率、拉伸强度、弯曲强度、弹性模量、线性热膨胀系数、软化温度。

检测频率：通透板性能每 $10000m^2$ 现场抽样 1 次，不足 $10000m^2$ 也按 1 次计。

3. 结果判定

声学性能（计权隔声量）、抗风压性能、抗冲击性能、防火性能、防腐蚀性能、外观、抗疲劳性能同第 6.10.1 小节。

4. 常见检测问题及分析

通透板的厚度不符合设计要求会对声学性能产生影响。

6.10.4 钢构件

1. 相关标准

《铁路声屏障工程施工质量验收标准》TB 10428。

2. 检测参数及检测频率

检测参数：外观质量、涂层厚度、焊接质量。

检测频率：焊接质量抽检施工数量的 10%；防腐涂层抽检施工数量的 1%且不少于 3 件。

3. 结果判定

符合设计要求。

4. 常见检测问题及分析

涂层表面有流挂、气孔等外观缺陷，涂层不均匀；焊工人员水平达不到要求，焊接材料失效。

6.10.5 预埋件

1. 相关标准

《铁路声屏障工程施工质量验收标准》TB 10428。

2. 检测参数及检测频率

检测参数：高强度螺栓连接副的扭矩系数和表面硬度、拉拔力。

检测频率：高强度螺栓连接副按生产厂家每个批号抽查不少于8套；拉拔力检测应取每一检验批植筋总数的1%且不少于3件进行检验。

3. 结果判定

高强度螺栓连接副的扭矩系数和表面硬度同钢结构高强度螺栓；拉拔力检测符合设计要求。

4. 常见检测问题及分析

高强度螺栓：螺纹之间配合松紧度是重要影响因素，螺纹间配合松的扭矩系数就小，反之扭矩系数就大；不同表面处理对扭矩系数的影响很大；同一种表面处理，做润滑与不做润滑，扭矩系数差别很大。

拉拔力检测：锚固深度不足、清孔不干净、锚固剂质量不符合要求、混凝土基面质量差。

6.10.6 锚杆

1. 相关标准

《铁路声屏障工程施工质量验收标准》TB 10428。

2. 检测参数及检测频率

检测参数：拉拔力检测。

检测频率：锚杆总数的3%。

3. 结果判定

符合设计要求。

4. 常见检测问题及分析

锚固深度不足、清孔不干净、锚固剂质量不符合要求、混凝土基面质量差。

第 7 章　装饰装修工程现场取样检测

城市轨道交通是使用频率最高的公共设施之一，人流量大，通行率高，维护难度大。作为最后的施工环节，装饰装修工程的质量尤为重要。它不但能保护城市轨道交通的主体结构，完善其相关使用功能，根据使用要求对空间进行处理，还能起到美化效果，实现设计理念，体现城市元素，为居民的出行和相关单位的管理提供便利。

城市轨道交通工程装饰装修有安全等级高、专业设备多、施工环节多、装饰装修材料多、质量要求高等特点，给现场取样检测工作带来一定的困难。装饰装修工程现场取样检测以《建筑装饰装修工程质量验收标准》GB 50210 以及《地下铁道工程施工质量验收标准》GB/T 50299 为基础，结合城市轨道交通工程特点，以分项工程为主线对现场取样检测进行梳理，共分为 8 节，分别为顶棚及吊顶工程、地面工程、墙体工程、门窗工程、幕墙工程、节能工程、室内环境污染控制和细部工程。

为方便读者，将装饰装修工程中涉及的材料、构配件按四个不同阶段需要进行的检验进行分类，分别为出厂检验、进场检验、安装检验、调试检验。

出厂检验：装饰装修工程采用的材料、构配件应按进场批次进行检验。属于同一工程项目且同期施工的多个单位工程，对同一厂家生产的同批材料、构配件、器具及半成品，可统一划分检验批对品种、规格、外观和尺寸等进行验收，包装应完好，并应有产品合格证书、中文说明书及性能检验报告等质量证明材料，进口产品应按规定进行商品检验。

进场检验：轻钢龙骨、铝合金龙骨、石膏板、纤维水泥平板、金属及金属复合材料吊顶板、铝单板、烤瓷铝板、矿物棉装饰吸声板、玻璃棉吸声板、吸声用穿孔石膏板、玻璃板、陶粒、基土、隔声材料、水磨石、耐磨材料、环氧自流平砂浆、防油渗涂料、自流平面层涂料、塑胶卷材、大理石、花岗石、陶瓷砖、水泥花砖、人造石、防静电活动地板、木地板、竹地板、实木复合地板、浸渍纸层压木质地板、塑料板面层用塑料地板和胶粘剂、地毯及地毯用胶粘剂、砌块、砖、砌筑砂浆、抹灰砂浆、腻子、内墙涂料、外墙涂料、陶瓷板、饰面砖、水泥基胶粘剂、防水砂浆、防水透气膜、墙纸、墙布、建筑门窗、门窗玻璃、门窗型材、门窗用密封材料、门窗用五金件、建筑幕墙、玻璃采光顶、金属屋面、保温砂浆、保温板、保温装饰板、岩棉、矿渣棉、玻璃棉、泡沫玻璃、泡沫混凝土等各类保温和绝热材料、胶粘剂、界面处理剂、抹面胶浆、抗裂砂浆、塑料锚栓、玻纤网格布、镀锌电焊网等保温配套材料、人造板材、木门、溶剂型涂料、水性处理剂、阻燃剂和混凝土外加剂以及细部工程中钢化玻璃、钢化夹层玻璃、不锈钢管、钢管、镀锌钢管等材料。除以上材料（构配件）外，但凡涉及安全、节能、环境保护和使用功能的材料和产品，以及对防腐、防潮、防虫、防霉有要求的材料，应该进行复验。当质量证明材料不全时，或对其质量有疑问时，必须复验。

安装检验：门窗、幕墙、护栏和扶手以及相关验收标准的要求项目。

调试检验：无。

7.1 顶棚及吊顶工程

顶棚及吊顶工程是建筑装饰装修工程的一个重要内容，与墙体、地面共同围成室内空间，其工程质量的优劣，直接影响整个建筑空间的装饰效果。顶棚及吊顶工程主要包括整体面层吊顶、板块面层吊顶和格栅吊顶等分项工程，涉及的材料品种也比较多，本节将对16种常用建材的现场取样检测进行介绍，为避免重复，本节不再介绍水泥、砂和钢筋等建材，其相关内容详见第6章。

7.1.1 抹灰砂浆

抹灰砂浆是指大面积涂抹于建筑物墙、顶棚、柱等表面的砂浆，通常起到找平或者提供保护的作用，如图7-1所示。根据操作不同，抹灰砂浆包括现场搅拌砂浆和预拌砂浆。抹灰砂浆适用于建筑、装饰装修工程内、外墙、顶棚抹灰。一般抹灰工程用砂浆宜选用预拌抹灰砂浆。

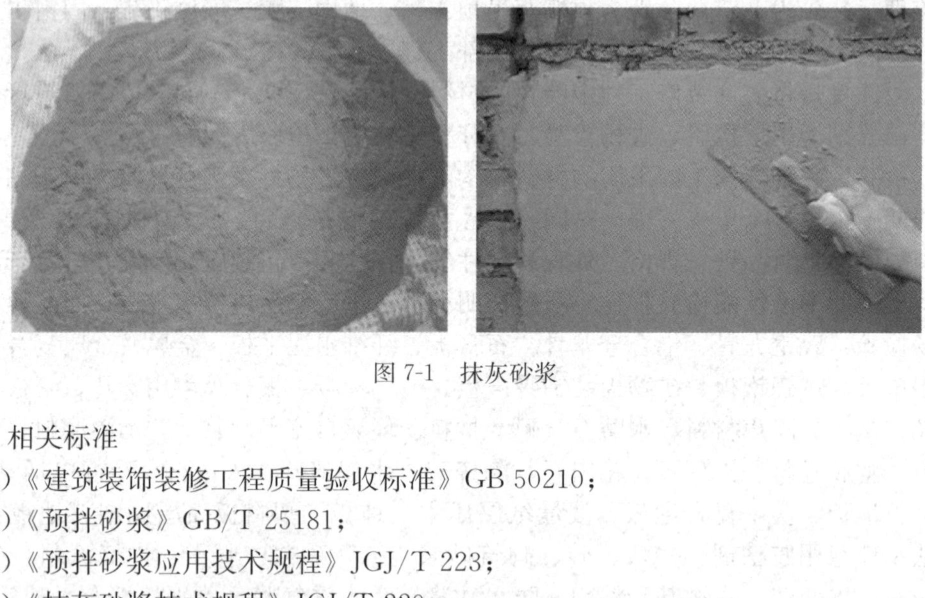

图7-1 抹灰砂浆

1. 相关标准

(1)《建筑装饰装修工程质量验收标准》GB 50210；

(2)《预拌砂浆》GB/T 25181；

(3)《预拌砂浆应用技术规程》JGJ/T 223；

(4)《抹灰砂浆技术规程》JGJ/T 220；

(5)《建筑砂浆基本性能试验方法标准》JGJ/T 70；

(6)《砌筑砂浆配合比设计规程》JGJ/T 98。

2. 检测参数及检测频率

检测参数：

(1) 预拌砂浆：抗压强度、拉伸粘结强度、保水率。

(2) 现场搅拌砂浆：砂浆配合比、抗压强度。

检测频率：

(1) 预拌砂浆：预拌砂浆进场后应对原材料进行见证取样，按同一生产厂家、同一品种、同一等级、同一批号且连续进场的湿拌砂浆，每250m^3为一个检验批，不足250m^3时，应按一个检验批计，每组送检不少于15kg；按同一生产厂家、同一品种、同一等级、同一批号且连续进场的干混砂浆，每 500t 为一个检验批，不足 500t 时，应按一个检验批计，每组送检数量不少于 10kg。

（2）现场搅拌砂浆：开工前应对不同的砂浆配合比进行设计，当原材料或设计要求发生变动时应重新设计。

（3）施工过程中，现场应留置抗压强度试块，同一验收批砂浆试块不应少于 3 组。

3. 结果判定

（1）《预拌砂浆应用技术规程》JGJ/T 223 中规定，当预拌砂浆进场检验项目（拉伸粘结强度、保水率、抗压强度）全部符合《预拌砂浆》GB/T 25181 要求时，该批产品可判为合格，当有一项不符合要求时，该批产品应判为不合格。

（2）《抹灰砂浆技术规程》JGJ/T 220 中规定，同一验收批砂浆的砂浆试块抗压强度平均值应大于或等于设计强度等级值，且抗压强度最小值应大于或等于设计强度等级值得 75%。当同一验收批试块少于 3 组时，每组试块抗压强度均应大于或等于设计强度等级值。

（3）《抹灰砂浆技术规程》JGJ/T 220 中规定当内墙抹灰工程中抗压强度检验不合格时，应在现场对内墙抹灰层进行拉伸粘结强度检测，并应以其检测结果为准。当外墙或顶棚抹灰施工中抗压强度检验不合格时，应对外墙或顶棚抹灰砂浆加倍取样进行抹灰层拉伸粘结强度检测，并应以其检测结果为准。

4. 常见检测问题及分析

（1）预拌砂浆取样送检前没有进行现场检验，外观和稠度不符合要求。

（2）在取样过程中没有使用洁净工具、容器，试样受潮或被混入杂物。

（3）向湿拌砂浆中加水，导致湿拌砂浆未做好密封保水措施，也未及时送检。

（4）预拌砂浆未按要求贮存，受潮或被混入杂物。

（5）干混砂浆贮存有混仓现象，试样缺乏代表性。

（6）使用超过保质期的预拌砂浆。

（7）预拌砂浆送检时，提供的水灰比等关键信息不准确。

（8）现场搅拌的砂浆未按配合比要求施工，或水泥、砂等原材料与配合比不符。

（9）现场成型试块使取样缺乏代表性，试件制作不规范，或养护条件不满足要求。

7.1.2 型钢

型钢是一种有一定截面形状和尺寸的条型钢材，如图 7-2 所示。根据断面形状，型钢分简单断面型钢和复杂断面型钢（异型钢）。室内装饰中一些重量较大的棚架、支架、框架，要用型钢材料作为骨架，常用的有槽钢、H 型钢、角钢和圆管钢。槽钢一般作为钢骨架的梁，常用的槽钢产品为热轧普通槽钢。H 型钢被广泛用于建筑屋架、钢架、墙架、龙骨架等。角钢一般作为钢骨架的支撑件，也可作为承重较轻的梁架。

1. 相关标准

（1）《碳素结构钢》GB/T 700；

（2）《低合金高强度结构钢》GB/T 1591；

（3）《钢及钢产品　力学性能试验取样位置及试样制备》GB/T 2975。

2. 检测参数及检测频率

检测参数：化学分析、拉伸、弯曲、冲击等；

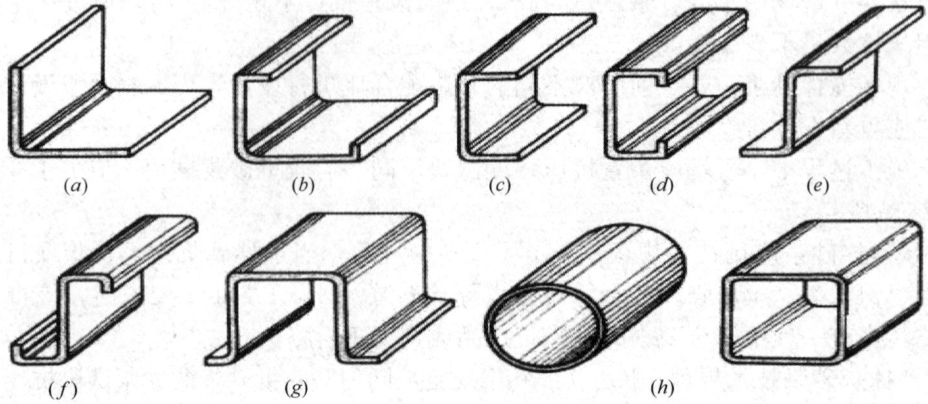

图 7-2 各种型钢

(*a*) 角钢；(*b*) 内卷边角钢；(*c*) 槽钢；(*d*) 内卷边槽钢；(*e*) Z 形钢；
(*f*) 卷边 Z 形钢；(*g*) 帽形钢；(*h*) 专用型钢

检测频率：

(1) 同一生产厂家、同一牌号、同一炉（罐）号、同一质量等级、同一品种、同一尺寸、同一交货状态，每批重量不大于 60t。

(2) 取样数量见表 7-1。

型钢检测取样数量 **表 7-1**

<table>
<tr><th>检测参数</th><th>取样数量（个）</th><th>取样方法</th></tr>
<tr><td>化学分析</td><td>1</td><td>GB/T 20066</td></tr>
<tr><td>拉伸</td><td rowspan="2">1</td><td rowspan="3">GB/T 2975</td></tr>
<tr><td>弯曲</td></tr>
<tr><td>冲击</td><td>3</td></tr>
</table>

3. 结果判定

检测结果应符合相关产品标准规定的要求。

4. 常见检测问题及分析

(1) 试样未按《钢及钢产品　力学性能试验取样位置及试样制备》GB/T 2975 规定的位置及方向取样。

(2) 样坯的加工余量不符合《钢及钢产品　力学性能试验取样位置及试样制备》GB/T 2975 的要求。

(3) 未使用数控锯切、水刀等方式对样坯进行加工。

(4) 取样时过热、加工硬化导致影响力学及工艺性能。

(5) 提供的样品信息与实际送检样品不符。

7.1.3 轻钢龙骨

轻钢龙骨是以连续热镀锌钢板（带）或以连续热镀锌钢板（带）为基材的彩色涂层钢板（带）作原料，采用冷弯工艺生产的薄壁型钢，如图 7-3 所示。轻钢龙骨具有重量轻、强度高，施工简便、工期短等优势，适用于多种建筑屋顶的造型装饰、建筑物的内外墙体及棚架式吊顶的基础材料。轻钢龙骨按用途可分为吊顶龙骨和墙体龙骨，吊顶龙骨按断面形式有V型、H型、C型、T型、L型、U型龙骨。

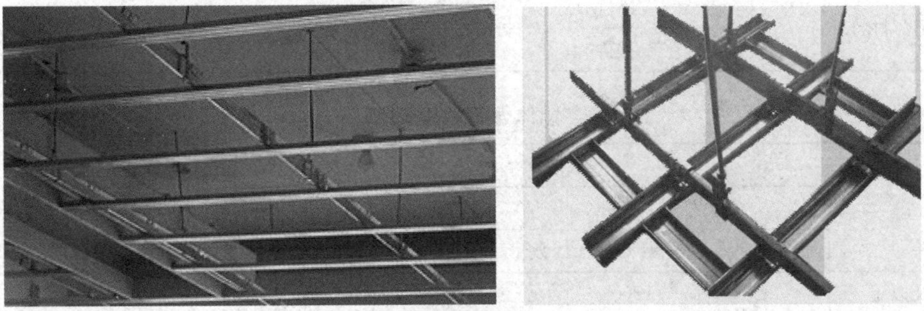

图7-3　轻钢龙骨

1. 相关标准

(1)《建筑装饰装修工程质量验收标准》GB 50210；

(2)《建筑用轻钢龙骨》GB/T 11981。

2. 检测参数及检测频率

检测参数：静载试验、抗冲击性试验（墙体龙骨）、涂镀层厚度、涂层铅笔硬度、双面镀锌层厚度、双面镀锌量、耐盐雾性能等。

检测频率：

(1) 同一工程、同一材料、同一生产厂家、同一型号、同一规格的产品每2000m为一批，不足2000m也按一批计。从每批中随机抽取符合下表规定数量的双份试样，一份检验用，一份备用。

(2) 力学性能试验，按表7-2～表7-5规定抽取试样。

吊顶U、C、V、L型龙骨检测频率　　表7-2

品种		数量	长度（mm）
试件	承载龙骨	2根	1200
	覆面龙骨	2根	1200
配套材料	吊件	4件	—
	挂件	4件	—

注：V、L型直卡式吊顶龙骨力学性能不需要配套材料。

吊顶T型龙骨检测频率　　表7-3

品种		数量	长度（mm）
试件	主龙骨	2根	1200
配套材料	次龙骨	1200mm长主龙骨上安装次龙骨的孔数	600
	挂件或吊件	4件	—

吊顶H型龙骨检测频率　　表7-4

品种		数量	长度（mm）
试件	H型龙骨	2根	1200
配套材料	吊件	4件	—
	挂件	4件	—

墙体龙骨检测频率　　表7-5

规格	试件				配套材料		
	横龙骨		竖龙骨		支撑卡	通贯龙骨	
	数量（根）	长度（mm）	数量（根）	长度（mm）	数量（只）	数量（根）	长度（mm）
Q100及以上	2	1200	3	5000	27	4	1200
Q75	2	1200	3	4000	21	3	1200
Q50	2	1200	3	2700	15	—	—

注：1. 根据用户需求，确定是否安装支撑卡和通贯龙骨；

2. Q50竖龙骨不应开通贯孔，Q75及以上竖龙骨通贯孔≥1200mm。

（3）表面防锈性能检测取样见表7-6。

表面防锈检测频率　　表7-6

检测参数	检测频率
双面镀锌层厚度	三根，每根1.2m
双面镀锌量	在三根龙骨上各取一块面积为900mm^{2}的试件
耐盐雾腐蚀性能	在三根龙骨上沿长度方向上各取100mm的试件
涂镀层厚度	三根，每根1.2m
涂层铅笔硬度	在三根龙骨上沿长度方向上各取150mm的试件

3. 结果判定

《建筑用轻钢龙骨》GB/T 11981中规定龙骨的力学性能和表面防锈性能均应合格；如有不合格项，可用备用样对不合格项进行复检，若仍不合格，则判为批不合格；如复检合格，则判该批合格。

4. 常见检测问题及分析

（1）样品取样时或送检过程中未注意对样品的保护，造成损坏及表面损伤。

（2）提供配套材料质量差。

（3）样品送检时，提供的型号等关键信息不准确。

7.1.4 铝合金龙骨

铝合金龙骨，是室内吊顶装饰中常用的一种材料，可以起到支架，固定和美观作用，如图7-4所示。铝合金龙骨吊顶架构由T型主龙骨、T型次龙骨和边龙骨组成。铝合金龙骨是在铁皮烤漆龙骨上的改进，常规主龙骨长度是3m，次龙骨常规长度是610mm，边龙骨则是用来作为墙边收尾和固定的。

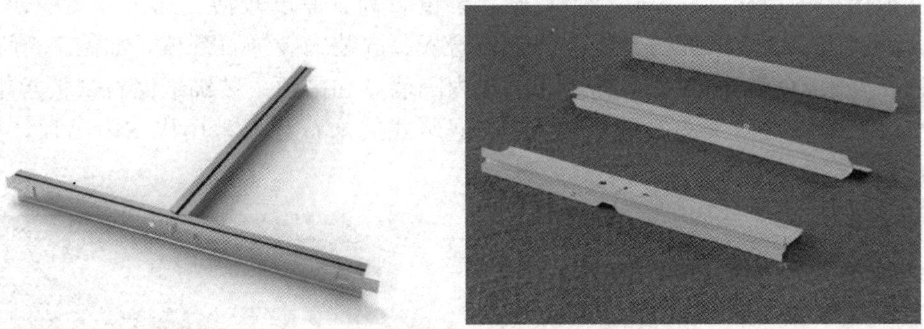

图 7-4　铝合金龙骨

1. 相关标准

(1)《建筑装饰装修工程质量验收标准》GB 50210;

(2)《铝合金 T 型龙骨》JC/T 2220。

2. 检测参数及检测频率

检测参数：外观质量、尺寸偏差、形变量、挠度、维氏硬度、膜层厚度、色差、铅笔硬度、耐腐蚀性等。

检测频率：

(1) 同一生产厂家、同一品种、同一规格、同一颜色的产品每 2000 根为一批，不足 2000 根也按一批计。从一批中随机抽取 3 根试样作为一组试样，在进行外观质量、尺寸偏差、形变量、色差、力学性能试验之后，再裁切试件，进行其他项目的试验。

(2) 力学性能试验抽取 2 根 1300mm 长主龙骨，4 个吊件，次龙骨数量根据主龙骨开孔数目确定。

(3) 其他检测项目检测频率从三根试样中每根试样上取 1 个，其中膜层厚度与铅笔硬度试样长 100mm，其他试样长 50mm。

3. 结果判定

(1) 对于挠度、色差、耐腐蚀性均应合格；若有不合格，可从同批次中抽取双倍样品对不符合的项目进行复检，复检结果合格，则判定为合格。

(2) 对于外观质量，尺寸偏差、形变量、维氏硬度、膜层厚度与铅笔硬度指标，在一根试样上，若有两项或两项以上项目不合格，则该根试样不合格三根龙骨中不合格试样多于一根，可从同批次中抽取双倍样品对不符合的项目进行复检，复检结果合格，则判定为合格。

(3) 同时满足 (1) 和 (2) 要求的批产品判定为批合格，否则判定为批不合格。

4. 常见检测问题及分析

(1) 样品取样时或送检过程中未注意对样品的保护，造成损坏及表面损伤。

(2) 配套材料质量差。

(3) 样品送检时，提供的型号等关键信息不准确。

7.1.5　石膏板

石膏板是以建筑石膏为主要原料，掺入适量纤维增强材料和外加剂等，与水搅拌后浇筑成型制成的一种板材，它是一种重量轻、强度较高、厚度较薄、加工方便的建筑材料，分为纸面石膏板、装饰纸面石膏板、装饰石膏板、嵌装式装饰石膏板，如图 7-5 所示。

纸面石膏板常用于建筑物中作为非承重内隔墙体和吊顶；装饰纸面石膏板常用于室内装修；装饰石膏板常用于室内吊顶和墙面；嵌装式装饰石膏板常用作室内吊顶，如图 7-6 所示。

图 7-5 装饰石膏板

图 7-6 纸面石膏板

1. 相关标准

(1)《建筑装饰装修工程质量验收标准》GB 50210；

(2)《纸面石膏板》GB/T 9775；

(3)《装饰纸面石膏板》JC/T 997；

(4)《装饰石膏板》JC/T 799；

(5)《嵌装式装饰石膏板》JC/T 800。

2. 检测参数及检测频率

检测参数：

(1) 纸面石膏板：外观质量、尺寸偏差、对角线长度差、楔形棱边断面尺寸、面密度、断裂荷载、抗冲击性、护面纸与芯材粘结性、吸水率、表面吸水量、遇火稳定性、受潮挠度。

(2) 装饰纸面石膏板：外观、尺寸允许偏差、单位面积质量、含水率、断裂荷载、护面纸与石膏芯的粘结、受潮挠度。

(3) 装饰石膏板：外观质量、板材尺寸允许偏差、平面度、直角偏离度、含水率、单位面积质量、断裂荷载、防潮性能、燃烧性能。

(4) 嵌装式装饰石膏板：单位面积重量、含水率、断裂荷载。

检测频率：

(1) 纸面石膏板以 2500 张同型号、同规格的产品为一批，不足 2500 张时也按一批计。

(2) 装饰纸面石膏板以 2000 张同型号、同规格的产品为一批，不足 2000 张时也按一批计。

(3) 装饰石膏板以同一类型、同一规格 3000 块为一批，不足 3000 块板时也按一批计。

（4）嵌装式装饰石膏板以500块同品种、同规格、同型号的板材为一批，不足500块板材时也按一批计。

（5）获得认证的产品或来源稳定且连续三批均一次检验合格的产品，进场验收时检验批的容量可扩大一倍，且仅可扩大一次。扩大检验批后的检验中，出现不合格情况时，应按扩大前的检验批容量重新验收，且该产品不得再次扩大检验批容量。

3. 结果判定

（1）纸面石膏板：《纸面石膏板》GB/T 9775中规定单项检验结果的判定按照《数值修约规则与极限数值的表示和判定》GB/T 8170中修约值比较法执行；对于板材的外观质量、尺寸偏差、对角线长度差、楔形棱边断面尺寸、抗冲击性、护面纸与芯材粘结性指标，其中有一项不合格，即为不合格板，五张板材中不合格板多于一张时，则该批产品判定为批不合格；对于板材的面密度、断裂荷载、硬度、吸水率、表面吸水量、遇火稳定性指标，五张板需全部合格，否则该批产品判定为批不合格；对于判定为不合格的批，允许重新再抽取二组试样，若二组试样均为合格，则判定为批合格，如果仍有一组试样不合格，则判定为批不合格。

（2）装饰纸面石膏板：《装饰纸面石膏板》JC/T 997中规定对于外观、尺寸允许偏差，其中有一项不合格，即为不合格，三块试样中不合格品多于一块时，产品判为不合格；对于单位面积质量、含水率、断裂荷载、护面纸与石膏芯的粘结和受潮挠度所有项目需全部合格，否则，产品判为不合格；对于判定该批产品为不合格时，若有一项以上不合格，判该批产品不合格，若只有一项不合格，允许对不合格项目进行重检，若该组试样合格，则判该批产品合格，否则，则判该批产品不合格。

（3）装饰石膏板：《装饰石膏板》JC/T 799中规定当检验检测结果全部符合要求时，判定该批产品合格；每块板材的外观、板材尺寸允许偏差、平面度、直角偏离度其中有一项不合格，则判定该板为不合格板，三块板中不合格多于一块时，判该批产品不合格；含水率、单位面积质量、断裂荷载、防潮性能、燃烧性能有一项不合格即判该批产品不合格；对于判为不合格的某批产品，允许用剩余的二组试样对不合格的项目进行复检，复检结果全部合格，则判该批产品合格；如仍有不合格项，则判该批产品合格。

（4）嵌装式装饰石膏板：《嵌装式装饰石膏板》JC/T 800中规定单位面积重量、含水率、断裂荷载指标，三块试样均需合格，否则判为批不合格，对判为不合格的产品，可用备用样对不合格的项目进行复检，若仍不合格，则该批不合格，若复检合格，则该批合格。

4. 常见检测问题及分析

（1）样品取样时或送检过程中未注意对样品的保护，造成撞击破损、受潮变形等。

（2）提供的样品信息错误或与实际送检样品不符。

7.1.6 纤维增强硅酸钙板

纤维增强硅酸钙板以硅质、钙质材料为主要胶结材料，以无机矿物纤维或纤维素纤维等纤维为增强材料，经成型、加压（或非加压）、蒸压养护制成的板材，如图7-7所示。

纤维增强硅酸钙板又分为无石棉硅酸钙板和温石棉硅酸钙板。

无石棉硅酸钙板是以非石棉类纤维为增强材料制成的纤维增强硅酸钙板。

温石棉硅酸钙板是以温石棉纤维单独或混合掺入其他增强纤维作为增强材料制成的纤

维增强硅酸钙板。

图 7-7 纤维增强硅酸钙板

纤维硅酸钙板主要用途：外墙面板、复合保温板面板、搭接墙面板或围护墙板、外墙面砖的衬板、底层地板、底面、抹灰或覆面层的衬板、屋面或墙面的刚性底层、模板或挡板、地下建筑或湿热环境的墙板或围护板、内墙的底板、吊顶板、室内墙面油漆或贴墙纸的衬底、室内底面衬底。

1. 相关标准

(1)《建筑装饰装修工程质量验收标准》GB 50210；

(2)《纤维增强硅酸钙板 第 1 部分：无石棉硅酸钙板》JC/T 564.1；

(3)《纤维增强硅酸钙板 第 2 部分：温石棉硅酸钙板》JC/T 564.2。

2. 检测参数及检测频率

检测参数：

(1) 物理性能：表观密度、导热系数、吸水率、湿涨率、不透水性、抗冻性试验。

(2) 力学性能：抗折强度、抗冲击强度、抗冲击性、饱和胶层剪切强度。

检测频率：

(1) 同类别、同规格、同强度等级的产品组成，每检验批以 5000 张为一批，如不足 5000 张为一批。

(2) 获得认证的产品或来源稳定且连续三批均一次检验合格的产品，进场验收时检验批的容量可扩大一倍，且仅可扩大一次。扩大检验批后的检验中，出现不合格情况时，应按扩大前的检验批容量重新验收，且该产品不得再次扩大检验批容量。

3. 结果判定

(1) 检测参数符合应符合相应产品标准要求。

(2) 物理性能、力学性能当必检样品中仅出现 1 项不合格时，应对复检样品进行不合格项目的双倍复检，复检仍出现不合格品时，判该项目不合格，当 2 项或者 2 项以上检验项目不合格时，不得复检。

4. 常见检测问题及分析

(1) 样品取样时或送检过程中未注意对样品的保护，造成撞击破损、受潮变形等。

(2) 提供的样品信息错误或与实际送检样品不符。

7.1.7 纤维水泥平板

纤维水泥平板是以水泥为胶凝材料，以有机合成纤维、无机矿物纤维或纤维素纤维为增强材料，经成型、加压（或非加压）、蒸压（或非蒸压）养护制成的板材，如图 7-8 所示。纤维水泥平板又分为无石棉纤维水泥平板和温石棉纤维水泥平板。

无石棉纤维水泥平板是以用非石棉类纤维作为增强材料制成的纤维水泥平板，制品中石棉成分含量为零。温石棉纤维水泥平板以温石棉纤维单独或混合掺入有机合成纤维或纤维素纤维作为增强材料制成的纤维水泥平板。

1. 相关标准

（1）《建筑装饰装修工程质量验收标准》GB 50210；

（2）《纤维水泥平板　第1部分：无石棉纤维水泥平板》JC/T 412.1；

（3）《纤维水泥平板　第2部分：温石棉纤维水泥平板》JC/T 412.2；

（4）《吸声用穿孔纤维水泥板》JC/T 566。

图 7-8　纤维水泥平板

2. 检测参数及检测频率

检测参数：

（1）纤维水泥平板：物理性能包括表观密度、导热系数、吸水率、湿涨率、不透水性、抗冻性试验；力学性能包括抗折强度、抗冲击强度、抗冲击性、饱和胶层剪切强度。

（2）吸声用纤维水泥板：出厂含水率、抗折力。

检测频率：

（1）纤维水泥平板：抽取样品应当由同类别、同规格、同强度等级的产品组成，每检验批以 5000 张为一批，如不足 5000 张为一批。

（2）吸声用纤维水泥板：抽取样品应当由同一规格、同一等级的产品组成，每检验批以 1000 张为一批，如不足 1000 张为一批。

（3）获得认证的产品或来源稳定且连续三批均一次检验合格的产品，进场验收时检验批的容量可扩大一倍，且仅可扩大一次。扩大检验批后的检验中，出现不合格情况时，应按扩大前的检验批容量重新验收，且该产品不得再次扩大检验批容量。

3. 结果判定

（1）纤维水泥平板：《纤维水泥平板　第1部分：无石棉纤维水泥平板》JC/T 412.1、《纤维水泥平板　第2部分：温石棉纤维水泥平板》JC/T 412.2 中规定，物理性能、力学性能当必检样品中仅出现1项不合格时，应对复检样品进行不合格项目的双倍复检，复检仍出现不合格品时，判该项目不合格，当2项或者2项以上检验项目不合格时，不得复检。

（2）吸声用纤维水泥板：《吸声用穿孔纤维水泥板》JC/T 566 中规定，按变量检验对抗折力进行判定，若试样的抗折力平均值（X）大于或等于可验收极限（AL），即 $\overline{X} \geqslant AL$ 则判为合格，若 $\overline{X} < AL$，则判为不合格。出厂含水率若3张板均合格，该项判为合格；若有1张板不合格时，允许再抽3张板进行检验，若每张板均合格，则该项判为合格，若仍有1张不合格时，则该项判为不合格，若有2张或者3张板全部不合格时，判为该项不合格。

4. 常见检测问题及分析

（1）样品取样时或送检过程中未注意对样品的保护，造成撞击破损、受潮变形等。

（2）提供的样品信息错误或与实际送检样品不符。

7.1.8　金属及金属复合材料吊顶板

金属及金属复合材料吊顶板，包括金属吊顶板和金属复合吊顶板，如图 7-9、图 7-10 所示。金属吊顶板是将单层金属材料加工成型后用作吊顶的表面，有保护性和装饰性涂层、氧化膜或塑料薄膜的装饰板；金属复合吊顶板是将金属装饰面与其他金属或非金属材料复合加工后用作吊顶的表面有保护性和装饰性膜的装饰板。常见吊顶板金属材质有铝合金、钛合金、钛镁合金等。

图 7-9　金属吊顶

图 7-10　金属吊顶板

1. 相关标准

(1)《建筑装饰装修工程质量验收标准》GB 50210；

(2)《金属及金属复合材料吊顶板》GB/T 23444；

(3)《金属及金属复合材料吊顶板》JC/T 1059。

2. 检测参数及检测频率

检查参数：外观质量、尺寸偏差、膜厚、光泽度偏差、附着力、漆膜硬度、耐冲击性、耐酸性、耐碱性、耐油性、耐沸水性、平面拉伸粘结强度。

检测频率：

(1) 同一品种、同一颜色、同一生产批次（连续生产）的产品 $3000m^2$ 为一批，不足 $3000m^2$ 的以实际交货量为一批。

(2) 获得认证的产品或来源稳定且连续三批均一次检验合格的产品，进场验收时检验批的容量可扩大一倍，且仅可扩大一次。扩大检验批后的检验中，出现不合格情况时，应按扩大前的检验批容量重新验收，且该产品不得再次扩大检验批容量。

3. 结果判定

(1) 检测参数按相应产品标准要求判定并符合相应产品标准等级要求。

(2) 若出现不合格时，应从该批样品中抽取双倍样品复检，复检结果全部合格判定该批合格，否则判定该批不合格。

4. 常见检测问题及分析

(1) 产品未单独包装，每张板的装饰面未覆有保护膜。

(2) 样品取样时或送检过程中未注意对样品的保护，造成了挤压变形及表面损伤或变质。

(3) 提供的样品信息错误或与实际送检样品不符。

7.1.9　铝单板、烤瓷铝板

铝单板是以铝或铝合金板（带）为基材，经加工成型且装饰表面具有保护性和装饰性涂层或氧化膜的建筑装饰用单层板，表面涂层一般有氟碳涂层、聚酯涂层、丙烯酸涂层、陶瓷涂层或阳极氧化膜，如图 7-11 所示。烤瓷铝板是以铝合金板（带）为基材，经加工成型，装饰面以无机涂料为主经烤制而成的铝板，如图 7-12 所示。

图 7-11　铝单板

图 7-12　烤瓷铝板

1. 相关标准

（1）《建筑装饰装修工程质量验收标准》GB 50210；

（2）《建筑装饰用铝单板》GB/T 23443；

（3）《建筑装饰用烤瓷铝板》JC/T 2439；

（4）《建筑装饰用单涂层氟碳铝板（带）》JC/T 2438。

2. 检测参数及检测频率

检测参数：外观质量、尺寸偏差、膜厚、光泽度偏差、附着力、耐酸性、耐溶剂性、耐砂浆性、封孔质量、耐冲击性、焊钉连接、铅笔硬度、耐磨性、耐盐雾性、耐人工侯加速老化。

检测频率：

（1）同一品种、同一颜色、同一生产批次（连续生产）的产品 3000m^2 为一批，不足 3000m^2 的以实际交货量为一批。

（2）获得认证的产品或来源稳定且连续三批均一次检验合格的产品，进场验收时检验批的容量可扩大一倍，且仅可扩大一次。扩大检验批后的检验中，出现不合格情况时，应按扩大前的检验批容量重新验收，且该产品不得再次扩大检验批容量。

3. 结果判定

（1）检测参数按相应产品标准要求判定并符合相应产品标准等级要求。

（2）《建筑装饰用铝单板》GB/T 23443 中规定：附着力、耐酸性、耐溶剂性、耐砂浆性、封孔质量、耐冲击性、焊钉连接、铅笔硬度、耐磨性、耐盐雾性、耐人工侯加速老化出现不合格时，应从该批样品中加倍抽样复检，复检结果仍有某一项或一项以上性能不合格，则判定该批不合格。

4. 常见检测问题及分析

（1）产品未单独包装，每张板的装饰面未覆有保护膜。

（2）样品取样时或送检过程中未注意对样品的保护，造成了挤压变形及表面损伤或变质。

（3）提供的样品信息错误或与实际送检样品不符。

7.1.10 矿物棉装饰吸声板

矿物棉装饰吸声板是以矿渣棉、岩棉和玻璃棉等为主要原料，经湿法或干法工艺加工而成的装饰吸声板材，如图 7-13 所示，常用于改善建筑物的声学性能。

图 7-13 矿物棉装饰吸声板

1. 相关标准

(1)《建筑装饰装修工程质量验收标准》GB 50210；

(2)《矿物棉装饰吸声板》GB/T 25998。

2. 检测参数及检测频率

检测参数：外观质量、尺寸允许偏差、体积密度、质量吸湿率、弯曲破坏荷载和热阻、燃烧性能、降噪系数、受潮挠度、放射性核素限量、甲醛释放量。

检测频率：

(1) 同一原料、同一生产工艺、同一品种、稳定连续生产的产品为一个检查批，一个检查批由一个或多个均匀的交付批组成，检查批不大于一周的生产量，当检查批小于 1500m^2时按一批计。

(2) 获得认证的产品或来源稳定且连续三批均一次检验合格的产品，进场验收时检验批的容量可扩大一倍，且仅可扩大一次。扩大检验批后的检验中，出现不合格情况时，应按扩大前的检验批容量重新验收，且该产品不得再次扩大检验批容量。抽样方案见表 7-7。

矿物棉装饰吸声板抽样方案 **表 7-7**

批量大小		样本大小	
板（m^2）	生产期（d）	第一样本	总样本
≤3000	≤1	2	4
3001～5000	2	3	6
5001～10000	3	5	10
10001～18000	7	8	16
>18000	>7	13	26

3. 结果判定

(1) 检测参数符合应符合相应产品标准要求。

(2) 出现不合格项目时，依据相应产品标准判定。

4. 常见检测问题及分析

(1) 样品取样时或送检过程中未注意对样品的保护，造成了损坏或受潮、变形。

(2) 提供的样品信息错误或与实际送检样品不符。

7.1.11 玻璃棉吸声板

玻璃棉是将熔融玻璃纤维化，形成棉状的材料，化学成分属玻璃类，是一种无机质纤维，具有成型好、体积密度小、热导率低、保温绝热、吸声性能好、耐腐蚀、化学性能稳定等特点。玻璃棉吸声板是将玻璃棉施加热固性粘结剂制成的具有一定刚度的可自支撑的板状制品，如图 7-14 所示。

1. 相关标准

(1)《建筑装饰装修工程质量验标准》GB 50210；

(2)《吸声用玻璃棉制品》JC/T 469。

2. 检测参数及检测频率

检测参数：外观、纤维平均直径、渣球含量、尺寸和密度允许偏差、含水率、燃烧性能等级、吸声性能、施工性能、甲醛释放量、降噪系数、放射性核素、憎水性和吸水性、密度均匀性。

图 7-14 玻璃棉吸声板

检测频率、结果判定和常见检测问题及分析参见 7.1.10 矿物棉装饰吸声板的相关要求。

7.1.12 吸声用穿孔石膏板

石膏板是以建筑石膏为主要原料制成的一种材料，它是一种重量轻、强度较高、厚度较薄、加工方便以及隔声绝热和防火等性能较好的建筑材料。

吸声用穿孔石膏板是以吸声为目的而设置孔眼的穿孔石膏板，主要用于室内吊顶和墙体的吸声结构中，如图 7-15 所示。

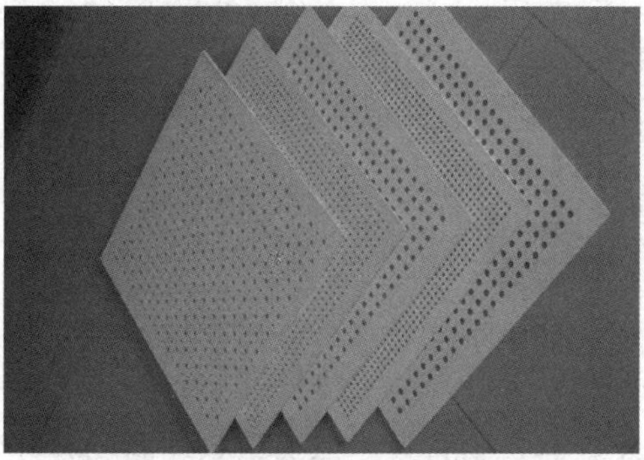

图 7-15 吸声用穿孔石膏板

1. 相关标准

(1)《建筑装饰装修工程质量验收标准》GB 50210；

(2)《吸声用穿孔石膏板》JC/T 803。

2. 检测参数及检测频率

检测参数：外观质量、尺寸允许偏差、含水率、断裂荷载、护面纸和石膏芯的粘结、吸声系数。

检测频率：

(1) 以 500 块同品种、同规格、同型号的板材为一批，不足 500 块板材时也按一批计。

(2) 获得认证的产品或来源稳定且连续三批均一次检验合格的产品，进场验收时检验批的容量可扩大一倍，且仅可扩大一次。扩大检验批后的检验中，出现不合格情况时，应按扩大前的检验批容量重新验收，且该产品不得再次扩大检验批容量。

3. 结果判定

(1) 单项检验结果按《数值修约规则与极限数值的表示和判定》GB/T 8170 中修约值比较法进行。

(2) 对于板材的外观质量、尺寸允许偏差，其中有一项指标不合格，即为不合格板，不合格板不多于一块，且板材的含水率、断裂荷载、护面纸和石膏芯的粘结指标均合格，则判为合格，则判为批合格，否则判为批不合格。

(3) 对于批不合格的板材，允许重新在原批中抽取两组试样，对不合格的项目进行重检，若仍有一项试样不合格，则判该批不合格。

4. 常见检测问题及分析

（1）样品取样时或送检过程中未注意对样品的保护，造成了损坏或受潮、变形。

（2）提供的样品信息错误或与实际送检样品不符。

7.1.13　岩棉、矿渣棉

岩棉或矿渣棉是以岩石、矿渣等为主要原料，经高温熔融，用离心等方法制成的棉及以热固型树脂为胶粘剂生产的绝热制品，主要用于设备及管道上，如图 7-16、图 7-17 所示。

图 7-16　岩棉毡

图 7-17　岩棉板

1. 相关标准

（1）《建筑装饰装修工程质量验收标准》GB 50210；

（2）《绝热用岩棉、矿渣棉及其制品》GB/T 11835。

2. 检测参数及检测频率

检测参数：

（1）总的通用要求：酸度系数、加热线收缩率、纤维平均直径、渣球含量。

（2）棉的通用要求：热荷重收缩温度。

（3）板材通用要求：密度、密度单值允许偏差、有机物含量、热荷重收缩温度、导热系数、燃烧性能、刚性。

（4）毡和缝毡通用要求：尺寸允许偏差、密度、密度单值允许偏差、有机物含量、热荷重收缩温度、导热系数、燃烧性能。

（5）管壳的通用要求：密度、密度单值允许偏差、有机物含量、热荷重收缩温度、导热系数、燃烧性能。

（6）选做要求：防水要求（质量吸湿率、憎水性、体积吸水率）、最高使用温度、腐蚀性。

检测频率：

（1）同一原料、同一生产工艺、同一品种、稳定连续生产的产品为一个检查批，同一批被检产品的生产时限不得超过 15d。

（2）获得认证的产品或来源稳定且连续三批均一次检验合格的产品，进场验收时检验批的容量可扩大一倍，且仅可扩大一次。扩大检验批后的检验中，出现不合格情况时，应按扩大前的检验批容量重新验收，且该产品不得再次扩大检验批容量。抽样方案见表 7-8。

岩棉、矿渣棉抽样方案 **表 7-8**

批量大小			样本大小	
管壳（包）	棉（包）	板、毡（m^2）	第一样本	总样本
≤15	≤150	≤1500	2	4
25	250	2500	3	6
50	500	5000	5	10
90	900	900	8	16
150	1500	15000	13	26
280	2800	28000	20	40
>280	≤2800	≤28000	32	64

3. 结果判定

（1）检测参数符合应符合相应产品标准要求。

（2）出现不合格项目时，依据相应产品标准判定。

4. 常见检测问题及分析

（1）样品取样时或送检过程中未注意对样品的保护，造成了损坏或受潮。

（2）提供的样品信息错误或与实际送检样品不符。

7.1.14 玻璃板

建筑装饰装修工程用玻璃板主要包括：钢化玻璃、夹层玻璃、釉面钢化及釉面半钢化玻璃，如图 7-18～图 7-20 所示。

钢化玻璃是将普通退火玻璃先切割成要求尺寸，经热处理工艺制作而成，属于安全玻璃。其特点是在玻璃表面形成压应力层，机械强度和耐热冲击强度得到提高，并具有特殊碎片状态。已钢化处理好的钢化玻璃，不能再作任何切割、磨削等加工或受破损。夹层玻璃是由两片或多片玻璃组成，之间夹了一层或多层有机聚合物中间膜，经过特殊的高温预压（或抽真空）及高温高压工艺处理后，使玻璃和中间膜永久粘合为一体的复合玻璃产品。常用的夹层玻璃中间膜有：PVB、SGP、EVA、PU 等。釉面钢化及釉面半钢化玻璃是浮法玻璃釉料涂布在玻璃表面，经过钢化或半钢化处理，在玻璃表面形成牢固釉层的玻璃产品。

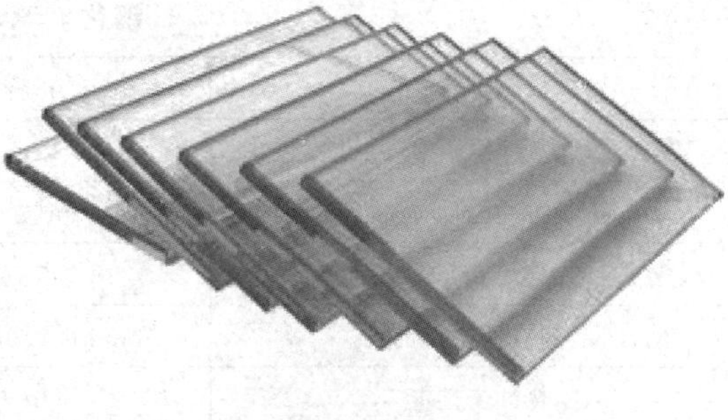

图 7-18 钢化玻璃

图 7-19 夹层玻璃

图 7-20 釉面钢化玻璃

1. 相关标准

(1)《建筑装饰装修工程质量验收标准》GB 50210；

(2)《釉面钢化及釉面半钢化玻璃》JC/T 1006；

(3)《建筑用安全玻璃　第 2 部分：钢化玻璃》GB 15763.2；

(4)《建筑用安全玻璃　第 3 部分：夹层玻璃》GB 15763.3；

(5)《建筑用安全玻璃　第 4 部分：均质钢化玻璃》GB 15763.4。

2. 检测参数及检测频率

检测参数：

(1) 钢化玻璃：外观质量、尺寸偏差、弯曲度、抗冲击性、碎片状态、散弹袋冲击性能、耐热冲击性能、表面应力。

(2) 夹层玻璃：外观质量、尺寸偏差、弯曲度、可见光透射比、反射比、耐热性、耐湿性、耐辐照性、落球冲击剥离性能、散弹袋冲击性能。

(3) 釉面钢化及釉面半钢化玻璃：外观质量、尺寸偏差、弯曲度、散弹袋冲击性、碎片状态、耐热冲击性、附着玻璃性能、耐酸性、耐碱性。

检测频率：

(1) 同一品种、类别、等级、同一供货批钢化玻璃 1000 块为一批，夹层玻璃、釉面钢化及釉面半钢化玻璃 500 块为一批。

(2) 获得认证的产品或来源稳定且连续三批均一次检验合格的产品，进场验收时检验批的容量可扩大一倍，且仅可扩大一次。扩大检验批后的检验中，出现不合格情况时，应按扩大前的检验批容量重新验收，且该产品不得再次扩大检验批容量。

(3) 取样数量见表 7-9～表 7-11。

钢化玻璃取样数量　　**表 7-9**

检测项目	样品尺寸	取样数量
外观质量、尺寸偏差、弯曲度	以制品为试样	见产品标准抽样表
抗冲击性	610mm×610mm 平面玻璃	12 块
碎片状态	以制品为试样	4 块
散弹袋冲击性能	1930mm×864mm 平面玻璃	4 块
耐热冲击性能	300mm×300mm	4 块
表面应力	以制品为试样	6 块

夹层玻璃取样数量　　**表 7-10**

检测项目	样品尺寸	样品数量
外观质量、尺寸偏差、弯曲度	以制品为试样	见产品标准抽样表
可见光透射比、反射比、耐热性、耐湿性	300mm×300mm 平面玻璃	12 块
耐辐照性	300mm×76mm 平面玻璃	6 块
落球冲击剥离性能	610mm×610mm	12 块
散弹袋冲击性能	1930mm×864mm 平面玻璃	12 块

釉面钢化及釉面半钢化玻璃取样数量　　表 7-11

检测项目		样品尺寸	样品数量
外观质量、尺寸偏差、弯曲度		以制品为试样	见产品标准抽样表
散弹袋冲击性		1930mm×864mm 平面玻璃	4 块
碎片状态	钢化	以制品为试样	4 块
	半钢化	360mm×1100mm	5 块
耐热冲击性		300mm×300mm	4 块
附着玻璃性能、耐酸性、耐碱性		以制品为试样	3 块

（4）若用试样进行检验时应采用同一工艺条件下制备的试样或从产品上切割而成。

3. 结果判定

检测结果全部符合相关标准的要求判为合格。

4. 常见检测问题及分析

（1）样品取样时或送检过程中未注意对样品的保护，造成了损坏及表面损伤。

（2）提供的样品信息错误或与实际送检样品不符。

7.1.15　混凝土用机械锚栓

机械锚栓是指利用锚栓与钻孔之间的摩擦作用或锁键作用锚固在混凝土基材上的一种锚固装置，如图 7-21 所示，主要受力部件包括由金属材料制造的紧固件、锥头、扩张件等。

机械锚栓按锚固方式分为膨胀锚栓、扩底锚栓和自攻锚栓；按适用条件分为用于非开裂混凝土的锚栓、既可用于非开裂混凝土也可用于开裂混凝土的锚栓和既可用于非开裂混凝土也可用于开裂混凝土，并可承受地震作用的锚栓。

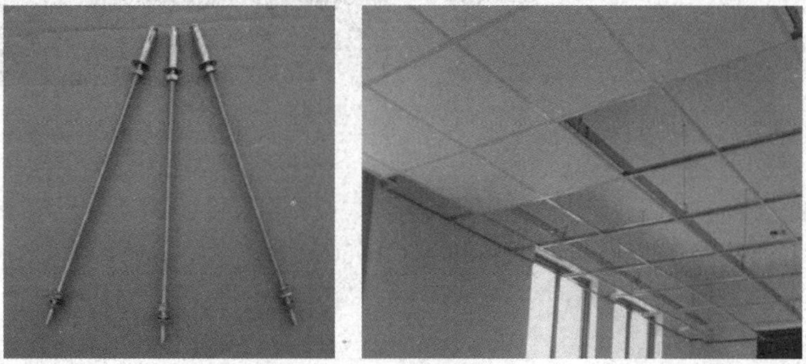

图 7-21　机械锚栓

1. 相关标准

（1）《建筑装饰装修工程质量验收标准》GB 50210；

（2）《混凝土用机械锚栓》JG/T 160。

2. 检测参数及检测频率

检测参数：锚固性能。

检测频率：同一厂家生产的材料、工艺、型号、规格、类别、等级相同的产品，不小于 500 只且不大于 5 万只为一批，每批抽取 1 组，每组每项试验样品数为 5 只。

3. 结果判定

按《混凝土用机械锚栓》JG/T 160 要求的试验程序进行试验，判定锚栓类别和等级，当不满足锚栓类别和等级要求时，可加倍取样对不合格指标进行复检，若复检仍不满足要求，则判定该批产品不合格。

检测结果除应满足以上标准外，尚应满足设计文件的要求。

4. 常见检测问题及分析

（1）所取样品应避免雨雪直接侵袭和接触腐蚀性物质，防止机械损伤。

（2）样品应贮存于正常环境条件的室内。

（3）未按要求随机抽样。

（4）锚栓材质刚度较低或锚栓设计缺陷。

7.1.16 石膏

粘结石膏是以建筑石膏作为主要胶凝材料，和集料、填料及添加剂所组成的室内用石膏基粘结材料，如图 7-22 所示。

嵌缝石膏是以建筑石膏为主要原料，掺入外加剂，混合均匀后，用于在石膏板施工中以填嵌板材缝隙或找平用的粉状石膏基嵌缝材料，如图 7-23 所示。

图 7-22 粘结石膏

图 7-23 嵌缝石膏

1. 相关标准

（1）《建筑装饰装修工程质量验收标准》GB 50210；

（2）《粘结石膏》JC/T 1025；

（3）《嵌缝石膏》JC/T 2075。

2. 检测参数及检测频率

检测参数：

（1）粘结石膏：细度、凝结时间（初凝、终凝）、绝干强度（抗折、抗压、拉伸粘结）。

（2）嵌缝石膏：细度、凝结时间（初凝、终凝）、施工性、保水率、抗拉强度、打磨性、抗裂性、抗腐化性。

检测频率：

（1）粘结石膏：相同厂家相同等级相同种类同一批号的普通型粘结石膏不超过 60t 为一批，不足 60t 按一批计；快凝型粘结石膏不超过 10t 为一批，不足 10t 按一批计。

（2）嵌缝石膏：相同厂家相同等级相同种类同一批号不超过 50t 为一批，不足 50t 按一批计。

(3) 每批检测不少于一次。

(4) 粘结石膏：同一批同类产品中随机抽取5袋。普通型粘结石膏每袋抽取约3kg，总量不少于15kg。快凝型粘结石膏每袋抽取约1.5kg，总量不少于7.5kg。试样混合均匀分为两等份，一份用于试验，另一份密封保存备用。嵌缝石膏：同一批同类产品中随机抽取2袋作为一组试样。

3. 结果判定

(1)《粘结石膏》JC/T 1025中规定：一项以上指标不合格，即判定不合格；若只有一项不合格，则备用试样对不合格项目进行复检。复检结果符合标准规定，则判定为合格；若不符合标准规定，则判不合格。

(2)《嵌缝石膏》JC/T 2075中规定：检验结果全部合格，则判定为合格。若出现不合格项，允许再从该批产品中抽取双倍试样，对不合格项目进行复检，若该两组试样全部符合标准规定要求时，则判定为合格，否则判定为不合格。

4. 常见检测问题及分析

(1) 在取样过程中未使用洁净工具、容器，试样受潮或被混入杂物。

(2) 石膏未按要求贮存，受潮或被混入杂物。

(3) 干混砂浆贮存有混仓现象，试样缺乏代表性。

(4) 使用超过保质期的石膏。

(5) 石膏送检时，提供的加水量等关键信息不准确。

7.2 地 面 工 程

地面工程是建筑装饰装修工程的一个组成部分，与墙体、门窗、顶棚及吊顶一起围成室内空间。人们在地面上活动，地面上还要放置各种设备及办公用具，因此要求其具有足够的强度和耐腐蚀性。地面工程主要包括整体面层、板块面层、木竹面层三大类，涉及的原材料品种也比较多，本节将对22种常用地面工程材料的现场取样检测进行介绍，除此以外，地面工程材料还包括水泥、砂、石、粉煤灰、矿粉、混凝土外加剂、防水卷材和防水涂料等，其相关内容详见第6章，本小节不再复述。

7.2.1 陶粒

陶粒为黏土质材料经破碎或成球后，在高温下经烧胀或烧结制成的多孔人造轻集料的总称，如图7-24所示。它为陶质的颗粒，外观特征大部分呈圆形或椭圆形球体，但也有一些仿碎石陶粒不是圆形或椭圆形球体，而呈不规则碎石状。陶粒形状因工艺不同而各异。它的表面是一层坚硬的外壳，这层外壳呈陶质或釉质，具有隔水保气作用，并且赋予陶粒较高的强度。陶粒的粒径一般为5～20mm，最大的粒径为25mm。陶粒一般用来取代混凝土中的碎石和卵石。轻质性是陶粒许多优良性能中最重要的一点，也是它能够取代碎石和卵石的重要原因。

1. 相关标准

(1)《建筑地面工程施工质量验收规范》GB 50209；

(2)《轻集料及其试验方法 第一部分：轻集料》GB/T 17431.1。

图 7-24　陶粒

2. 检测参数及检测频率

检测参数：颗粒级配、含泥量、泥块含量、粒型系数、筒压强度、吸水率。

检测频率：

（1）同一工程、同一强度等级每 400m³ 为一批，每批检测不少于一次，不足 400m³ 亦按一批计。

（2）样品应有代表性，从料堆椎体从上到下的不同部位、不同方向任选 10 个点抽取，但要注意避免抽取离析的及面层的材料。

（3）样品数量不应少于表 7-12 中规定数量一倍。

样品数量　　**表 7-12**

试验项目	用料量（L）	
	D_{max}≤19.0mm	D_{max}>19.0mm
颗粒级配	10	20
筒压强度	5	5
强度等级	20	20
吸水率	4	4
粒型系数	2	2
含泥量及泥块含量	5～7	5～7

3. 结果判定

陶粒各项试验结果均符合表 7-13～表 7-17 规定时，则判该批产品合格。

颗粒级配　　**表 7-13**

轻集料	级配类别	公称粒径（mm）	各号筛的累计筛余（按质量计，%）							
			方孔筛孔径（mm）							
			37.5	31.5	26.5	19.0	16.0	9.5	4.75	2.36
粗集料	连续粒级	5～40	0～10	—	—	40～60	—	50～85	90～100	95～100
		5～31.5	0～5	0～10	—	—	40～75	—	90～100	95～100
		5～25	0	0～5	0～10	—	30～70	—	90～100	95～100
		5～20	0	0～5	—	0～10	—	40～80	90～100	95～100
		5～16	—	—	0	0～5	0～10	20～60	85～100	95～100
		5～10	—	—	—	—	0	0～15	80～100	95～100
	单粒级	10～16	—	—	—	0	0～15	85～100	90～100	—

有害物质规定　表 7-14

项目名称	技术指标
含泥量（%）	≤3.0
	结构混凝土用轻集料≤2.0
泥块含量（%）	≤1.0
	结构混凝土用轻集料≤0.5

粒型系数　表 7-15

轻粗集料种类	平均粒型系数
人造轻集料	≤2.0

筒压强度　表 7-16

轻粗集料种类	密度等级	筒压强度（MPa）
人造轻集料	200	0.2
	300	0.5
	400	1.0
	500	1.5
	600	2.0
	700	3.0
	800	4.0
	900	5.0

吸水率　表 7-17

轻粗集料种类	密度等级	1h 吸水率（%）
人造轻集料 工业废渣轻集料	200	30
	300	25
	400	20
	500	15
	600～1200	10
人造轻集料中的粉煤灰陶粒	600～1200	20

4. 常见检测问题及分析

（1）样品掺入其他杂质。

（2）提供的样品信息错误或与实际送检样品不符。

7.2.2 基土

基土是底层地面的地基土层，地面应铺设在均匀密实的基土上，如图 7-25 所示。土层结构被扰动的基土应进行换填，并予以压实。压实系数应符合设计要求。填土时应为最优含水量。重要工程或大面积的地面填土前，应取土样，按击实试验确定最优含水量与相应的最大干密度。

图 7-25　基土

1. 相关标准

（1）《建筑地面工程施工质量验收标准》GB 50209；

（2）《民用建筑工程室内环境污染控制标准》GB 50325；

（3）《铁路工程土工试验规程》TB 10102；

(4)《土工试验方法标准》GB/T 50123。

2. 检测参数及检测频率

检测参数：击实试验、密度、含水率、压实系数、土壤氡浓度。

检测频率：

(1) 击实试验：同一工程、同一批土源为一批，每批检测一次。

(2) Ⅰ类建筑基土的氡浓度同一工程同一土源应检查一组。

(3) 土的密度和含水率（压实系数）分层检测，每 50～100m^2面积内应设不少于 1 个检测点。

(4) 取样数量：击实试验送检有代表性土样 50kg；其他项目检测为现场取样。

3. 结果判定

压实系数检测结果应满足设计文件的要求，设计无要求时，不应小于 0.9；Ⅰ类建筑基土的氡浓度应符合《民用建筑工程室内环境污染控制标准》GB 50325 的规定。

4. 常见检测问题及分析

(1) 取样时土样受到外力作用，环刀内未充满土样。

(2) 土样受到扰动，未保持天然含水量。

(3) 取样不规范或取样后未进行有效密封。

(4) 用于击实的土样与现场的土样不符。

(5) 碾压方式或碾压设备不满足要求。

(6) 施工用土不符合设计要求。

(7) 施工中分层厚度不符合要求。

(8) 碾压次数不满足要求。

7.2.3 地面砂浆

地面砂浆一般是水泥砂浆，是以水泥、细集料和水为主要原材料，也可根据需要加入矿物掺合料等配制而成的砂浆。可用于普通及特殊场合的地面找平，卫生间或雨棚板顶找坡，在贴地砖的时候起到粘贴作用，把地砖或者瓷砖牢牢地贴到基层上面。砂浆拌合物如图 7-26 所示，找平后的底板砂浆如图 7-27 所示。

图 7-26 砂浆拌合物

图 7-27 找平后的底板砂浆

1. 相关标准

(1)《建筑地面工程施工质量验收规范》GB 50209；

(2)《建筑砂浆基本性能试验方法标准》JGJ/T 70；

(3)《砌筑砂浆配合比设计规程》JGJ/T 98。

2. 检测参数及检测频率

检测参数：抗压强度、配合比。

检测频率：

(1) 配合比：开工前应不同的砂浆配合比进行设计，当原材料或设计要求发生变动时应重新设计。同一工程、同一强度等级、同一配合比检查一次。

(2) 抗压强度：检验同一施工批次、同一配合比水泥砂浆试块，应按每一层（或检验批）建筑地面工程不少于1组。当每一层（或检验批）建筑地面工程面积大于1000m^2时，每增加1000m^2应增做一组试块；小于1000m^2按1000m^2计算，取样一组；检验同一施工批次、同一配合比的散水、明沟、踏步、台阶、坡道的水泥砂浆强度的试块，应按每150延长米不少于1组。

(3) 抗压强度每组三块，每块70.7mm×70.7mm×70.7mm。

(4) 配合比设计时，应按相关要求对原材料进行检测。

3. 结果判定

(1) 检测参数按相应产品标准要求判定并符合相应产品标准等级要求。

(2) 检测结果除应满足以上标准外，尚应满足设计文件的要求。

4. 常见检测问题及分析

(1) 砂浆试块成型时稠度不符合要求。

(2) 砂浆试块送检过程中损坏。

(3) 在制作试件过程中操作不规范；试件成型后未及时养护或养护条件不满足规范要求。

(4) 现场搅拌的砂浆未按配合比要求施工，或水泥、砂与配合比中不符。

(5) 砂浆试模不满足要求，平整度、垂直度等不符合要求。

(6) 委托方提供的样品信息有误。

7.2.4 隔声材料

常见的楼板隔声材料分为化学聚乙烯交联XPE发泡片材和电子辐射交联聚烯烃泡沫IXPE片材，如图7-28、图7-29所示，是一种高密度的发泡材料，其穿孔率、孔径等都是经特殊设计制成，能够做到隔声、减振、防水、防霉，适用于各种潮湿的环境，属绿色环保材料，使用寿命30年以上，施工简单，安装时用刀具裁剪，无需其他工具。对撞击声在整个频率范围内具有特别好的声音阻断效果，有效地隔绝撞击噪声和空气传播噪声。

1. 相关标准

(1)《建筑地面工程施工质量验收规范》GB 50209；

(2)《建筑隔声评价标准》GB/T 50121；

(3)《民用建筑隔声设计规范》GB 50118。

图 7-28　XPE 发泡隔声垫

图 7-29　LXPE 泡沫隔声垫

2. 检测参数及检测频率

检测参数：密度、厚度、表面允许偏差。

检测频率：

（1）同一工程、同一材料、同一生产厂家、同一型号、同一规格、同一批号为一批。

（2）获得认证的产品或来源稳定且连续三批均一次检验合格的产品，进场验收时检验批的容量可扩大一倍，且仅可扩大一次。扩大检验批后的检验中，出现不合格情况时，应按扩大前的检验批容量重新验收，且该产品不得再次扩大检验批容量。

3. 结果判定

检测结果符合相应标准的要求判为合格。

4. 常见检测问题及分析

（1）样品取样时或送检过程中未注意对样品的保护，造成了损坏、变形等。

（2）提供的样品信息错误或与实际送检样品不符。

7.2.5　水磨石

水磨石（也称磨石）是以水泥、无机颜料、装饰性集料和水为主要原材料，经配料、搅拌、成型、养护、水磨抛光等工艺制成的板材，如图 7-30 所示。以水泥粘结料制成的水磨石叫无机磨石，用环氧粘结料制成的水磨石又叫环氧磨石或有机磨石，水磨石按施工制作工艺又分现场浇筑水磨石和预制板材水磨石地面。

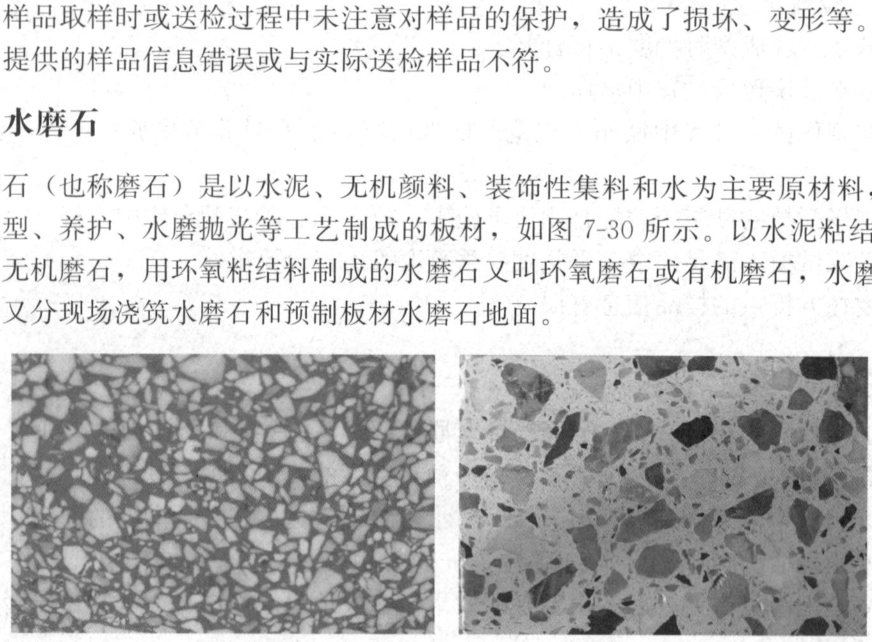

图 7-30　水磨石

1. 相关标准

（1）《建筑地面工程施工质量验收规范》GB 50209；

(2)《建筑装饰用水磨石》JC/T 507。

2. 检测参数及检测频率

检测参数：外观质量、尺寸偏差、抗折强度、吸水率、耐磨度、光泽度、不发火性能、耐污染性。

检测频率：

(1) 同一品种、同一规格，不超过3000块同类型产品为一批，不足3000块仍为一个检验批。

(2) 抗滑值、摩擦系数同一工程中，以相同材质，相同表面状态的水磨石地面为一个检验批。

(3) 防静电性能应按每一层次或每层施工段（或变形缝）划分检验批，高层建筑的标准层可按每三层（不足三层按三层计）划分检验批。

(4) 每检验批按自然间（或标准间）检验，抽查数量应随机检验不应少于3间；不足3间，应全数检查；其中走廊（过道）应以10延长米为1间，工业厂房（按单跨计）、礼堂、门厅应以两个轴线为1间计算；有防水要求的抽查数量应按其房间总数随机检验不应少于4间，不足4间，应全数检查。

(5) 取样数量见表7-18。

水磨石取样数量 **表7-18**

批量范围	抽样数量（块）							
	外观质量	尺寸偏差	吸水率	抗折强度	耐磨度	光泽度	不发火性能	耐污染性
20～500	20	13	5	5	5	5	10	5
501～1200	32	20						
1201～3200	50	32						
3201～10000	80	32						

3. 结果判定

检测结果应满足《建筑装饰用水磨石》JC/T 507及设计文件、验收规范、相关技术规程的要求。

4. 常见检测问题及分析

(1) 样品取样时或送检过程中未注意对样品的保护，造成损坏及表面损伤。

(2) 样品所用原材料不符合要求。

(3) 试件制备不符合要求。

(4) 提供的样品信息错误或与实际送检样品不符。

7.2.6 耐磨材料、环氧自流平砂浆

混凝土地面用水泥基耐磨材料是指由硅酸盐水泥或普通硅酸盐水泥、耐磨集料为基料，加入适量添加剂组成的干混材料，如图7-31所示。

环氧树脂自流平砂浆地面材料是指环氧树脂自流平涂料在生产过程或施工现场中加入适当比例的级配砂、粉等填充料，并配置均匀，可直接采用手工或机械涂装，且固化后涂膜平整光滑，防护及耐冲击效果良好的地面材料，如图7-32所示。

图 7-31　耐磨材料

图 7-32　环氧树脂自流平砂浆

1. 相关标准

（1）《建筑装饰装修工程质量验收标准》GB 50210；

（2）《建筑地面工程施工质量验收规范》GB 50209；

（3）《混凝土地面用水泥基耐磨材料》JC/T 906；

（4）《环氧树脂自流平地面工程技术规范》GB/T 50589。

2. 检测参数及检测频率

检测参数：

（1）耐磨材料：流动度、耐磨度比、抗折强度、抗压强度、表面硬度。

（2）环氧树脂自流平砂浆：填充材料含水率、干燥时间、涂层表面、附着力、抗冲击、抗压强度。

检测频率：

（1）同一工程、同一材料、同一生产厂家、同一型号、同一规格、同一批号为一批。每批检查一次。

（2）耐磨材料需现场制作试块：同一施工批次，应按每一楼层（或检验批）建筑地面工程不少于 1 组；当每一层（或检验批）建筑地面工程面积大于 $1000m^2$ 时，每增加 $1000m^2$ 应增做 1 组试块，小于 $1000m^2$ 取样 1 组。

（3）取样数量为：原材料为 20kg，试块每组三块（标准养护）。

3. 结果判定

（1）耐磨材料：《混凝土地面用水泥基耐磨材料》JC/T 906 规定在检验结果中有 2 项或者 2 项以上不符合本标准时，判该产品为不合格品。若有一项不符合本标准时，允许在同批产品中抽样进行复检，若该项指标符合本标准，则判该批产品为合格品；若仍不符合本标准，则判该批产品为不合格品。

（2）环氧树脂自流平砂浆：按照《环氧树脂自流平地面工程技术规范》GB/T 50589 进行判定。

4. 常见检测问题及分析

（1）未按要求取样，取样不具有代表性。

（2）样品取样时或送检过程中未按要求贮存，造成样品受潮。

（3）提供的样品错误或与实际送检信息不符。

7.2.7 防油渗涂料

底层地面易受少量机油作用，且耐机械磨损作用弱，一般在水泥类整体面层上刷涂具有耐磨性能的防油渗涂料（厚度为5～7mm），其种类有聚合物砂浆、聚氨酯防水涂料、混凝土密封固化剂等，如图7-33、图7-34所示。虽然其应用环境的腐蚀能力较弱，但是楼层地面的渗漏油现象会直接影响结构层的强度，所以应按《建筑防腐蚀工程施工质量验收标准》GB/T 50224规定的“材料耐腐蚀性能试验方法和评定标准”，确定合适的类型和配合比。

图7-33　聚合物砂浆

图7-34　聚氨酯防水涂料

1. 相关标准

（1）《建筑地面工程施工质量验收规范》GB 50209；

（2）《建筑防腐蚀工程施工质量验收标准》GB/T 50224；

（3）《建筑防腐蚀工程施工规范》GB 50212；

（4）《地坪涂装材料》GB/T 22374；

（5）《聚氨酯防水涂料》GB/T 19250；

（6）《喷涂聚脲防水涂料》GB/T 23446；

（7）《渗透型液体硬化剂》JC/T 2158。

2. 检测参数及检测频率

检测参数：

（1）聚合物砂浆：配合比设计（含耐腐蚀性能）、抗压强度、抗折强度、黏（粘）结强度、抗渗等级、吸水率、初凝时间、终凝时间、容器中状态、涂膜外观、耐磨性、耐化学性、挥发性有机化合物含量、游离甲醛。

（2）聚氨酯防水涂料：耐腐蚀性能、固体含量、表干时间、实干时间、凝胶时间、流平性、拉伸强度、断裂伸长率、撕裂强度、低温弯折性、不透水性、粘结强度、吸水率、碱处理、酸处理、挥发性有机化合物含量。

（3）混凝土密封固化剂：耐腐蚀性能、固含量、pH值、24h表面吸水量、耐磨度比、VOC。

检测频率：

（1）聚合物砂浆：同一类型原料、同一配方、同一工艺连续生产的5t产品作为一批；不足5t时也按一个批计。在同一检验批中随机抽取3kg（多组分按比例抽取，以下同），样品平均分为两组，一份试验，一份备用。

（2）聚氨酯防水涂料：以同一类型15t为一批，不足15t可作为一批。在同一检验批中随机至少抽取10kg（喷涂聚脲防水涂料为40kg），样品平均分为两组，一份试验，一份备用，放入不与涂料发生反应的干燥容器中。

（3）混凝土密封固化剂：对同一类别产品，连续生产时每5t为一批，不足5t时也按一个批计。在同一检验批中随机抽取10kg，样品平均分为两组，一份试验，一份备用。

3. 结果判定

（1）检测参数按相应标准要求判定并符合相应标准等级的要求，耐腐蚀性能应符合设计要求。

（2）《建筑防腐蚀工程施工质量验收标准》GB/T 50224中规定：当抽样检验结果有一项为不符合时，应加倍抽样复验。当仍有一项指标不合格时，应判定该产品质量为不合格。

（3）《聚氨酯防水涂料》GB/T 19250中规定：各项试验结果均符合标准规定，则判该批产品性能合格。若物理力学指标中有一项指标不符合标准规定，则进行单项复验。若符合标准规定时，则判该批产品物理力学性能合格，否则判定为不合格。

（4）《渗透型液体硬化剂》JC/T 2158中规定：各项试验结果均符合标准规定，则判该批产品性能合格。若有一项指标不符合标准规定，则进行单项复验。若符合标准规定时，则判该批产品合格，否则判定为不合格。

4. 常见检测问题及分析

（1）抽取的样品未进行有效的保护，在送样过程中受潮、凝结，或者容器不干净，未用金属或玻璃容器存放聚氨酯沥青组分（有些塑料容器会慢慢溶于沥青中，以致容器破损，则沥青组分遇空气变质）。

（2）提供的样品信息错误或与实际送检样品不符，如配合比错误等。

7.2.8 自流平面层涂料

自流平面层涂料分为水泥基、石膏基、合成树脂基等拌合物，如图7-35所示。地面用水泥基自流平砂浆是一种由水泥基胶凝材料、细集料、填料及添加剂等组成，与水拌和后具有流动性或稍加辅助性铺摊就能流动找平的地面用材料；石膏基自流平砂浆是以半水石膏为主要胶凝材料，集料、填料及外加剂所组成的新拌状态下具有一定流动性的石膏基室内地面用自流平材料；环氧树脂地面涂层材料是以环氧树脂为成膜物质配制而成的涂料。自流平很好地解决了地板安装中的问题，是一种地面施工技术，它是多材料混合而成的液态物质，倒入地面后，这种物质可以根据地面的高低不平顺势流动，对地面进行自动找平。

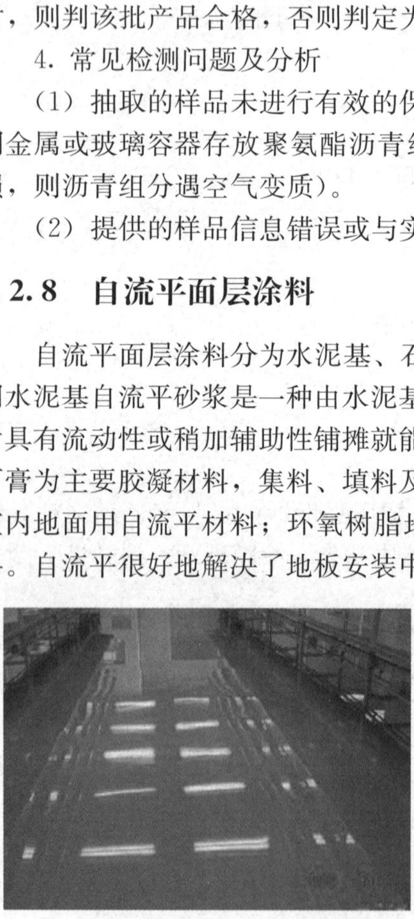

图7-35　自流平面层涂料

1. 相关标准

（1）《建筑地面工程施工质量验收规范》GB 50209；

（2）《建筑装饰装修工程质量验收标准》GB 50210；

（3）《环氧树脂地面涂层材料》JG/T 1015；

（4）《石膏基自流平砂浆》JC/T 1023；

(5)《环氧树脂自流平地面工程技术规范》GB/T 50589；

(6)《自流平地面工程技术标准》JGJ/T 175；

(7)《地面用水泥基自流平砂浆》JC/T 985；

(8)《地坪涂装材料》GB/T 22374；

(9)《室内装饰装修材料　内墙涂料中有害物质限量》GB 18582；

(10)《室内装饰装修材料　溶剂型木器涂料中有害物质限量》GB 18581。

2. 检测参数及检测频率

检测参数：

(1)《环氧树脂地面涂层材料》JG/T 1015 中环氧树脂底漆涂料的要求：容器中状态、固体含量、干燥时间（表干/实干）、7d 拉伸粘结强度；自流平环氧树脂地面涂层材料的要求：容器中的状态、涂膜外观、固体含量、干燥时间（表干/实干）、7d 抗压强度、7d 拉伸粘结强度、抗冲击性、耐化学性；薄涂型环氧树脂地面涂层材料的要求：容器中的状态、涂膜外观、固体含量、干燥时间（表干/实干）、铅笔硬度、抗冲击性、拉伸粘结强度、耐化学性。

(2)《石膏基自流平砂浆》JC/T 1023 中检测参数：凝结时间（初凝/终凝）、强度(24h 抗折/抗压、绝干抗折/抗压/拉伸粘结)。

(3)《环氧树脂自流平地面工程技术规范》GB/T 50589 中检测参数：涂料与涂层的质量要求、涂层耐化学品性性能。

(4)《自流平地面工程技术标准》JGJ/T 175 中检测参数：表面平整度、空鼓、拉拔强度、外观、厚度、耐冲击性、耐磨性、坡度、缝格平直、接缝高低差。

(5)《地面用水泥基自流平砂浆》JC/T 985 中检测参数：拉伸粘结强度、尺寸变化率、抗冲击性、24h 抗压强度、24h 抗折强度。

(6)《地坪涂装材料》GB/T 22374 中检测参数：干燥时间（表干/实干）。

检测频率：

(1)《环氧树脂地面涂层材料》JG/T 1015：同一类的产品，连续生产时每 5t 为一批，不足 5t 亦可按一批计，每组送检 5kg。

(2)《石膏基自流平砂浆》JC/T 1023：连续生产的 10t 产品为一批，不足 10t 产品也计一批，每组送检 15kg。

(3)《地面用水泥基自流平砂浆》JC/T 985：同一配料工艺、同一强度等级产品 100t 为一批。不足上述数量时亦作为一批，每组送检 20kg。

(4)《地坪涂装材料》GB/T 22374：同一类型原料、同一配方、同一工艺连续生产的 5t 产品作为一批，不足 5t 亦可按一批计，每组送检 3kg。

3. 结果判定

(1) 检测参数按相应产品标准要求判定并符合相应产品标准等级要求。

(2) 若产品全部试验结果符合标准规定，则判该批产品合格；若有两项或两项以上不符合标准要求，则判该批产品不合格。若结果中仅有一项不符合标准要求，重新用备用样品对该项目复检。若复检项目符合标准规定，则判定该批产品合格；若不符合标准规定，则判该批产品不合格。

4. 常见检测问题及分析

（1）取样时未注意不同类型、强度等级的产品分别取样包装，样品混杂。

（2）如外包装有破损结块，该样品不能采用。

（3）自流平材料应贮存阴凉、干燥、通风、远离火源和热源的场所，不得露天存放和暴晒。

（4）提供的样品信息错误或与实际送检样品不符。

7.2.9 塑胶卷材

防水卷材为可卷曲的片状柔性防水材料。塑胶卷材使用配方先进的聚氯乙烯塑料层与网状结构的聚酯纤维物相结合，使卷材拥有极佳的尺寸稳定性和较低的热膨胀指数，如图 7-36 所示。

图 7-36 塑胶卷材

1. 相关标准

（1）《建筑地面工程施工质量验收规范》GB 50209；

（2）《聚氯乙烯（PVC）防水卷材》GB 12952；

（3）《氯化聚乙烯防水卷材》GB 12953。

2. 检测参数及检测频率

检测参数：

（1）聚氯乙烯防水卷材：中间胎基上面树脂层厚度、拉伸性能（最大拉力、拉伸强度、最大拉力时延伸率、断裂伸长率）、不透水性、热处理尺寸变化率、低温弯折性、抗冲击性能、抗静态荷载、接缝剥离强度、直角撕裂强度、梯形撕裂强度、吸水率、热老化、耐化学性、人工气候加速老化。

（2）氯化聚乙烯防水卷材：拉伸强度、拉力、断裂伸长率、热处理尺寸变化率、低温弯折率、抗穿孔性、不透水性、剪切状态下的粘合性、热老化处理、耐化学侵蚀、人工气候加速老化。

检测频率：

（1）聚氯乙烯防水卷材：同类型的每 10000m^2 为一批，不足 10000m^2 也按一批计；氯化聚乙烯防水卷材：同类型的每 10000m^2 为一批，不足 10000m^2 也按一批计。

（2）取样数量：距外层端部 500mm 处裁取 3m。

3. 结果判定

（1）检测结果除满足上述标准外，还应满足设计文件的要求。

（2）所检参数全部合格，则判定该批产品材料性能合格；若仅有一项不符合标准规定，允许在该批产品中随机抽取一卷进行单项复检，符合规范规定则判该批产品性能合格，否则判该批产品性能不合格。

4. 常见检测问题及分析

（1）卷材未存放在通风、防止日晒雨淋的场所，贮存温度超过 45℃。

（2）卷材堆放时高度不应超过五层，立放时应单层堆放；禁止与酸、碱、油类及有机溶剂等进行接触。

(3) 提供的样品信息错误或与实际送检样品不符。

7.2.10 大理石和花岗石

大理石，商业上指以大理岩为代表的一类石材，包括结晶的碳酸盐类岩石和质地较软的其他变质岩类石材，如图 7-37 所示。大理石磨光后非常美观，可加工成各种形材、板材，用作建筑物的墙面、地面、台、柱，还常用于纪念性建筑物如碑、塔、雕像等的材料。

花岗石，商业上指以花岗石为代表的一类石材，包括岩浆石和各种硅酸盐类变质岩石材，如图 7-38 所示。花岗石能进行各种加工，板材可拼性良好；不易风化，能用作户外装饰用石；磨光板材光亮如镜，有华丽高贵的装饰效果；质地纹路均匀，色彩相对变化不大，适合大面积的使用。

图 7-37 大理石

图 7-38 花岗石

1. 相关标准

(1)《建筑装饰装修工程质量验收标准》GB 50210；

(2)《民用建筑工程室内环境污染控制标准》GB 50325；

(3)《建筑材料放射性核素限量》GB 6566；

(4)《天然大理石建筑板材》GB/T 19766；

(5)《天然花岗石建筑板材》GB/T 18601；

(6)《天然板石》GB/T 18600；

(7)《天然大理石荒料》JC/T 202；

(8)《天然花岗石荒料》JC/T 204；

(9)《天然石材防护剂》GB/T 32837。

2. 检测参数及检测频率

检测参数：

(1) 石材：放射性（室内用）、干燥压缩强度、水饱和压缩强度、干燥弯曲强度、水饱和弯曲强度、体积密度、吸水率、冻融压缩强度（寒冷地区）、冻融弯曲强度（寒冷地区）。

(2) 石材防护剂：防水性、耐污性、耐酸性、耐碱性、抗渗性、水泥粘结强度下降率、VOC、苯、甲苯和二甲苯、乙苯总和。

检测频率：

(1) 同一品种、类别、等级、同一供货批的板材为一批，或按连续安装部位的板材为一批。每批至少抽取 1 组。

(2) 石材试样上应标明层理方向，每组取样数量及样品尺寸见表 7-19。

石材及防护剂取样数量及样品尺寸　　表 7-19

<table>
<tr><th>检测参数</th><th>样品尺寸（mm）</th><th>数量</th><th>备注</th></tr>
<tr><td>压缩强度</td><td>50×50×50 或 ϕ50×50 的圆柱体</td><td rowspan="2">15 块（干燥、水饱和、冻融各 5 块）</td><td rowspan="5">天然石材
H 指板材厚度
（mm）</td></tr>
<tr><td>弯曲强度</td><td>当 $H \leqslant 68$ 时：$(10H+50) \times 100 \times H$
当 $H > 68$ 时：$(10H+50) \times 1.5H \times H$</td></tr>
<tr><td>体积密度</td><td rowspan="2">50×0×50 或 ϕ50×50 的圆柱体</td><td>5 块</td></tr>
<tr><td>吸水率</td><td>5 块</td></tr>
<tr><td>放射性</td><td colspan="2">4kg，可用其他检测项目的检后样品</td></tr>
<tr><td>防水性</td><td>100×100×H</td><td>10 块</td><td rowspan="7">防护剂
（需配套石材）
H 指板材厚度
（mm）</td></tr>
<tr><td>耐污性</td><td>100×100×H</td><td>12 块</td></tr>
<tr><td>耐酸性</td><td>100×100×H</td><td>5 块</td></tr>
<tr><td>耐碱性</td><td>100×100×H</td><td>5 块</td></tr>
<tr><td>抗渗性</td><td>100×100×H</td><td>5 块</td></tr>
<tr><td>水泥粘结强度下降率</td><td>300×300×H</td><td>10 块</td></tr>
<tr><td>VOC、苯、甲苯和二甲苯、乙苯总和</td><td colspan="2">2kg</td></tr>
</table>

3. 结果判定

(1) 放射性应满足《建筑材料放射性核素限量》GB 6566 及《民用建筑工程室内环境污染控制标准》GB 50325 的要求。

(2) 除放射性参数外，其他参数按相应产品标准要求判定。

4. 常见检测问题及分析

(1) 防护剂取样时未应用与样品不起反应的材料密封包装。

(2) 石材试样上有裂纹、缺棱和缺角。

(3) 石材样品尺寸、垂直度或平整度不符合要求。

(4) 石材取样的层理方向标识错误。

(5) 提供的样品信息与送检样品不符。

7.2.11 陶瓷砖

陶瓷砖是由黏土和其他无机非金属原料，经成型、高温焙烧制成的板状制品，用于装饰与保护建筑物、构筑物的墙面和地面，如图7-39所示。通常在室温下通过干压、挤压或其他成型方法成型，然后干燥，在一定温度下烧成，广泛用于住宅、公共场所等建筑物的墙面、地面装饰。

陶瓷砖按吸水率可分为五大类，即瓷质砖、炻瓷砖、细炻砖、炻质砖、陶质砖。按有无釉面分为釉面砖和无釉砖。按使用部位分为墙砖和地砖。

图7-39 陶瓷砖

1. 相关标准

(1)《建筑装饰装修工程质量验收标准》GB 50210；

(2)《民用建筑工程室内环境污染控制标准》GB 50325；

(3)《建筑材料放射性核素限量》GB 6566；

(4)《陶瓷砖》GB/T 4100。

2. 检测参数及检测频率

检测参数：放射性、吸水率、抗冻性（严寒及寒冷地区外墙用）、断裂模数、破坏强度、抗热震性。

检测频率：

(1) 同一厂家生产的同一品种、同一类型的材料至少抽取1组。

(2) 取样数量，见表7-20。

陶瓷砖的检测频率 **表7-20**

断裂模数、破坏强度	18mm<L≤48mm	48mm<L≤1000mm	L>1000mm	L—砖的长度
	最少10块	最少7块	最少5块	
吸水率	砖表面积≤0.04m^{2}时，10块；砖表面积>0.04m^{2}时，5块			
其他	抗热震性：5块；抗冻性：10块；放射性：4kg			

3. 结果判定

（1）放射性应满足《建筑材料放射性核素限量》GB 6566 及《民用建筑工程室内环境污染控制标准》GB 50325 的要求。

（2）除放射性参数外，其他参数按相应产品标准要求判定。

4. 常见检测问题及分析

（1）抽取的样品未进行包装加封，并未做出有效标识。

（2）抽取的样品未进行有效保护，在送样过程中受损。

（3）提供的样品信息错误或与送检样品不符。

7.2.12 水泥花砖

水泥花砖是指以水泥、砂和颜料为主要原材料，经分层铺料、压制、养护等工序制成的，面层带有各色图案的建筑制品，主要用于建筑物楼面与地面装饰，如图 7-40 所示。按使用部位不同，分为地面花砖和墙面花砖。

图 7-40 水泥花砖

1. 相关标准

（1）《建筑装饰装修工程质量验收标准》GB 50210；

（2）《水泥花砖》JC/T 410。

2. 检测参数及检测频率

检测参数：抗折破坏荷载、吸水率、外观质量、尺寸偏差、耐磨性能。

检测频率：

（1）同一规格的水泥花砖为一批，每批抽检 1 组。

（2）取样数量，见表 7-21。

水泥花砖的检测频率 **表 7-21**

检测参数	样品数量	样品要求
抗折破坏荷载	5 块	自然含水状态，龄期 28d
吸水率	5 块	用抗折破坏荷载试验后的样品
外观质量	80 块	批量为 3000～10000 块，不在此范围按《水泥花砖》JC/T 410—1991（1996）附录 C 确定
尺寸偏差	32 块	
耐磨性能	5 块	自然含水状态，龄期 28d

3. 结果判定

检测结果应同时满足设计文件、验收规范、相关技术规程或产品标准的要求。

4. 常见检测问题及分析

(1) 样品底面没有生产厂家的标志。

(2) 样品未在室内贮存，在室外贮存时未加以遮盖。

(3) 抽取的样品未进行有效保护，在送样过程中受损。

(4) 提供的样品信息错误或与送检样品不符。

7.2.13 地面混凝土

混凝土是以水泥、集料和水为主要原材料，也可加入外加剂和矿物掺合料等材料，经拌和、成型、养护等工艺制作的、硬化后具有强度的工程材料，如图 7-41 所示。

建筑装饰装修工程中混凝土常用于地面工程中垫层、找平层、面层等部位。常用的混凝土主要包括普通混凝土、轻集料（陶粒）混凝土、防油渗混凝土、不发火（防爆）混凝土等。轻集料混凝土，是以陶粒等轻质材料为粗集料，以普通砂或陶砂为细集料配制的混凝土，如图 7-42 所示；防油渗混凝土，是掺有防油渗剂和外加剂以达到防油渗目的的混凝土，一般对地面有防油渗要求的混凝土应采用防油渗混凝土；不发火（防爆）混凝土是指用水泥类拌合料及其他不发火材料配制的混凝土。

图 7-41 混凝土拌合物

图 7-42 成型后的陶粒混凝土

1. 相关标准

(1)《建筑地面工程施工质量验收规范》GB 50209；

(2)《普通混凝土配合比设计规程》JGJ 55；

(3)《轻骨料混凝土应用技术标准》JGJ/T 12；

(4)《混凝土物理力学性能试验方法标准》GB/T 50081。

2. 检测参数及检测频率

检测参数：抗压强度、配合比。

检测频率：

(1) 配合比：同一工程、同一强度等级、同一批原材料委托一次。

(2) 抗压强度：每一层（或检验批）建筑地面工程不少于 1 组；当每一层（或检验批）建筑地面工程面积大于 1000m^2 时，每增加 1000m^2 应增做一组试块；小于 1000m^2 按 1000m^2 计算，取样一组；检验同一施工批次、同一配合比的散水、明沟、踏步、台阶、坡道的混凝土强度的试块，应按每 150 延长米不少于 1 组。

（3）根据配合比的设计要求，与检测机构确认配合比所需原材料种类及数量。

（4）抗压强度试块，每组 3 块。

3. 结果判定

混凝土抗压强度按《混凝土强度检验评定标准》GB/T 50107 评定。

4. 常见检测问题及分析

（1）混凝土拌合物成型试块前，其坍落度不符合要求。

（2）混凝土试块在送检过程中损坏。

（3）现场搅拌的混凝土未按配合比要求施工，或水泥、砂石等原材料与配合比不符。

（4）现场成型试块不规范，试件成型后未及时养护或养护条件不满足规范要求。

（5）混凝土试模质量差，平整度、垂直度等不符合要求。

7.2.14 人造石

人造石是以高分子聚合物或水泥或两者混合物为粘结材料，以天然石材碎（粉）料和天然石英石（砂、粉）或氢氧化铝等为主要原材料，加入颜料及其他辅助剂，经搅拌混合、凝结固化等工序复合而成的材料，包括人造石实体面材、人造石英石、人造花岗石、艺术浇筑石、水磨石等。主要作为台面、墙、地面、吊顶、板线等装饰装修材料使用，如图 7-43、图 7-44 所示。

图 7-43 人造石板材

图 7-44 人造石台面

1. 相关标准

（1）《建筑装饰装修工程质量验收标准》GB 50210；

（2）《民用建筑工程室内环境污染控制标准》GB 50325；

（3）《人造石》JC/T 908；

（4）《艺术浇注石》JC/T 2185；

（5）《建筑装饰用人造石英石板》JG/T 463；

（6）《建筑装饰用水磨石》JC/T 507。

2. 检测参数及检测频率

检测参数：抗折强度、吸水率、光泽度、耐污染性（能）、线性热膨胀系数、落球冲击（抗冲击性）、弯曲性能（强度）、压缩强度、耐高温性能。

检测频率：

(1) 同一配方、同一规格、同一工艺参数和同一等级为一批（《人造石》JC/T 908）；同一批原料、同一配方、相同工艺条件生产的产品 $10000m^2$ 为一批，不足 $10000m^2$ 以一批计，每批至少抽取一组样品（《艺术浇注石》JC/T 2185）；同一分类、同一规格、同一品种的产品 $10000m^2$ 为一批，不足 $10000m^2$ 以一批计，每批至少抽检一组样品（《建筑装饰用人造石英石板》JG/T 463）；同一类别和规格的水磨石为一批，一批最多不超过 10000 块，每批至少抽取一组样品（《建筑装饰用水磨石》JC/T 507）。

(2) 每组取样数量及样品尺寸见表 7-22。

人造石取样数量及样品尺寸 表 7-22

产品标准	取样数量	样品尺寸（mm）
JC/T 908	同一批产品按 GB/T 2828.1 一次抽样正常检验方式，检验水平为Ⅱ，合格质量水平（AQL 值）取为 6.54	吸水率（整块），光泽度（整块），耐污染性（整块），线性热膨胀系数 50×6，落球冲击 660×810（台面），弯曲性能（整块），压缩强度 50×50×50，耐高温性能 200×200
JC/T 2185	抗折强度 10 块（标准、抗冻各 5 块），吸水率 5 块，耐污染性 5 块，抗冲击性 5 块	抗折强度（整块），吸水率 100×100，耐污染性 100×200，抗冲击性（整块）
JG/T 463	吸水率 6 块，耐污染性能 9 块，落球冲击 10 块，弯曲强度 6 块，压缩强度 6 块，耐高温性能 3 块	吸水率 50×50，耐污染性能 150×00，落球冲击 200×200，弯曲强度（16h＋40）×100（h：板厚），压缩强度 50×50×50，耐高温性能 200×200
JC/T 507	吸水率 5 块，抗折强度 5 块，光泽度 5 块，耐污染性 5 块	吸水率 150×100，抗折强度 150×100，光泽度（整块），耐污染性（整块）

3. 结果判定

检测结果应同时满足设计文件、验收规范、相关技术规程或产品标准的要求。

4. 常见检测问题及分析

(1) 样品未贮存于阴凉、通风干燥处。

(2) 抽取的样品未进行有效保护，在送样过程中受损。

(3) 提供的样品信息与送检样品不符。

7.2.15 防静电活动地板

防静电活动地板是带有防静电贴面材料或防静电涂层、具有防静电性能的活动地板，如图 7-45 所示。适用于需铺设高架活动地板且有防静电要求的机房及有关场所，该活动地板铺设在房屋建筑地面上作安装设备、设备的走线及空调风库等用途。

1. 相关标准

(1)《建筑地面工程质量验收规范》GB/T 50209；

(2)《防静电活动地板通用规范》SJ/T 10796；

(3)《防静电活动地板通用规范》GB/T 36340。

图 7-45　防静电活动地板

2. 检测参数及检测频率

检测参数：

（1）《防静电活动地板通用规范》SJ/T 10796：尺寸公差、系统电阻、荷载性能、耐冲击性能、防静电贴面板耐磨性能、可调支撑的允许使用荷载、防火性能、外观。

（2）《防静电活动地板通用规范》GB/T 36340：对地电阻、外形尺寸和允许公差、外观要求、机械性能、耐冲击性能、支撑系统、防静电活动地板板块的自重、防静电贴面材料耐磨性能、燃烧性能、防静电活动地板板块的环保性能、防静电通风地板的技术要求。

检测频率：

（1）同一工程，同一材料，同一生产厂家，同一型号，同一规格，同一批次检查一次。

（2）样品数量：以用户一次提交的产品为一批按《计数抽样检验程序　第 1 部分：按接收质量限（AQL）检索的逐批检验抽样计划》GB/T 2828.1 中一次抽样方案的规定进行。

（3）获得认证的产品或来源稳定且连续三批均一次检验合格的产品，进场验收时检验批的容量可扩大一倍，且仅可扩大一次。扩大检验批后的检验中，出现不合格情况时，应按扩大前的检验批容量重新验收，且该产品不得再次扩大检验批容量。

3. 结果判定

（1）检测参数符合应符合相应产品标准要求。

（2）检验不合格的批，可以再提交检验一次，对重新提交批严加检查，若不合格，则作为不合格批处理。

4. 常见检测问题及分析

（1）样品取样时或送检过程中未注意样品的保护，造成了损坏或受潮。

（2）提供的样品信息错误或与实际送检样品不符。

7.2.16　木地板、竹地板

木地板是指用木材制成的地板，是最传统和古老的地板，具有无污染、花纹自然、典雅庄重、富质感性、弹性真实等优点，是目前装饰装修中地板铺设的首选材料，如图 7-46 所示。

竹地板是把竹材加工成竹片后，再用胶粘剂胶合、加工成的长条企口地板，如图 7-47 所示。

1. 相关标准

（1）《建筑地面工程施工质量验收规范》GB 50209；

（2）《建筑装饰装修工程质量验收标准》GB 50210；

图 7-46　木地板

图 7-47　竹地板

（3）《民用建筑工程室内环境污染控制标准》GB 50325；

（4）《实木地板　第 1 部分：技术要求》GB/T 15036.1；

（5）《实木地板　第 2 部分：检验方法》GB/T 15036.2；

（6）《实木集成地板》LY/T 1614；

（7）《竹集成材地板》GB/T 20240；

（8）《室内装饰装修材料　人造板及其制品中甲醛释放限量》GB 18580。

2. 检测参数及检测频率

检测参数：甲醛释放量、含水率、漆膜表面耐磨、漆膜硬度、静曲强度、浸渍剥离。

检测频率：

（1）同一工程、同一材料、同一生产厂家、同一型号、同一规格、同一批号为一批，每批检测不少于一次。

（2）甲醛释放量要求样品总表面积不小于 $4m^2$。

（3）物理性能抽样：检查批样品≤1000 块，抽样量 6 块；检查批样品＞1000 块，抽样量 12 块。

（4）样品尺寸小，无法满足检验要求时，可适当增加样品数量。

3. 结果判定

（1）实木地板：《实木地板　第 2 部分：检验方法》GB/T 15036.2 中规定在样本中随机抽取 3 条地板作为试样，各项物理性能检验合格时，该批产品的物理性能检验判为合格；如果某项指标检验不合格时，在同批次产品中再随机抽取 6 条地板作为试样进行复检，复检合格判为合格，若仍不合格，则判为不合格。

（2）实木集成地板：《实木集成地板》LY/T 1614 中理化性能检验结果有某项指标不合格时，允许进行复检一次，在同批产品中加倍抽取样品对不合格项进行复检，复检后全部合格，判为合格；若有一项不合格，判为不合格。

（3）竹集成地板：《竹集成材地板》GB/T 20240 中理化性能均符合要求时为合格；否则不合格项应进行加倍抽样复检，复检均合格时，该批产品的理化性能判为合格，否则判为不合格。

4. 常见检测问题及分析

（1）样品取样时或送检过程中没有处于干燥和通风良好的环境下，或者未平整堆放。

（2）样品受到污损、受潮、雨淋或者暴晒。

（3）提供的样品信息错误或与实际送检样品不符。

7.2.17 实木复合地板

实木复合地板是以实木拼板或单板为面层、实木条为芯层、单板为底层制成的企口地板，以及以单板为面层、胶合板为基材制成的企口地板，如图 7-48 所示。

图 7-48 实木复合地板

1. 相关标准

（1）《建筑地面工程施工质量验收规范》GB 50209；

（2）《民用建筑工程室内环境污染控制标准》GB 50325；

（3）《室内装饰装修材料　人造板及其制品中甲醛释放限量》GB 18580；

（4）《实木复合地板》GB/T 18103；

（5）《浸渍纸层压板饰面多层实木复合地板》GB/T 24507。

2. 检测参数及检测频率

检测参数：甲醛释放量、含水率、漆膜表面耐磨、漆膜附着力、漆膜硬度、静曲强度、弹性模量、浸渍剥离等。

检测频率：

（1）同一工程、同一材料、同一生产厂家、同一型号、同一规格、同一批号检查一次。

（2）甲醛释放量要求样品总表面积不小于 $4m^2$。

（3）物理性能抽样：检查批样品≤1000 块，抽样量 6 块；检查批样品＞1000 块，抽样量 12 块。

（4）样品尺寸小，无法满足检验要求时，可适当增加样品数量。

3. 结果判定

（1）检测参数按相应产品标准要求判定并符合相应产品标准等级要求。

（2）《实木复合地板》GB/T 18103 中理化性能检测参数，在初检和复检试样中，任意 2 块地板组成一组，任一组初检样本检验结果中某项指标不合格时，允许进行复检一次，在同批产品中加倍抽取样品对不合格项进行复检，复检后全部合格，判为合格；若有一项不合格，判为不合格。

《浸渍纸层压板饰面多层实木复合地板》GB/T 24507 中理化性能检测参数，在初检和复检试样中，任意 3 块地板组成一组。任一组初检样本检验结果中某项指标不合格时，允许进行复检一次，在同批产品中加倍抽取样品对不合格项进行复检，复检后全部合格，判为合格；若有一项不合格，判为不合格。

4. 常见检测问题及分析

（1）样品取样时或送检过程中没有处于干燥和通风良好的环境下，或者未平整堆放。

（2）样品受到污损、受潮、雨淋或者暴晒。

（3）样品提供信息与实际送检样品不符。

7.2.18 浸渍纸层压木质地板

浸渍纸层压木质地板是以一层或多层专用纸浸渍热固性氨基树脂，铺装在刨花板、中密度纤维板、高密度纤维板等人造板基材表面，背面加平衡层，正面加耐磨层，经热压而成的地板，商品名称为强化地板，如图 7-49 所示。

图 7-49　浸渍纸层压木质地板

1. 相关标准

（1）《建筑地面工程施工质量验收规范》GB 50209；

（2）《民用建筑工程室内环境污染控制标准》GB 50325；

（3）《室内装饰装修材料　人造板及其制品中甲醛释放限量》GB 18580；

（4）《浸渍纸层压木质地板》GB/T 18102。

2. 检测参数及检测频率

检测参数：甲醛释放量、静曲强度、内结合强度、含水率、密度、吸水厚度膨胀率、表面胶合强度、表面耐冷热循环、表面耐划痕、尺寸稳定性、表面耐磨。

检测频率：

（1）同一工程、同一材料、同一生产厂家、同一型号、同一规格、同一批号为一批，每批检测不少于一次。

（2）甲醛释放量要求样品总表面积不小于 $4m^2$。

（3）物理性能抽样：检查批样品≤1000 块，抽样量 6 块；检查批样品＞1000 块，抽样量 12 块。

（4）样品尺寸小，无法满足检验要求时，可适当增加样品数量。

3. 结果判定

（1）检测参数按相应产品标准要求判定并符合相应产品标准等级要求。

（2）《浸渍纸层压木质地板》GB/T 18102 中理化性能检测参数，在初检和复检试样中，任意3块地板组成一组。任一组初检样本检验结果中某项指标不合格时，允许进行复检一次，在同批产品中加倍抽取样品对不合格项进行复检，复检后全部合格，判为合格；若有一项不合格，判为不合格。

4. 常见检测问题及分析

（1）样品储存过程中没有处于干燥和通风良好的环境下，或者未平整堆放。

（2）样品受到污损、受潮、雨淋或者暴晒。

（3）样品提供信息与实际送检样品不符。

7.2.19 塑料板面层用塑料地板

塑料地板即用塑料材料铺设的地砖，如图7-50所示。塑料地板按其使用状态可分为块材和卷材两种。卷材一般为软质塑料地板，块材一般为硬质或半硬质地板。塑料地板适用于公共建筑、试验室、住宅等各类建筑物的室内地面铺设。

图7-50 塑料地板

1. 相关标准

（1）《建筑地面工程施工质量验收规范》GB 50209；

（2）《民用建筑工程室内环境污染控制标准》GB 50325；

（3）《室内装饰装修材料 聚氯乙烯卷材地板中有害物质限量》GB 18586；

（4）《聚氯乙烯卷材地板 第1部分：非同质聚氯乙烯卷材地板》GB/T 11982.1；

（5）《聚氯乙烯卷材地板 第2部分：同质聚氯乙烯卷材地板》GB/T 11982.2；

（6）《半硬质聚氯乙烯块状地板》GB/T 4085。

2. 检测参数及检测频率

检测参数：挥发物含量、氯乙烯单体含量、加热尺寸变化率、耐磨性、色牢度、弯曲性、防滑性等。

检测频率：

（1）同一配方、工艺、规格、花色型号的卷材地板，以5000m^{2}为一批，不足此数也为一批。

（2）取样数量：在同一批产品中随机抽取3卷样品。

3. 结果判定

（1）检测参数按相应产品标准要求判定并符合相应产品标准等级要求。

（2）《室内装饰装修材料 聚氯乙烯卷材地板中有害物质限量》GB 18586中所有项目

的检验结果均达到本标准规定要求时，判定该产品为检验合格；若有一项检验结果未达到本标准规定要求时，判定该产品为检验不合格。

《聚氯乙烯卷材地板　第1部分：非同质聚氯乙烯卷材地板》GB/T 11982.1和《聚氯乙烯卷材地板　第2部分：同质聚氯乙烯卷材地板》GB/T 11982.2中要求卷材地板的通用性能、使用性能和有害物质限量的评定在外观和尺寸评定合格批的卷材地板中随机抽取一卷进行检验。若所有结果符合规定的，则判该批产品合格；若有任一项不合格，则从该批中重新取双倍试件对不合格项目进行复验，若仍不合格则该批产品为不合格。

《半硬质聚氯乙烯块状地板》GB/T 4085中要求卷材地板的通用性能、使用性能和有害物质限量的评定在外观和尺寸评定合格批的卷材地板中随机抽取足够数量的地板进行检验。若所有结果符合规定，则判该批产品合格；若有任一项不合格，则从该批中重新取双倍试件对不合格项目进行复验，若仍不合格则该批产品为不合格。

4. 常见检测问题及分析

（1）样品储存过程中没有处于干燥和通风良好的环境下。

（2）样品存储地距热源距离过近，小于1m。

（3）样品提供信息与实际送检样品不符。

7.2.20　塑料板面层用胶粘剂

塑料板面层用胶粘剂是通过粘合作用，能使塑料地板与地面基层材料结合在一起的物质，如图7-51所示。该类胶粘剂用于将塑料板面层铺设在水泥类基层上，常使用满粘或点粘的方式进行施工。

1. 相关标准

（1）《建筑地面工程施工质量验收规范》GB 50209；

（2）《民用建筑工程室内环境污染控制标准》GB 50325；

（3）《室内装饰装修材料　胶粘剂中有害物质限量》GB 18583；

（4）《聚氯乙烯块状塑料地板胶粘剂》JC/T 550。

2. 检测参数及检测频率

检测参数：挥发性有机化合物VOC、游离甲醛、苯、甲苯+二甲苯。

检测频率：

（1）同一工程、同一材料、同一生产厂家、同一型号、同一规格、同一批号检查一次。

（2）取样数量：在同一批产品中随机抽取三份样品，每份不少于0.5kg。

（3）对于双组分或多组分配套使用的胶粘剂，应注明各组分的施工配合比。

3. 结果判定

（1）检测参数按相应产品标准要求判定并符合相应产品标准等级要求。

（2）《室内装饰装修材料　胶粘剂中有害物质限量》GB 18583中规定：在抽取的三份样品

图7-51　胶粘剂

中，取一份样品按标准的规定进行测试。如果所有项目的检验结果符合标准要求，则判为合格。如果有一项检验结果未达到标准要求时，应对保存样品进行复检，如复检结果仍未达到标准要求，则判为不合格。

《聚氯乙烯块状塑料地板胶粘剂》JC/T 550 中规定产品的所有检验项目均符合本标准规定时，判该批产品合格；若有一项以上不符合标准规定，则判该批产品不合格；若仅有一项不符合标准规定，再取留样对该项进行复检。若该项目符合标准规定，判该批产品合格；若仍不符合标准规定，则判该批产品不合格。

4. 常见检测问题及分析

（1）对于由双组分或多组分配套组成的胶粘剂，各组分的施工配合比没有正确标识。

（2）试验样品没有装入密闭的容器中贮存，或者没有避光和防潮处理。

（3）在检测取样时样品可能有沉淀分层，搅拌不均匀。

（4）样品提供信息与实际送检样品不符。

7.2.21 地毯、地毯衬垫

地毯是以棉、麻、毛、丝、草纱线等天然纤维或化学合成纤维类原料，经手工或机械工艺进行编结、栽绒或纺织而成的地面铺敷物，如图 7-52 所示。覆盖于住宅、宾馆、酒店、会议室、娱乐场所、体育馆、展览厅等的地面，有减少噪声、隔热和装饰效果、改善脚感、防止滑倒、防止空气污染等作用。根据地毯的使用位置，分为地面地毯和墙体挂毯或壁毯。地毯衬垫是一种软橡胶制品，铺在地毯下面，可以起到防潮、防静电、弹性作用，并可延长地毯的使用寿命，广泛应用于酒店装修、写字楼装修、高档别墅装修中。

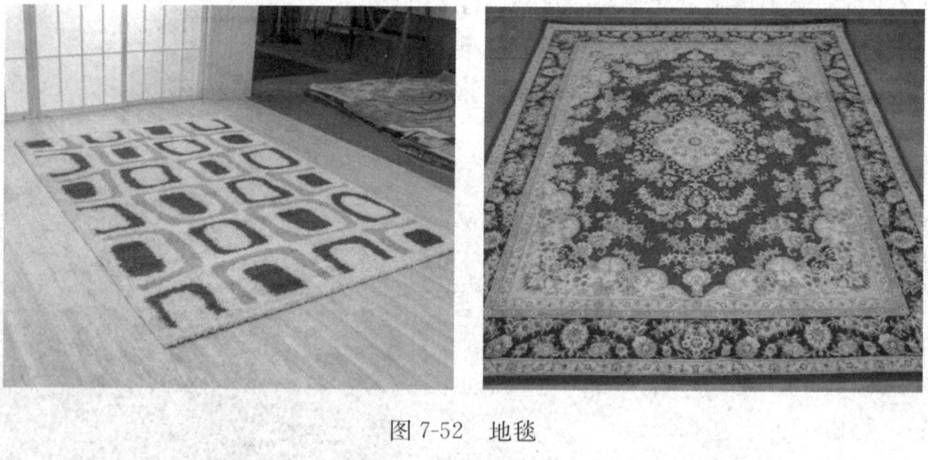

图 7-52　地毯

1. 相关标准

（1）《建筑地面工程施工质量验收规范》GB 50209；

（2）《民用建筑工程室内环境污染控制标准》GB 50325；

（3）《室内装饰装修材料　地毯、地毯衬垫及地毯胶粘剂有害物质释放限量》GB 18587；

（4）《机织地毯》GB/T 14252。

2. 检测参数及检测频率

检测参数：游离甲醛、挥发性有机化合物（VOC）、苯乙烯、4-苯基环己烯、丁基羟基甲苯、耐光色牢度、耐摩擦色牢度、耐燃性。

检测频率：

（1）同一工程、同一材料、同一生产厂家、同一型号、同一规格、同一批号检查一次。

（2）取样数量：在成批产品中随机抽取一卷，至少距头端 2m，中间截取至少 $1m^2$ 样品两块。拼块地毯应从成批产品中随机抽取一箱。

3. 结果判定

（1）《室内装饰装修材料　地毯、地毯衬垫及地毯胶粘剂有害物质释放限量》GB 18587 检验项目中只有一项不合格时，允许对该批产品加倍复检。如全部复检合格则可以判定该批产品合格。

（2）《机织地毯》GB/T 14252 中要求只有一项不合格时，允许对该批产品的不合格项加倍复检，如复检合格则可以判定该批产品合格；如仍有一个样品不合格则判定该批产品不合格。

4. 常见检测问题及分析

（1）样品取样时或送检过程中没有处于干燥、清洁和通风的场所。

（2）样品提供信息与实际送检样品不符。

7.2.22　地毯用胶粘剂

地毯用胶粘剂是将地毯粘合于底层基材上，使织物针脚附着牢固，面层纤维不易脱落，增强面层纤维绒、圈的圈结强度，如图 7-53 所示。

1. 相关标准

（1）《建筑地面工程施工质量验收规范》GB 50209；

（2）《民用建筑工程室内环境污染控制标准》GB 50325；

（3）《室内装饰装修材料　胶粘剂中有害物质限量》GB 18583；

（4）《室内装饰装修材料　地毯、地毯衬垫及地毯胶粘剂有害物质》GB 18587。

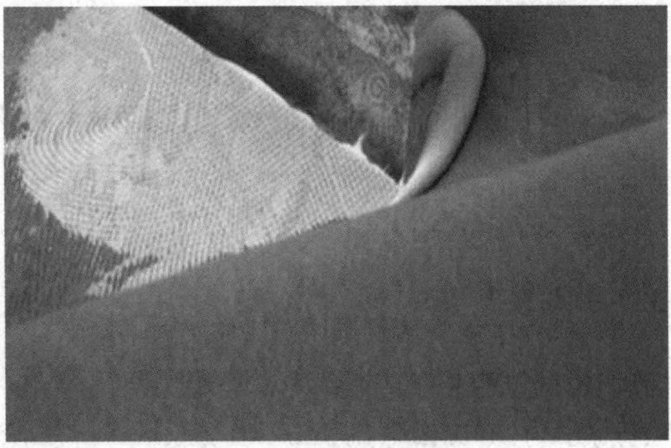

图 7-53　地毯用胶粘剂

2. 检测参数及检测频率

检测参数：甲醛、挥发性有机化合物 VOC、苯、甲苯＋二甲苯、游离甲苯二异氰酸酯（TDI）、二氯甲烷、1，2-二氯乙烷、1，1，2-三氯乙烷、三氯乙烯、2-乙基己醇。

检测频率：

（1）同一工程、同一材料、同一生产厂家、同一型号、同一规格、同一批号检查一次。

（2）取样数量：在同一批产品中随机抽取三份样品，每份不少于0.5kg。

（3）对于双组分或多组分配套使用的胶粘剂，应注明各组分的施工配比。

3. 结果判定

（1）《室内装饰装修材料　胶粘剂中有害物质限量》GB 18583中规定：在抽取的三份样品中，取一份样品按标准的规定进行测试，如果所有项目的检验结果符合标准要求，则判为合格；如果有一项检验结果未达到标准要求时，应对保存样品进行复检，如复检结果仍未达到标准要求，则判为不合格。

（2）《室内装饰装修材料　地毯、地毯衬垫及地毯胶粘剂有害物质》GB 18587检验项目中只有一项不合格时，允许对该批产品加倍复检。如全部复检合格则可以判定该批产品合格。

4. 常见检测问题及分析

（1）对于由双组分或多组分配套组成的胶粘剂，各组分的施工配合比没有正确标识。

（2）试验样品没有装入密闭的容器中贮存，或者没有避光和防潮处理。

（3）在检测取样时样品可能有沉淀分层，搅拌不均匀。

（4）样品提供信息与实际送检样品不符。

7.3　墙　体　工　程

墙体主要包括承重墙与非承重墙，主要起围护、分隔空间的作用。墙体要有足够的强度和稳定性，具有保温、隔热、隔声、防火、防水的能力。墙体的种类较多，有单一材料的墙体，有复合材料的墙体。墙体工程主要包括隔墙工程、饰面板工程、饰面砖工程、涂饰工程、软包与裱糊工程，涉及的原材料比较多，本节将对18种常用建材的现场取样检测进行介绍，为避免重复，本节不再介绍水泥、砂、抹灰砂浆、型钢、轻钢龙骨、石膏板、纤维水泥板、玻璃板和防水涂料。其中，水泥、砂和防水涂料相关内容详见第6章，抹灰砂浆、型钢、轻钢龙骨、石膏板、纤维水泥板和玻璃板相关内容详见第7.1节。

7.3.1　砌块

砌块是建筑用的人造块材，外形主要为直角六面体，主规格的长度、宽度和高度至少一项分别大于365mm、240mm和115mm，且高度不大于长度或宽度的6倍，长度不超过高度的3倍，比黏土砖体型大的块状建筑制品。按尺寸大小分为大型、中型、小型三类。其中小型砌块是一种块体主规格的高度大于115mm而又小于380mm的砌块，包括普通混凝土小型空心砌块、轻集料混凝土小型空心砌块、蒸压加气混凝土砌块等，如图7-54、图7-55所示。目前中国以生产中小型砌块为主。按材料分为混凝土、水泥砂浆、加气混凝土、粉煤灰硅酸盐、煤矸石、人工陶粒、矿渣废料等砌块。按结构构造砌块分为密实和空心两种，空心砌块又有圆孔、方孔、椭圆孔、单排孔、多排孔等多种形式，密实的或空心的砌块，都能起承重墙和隔断作用。

图 7-54　混凝土小型空心砌块

图 7-55　蒸压加气混凝土砌块

1. 相关标准

(1)《建筑装饰装修工程质量验收标准》GB 50210；

(2)《砌体结构工程施工质量验收规范》GB 50203；

(3)《普通混凝土小型砌块》GB/T 8239；

(4)《轻集料混凝土小型空心砌块》GB/T 15229；

(5)《蒸压加气混凝土砌块》GB 11968；

(6)《粉煤灰混凝土小型空心砌块》JC/T 862。

2. 检测参数及检测频率

检测参数：抗压强度、密度、导热系数（蒸压加气混凝土砌块）。

检测频率：

(1) 同一生产厂家、同一品种、同一规格、同一强度等级每 1 万块为一批，不足 1 万块按一批计，每批抽检数量为 1 组。

(2) 普通混凝土小型空心砌块 $H/B \geqslant 0.6$：5 块；$H/B < 0.6$：10 块。轻集料混凝土小型空心砌块抗压强度取 5 块，密度等级取 3 块。蒸压加气混凝土砌块每批随机抽取 6 块砌块制作试件。粉煤灰小型空心砌块抗压强度取 5 块。

3. 结果判定

不同种类的砌块按相应产品标准进行判定。

4. 常见检测问题及分析

(1) 抽样样本未随机抽取，未满足分布均匀、具有代表性的要求。

(2) 样品取样时或送检过程中未注意对样品的保护，造成了损坏。

(2) 提供的样品信息错误或与实际送检样品不符。

7.3.2　砖

砌体结构中承重墙体用砖，按品种划分，包括烧结砖和非烧结砖（蒸压砖、混凝土砖），实心砖和多孔砖，以及新研制的小尺寸承重用砖。烧结砖以黏土、页岩、煤矸石、建筑渣土等为主要原料，经泥料处理、成型、干燥和焙烧而成。烧结砖如图 7-56 所示，非烧结砖如图 7-57 所示。

图 7-56　烧结砖

图 7-57　非烧结砖

1. 相关标准

(1)《建筑装饰装修工程质量验收标准》GB 50210；

(2)《砌体结构工程施工质量验收规范》GB 50203；

(3)《烧结多孔砖和多孔砌块》GB 13544；

(4)《烧结空心砖和空心砌块》GB/T 13545；

(5)《蒸压粉煤灰砖》JC/T 239；

(6)《蒸压灰砂多孔砖》JC/T 637；

(7)《承重混凝土多孔砖》GB 25779；

(8)《混凝土实心砖》GB/T 21144。

2. 检测参数及检测频率

检测参数：密度、抗压强度、软化系数（混凝土砖）、石灰爆裂（烧结砖）。

检测频率：

(1) 同一生产厂家、同一品种、同一规格、同一强度等级烧结普通砖、混凝土实心砖每 15 万块，烧结多孔砖、混凝土多孔砖、蒸压灰砂砖及蒸压粉煤灰砖每 10 万块为一批，不足 10 万块按一批计，抽检数量为 1 组。

(2) 从外观质量检查合格的样品中取样，抗压强度 10 块、密度 5 块，软化系数 10 块、石灰爆裂 5 块。

(3) 石灰爆裂试验要求砖样品未被雨淋，且近期生产。

3. 结果判定

不同种类的砖按相应产品标准进行判定。

4. 常见检测问题及分析

(1) 取样或送检过程中未注意对样品的保护，造成了损坏或淋雨受潮。

(2) 提供的样品强度等级等信息错误或与实际送检样品不符。

7.3.3　砌筑砂浆

砌筑砂浆是将砖、石、砌块等块材经砌筑成为砌体，起粘结，衬垫和传力作用的砂浆，是砌体的重要组成部分，如图 7-58、图 7-59 所示。砌筑砂浆包括现场搅拌砂浆和预拌砂浆。

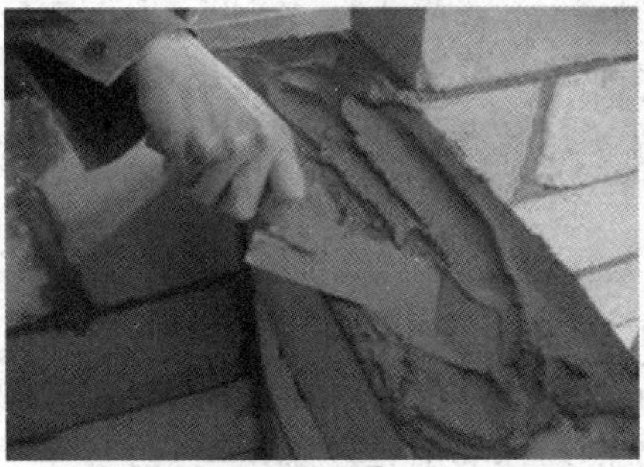

图 7-58　砌筑砂浆

图 7-59　干混砌筑砂浆

1. 相关标准

（1）《建筑装饰装修工程质量验收标准》GB 50210；

（2）《砌体结构工程施工质量验收规范》GB 50203；

（3）《预拌砂浆》GB/T 25181；

（4）《预拌砂浆应用技术规程》JGJ/T 223；

（5）《建筑砂浆基本性能试验方法标准》JGJ/T 70；

（6）《砌筑砂浆配合比设计规程》JGJ/T 98。

2. 检测参数及检测频率

检测参数：

（1）预拌砂浆：抗压强度、保水率。

（2）现场搅拌砂浆：砂浆配合比、抗压强度。

检测频率：

（1）预拌砂浆：预拌砂浆进场后应对原材料进行见证取样，湿拌砂浆：按同一生产厂家、同一品种、同一等级、同一批号且连续进场的湿拌砂浆，每 250m^3 为一个检验批，不足 250m^3 时，应按一个检验批计，每组送检不少于 15kg；干混砂浆：按同一生产厂家、同一品种、同一等级、同一批号且连续进场的干混砂浆，每 500t 为一个检验批，不足 500t 时，应按一个检验批计，每组送检数量不少于 10kg。

（2）现场搅拌砂浆：开工前应进行砂浆配合比设计，水泥、砂分别不少于 15kg、50kg 或与检测单位沟通后确定。

（3）施工过程中，现场应留置抗压强度试块，每一检验批且不超过 250m^3 砌体的各类、各强度等级的普通砌筑砂浆，每台搅拌机应至少抽检一次。验收批的预拌砂浆、蒸压加气块专用砂浆，抽检可为 3 组。

3. 结果判定

（1）进场的预拌砂浆。《预拌砂浆应用技术规程》JGJ/T 223 中规定当预拌砂浆进场检验项目（保水率、抗压强度）全部符合《预拌砂浆》GB/T 25181 要求时，该批产品可判为合格，当有一项不符合要求时，该批产品应判为不合格。

《预拌砂浆》GB/T 25181 中规定当砂浆检验项目全部符合标准相关要求时，可判定该批产品合格；当有一项指标不符合要求时，则判定该批产品不合格。

（2）现场留置的抗压强度试块。同一验收批砂浆试块强度平均值应大于或等于设计强度等级值的 1.10 倍；同一验收批砂浆试块抗压强度最小一组的平均值应大于或等于设计强度等级值的 0.85 倍；同一类型，同一等级的砂浆试块不应少于 3 组，同一验收砂浆抗压强度试块只有 1 组或 2 组时，每组砂浆试块强度平均值应大于或等于设计强度等级值的 1.10 倍。

4. 常见检测问题及分析

（1）预拌砂浆取样送检前未进行现场检验，外观和稠度不符合要求。

（2）在取样过程中未使用洁净工具、容器，试样受潮或被混入杂物。

（3）向湿拌砂浆中加水，湿拌砂浆未做好密封保水措施，未及时送检。

（4）预拌砂浆未按要求贮存，受潮或被混入杂物。

（5）干混砂浆贮存有混仓现象，试样缺乏代表性。

（6）使用超过保质期的预拌砂浆。

（7）预拌砂浆送检时，提供的水灰比等关键信息不准确。

（8）现场搅拌的砂浆未按配合比要求施工，或水泥、砂与配合比中不符。

（9）现场成型试块不规范，或养护条件不满足要求。

7.3.4 混凝土轻质板

混凝土轻质板为面密度一般不大于 190kg/m²，长宽比不小于 2.5（根据具体产品标准要求来定），采用轻质材料或大孔洞型构造制作的，用于非承重内隔墙的预制条板，如图 7-60 所示。混凝土轻质隔墙板是一种新型节能墙材料，它是一种外形像空心楼板一样的墙材，但是它两边有公母隼槽，安装时只需将板材立起，公母隼涂上少量嵌缝砂浆后对拼装起来即可。轻质隔墙板具有质量轻、强度高、多重环保、保温隔热、隔声、呼吸调湿、防火、快速施工、降低墙体成本等优点。内层装有合理布局的隔热、吸声的无机发泡型材或其他保温材料，墙板经流水线浇筑、整平、科学养护而成，生产自动化程度高，规格品种多。

图 7-60 混凝土轻质版

1. 相关标准

（1）《建筑装饰装修工程质量验收标准》GB 50210；

（2）《建筑节能工程施工质量验收标准》GB 50411；

（3）《建筑用轻质隔墙条板》GB/T 23451；

（4）《灰渣混凝土空心隔墙板》GB/T 23449；

(5)《建筑隔墙用轻质条板通用技术要求》JG/T 169。

2. 检测参数及检测频率

检测参数：外观质量和尺寸偏差、含水率、抗折（弯）破坏荷载、吊挂力、抗冲击性能、面密度。

检测频率：由相同工艺生产的同一种规格随机抽取6块，同类别、同规格的条板为一批，每批检测不少于一次。

3. 结果判定

(1) 检测参数按相应产品标准要求判定并符合相应产品标准等级要求。

(2) 外观质量、尺寸偏差和物理性能全部合格，则判为合格，若有1项或多于1项不合格则判为不合格。

4. 常见检测问题及分析

(1) 未按要求取样，取样不具有代表性。

(2) 送检过程中未注意对样品的保护，造成损坏及表面损伤。

(3) 提供的样品信息错误或与实际送检样品不符。

7.3.5 复合轻质墙板

复合轻质墙板是由两种及两种以上不同功能材料复合或由面板与夹心层材料复合制成的轻质条板，如图7-61所示。该板具有坚固、轻质、环保、保温、隔热、隔声、防火及安装方便等优点，是现代建筑理想的节能型墙体材料。轻质复合墙板坚固泥装饰面板、水泥、砂、煤灰、聚苯乙烯颗粒及多种化学外加剂组合而成。

图7-61 复合轻质墙板

1. 相关标准

(1)《建筑装饰装修工程质量验收标准》GB 50210；

(2)《建筑节能工程施工质量验收标准》GB 50411；

(3)《玻璃纤维增强水泥轻质多孔隔墙条板》GB/T 19631；

(4)《建筑用轻质隔墙条板》GB/T 23451；

(5)《建筑隔墙用轻质条板通用技术要求》JG/T 169。

2. 检测参数及检测频率

检测参数：外观质量和尺寸偏差、含水率、抗折（弯）破坏荷载、吊挂力、抗冲击性能、面密度。

检测频率：由相同工艺生产的同一种规格随机抽取 6 块，同类别、同规格的条板为一批，每批检测不少于一次。

3. 结果判定

（1）检测参数按相应产品标准要求判定并符合相应产品标准等级要求。

（2）外观质量、尺寸偏差和物理性能全部合格，则判为合格，若有 1 项或多于 1 项不合格则判为不合格。

4. 常见检测问题及分析

（1）未按要求取样，取样不具有代表性。

（2）送检过程中未注意对样品的保护，造成损坏及表面损伤。

（3）提供的样品信息错误或与实际送检样品不符。

（4）运输过程中板未侧立贴实，未用绳索绞紧，应支撑合理，防止撞击，避免破损和变形。应有防雨措施。贮存时应采用侧立式。

7.3.6 玻璃砖

空心玻璃砖是周边密封、内部中空的模制玻璃制品。一般采用烧熔的方式将两片玻璃胶合在一起，再用白色胶搅和水泥将边隙密合，可依玻璃砖的尺寸、大小、花样、颜色来做不同的设计表现。依照尺寸的变化可以在家中设计出直线墙、曲线墙以及不连续墙的玻璃墙。值得注意的是，在大面积的砖墙或有弧度的施工方式，需要拉铜筋来维持砖块水平，而小面积砖墙施工中，需要在每个玻璃砖相连的角上放置专用固定架连接施工。

1. 相关标准

（1）《建筑装饰装修工程质量验收标准》GB 50210；

（2）《空心玻璃砖》JC/T 1007。

2. 检测参数及检测频率

检测参数：外形尺寸、外观质量、单块质量、抗压强度、抗冲击性、抗热震性。

检测频率：

（1）同一外形、颜色、结构，连续稳定的产品可组为一批，每批检测不少于一次。

（2）进行外形尺寸、单块质量、抗压强度、抗冲击性、抗热震性检验时，在每批产品中随机抽取 10 块样品。

3. 结果判定

（1）进行外形尺寸单块质量抗压强度抗冲击性抗热震性检验时，如无不合格品，该项目合格；如不合格品数≥2，则该项目不合格；如不合格品数=1，则应对该项目加倍抽样检验，如仍出现不合格品，则该项目不合格，否则该项目合格。

（2）全部检验项目中，如有一项不合格，则认为该批产品不合格。

4. 常见检测问题及分析

（1）抽取的样品未进行有效保护，在送样过程中受损。

（2）提供的样品信息错误或与实际送检样品不符。

7.3.7 腻子

腻子是嵌填墙面缺陷或缝隙，使墙面具有平整表面的膏状材料，如图 7-62、图 7-63 所示。它是一种厚浆状涂料，是涂料粉刷前必不可少的一种产品。涂施于底漆上或直接涂施于物体上，用以清除被涂物表面上高低不平的缺陷。

采用少量漆基、助剂、大量填料及适量的着色颜料配制而成，所用颜料主要是铁红、炭黑等。填料主要是重碳酸钙、滑石粉等。可填补局部有凹陷的工作表面，也可在全部表面刮除，通常是在底漆层干透后，施涂于底漆层表面。要求附着性好、烘烤过程中不产生裂纹。

图 7-62　内墙腻子、外墙腻子

图 7-63　外墙柔性腻子

1. 相关标准

(1)《建筑装饰装修工程质量验收标准》GB 50210；

(2)《建筑涂饰工程施工及验收规程》JGJ/T 29；

(3)《民用建筑工程室内环境污染控制标准》GB 50325；

(4)《建筑室内用腻子》JG/T 298；

(5)《建筑外墙用腻子》JG/T 157；

(6)《外墙柔性腻子》GB/T 23455；

(7)《室内装饰装修材料　内墙涂料中有害物质限量》GB 18582；

(8)《建筑用外墙涂料中有害物质限量》GB 24408。

2. 检测参数及检测频率

检测参数：

(1)《建筑室内用腻子》JG/T 298：容器中状态、施工性、干燥时间、初期干燥抗裂性、打磨性、耐水性、粘结强度、柔韧性、低温贮存稳定性、游离甲醛、VOC。

(2)《建筑外墙用腻子》JG/T 157：容器中状态、施工性、干燥时间、初期干燥抗裂性、打磨性、耐碱性、耐水性、粘结强度、柔韧性、低温贮存稳定性、游离甲醛、VOC。

(3)《外墙柔性腻子》GB/T 23455：混合后状态、施工性、干燥时间、初期干燥抗裂性、与砂浆的拉伸粘结强度。与陶瓷砖的拉伸粘结强度、柔韧性、打磨性、游离甲醛、VOC。

检测频率：

（1）取样量≥4kg，样品应单独包装，注意防水防潮。

（2）《建筑室内用腻子》JG/T 298：每 15t 同类产品为一批，不足 15t 也按一批计。

（3）《外墙柔性腻子》GB/T 23455：每 10t 同类产品为一批，不足 10t 也按一批计。

3. 结果判定

（1）检测参数按相应产品标准要求判定并符合相应产品标准等级要求。

（2）《建筑外墙用腻子》GB/T 157 中规定：所有项目的检验结果均达到本标准要求时，即判合格。如有一项检验结果未达到本标准要求时，应对保存样品进行复检，如复检结果仍未达到本标准要求时，则判该产品为不合格。

4. 常见检测问题及分析

（1）样品取样时或送检过程中未注意样品的防护，造成样品受潮结块。

（2）产品中的粉料宜采用复合包装袋包装，液料宜用罐装；双组分腻子按组分分别包装，不同组分的包装应有明显区别。

（3）提供的样品信息错误或与实际送检样品不符，如水灰比不准确。

7.3.8 内墙涂料

合成树脂乳液内墙涂料俗称内墙乳胶漆，以合成树脂乳液为基料，与颜料、体质颜料及各种助剂配制而成的施涂后能形成表面平整的薄质涂层，如图 7-64 所示。涂料的主要作用可以概括成三个方面：保护作用、装饰作用、特殊功能作用。内墙涂料通常以水性涂料为主，它以色泽柔和、适用于水泥混凝土墙面、施工方便、易于翻新、质轻、价廉、花色品种多等优势在室内装饰装修材料中占有举足轻重的地位。

图 7-64　合成树脂乳液内墙涂料

水性涂料是用水作溶剂或者作分散介质的涂料。该涂料不污染环境，漆膜丰富、柔韧性好并且具有耐水、耐磨、耐老化、干燥快、使用方便等特点。水性涂料仅采用少量低毒性醇醚类有机溶剂，改善了作业环境条件。水性涂料在湿表面和潮湿环境中可以直接涂覆施工且对材质表面适应性好，涂层附着力强。

1. 相关标准

（1）《建筑装饰装修工程质量验收标准》GB 50210；

（2）《建筑涂饰工程施工及验收规程》JGJ/T 29；

（3）《民用建筑工程室内环境污染控制标准》GB 50325；

（4）《合成树脂乳液内墙涂料》GB/T 9756；

（5）《建筑内外墙用底漆》JG/T 210；

（6）《弹性建筑涂料》JG/T 172；

（7）《合成树脂乳液砂壁状建筑涂料》JG/T 24；

（8）《室内装饰装修材料　内墙涂料中有害物质限量》GB 18582。

2. 检测参数及检测频率

检测参数：

（1）《合成树脂乳液内墙涂料》GB/T 9756

底漆：容器中状态、施工性、低温稳定性、涂膜外观、干燥时间、耐碱性、抗泛碱性、游离甲醛、VOC、苯+甲苯+乙苯+二甲苯总和。

面漆：容器中状态、施工性、低温稳定性、涂膜外观、干燥时间、对比率、耐碱性、耐洗刷性、游离甲醛、VOC、苯+甲苯+乙苯+二甲苯总和。

(2)《建筑内外墙用底漆》JG/T 210

容器中状态、施工性、低温稳定性、涂膜外观、干燥时间、耐碱性、附着力、透水性、游离甲醛、VOC、苯+甲苯+乙苯+二甲苯总和。

(3)《弹性建筑涂料》JG/T 172

容器中状态、施工性、涂膜外观、干燥时间、对比率、低温稳定性、耐碱性、拉伸强度、断裂伸长率、游离甲醛、VOC、苯+甲苯+乙苯+二甲苯总和。

(4)《合成树脂乳液砂壁状建筑涂料》JG/T 24

容器中状态、施工性、涂料低温贮存稳定性、涂料热贮存稳定性、初期干燥抗裂性、干燥时间、耐碱性、耐冲击性、粘结强度、游离甲醛、VOC、苯+甲苯+乙苯+二甲苯总和。

检测频率：

(1) 抽取样品应当为同一规格型号、同一批次的产品，以一个验收单元为一批，每批检测不少于一次。

(2) 样品数量：3kg，按《色漆、清漆和色漆与清漆用原材料取样》GB/T 3186 的要求取样，样品应有代表性产品应密封容器存放。

(3) 当独立包装产品质量≤5kg 时，应尽量整包装抽取，避免分装。如果分装必须搅拌均匀取样以及避免污染。如需加水稀释，应明确稀释比例。

3. 结果判定

(1) 检验结果的判定按《数值修约规则与极限数值的表示和判定》GB/T 8170 中修约值比较法进行。

(2) 检测结果应符合相应产品标准及环保标准规定的要求。

4. 常见检测问题及分析

(1) 若样品有分层，取样时未充分搅拌。

(2) 取样分装过程中，样品被污染。

(3) 样品未密封，导致结块失效。

(4) 提供的样品信息错误或与实际送检样品不符。

7.3.9 外墙涂料

外墙涂料一般采用合成树脂乳液外墙涂料、溶剂型外墙涂料、外墙弹性建筑涂料、外用合成树脂乳液砂壁状建筑涂料、外墙复层建筑涂料等。合成树脂乳液外墙涂料以合成树脂乳液为主要成膜物质，与颜料、体质颜料及各种助剂配制而成的，施涂后能形成表面平整的薄质涂层的外墙涂料，包括底漆、中涂漆和面漆，如图 7-65 所示。该涂料适用于对建筑物和构筑物的外表面进行装饰和保护。

溶剂型外墙涂料，是以有机溶剂为分散介质而制得的建筑涂料。在有高装饰性要求的场所，通常使用溶剂型涂料来实现。采用溶剂型涂料可随地点、气候的变化进行溶剂比例的控制，以获得优质的涂膜，如图 7-66 所示。

图 7-65　外墙面漆

图 7-66　外墙弹性涂料

弹性建筑涂料是以合成树脂乳液为成膜物质，与颜料、填料及助剂配制而成，施涂一定厚度（干膜厚度大于等于 150μm）后，具有弥盖因基材伸缩（运动）产生细小裂纹作用的有弹性的功能性涂料。

合成树脂乳液砂壁状建筑涂料是以合成树脂乳液为主要胶粘剂，以砂粒、石材微粒和石粉为集料，在建筑物表面上形成具有石材质感饰面涂层的建筑材料。

复层建筑涂料是以水泥系、硅酸盐系和合成树脂乳液系等胶粘料及颜料和集料为主要原材料作为主涂层，用刷涂、滚涂和喷涂等方法，在建筑物外墙面上至少涂布两层的立体或平面的复合涂层的涂料。

1. 相关标准

(1)《建筑装饰装修工程质量验收标准》GB 50210；

(2)《建筑涂饰工程施工及验收规程》JGJ/T 29；

(3)《民用建筑工程室内环境污染控制标准》GB 50325；

(4)《合成树脂乳液外墙涂料》GB/T 9755；

(5)《建筑内外墙用底漆》JG/T 210；

(6)《弹性建筑涂料》JG/T 172；

(7)《合成树脂乳液砂壁状建筑涂料》JG/T 24；

(8)《复层建筑涂料》GB/T 9779；

(9)《建筑用外墙涂料中有害物质限量》GB 24408。

2. 检测参数及检测频率

检测参数：

(1)《合成树脂乳液外墙涂料》GB/T 9755

底漆：容器中状态、施工性、低温稳定性、涂膜外观、干燥时间、耐碱性、耐水性、透水性、与下道涂层的适应性、游离甲醛含量、VOC 含量。

中涂漆：容器中状态、施工性、低温稳定性、涂膜外观、干燥时间、耐碱性、耐水性、涂层耐温变性、耐洗刷性、附着力、与下道涂层的适应性、游离甲醛含量、VOC 含量。

面漆：容器中状态、施工性、低温稳定性、涂膜外观、干燥时间、对比率（白色或浅色）、耐沾污性（白色或浅色）、耐洗刷性、耐碱性、耐水性、涂层耐温变性、透水性、游离甲醛含量、VOC含量。

(2)《建筑内外墙用底漆》JG/T 210

容器中状态、施工性、低温稳定性、涂膜外观、干燥时间、耐碱性、耐水性、透水性、游离甲醛含量、VOC含量。

(3)《弹性建筑涂料》JG/T 172

中涂：容器中状态、施工性、低温稳定性、涂膜外观、干燥时间、耐碱性、耐水性、涂层耐温变性、拉伸强度、断裂伸长率、游离甲醛含量、VOC含量。

面涂：容器中状态、施工性、低温稳定性、涂膜外观、干燥时间、对比率（白色或浅色）、耐碱性、耐水性、涂层耐温变性、耐沾污性（白色或浅色）、拉伸强度、断裂伸长率、游离甲醛含量、VOC含量。

(4)《合成树脂乳液砂壁状建筑涂料》JG/T 24

容器中状态、施工性、涂料低温贮存稳定性、涂料热贮存稳定性、初期干燥抗裂性、干燥时间、耐水性、耐碱性、耐冲击性、涂层耐温变性、耐沾污性、粘结强度、游离甲醛含量、VOC含量。

检测频率：

(1) 抽取样品以同一厂家、同一原料、配方、工艺生产的同一型号为一批，每批检测不少于1次。

(2) 样品数量：3kg，产品应密封存放。

(3) 当独立包装产品质量≤5kg时，应尽量整包装抽取，避免分装，如果分装必须搅拌均匀取样以及避免污染，如需加水稀释，应明确稀释比例。

(4) 复层涂料送检时要注明检测的是单一涂料，还是复层涂料体系。

3. 结果判定

(1) 检验结果的判定按《数值修约规则与极限数值的表示和判定》GB/T 8170中修约值比较法进行。

(2) 检测结果应符合相应产品标准及环保标准规定的要求。

4. 常见检测问题及分析

(1) 样品有分层，取样时未充分搅拌。

(2) 取样分装过程中，样品被污染。

(3) 样品未密封，导致结块失效。

(4) 提供的样品信息错误或与实际送检样品不符。

7.3.10 铝塑复合板

铝塑复合板（简称铝塑板）是以普通塑料或经阻燃处理的塑料为芯材、两面为铝材的三层复合板材，并在产品表面覆以装饰性和保护性的涂层或薄膜作为产品的装饰面，如图7-67所示。有着众多优异的材料性能，如豪华性、艳丽多彩的装饰性、耐候、耐腐蚀、耐撞击、防火、防潮、隔声、隔热、抗震性、质轻、易加工成型、易搬运安装等特性，因此，被广泛应用于各种建筑装饰上，如顶棚、包柱、柜台、家具、电话亭、电梯、店面、广告牌、厂房壁材等。

图 7-67　铝塑复合板

1. 相关标准

（1）《建筑装饰装修工程质量验收标准》GB 50210；

（2）《普通装饰用铝塑复合板》GB/T 22412；

（3）《建筑幕墙用铝塑复合板》GB/T 17748；

（4）《装饰用轻质发泡铝塑复合板》JC/T 2376。

2. 检测参数及检测频率

检测参数：

（1）铝塑复合板：铝材厚度、外观、尺寸偏差、涂层厚度、表面铅笔硬度、光泽度偏差、柔韧性、附着力、耐冲击性、耐盐酸性、耐油性、耐碱性、耐硝酸性、耐溶剂性、耐沾污性、耐人工气候老化性、耐盐雾性、耐磨耗性（幕墙用铝塑复合板）、弯曲强度、180°剥离强度、耐温差性、热变形温度、耐沸水性、燃烧性能。

（2）轻质发泡铝塑复合板：外观质量、尺寸偏差、芯材密度、涂层厚度、表面铅笔硬度、光泽度偏差、柔韧性、附着力、耐酸性、耐碱性、耐油性、耐溶剂性、耐沾污性、耐人工气候老化性、耐盐雾性、弯曲强度、180°剥离强度、耐温差性、热膨胀系数、热变形温度、耐热水性、燃烧性能。

检测频率：

（1）以连续生产的同一品种、同一规格、同一颜色的产品 $3000m^2$ 为一批，不足 $3000m^2$ 的以实际交货量为一批。

（2）取样数量：整板 3 张（不含燃烧性能），燃烧性能另需整板 10 张。

（3）获得认证的产品或来源稳定且连续三批均一次检验合格的产品，进场验收时检验批的容量可扩大一倍，且仅可扩大一次。扩大检验批后的检验中，出现不合格情况时，应按扩大前的检验批容量重新验收，且该产品不得再次扩大检验批容量。

3. 结果判定

（1）塑料饰面板的燃烧性能等级应符合设计要求。

（2）《普通装饰用铝塑复合板》GB/T 22412、《建筑幕墙用铝塑复合板》GB/T 17748、《装饰用轻质发泡铝塑复合板》JC/T 2376 中规定：检验结果全部符合标准指标要求时，判该批产品合格；若有不合格项，可再从该批次样品中抽取双倍样品对不符合的项目进行复检，复检结果全部达到标准要求时判定该批产品合格，否则判定该批产品不合格。

4. 常见检测问题及分析

（1）受到高温及日晒雨淋影响，每张板的装饰面未覆有保护膜，导致表面损伤。

（2）样品取样时或送检过程中未注意对样品的保护，造成了损坏、污染、变质等。

（3）提供的样品信息错误或与实际送检样品不符。

7.3.11 搪瓷钢板

搪瓷钢板是将无机玻璃质材料熔凝于钢板上并与钢板形成牢固结合的复合板材，如图 7-68 所示。在钢板表面进行瓷釉涂搪可以防止钢板生锈，使钢板在受热时不至于在表面形成氧化层并且能抵抗各种液体的侵蚀，既有钢板等基材的坚韧、抗冲击等特性，又有无机搪瓷层超强耐酸碱、耐久、耐磨、不燃、易洁、美观和无辐射等特点。

图 7-68 搪瓷钢板

1. 相关标准

(1)《建筑装饰装修工程质量验收标准》GB 50210；

(2)《建筑装饰用搪瓷钢板》JG/T 234。

2. 检测参数及检测频率

检测参数：尺寸偏差、表面质量、耐盐水性、耐酸性、耐碱性、光泽度、密着性、耐磨性、耐硬物冲击性、耐软重物体撞击性能、抗风压性能、燃烧性能、耐火极限。

检测频率：

(1) 同一批原材料、同一生产工艺、连续生产的产品作为一批，每批检测不少于1次；

(2) 取样数量及样品尺寸详见表 7-23。

搪瓷钢板取样数量及样品尺寸 **表 7-23**

检测参数	样品类型	样品尺寸	样品数量
尺寸偏差、表面质量	产品	实际大小	依据 JG/T 234 抽样方法表
耐盐水性	随批试样	圆形直径 105mm 或方形边长 105mm；质量不超过 200g	3 块
耐酸性	随批试样或产品		3 块
耐碱性、光泽度、密着性、耐磨性、耐硬物冲击性	产品	实际大小	3 块
耐软重物体撞击性能	产品	面积最大的产品	3 块
抗风压性能	产品	面积最大的产品	3 块
燃烧性能	产品	实际大小	依据 GB 8624
耐火极限	产品	实际大小	依据 GB/T 9978.1～9978.9

注：随批试样所用材料及制备工艺应与产品一致，制作方法详见《建筑装饰用搪瓷钢板》JG/T 234。

（3）获得认证的产品或来源稳定且连续三批均一次检验合格的产品，进场验收时检验批的容量可扩大一倍，且仅可扩大一次。扩大检验批后的检验中，出现不合格情况时，应按扩大前的检验批容量重新验收，且该产品不得再次扩大检验批容量。

3. 结果判定

（1）燃烧性能应符合《建筑内部装修设计防火规范》GB 50222 和《建筑设计防火规范》GB 50016 的规定。

（2）尺寸偏差、表面质量、耐盐水性、耐酸性、耐碱性、光泽度、密着性、耐磨性、耐硬物冲击性若有一项不合格，则应抽取双倍样品进行试验，如果其中仍有一项试验结果不合格，则判定不合格。耐软重物体撞击性能、抗风压性能、燃烧性能、耐火极限，一次试验结果不合格，则判定不合格。

4. 常见检测问题及分析

（1）产品应用软质材料整体包裹，防止损伤表面瓷层。

（2）样品取样时或送检过程中未注意对样品的保护，造成了损坏及表面污损、掉瓷等。

（3）提供的样品信息错误或与实际送检样品不符。

7.3.12 陶瓷板

陶瓷板是由黏土和其他无机非金属材料经成型、高温烧成等生产工艺制成的板状陶瓷制品（注：厚度不大于 6mm、上表面面积不小于 1.62m^2），主要用于建筑物室内、外墙和地面的装饰，如图 7-69 所示。

陶瓷板按吸水率分为瓷质板、炻质板和陶质板；按表面特征分为有釉陶瓷板和无釉陶瓷板。

图 7-69　陶瓷板

1. 相关标准

（1）《建筑装饰装修工程质量验收标准》GB 50210；

（2）《民用建筑工程室内环境污染控制标准》GB 50325；

（3）《建筑材料放射性核素限量》GB 6566；

（4）《陶瓷板》GB/T 23266。

2. 检测参数及检测频率

检测参数：内照射指数＋外照射指数、吸水率、断裂模数、破坏强度、抗热震性、抗冻性（严寒及寒冷地区外墙用）。

检测频率：

（1）同一厂家生产的同一品种、同一规格的产品 1500m² 为一批（不足 1500m² 以一批计），每批抽取 1 组。

（2）每组取样数量：放射性 4kg，吸水率 3 片，抗冻性 3 片，断裂模数及破坏强度 3 片，抗热震性 3 片。

3. 结果判定

（1）放射性应满足《建筑材料放射性核素限量》GB 6566 及《民用建筑工程室内环境污染控制标准》GB 50325 的要求。

（2）除放射性参数外，其他参数按相应产品标准要求判定。

4. 常见检测问题及分析

（1）取样时应随机，样品上的人为装饰效果不能算作缺陷。

（2）样品取样时或送检过程中未注意对样品的保护，造成了损坏及表面污损、掉瓷等。

（3）提供的样品信息错误或与实际送检样品不符。

7.3.13 饰面砖

饰面砖是指用于夹心墙构造中圈梁等混凝土构件外露面装饰的砖，是建筑物内外墙、地面等使用的瓷砖的统称，也就是说凡是起到装饰作用的瓷砖都叫饰面砖。

饰面砖从使用部位上来分，主要有外墙砖、内墙砖、地板砖和特殊部位的艺术造型砖等，如图 7-70、图 7-71 所示；从烧制的材料及其工艺来分，主要有陶瓷锦砖（马赛克）、陶瓷面砖、陶质地砖、红缸砖、石塑防滑地砖、瓷质地砖、抛光砖、釉面砖、玻化砖和钒钛黑瓷板地砖等。

图 7-70　外墙饰面砖

图 7-71　内墙饰面砖

1. 相关标准

（1）《建筑装饰装修工程质量验收标准》GB 50210；

（2）《民用建筑工程室内环境污染控制标准》GB 50325；

（3）《建筑材料放射性核素限量》GB 6566；

（4）《陶瓷砖》GB/T 4100；

（5）《陶瓷马赛克》JC/T 456。

2. 检测参数及检测频率

检测参数：内照射指数+外照射指数（室内用）、吸水率（外墙用）、抗冻性（严寒及寒冷地区外墙用）、断裂模数、破坏强度、抗热震性。

检测频率：

（1）陶瓷砖：同一厂家生产的同一品种、同一类型的产品至少抽取1组。

（2）陶瓷马赛克：同一厂家生产的同一品种、同一色号的产品以500m^{2}为一批（不足500m^{2}以一批计），每批抽取1组。

（3）陶瓷砖取样数量参见表7-20，陶瓷马赛克砖取样数量见表7-24。

陶瓷马赛克砖取样数量 **表7-24**

放射性	吸水率	抗冻性	抗热震性
4kg	10块	10块	5块

3. 结果判定

（1）放射性应满足《建筑材料放射性核素限量》GB 6566及《民用建筑工程室内环境污染控制标准》GB 50325的要求。

（2）除放射性参数外，其他参数按相应产品标准要求判定。

4. 常见检测问题及分析

（1）样品受潮。

（2）样品取样时或送检过程中未注意对样品的保护，造成了损坏及表面污损、掉瓷等。

（3）提供的样品信息错误或与实际送检样品不符。

7.3.14 水泥基胶粘剂

水泥基胶粘剂是由水硬性胶凝材料、集料、添加剂等组成的粉状混合物，使用时需与水或其他液体混合物拌和，常用于装饰装修工程中的陶瓷砖粘结，如图7-72所示。

图7-72 水泥基胶粘剂

1. 相关标准

（1）《建筑装饰装修工程质量验收规范》GB 50210；

（2）《预拌砂浆应用技术规程》JGJ/T 223；

（3）《陶瓷砖胶粘剂》JC/T 547。

2. 检测参数及检测频率

检测参数：拉伸粘结强度、浸水后拉伸粘结强度、热老化后拉伸粘结强度、冻融循环后拉伸粘结强度、晾置时间后拉伸粘结强度、滑移、6h拉伸粘结强度。

检测频率：

（1）同一生产厂家、同一品种、同一批号且连续进场的砂浆，每50t为一批，不足50t时，应按一个检验批计，每批检测不少于一次。

(2) 样品数量：每批产品随机抽取，取 20kg 样品，充分混匀，取样后，将样品一分为二，一份送检，一份留样。

3. 结果判定

(1) 检测结果应符合相应产品标准要求。

(2) 所有项目都符合要求时，则判该批产品合格；若试验结果有两项及两项以上不符合标准要求，判该批产品不合格；若试验结果中仅有一项不符合标准要求时，可对留样对该项目复验，若复验结果符合标准规定，则判该批产品合格，若仍不符合标准规定，则判该批产品不合格。

4. 常见检测问题及分析

(1) 在取样过程中未使用洁净工具、容器，试样受潮或被混入杂物。

(2) 未按要求贮存，受潮或被混入杂物。

(3) 使用超过贮存期的预拌砂浆。

(4) 水泥基胶粘剂送检时，提供的水灰比等关键信息不准确。

7.3.15 防水砂浆

防水砂浆是以水泥和细集料为主原材料，加入改性添加剂，经加水拌和，硬化后具有防水作用的砂浆，如图 7-73 所示。它具有良好的耐候性、耐久性、抗渗性、密实性、极高的粘结力以及极强的防水防腐效果，可耐纯碱生产介质。它与普通水泥和特种水泥配制成水泥砂浆，通过调和水泥砂浆浇筑或喷涂、手工涂抹的方法在混凝土及表面形成坚固的防水防腐砂浆层，属于刚性防水防腐材料。与水泥、沙子混合可使灰浆改性，可用于建筑墙壁及地面的处理及地下防水工程的防水层。

1. 相关标准

(1)《建筑装饰装修工程质量验收标准》GB 50210；

(2)《预拌砂浆》GB/T 25181；

(3)《聚合物水泥防水砂浆》JC/T 984；

(4)《聚合物水泥防水浆料》JC/T 2090。

图 7-73 防水砂浆

2. 检测参数及检测频率

检测参数：

(1) 普通防水砂浆

外观、强度、保水率、14d 拉伸粘结强度、收缩率、抗冻性、抗渗压力、稠度、终凝时间。

(2) 聚合物水泥防水砂浆

凝结时间、抗渗压力、抗压强度、抗折强度、柔韧性、粘结强度、耐碱性、耐热性、抗冻性、收缩率、吸水率。

(3) 聚合物水泥防水浆料

表干时间、实干时间、抗渗压力、不透水性、柔韧性、粘结强度、抗压强度、抗折强度、耐碱性、耐热性、抗冻性、收缩率。

检测频率：

（1）普通防水砂浆：同一生产厂家、同一品种、同一等级、同一批号且连续进场的干混砂浆，每 500t 为一检验批；不足时也按一个检验批计，取样不少于 25kg。

（2）聚合物水泥防水砂浆：同一生产厂家、同一品种、同一批号且连续进场，每 50t 为一个检验批，不足时也按一个检验批计，取样不少于 20kg。

（3）聚合物水泥防水浆料：同一类型产品，每 20t 为一批，不足 20t 按一批计，取样不少于 20kg。

3. 结果判定

（1）《聚合物水泥防水砂浆》JC/T 984 中规定检测参数：凝结时间、抗渗压力、抗压强度、抗折强度、柔韧性、粘结强度、耐碱性、耐热性、抗冻性、收缩率、吸水率。试验结果均符合规范要求，则判该批产品合格。若有一项以上性能不符合要求，则判该批产品不合格。若仅有一项性能不符合要求，允许在同批样品中重新抽样，对不合格项进行单项复验。复验达到要求时，则判该批产品的物理力学性能合格。否则，判该批产品物理力学性能不合格。

（2）《预拌砂浆》GB/T 25181 中规定检测参数：外观、强度、保水率、14d 拉伸粘结强度、收缩率、抗冻性、抗渗压力、稠度、终凝时间若有一项指标不合格则判定该批产品不合格。

（3）《聚合物水泥防水浆料》JC/T 2090 中规定检测参数：表干时间、实干时间、抗渗压力、不透水性、柔韧性、粘结强度、抗压强度、抗折强度、耐碱性、耐热性、抗冻性、收缩率。所检项目均符合规范要求，则判该批产品合格，若有一项以上不合格，则判该批产品不合格；若仅有一项性能不合格，则对不合格项进行单项复验。

4. 常见检测问题及分析

（1）材料没有处于干燥和通风良好的环境下储存，液体组分贮存温度低于 5℃。

（2）在取样过程中未使用洁净工具、容器，使试样受潮或被混入杂物。

（3）样品受到污损、受潮、雨淋。

（4）提供的水胶比等信息错误或与实际送检样品不符。

7.3.16 防水透气膜

防水透气膜指具有防水和透气功能的合成高分子膜状材料，以聚氨酯树脂、色料、助剂为主要原料，以高型纸为载体，经干法涂覆，最终将聚氨酯涂层与高型纸剥离而制成的，用于与织物复合的薄膜，如图 7-74 所示。它是一种新型的高分子防水材料。在水汽的状态下，水颗粒非常细小，根据毛细运动的原理，可以顺利渗透过毛细管到另一侧，从而发生透气现象。当水汽冷凝变成水珠时，颗粒变大，由于水珠表面张力的作用，水分子就不能顺利脱离水珠渗透到另一侧，也就防止了水的渗透发生，使透气膜有了防水的功能。其主要有三层构成：PP 纺粘无纺布，PE 高分子透气膜，

图 7-74 防水透气膜

PP 纺粘无纺布。

1. 相关标准

(1)《建筑装饰装修工程质量验收标准》GB 50210；

(2)《织物复合用干法聚氨酯薄膜》QB/T 4346；

(3)《建筑外墙防水工程技术规程》JGJ/T 235。

2. 检测参数及检测频率

检测参数：水蒸气透过量、不透水性、最大拉力、断裂伸长率、撕裂性能、热老化拉力保持率、断裂延伸率保持率、水蒸气透过量保持率。

检测频率：

(1) 同一厂家生产的同一品种、同一类型的材料至少抽取 1 组。

(2) 取样数量：每批次取 1 卷，面积不少于 $2m^2$。

3. 结果判定

《织物复合用干法聚氨酯薄膜》QB/T 4346 中规定：如检验结果中若有不合格项，应在原批中重新双倍取样，对不合格项进行复验，复验结果若全部合格，则判物理力学性能合格。

4. 常见检测问题及分析

(1) 样品取样时或送检过程中没有处于干燥和通风良好的环境下。

(2) 卷材堆放时高度超过 6 层，立放时未单层堆放；与酸、碱、油类及有机溶剂等进行接触，导致样品损坏或受到污染。

(3) 样品受到污损、受潮、雨淋或者暴晒。

(4) 提供的样品信息错误或与实际送检样品不符。

7.3.17 墙纸、墙布

以纸或布及其他复合材料为基底，经压延或涂布以及印刷、压花或发泡复合而成的室内墙面装饰物，一般通过胶粘剂贴于墙面或顶棚上。主要分为纯纸、PVC 材料、无纺布、天然植物墙纸、纺织物墙纸和金属墙纸等，如图 7-75、图 7-76 所示。

图 7-75 墙纸

图 7-76 墙布

1. 相关标准

(1)《民用建筑工程室内环境污染控制标准》GB 50325；

(2)《室内装饰装修材料　壁纸中有害物质限量》GB 18585；

(3)《玻璃纤维壁布》JC/T 996；

(4)《建筑装饰用无纺墙纸》JG/T 509；

(5)《纺织面墙纸（布）》JG/T 510。

2. 检测参数及检测频率

检测参数：甲醛、单位面积质量、褪色性、耐摩擦色牢度、遮蔽性、剥离强度、拉伸负荷（拉伸断裂强力）。

检测频率：

(1) 同一品种、同一配方、同一工艺的壁纸为一批，每批量不多于 5000m^2。

(2) 取样数量：以批为单位进行随机抽样，每批至少抽取 5 卷壁纸。

3. 结果判定

(1)《室内装饰装修材料　壁纸中有害物质限量》GB 18585 中规定所有项目的检验结果均达到标准的要求时，判定该产品为符合标准要求；若有一项检验结果未达到标准要求时，应从原批中随机抽取两倍样品进行复检；若复检结果均达到标准要求，则判该批产品为合格产品；若复检结果仍未达到本标准要求，则判该批产品为不合格产品。

(2)《玻璃纤维壁布》JC/T 996 中规定外观质量和理化性能均合格，判该批产品合格，否则判该批产品不合格。

(3)《建筑装饰用无纺墙纸》JG/T 509 中规定物理性能指标中有一项不合格时，应从原批中随机抽取双倍试样，对不合格项目进行复检，复检后仍有一个试样不合格，则判整批产品不合格。

(4)《纺织面墙纸（布）》JG/T 510 中规定物理性能指标中有一项不合格时，应从原批中随机抽取双倍试样，对不合格项目进行复检，复检后仍有一个试样不合格，则判整批产品不合格。有害物质限量指标中一项不合格，应从原批中任意抽取双倍试样分成 2 份，对不合格项目进行复验，若 2 份复验结果均符合本标准规定，则判定该批产品合格；若复验结果仍有不符合标准规定的，则判定该批产品不合格。

4. 常见检测问题及分析

(1) 样品取样时或送检过程中没有处于清洁、阴凉、干燥的环境下，或者未平整堆放。

(2) 样品受到污损、受潮或者雨淋。

(3) 样品提供信息与实际送检样品不符。

7.4 门 窗 工 程

城市轨道交通配有各类型的建筑设施，这些建筑都具有门窗。门窗工程除了美观的作用，还应具有采光、通风、防雨、保温、遮阳等功能。门窗工程不仅仅指建筑门窗，还包含玻璃、型材、密封胶、五金件等组成部件，每一个部件的质量都会影响门窗工程的质量，甚至影响轨道交通工程的质量，因此需要分别对这些组成部件进行研究和检测。

7.4.1　建筑门窗

建筑用外窗是建筑外围护结构工程中不可缺少的组成部分，也是建筑物的重要配套产品。门窗能耗占建筑总能耗的40%以上，门窗节能对整个建筑工程的节能至关重要。目前市场上建筑外窗的种类有：铝合金窗、塑钢窗、铝木复合窗、铝塑复合窗、玻璃钢窗等。其中使用量最大的是铝合金窗和塑钢窗。

7.4.1.1　铝合金窗

铝合金门窗以其质轻、坚固、不易变形、金属质感、易于加工的特点占据55%的市场份额。其表面型材可使用粉末、氟碳、电泳、阳极氧化、表面木纹等进行处理或喷涂，可以任意搭配建筑物的外形，如图7-77所示。

1. 相关标准

(1)《建筑外门窗气密、水密、抗风压性能分级及检测方法》GB/T 7106；

(2)《铝合金门窗》GB/T 8478。

2. 检测参数及检测频率

检测参数：气密性、水密性、抗风压性、保温性能、隔声性能、采光性能、遮阳系数。

检测频率：同一生产厂家的同工艺、同规格、同批次的产品为1批，每批不少于1次。

图7-77　铝合金窗

3. 结果判定

气密性能、水密性能、抗风压性能、保温性能、隔声性能、采光性能、遮阳性能等需满足设计要求。

4. 常见检测问题及分析

(1) 气密性能

装配质量不达标：门窗框、扇相邻构件装配间隙较大；框、扇搭接量不满足要求；密封条、毛条等装配不均匀，不牢固，接口不严密等。

使用了劣质的密封材料，使用一段时间易出现老化、开裂、局部脱落。

未合理地使用合适的五金及附件，如推拉窗缺少重要的密封件阻风块，五金件锁点锁闭失效、传动器传动不稳定、锁扣位置安装误差、窗扇下垂等。

(2) 水密性能

气密性能是建筑外窗各项性能中非常重要的环节，若气密性能不达标，会对水密性能有着直接的影响。

未使用优质的密封材料：防脱落装置、下密封块是水密性的直接保障，这些配件若使用劣质的橡胶，雨水会直接进入室内。

未采用压力平衡原理设计挡水板高度，内外轨道未采用高低差结构。

雨水通过门窗框与墙体之间的缝隙流入室内，这与安装工序有关，当安装时外框与墙体之间经过一次加固后由于热胀冷缩的原理两者之间又产生了缝隙或裂痕。

(3) 抗风压性能

铝合金窗型材选择不当、断面偏小、壁厚达不到要求。

对于平开窗而言，五金配件的质量及其连接质量是决定抗风压性能的关键，平开窗窗锁配件较薄，在负压状态，平开窗扇所受风压全部集中在窗锁锁钩上，锁钩强度过低发生变形脱开。

对于推拉窗而言，铝合金窗窗扇左右顶角的限位器偏小或安装不到位，未能将上轨顶端有效封闭。

（4）保温性能

气密性能差导致保温性能低。

型材、玻璃的保温性能差导致整窗保温性能低。

装配质量如搭接量等不符合要求导致保温性能低。

（5）隔声性能

样品本身缺陷：门框与门页、玻璃与窗体搭接处密封处留有缝隙，五金件锁点锁闭失效、传动器传动不稳定、锁扣位置安装误差、窗扇下垂等。

试验体留有空腔（充满空气）厚度不适，不足以提高中低频率段的隔声量。

7.4.1.2 建筑用塑料窗

由塑料和钢组合为窗体型材的窗，塑料型材内部衬钢，该品种以低价、高保温性能占据35%的市场份额，如图7-78所示。

图7-78 建筑用塑料窗

1. 相关标准：

（1）《建筑外门窗气密、水密、抗风压性能分级及检测方法》GB/T 7106；

（2）《建筑用塑料窗》GB/T 28887。

2. 检测参数及检测频率、结果判定和常见检测问题及分析参见7.4.1.1铝合金窗。

7.4.1.3 木门

1. 相关标准

（1）《木门窗》GB/T 29498；

（2）《木门分类和通用技术要求》GB/T 35379。

2. 检测参数及检测频率

检测参数：物理性能（抗风压性能、气密性能、水密性能、空气声隔声性能、保温性能、采光性能、遮阳性能）、机械力学性能（平开门抗垂直荷载性能、平开门抗静扭曲性能、启闭力、反复启闭耐久性能、平开门耐软重物撞击性能、平开门耐硬重物撞击性能）。

检测频率：

（1）同一生产厂家的同工艺、同规格、同批次的产品为1批，每批不少于1次。

（2）提交检查批的成品木门数量≤20时，取样数初检1樘，复检2樘；提交检查批的成品木门数量21～100时，取样数初检2樘，复检4樘；提交检查批的成品木门数量101～1000时，取样数初检3樘，复检6樘；提交检查批的成品木门数量≥1001时，取样数初检6樘，复检12樘。

3. 结果判定

全部性能检测项目合格，则判定该产品合格，有一项不合格则判定该产品不合格。

4. 常见检测问题及分析

生产工艺水平低、生产者为了利益降低生产成本都会导致门的物理性能或机械力学性能不合格。

7.4.2 门窗玻璃

目前门窗工程使用比较广泛的玻璃主要有：钢化玻璃、夹层玻璃、中空玻璃等。

7.4.2.1 钢化玻璃

钢化玻璃属于安全玻璃，如图 7-79 所示。钢化玻璃其实是一种预应力玻璃，为提高玻璃的强度，通常使用化学或物理的方法，在玻璃表面形成压应力，玻璃承受外力时首先抵消表层应力，从而提高了承载能力，增强玻璃自身抗风压性、寒暑性、冲击性等。钢化玻璃的主要优点有两条：第一个优点是强度较之普通玻璃提高数倍，抗弯强度是普通玻璃的 3～5 倍，抗冲击强度是普通玻璃的 5～10 倍，提高强度的同时亦提高了安全性；第二个优点是其承载能力改善了易碎性质，即使钢化玻璃破坏也呈无锐角的小碎片，极大地降低了对人体的伤害。

1. 相关标准

《建筑用安全玻璃 第 2 部分：钢化玻璃》GB 15763.2。

2. 检测参数及检测频率

检测参数：抗冲击性、碎片状态、霰弹袋冲击性能。

检测频率：

（1）取样同一生产厂家的同工艺、同规格、同批次的产品为 1 批，每批不少于 1 次。

图 7-79 钢化玻璃

（2）同一品种、规格 1930mm×864mm×4 块，610mm×610mm×10 块，其中碎片状态可以采用现场成品玻璃（单块钢化玻璃面积≥0.5m^2）进行检测。

3. 结果判定

（1）碎片状态

4 块样品进行试验，4 块样品均符合规定，判定为该项符合，否则判定为该项不符合。

（2）抗冲击性能

6 块样品进行试验，样品破坏数不超过 1 块，判定为该项符合；多于或等于 3 块判定为该项不符合；破坏数为 2 块时，再追加 6 块新的样品进行试验，6 块全部不破坏判定为该项符合，否则判定为该项不符合。

（3）霰弹袋冲击性能

4 块样品进行试验，4 块样品均符合规定，判定为该项符合，否则判定为该项不符合。

4. 常见检测问题及分析

钢化玻璃产品质量的主要问题是因为钢化玻璃生产环节控制不当造成的。具体有如下几个原因：

（1）加热不均匀，钢化玻璃生产线的加热不均主要是由于加热系统故障造成的，使炉体内局部失去控制，造成玻璃加热的不均匀。

（2）冷却不均匀，冷却风栅局部堵塞或风栅有设计制造缺陷，造成吹风不均匀，导致玻璃板面冷却不均匀。

（3）加热冷却的工艺制度设定不合理，加热温度、时间和冷却风压及吹风时间应随玻璃厚度、颜色及环境温度的变化而适当调整。

（4）原片玻璃质量不好，原片玻璃有气泡、结石等缺陷，会造成玻璃在钢化后缺陷附近应力不均匀，导致局部碎片偏大。

7.4.2.2 夹层玻璃

夹层玻璃是玻璃与玻璃等材料，用中间层分割并通过处理使其粘结为一体的玻璃构件，是安全玻璃的一种，如图 7-80 所示。常用的有机材料胶合层为聚乙烯醇缩丁醛膜片（即 PVB 膜），PVB 膜片具有特殊的优异性能，膜片的光学指标很好，透光率达到 90%以上，耐热性、耐寒性、抗冲击性、弹性、耐湿性和抗老化性能都很好。夹层玻璃具有高强度、有弹性和耐穿透的中间层，可承受巨大的冲击力，即使玻璃破碎，碎片仍粘在胶片上，从而具有很高的安全性能。

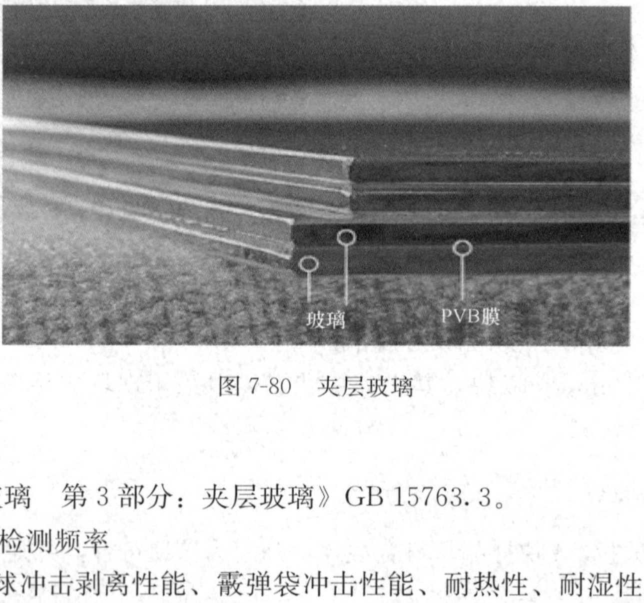

图 7-80　夹层玻璃

1. 相关标准

《建筑用安全玻璃　第 3 部分：夹层玻璃》GB 15763.3。

2. 检测参数及检测频率

检测参数：落球冲击剥离性能、霰弹袋冲击性能、耐热性、耐湿性、耐辐照性。

检测频率：

（1）同一生产厂家的同工艺、同规格、同批次的产品为 1 批，每批不少于 1 次。

（2）同一品种、规格 1930mm×864mm×4 块、610mm×610mm×6 块、300mm×3000mm×6 块、300mm×76mm×3 块。

3. 结果判定

（1）落球冲击剥离性能

6 块样品进行试验，5 块或 5 块以上样品符合规定，判定为该项符合；3 块或 3 块以下样品符合，则判定该项不符合；当 4 块样品符合时，再追加 6 块新的样品检验，如果 6

块样品全部符合规定则判定该项符合，否则判定该项不符合。

（2）霰弹袋冲击性能

4块样品进行试验，4块样品均符合规定，判定为该项符合，否则判定为该项不符合。

（3）耐热性、耐湿性、耐辐照性能

3块样品进行试验，3块样品全部符合规定，判定为该项符合；2块样品不符合则判定该项不符合；当1块样品不符合时，再追加3块样品检验，如果3块样品全部符合规定则判定该项符合，否则判定该项不符合。

4. 常见检测问题及分析

夹层玻璃安全性能不合格一般有如下几种原因：

（1）玻璃与胶片之间的粘结强度过高，粘结强度与抗冲击性在一定范围内成反比。

（2）胶片厚度的变化，较薄的夹层造成较低的抗冲击性。

（3）玻璃厚度的变化，较厚的玻璃抗冲击性较低。

（4）夹层用的胶片品牌和型号有差异，造成夹层玻璃抗冲击性能降低。

（5）冲击试验条件的变化，例如试验框、温度或程序、试验样品尺寸不准确等。

7.4.2.3 中空玻璃

中空玻璃是由两层或多层平板玻璃构成，如图7-81所示。四周用高强高气密性复合粘结剂，将玻璃片与内含干燥剂的铝合金框架粘结，制成的高效能隔声隔热玻璃。将两片或多片玻璃与密封条、玻璃条粘接、密封，中间充入干燥气体，框内充以干燥剂，以保证玻璃片间空气的干燥度。可以根据要求选用各种不同性能的玻璃原片边框（铝框架或玻璃条等），经胶结、焊接或熔接而制成。其主要材料是玻璃、暖边间隔条、弯角栓、丁基橡胶、聚硫胶、干燥剂。

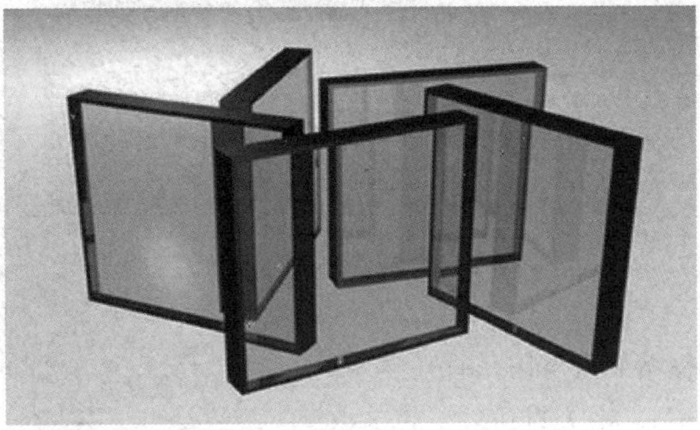

图7-81　中空玻璃

1. 相关标准

（1）《建筑节能工程施工质量验收标准》GB 50411；

（2）《中空玻璃》GB/T 11944；

（3）《建筑玻璃　可见光透射比、太阳光直接透射比、太阳能总透射比、紫外线透射比及有关窗玻璃参数的测定》GB/T 2680；

（4）《中空玻璃稳态U值（传热系数）的计算及测定》GB/T 22476。

2. 检测参数及检测频率

检测参数：露点、可见光透射比、遮阳系数、传热系数。

检测频率：

（1）同一生产厂家的同工艺、同规格、同批次的产品为1批，每批不少于1次。

（2）同一品种、规格的门窗玻璃15块（含1块与现场玻璃在同样生产条件、生产工艺生产的非钢化玻璃）。

3. 结果判定

（1）露点应＜－40℃。

（2）可见光透射比、遮阳系数、传热系数满足设计要求。

4. 常见检测问题及分析

中空玻璃露点不合格一般有如下几种原因：

（1）使用的分子筛不合格或已经失效。如果盛装分子筛的容器密封不严，分子筛就很容易失效。

（2）铝框装入分子筛后不能及时合片，时间太长分子筛吸水失效。

（3）可见光透射比、遮阳系数、传热系数不满足设计要求，往往是配置不合理。

7.4.3 门窗型材

门窗型材主要使用的有铝合金建筑型材和门窗用未增塑聚氯乙烯（PVC-U）型材。

7.4.3.1 铝合金建筑型材

铝合金建筑型材是指应用在建筑门窗、幕墙的铝合金热挤压成型产品的总称，其表面经阳极氧化、电泳涂漆、喷粉、喷漆处理或再进行穿条、浇铸加工处理。铝合金建筑型材共分为5类：阳极氧化型材、电泳涂漆型材、喷粉型材、喷漆型材和隔热型材，如图7-82所示。

图7-82 隔热型材（穿条式）

铝合金的最大特点是其密度约为钢的1/3，而比强度（强度极限与密度的比值）则可达到或超过结构钢。其次，铝合金易于加工成各种形状，能适应各种连接工艺，从而为建筑结构采用最经济合理的断面形式提供有利条件。所以，采用铝合金不仅可以大大减轻建筑物的重量，节省材料，而且还可减少构件的运输、安装工作量，加快施工进度。铝和铝合金色泽美观，耐腐蚀性好，对光和热的反射率高，吸声性能好，通过化学及电化学的方法可获得各种不同的颜色。

1. 相关标准

（1）《铝合金门窗》GB/T 8478；

（2）《铝合金建筑型材 第1部分：基材》GB/T 5237.1；

（3）《铝合金建筑型材 第2部分：阳极氧化型材》GB/T 5237.2；

（4）《铝合金建筑型材 第3部分：电泳涂漆型材》GB/T 5237.3；

（5）《铝合金建筑型材 第4部分：喷粉型材》GB/T 5237.4；

（6）《铝合金建筑型材 第5部分：喷漆型材》GB/T 5237.5；

（7）《铝合金建筑型材 第6部分：隔热型材》GB/T 5237.6。

2. 检测参数及检测频率

检测参数：基材壁厚、韦氏硬度、膜厚、室温纵向剪切（断热）、室温横向拉伸（断热）。

检测频率：

（1）同一生产厂家的同工艺、同规格、同批次的产品为1批，每批不少于1次。

（2）基材壁厚、韦氏硬度、膜厚的样品数量：在每根型材上从距离型材两端部700mm处截取1段样品，每段长500mm。

（3）室温纵向剪切、室温横向拉伸的样品数量：在每根型材上截取15段样品，每根型材中部截取5段，两端各截取5段，每段长100±2mm。

3. 结果判定

铝合金建筑型材的要求见表7-25。

铝合金建筑型材的要求 **表7-25**

<table>
<tr><th>检测项目</th><th colspan="5">技术指标</th></tr>
<tr><td rowspan="3">壁厚（mm）</td><td colspan="2">使用部位</td><td colspan="3">最小实测壁厚</td></tr>
<tr><td colspan="2">门</td><td colspan="3">≥2.0mm</td></tr>
<tr><td colspan="2">窗</td><td colspan="3">≥1.4mm</td></tr>
<tr><td rowspan="3">韦氏硬度（HW）</td><td colspan="2">合金牌号</td><td colspan="3">硬度值</td></tr>
<tr><td colspan="2">6063-T5</td><td colspan="3">≥8</td></tr>
<tr><td colspan="2">6063A-T5</td><td colspan="3">≥10</td></tr>
<tr><td rowspan="14">膜厚（μm）</td><td rowspan="5">阳极氧化型材</td><td>膜厚级别</td><td>平均膜厚</td><td colspan="2">局部膜厚</td></tr>
<tr><td>AA10</td><td>≥10</td><td colspan="2">≥8</td></tr>
<tr><td>AA15</td><td>≥15</td><td colspan="2">≥12</td></tr>
<tr><td>AA20</td><td>≥20</td><td colspan="2">≥16</td></tr>
<tr><td>AA25</td><td>≥25</td><td colspan="2">≥20</td></tr>
<tr><td rowspan="4">电泳涂漆型材</td><td>膜厚级别</td><td>阳极氧化膜
局部膜厚</td><td>漆膜
局部膜厚</td><td>复合膜
局部膜厚</td></tr>
<tr><td>A</td><td>≥9</td><td>≥12</td><td>≥21</td></tr>
<tr><td>B</td><td>≥9</td><td>≥7</td><td>≥16</td></tr>
<tr><td>S</td><td>≥6</td><td>≥15</td><td>≥21</td></tr>
<tr><td>喷粉型材</td><td colspan="4">局部膜厚≥40</td></tr>
<tr><td rowspan="4">喷漆型材</td><td>膜层类型</td><td>平均膜厚</td><td colspan="2">局部膜厚</td></tr>
<tr><td>二涂层</td><td>≥30</td><td colspan="2">≥25</td></tr>
<tr><td>三涂层</td><td>≥40</td><td colspan="2">≥34</td></tr>
<tr><td>四涂层</td><td>≥65</td><td colspan="2">≥55</td></tr>
<tr><td>室温纵向剪切</td><td rowspan="2">隔热型材</td><td colspan="4">室温纵向抗剪特征值≥24N/mm</td></tr>
<tr><td>室温横向拉伸</td><td colspan="4">室温横向抗拉特征值≥24N/mm</td></tr>
</table>

4. 常见检测问题及分析

铝合金型材常见不合格项目有壁厚、膜厚，隔热型材常见不合格项目是穿条式隔热型材的室温纵向剪切试验。

铝型材膜厚度的大小直接影响着型材表面的耐碱性、耐盐雾腐蚀性、耐磨性和外观质量等，膜层厚度不合格的产品在使用过程中容易受腐蚀，从而大大降低产品的使用寿命。铝型材在工程中是受力部位，壁厚直接影响加工件强度，从而影响工程质量。造成氧化膜厚不合格的主要原因：一是企业为了降低生产成品，在利益的驱动下，有意生产氧化膜较薄的产品；二是企业在生产过程中，检验把关不严或没有检验就出厂。

造成穿条式隔热型材纵向抗剪试验不合格的原因有穿条槽口过大、铝型材上的穿条槽口大小不一致、开齿质量差、铝型材断面形状设计不合理、隔热条质量存在问题等。

7.4.3.2 门窗用未增塑聚氯乙烯型材

门窗用未增塑聚氯乙烯型材是以聚氯乙烯树脂为主要原料，经挤出成型的门、窗框用型材。型材按颜色及工艺分为通体和装饰型材。塑料型材密度较小，可以减轻施工强度和降低建筑物的自重；塑料的导热系数很小，再加上制成型材的多腔体的结构，相较于铝合金型材具有更好的保温和隔声性能；但是塑料型材易受热变形，且塑料的刚度小，弹性模量低，在荷载的长期作用下易产生蠕变，随着时间的延续变形增大，而且温度愈高，变形增大愈快。因此，选用塑料型材时应确保型材加热后状态、材料的弯曲弹性模量都能符合要求。

1. 相关标准

《门、窗用未增塑聚氯乙烯（PVC-U）型材》GB/T 8814。

2. 检测参数及检测频率

检测参数：主型材的壁厚、加热后状态、落锤冲击、主型材的可焊性。

检测频率：

（1）同一生产厂家的同工艺、同规格、同批次的产品为1批，每批不少于1次。

（2）从6根型材上各截取1段长度1m的型材，取型材焊角试样5个，不清理焊缝，只清理90°角的外缘。

3. 结果判定

门窗用未增塑聚氯乙烯型材的要求见表7-26。

门窗用未增塑聚氯乙烯型材的要求 **表7-26**

检测项目	技术指标		
壁厚（mm）	类别	A类	B类
	可视面	≥2.8	≥2.5
	非可视面	≥2.5	≥2.2
加热后状态	型材表面应无气泡、裂痕、麻点，装饰型材还应符合以下要求		
	FM	膜层之间，膜层与基材之间不应产生分离，但若出现气泡，应重新取样在120℃下进行复检，其结果不应出现气泡	
	GJ	共挤层与基材之间不应产生分离	
	TZ	涂装层不应起皮	
落锤冲击	通体型材	可视面破裂的试样数应不大于1个	
	装饰型材	非装饰可视面破裂的试样数应不大于1个，装饰层与基材之间应不发生分离	
主型材的可焊性	受压弯曲应力≥35MPa，最小受压弯曲应力≥30MPa		

4. 常见检测问题及分析

（1）塑料型材一般加工壁厚过薄会导致落锤冲击的结果不合格。

（2）型材焊接时的温度和时间不合理都会导致焊接角强度低，不能符合标准的要求。

7.4.4 门窗用密封材料

建筑门窗用密封材料是指用于建筑门窗的硫化橡胶类、热塑弹性体类弹性密封胶条，建筑门窗镶嵌用弹性密封胶，以及门窗、幕墙结构粘接装配用硅酮结构密封胶。

7.4.4.1 密封胶条

建筑门窗、幕墙用密封胶条指用于建筑门窗、幕墙的硫化橡胶类、热塑弹性体类弹性密封胶条。

1. 相关标准

《建筑门窗、幕墙用密封胶条》GB/T 24498。

2. 检测参数及检测频率

检测参数：基本物理性能（硬度、拉伸强度、拉断伸长率、压缩永久变形）、热空气老化性能（硬度变化、拉伸强度变化率、拉断伸长率变化率、加热失重、热老化后回弹恢复）、硬度变化、加热收缩率、拉伸恢复、污染及相容性。

检测频率：

（1）同一生产厂家的同工艺、同规格、同批次的产品为1批，每批不少于1次。

（2）压缩恢复率：5根500mm长密封胶条制品。

（3）加热收缩率、拉伸恢复：5根110±1mm密封胶条制品。

（4）污染及相容性：2根500mm长密封胶条制品。

（5）邵氏硬度、拉伸强度、断拉伸长率：采用与密封胶条制品同批次材料制作成的橡胶片（尺寸150mm×150mm×2mm）。

（6）热空气老化（邵氏硬度变化、拉伸强度变化率、拉断伸长率变化率、加热失重）：采用与密封胶条制品同批次材料制作成的橡胶片（尺寸150mm×150mm×2mm）。

（7）热空气后回弹恢复：采用与封胶条制品同批次材料制作成标准截面的软管，长度500mm。

（8）硬度变化：硫化橡胶类圆柱体试样（直径不小于30mm、厚度不小于6mm）。

（9）压缩永久变形：直径为13±0.5mm，高度为6.3±0.3mm的圆柱体。

3. 结果判定

若不符合标准要求时，应从原批中加倍复检，当复检仍不合格时则判为不合格产品。

4. 常见检测问题及分析

（1）密封胶条使用了劣质回收材料，导致力学性能不达标。

（2）密封胶条硫化阶段，温度和时间未控制好，硫化不完全，导致力学性能不达标。

（3）密封胶条配方中未使用合适的抗老化剂，导致其耐候性不好。

7.4.4.2 硅酮结构密封胶

主要指门窗、幕墙结构粘接装配用硅酮结构密封胶。

1. 相关标准

《建筑用硅酮结构密封胶》GB 16776。

2. 检测参数及检测频率

检测参数：外观、下垂度、挤出性、表干时间、硬度、拉伸粘结性、相容性、玻璃粘结性。

检测频率：

（1）同一生产厂家的同工艺、同规格、同批次的产品为 1 批，每批不少于 1 次。外观、下垂度、挤出性、表干时间：2 支胶。

（2）相容性、玻璃粘结性：结构胶 1 支（若为双组分，则主胶 1kg，固化剂 0.5kg），玻璃 150mm×50mm 尺寸的原片白玻 8 片，型材附框 150mm 尺寸的 8 段，双面胶条 300mm 的 1 段。

（3）硬度、拉伸粘结性：1 支胶。

3. 结果判定

（1）外观：密封胶应为细腻、均匀膏状物，不应有气泡、结皮或凝胶。密封胶的颜色与供需双方商定的样品相比，不得有明显差异。多组分密封胶各组分的颜色应有明显差异。

（2）下垂度、挤出性、适用期、表干时间、硬度、拉伸粘结强度、粘结破坏面积、23℃时最大拉伸强度时伸长率，每个试件均满足设计的要求，则判该项合格。

（3）玻璃与密封胶相容性：试验试件、对比试件与玻璃粘结破坏面积的差值≤5%为合格。

4. 常见检测问题及分析

（1）为了降低成本，配方中加入了过多的填料，导致力学性能不达标。

（2）未使用合适的抗老化剂，其耐候性不好。

（3）单组分结构密封胶湿气固化阶段，由于温度以及湿度达不到固化的最佳条件，导致力学性能不达标。

7.4.4.3 弹性密封胶

弹性密封胶是指建筑门窗用的，以硅酮、改性硅酮、聚硫、聚氨酯、丙烯酸酯、丁基、丁苯、氯丁等合成高分子材料为主要成分的弹性密封胶。

1. 相关标准

《建筑窗用弹性密封胶》JC/T 485。

2. 检测参数及检测频率

检测参数：密度、挤出性、适用期、表干时间、下垂度、拉伸粘结性、热空气—水循环后定伸性能、水—紫外线辐照后弹性恢复率、拉伸—压缩循环性能（耐久性等级、粘接破坏面积）。

检测频率：

（1）同一生产厂家的同工艺、同规格、同批次的产品为 1 批，每批不少于 1 次。

（2）下垂度、挤出性、表干时间：2 支胶；拉伸粘结性、密度、适用期：1 支胶；热空气—水循环后定伸性能、水—紫外线辐照后弹性恢复率、拉伸—压缩循环性能：2 支胶。

3. 结果判定

全部性能检测项目合格，则判定该产品合格；有一项不合格则判定该产品不合格。

4. 常见检测问题及分析

（1）为了降低成本，配方中加入了过多的填料，导致力学性能不达标。

（2）未使用合适的抗老化剂，其耐候性不好。

（3）在湿气固化阶段，由于温度以及湿度达不到固化的最佳条件，导致力学性能不达标。

7.4.5 门窗用五金件

安装在建筑物门窗上的各种金属和非金属配件的统称，在门窗启闭时起辅助作用。表面一般经镀覆或涂覆处理，具有坚固、耐用、灵活、经济、美观等特点。建筑门窗五金件如图 7-83 所示。

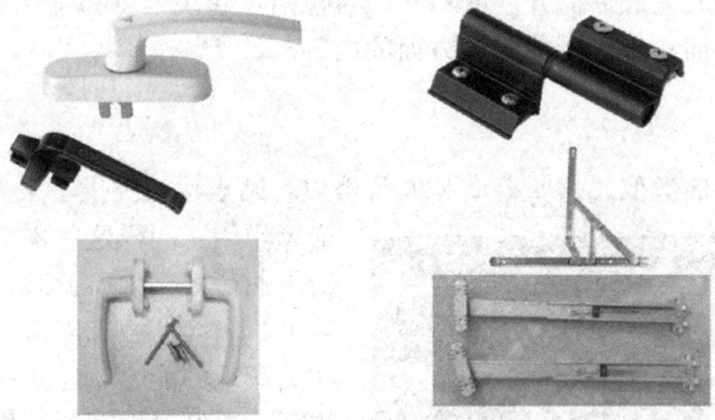

图 7-83 建筑门窗五金件

1. 相关标准

（1）《建筑窗用内平开下悬五金系统》GB/T 24601；

（2）《建筑门窗五金件 传动锁闭器》JG/T 126；

（3）《建筑门窗五金件 多点锁闭器》JG/T 215；

（4）《建筑门窗五金件 合页（铰链）》JG/T 125；

（5）《建筑门窗五金件 滑撑》JG/T 127；

（6）《建筑门窗五金件 滑轮》JG/T 129；

（7）《门窗五金件 旋压执手》JG/T 213。

2. 检测参数及检测频率

检测参数：反复启闭性能、悬端吊重、承受静态荷载。

检测频率：同一品种类型的五金件 3 件、模拟窗 1 樘，同一生产厂家的同工艺、同规格、同批次的产品为 1 批，每批不少于 1 次。

3. 结果判定

（1）反复启闭性能、承受静态荷载满足设计要求。

（2）悬端吊重 1000N 试验后，扇不脱落。

4. 常见检测问题及分析

（1）五金配件的生产厂家设备简陋、工艺落后，采用的原材料达不到国家标准，加工精度达不到规定的公差等级。

（2）生产的五金配件不符合现行标准，达不到标准规定的力值要求。

（3）安装前五金件变形、锈蚀、紧固不牢，安装后五金配件未装配齐全、未全面紧固。

7.5 幕 墙 工 程

轨道交通工程中有较多幕墙工程，如办公大楼外围护幕墙，轨道车站/站点建筑围护幕墙等，从面材上看玻璃、石材、铝板等较为多见，结构形式上多出现单元式幕墙和构件式幕墙，也有少量点支式幕墙。站台的出入口部位涉及玻璃幕墙及玻璃采光顶。很多站台、站点包含金属屋面工程。这些外围护结构形式均包含在幕墙工程中，质量优劣直接影响到使用安全，在安装完成后需开展的检测项目包括：建筑幕墙物理性能检测、采光顶物理性能检测、金属屋面物理性能检测等方面的内容。

7.5.1 建筑幕墙

与普通工民建幕墙类似，这些幕墙为办公楼或者站点建筑提供了采光、保温、建筑装饰等作用。同样这些幕墙工程也经受环境给予的荷载，如风荷载、地震荷载、雨水冲击、温度荷载、撞击荷载等。幕墙抵抗此类荷载的能力，通常在设计指标上予以体现，再经过性能测试样板检验确认。幕墙的检测区别于原材料复验，是工程产品检测，综合考察了设计、制造、施工等的因素，基本能体现实际建筑上幕墙结构的性能，具有重要意义。车站幕墙如图 7-84 所示。

图 7-84 车站幕墙

1. 相关标准

（1）《建筑幕墙工程质量验收规程》DGJ32/J 124；

（2）《建筑幕墙》GB/T 21086；

（3）《建筑幕墙气密、水密、抗风压性能检测方法》GB/T 15227；

（4）《建筑幕墙层间变形性能分级及检测方法》GB/T 18250；

（5）《建筑幕墙动态风压作用下水密性能检测方法》GB/T 29907；

（6）《建筑幕墙保温性能分级及检测方法》GB/T 29043。

2. 检测参数及检测频率

检测参数：气密性能、静态水密性能、动态水密性能、抗风压性能、层间变形性能、保温性能、耐撞击性能、热循环性能。

检测频率：

（1）幕墙检测样板的取样，能真实反映现场典型构造。

（2）构件式幕墙至少 1 个层高，至少 3 根主要竖向受力构件；单元式幕墙至少 3 个层高，至少 3 个单元板宽度。其他形式的结构，如拉索幕墙、点支式幕墙，按照相应技术规范和现场实际情况取样。

3. 结果判定

(1) 气密性能：渗透率结果与设计要求比较；如设计要求为 3 级，整体渗透率要求为 $1.2 \geqslant q_{A} > 0.5$；若检测结果 $1.2 \geqslant q_{A}$，认为合格，否则认为不合格。

(2) 水密性能：按照设计要求加压，出现严重渗漏即为不满足要求。

(3) 抗风压性能：按照设计要求加压，出现挠度过大或其他破坏即为不满足要求。

(4) 层间变形性能：按照设计位移要求加载，出现不可恢复变形或损坏为不满足要求。

(5) 保温性能：幕墙传热系数与设计要求比较，K 值高于设计要求为不满足要求。

(6) 耐撞击性能：按照设计要求加载动态撞击，出现不可恢复变形或损坏为不满足要求。

4. 常见检测问题及分析

(1) 气密性能：常见为施工工艺问题，装配精度不够，开启窗闭合程度不够，密封胶条缺角等。

(2) 水密性能：常见为施工工艺不佳，构件式幕墙局部注胶不严实，单元式幕墙等压腔不完整等。

(3) 抗风压性能：此类问题较少出现，部分为原材料强度不够，设计欠妥如挂钩未设置圆弧过度等。

(4) 层间变形性能：此类问题较少出现，部分为施工工艺欠妥，未按照设计预留变形空间，导致面材与主材出现硬接触等。

(5) 保温性能：常见为施工欠佳，出现冷热桥导致热量损失，甚至出现直接连通的空气通道等问题。

(6) 耐撞击性能：常见为设计布局欠佳，不耐撞击的位置未设置防护，面材与主型材之间出现硬接触等。

7.5.2 站台出入口及玻璃采光顶

城市轨道交通工程中站台出入口布置有采光顶，起到部分防护作用，如图 7-85 所示。一些车站也会设置玻璃采光顶，满足采光、避雨等围护作用。按照采光顶与外界环境是否直接连通，分为开放式和封闭式两种。开放式一般只起到采光和避雨的作用，与外界自由连通，不隔绝空气流动；封闭式一般与外界不自由连通，通过开启部分实施有目的的连通。这些采光顶会经受环境给予的荷载，如风荷载、地震荷载、雨水冲击、温度荷载、撞击荷载等。采光顶抵抗此类荷载的能力，通常在设计指标上予以体现，再经过性能测试样板检验确认。采光顶的检测区别于原材料复验，是工程产品检测，综合考察了设计、制造、施工等的因素，基本能体现实际建筑上采光顶的性能，具有重要意义。

1. 相关标准：

(1)《采光顶与金属屋面技术规程》JGJ 255；

(2)《建筑幕墙气密、水密、抗风压性能检测方法》GB/T 15227；

(3)《建筑幕墙层间变形性能分级及检测方法》GB/T 18250；

(4)《建筑幕墙动态风压作用下水密性能检测方法》GB/T 29907；

(5)《建筑幕墙保温性能分级及检测方法》GB/T 29043；

图 7-85　站台出入口及玻璃采光顶

2. 检测参数及检测频率：

检测参数：气密性能（开放式不作要求）、水密性能（开放式不作要求）、抗风压性能、层间变形性能、保温性能（开放式不作要求）、耐撞击性能。

检测频率：

(1) 采光顶检测样板的取样，要能真实反映现场典型构造。

(2) 测试样板范围应涵盖主要构件二维方向上的主跨，包含典型构造与工艺，有开启部分时应在测试样板上体现。

3. 结果判定和常见检测问题及分析参见 7.5.1 建筑幕墙中相关规定。

7.5.3　金属屋面工程

城市轨道交通工程中部分站点或配套建筑中常会出现的金属屋面工程，如图 7-86 所示，其是由钛锌、铜、钛、镀铝锌彩板等金属薄板及铝合金、不锈钢薄板作为面材的一种建筑屋面系统，具有结构性防水、排水功能，具有一定防腐能力，轻质、高强、耐久，大部分金属屋面没有钉孔，既可以使屋面在温度变化时自由伸缩，避免温度应力，又杜绝了由系统螺钉固定方式所造成的漏水隐患，并具有透气性好的特点，可保持整体结构的长期自然干燥，延长建筑使用寿命。

图 7-86　站台工程金属屋面

1. 相关标准

(1)《采光顶与金属屋面技术规程》JGJ 255；

(2)《建筑幕墙气密、水密、抗风压性能检测方法》GB/T 15227；

(3)《用静态正压或正负压法评价屋顶组件防风掀的试验方法》ANSI/FM 4474。

2. 检测参数及检测频率

检测参数：抗风掀性能、气密性能（开放式不作要求）、水密性能（开放式不作要求）、抗风压性能。

检测频率：

(1) 金属屋面检测样板的取样，要能真实反映现场典型构造。

(2) 测试样板范应涵盖主要构件二维方向上的主跨，包含典型构造与工艺，有开启部分时应在测试样板上体现。

(3) 抗风掀性能尺寸要求为：3.7m×7.3m。

3. 结果判定

(1) 抗风掀性能：按照设计等级要求，出现破坏即为不满足要求。

(2) 气密性能（开放式不作要求）：渗透率结果与设计要求比较。

(3) 水密性能（开放式不作要求）：按照设计要求加压，出现严重渗漏即为不满足要求。

(4) 抗风压性能：按照设计要求加压，出现挠度过大或其他破坏即为不满足要求。

4. 常见检测问题及分析

(1) 抗风掀性能：上层直立锁边夹具间距过大或未夹紧；主龙骨安装不符合设计要求。

(2) 气密性能（开放式不作要求）：常见为施工工艺问题，装配精度不够，开启窗闭合程度不够，密封胶条缺角等。

(3) 水密性能（开放式不作要求）：常见为施工工艺不佳，局部密封瑕疵，排水不畅。

(4) 抗风压性能：此类问题较少出现，部分为原材料强度不够，设计尺寸未达到要求等。

7.6 节 能 工 程

建筑节能工程具体指在建筑物的规划、设计、新建（改建、扩建）、改造和使用过程中，执行节能标准，采用节能型的技术、工艺、设备、材料和产品，提高保温隔热性能和采暖供热、空调制冷制热系统效率，加强建筑物用能系统的运行管理，利用可再生能源，在保证室内热环境质量的前提下，减少供热、空调制冷制热、照明、热水供应的能耗。本节将主要介绍墙体节能工程、屋面节能工程、地面节能工程、采暖节能工程所用的保温材料及相关配套材料的现场取样检测。

7.6.1 墙体节能工程用保温材料

墙体节能工程可以起到保护外墙面、保护主体结构以及节约资源的作用，所采用的保温材料品种繁多，有保温砂浆、聚苯乙烯泡沫塑料、硬质聚氨酯泡沫塑料、泡沫玻璃绝热制品、膨胀珍珠岩制品、玻璃棉、岩棉、矿渣棉制品等，部分材料及制品如图 7-87～图 7-90 所示。

图 7-87　聚苯乙烯泡沫塑料板

图 7-88　岩棉板

图 7-89　泡沫玻璃板

图 7-90　玻化微珠

1. 相关标准

(1)《建筑节能工程施工质量验收标准》GB 50411;

(2)《绿色建筑节能工程施工质量验收规范》DGJ32/J 19;

(3)《绝热用模塑聚苯乙烯泡沫塑料》GB/T 10801.1;

(4)《绝热用挤塑聚苯乙烯泡沫塑料（XPS)》GB/T 10801.2;

(5)《建筑外墙外保温用岩棉制品》GB/T 25975;

(6)《建筑用岩棉绝热制品》GB/T 19686;

(7)《绝热用玻璃棉及其制品》GB/T 13350;

(8)《建筑保温砂浆》GB/T 20473;

(9)《无机轻集料保温砂浆技术规程》JGJ 253;

(10)《建筑绝热用硬质聚氨酯泡沫塑料》GB/T 21558;

(11)《聚氨酯硬泡复合保温板》JG/T 314;

(12)《膨胀珍珠岩绝热制品》GB/T 10303;

(13)《泡沫玻璃绝热制品》JC/T 647;

(14)《胶粉聚苯颗粒外墙外保温系统材料》JG/T 158；

(15)《模塑聚苯板薄抹灰外墙外保温系统材料》GB/T 29906；

(16)《挤塑聚苯板（XPS）薄抹灰外墙外保温系统材料》GB/T 30595；

(17)《岩棉薄抹灰外墙外保温系统材料》JG/T 483；

(18)《硬泡聚氨酯板薄抹灰外墙外保温系统材料》JG/T 420；

(19)《保温装饰板外墙外保温系统材料》JG/T 287。

2. 检测参数及检测频率

检测参数：导热系数、密度、抗压强度或压缩强度、抗拉强度、燃烧性能、吸水率、尺寸稳定性。

检测频率：

(1) 同厂家、同品种产品，按照扣除门窗洞口后的保温墙面面积所使用的材料用量，在 $5000m^2$ 以内时应复验 1 次；面积每增加 $5000m^2$ 应增加 1 次。同工程项目、同施工单位且同期施工的多个单位工程，可合并计算抽检面积。

(2) 获得建筑节能产品认证、具有节能标识或连续三次见证取样检验均一次检验合格的产品，检验批的容量可扩大一倍，且仅可扩大一次。扩大检验批后的检验中，出现不合格情况时，应按扩大前的检验批重新验收，且该产品不得再次扩大检验批容量。

(3) 取样数量：燃烧性能等级要求 A1 级的抽取整板样品且总面积不小于 $2m^2$；燃烧性能等级要求低于 A1 级的抽取整板样品且总面积不小于 $10m^2$。

3. 结果判定

(1) 检测结果应符合相应产品标准要求，参见表 7-27。

墙体保温材料检测判定表 **表 7-27**

材料种类	检测标准	检测项目	判定规则
聚苯板	JG/T 158	Ⅰ类：导热系数、氧指数、燃烧性能 Ⅱ类：表观密度、抗拉强度、尺寸稳定性、弯曲变形、压缩强度、吸水率	所有项目符合标准要求，判为合格；检测项目Ⅰ类中有一项不合格，判为不合格；项目Ⅱ类中有一项不合格，可对同批样品加倍抽样复验，若复验合格，判为合格，复验不合格或项目Ⅱ类中有两项不合格，判为不合格
挤塑聚苯板	GB/T 10801.2	Ⅰ类：吸水率、尺寸稳定性、燃烧性能 Ⅱ类：尺寸、外观、压缩强度、绝热性能	
聚氨酯硬泡复合保温板	JG/T 314	Ⅰ类：表观密度、抗弯承载力、导热系数、尺寸稳定性、吸水率、燃烧性能、剥离性能、耐冻融性能	
保温装饰板	JG/T 287	Ⅰ类：单位面积质量、拉伸粘结强度、抗冲击性、抗弯荷载、吸水量、不透水性、燃烧性能、导热系数、氧指数	
膨胀聚苯板	GB/T 10801.1	Ⅱ类：表观密度、压缩强度、导热系数、尺寸稳定性、吸水率、燃烧性能	
保温砂浆	GB/T 20473	Ⅰ类：干密度、导热系数、抗压强度、线收缩率、压剪粘结强度、燃烧性能、抗冻性能、软化系数	
泡沫玻璃	JC/T 647	Ⅱ类：导热系数、抗压强度、抗折强度、体积吸水率、透湿系数、抗拉强度、尺寸稳定性、吸水量、耐碱性	

（2）燃烧性能等级应符合设计要求。

4. 常见检测问题及分析

（1）样品取样时或送检过程中未注意对样品的保护，造成了破损受潮失效等。

（2）保温浆料类提供的组分配合比或水料比错误。

（3）现场成型试块取样缺乏代表性，试件制作不规范，或养护条件不满足要求。

（4）提供的样品信息错误或与实际送检样品不符。

7.6.2 屋面节能工程用保温隔热材料

建筑屋面节能工程，所采用的保温材料种类有松散保温材料、现浇保温材料、喷涂保温材料、保温板材、保温块材等。常见产品有聚苯乙烯泡沫塑料、硬质聚氨酯泡沫塑料、泡沫玻璃绝热制品、膨胀珍珠岩制品、玻璃棉、岩棉、矿渣棉制品等，如图 7-87～图 7-89 及图 7-91 所示。

图 7-91　金属夹芯板

1. 相关标准

（1）《建筑节能工程施工质量验收标准》GB 50411；

（2）《屋面工程质量验收规范》GB 50207；

（3）《绿色建筑节能工程施工质量验收规范》DGJ32/J 19；

（4）《绝热用模塑聚苯乙烯泡沫塑料》GB/T 10801.1；

（5）《建筑外墙外保温用岩棉制品》GB/T 25975；

（6）《绝热用挤塑聚苯乙烯泡沫塑料（XPS）》GB/T 10801.2；

（7）《绝热用岩棉、矿渣棉及其制品》GB/T 11835；

（8）《建筑用岩棉绝热制品》GB/T 19686；

（9）《绝热用玻璃棉及其制品》GB/T 13350；

（10）《建筑绝热用硬质聚氨酯泡沫塑料》GB/T 21558；

（11）《聚氨酯硬泡复合保温板》JG/T 314；

（12）《膨胀珍珠岩绝热制品》GB/T 10303；

（13）《泡沫玻璃绝热制品》JC/T 647；

（14）《泡沫混凝土》JG/T 266；

（15）《建筑用金属面绝热夹芯板》GB/T 23932。

2. 检测参数及检测频率

检测参数：导热系数、密度、抗压强度（压缩强度）、燃烧性能、吸水率、尺寸稳定性。

检测频率：

（1）《建筑节能工程施工质量验收标准》GB 50411 中规定：同一厂家、同一品种的产品各抽查不少于 3 次；在 1000m^2 以内时应复验 1 次；面积每增加 1000m^2 应增加 1 复验 1 次。同工程项目、同施工单位且同期施工的多个单位工程，可合并计算抽检面积。获得建筑节能产品认证、具有节能标识或连续三次见证取样检验均一次检验合格的产品，检验批的容量可扩大一倍，且仅可扩大一次。扩大检验批后的检验中，出现不合格情况时，应按扩大前的检验批重新验收，且该产品不得再次扩大检验批容量。

(2)《屋面工程质量验收规范》GB 50207 中的规定详见表 7-28。

(3) 取样数量：燃烧性能等级要求 A1 级的抽取整板样品且总面积不小于 $2m^2$；燃烧性能等级要求低于 A1 级的抽取整板样品且总面积不小于 $10m^2$。

屋面保温材料取样表 **表 7-28**

材料名称	组批及抽样	检测参数
模塑聚苯乙烯塑料	同规格每 $100m^2$ 为一批，不足 $100m^2$ 的按一批计	表观密度、压缩强度、导热系数、燃烧性能
挤塑聚苯乙烯塑料	同规格每 $50m^2$ 为一批，不足 $50m^2$ 的按一批计	
硬质聚氨酯泡沫塑料	同原料、同配方、同工艺条件每 $50m^2$ 为一批，不足 $50m^2$ 的按一批计	
泡沫玻璃绝热制品	同品种、同规格按 250 件为一批，不足 250 件的按一批计	表观密度、抗压强度、导热系数、燃烧性能
膨胀珍珠岩制品	同品种、同规格按 2000 块为一批，不足 2000 块的按一批计	
加气混凝土砌块、泡沫混凝土砌块	同品种、同规格、同等级按 $200m^3$ 为一批，不足 $200m^3$ 的按一批计	干密度、抗压强度、导热系数、燃烧性能
玻璃棉、岩棉、矿渣棉制品	同原料、同工艺、同品种、同规格按 $1000m^2$ 为一批，不足 $1000m^2$ 的按一批计	表观密度、导热系数、燃烧性能
金属面绝热夹芯板	同原料、同生产工艺、同厚度按 150 块为一批，不足 150 块的按一批计	剥离性能、抗弯承载力、防火性能

3. 结果判定

(1) 检测结果应符合相应产品标准要求，见表 7-29。

(2) 燃烧性能等级应符合设计要求。

屋面保温材料检测参数判定表 **表 7-29**

材料种类	检测标准	检测项目	判定规则
聚苯板	JG/T 158	Ⅰ类：导热系数、氧指数、燃烧性能 Ⅱ类：表观密度、抗拉强度、尺寸稳定性、弯曲变形、压缩强度、吸水率	所有项目符合标准要求，判为合格；检测项目Ⅰ类中有一项不合格，判为不合格；项目Ⅱ类中有一项不合格，可对同批样品加倍抽样复验，若复验合格，判为合格，复验不合格或项目Ⅱ类中有两项不合格，判为不合格
挤塑聚苯板	GB/T 10801.2	Ⅰ类：吸水率、尺寸稳定性、燃烧性能 Ⅱ类：尺寸、外观、压缩强度、绝热性能	
聚氨酯硬泡复合保温板	JG/T 314	Ⅰ类：表观密度、抗弯承载力、导热系数、尺寸稳定性、吸水率、燃烧性能、剥离性能、耐冻融性能	
保温装饰板	JG/T 287	Ⅰ类：单位面积质量、拉伸粘结强度、抗冲击性、抗弯荷载、吸水量、不透水性、燃烧性能、导热系数、氧指数	
膨胀聚苯板	GB/T 10801.1	Ⅱ类：表观密度、压缩强度、导热系数、尺寸稳定性、吸水率、燃烧性能	
泡沫玻璃	JC/T 647	Ⅱ类：导热系数、抗压强度、抗折强度、体积吸水率、透湿系数、抗拉强度、尺寸稳定性、吸水量、耐碱性	

4. 常见检测问题及分析

（1）样品取样时或送检过程中未注意对样品的保护，造成了破损受潮等。

（2）提供的样品信息错误或与实际送检样品不符。

7.6.3 地面节能工程用保温材料

地面节能工程可以起到保护地面以及节约资源的作用，所采用的保温材料品种繁多，有聚苯乙烯泡沫塑料、泡沫混凝土、复合材料保温板等，如图 7-92、图 7-93 所示。

图 7-92 模塑板

图 7-93 挤塑板

1. 相关标准

（1）《建筑节能工程施工质量验收标准》GB 50411；

（2）《建筑地面工程施工质量验收规范》GB 50209；

（3）《绿色建筑节能工程施工质量验收规范》DGJ32/J 19；

（4）《绝热用模塑聚苯乙烯泡沫塑料》GB/T 10801.1；

（5）《绝热用挤塑聚苯乙烯泡沫塑料（XPS）》GB/T 10801.2；

（6）《泡沫混凝土》JG/T 266；

（7）《复合材料保温板外墙外保温系统应用技术规程》DGJ32/TJ 204。

2. 检测参数及检测频率

检测参数：导热系数、密度、抗压强度或压缩强度、吸水率、燃烧性能、尺寸稳定性等。

检测频率：

（1）《建筑节能工程施工质量验收标准》GB 50411 中规定：同厂家、同品种产品，地面面积在 1000m^2以内时应复验 1 次；面积每增加 1000m^2应增加 1 次。同工程项目、同施工单位且同期施工的多个单位工程，可合并计算抽检面积。

（2）《绿色建筑节能工程施工质量验收规范》DGJ32/J 19 中规定：同厂家、同品种，每 1000m^2地面使用的材料为一个检验批，每个检验批抽查 1 次；不足 1000m^2时抽查 1 次；地面超过 1000m^2时，每增加 2000m^2应增加 1 次抽样；地面超过 5000m^2应增加 1 次抽样。同项目、同施工单位且同时施工的多个单位工程，可合并计算地面抽样面积。

（3）获得建筑节能产品认证、具有节能标识或连续三次见证取样检验均一次检验合格的产品，检验批的容量可扩大一倍，且仅可扩大一次。扩大检验批后的检验中，出现不合格情况时，应按扩大前的检验批重新验收，且该产品不得再次扩大检验批容量。

3. 结果判定

（1）导热系数、密度、抗压强度或压缩强度、吸水率、燃烧性能应符合设计要求。

（2）其他参数应符合相应产品标准要求。

4. 常见检测问题及分析

（1）样品取样时或送检过程中未注意对样品的保护，造成了损坏或受潮、变形。

（2）提供样品信息错误或与实际送检样品不符。

7.6.4 采暖节能工程用保温材料

采暖节能工程所采用的保温材料应具有耐热性、阻燃性、导热系数小、吸湿率低、无腐蚀性等特点。为了加强机械强度一般制作成瓦块状，常用的有岩棉管壳、超细玻璃棉管壳、柔性泡沫橡塑绝热制品、聚氨醋泡沫瓦块、珍珠岩瓦块等保温材料等，如图 7-94～图 7-96 所示。

图 7-94 岩棉管壳

图 7-95 玻璃棉管壳

图 7-96 橡塑绝热制品

1. 相关标准

（1）《建筑节能工程施工质量验收标准》GB 50411；

（2）《绝热用岩棉、矿渣棉及其制品》GB/T 11835；

（3）《建筑用岩棉绝热制品》GB/T 19686；

（4）《绝热用玻璃棉及其制品》GB/T 13350；

（5）《建筑绝热用硬质聚氨酯泡沫塑料》GB/T 21558；

（6）《膨胀珍珠岩绝热制品》GB/T 10303；

（7）《泡沫玻璃绝热制品》JC/T 647；

（8）《柔性泡沫橡塑绝热制品》GB/T 17794。

2. 检测参数及检测频率

检测参数：导热系数、密度、吸水率、尺寸稳定性、燃烧性能、压缩强度。

检测频率：

（1）同一工程、同一厂家、同材质保温材料，见证取样送检次数不得少于 2 次。

（2）取样数量为：燃烧性能等级要求 A1 级的抽取整板样品且总面积不小于 $2m^2$；燃烧性能等级要求低于 A1 级的抽取整板样品且总面积不小于 $10m^2$。

3. 结果判定

(1) 燃烧性能等级应符合设计要求。

(2) 其他物理性能参数应全部符合相应产品标准要求。

4. 常见检测问题及分析

(1) 样品取样时或送检过程中未注意对样品的保护，造成了破坏、失效等。

(2) 提供的样品信息错误或与实际送检样品不符。

7.6.5 胶粘剂

用于保温板与基层粘结的材料被称为胶粘剂，一般由水泥基胶凝材料、高分子聚合材料以及填料及添加剂组成，如图 7-97 所示。

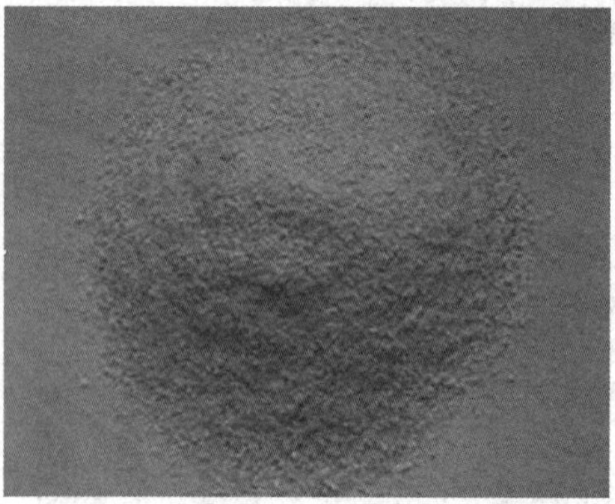

图 7-97 胶粘剂

1. 相关标准

(1)《建筑节能工程施工质量验收标准》GB 50411；

(2)《外墙外保温工程技术标准》JGJ 144；

(3)《模塑聚苯板薄抹灰外墙外保温系统材料》GB/T 29906；

(4)《挤塑聚苯板（XPS）薄抹灰外墙外保温系统材料》GB/T 30595。

2. 检测参数及检测频率

检测参数：粘结强度（与保温板、与水泥砂浆）、可操作时间。

检测频率：

(1) 同厂家、同品种产品，按照扣除门窗洞口后的保温墙面面积所使用的材料用量，在 5000m^2以内时应复验 1 次；面积每增加 5000m^2应增加 1 次。同工程项目、同施工单位且同期施工的多个单位工程，可合并计算抽检面积。

(2) 取样数量为：样品总量不少于 10kg。

3. 结果判定

(1) 参数应按相应外墙外保温系统标准中指标要求判定。

(2) 所有项目符合标准要求，判为合格；有一项不合格，可对同批样品加倍抽样复验，若复验合格，判为合格，复验不合格或有两项不合格，判为不合格。

4. 常见检测问题及分析

(1) 样品取样时或送检过程中未注意对样品的保护，造成了样品受潮变质。

(2) 提供的组分配合比或水料比错误。

(3) 在取样过程中应使用洁净的工具、容器，保证试样不受潮或不被混入杂物。

(4) 提供的样品信息错误或与实际送检样品不符。

7.6.6 界面处理剂

界面处理剂是用于改善基层或保温层表面粘结性能的界面材料，如图 7-98 所示。在一些项目中以聚合物水泥砂浆的形式应用，又可称为界面砂浆。根据基层不同可分为混凝土界面处理剂和保温材料界面处理剂。按组成可分成干粉类界面剂和液体类界面剂。

1. 相关标准

图 7-98 界面处理剂

(1)《建筑节能工程施工质量验收标准》GB 50411；

(2)《挤塑聚苯板（XPS）薄抹灰外墙外保温系统材料》GB/T 30595；

(3)《混凝土界面处理剂》JC/T 907；

(4)《胶粉聚苯颗粒外墙外保温系统材料》JG/T 158；

(5)《硬泡聚氨酯保温防水工程技术规范》GB 50404；

(6)《外墙外保温工程技术标准》JGJ 144。

2. 检测参数及检测频率

检测参数：

(1) 混凝土界面处理剂：拉伸粘结强度、横向变形。

(2) 保温材料界面处理剂：《挤塑聚苯板（XPS）薄抹灰外墙外保温系统材料》GB/T 30595 要求：使用界面处理剂的挤塑板与胶粘剂、抹面胶浆的拉伸粘结强度、容器中状态、冻融稳定性（3 次）、储存稳定性、最低成膜温度、不挥发物含量。

(3) 保温材料界面处理剂：《胶粉聚苯颗粒外墙外保温系统材料》JG/T 158 要求：拉伸粘结强度（与水泥砂浆）、拉伸粘结强度（与聚苯板）、涂覆在聚苯板上后的可燃性。

(4) 保温材料界面处理剂：《硬泡聚氨酯保温防水工程技术规范》GB 50404 要求：拉伸粘结强度（与聚氨酯板）。

(5) 保温材料界面处理剂：《外墙外保温工程技术标准》JGJ 144 要求：拉伸粘结强度（与 EPS 板或胶粉 EPS 颗粒保温浆料）。

检测频率：

(1) 混凝土界面处理剂根据《混凝土界面处理剂》JC/T 907 规定：干粉类界面剂不超过 300t 为一批，不足 300t 按一批计；液体类界面剂不超过 30t 为一批，不足 30t 按一批计。

(2) 根据《建筑节能工程施工质量验收标准》GB 50411 规定：同厂家、同品种产品，按照扣除门窗洞口后的保温墙面面积所使用的材料用量，在 5000m^2 以内时应复验 1 次；面积每增加 5000m^2 应增加 1 次。同工程项目、同施工单位且同期施工的多个单位工程，可合并计算抽检面积。

(3) 取样数量：样品总量不少于 10kg。

3. 结果判定

(1) 参数应按相应产品标准或者外墙外保温系统标准中指标要求判定。

(2) 所有项目符合标准要求，判为合格；有一项不合格，可对同批样品加倍抽样复验，若复验合格，判为合格，复验不合格或有两项不合格，判为不合格。

4. 常见检测问题及分析

(1) 样品取样时或送检过程中未注意对样品的保护，造成了样品受潮变质。

(2) 提供的组分配比或水料比错误。

（3）在取样过程中应使用洁净的工具、容器，保证试样不受潮或不被混入杂物。

（4）提供的样品信息错误或与实际送检样品不符。

7.6.7 抹面胶浆

抹面胶浆由高分子聚合物、添加剂和填料、硅酸盐水泥或其他无机胶凝材料组成的具有一定柔性的水泥基聚合物砂浆，如图 7-99 所示。薄抹在保温板的外表面，与玻纤网布共同组成抹面层的材料。

图 7-99 抹面胶浆

1. 相关标准

（1）《建筑节能工程施工质量验收标准》GB 50411；

（2）《挤塑聚苯板（XPS）薄抹灰外墙外保温系统材料》GB/T 30595；

（3）《模塑聚苯板薄抹灰外墙外保温系统材料》GB/T 29906；

（4）《硬泡聚氨酯保温防水工程技术规范》GB 50404；

（5）《外墙外保温工程技术标准》JGJ 144。

2. 检测参数及检测频率

检测参数：粘结强度、抗冲击性，吸水量、不透水性、可操作时间、柔韧性。

检测频率：

（1）同厂家、同品种产品，按照扣除门窗洞口后的保温墙面面积所使用的材料用量，在 5000m^2以内时应复验 1 次；面积每增加 5000m^2应增加 1 次。同工程项目、同施工单位且同期施工的多个单位工程，可合并计算抽检面积。

（2）取样数量：样品总量不少于 10kg。

3. 结果判定

（1）参数应按相应外墙外保温系统标准中指标要求判定。

（2）所有项目符合标准要求，判为合格；有一项不合格，可对同批样品加倍抽样复验，若复验合格，判为合格，复验不合格或有两项不合格，判为不合格。

4. 常见检测问题及分析

（1）样品取样时或送检过程中未注意对样品的保护，造成了样品受潮变质。

（2）提供的组分配合比或水料比错误。

（3）在取样过程中应使用洁净的工具、容器，保证试样不受潮或不被混入杂物。

（4）提供的样品信息错误或与实际送检样品不符。

7.6.8 抗裂砂浆

抗裂砂浆由高分子聚合物、水泥、砂为主要材料配制而成的具有良好抗变形能力和粘结性能的聚合物砂浆，如图 7-100 所示。

1. 相关标准

（1）《建筑节能工程施工质量验收标准》GB 50411；

(2)《胶粉聚苯颗粒外墙外保温系统材料》JG/T 158；

(3)《无机轻集料砂浆保温系统技术标准》JGJ 253；

(4)《外墙外保温工程技术标准》JGJ 144。

2. 检测参数及检测频率

检测参数：粘结强度、透水性、可操作时间、压折比。

检测频率：

(1) 同厂家、同品种产品，按照扣除门窗洞口后的保温墙面面积所使用的材料用量，在 $5000m^2$ 以内时应复验 1 次；面积每增加 $5000m^2$ 应增加 1 次。同工程项目、同施工单位且同期施工的多个单位工程，可合并计算抽检面积。

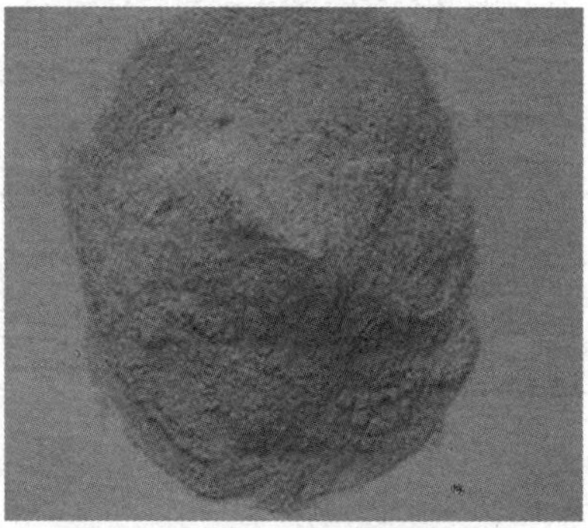

图 7-100 抗裂砂浆

(2) 取样数量：样品总量不少于 10kg。

3. 结果判定

(1) 参数应按相应外墙外保温系统标准中指标要求判定。

(2) 所有项目符合标准要求，判为合格；有一项不合格，可对同批样品加倍抽样复验，若复验合格，判为合格，复验不合格或有两项不合格，判为不合格。

4. 常见检测问题及分析

(1) 样品取样时或送检过程中未注意对样品的保护，造成了样品受潮变质。

(2) 提供的组分配合比或水料比错误。

(3) 在取样过程中应使用洁净的工具、容器，保证试样不受潮或不被混入杂物。

(4) 提供的样品信息错误或与实际送检样品不符。

7.6.9 塑料锚栓

塑料锚栓是由膨胀件和膨胀套管组成，或仅由膨胀套管构成，依靠膨胀产生的摩擦力或机械锁定作用连接保温系统与基层墙体的机械固定件，如图 7-101 所示。

塑料锚栓适用于固定在混凝土、砌体基层墙体上，以粘结为主、机械锚固为辅的外墙保温系统中附加锚固所用。

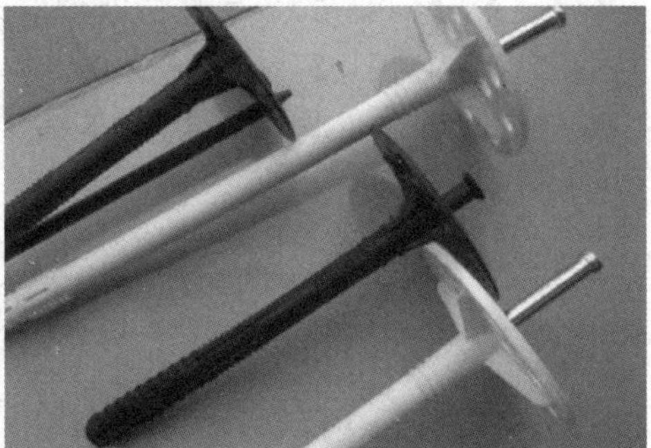

图 7-101 塑料锚栓

1. 相关标准

(1)《建筑节能工程施工质量验收标准》GB 50411；

(2)《外墙保温用锚栓》JC/T 366；

(3)《挤塑聚苯板（XPS）薄抹灰外墙外保温系统材料》GB/T 30595；

(4)《模塑聚苯板薄抹灰外墙外保温系统材料》GB/T 29906；

(5)《胶粉聚苯颗粒外墙外保温系统材料》JG/T 158。

2. 检测参数及检测频率

检测参数：尺寸及公差、锚栓拉拔承载力标准值、锚栓圆盘拉拔力标准值。

检测频率：

（1）在型号、材料、工艺和锚固组件几何形式相同而直径不同的系列中，以5万只为一个检验批，不足5万只仍按一个检验批计算。

（2）样品数量：尺寸及公差至少5只、锚栓拉拔承载力标准值至少10只、锚栓圆盘拉拔力标准值至少5只。

（3）每个检验批抽测1组。

3. 结果判定

（1）检测参数符合应符合相应产品标准要求。

（2）所有项目都满足要求，该产品合格；如果有一项不满足要求，应加倍抽样复检，复检 仍有项目不满足要求，则该产品不合格；有两项或两项以上不满足要求，该产品不合格。

4. 常见检测问题及分析

（1）样品取样时或送检过程中未注意对样品的保护，造成损坏。

（2）提供的样品信息错误或与实际送检样品不符。

7.6.10 玻纤网格布

耐碱玻璃纤维网格布是采用耐碱玻璃纤维纱织造，并经有机材料涂覆处理的网布，如图7-102所示。主要用于水泥基制品的增强材料。埋入抹面层中，可用于提高抗冲击性和抗裂性。

图7-102 玻纤网格布

1. 相关标准

（1）《建筑节能工程施工质量验收标准》GB 50411；

（2）《耐碱玻璃纤维网布》JC/T 841；

（3）《增强用玻璃纤维网布 第2部分：聚合物基外墙保温用玻璃纤维网布》JC/T 561.2；

（4）《外墙外保温工程技术标准》JGJ 144；

（5）《胶粉聚苯颗粒外墙外保温系统材料》JG/T 158；

（6）《硬泡聚氨酯保温防水工程技术规范》GB 50404。

2. 检测参数及检测频率

检测参数：拉伸断裂强力（经、纬向）、断裂伸长率（经、纬向）、耐碱拉伸断裂强力（经、纬向）、耐碱拉伸断裂强力保留率（经、纬向）、单位面积质量。

检测频率：

（1）同厂家、同品种产品，按照扣除门窗洞口后的保温墙面面积所使用的材料用量，在 5000m^{2}以内时应复验 1 次；面积每增加 5000m^{2}应增加 1 次。同工程项目、同施工单位且同期施工的多个单位工程，可合并计算抽检面积。

（2）样品数量：取样需去掉端头 1m，样品总面积不小于 2m^2。

3. 结果判定

（1）检测参数按相应产品标准要求判定并符合相应产品标准等级要求；

（2）《胶粉聚苯颗粒外墙外保温系统材料》JG/T 158 中规定：若受检样品中断裂伸长率、纤维玻璃成分等有一项指标不满足要求时，要对同批样品加倍抽样复验不合格项，若该项指标符合要求，则判该批产品合格，若该指标仍不合格，则判该批产品不合格；若受检产品中单位面积质量、耐碱断裂强力、耐碱断裂强力保留率有一项指标不符合要求，或者断裂伸长率、纤维玻璃成分两项指标都不满足要求时，判该批产品不合格。

4. 常见检测问题及分析

（1）样品取样时或送检过程中未注意对样品的保护，造成了样品机械损伤，如不能对折等。

（2）提供的样品信息错误或与实际送检样品不符。

7.6.11 镀锌电焊网

由低碳钢丝经过点焊加工成型后浸入到溶解的锌液中，经热镀锌工艺处理后形成的方格网称为热镀锌电焊网，如图 7-103 所示。敷设在抹面胶浆或抗裂砂浆内，可增加抹面层的抗裂、抗冲击性能。

1. 相关标准

（1）《建筑节能工程施工质量验收标准》GB 50411；

（2）《镀锌电焊网》QB/T 3897；

（3）《镀锌电焊网》GB/T 33281；

（4）《胶粉聚苯颗粒外墙外保温系统材料》JG/T 158。

2. 检测参数及检测频率

检测参数：焊点抗拉力、镀锌层质量、网孔偏差、丝径。

检测频率：

（1）同厂家、同品种产品，按照扣除门窗洞口后的保温墙面面积所使用的材料用量，在 5000m^{2}以内时应复验 1 次；面积每增加 5000m^{2}应增加 1 次。同工程项目、同施工单位且同期施工的多个单位工程，可合并计算抽检面积。

（2）取样数量：取样需去掉端头 1m，样品总面积不小于 2m^2。

3. 结果判定

（1）检测参数按相应产品标准要求判定并符合相应产品标准等级要求。

图 7-103　镀锌电焊网

（2）《胶粉聚苯颗粒外墙外保温系统材料》JG/T 158 中规定：若受检样品中焊点抗拉力、网面镀锌层质量等有一项指标不满足要求时，要对同批样品加倍抽样复验不合格项，若该项指标符合要求，则判该批产品合格，若该指标仍不合格，则判该批产品不合格；若受检产品中丝径、网孔偏差中有一项指标不符合要求，或者焊点抗拉力、网面镀锌层质量两项指标同时不满足要求时，判该批产品不合格。

4. 常见检测问题及分析

（1）样品取样时或送检过程中未注意对样品的保护，造成了样品的机械损伤，如对折等。

（2）提供的样品信息错误或与实际送检样品不符。

7.7 室内环境污染控制

装修材料室内环境污染是指在装修建筑物内部空间的过程中，装修材料释放出的有毒有害污染物，主要是由于人们在室内装修过程中采用不合格装修材料以及不合理的设计造成的。装修材料有板材、涂料、胶、壁纸等，刚装修过检测到的有毒有害物质可达数百种，人们熟知的有苯、甲苯、甲醛、氨等，还有一些人们不了解的其他化学物质和重金属元素以及放射性核素。这类有毒有害物质不仅污染了室内环境，更会严重危害人们的身体健康。检测装修材料中的有害物质，选择环保的装修材料，有利于室内环境污染控制。

7.7.1 人造板材

人造板材是以木材或非木材植物纤维材料为主要原料，加工成各种材料单元，施加（或不施加）胶粘剂和其他添加剂而制成的板材或成型制品，主要包括胶合板、刨花板、纤维板等，如图 7-104 所示。

图 7-104　人造板材

1. 相关标准

（1）《民用建筑工程室内环境污染控制标准》GB 50325；

（2）《室内装饰装修材料 人造板及其制品中甲醛释放限量》GB 18580；

(3)《细木工板》GB/T 5849；

(4)《普通胶合板》GB/T 9846；

(5)《中密度纤维板》GB/T 11718；

(6)《浸渍胶膜纸饰面纤维板和刨花板》GB/T 15102；

(7)《刨花板》GB/T 4897；

(8)《装饰单板贴面人造板》GB/T 15104。

2. 检测参数及检测频率

检测参数：甲醛释放量、含水率、横向静曲强度、浸渍剥离性能、表面胶合强度、密度、吸水厚度膨胀率、静曲强度、弹性模量、表面耐磨、尺寸稳定性。

检测频率：

(1) 同一工程、同一厂家、同一规格、同一批号为一个检查批。

(2) 甲醛释放量抽样量：每批抽取两块试件，试件尺寸长 500±5mm，宽 500±5mm，试件表面积 1m^2。当试件长、宽小于所需尺寸，允许采用不影响测定结果的方法拼合。

(3)《细木工板》GB/T 5849 和《装饰单板贴面人造板》GB/T 15104 理化性能抽样方案见表 7-30。

细木工板和装饰单板贴面人造板抽样方案 **表 7-30**

提交检查批的成品板数量	初检抽样张数	复检抽样张数
＜1000	1	2
1000～2000	2	4
2001～3000	3	6
＞3000	4	8

(4)《普通胶合板》GB/T 9846 理化性能抽样方案件见表 7-31。

普通胶合板抽样方案 **表 7-31**

提交检查批的成品板数量	初检抽样张数	复检抽样张数
＜1000	1	2
1000～2999	2	4
3000～4999	3	6
＞5000	4	8

(5)《浸渍胶膜纸饰面纤维板和刨花板》GB/T 15102 理化性能抽样方案见表 7-32。

浸渍胶膜纸饰面纤维板和刨花板抽样方案 **表 7-32**

提交检查批的成品板数量	初检抽样张数	复检抽样张数
≤1200	1	2
1201～3200	2	4
3201～10000	3	6
＞10000	4	8

3. 结果判定

(1)《细木工板》GB/T 5849

初检样品中每张细木工板平均含水率都符合指标值时，含水率为合格，否则应进行复检；复检样品都符合指标值时，判为合格，否则含水率为不合格。

符合横向静曲强度、表面胶合强度、浸渍剥离性能和胶合强度指标值规定的试件数等于或大于相应性能试件总数的80%时，该批细木工板的相应性能判定为合格。小于60%时，则判为不合格。如符合相应性能指标值要求的试件数等于或大于试件总数的60%，但小于80%时，允许重新抽样进行复检，其结果符合该项性能指标值要求的试件数等于或大于试件总数的80%时，判其为合格；小于80%时，则判为不合格。

(2)《普通胶合板》GB/T 9846

符合含水率、胶合强度、浸渍剥离、静曲强度和弹性模量指标值规定的试件数等于或大于相应性能试件总数的90%时判为合格。小于70%时，则判为不合格。如符合相应性能指标值要求的试件数等于或大于有效试件总数的70%，但小于90%时，允许重新抽样进行复检，其结果符合该项性能指标值要求的试件数等于或大于有效试件总数的90%时，判其为合格；小于90%时，则判为不合格。

(3)《装饰单板贴面人造板》GB/T 15104

初检的含水率都符合指标值时，判定该批样品含水率为合格，否则应进行复检；复检样品都符合指标值时，判为合格。

样品中浸渍剥离性能、表面胶合强度和冷热循环试验符合指标值的试件数等于或大于相应性能试件总数的80%时判定为合格。小于80%时对不符合项进行复检，其结果符合该项性能指标值要求的试件数等于或大于试件总数的80%时方可判为合格。

当含水率、浸渍剥离、表面胶合强度、冷热循环试验和甲醛释放量均合格时，该批产品理化性能判为合格，否则判为不合格。

(4)《浸渍胶膜纸饰面纤维板和刨花板》GB/T 15102

第一次检验结果中某项指标不合格，则第二次抽取双倍数量重新检验不合格项，第二次样品应全部符合标准要求，否则该批样品判为不合格。

(5)《中密度纤维板》GB/T 11718

至少95%的单张样板的密度及板内密度偏差、含水率符合标准规定，判为合格，否则判为不合格。

吸水厚度膨胀率、静曲强度、弹性模量、内结合强度和表面胶合强度的单侧上、下规格限质量统计量 Q_u、Q_L 的值符合相应板型的单侧上、下规格限 μ_u、μ_L 要求时，判为合格，否则判为不合格。

(6)《刨花板》GB/T 4897

至少95%的单张样板的密度及板内密度偏差、含水率符合标准规定，判为合格，否则判为不合格。

吸水厚度膨胀率、静曲强度、弹性模量、内结合强度和表面胶合强度的95%分位置、5%分位置符合相应板型的上、下规格限 μ_u、μ_L 要求时，判为合格，否则判为不合格。

(7) 甲醛释放量判定和复检按《室内装饰装修材料　人造板及其制品中甲醛释放限量》GB 18580 的规定进行。

4. 常见检测问题及分析

(1) 样品取样时或送检过程中没有处于干燥和通风良好的环境下，或者未平整堆放。

(2) 样品受到污损、受潮、雨淋或者暴晒。

7.7.2 木门

木门是指以木材或木质人造板为主要材料制作门框、门扇的门，如图 7-105 所示。一般为实木、人造板或其他木质复合材料制成的门框和门扇。按表面材料可分为实木门、实木复合门、木质复合门等。按功能可分为防火木门、防盗木门、防潮木门、隔声木门、其他功能木门等。

图 7-105 木门

1. 相关标准

(1)《民用建筑工程室内环境污染控制标准》GB 50325；

(2)《室内装饰装修材料 人造板及其制品中甲醛释放限量》GB 18580；

(3)《木门分类和通用技术要求》GB/T 35379；

(4)《木门窗》GB/T 29498；

(5)《建筑木门、木窗》JG/T 122；

(6)《木质门》WB/T 1024；

(7)《室内木质门》LY/T 1923。

2. 检测参数及检测频率

检测参数：甲醛释放量、含水率、门扇耐冲击性能、漆膜涂层表面及覆面的表面理化性能。

检测频率：

(1) 同一工程、同一厂家、同一规格、同一批号为一个检查批。

(2) 取样数量见表 7-33。

木门抽样方案 表 7-33

提交检查批的成品板数量（樘）	初检抽样数（樘）	复检抽样数（樘）
≤20	1	2
20～100	2	4
101～1000	3	6
≥1001	6	12

3. 结果判定

(1)《木门分类和通用技术要求》GB/T 35379 中规定各项理化性能检验均符合要求时，该批样品的理化性能判为合格。如果检验结果有某项指标不合格时，在同批样品中加倍抽取样品对不合格项复检，复检均合格时，该批样品理化性能判定为合格，否则判定为不合格。

(2)《建筑木门、木窗》JG/T 122 中产品各项物理力学性能检验均符合本标准相应等级的要求，判为相应等级的合格品。否则判为不合格品或作降等处理。物理力学性能检验，若第一次抽样不合格，允许加倍抽样检验，全部合格者判为合格品。

(3)《室内木质门》LY/T 1923 理化性能检验结果有某项指标不合格时，允许复检一次，在同批产品中加倍抽取样品对不合格项进行复检，复检后全部合格，判为合格；否则判为不合格。

4. 常见检测问题及分析

（1）样品取样时或送检过程中没有处于干燥和通风良好的环境下，或者未平整堆放。

（2）样品受到污损、受潮、雨淋或者暴晒。

7.7.3 溶剂型涂料

溶剂型涂料是以合成树脂为主要成膜物质，与颜料、体质物料及各种助剂配制而成的，施涂后能形成表面平整的薄质涂层的涂料，特点是以有机溶剂作为分散介质。在有高装饰性要求的场所，通常使用溶剂型涂料来实现。采用溶剂型涂料可随地点、气候的变化进行溶剂比例的控制，以获得优质的涂膜。油漆如图 7-106 所示。

图 7-106 油漆

1. 相关标准

（1）《民用建筑工程室内环境污染控制标准》GB 50325；

（2）《室内装饰装修材料 溶剂型木器涂料中有害物质限量》GB 18581。

2. 检测参数及检测频率

检测参数：VOC、苯、甲苯＋二甲苯＋乙苯含量总和、甲醇含量。

检测频率：

（1）同一工程、同一材料、同一生产厂家、同一型号、同一规格、同一批号检查一次。

（2）取样数量：3kg。

（3）对于双组分或多组分配套使用的涂料，应注明各组分的施工配合比。如需加水稀释，应明确稀释比例。

3. 结果判定

所有项目的检验结果均达到标准的要求时，判定该产品为符合标准要求。

4. 常见检测问题及分析

（1）对于由双组分或多组分配套组成的涂料，各组分的施工配合比没有标识正确。

（2）试验样品没有装入密闭的容器中贮存，或者没有避光和防潮处理。

（3）在检测取样时样品可能有沉淀分层，搅拌不均匀。

7.7.4 水性处理剂、阻燃剂和混凝土外加剂

水性处理剂以水作为稀释剂，能浸入建筑材料和装修材料内部，提高其阻燃、防水、防腐等性能的液体，主要包括水性阻燃剂（包括防火涂料）、防水剂、防腐剂等。阻燃剂指具有阻燃性能的水性处理剂，主要应用于室内装修中的织物和木材，如图 7-107 所示。混凝土外加剂是指为改善和调节混凝土的性能而掺加的物质，如图 7-108 所示。

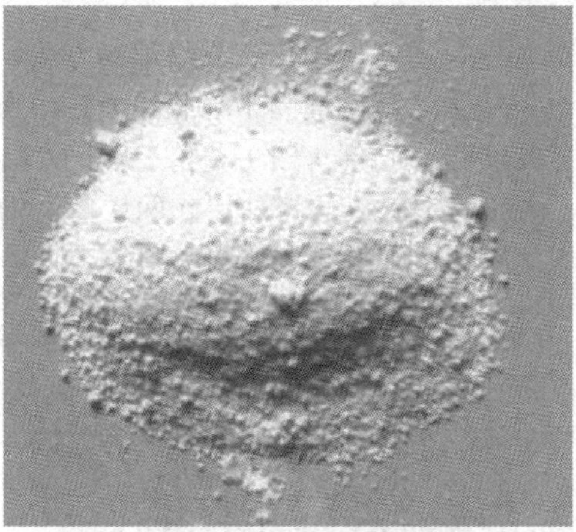

图 7-107　阻燃剂

图 7-108　加气混凝土专用外加剂

1. 相关标准

(1)《民用建筑工程室内环境污染控制标准》GB 50325；

(2)《混凝土外加剂中释放氨的限量》GB 18588。

2. 检测参数及检测频率

检测参数：

(1) 水性处理剂：游离甲醛。

(2) 混凝土外加剂：游离甲醛、氨的释放量。

(3) 阻燃剂：氨的释放量。

检测频率：

(1) 抽取样品应当为同一规格型号、同一批次的产品，以一个验收单元为检验批。

(2) 取样数量：在同一批产品中随机抽取 1kg 的样品，混合均匀，分为两份送检，一份密封保存 3 个月，另一份作为检测样品。

3. 结果判定

所有项目的检验结果均达到标准的要求时，判定该产品为符合标准要求。

4. 常见检测问题及分析

(1) 试验样品没有装入密闭的容器中贮存，或者没有避光和防潮处理。

(2) 在检测取样时样品可能有沉淀分层，搅拌不均匀。

7.8 细 部 工 程

装饰装修工程中的细部工程通常包括橱柜制作与安装、窗帘盒和窗台板制作与安装、门窗套制作与安装、护栏和扶手制作与安装、花饰制作与安装五个分项工程。依据轨道交通工程特点本节将主要介绍护栏和扶手工程的现场取样检测。

护栏和扶手工程中护栏起围护作用，扶手作依扶作用，并兼起装饰作用。栏杆扶手的设计，应考虑坚固、安全、适用和美观等。本节将主要介绍护栏和扶手工程中常用的钢化玻璃、钢化夹层玻璃、不锈钢管、钢管及镀锌钢管材料的现场取样检测。

1. 钢化玻璃、钢化夹层玻璃

钢化玻璃是一种预应力玻璃，为提高玻璃的强度，通常使用化学或物理的方法，在玻璃表面形成压应力，玻璃承受外力时首先抵消表层应力，从而提高了承载能力，增强玻璃自身抗风压性、寒暑性、冲击性等。钢化夹层玻璃是夹层玻璃的一种，其中间层多为PVB胶片（学名聚乙烯醇缩丁醛），经过加热、高压特殊工艺，将两层或两层以上的玻璃粘合在一起的一种安全玻璃。扶手玻璃如图7-109所示，护栏玻璃如图7-110所示。

图7-109　扶手玻璃

图7-110　护栏玻璃

（1）相关标准

1）《建筑装饰装修工程质量验收标准》GB 50210；

2）《建筑用安全玻璃　第2部分：钢化玻璃》GB 15763.2；

3）《建筑用安全玻璃　第3部分：夹层玻璃》GB 15763.3；

4）《建筑用安全玻璃　第4部分：均质钢化玻璃》GB 15763.4；

5）《建筑玻璃应用技术规程》JGJ 113。

（2）检测参数及检测频率

检测参数：

1）钢化玻璃：外观质量、尺寸偏差、弯曲度、抗冲击性、碎片状态、散弹袋冲击性能、耐热冲击性能、表面应力。

2）钢化夹层玻璃：外观质量、尺寸偏差、弯曲度、耐热性、耐湿性、耐辐照性、落球冲击剥离性能、散弹袋冲击性能。

检测频率：

1）同一品种、类别、等级、同一供货批钢化玻璃1000块为一批，夹层玻璃500块为一批。

2）取样数量及样品尺寸参见表7-9和表7-10。

3）若采用试样进行检验时应采用同一工艺条件下制备的试样。

（3）结果判定

样品检测参数全部符合相应产品标准要求时判定为合格。

（4）常见检测问题及分析

1）样品取样时或送检过程中未注意对样品的保护，造成了破损及表面划伤。

2）提供的样品信息错误或与实际送检样品不符。

2. 不锈钢管

不锈钢管的种类繁多，用途不同，其技术要求各异，生产方法亦有所不同。不锈钢管按生产方式分为无缝管和焊管两大类，按材质分为普通碳素钢管、优质碳素结构钢管、合金结构管、合金钢管、轴承钢管、不锈钢管双金属复合管等。不锈钢管是一种经济的断面钢材，是钢铁工业中的一项重要产品，广泛用于生活装饰和工业，一般用于制作楼梯扶手、护窗、栏杆、家具等，常见的有201和304两种材质，如图7-111所示。

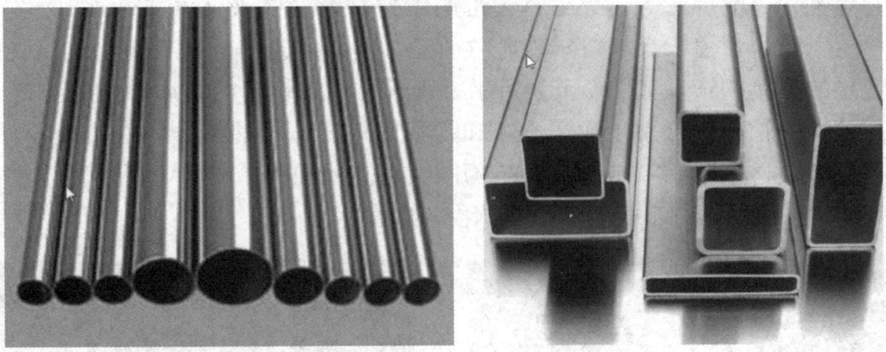

图7-111　不锈钢管

（1）相关标准

1）《建筑装饰装修工程质量验收标准》GB 50210；

2）《机械结构用不锈钢焊接钢管》GB/T 12770；

3）《结构用不锈钢无缝钢管》GB/T 14975。

（2）检测参数及检测频率

检测参数：外径和壁厚、力学性能、压扁、表面质量。

检测频率：

1）外径≤57mm，400根为一批；外径介于57～219mm，200根为一批；外径＞219mm，100根为一批。

2）取样数量：详见《机械结构用不锈钢焊接钢管》GB/T 12770。

（3）结果判定

1）检测参数按相应产品标准要求判定并符合相应产品标准等级要求。

2）《机械结构用不锈钢焊接钢管》GB/T 12770、《结构用不锈钢无缝钢管》GB/T 14975中规定：某一项不符合产品规定时，可以从同批剩余钢管中再抽取2倍数量的试样，进行不合格项目的复验。若所有复验结果均符合产品标准的规定，则除最初检验的不合格钢管外，该批钢管判为合格。若复验结果不合格，可将该批剩余钢管逐根检验或整批重新进行热处理。重新热处理的钢管，应作为新的一批重新检查和验收。钢管重新热处理的次数应不超过2次。

（4）常见检测问题及分析

1）不锈钢表面所用标记漆或墨水不得含有任何有害的金属或金属盐，如铅、锌或铜。

2）样品取样时或送检过程中未注意样品的防护，造成了试样的损伤、破坏。

3）不锈钢表面受到有害的金属或金属盐，如铅、锌、铜或其他化学品腐蚀。

4）未按标准要求加工样品，热影响导致样品力学性能改变。

5）提供的样品信息错误或与实际送检样品不符。

3. 钢管、镀锌钢管

钢管按生产方法可分为两大类：无缝钢管和焊接钢管，如图 7-112 所示。无缝钢管用优质碳素钢或合金钢制成，有热轧、冷轧（拔）之分。焊接钢管是由卷成管形的钢板以对缝或螺旋缝焊接而成，在制造方法上，又分为低压流体输送用焊接钢管、螺旋缝电焊钢管、直接卷焊钢管、电焊管等。无缝钢管可用于各种行业的液体气压管道和气体管道等。焊接管道可用于输水管道、煤气管道、暖气管道、电器管道等。镀锌钢管是指表面有热浸镀或电镀锌层的焊接钢管，如图 7-113 所示。镀锌可增加钢管的抗腐蚀能力，延长使用寿命。钢管、镀锌钢管不仅可用于输送流体和粉状固体、交换热能、制造机械零件和容器，其还是一种经济钢材，用钢管制造建筑结构网架、支柱和机械支架，可以减轻重量，节省金属 20%～40%，而且可实现工厂化机械化施工。

图 7-112　钢管

图 7-113　镀锌钢管

（1）相关标准

1）《建筑装饰装修工程质量验收标准》GB 50210；

2）《直缝电焊钢管》GB/T 13793；

3）《低压流体输送用焊接钢管》GB/T 3091。

（2）检测参数及检测频率

检测参数：尺寸偏差、力学性能、压扁、表面质量、镀锌层均匀度（厚度）。

检测频率：

1）外径≤219.1mm，每个班次生产的钢管为一批；外径＞219.1mm 且≤406.4mm，200 根一批；外径＞406.4mm，100 根一批。

2）取样数量：详见《直缝电焊钢管》GB/T 13793。

3）若用试样进行检验时应采用同一工艺条件下制备的试样。

（3）结果判定

1）检测参数按相应产品标准要求判定并符合相应产品标准等级要求。

2）《直缝电焊钢管》GB/T 13793、《低压流体输送用焊接钢管》GB/T 3091 中规定：某一项不符合产品规定时，可以从同批剩余钢管中再抽取 2 倍数量的试样，进行不合格项目的复验。若所有复验结果均符合产品标准的规定，则除最初检验的不合格钢管外，该批钢管判为合格。若复验结果不合格，可将该批剩余钢管逐根检验或整批重新进行热处理。

重新热处理的钢管，应作为新的一批重新检查和验收。钢管重新热处理的次数应不超过2次。

（4）常见检测问题及分析

1）样品取样时或送检过程中未注意样品的防护，造成了损坏及表面污损。

2）未按标准要求加工样品，热影响导致样品力学性能改变。

3）提供的样品信息错误或与实际送检样品不符。

第 8 章　机电工程现场取样检测

机电工程有着非常广的概念范围，这里主要介绍通风与空调、建筑给水排水、建筑电气领域。相对土建工程，机电工程所使用的材料设备有品种及规格型号多、用量少的特点；材料设备的质量好坏不仅影响着机电工程的质量及安全，还影响整个项目的主要使用功能能否实现。城市轨道交通与普通民用建筑的环境条件不同，对所使用的机电材料设备在防潮、防腐、防蛀等性能方面有更高要求。机电工程涉及的主要材料罗列如下：排水用硬聚氯乙烯（PVC-U）管材、排水用硬聚氯乙烯（PVC-U）管件、给水用硬聚氯乙烯（PVC-U）管材及管件、给水用聚乙烯（PE）管材及管件、冷热水用聚丙烯管材及管件、钢塑复合管、给水涂塑复合钢管、建筑排水用高密度聚乙烯（HDPE）管材及管件、钢丝网骨架塑料（聚乙烯）复合管材及管件、聚乙烯双壁波纹管材、聚乙烯缠绕结构壁管材、玻璃纤维增强塑料夹砂管、闸阀、截止阀、旋塞阀、球阀、止回阀、蝶阀、混凝土管、钢筋混凝土管、预应力钢筒混凝土管、抗震支架、母线槽、电缆桥架、导管、绝缘导线、电缆、灯具、开关、插座、预埋槽道等。

8.1　通风与空调工程

城市轨道交通对通风与空调工程上使用的材料设备有防潮、防腐、防火等方面的要求。城市轨道交通的通风与空气调节是靠通风空调设备来实现的，通风空调设备不仅性能要满足使用要求，还有可靠性高、使用寿命长的要求。通风空调工程中所使用的部件质量也影响使用功能和效果，如空调水管上的阀门性能影响着空调的效果，风管上的阀门性能影响着通风与防排烟的效果。

8.1.1　镀锌钢板

镀锌钢板是表面有热浸镀或电镀锌层的焊接钢板，一般广泛用于建筑、家电、车船、容器制造业、机电业等。镀锌是一种经常采用的经济而有效的防腐方法，世界上一半左右的锌产量用于此种工艺。

1. 相关标准

《碳素结构钢》GB/T 700。

2. 检测参数及检测频率

检测参数：化学分析、拉伸、冷弯、镀锌层质量等。

检测频率：每批由同一牌号、同一炉号、同一质量等级、同一品种、同一尺寸、同一交货状态的钢材组成。每批重量不大于 60t。具体取样数量见表 8-1。

角钢/槽钢/H型钢/钢板检测频率及数量表 表 8-1

检测项目	取样数量，个	取样方法
化学分析	1（每炉）	GB/T 20066
拉伸	1	GB/T 2975
冷弯		

注：镀锌层重量：试样单面面积 3000～5000mm²，三块。

3. 结果判定

钢的牌号、化学成分（熔炼分析）、拉伸和弯曲试验结果应符合《碳素结构钢》GB/T 700。

4. 常见检测问题及分析

镀锌层厚度不达标，镀锌层粉化，镀锌表面夹杂，镀锌层损坏。

8.1.2 镀锌钢管

为提高钢管的耐腐蚀性能，对一般钢管进行镀锌。镀锌钢管分热镀锌和电镀锌两种，热镀锌层厚，具有镀层均匀，附着力强，使用寿命长等优点；电镀锌成本低，表面不是很光滑，其本身的耐腐蚀性比热镀锌管差很多。

1. 相关标准

《低压流体输送用焊接钢管》GB/T 3091。

2. 检测参数及检测频率

检测参数：化学分析、拉伸试验、弯曲试验、压扁试验、镀锌层重量测定等。

检测频率：

（1）每批由同一炉号、同一牌号、同一规格、同一焊接工艺、同一热处理制度（如适用）和同一镀锌层（如适用）的钢管组成。

（2）化学分析 1 次/炉，拉伸试验 1 次/批，弯曲试验 1 次/批，压扁试验 1 次/批，镀锌层重量 1 次/批。

（3）每批钢管的数量应不超过如下规定：外径不大于 219.1mm，每个班次生产的钢管；外径大于 219.1mm 但不大于 406.4mm，200 根；外径大于 406.4mm，100 根见表 8-2。

3. 结果判定

（1）钢的牌号和化学成分（熔炼分析）应符合《碳素结构钢》GB/T 700 中牌号 Q195、Q215B、Q235A、Q235B、Q275A、Q275B 和 GB/T 1591 中牌号 Q345A、Q345B 的规定。

镀锌钢管检验项目、取样数量和取样方法 表 8-2

检测项目	取样数量	取样方法
化学分析	1个	GB/T 20066
拉伸试验	1个	GB/T 2975
弯曲试验	1个	GB/T 224
压扁试验	2个	GB/T 246
镀锌层重量	每批任取 2 根钢管，每根钢管各取 1 个试样	GB/T 3091 附录 B

注：镀锌层重量检测：钢管一端截取 30～60mm 的管段。

(2) 钢的拉伸试验、弯曲试验符合《低压流体输送用焊接钢管》GB/T 3091—2015 第5.4条规定，钢的压扁试验符合GB/T 3091—2015第5.5条规定。

4. 常见检测问题及分析

加工过程中存在工艺缺陷导致钢管存在暗纹、凸起的现象；镀锌层厚度不达标、不均匀、表面夹杂、损坏等现象。

8.1.3 空调水系统阀门

空调水系统阀门被广泛应用于控制水的压力、流量和流向。常用的阀门按阀体结构形式和功能可分为闸阀、蝶阀、截止阀、球阀、旋塞阀、止回阀、减压阀、安全阀、疏水阀、平衡阀等；按照驱动方式分为手动、电动、液动、气动等四种方式；按照公称压力分为高压、中压、低压三类。供热空调水系统中常用的大都为低压或中压阀门，以手动为主。阀门的型号根据阀门种类、驱动方式、阀体结构、密封或衬里材料、公称压力、阀体材料等，分别用汉语拼音及数字表示。

1. 相关标准

(1)《通风与空调工程施工质量验收规范》GB 50243；

(2)《工业阀门 压力试验》GB/T 13927。

2. 检测参数及检测频率

检测参数：强度（壳体试验）、阀瓣密封性能试验。

检测频率：依据《通风与空调工程施工质量验收规范》GB 50243，工作压力大于1.0MPa及在主干管上起到切断作用和系统冷、热水运行转换调节功能的阀门和止回阀，应进行壳体强度和阀瓣密封性能试验；主干管上起切断作用的闭路阀门全数检测，其他按GB 50243—2016的附录B的第Ⅰ抽样方案表由监理抽样送检。

3. 结果判定

(1) 壳体试验时，不应有结构损伤，不允许有可见渗漏通过阀体壳壁和任何固定的阀体连接处（如：中口法兰），不得有明显可见的液滴或表面潮湿。

(2) 密封试验时，不允许有可见泄漏。

4. 常见检测问题及分析

密封面之间夹有杂物；密封面损坏；弹簧疲劳、弹簧使用不当；阀体有杂物堵塞；阀体被腐蚀导致存在缺陷。

8.1.4 绝热材料

绝热材料是指能阻滞热流传递的材料，又称热绝缘材料。传统绝热材料如玻璃纤维、石棉、岩棉、硅酸盐等，新型绝热材料如气凝胶毡、真空板等，它们是可以阻抗热流传递的材料或者材料复合体，主要用在建筑围护或者热工设备上，可分为保温材料和保冷材料两类。绝热材料一方面满足了建筑空间或热工设备的热环境，另一方面也节约了能源。

绝热材料分为多孔材料、热反射材料和真空材料三类。多孔材料利用材料本身所含的孔隙隔热，因为空隙内的空气或惰性气体的导热系数很低，如泡沫材料、纤维材料等；热反射材料具有很高的反射系数，能将热量反射出去，如金、银、镍、铝箔或镀金属的聚酯、聚酰亚胺薄膜等；真空绝热材料是利用材料的内部真空阻隔对流达到隔热的目的。

1. 相关标准

(1)《绝热用玻璃棉及其制品》GB/T 13350；

(2)《柔性泡沫橡塑绝热制品》GB/T 17794。

2. 检测参数及检测频率

检测参数：导热系数、密度、吸水率、燃烧性能。

检测频率：依据《建筑节能工程施工质量验收标准》GB 50411，同一厂家同材质的保温材料见证取样送检的次数不得少于 2 次；依据《绿色建筑工程施工质量验收规范》DGJ32/J 19，同厂家、同材质的保温材料，其复验次数不得少于 2 次。具体取样数量为：有机板材 $10m^2$；无机板材 $3m^2$。

3. 结果判定

吸水率按《矿物棉及其制品试验方法》GB/T 5480 规定，燃烧性能按《建筑材料不燃性试验方法》GB/T 5464 规定，导热系数和密度按《绝热材料稳态热阻及有关特性的测定　防护热板法》GB/T 10294、《绝热材料稳态热阻及有关特性的测定　热流计算》GB/T 10295 和《绝热层稳态传热性质的测定　圆管法》GB/T 10296 规定。

4. 常见检测问题及分析

材质选用不合理导致材料导热系数不达标，燃烧性能不达标；制作加工工艺不标准，导致材料存在缺陷。

8.1.5　防火阀门

防火阀门是安装在通风、空气调节系统的送、回风管道上，平时呈开启状态，火灾时当管道内烟气温度达到 70℃时关闭，并在一定时间内能满足漏烟量和耐火完整性要求，起隔烟阻火作用的阀门，防火阀门一般由阀体、叶片、执行机构和温感器等部件组成；排烟防火阀是安装在机械排烟系统管道上，平时呈开启状态，火灾时当排烟管道内烟气温度达到 280℃时关闭，并在一定时间内能满足漏烟量和耐火完整性要求，起隔烟阻火作用的阀门，排烟防火阀门一般有阀体、叶片、执行机构和温感器等部件组成；排烟阀是安装在机械排烟系统各支管端部（烟气吸入口）处，平时呈关闭状态并满足漏风量要求，火灾或需要排烟时手动和电动打开，起排烟作用的阀门，带有装饰口或进行过装饰处理的阀门，排烟阀一般由阀体、叶片、执行机构等部件组成。

1. 相关标准

《建筑通风和排烟系统用防火阀门》GB 15930。

2. 检测参数及检测频率

检测参数：外观、公差、驱动转矩、复位功能、温感器控制、手动控制、电动控制、绝缘性能、可靠性、耐腐蚀性、环境温度下的漏风量、耐火性能。

检测频率：出厂检验每台均需进行（参数为外观、公差、复位功能、手动控制、电动控制、绝缘性能）；型式检验正常批量生产每三年进行一次检验（所有项目）。具体取样量为：防火阀 3 台、温感器 15 件。

3. 结果判定

（1）外观：阀门上的标牌应牢固，标识应清晰、准确；阀门各零部件的表面应平整，不允许有裂纹、压坑及明显的凹凸、锤痕、毛刺、孔洞等缺陷；阀门的焊接应光滑、平整，不允许有虚焊、气孔、夹渣、疏松等缺陷；金属阀门各零部件的表面均应作防锈、防腐处理，经处理后的表面应光滑、平整，涂层、镀层应牢固，不应有剥落、镀层开裂以及漏漆或流淌现象。

（2）公差：阀门的线性尺寸公差应符合《一般公差　未注公差的线性和角度尺寸的公差》GB/T 1804 中所规定的 c 级公差等级。

（3）驱动转矩：防火阀或排烟防火阀叶片关闭力在主动轴上所产生的驱动转矩应大于叶片关闭时主动轴上所需转矩的 2.5 倍。

（4）复位功能：阀门应具备复位功能，其操作应方便、灵活、可靠。

（5）温度器控制：防火阀或排烟防火阀应具备温感器控制方式，使其自动关闭；防火阀中的温感器在 65±0.5℃的恒温水浴中 5min 内应不动作，排烟防火阀中的温感器在 250±2℃的恒温油浴中 5min 内应不动作；防火阀中的温感器在 73±0.5℃的恒温水浴中 1min 内应动作，排烟防火阀中的温感器在 285±2℃的恒温油浴中 2min 内应动作。

（6）手动控制：防火阀或排烟防火阀宜具备手动关闭方式，排烟阀应具备手动开启方式，手动操作应方便、灵活、可靠；手动关闭或开启的操作力应不大于 70N。

（7）电动控制：防火阀或排烟防火阀宜具备电动关闭方式，排烟阀应具备电动开启方式，具有远距离复位功能的阀门，当通电动作后，应具有显示阀门叶片位置的信号输出；阀门执行机构中电控电路的工作电压宜采用 DC24V 的额定工作电压，其额定工作电流不应大于 0.7A；在实际电压低于额定工作电压 15%和高于额定工作电压 10%时，阀门应能正常进行电控操作。

（8）绝缘性能：阀门有绝缘要求的外部带电端子与阀体之间的绝缘电阻在常温下应大于 20MΩ。

（9）可靠性：防火阀或排烟防火阀经过 50 次的开关试验后，各零部件应无明显变形、磨损及其他影响其密封性能的损伤，叶片仍能从打开位置灵活可靠地关闭；排烟阀经过 50 次开关试验后，各零部件应无明显变形、磨损及其他影响其密封性能的损伤，电动和手动操作均应立即开启；排烟阀经过 50 次开关试验后，在其前后气体静压差保持在 1000±15Pa 的条件下，电动和手动操作均应立即开启。

（10）耐腐蚀性：经过 5 个周期，共 120h 的盐雾腐蚀试验后，阀门应能正常启闭。

（11）环境条件下的漏风量：在环境温度下，使防火阀或排烟防火阀叶片两侧保持 300±15Pa 的气体静压差，其单位面积上的漏风量（标准状态）应不大于 $500m^3/(h \cdot m^2)$；在环境温度下，使排烟阀的叶片两侧保持 1000±15Pa 的气体静压差，其单位面积上的漏风量（标准状态）应不大于 $700m^3/(h \cdot m^2)$。

（12）耐火性能：耐火试验开始后 1min 内，防火阀的温感器应动作，阀门关闭；耐火试验后 3min 内，排烟防火阀的温感器应动作，阀门关闭；在规定的耐火时间内，使防火阀或排烟防火阀叶片两侧保持 300±15Pa 的气体静压差，其单位面积上的漏烟量（标准状态）应不大于 $700m^3/(h \cdot m^2)$；在规定的耐火时间内，防火阀或排烟防火阀表面不应出现连续 10s 以上的火焰；防火阀或排烟防火阀的耐火时间应不小于 1.5h。

4. 常见检测问题及分析

阀体存在机械损伤导致漏风量不达标；温控系统存在故障无法实现温感器控制；电动控制系统故障导致复位功能缺失。

8.1.6 风量调节阀

风量调节阀是工业厂房民用建筑的通风、空气调节及空气净化工程中不可缺少的中央空调末端配件，一般用于空调、通风系统管道中支管风量的调节，也可用于新风与回风的混合调节。风量调节阀一般分为对开多叶调节阀、蝶阀（单叶调节阀）、顺开调节阀等形式。其主要特点是运转灵活，噪声低，泄漏量小（密闭型泄漏量<0.5%），工作温度区域宽，结构可靠，安全方便。

1. 相关标准

《建筑通风风量调节阀》JG/T 436。

2. 检测参数及检测频率

检测参数：阀片漏风量、阀体漏风量、阀片相对变形量、风阀耐温性、风量调节特性等。

检测频率：同一厂家不少于 3 个，样品包装完好。

3. 结果判定

阀片和阀体允许漏风量见表 8-3、表 8-4。

阀片允许漏风量 **表 8-3**

阀片泄漏等级	允许漏风量 Q [m^3/（h·m^2）]
零级泄漏（阀片耐压 2500Pa 时）	0
高密闭型风阀	$\leqslant 0.15\Delta P^{0.58}$
中密闭型风阀	$\leqslant 0.60\Delta P^{0.58}$
密闭型风阀	$\leqslant 2.70\Delta P^{0.58}$
普通型风阀	$\leqslant 17.00\Delta P^{0.58}$

注：1. 本表为空气标准状态下，阀片允许漏风量；
2. ΔP—阀片前后承受的压力差（Pa）；
3. 住宅厨房、卫生间止回阀阀片漏风量参考中密闭型风阀执行；
4. 阀片漏风量计算时，漏风面积按照风阀内框尺寸计算。

阀体允许漏风量 **表 8-4**

阀体泄漏等级	允许漏风量 Q [m^3/（h·m^2）]
A 级阀体漏风量	$\leqslant 0.003P^{0.65}$
B 级阀体漏风量	$\leqslant 0.01P^{0.65}$
C 级阀体漏风量	$\leqslant 0.03P^{0.65}$

注：1. 本表为空气标准状态下，阀体允许漏风量；
2. P—标准状况下，阀体内承受的压力（Pa）；
3. 阀体漏风量计算时，漏风面积按照风阀内框尺寸计算。

阀片相对变形量：当阀片全关、风阀前后静压差为2000Pa时，阀片相对变形量不应大于0.0022。

风量调节特性：以风阀的开度为横坐标、风量比为纵坐标绘制风量调节特性曲线。

4. 常见检测问题及分析

阀片变形导致风量调节性能缺陷；阀体密封性能缺陷导致漏风量偏大；阀片选用材料性能不达标导致发片相对变形量不符合要求。

8.1.7 风机盘管

风机盘管机组简称风机盘管，它是由小型风机、电动机和盘管（空气换热器）等组成的空调系统末端装置之一。盘管管内流过冷冻水或热水时与管外空气换热，使空气被冷却，除湿或加热来调节室内的空气参数，它是常用的供冷、供热末端装置。按结构形式分为立式、卧式、壁挂式、卡式；按安装方式分为明装和暗装；按进水方位分为左式和右式；按出口静压分为低静压型和高静压型；按特征分为单盘管机组和双盘管机组。

1. 相关标准

(1)《建筑节能工程施工质量验收标准》GB 50411；

(2)《风机盘管机组》GB/T 19232。

2. 检测参数及检测频率

检测参数：供冷量、供热量、风量、水阻力、噪声、功率。

检测频率：按结构形式抽检，同厂家的风机盘管机组数量在500台及以下时，抽检2台；每增加1000台时应增加抽检1台。

3. 判定原则

供冷量和供热量实测值不低于额定值及名义值的95%；风量实测值不低于额定值及名义值的95%；输入功率实测值不大于额定值及名义值的110%；水阻不应大于及名义值的110%；噪声实测值不大于额定值，且不应大于名义值+1dB（A）。

4. 常见检测问题及分析

风机盘管常见不合格项目有供冷量和供热量偏小，噪声偏大。

(1) 供冷量和供热量偏小：风机盘管过滤器堵塞，盘管内铜管开裂漏水。

(2) 噪声偏大：电机叶轮与外壳存在碰擦，外壳存在松动等原因。

8.1.8 波纹金属软管

波纹金属软管是金属软管系列产品其一，是现代工业管路中一种高品质的柔性管道，具有良好的柔软性、抗疲劳性及承压高、耐温性好、耐腐蚀、密封性强等诸多特性，比其他软管（橡胶软管、塑料软管）的寿命高许多。它广泛应用于航空、航天、石油、化工、钢铁、电力、造纸、建筑、橡胶、纺织印染、医药、食品、交通运输等行业中。随着现代工业的发展，对高质量、高性能波纹金属软管的需求量会越来越大。

1. 相关标准

《波纹金属软管通用技术条件》GB/T 14525。

2. 检测参数及检测频率

检测参数：耐压试验、气密试验、动态弯曲试验、爆破试验。

检测频率：抽取样品应当为同一规格型号、同一批次的产品，以一个验收单元为检验批。同一检验批抽取 3 根。

3. 结果判定

(1) 水压试验：软管在 1.5 倍的设计压力 P_s 下进行水压试验，应无渗漏、无损伤、无异常变形，保压至少 5min。

(2) 气压试验：软管在 1.15 倍的设计压力 P_s 下进行气压试验，应无漏气、无损伤、无异常变形，保压至少 10min。

(3) 气密试验：当耐压试验采用气压试验时，可不进行气密试验，软管在设计压力 P_s 下进行气密试验，应无漏气。

(4) 动态弯曲试验：公称尺寸 $DN<100$ 的试件进行 U 型弯曲试验，公称尺寸 $DN\geqslant 100$ 的试件进行摆动弯曲试验，结果应符合《波纹金属软管通用技术条件》GB/T 14525—2010 第 5.6.4 条要求。

(5) 爆破试验：软管最小爆破压力 P_b 应符合《波纹金属软管通用技术条件》GB/T 14525—2010 第 5.6.5 条要求。

4. 常见检测问题及分析

表面机械损伤导致密封性能缺陷；使用材料不合格导致疲劳试验等不合格；连接件加工不规范导致连接处存在缺陷。

8.1.9 可曲挠橡胶接头

可曲挠橡胶接头又称作避震喉、软接头、橡胶软连接、管道减振器等，是由织物增强的橡胶件与平形活接头、套金属法兰或螺纹管法兰组成，用于管道隔振降噪、补偿位移。它是一种高弹性、高气密性、耐介质性和耐气候性的管道接头。一般常用于民用建筑给水排水工程，消防管网泵房机组管道承接，污水处理管道连接，高压气液化工介质运输，石油，船舶等，是当今世界管道配件最为常用的一种橡胶接头，具有降低管道噪声、密封性好、重量轻、安装维修方便、使用寿命长等优点。

1. 相关标准

《可曲挠橡胶接头》GB/T 26121。

2. 检测参数及检测频率

检测参数：外观、几何尺寸、耐压试验、位移试验、爆破压力、真空度。

检测频率：抽取样品应当为同一规格型号、同一批次的产品，以一个验收单元为检验批。同一检验批抽取 2 件。

3. 结果判定

(1) 耐压试验：试验压力下试件应无渗漏、无损伤、无异常变形。

(2) 位移试验：橡胶接头的最大允许位移符合《可曲挠橡胶接头》GB/T 26121—2010 第 5.3.2 条规定。

(3) 爆破试验、真空度：试验压力下检查试件，应无泄漏、无开裂、无异常变形。

4. 常见检测问题及分析

接头材质不达标导致耐压强度不达标；法兰连接缺陷导致密封性能及真空度不达标。

8.1.10 通风机

通风机是依靠输入的机械能提高气体压力并排送气体的机械，是一种从动的流体机械。现代通风机广泛用于工厂、矿井、隧道、冷却塔、车辆、船舶和建筑物的通风、排尘和冷却，锅炉和工业炉窑的通风和引风，空气调节设备和家用电器设备中的冷却和通风，谷物的烘干和选送，风洞风源和气垫船的充气和推进等。

1. 相关标准

(1)《一般用途轴流通风机　技术条件》JB/T 10562；

(2)《一般用途离心通风机　技术条件》JB/T 10563；

(3)《工业通风机　用标准化风道性能试验》GB/T 1236；

(4)《通风机转子平衡》JB/T 9101；

(5)《通风机振动检测及其限值》JB/T 8689；

(6)《风机和罗茨鼓风机噪声测量方法》GB/T 2888。

2. 检测参数及检测频率

检测参数：通风机空气动力性能试验、通风机转子平衡品质等级试验、通风机机械运转试验、噪声试验。

检测频率：抽取样品应当为同一规格型号、同一厂家的产品，以一个验收单元为检验批。同一检验批抽取 1 台。

3. 结果判定

(1) 通风机空气动力性能试验：通风机应进行空气动能性能试验，并绘制典型空气动气性能曲线；在规定的通风机压力下，所对应的流量偏差为±5%；或在规定的流量下，所对应的通风机压力或静压差为±5%。通风机叶轮效率不得低于其对应点效率的 5%。

(2) 通风机转子平衡品质等级试验：转子的平衡品质等级符合《通风机转子平衡》JB/T 9101—2014 第 5.3 条规定。

(3) 通风机机械运转试验：通风机应进行机械运转试验，测量轴承温升和振动，在轴承表面测得的轴承温度一般不得高于环境温度 40℃，振动速度刚性支撑有效值不得超过 4.6mm/s，振动速度挠性支撑不得超过 7.1mm/s。

(4) 噪声试验：通风机应进行噪声测量，并绘制 A 声级噪声特性曲线，其比 A 声级应符合《通风机　噪声限值》JB/T 8690 的规定。

4. 常见检测问题及分析

风机叶片变形，风机叶片夹杂物导致空气动力性能不达标；风机壳体变形或存在缺陷；风机选型错误导致风机工作点的效率低。

8.1.11 抗震支吊架

抗震支吊架是限制附属机电工程设施产生位移，控制设施振动，并将荷载传递至承载结构上的各类组件或装置。它与建筑结构体牢固连接，以地震力为主要荷载。经抗震支吊架加固后的建筑给水排水、消防、供暖、通风、空调、燃气、热力、电力、通信等机电工程设施，当遭遇到本地区抗震设防烈度的地震时，可以达到减轻地震破坏，减少和尽可能防止次生灾害的发生，从而达到减少人员伤亡及财产损失的目的。

抗震支吊架主要由锚固体、加固吊杆、抗震连接构件以及抗震斜撑组成如图 8-1 所示。

1. 抗震支吊架组件

抗震支吊架组件主要由抗震连接构件、管道连接构件、抗震斜撑、加固吊杆组成。

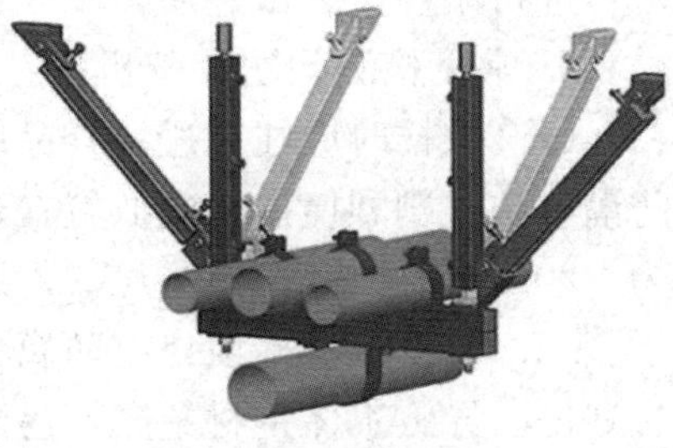

图 8-1 抗震支吊架

2. 相关标准

(1)《建筑抗震支吊架通用技术条件》GB/T 37267；

(2)《建筑机电设备抗震支吊架通用技术条件》CJ/T 476。

3. 检测参数及检测频率

检测参数：外观、尺寸及公差、涂层厚度、抗震连接构件荷载性能、管道连接构件荷载性能、循环加载性能、疲劳性能、耐火性能、防腐性能。

检测频率：每 100 套为一批，每批随机抽取样品 12 套，样品数量少于 100 套时，也应抽取 12 套。

4. 结果判定

(1) 外观

材质为碳钢时，构件应表面工整、光洁，不应有锈蚀、折叠、裂纹、分层、滴瘤、粗糙、刺锌、漏镀等缺陷。

材质为不锈钢时，表面应无明显的刮伤、拉伤等现象。

(2) 尺寸及公差

抗震连接构件及管道连接构件用板材厚度不应小于 5mm，抗震斜撑构件槽钢（或钢管）厚度不应小于 2mm。其他配件尺寸公差应符合《一般公差　未注公差的线性和角度尺寸的公差》GB/T 1804 中“中等 m”的规定。

(3) 涂层厚度

构件表面处理应符合下列规定：

1) 镀锌层厚度不应小于 5μm；

2) 采用热浸镀锌处理时，镀锌层厚度不应小于 60μm；

3) 采用锌铬涂层处理时，涂层厚度不应小于 8μm；

4) 构件表面采用环氧喷涂处理时，涂层厚度不应小于 70μm。

(4) 抗震连接构件及管道连接构件荷载性能

抗震连接构件及管道连接构件在额定荷载作用下，保持 1min，不应产生明显变形；当继续施加到 1.5 倍额定荷载时，不应产生滑脱。

(5) 循环加载性能

加载频率为 0.1Hz，经过 15 次相同荷载加载后，继续受到前次加载幅值 $(15/14)^{(1/2)}$ 倍递增循环荷载，递增荷载不应低于 35 次，位移不应大于 50mm。

(6) 疲劳性能

经过 200 万次疲劳试验，试验后组件不应出现断裂、脱落等现象。

(7) 耐火性能

耐火时间不低于180min，试验后组件不应出现断裂、脱落等现象。

（8）防腐性能

进行中性盐雾试验后，不应出现红绣。

5. 常见检测问题及分析

（1）取样时应注意避免样品间的刮擦、磕碰。样品搬卸、运输及储存的过程中应防雨防潮，防止剧烈撞击。应放置在通风干燥的库房里，避免与腐蚀性介质接触，贮存温度应为−20～40℃。

（2）常见不合格项目有防腐性能不达标。主要原因为防护层有缺陷或者在组件安装时有划伤，导致本体钢材暴露，易致锈蚀。

8.2 给水排水工程

给水排水工程是城市轨道交通工程的重要组成部分，也是影响建筑质量的重要因素，一旦建筑给水排水系统出现故障或者其他问题，则会对人们生活、生产的正常用水产生重大影响，而且隐蔽的管网在故障排查和故障维修等方面也具有很大的难度，花费的时间和费用也非常大。所以，在建筑给水排水工程的管道施工过程中需要进行认真的管理和监督，以确保工程的质量，而给水排水工程中的管类和阀门则是重要的控制要点。

8.2.1 金属类管

金属管材是以金属材料为原料，经冷拔、热轧、铸造和焊接等生产工艺加工而成的管材，广泛应用于建筑给水排水工程。

金属管材以材料来分，主要有钢管、铸铁管、铜管、不锈钢管等；以生产工艺和用途来分，主要有一般用途焊接钢管、低压流体输送用焊接钢管、普通流体输送管道用埋弧焊钢管、污水用球墨铸铁管等，其中建筑给水排水工程中常用的金属管材有焊接钢管和铸铁管两类，如图8-2、图8-3所示。

1. 相关标准

（1）《给水排水管道工程施工及验收规范》GB 50268；

（2）《低压流体输送用焊接钢管》GB/T 3091；

（3）《普通流体输送管道用埋弧焊钢管》SY/T 5037；

图8-2　焊接钢管

图8-3　铸铁管

(4)《污水用球墨铸铁管、管件和附件》GB/T 26081。

2. 检测参数及检测频率

检测参数：镀锌层质量（焊接镀锌钢管）、无损探伤（焊接镀锌钢管）、接头抗拉强度（焊缝钢管）、抗拉强度（铸铁管）、布氏硬度（铸铁管）、焊缝质量（焊接钢管）、尺寸规格、表面及涂覆质量、水压试验等。

焊接钢管：同一工作班生产的同一钢级同一规格的管件为一批，每批最大数量视管径而定，具体取样方法见表 8-5。

铸铁管：同一炉铁液，同一造型生产的管件为一批。每批最大数量视管径和工艺不同而定，每批至少抽取一根，具体取样数方法见表 8-6。

焊接钢管取样数量 **表 8-5**

检测项目	取样数量
母材拉伸	每批 1 根
压扁	每批任选 2 根，每根上取 1 个试样
无损检验	每 10 根钢管抽取 2 根
镀锌层质量	每批任选 2 根，每根上取 1 个试样
焊缝接头拉伸试验	每根钢管取 1 根试样（直径大于 219.1mm 才可做接头拉伸试验）

铸铁管取样数量 **表 8-6**

检测项目	取样数量
抗拉强度	每批任取 1 根
布氏硬度	每批任取 1 根

3. 结果判定

（1）焊缝质量（焊接钢管）、涂覆质量（铸铁管）应符合《给水排水管道工程施工及验收规范》GB 50268 要求。

（2）其他参数按相应产品标准要求判定。

（3）检测结果除应满足以上标准外，尚应满足设计文件的要求。

4. 常见检测问题及分析

（1）未按要求随机抽样，取样不具有代表性。

（2）提供的样品信息错误或与实际送检样品不符。

（3）样品在运输过程中有磨损、破坏。

（4）样品在制样过程中，加工尺寸精度有偏差。

8.2.2 混凝土类管

混凝土类管是指用混凝土或钢筋混凝土制作的管子，用于输送水、油、气等流体。

按照管壁内是否配置钢筋骨架分为混凝土管和钢筋混凝土管；按照外压荷载分级，其中混凝土管分为Ⅰ、Ⅱ两级，如图 8-4 所示，钢筋混凝土管分为Ⅰ、Ⅱ、Ⅲ三级，如图 8-5 所示。

图 8-4　混凝土管

图 8-5　钢筋混凝土管

1. 相关标准

（1）《给水排水管道工程施工及验收规范》GB 50268；

（2）《混凝土和钢筋混凝土排水管》GB/T 11836。

2. 检测参数及检测频率

检测参数：内水压力、外压荷载、保护层厚度、外观质量、尺寸偏差。

检测频率：

（1）由相同原材料、相同生产工艺生产的同一种规格、同一种接头形式、同一种外压荷载级别的管子组成一个受检批，不同管径批量数见表 8-7，每批抽一组。

（2）每组取样数量，见表 8-8。

混凝土类管检验批量　　**表 8-7**

产品品种	公称直径 D_0（mm）	批量（根）
混凝土管	100～300	≤15000
	350～600	≤10000
钢筋混凝土管	200～500	≤75000
	600～1400	≤5000
	1500～2200	≤3000
	2400～3500	≤2000

混凝土类管抽样数量　　**表 8-8**

检测项目	抽样数量（根）
外观质量	10
尺寸偏差	10
内水压力	2
外压荷载	2
保护层厚度	1

3. 结果判定

（1）外观质量和尺寸偏差：《混凝土和钢筋混凝土排水管》GB/T 11836 中 A 类项目

10 根受检管必须全部合格，每项 B 类项目的超差不超过 2 根，B 类项目超差不超过 2 项，则判定该批产品的外观质量和尺寸偏差合格。

（2）外压荷载和内水压力：《混凝土和钢筋混凝土排水管》GB/T 11836 中内水压力或外压荷载分别符合标准规定时，则判定合格，如内水压力或外压荷载检验 2 根管子中有一根不符合标准规定时，允许从同批产品中抽取 2 根管子进行复检，复检结果全部合格，则剔除原不合格 1 根，判该产品内水压力和外压荷载合格，复检结果仍有 1 根不合格的则判定该批产品外压荷载和内水压力不合格。内水压力或外压荷载检验 2 根均不符合标准规定时，不得复检，则判该批产品外压荷载或内水压力不合格。

（3）保护层厚度：《混凝土和钢筋混凝土排水管》GB/T 11836 中管子被测 3 点均符合标准规定时，则判定该批产品保护层厚度合格，3 点中有 1 点不符合标准规定时，允许从同批产品中抽取 2 根管子进行复检，复检结果全部符合标准规定时，则剔除原不合格的 1 根，判该批产品保护层厚度合格，复检结果仍有 1 点不符合标准规定时，则判该批产品保护层厚度不合格。3 点中有 2 点不符合标准规定时，不得复检，判该批产品保护层厚度不合格。

4. 常见检测问题及分析

（1）所检测的混凝土类管的混凝土龄期需要达到标准要求，防止其因混凝土龄期未到而强度未达到标准要求，进而导致样品检测结果不合格。

（2）混凝土类管往往是大量的堆积在一起的，在存放和运输过程中堆积层数不符合相关标准的要求，导致样品检测结果不合格。

（3）运输过程中出现碰撞，使得管体本身发生结构破坏，进而导致样品检测结果不合格。

8.2.3 预应力钢筒混凝土管

预应力钢筒混凝土管（Prestressed Concrete Cylinder Pipe，简写 PCCP）是指在带有钢筒的高强混凝土管芯上缠绕环向预应力钢丝，再在其上喷制致密的水泥砂浆保护层而制成的输水管，如图 8-6 所示。它是由薄钢板、高强钢丝和混凝土构成的复合管材，它充分而又综合地发挥了钢材的抗拉、易密封和混凝土的抗压、耐腐蚀性能，具有高密封性、高强度和高抗渗的特性。

根据钢筒在管芯中位置的不同，可分为两种：内衬式预应力钢筒混凝土管（PC-CPL）、埋置式预应力钢筒混凝土管（PCCPE）；按照管子接头的密封类型可分为单胶圈预应力钢筒混凝土管和双胶圈预应力钢筒混凝土管。

图 8-6 预应力钢筒混凝土管

1. 相关标准

（1）《给水排水管道工程施工及验收规范》GB 50268；

(2)《预应力钢筒混凝土管》GB/T 19685。

2. 检测参数及检测频率

检测参数：外观质量、尺寸偏差、内压抗裂性能、外压抗裂性能、接头允许相对转角。

检测频率：

（1）由同类别、同规格、同工艺生产的成品管子组成受检批。组批的最少管子数量为：管子内径＜2600mm 时至少应为 30 根；管子内径 2600～3400mm 时至少应为 20 根；管子内径＞3600mm 时至少应为 10 根；每批抽取一组。

（2）每组取样数量，见表 8-9。

预应力钢筒混凝土管抽样数量 **表 8-9**

检测项目	抽样数量（根）
外观质量	10
尺寸偏差	10
内压抗裂性能	2
外压抗裂性能	2
接头允许相对转角	2

3. 结果判定

《预应力钢筒混凝土管》GB/T 19685 中接头允许转角试验结果不符合标准规定时，允许复检一次。

《预应力钢筒混凝土管》GB/T 19685 中除外观质量中的水泥砂浆保护层、管芯混凝土内壁、承插口端面混凝土、管体修补质量和尺寸偏差中的管子内径和管子长度的检测项目最多允许两项超差以外，其余检验项目均符合标准规定的管子判为合格品。

4. 常见检测问题及分析

（1）样品取样时或送检过程中没有处于干燥和通风良好的环境下，或者未平整堆放，进而导致样品检测结果不合格。

（2）提供的样品信息错误或与实际送检样品不符，进而导致样品检测结果不合格。

（3）样品在运输过程中发生碰撞，管体发生损坏，进而导致样品检测结果不合格。

8.2.4 塑料类管

城市轨道交通工程的给水排水管道材料，占据整个工程的投资比例虽然不大，但却直接影响到整个工程的给水排水系统运行，从而影响整个工程的建设进程以及后期投入使用效果。给水排水工程作为城市轨道交通工程中不可缺少的部分，管道材质选择一旦失利，就会直接影响排水管道的正常使用，出现各种漏水事故，增加后期维修成本，影响人们正常的生产与生活秩序。塑料管材管件具有耐腐蚀、质量轻、阻力小、价格低廉等特点，因此受到城市轨道行业青睐。

目前，塑料管材管件在城市轨道建设工程领域占有率较高的主要有以下几类：硬聚氯乙烯（UPVC）管、聚丙烯管、聚乙烯（PE）管、钢塑复合（SP）管等，如图 8-7～图 8-24 所示。其中硬聚氯乙烯（UPVC）管分为给水用硬聚氯乙烯管和排水用硬聚氯乙烯管，目前其在我国城市轨道建设工程中主要用来作为排水管和雨水管，用来做给水管所占比例较小；聚丙烯管具有无毒、无锈蚀、不结垢、耐高温、耐腐蚀的特点，广泛应用于建筑物内的冷热水给水系统；聚乙烯（PE）管具有良好的卫生性能、耐腐蚀性、耐久性、耐冲击性、可靠的连接性（PE管热熔或电熔接口的强度高于管材本体）和施工性能，广泛应用在城市轨道建设工程领域饮用水的供水系统，污水的排放系统等；钢塑复合（SP）管分为衬塑复合钢管和涂塑复合钢管，其中衬塑复合钢管通常选用镀锌管经过缩径或把塑料管加压加热成型而粘结在钢管的内壁，然后形成衬塑复合管，选用热镀锌钢管或焊管和无缝钢管内涂覆环氧、聚乙烯等粉末形成涂塑复合钢管。钢塑复合（SP）管可作为通常自来水的冷热水运送，但由于其容易出现爆管的问题、环保性能也没有聚乙烯管和聚丙烯管优良，在城市轨道交通建设的供水系统中应用较少。

图 8-7　硬聚氯乙烯排水管材

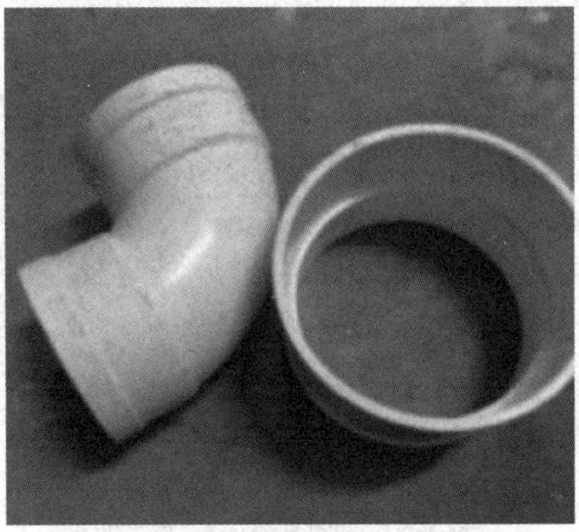

图 8-8　硬聚氯乙烯排水管件

图 8-9　给水用硬聚氯乙烯管材

图 8-10　给水用硬聚氯乙烯管件

图 8-11　给水用聚乙烯管材

图 8-12　给水用聚乙烯管件

图 8-13　冷热水用聚丙烯管材

图 8-14　冷热水用聚丙烯管件

图 8-15　衬塑复合钢管

图 8-16　环氧树脂涂塑复合钢管

图 8-17　聚乙烯涂塑复合钢管

图 8-18　聚乙烯外覆塑复合钢管

图 8-19　聚乙烯涂塑复合钢管

图 8-20　环氧树脂涂塑复合钢管

图 8-21 聚乙烯双壁波纹管

图 8-22 建筑排水用高密度聚乙烯管材

图 8-23 聚乙烯缠绕结构壁管材

图 8-24 玻璃纤维增强塑料夹砂管

1. 相关标准

(1)《给水排水管道工程施工及验收规范》GB 50268；

(2)《建筑排水用硬聚氯乙烯（PVC-U）管材》GB/T 5836.1；

(3)《建筑排水用硬聚氯乙烯（PVC-U）管件》GB/T 5836.2；

(4)《给水用硬聚氯乙烯（PVC-U）管材》GB/T 10002.1；

(5)《给水用硬聚氯乙烯（PVC-U）管件》GB/T 10002.2；

(6)《给水用聚乙烯（PE）管道系统 第2部分：管材》GB/T 13663.2；

(7)《给水用聚乙烯（PE）管道系统 第3部分：管件》GB/T 13663.3；

(8)《冷热水用聚丙烯管道系统 第2部分：管材》GB/T 18742.2；

(9)《冷热水用聚丙烯管道系统 第3部分：管件》GB/T 18742.3；

(10)《钢塑复合管》GB/T 28897；

(11)《给水涂塑复合钢管》CJ/T 120；

(12)《建筑排水用高密度聚乙烯（HDPE）管材及管件》CJ/T 250；

(13)《钢丝网骨架塑料（聚乙烯）复合管材及管件》CJ/T 189；

(14)《埋地用聚乙烯（PE）结构壁管道系统 第1部分：聚乙烯双壁波纹管材》GB/T 19472.1；

(15)《埋地用聚乙烯（PE）结构壁管道系统 第2部分：聚乙烯缠绕结构壁管材》GB/T 19472.2；

(16)《玻璃纤维增强塑料夹砂管》GB/T 21238。

2. 检测参数及检测频率

检测参数：各塑料类管材检测参数见表 8-10。

检测频率：各塑料类管材检测频率见表 8-11。

塑料类管材检测参数统计表 **表 8-10**

样品名称		检测参数
排水用硬聚氯乙烯（PVC-U）管材		尺寸、维卡软化温度、密度、纵向回缩率、落锤冲击试验、拉伸屈服应力、断裂伸长率
排水用硬聚氯乙烯（PVC-U）管件		尺寸、维卡软化温度、密度、烘箱试验、坠落试验
给水用硬聚氯乙烯（PVC-U）管材		尺寸、维卡软化温度、密度、纵向回缩率、落锤冲击试验、液压试验
给水用硬聚氯乙烯（PVC-U）管件		尺寸、维卡软化温度、烘箱试验、坠落试验、液压试验
给水用聚乙烯（PE）管材		尺寸、断裂伸长率、80℃静液压强度、20℃静液压强度、氧化诱导时间、纵向回缩率
给水用聚乙烯（PE）管件		尺寸、80℃静液压强度、20℃静液压强度、氧化诱导时间
冷热水用聚丙烯管材		尺寸、纵向回缩率、简支梁冲击试验、静液压试验（20℃/1h）、静液压试验(95℃/22h)
冷热水用聚丙烯管件		尺寸、静液压试验（20℃/1h）
钢塑复合管	衬塑复合钢管	尺寸、塑层厚度、内衬塑结合强度、弯曲性能（公称通径小于等于 50mm）、压扁性能（公称通径大于 50mm，且不超过 600mm）、耐冷热循环性能
	涂塑复合钢管	尺寸、塑层厚度、弯曲性能（公称通径小于等于 50mm）、压扁性能（公称通径大于 50mm，且不超过 600mm）、涂塑层附着力
给水涂塑复合钢管		尺寸、附着力、弯曲性能（公称通径小于等于 50mm）、压扁性能（公称通径大于 50mm）
建筑排水用高密度聚乙烯（HDPE）管材及管件		尺寸、纵向回缩率、熔体流动速率、静液压强度、加热烘箱试验、氧化诱导时间
钢丝网骨架塑料（聚乙烯）复合管材及管件		尺寸、短期静液压强度（20℃）、熔体质量流动速率
聚乙烯双壁波纹管材		环刚度、环柔性、烘箱试验、冲击性能
聚乙烯缠绕结构壁管材		环刚度、环柔性、烘箱试验、冲击性能、熔接处的拉伸力试验
玻璃纤维增强塑料夹砂管		初始环刚度、初始挠曲性、初始环向拉伸强力、初始轴向拉伸强力及拉伸断裂应变、初始环向弯曲强度、巴柯尔硬度

塑料类管材检测频率统计表 **表 8-11**

样品名称	取样方法	取样数量
排水用硬聚氯乙烯（PVC-U）管材	当 $DN \leqslant 75$mm，每批数量不超过 80000m，当 75mm＜$DN \leqslant 160$mm，每批数量不超过 50000m，当 160mm＜$DN \leqslant$ 315mm，每批数量不超过 30000m。如果生产 7d 仍不足规定数量，则以 7d 产量为一批	一批中取 8 根整管中各取 1m 长管材

续表

样品名称	取样方法	取样数量
排水用硬聚氯乙烯（PVC-U）管件	当 $DN<75$mm，每批数量不超过 10000 件，当 $DN\geqslant 75$mm，每批数量不超过 5000 件。如果生产 7d 仍不足规定数量，以 7d 产量为一批	一批中取 12 个完整的管件
给水用硬聚氯乙烯（PVC-U）管材	当 $DN\leqslant 63$mm 时，每批数量不超过 50t，当 $DN>63$mm，每批数量不超过 100t。如果生产 7d 仍不足量，则以 7d 产量为一批	一批中取 8 根整管中各取 1m 长管材
给水用硬聚氯乙烯（PVC-U）管件	当 $DN\leqslant 32$mm 时，每批数量不超过 20000 个，当 $DN>32$mm，每批数量不超过 5000 个。如果生产 7d 仍不足一批，以 7d 产量为一批	一批中取 12 个完整的管件
给水用聚乙烯（PE）管材	每批不超过 200t。生产期 10d 尚不足 200t，则以 10d 产量为一批	一批中取 8 根整管中各取 1m 长管材
给水用聚乙烯（PE）管件	$DN<75$mm 规格的管件每批不超过 20000 件，$75\text{mm}\leqslant DN<250$mm 规格的管件每批不超过 5000 件，$250\text{mm}\leqslant DN<710$mm 规格的管件每批不超过 3000 件，$DN\geqslant 710$mm 规格的管件每批不超过 1000 件。如果生产 7d 仍不足上述数量，则以 7d 产量为一批	一批中取 12 个完整的管件
冷热水用聚丙烯管材	每批数量不超过 100t。如果生产 10d 仍不足 100t，则以 10d 产量为一批	一批中取 8 根整管中各取 1m 长管材
冷热水用聚丙烯管件	$DN\leqslant 25$mm 规格的管件每批不超过 50000 件，$32\text{mm}\leqslant DN\leqslant 63$mm 规格的管件每批不超过 20000 件，$DN>63$mm 规格的管件每批不超过 5000 件。如果生产 7d 仍不足上述数量，则以 7d 为一批	一批中取 12 个完整的管件
钢塑复合管：衬塑复合钢管；涂塑复合钢管	每批钢塑管的数量应不超过以下规定：$DN<200$mm，1000 根；$200\text{mm}\leqslant DN<500$mm，500 根；$DN\geqslant 500$mm，200 根	一批中取 3 根整管中各取 1m 钢塑复合管
给水涂塑复合钢管	同一厂家，每批涂塑钢管数量不应超过以下规定：$DN\leqslant 150$mm，1000 根；$150\text{mm}<DN<500$mm，500 根；$DN\geqslant 500$mm，100 根	一批中取 6 根整管中各取 1m 钢管
建筑排水用高密度聚乙烯（HDPE）管材	每批数量不超过 100t。生产 7d 仍不足 100t，则以 7d 产量为一批	一批中取 8 根整管中各取 1m 长管材
建筑排水用高密度聚乙烯（HDPE）管件	每批数量不超过 5000 个。如生产 7d 仍不足批量，则以 7d 产量为一批	一批中取 12 个完整的管件
钢丝网骨架塑料（聚乙烯）复合管材	每批数量不超过 5km。生产周期 10d 尚不足 5km，则以 10d 产量为一批	一批中取 8 根整管中各取 1m 长管材

续表

样品名称	取样方法	取样数量
钢丝网骨架塑料（聚乙烯）复合管件	每批数量不超过5000个。生产周期10d尚不足5000个，则以10d产量为一批	一批中取12个完整的管件
聚乙烯双壁波纹管材	管材内径≤500mm时，每批数量不超过60t，如生产数量少，生产期7d尚不足60t，则以7d产量为一批；管材内径>500mm时，每批数量不超过300t，如生产数量少，生产期30d尚不足300t，则以30d产量为一批	4根整管中各取1m
聚乙烯缠绕结构壁管材	管材、管件 *DN/ID*≤500mm时，每批数量不超过60t，如生产7d仍不足60t，则以7d产量为一批；管材、管件 *DN/ID*>500mm时，每批数量不超过300t，如生产30d仍不足300t，则以30d产量为一批	4根整管中各取1m
玻璃纤维增强塑料夹砂管	以100根FRPM管为一个批（不足100根的作一个批次），随机抽样一整根	1根整管

注：所有样品每批检测一次，且同一厂家、同一原料配方、同一工艺和同一规格连续生产的管材为一批。

3. 结果判定

(1) 排水用硬聚氯乙烯（PVC-U）管材，其指标要求见表8-12。

排水用硬聚氯乙烯（PVC-U）管材的指标要求　　表8-12

检测项目	技术指标
尺寸	参照GB/T 5836.1
维卡软化温度（℃）	≥79
密度（kg/m^3）	1350～1550
纵向回缩率（%）	≤5
落锤冲击试验TIR（%）	≤10
拉伸屈服应力（MPa）	≥40.0
断裂伸长率（%）	≥80

尺寸和落锤冲击试验的检验不符合《建筑排水用硬聚氯乙烯（PVC-U）管材》GB/T 5836.1规定时则判该批不合格，其他检验项目有一项达不到要求时，则在该批中随机抽取双倍样品对该项复验，如仍不合格，则判该批不合格。

(2) 排水用硬聚氯乙烯（PVC-U）管件，其指标要求见表8-13。

排水用硬聚氯乙烯（PVC-U）管件的指标要求　　表8-13

检测项目	技术指标
尺寸	参照GB/T 5836.2
维卡软化温度（℃）	≥74
密度（kg/m^3）	1350～1550
烘箱试验	符合GB/T 8803的规定
坠落试验	无破裂

尺寸检验不符合《建筑排水用硬聚氯乙烯（PVC-U）管件》GB/T 5836.2 规定时则判该批不合格，其他检验项目有一项达不到要求时，则在该批中随机抽取双倍样品对该项复验，如仍不合格，则判该批不合格。

（3）给水用硬聚氯乙烯（PVC-U）管材；其指标要求见表 8-14。

给水用硬聚氯乙烯（PVC-U）管材的指标要求　　表 8-14

检测项目	技术指标
尺寸	参照 GB/T 10002.1
维卡软化温度（℃）	≥80
密度（kg/m^3）	1350～1460
纵向回缩率（%）	≤5
落锤冲击试验 TIR（%）	≤5
液压试验	无破裂，无渗漏

尺寸不符合《给水用硬聚氯乙烯（PVC-U）管材》GB/T 10002.1 规定时，则判该批不合格。其他物理力学性能中有一项达不到要求，则在该批中随机抽取双倍样进行该项复验。如仍不合格，则判该批为不合格批。

（4）给水用硬聚氯乙烯（PVC-U）管件，其指标要求见表 8-15。

给水用硬聚氯乙烯（PVC-U）管件的指标要求　　表 8-15

检测项目	技术指标
尺寸	参照 GB/T 10002.2
维卡软化温度（℃）	≥74
烘箱试验	符合 GB/T 8803 的规定
坠落试验	无破裂
液压试验	无破裂，无渗漏

尺寸不符合《给水用硬聚氯乙烯（PVC-U）管件》GB/T 10002.2 规定时，则判该批不合格。其他物理力学性能中有一项达不到要求，则在该批中随机抽取双倍样进行该项复验。如仍不合格，则判该批为不合格批。

（5）给水用聚乙烯（PE）管材，其指标要求见表 8-16。

给水用聚乙烯（PE）管材的指标要求　　表 8-16

检测项目	技术指标
尺寸	参照 GB/T 13663.2
断裂伸长率（%）	≥350
纵向回缩率（%）	≤3
80℃静液压强度	无破坏，无渗漏
20℃静液压强度	无破坏，无渗漏
氧化诱导时间（min）	≥20

尺寸按《给水用聚乙烯（PE）管道系统　第 2 部分　管材》GB/T 13663.2 判定。其他指标有一项不符合要求时，则从原批次中随机抽取双倍样品对该项进行复验，如复检仍不合格，则判该批产品不合格。

（6）给水用聚乙烯（PE）管件，其指标要求见表 8-17。

给水用聚乙烯（PE）管件的指标要求 **表 8-17**

检测项目	技术指标
尺寸	参照 GB/T 13663.3
80℃静液压强度	无破坏，无渗漏
20℃静液压强度	无破坏，无渗漏
氧化诱导时间（min）	≥20

尺寸按《给水用聚乙烯（PE）管道系统　第 3 部分：管件》GB/T 13663.3 判定。其他指标有一项不符合要求时，则从原批次中随机抽取双倍样品对该项进行复验，如复检仍不合格，则判该批产品不合格。

（7）冷热水用聚丙烯管材，其指标要求见表 8-18。

冷热水用聚丙烯管材的指标要求 **表 8-18**

检测项目	技术指标
尺寸	参照 GB/T 18742.2
纵向回缩率（%）	≤2
静液压试验（20℃/1h）	无破裂，无渗漏
静液压试验（95℃/22h）	无破裂，无渗漏
简支梁冲击试验	破损率不大于试样数量的 10%

尺寸按《冷热水用聚丙烯管道系统　第 2 部分：管材》GB/T 18742.2 进行判定。其他要求有一项达不到规定时，则随机抽取双倍样品进行复检，如仍不合格，则判为不合格批。

（8）冷热水用聚丙烯管件，其指标要求见表 8-19。

冷热水用聚丙烯管件的指标要求 **表 8-19**

检测项目	技术指标
尺寸	参照 GB/T 18742.3
静液压试验（20℃/1h）	无破裂，无渗漏

尺寸按《冷热水用聚丙烯管道系统　第 3 部分：管件》GB/T 18742.3 进行判定。其他要求有一项达不到规定时，则随机抽取双倍样品进行复检，如仍不合格，则判为不合格批。

（9）钢塑复合管，其指标要求见表 8-20、表 8-21。

涂塑复合钢管的指标要求 **表 8-20**

检测项目	技术指标
尺寸	参照 GB/T 28897
塑层厚度	参照 GB/T 28897
涂塑层附着力	≥30N/cm（聚乙烯涂塑层）
	1～3 级（环氧树脂涂层）
弯曲性能	试样弯曲后不允许出现裂纹，钢与内外塑层之间未发生分层现象
压扁性能	试样压扁后不允许出现裂纹，钢与内外塑层之间未发生分层现象

衬塑复合钢管的指标要求 **表 8-21**

<table>
<tr><th>检测项目</th><th colspan="2">技术指标</th></tr>
<tr><td>尺寸</td><td colspan="2">参照 GB/T 28897</td></tr>
<tr><td>塑层厚度</td><td colspan="2">参照 GB/T 28897</td></tr>
<tr><td rowspan="2">内衬塑结合强度</td><td colspan="2">≥1.0（冷水用）</td></tr>
<tr><td colspan="2">≥1.5（热水用）</td></tr>
<tr><td>弯曲性能</td><td colspan="2">试样弯曲后不允许出现裂纹，钢与内外塑层之间未发生分层现象</td></tr>
<tr><td>压扁性能</td><td colspan="2">试样压扁后不允许出现裂纹，钢与内外塑层之间未发生分层现象</td></tr>
<tr><td rowspan="2">耐冷热循环性能</td><td rowspan="2">不允许塑层变形和裂纹</td><td>≥1.0（冷水用）</td></tr>
<tr><td>≥1.5（热水用）</td></tr>
</table>

钢管的某一项不符合《钢塑复合管》GB/T 28897 的规定时，可从同一批剩余钢管中，任取双倍数量的试样，进行不合格项目的复验。若所有复验结果（包括该项目试验所要求的任一指标）均符合 GB/T 28897 的规定，则除最初检验的不合格钢管外，该批钢管判为合格。

（10）给水涂塑复合钢管，其指标要求见表 8-22。

给水涂塑钢管的指标要求 **表 8-22**

<table>
<tr><th>检测项目</th><th>技术指标</th></tr>
<tr><td>尺寸</td><td>参照 CJ/T 120</td></tr>
<tr><td rowspan="2">涂塑层附着力</td><td>≥30N/cm（聚乙烯涂塑层）</td></tr>
<tr><td>不低于 3 级（环氧树脂涂层）</td></tr>
<tr><td>弯曲性能</td><td>涂层不应发生裂纹和剥离</td></tr>
<tr><td>压扁性能</td><td>涂层不应发生裂纹和剥离</td></tr>
</table>

每一检验项目有一件试样不合格时，再取双倍试样复验，若仍有一件不合格时，则该批不合格。

（11）建筑排水用高密度聚乙烯（HDPE）管材及管件，其指标要求见表 8-23。

建筑排水用高密度聚乙烯（HDPE）管材及管件的指标要求 **表 8-23**

检测项目	技术指标
尺寸	参照 CJ/T 250
加热烘箱试验	无分层、开裂和起泡
纵向回缩率	≤3%，管材无分层、开裂和起泡
静液压强度	管材、管件在试验期间不破裂，不渗漏
熔体流动速率（g/10min）	0.2≤MFR≤1.1，管材、管件的 MFR 和原颗粒的 MFR 相差值不应超过 0.2
氧化诱导时间（min）	≥20

尺寸不符合《建筑排水用高密度聚乙烯（HDPE）管材及管件》CJ/T 250 的要求，则判定该批为不合格。其他性能中有一项达不到指标时，再在该批中随机抽取双倍样品进行该项的复验，如有一项仍不合格，则判该批为不合格。

（12）钢丝网骨架塑料（聚乙烯）复合管材及管件，其指标要求见表 8-24。

钢丝网骨架塑料（聚乙烯）复合管材及管件的指标要求　　表 8-24

检测项目	技术指标
尺寸	参照 CJ/T 189
熔体质量流动速率	加工前后 MFR 的变化不应超过±20%
静液压试验（20℃/1h）	不破裂，不渗漏

检验项目按照《钢丝网骨架塑料（聚乙烯）复合管材及管件》CJ/T 189 要求进行试验，试样数均为 5 个，试样的合格数不小于 4 个时，该批才能判定为合格，否则随机抽取双倍样品进行复验。如仍不合格，则判该批检验不合格。

（13）埋地用聚乙烯（PE）结构壁管道系统中聚乙烯双壁波纹管材，其指标要求见表 8-25。

聚乙烯双壁波纹管材的指标要求　　表 8-25

检测项目	技术指标
环刚度	不小于相应的环刚度等级 SN
环柔性	试样圆滑，无反向弯曲，无破裂，两壁无脱开
烘箱试验	无气泡，无分层，无开裂
冲击性能 TIR（%）	≤10

环刚度、环柔性和烘箱试验有一项达不到指标时，再抽取双倍样品进行该项的复验，如仍不合格，判该批为不合格批。冲击性能不符合指标要求时，直接判该批为不合格批。

（14）埋地用聚乙烯（PE）结构壁管道系统中聚乙烯缠绕结构壁管材，其指标要求见表 8-26。

聚乙烯缠绕结构壁管材的指标要求　　表 8-26

检测项目	技术指标
环刚度	不小于相应的环刚度等级 SN
环柔性	试样圆滑，无反向弯曲，无破裂，试样沿肋切割处开始的撕裂允许偏差为 0.075DN/ID 或 75mm（取较小值）
烘箱试验	熔接处应无分层，无开裂
冲击性能 TIR（%）	≤10
熔接处的拉伸力试验	参照 GB/T 19472.2

检验项目中有一项达不到规定指标时，再随机抽取双倍样品进行该项的复验，如仍不合格，则判该批为不合格批。

（15）玻璃纤维增强塑料夹砂管，其指标要求见表 8-27。

玻璃纤维增强塑料夹砂管的指标要求　　表 8-27

检测项目	技术指标
初始环刚度	不小于相应的环刚度等级 SN
初始挠曲性 A 水平/B 水平	管内壁无裂纹/管壁结构无分层、纤维断裂及屈曲

续表

检测项目	技术指标
初始环向拉伸强力	参照 GB/T 21238
初始轴向拉伸强力及拉伸断裂应变	参照 GB/T 21238
初始环向弯曲强度	参照 GB/T 21238
巴柯尔硬度	≥40

巴柯尔硬度均应达到标准的要求，否则判为不合格。其他检验项目不合格项超过 2 项，判该批产品不合格，如不合格项不多于 2 项，可对不合格线加倍抽样、复检，复检项目应全部达到要求，否则，判该批产品不合格。

4. 常见检测问题及分析

(1) 塑料管材管件在存储过程中应注意避免长期暴露在外界环境中，防止其因长期暴露导致产品的性能降低，进而导致样品检测结果不合格。

(2) 塑料，塑料管材管件往往是大量堆积在一起的，在存放和运输过程中应注意堆积层数符合相关标准的要求，否则容易引起样品的结构发生破坏，导致样品检测结果不合格。

8.2.5 阀门

阀门是在流体系统中，用来控制流体的方向、压力、流量的装置，是使配管和设备内的介质（液体、气体、粉末）流动或停止并能控制其流量的装置。

目前，阀门按照其结构特征可以分为截止阀、旋塞阀、球阀、闸阀、止回阀、蝶阀等，如图 8-25～图 8-28 所示。其中闸阀可分为明杆和暗杆、单闸板与双闸板、楔形闸板与平行闸板等。闸阀关闭严密性不好，大直径闸阀开启困难；沿水流方向阀体尺寸小，流动阻力小，闸阀公称直径跨度大。截止阀按介质流向分直通式、直角式和直流式三种，有明杆和暗杆之分。截止阀的关闭严密性较闸阀好，阀体长，流动阻力大。球阀的阀芯为开孔的圆球。扳动阀杆使球体开孔正对管道轴线时为全开，转 90°为全闭。球阀有一定的调节性能，关闭较严密。蝶阀的阀芯为圆形阀板，它可沿垂直管道轴线的立轴转动。当阀板平面与管子轴线一致时，为全开；闸板平面与管子轴线垂直时，为全闭。止回阀用于防止介质倒流，利用流体自身的动能自行开启，反向流动时自动关闭。常设于水泵的出口、疏水器出口以及其他不允许流体反向流动的地方。止回阀分旋启式、升降式和对夹式三种。阀门按照阀门的阀体材料可以分为金属材料阀门和非金属材料阀门。

图 8-25　截止阀

图 8-26　闸阀

图 8-27　碟阀

图 8-28　升降式止回阀

1. 相关标准

(1)《给水排水管道工程施工及验收规范》GB 50268；

(2)《工业阀门　压力试验》GB/T 13927；

(3)《法兰和对夹连接弹性密封蝶阀》GB/T 12238；

(4)《通用阀门法兰连接铁制闸阀》GB/T 12232；

2. 检测参数及检测频率

检测参数：

(1) 闸阀：液体壳体试验、液体高压密封试验、上密封试验。

(2) 截止阀：液体壳体试验、液体高压密封试验、上密封试验。

(3) 旋塞阀、球阀：液体壳体试验、液体高压密封试验。

(4) 止回阀：液体壳体试验、液体高压密封试验、上密封试验。

(5) 蝶阀：液体壳体试验、液体高压密封试验。

检测频率：同一厂家、同一工艺和同一规格的阀门为一批，所有样品每批检测一次。

3. 结果判定

阀门的指标要求见表 8-28。

阀门的指标要求　　**表 8-28**

检测项目	技术指标
液体高压密封试验	不允许有可见泄漏通过阀瓣、阀座背面与阀体接触面等处，并应无结构损伤，在试验压力持续时间内试验介质通过上下密封副的最大允许泄漏率符合 GB/T 13927 的要求
壳体试验	壳体试验时，不应有结构损伤，不允许有可见渗漏通过阀门壳壁和任何固定的阀体连接处，不得有明显可见的液滴或表面潮湿
上密封试验（如适用）	无可见的泄漏

液体高压密封试验和壳体试验的检验不符合标准规定时则判该批不合格，其他检验项目有一项达不到要求时，则在该批中再抽取规定的抽样台数，对该项复验，再次检验时全部检验项目的结果必须符合标准的技术要求，否则判为不合格。

4. 常见检测问题及分析

(1) 阀门在运输和搬运过程中过于振动和颠簸，导致阀门的精密部件出现松动、脱落和破坏，影响样品密封性，导致样品检测结果不合格。

(2) 阀门在经过堆压存放或者受到过强烈外力敲击，导致阀门的阀体和阀盖处出现渗漏，最终导致样品检测结果不合格。

8.3 建筑电气工程

建筑电气工程包括室外电气安装工程、变配电室安装工程、供电干线安装工程、电气动力安装工程、电气照明安装工程、自备电源安装工程、防雷及接地装置安装工程等。

工程所用材料应进行检验，其规格、型号、数量应符合设计要求，并有出厂合格证。母线槽、电缆桥架、导管、电缆等，应由具有相应资质的检测单位出具检测报告。

8.3.1 母线槽

母线槽以铜或铝作为导体、用非烯性绝缘支撑，然后装到金属槽中而形成的新型导体，如图 8-29 所示。随着现代化工程设施和装备的涌现，各行各业的用电量迅增，尤其是众多的高层建筑和大型厂房车间的出现，作为输电导线的传统电缆在大电流输送系统中已不能满足要求，多路电缆的并联使用给现场安装施工连接带来了诸多不便。插接式母线槽作为一种新型配电导线应运而生，与传统的电缆相比，在大电流输送时充分体现出它的优越性，同时由于采用了新技术、新工艺，大大降低了母线槽两端部连接处及分线口插接处的接触电阻和温升，并在母线槽中使用了高质量的绝缘材料，从而提高了母线槽的安全可靠性，使整个系统更加完善。

按用途，母线槽一般由始端母线槽、直通母线槽（分带插孔和不带插孔两种）、L 型垂直（水平）弯通母线、Z 型垂直（水平）偏置母线、T 型垂直（水平）三通母线、X 型垂直（水平）四通母线、变容母线槽、膨胀母线槽、终端封头、终端接线箱、插接箱、母线槽有关附件及紧固装置等组成的。

按绝缘方式，可分为空气式插接母线槽、密集绝缘插接母线槽和高强度插接母线槽三种。

插接式母线槽属树干式系统，具有体积小、结构紧凑、运行可靠、传输电流大、便于分接馈电、维护方便、能耗小、动热稳定性好等优点，在高层建筑中得到广泛应用。

1. 相关标准

(1)《建筑电气工程施工质量验收规范》GB 50303；

(2)《密集绝缘母线干线系统（密集绝缘母线槽）》JB/T 9662；

(3)《空气绝缘母线干线系统（空气绝缘母线槽）》JB/T 8511；

(4)《耐火母线干线系统（耐火母线槽）》JB/T 10327。

2. 检测参数及检测频率

检测参数：绝缘电阻、介电强度、保护电路有效性、外壳防护等级、绝缘材料耐受非正常发热。

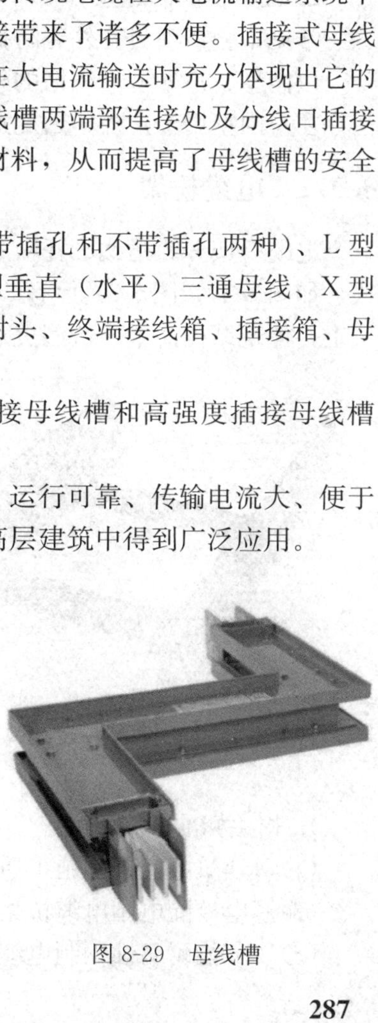

图 8-29 母线槽

检测频率：

（1）试验样品应为长度不小于 6m，至少有两个接点的直线型母线干线单元。

（2）同厂家、同批次、同型号、同规格的，每批应至少抽取一个样本。

（3）因有异议送有资质的试验室而抽样检测：同厂家、同批次、同型号、同规格的，应抽检 10%，且不应少于两个规格。

3. 结果判定

母线槽的技术指标见表 8-29。

母线槽的技术指标 **表 8-29**

检测项目	技术指标
绝缘电阻	≥20MΩ
介电强度	无击穿、闪络现象
保护电路有效性	电阻≤0.1Ω
外壳防护等级	不低于规定的 IP 等级
绝缘材料耐受非正常发热	通过灼热丝试验

4. 常见检测问题及分析

常见不合格项目有外壳防护等级不达标。

户内型、户外型母线槽的外壳防护等级要求不同，户外型外壳防护等级要求更高，往往存在户内型用于户外，因此造成防护等级不达标的现象。

8.3.2 电缆桥架

电缆桥架分为槽式、托盘式和梯架式、网格式等结构，由支架、托臂和安装附件等组成，如图 8-30、图 8-31 所示。可以独立架设，也可以敷设在各种建（构）筑物和管廊支架上，体现结构简单、造型美观、配置灵活和维修方便等特点。

图 8-30 梯式桥架

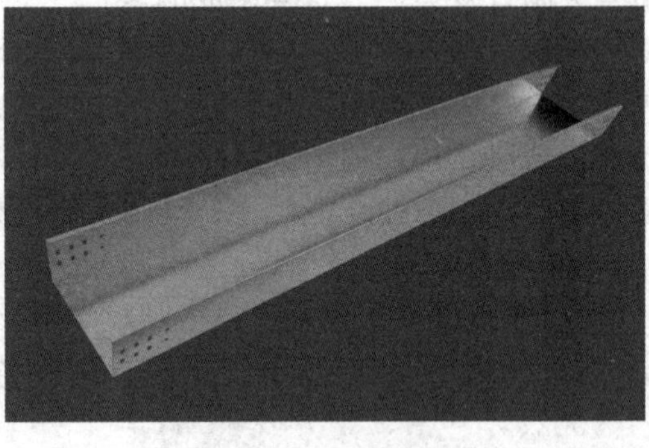

图 8-31 槽式桥架

1. 相关标准

（1）《建筑电气工程施工质量验收规范》GB 50303；

（2）《电控配电用电缆桥架》JB/T 10216；

（3）《节能耐腐蚀钢制电缆桥架》GB/T 23639。

2. 检测参数及检测频率

检测参数：外观尺寸、机械载荷试验、表面防护层厚度、附着力、均匀性、撞击试验、保护电路连续性、工频电气强度、表面电阻率、体积电阻率、防护等级。

检测频率：

(1) 试验样品应不少于3件及相关连接附件。

(2) 同厂家、同批次、同型号、同规格的，每批应至少抽取一个样本。

(3) 因有异议送有资质的试验室而抽样检测：同厂家、同批次、同型号、同规格的，应抽检10%，且不应少于两个规格。

3. 结果判定

桥架的技术指标见表8-30。

桥架的技术指标 **表8-30**

检测项目	技术指标
外观尺寸	尺寸偏差符合要求
机械载荷试验	挠度值符合要求，无永久变形，保护电路保持有效
表面防护层厚度	符合表面防护层技术要求
附着力	符合表面防护层技术要求
均匀性	符合表面防护层技术要求
撞击试验	不出现影响安全使用的变形和裂纹
保护电路连续性	阻抗值≤指标
工频电气强度	16kV不击穿
表面电阻率	≥108Ω
体积电阻率	≥107Ω·cm
防护等级	不低于规定的IP等级

4. 常见检测问题及分析

常见不合格项目有机械载荷试验、表面防护层厚度、防护等级。

由于桥架板材材料质量问题、制造精度等原因，易造成机械载荷试验发生永久变形、表面防护层厚度不达标、防护等级不合格的现象。

8.3.3 导管

电工导管分为PVC绝缘电工套管、金属导管，如图8-32，图8-33所示。

电工导管广泛应用于建筑工程之混凝土内，楼板间或墙内作为电线导管（暗管），也可作为一般配线导管（明管）及邮电通信、网络布线用管等。PVC绝缘电工套管的质量比较轻，搬运过程方便，施工便利，还有较好的耐化学性能，抗腐蚀性能，在化学工业之中使用非常合适。金属导管具有较高的抗压性能，对电线起到较好的保护作用。

图 8-32　PVC 绝缘电工套管

图 8-33　金属套管

1. 相关标准

(1)《建筑电气工程施工质量验收规范》GB 50303；

(2)《建筑用绝缘电工套管及配件》JG 3050；

(3)《电缆管理用导管系统　第 21 部分：刚性导管系统的特殊要求》GB/T 20041.21。

2. 检测参数及检测频率

检测参数：

(1) PVC 绝缘电工套管：外观尺寸、抗压性能、抗冲击性能、弯曲性能、弯扁性能、跌落性能、耐热性能、电气性能（绝缘电阻、绝缘强度）、阻燃性能。

(2) 金属导管：标志、结构、机械性能（压力试验）、电气性能（屏蔽接地试验）。

检测频率：

(1) 试验样品应为 6 根制造长度。

(2) 同厂家、同批次、同型号、同规格的，每批应至少抽取一个样本。

(3) 因有异议送有资质的试验室而抽样检测：同厂家、同批次、同型号、同规格的，应抽检 10%，且不应少于两个规格。

3. 结果判定

PVC 硬质电工套管的技术指标见表 8-31，金属套管的技术指标见表 8-32。

PVC 硬质电工套管的技术指标　　**表 8-31**

检测项目	技术指标
外观尺寸	壁厚≥指标；量规试验合格
抗压性能	持压 1min 时外径变化率＜25%，泄压 1min 后外径变化率＜10%
抗冲击性能	12 根试样中至少 10 根不出现破裂或可见裂纹
弯曲性能	弹簧和套管均无损伤，试样表面可见裂纹
弯扁性能	量规在自重作用下自由滑落
跌落性能	试样表面无破碎或裂纹
耐热性能	压痕直径≤2mm
电气性能（绝缘电阻、绝缘强度）	2000V，15min 不击穿；绝缘电阻≥100MΩ
阻燃性能	自熄时间≤30s；氧指数≥32%

金属套管的技术指标　　表 8-32

检测项目	技术指标
标志	导管应标出可用以识别制造商或代理商的商标或名称
结构	导管系统的内部无锋利边缘、毛刺或表面突出物
机械性能（压力试验）	持压 1min 时外径变化率＜25%，泄压 1min 后外径变化率＜10%，试验后试样表面不得出现可见的裂痕
电气性能（屏蔽接地试验）	接地电阻≤0.1Ω

4. 常见检测问题及分析

常见不合格项目有抗压性能、阻燃性能。

PVC 硬质电工套管由于材料质量问题，易造成抗压性能、阻燃性能不合格的现象。

8.3.4 绝缘导线、电缆

电线电缆广泛应用于工程建设当中，是电气工程中不可或缺的一部分，如图 8-34、图 8-35 所示。

图 8-34　普通聚氯乙烯绝缘电线

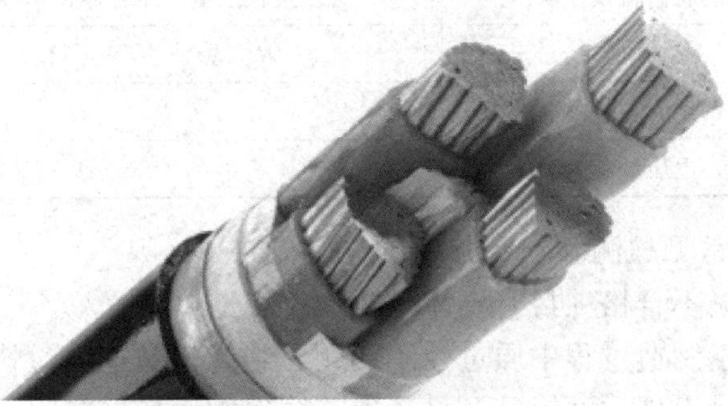

图 8-35　电力电缆

1. 相关标准

(1)《建筑电气工程施工质量验收规范》GB 50303；

(2)《额定电压 450/750V 及以下聚氯乙烯绝缘电缆》GB/T 5023.1～5023.7；

(3)《塑料绝缘控制电缆》GB/T 9330.1～9330.3；

(4)《额定电压 1kV（U_m=1.2kV）到 35kV（U_m=40.5kV）挤包绝缘电力电缆及附件》GB/T 12706.1～12706.4；

(5)《额定电压 750V 及以下矿物绝缘电缆及终端》GB/T 13033.1、13033.2；

(6)《额定电压 450/750V 及以下聚氯乙烯绝缘电缆电线和软线》JB/T 8734.1～8734.6；

(7)《额定电压 450/750V 及以下交联聚烯烃绝缘电线和电缆》JB/T 10491.1～10491.4；

(8)《额定电压 0.6/1kV 及以下金属护套无机矿物绝缘电缆及终端》JG/T 313。

2. 检测参数及检测频率

检测参数：绝缘厚度、非金属护套厚度、绝缘材料机械性能、护套材料机械性能、导体电阻、绝缘电阻、电压试验。

检测频率：

(1) 电线1卷，电缆14m。

(2) 现场抽样检测：同厂家、同批次、同型号、同规格的，每批应至少抽取一个样本。

(3) 因有异议送有资质的试验室而抽样检测：同厂家、同批次、同型号、同规格的，应抽检10%，且不应少于两个规格。

3. 结果判定

电线电缆的技术指标见表8-33。

电线电缆的技术指标 表8-33

检测项目	技术指标
绝缘厚度	平均值、最小值≥指标
非金属护套厚度	平均值、最小值≥指标
绝缘材料机械性能	抗张强度、断裂伸长率中间值≥指标，变化率中间值≤指标
护套材料机械性能	抗张强度、断裂伸长率中间值≥指标，变化率中间值≤指标
导体电阻	符合GB/T 3956要求
绝缘电阻	≥指标
电压试验	不击穿

4. 常见检测问题及分析

常见不合格项目有导体电阻、绝缘厚度。

由于制造过程中质量控制问题，绝缘挤包速度过快，容易造成绝缘厚度偏小；铜线拉丝过程易出现过度拉升，易造成芯线较细而导体电阻不合格的现象；也时常存在厂商节约成本而偷工减料，造成芯线过细而导体电阻不合格的现象。

8.3.5 灯具

灯具，是指能透光、分配和改变光源光分布的器具，包括除光源外所有用于固定和保护光源所需的全部零部件，以及与电源连接所必需的线路附件，按防触电保护形式分为Ⅰ类、Ⅱ类、Ⅲ类嵌入式筒灯、LED格栅灯、LED面板灯，如图8-36～图8-38所示。

图8-36 嵌入式筒灯

图8-37 LED格栅灯

图8-38 LED面板灯

1. 相关标准

(1)《灯具　第1部分：一般要求与试验》GB 7000.1；

(2)《灯具　第2-1部分：特殊要求 固定式通用灯具》GB 7000.201；

(3)《灯具　第2-2部分：特殊要求 嵌入式灯具》GB 7000.202；

(4)《灯具　第2-3部分：特殊要求 道路与街路照明灯具》GB 7000.203；

(5)《灯具　第2-4部分：特殊要求 可移式通用灯具》GB 7000.204；

(6)《灯具　第2-13部分：特殊要求 地面嵌入式灯具》GB 7000.213；

(7)《灯和灯系统的光生物安全性》GB/T 20145；

(8)《建筑电气工程施工质量验收规范》GB 50303。

2. 检测参数及检测频率

检测参数：绝缘性能（绝缘电阻、灯具内绝缘导线的绝缘层厚度）、结构、内部接线和外部接线、接地规定、防触电保护、防尘、防固体异物和防水、绝缘电阻和电气强度、接触电流和保护导体电流、爬电距离和电气间隙、耐久性试验和热试验、耐热、耐火和耐起痕、螺纹接线端子、无螺纹接线端子、蓝光危害。

检测频率：

(1) 同厂家、同批次、同型号、同规格的为一批，每批应至少抽取1组灯具样本。

(2) 因有异议送有资质的试验室而抽样检测：同厂家、同批次、同型号、同规格的，数量500个及以下时应抽取2组灯具样本，500个以上时应抽取3组样本。

(3) 每组灯具样本为3个灯具样品，且配件齐全。

3. 结果判定

绝缘性能（绝缘电阻、灯具内绝缘导线的绝缘层厚度）、结构、内部接线和外部接线、接地规定、防触电保护、防尘、防固体异物和防水、绝缘电阻和电气强度、接触电流和保护导体电流、爬电距离和电气间隙、耐久性试验和热试验、耐热、耐火和耐起痕、螺纹接线端子、无螺纹接线端子、蓝光危害应满足相关产品标准、验收规范或产品明示的技术要求。

4. 常见检测问题及分析

(1) 现场抽取的样品应避免现场存储过程中受潮或发生其他损坏。

(2) 提供的样品信息错误或与实际送检样品不符。

8.3.6　开关、插座

开关、插座广泛应用于工程建设当中，是电气工程中不可或缺的一部分，如图8-39、图8-40所示。

1. 相关标准

(1)《家用和类似用途固定式电气装置的开关　第1部分：通用要求》GB/T 16915.1；

(2)《家用和类似用途插头插座　第1部分：通用要求》GB/T 2099.1。

2. 检测参数及检测频率

检测参数：

(1) 开关：防潮、通断能力、正常操作、机械强度、耐非正常热和耐燃、温升、绝缘电阻和电气强度。

图 8-39　单极开关

图 8-40　五孔插座

（2）插座：防潮、分断容量、正常操作、拔出插座所需要的力、机械强度、耐非正常热和耐燃、温升、绝缘电阻和电气强度。

检测频率：

（1）样品数量为 6 个。

（2）现场抽样检测：同厂家、同材质、同类型的，应各抽检 3%，且不少于 1 个（套）。

（3）因有异议送有资质的试验室而抽样检测：数量 500 个（套）及以下的应抽检 2 个（套），但应各不少于 1 个（套），同厂家、同批次、同型号、同规格的，应抽检 10%，且不应少于两个规格；数量 500 个（套）以上的应抽检 3 个（套）。

3. 结果判定

开关和插座的技术指标见表 8-34 和表 8-35。

开关的技术指标　　**表 8-34**

检测项目	技术指标
防潮	防潮试验后，试样不得出现不符合 GB 16915.1 要求的损坏
通断能力	不应出现持续闪弧，触头不应熔焊，不应有任何不利于继续使用的损坏
正常操作	试验期间，试样均应能正常操作；试验之后，施加 1500V 电压 1min 不得出现闪络或击穿现象；这时，试样不应出现不利于继续使用的磨损；如果标明了启动元件的位置，不应出现气动元件与动触头两者位置的不一致；不应出现外壳、绝缘衬垫或隔层损坏；不应出现密封胶渗漏；不应出现电气连接或机械连接松脱
机械强度	试验后，试样不应有不符合 GB 16915.1 要求的损坏，尤其是带电部件不应变为易触及部件
耐非正常热和耐燃	通过灼热丝试验
绝缘电阻	绝缘电阻≥5MΩ
电气强度	试验期间不应出现闪络或击穿现象

插座的技术指标　　表 8-35

检测项目	技术指标
防潮	防潮试验后，试样不得出现不符合 GB 16915.1 要求的损坏
分断容量	试验期间，不出现持续闪弧；试验之后，不应有影响进一步使用的损坏，插销的插入孔不得有影响安全性能的损坏
正常操作	试验过程中，不应出现持续闪弧；5000 次操作后，不得出现影响以后使用的磨损；外壳、绝缘衬垫或隔层不得出现劣化；不得出现影响插销正常工作的插孔的损坏；不得出现电气或机械连接的松脱；不得出现密封胶渗漏；施加 1500V 电压 1min 不得出现闪络或击穿现象
拔出插座所需要的力	通过最大拔出力、最小拔出力验证
机械强度	试验后不得出现本标准意义范围内的损坏，尤其是带电部件不得变为易触及的
耐非正常热和耐燃	通过灼热丝试验
绝缘电阻	绝缘电阻≥5MΩ
电气强度	试验期间不应出现闪络或击穿现象

4. 常见检测问题及分析

常见不合格项目有耐非正常热和耐燃。

由于材料质量问题，绝缘材料未能经受耐非正常热和耐燃试验。

8.3.7　预埋槽道

预埋槽道是由钢槽和锚杆构成的混凝土预埋件，如图 8-41 所示。钢槽内部空腔设有密实的填充物防止砂浆进入。后期安装时，剔除钢槽内填充物，将配套的 T 型螺栓旋入钢槽内予以固定设备即可。不同于传统预埋件，预埋槽道作为标准件，对结构、防水无损伤，其可调性优势明显，T 型螺栓可在钢槽内自由调节。也正是其可调性，使预埋槽道拥有了出类拔萃的安装优势——省时、省力、经济效益格外突出。在绿色可持续发展战略下，以及前瞻性和经济性兼顾的建设理念下，预埋槽作为一种技术革新、经济便捷、安全可靠的施工工艺，在地铁管片中应用具有无可比拟的优势，纵观国内外城市，预埋槽道在地铁领域已开始大面积推广使用，在不远的将来势必会引领地铁工程进入全新、全面的预埋槽道时代。

图 8-41　预埋槽道

1. 相关标准

(1)《电气化铁路接触网隧道内预埋槽道》TB/T 3329；

(2)《预埋槽道型钢》GB/T 37613。

2. 检测参数及检测频率

检测参数：外观检查、尺寸检查、角度检查、扭转度测量、镀锌层厚度、材质检测、槽道承载力、T型螺栓承载力、标准紧固力矩试验、单根螺栓沿槽道轴向的允许滑动荷载试验、疲劳试验、预制在混凝土试块中的疲劳试验、预制在混凝土试块中的静承载力和位移试验、耐火时效试验、防松动性能试验、盐雾试验等。

检测频率：前两次检验宜按15000m控制，后续检验宜按30000m为一检验批次，不足30000m按一批次检验。

3. 结果判定

(1) 外观检查

槽道表面应光滑、平整、清洁，不允许有褶皱、裂纹、压折、严重划伤等缺陷；表面不允许有起皮、气泡及机械损伤。

(2) 尺寸检查、角度检查。

具体参考值见表8-36。

槽道主要外形尺寸、角度参考值 **表8-36**

型号	尺寸（mm）					角度
	W	H	C	D	F	α
R1	52±1	34±1	22±1	4_{0}^{+1}	11±1	62°±2°
R2	72±1	48±1	33±1	5_{0}^{+1}	15±1	62°±2°
L1	46±1	40±1	20±1	4_{0}^{+1}	8±1	60°±2°
L2	48±1	45±1	20±1	5_{0}^{+1}	9±1	60°±2°
Z1	53±1	34±1	22±1	4_{0}^{+1}	7±1	90°±2°

注：本表规定了槽道主要尺寸允许偏差值，而非制造公差。

(3) 扭转度测量

槽道不允许有明显的扭转，扭转度小于1°/m。

(4) 镀锌层厚度

槽道与锚杆其表面均应进行防腐处理，当采用热浸镀锌时，热浸镀锌操作按照《金属覆盖层　钢铁制件热浸镀锌层　技术要求及试验方法》GB/T 13912进行，热浸镀锌为3级，厚度不小于80μm，且不能产生白锈。槽道应满足相应隧道设计使用年限。

(5) 槽道拉伸工作静态允许荷载性能要求（F_L）

1) 按加载方式1，在F_L荷载作用下，槽道经开口弹性试验后，变形量R1型、L1型、Z1型小于或等于0.5mm；R2型、L2型小于或等于0.8mm。

2) 按加载方式1，在1.5倍F_L荷载作用下，槽道经开口塑性变形试验后，不应产生塑性变形。

3) 按加载方式1，在3.0倍F_L荷载作用下，槽道经破坏试验后，不应产生功能性失效破坏。

4）按加载方式 2，在 F_L荷载作用下，槽道经挠度试验后，两锚杆之间槽道的挠度应≤0.5mm。

5）按加载方式 1，槽道与锚杆之间经破坏载荷试验后，不应小于 3 倍的 F_L荷载。

（6）槽道剪切工作静态允许荷载性能要求（F_j）

按加载方式 3，在 1.5 倍 F_j荷载作用下，槽道开口经塑性变形试验后槽道开口不应产生塑性变形。

（7）T 型螺栓承载力

具体数值见表 8-37。

8.8 级 T 型螺栓的允许荷载 **表 8-37**

型号	单根螺栓允许荷载		标准紧固力矩（N·m）	单根螺栓沿槽道轴向的允许滑动荷载（kN）
	抗拉	抗剪		
M20	56	26	400	4.7
M24	81	31	680	6.8
M30	129	99	1400	10.9

注：LZ1 带齿螺栓的标准紧固力矩为 250N·m，单个螺栓沿槽道轴向的允许滑动荷载为 22kN。

T 型螺栓经破坏试验后，T 型螺栓的破坏荷载不应小于 3 倍的单根螺栓允许荷载。

（8）标准紧固力矩试验

T 型螺栓紧固力矩试验后，T 型螺栓螺纹失效时的紧固力矩值不应小于标准紧固力矩的 1.3 倍。

（9）单根螺栓沿槽道轴向的允许滑动荷载试验

在标准紧固力矩作用下，T 型螺栓沿槽道轴向经滑动试验后，T 型螺栓沿槽道轴向的滑动荷载应不小于单根螺栓沿槽道轴向的允许滑动荷载。

（10）槽道本体疲劳性能试验

槽道本体经疲劳试验后的槽道与 T 型螺栓、槽道与锚杆之间连接的破坏荷重值与规定的最小值相比下降不大于 5%。

（11）槽道、锚杆、T 型螺栓组合一体预制在混凝土试块中的疲劳性能试验

槽道及 T 型螺栓应通过疲劳试验，经疲劳试验后的槽道与 T 型螺栓、槽道与锚杆之间连接的破坏荷重值与规定的最小值相比下降不大于 5%。

（12）预制在混凝土试块中的静承载力和位移试验

1）按加载方式 3，在 3.0 倍 F_j荷载作用下，槽道经破坏试验后，槽道不应产生明显的塑性变形或失效破坏。

2）按加载方式 3，在 3.25 倍 F_j荷载作用下，T 型螺栓经从槽道中拉出试验后，T 型螺栓不应从槽道中被拉出。

3）槽道及 T 型螺栓垂直承载力（垂直 90°）不应小于设计最大工作荷重的 3 倍。槽道在工作荷载作用下，在最大允许荷载作用的情况下在螺栓固定点，槽道的变形性能力作用方向上的槽道位移对于 R1 型、L1 型、Z1 型小于等于 0.5mm，对 R2 型、L2 型小于等于 0.8mm。

4）槽道及 T 型螺栓剪切承载力（水平 0°）不应小于设计最大工作荷重的 3 倍。槽道

在工作荷载作用下，在最大允许荷载作用的情况下在螺栓固定点，槽道的变形性能力作用方向上的槽道位移对于R1型、L1型、Z1型小于等于0.5mm，对R2型、L2型小于等于0.8mm。在槽道受剪向荷载的情况下，还要额外考虑螺栓与连接构件之间的间隙。

(13) 耐火时效试验

预埋槽道、T型螺栓及相关紧固件经《建筑构件耐火试验方法　第1部分：通用要求》GB/T 9978.1或《建筑构件耐火试验　可供选择和附加的试验程序》GB/T 26784耐火试验后耐火承载力不失效。

(14) 盐雾试验

预埋槽道应满足150h铜盐加速醋酸盐雾试验（CASS）或满足1200h中性盐雾试验（NSS），不出现红锈。

4. 常见检测问题及分析

取样时应注意避免样品间的刮擦、磕碰，样品搬卸、运输及储存的过程中应妥善防护，防止雨水和酸、碱及有机溶剂等腐蚀性物质的侵蚀，样品堆放、挪动过程中应避免下层样品经受过大的荷载。常见不合格情况及原因如下：

(1) 槽道的材质不符合要求，导致力学性能不达标。

(2) 钢槽与锚杆的焊接质量较差，导致力学性能不达标。

(3) 槽口变形或开口宽度控制不当，导致螺栓无法安装。

(4) 防腐处理不当，出现锈蚀。

第 9 章　系统工程现场取样检测

城市轨道交通系统工程包括供电系统、信号系统、通信系统、乘客信息系统、自动售检票系统、屏蔽门系统、综合监控系统等；各系统工程采用的设备、材料、构配件应进行进场验收，进场验收应包括实物检查和资料检查。实物检查除按相关规范规定的检查方案外，均应按进场的批次全部检查；资料检查应包括合格证、质量检验报告等质量证明文件；不合格品不得用于工程。

进入施工现场的材料、设备等在进场验收合格的基础上，按照有关规定从施工现场随机抽样，送至具备相应资质的检测机构进行部分或全部性能参数检验。现场取样检测的材料包括电线电缆、桥架、支架、保护管等。

9.1　电线、电缆

电线电缆是用以传输电（磁）能，信息和实现电磁能转换的线材产品，如图 9-1～图 9-5 所示。根据制造工艺、结构特点、功能要求、产品的用途可分为五大类：裸电线及裸导体、电力电缆、电气装备用电线电缆、通信电缆和光缆、电磁线。地铁隧道内所用的光缆、电缆必须无卤、低烟、阻燃。

图 9-1　电力电缆

图 9-2　电气装备用电线电缆

图 9-3　通信电缆

图 9-4　通信光缆

图 9-5　电磁线

1. 相关标准

（1）《额定电压450V/750V及以下聚氯乙烯绝缘电缆》GB/T 5023.1～5023.7；

（2）《额定电压450V/750V及以下聚氯乙烯绝缘电缆电线和软线》JB 8734.1～8734.6；

（3）《额定电压450V/750V及以下交联聚烯烃绝缘电线和电缆》JB/T 10491.1～10491.4；

（4）《额定电压1kV（U_m＝1.2kV）到35kV（U_m＝40.5 kV）挤包绝缘电力电缆及附件》GB/T 12706.1～12706.4；

（5）《额定电压10kV架空绝缘电缆》GB/T 14049；

（6）《额定电压1kV及以下架空绝缘电缆》GB/T 12527；

（7）《聚烯烃绝缘聚烯烃护套市内通信电缆》GB/T 13849.1～13849.5；

（8）《数字通信用对绞或星绞多芯对称电缆》GB/T 18015系列；

（9）《聚氯乙烯绝缘聚氯乙烯护套低频通信电缆电线　第1部分：一般试验和测量方法》GB/T 11327.1；

（10）《通信电缆试验方法》GB/T 5441；

（11）《实心聚乙烯绝缘柔软射频电缆》GB/T 14864；

（12）《数字视频、数字音频电缆技术要求和测量方法》GY/T 224；

（13）《电缆分配系统用物理发泡聚乙烯绝缘同轴电缆》SJ/T 11138；

（14）《有线电视系统物理发泡聚乙烯绝缘同轴电缆入网技术条件和测量方法》GY/T 135；

（15）《1.2/4.4mm同轴综合通信电缆》GB/T 4011；

（16）《2.6/9.5mm同轴综合通信电缆》GB/T 4012；

（17）《数字通信用聚烯烃绝缘水平对绞电缆》YD/T 1019；

（18）《宽带数字通信（高速率数字接入通信网络）用对绞或星绞多芯对称电缆　户外电缆　第1部分：总规范》GB/T 21430.1。

2. 检测参数及检测频率

检测参数：尺寸标志及结构、绝缘厚度、护套厚度、绝缘老化前后机械性能、护套老化前后机械性能、电压试验、导体电阻、绝缘电阻、不延燃试验、低烟无卤试验等。

检测频率：

（1）同厂家、同材料、同工艺、同规格型号、同电压等级的材料，每批应至少抽取1组样品。

（2）电线随机取1卷，电缆截取15m。

3. 结果判定

所检指标均满足判定规范要求，若检测项目的结果不合格时，应加倍取样对不合格项目进行第二次试验；仍不合格时，应100％进行检验。

4. 常见检测问题及分析

电线电缆不合格参数包括绝缘厚度、护套厚度、阻燃耐火性能、机械物理性能、电性能等，包括电缆成束阻燃性能、电缆的耐火性能、绝缘收缩试验、护套失重试验、导体电阻、绝缘老化前抗张强度和绝缘老化前断裂伸长率等项目；阻燃耐火性能不合格其中一个原因是产品的护套或绝缘材料达不到相应的阻燃要求；绝缘厚度、护套厚度、机械物理性能等不合格原因可能是生产过程控制不够、工艺执行不到位。

9.2 电缆桥架

电缆桥架从形式上来说有阶梯式、托盘式、槽式和组合式等几大类型，如图 9-6、图 9-7 所示，从材质来说有不锈钢桥架、玻璃钢桥架、铝合金桥架等；表面工艺处理有喷漆、烤漆、静电喷涂、电镀锌、热镀锌、冷镀锌等种类，由于锌有被腐蚀的可能，所以在镀锌的表面还需要做喷塑防腐蚀处理。

图 9-6　阶梯式桥架

图 9-7　槽式桥架

1. 相关标准

(1)《建筑用网格式金属电缆桥架》JG/T 491；

(2)《电控配电用电缆桥架》JB/T 10216。

2. 检测参数及检测频率

检测参数：防腐性能、保护电路连续性、机械载荷试验、防护等级、耐火等级试验（耐火电缆桥架）。

检测频率：同厂家、同材料、同工艺、同规格、同一生产批次的产品为一批，样品应在同一批次进行抽样，抽检数量为每批次产品的 2%，但不应少于 3 件。

3. 结果判定

所检指标均满足判定规范要求，若检测项目中有一项不合格，应加倍取样进行复查，如仍有不合格时，则判定该批产品不合格。

4. 常见检测问题及分析

常见不合格项目有机械载荷试验、表面防护层厚度、防护等级。

由于桥架板材材料质量问题、制造精度等原因，易造成机械载荷试验发生永久变形、表面防护层厚度不达标、防护等级不合格的现象。

9.3 电缆保护管

电缆保护管是指为了防止电缆受到损伤，敷设在电缆外层，具有一定机械强度的管道。所使用的电缆保护管有钢管、铸铁管、硬质聚氯乙烯管、陶土管、混凝土管、石棉水泥管等，电缆保护管多为金属材质，其中镀锌钢管因为防腐性能好，而被普遍采用。

9.3.1 镀锌钢管

镀锌钢管是表面有热浸镀或电镀锌层的焊接钢管，如图 9-8 所示。镀锌可增加钢管的抗腐蚀能力，延长使用寿命。热镀锌具有镀层均匀、附着力强、使用寿命长等优点。

图 9-8　镀锌钢管

1. 相关标准

(1)《直缝电焊钢管》GB/T 13793；

(2)《低压流体输送用焊接钢管》GB/T 3091。

2. 检测参数及检测频率

检测参数：拉伸、压扁、镀锌层质量。

检测频率：

(1) 钢管应按批进行检查和验收，每批由同一炉号、同一牌号、同一规格、同一焊接工艺、同一热处理和同一镀锌层的钢管组成，每批钢管的数量应不超过以下规定：①$D \leqslant 33.7$mm：1000 根；②$D > 33.7 \sim 60.3$mm：750 根；③$D > 60.3 \sim 168.3$mm：500 根；④$D > 168.3 \sim 323.9$mm：200 根；⑤$D > 323.9$mm：100 根。

(2) 拉伸试验每批次取 1 个试样；压扁试验每批在 2 根钢管上各取 1 个试样；镀锌层均匀性试验每批在 2 根钢管上各取 1 个试样；镀锌层重量测定每批各取 1 根钢管，两端各取 1 个试样；镀锌层附着力试验每批 1 个试样。

3. 结果判定

钢管的复验与判定规则应符合《钢管的验收、包装、标志和质量证明书》GB/T 2102 的规定。若一项不符合产品标准的规定时，可从同一批剩余钢管中任取双倍数量的试样，进行不合格项目的复验；若所有复验结果（包括该项目试验所要求的任一指标）均符合产品标准的规定，则除最初检验的不合格钢管外，该批钢管判为合格。

4. 常见检测问题及分析

常见不合格项目有镀锌层质量，主要由于加工时未按工艺标准要求进行。

9.3.2　玻璃钢电缆保护管

玻璃钢电缆保护管是一种新型的复合材料管，如图 9-9 所示。它以树脂为基体，以玻璃纤维为增强材料复合而成，与不饱和树脂粘结成型，是一种能与电缆工程建设相配套的优质电缆保护用导管产品。

管材按生产工艺分为卷制玻璃钢管和缠绕玻璃钢管，具有强度高、柔性好、绝缘、无电腐蚀、阻燃、耐热性能好、内壁光滑、不刮伤电缆等特点，是电力电缆工程、通信电缆、市政工程及道路地下敷设电缆最为理想的保护装置。

1. 相关标准

《电缆用玻璃钢保护管》JC/T 988。

2. 检测参数及检测频率

检测参数：

(1) 卷制玻璃钢管：密度、拉伸强度、弯曲强度、弯曲模量、浸水后弯曲强度保留率、冲击韧性、巴氏硬度、固化度、摩擦系数、负荷变形温度、导热系数、氧指数（有阻燃要求的管材）、玻璃钢管子平行板线载荷和环向刚度。

(2) 缠绕玻璃钢管：密度、拉伸强度（环向）、弯曲强度（环向）、弯曲模量、浸水后弯曲强度保留率、冲击韧性（环向）、巴氏硬度、固化度、摩擦系数、负荷变形温度、导热系数、氧指数（有阻燃要求的管材）、玻璃钢管子平行板线载荷和环向刚度。

图 9-9　玻璃钢电缆保护管

检测频率：相同原材料、相同工艺生产的同一规格管材为一批，每批抽检不少于 1 组试样。

3. 结果判定

卷制玻璃钢管和缠绕玻璃钢管理化性能、平行板线载荷及环向刚度指标应满足表 9-1、表 9-2 的要求，检测参数有一项达不到指标时，则随机抽取双倍样品进行该项的复验，若仍不合格，则判该批材料检验不合格；所检项目全部合格，则判定该批材料合格。

卷制玻璃钢管和缠绕玻璃钢管理化性能　　表 9-1

检测项目	技术指标	
	卷制玻璃钢管	缠绕玻璃钢管
密度（g/cm^3）	1.5～1.8	1.75～1.95
拉伸强度（MPa）	≥160	≥170
弯曲强度（MPa）	≥150	≥180
弯曲模量（GPa）	≥9	≥80
浸水后弯曲强度保留率（%）	≥80	—
冲击韧性（kJ/m^2）	公称壁厚（mm）3≤T<5，≥100 公称壁厚（mm）5≤T<8，≥130 公称壁厚（mm）8≤T<10，≥200 公称壁厚（mm）10≤T<12，≥260 公称壁厚（mm）T≥12，≥300	
巴氏硬度	≥35	≥38
固化度（%）	≥80	≥80
摩擦系数	≤0.34	≤0.34
负荷变形温度（℃）	≥135	≥135
导热系数（W/m・K）	≥0.22	≥0.22
氧指数[1]（%）	≥26	≥26

1　阻燃玻璃钢保护管的氧指数≥26%，不要求阻燃时，不测此性能。

平行板线载荷及环向刚度　　表 9-2

管子规格	平行板线载荷(kN/m)	环向刚度(kN/m^2)	管子规格	平行板线载荷(kN/m)	环向刚度(kN/m^2)
50×5	≥38	≥350	150×6	≥22	≥36.0
70×5	≥29	≥160	150×8	≥38	≥76.0
80×5	≥24	≥110	150×10	≥54	≥145
100×3	≥7.0	≥12.0	175×5	≥12	≥12.0
100×5	≥19	≥62.0	175×6	≥18	≥20.0
100×8	≥50	≥230	175×8	≥32	≥48.0
125×3	≥6.0	≥7.00	175×10	≥50	≥92.0
125×5	≥18	≥32.0	200×5	≥11	≥8.00
125×8	≥46	≥130	200×6	≥17	≥14.0
125×10	≥68	≥230	200×8	≥29	≥32.0
150×3	≥5.0	≥4.00	200×10	≥44	≥65.0
150×5	≥15	≥22.0	200×12	≥58	≥110

9.4 综合支吊架

轨道交通工程车站地下空间狭小，机电系统安装过程中，众多系统管线交错布置，综合支吊架将通风空调、综合监控、通信、信号、火灾报警、屏蔽门等系统的专业管线集中在一体，有助于合理布置各类管线。

综合支吊架系统由锚固件或预埋槽钢、U 形槽、转接件、管卡、可调式槽钢螺母、支托系统等通过螺栓机械连接方式组成，综合支吊架为承力结构，强度和刚度满足国家相关标准、规范要求，如图 9-10、图 9-11 所示。

图 9-10　综合支吊架

图 9-11　支架

1. 相关标准

《管道支吊架　第 1 部分：技术规范》GB/T 17116.1。

2. 检测参数及检测频率

检测参数：涂层厚度、零部件硬度检验。

检测频率：同一批支吊架抽检 5%，但不少于 2 件。

3. 结果判定

所检项目全部合格，则判定该批材料合格。当有不合格时，应加倍速抽检，若仍有不合格，则应进行 100%检验。

9.5 抗震支吊架

抗震支吊架是用于支承水管、风管、桥架等机电管线设备并提供抗震支撑的，与建筑结构体牢固连接，以地震力为主要荷载的用于城市轨道交通机电的抗震支撑系统。抗震支吊架如图 9-12 所示。组成抗震支吊架的所有构件应采用成品构件，连接紧固件的构造应便于安装。

1. 相关标准

(1)《抗震支吊架安装及验收规范》CECS 420；

(2)《建筑抗震支吊架通用技术条件》GB/T 37267。

2. 检测参数及检测频率

检测参数：涂层厚度、抗震连接构件荷载性能、管道连接构件荷载性能、循环加载性能、疲劳性能、耐火性能、防腐性能。

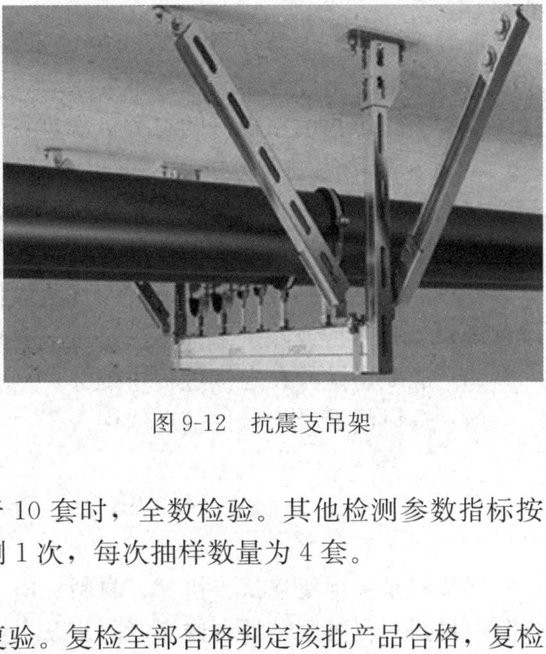

图 9-12　抗震支吊架

检测频率：涂层厚度以每 100 套为一批，每批随机抽取 5 套，当样品数量小于 100 套时，应随机抽取 3 套；当样品数量少于 10 套时，全数检验。其他检测参数指标按同一生产厂家、相同材料、相同结构型式检测 1 次，每次抽样数量为 4 套。

3. 结果判定

检测结果不合格时，允许加倍抽样进行复验。复检全部合格判定该批产品合格，复检不合格则判定该批产品不合格。

9.6 柔性架空接触网基础混凝土检测

柔性架空接触网基础混凝土检测主要是检测混凝土抗压强度，试件的制作及养护应符合《混凝土结构工程施工质量验收规范》GB 50204 相关要求。

1. 相关标准

(1)《地下铁道工程施工质量验收标准》GB/T 50299；

(2)《混凝土物理力学性能试验方法标准》GB/T 50081。

2. 检测参数及检测频率

检测参数：混凝土抗压强度。

检测频率：

（1）每台班、每次浇筑不超过 $100m^3$ 成型 1 组混凝土抗压强度试件，在标准养护条件下养护 28d 检测混凝土强度。

（2）每台班浇筑至少成型 1 组混凝土抗压强度试件，在同条件养护下检测混凝土强度。

3. 结果判定

混凝土立方体抗压强度代表值应满足设计强度值，强度值的确定应符合下列规定：

（1）三个试件测值的算术平均值作为该组试件的强度值。

（2）三个测值中的最大值或最小值中如有一个与中间值的差值超过中间值的 15%时则把最大及最小值一并舍除，取中间值作为该组试件的抗压强度值。

（3）如最大值和最小值与中间值的差均超过中间值的 15%，则该组试件的试验结果无效。

混凝土试件强度评定计算应按照《混凝土强度检验评定标准》GB/T 50107 规范要求，检验批混凝土经评定满足规范要求时，则为合格，否则评定为不合格。对评定不合格批的混凝土，可按国家现行的有关标准进行处理。

4. 常见检测问题及分析

（1）用于混凝土拌制的原材料质量不满足要求，或未按设计配合比组织生产，拌合物工作性能偏大或偏小。

（2）混凝土试件成型时没有按照规范取样，或者在制作试件过程中操作不规范；试件成型后未及时养护或养护条件不满足规范要求。

（3）混凝土试件在送样过程中损坏。

（4）提供的混凝土试件信息错误。

9.7 屏 蔽 门

屏蔽门是一项集建筑、机械、材料、电子和信息等学科于一体的产品。地铁站台安装屏蔽门将列车行驶区与站台候车区隔离开，主要是保障列车、乘客的安全，同时还能有效地减少空气对流造成的站台冷热气的流失，降低列车运行产生的噪声对车站的影响，提供舒适的候车环境，具有安全、节能、环保、美观等多重功能。对于屏蔽门进行检测，一方面可以保障列车的安全运行，另一方面也保障乘客的安全。

设计阶段及产品进场需进行测试：结构测试、密封测试、电磁兼容测试、绝缘电阻测试、等电位测试、噪声测试、障碍物探测、关门力测试、防夹力测试、解锁力测试、动能测试、速度曲线测试、加速寿命测试、滑动门开关测试等。

9.7.1 站台屏蔽门

安装于地铁、轻轨等轨道交通车站站台边缘，将轨道与站台候车区隔离，设有与列车门相对应，可多级控制开启与关闭滑动门的连续屏障，称为城市轨道交通站台屏蔽门，简称屏蔽门。包括全高式屏蔽门、半高式屏蔽门，如图 9-13、图 9-14 所示。

图 9-13　全高式屏蔽门

图 9-14　半高式屏蔽门

1. 相关标准

(1)《城市轨道交通站台屏蔽门》CJ/T 236；

(2)《城市轨道交通站台屏蔽门系统技术规范》CJJ 183；

(3)《地下铁道工程施工质量验收标准》GB/T 50299。

2. 检测参数及检测频率

检测参数：结构测试、密封测试、电磁兼容测试、绝缘电阻测试、等电位测试、障碍物探测、关门力测试、防夹力测试、解锁力测试、噪声测试、动能测试、速度曲线测试、加速寿命测试、滑动门开关测试等。

检测频率：同一条地铁线、同一品种类型、同一规格的屏蔽门测试一件屏蔽门样机。

3. 结果判定

满足标准及设计要求。

4. 常见检测问题及分析

(1) 结构测试

屏蔽门中钢结构部分是完整的受力杆件，承受着荷载、隧道通风系统产生的风压、列车运行时的活塞风压等，钢结构部分的选材、结构设计与加工工艺不当会导致变形、错位、承载力不足，故而导致屏蔽门结构测试不合格。

(2) 密封测试

屏蔽门由于不锈钢底板、门机顶部板的构造，其门体本身并无一个类似于门窗边框的绝对密封，大量的空气从上部的不锈钢盖板泄漏；踏板部位在试验室安装时不能很好地模拟地铁站台的实际状态，大量空气从踏板部位渗漏导致密封测试不合格。

(3) 电磁兼容性测试

屏蔽门系统的电子电气产品未进行规范的电磁兼容性设计，例如电源模块工艺不佳，元器件排布不合理，未使用正确的防护器件和保护电路，或电缆线的屏蔽不足、接地不可靠，都可导致测试不合格。

(4) 噪声测试

密封测试的合格与否决定了噪声值的大小。

9.7.2　站台屏蔽门门体材料

屏蔽门门体由框架和玻璃面板等部件组成。框架外包材料宜采用不锈钢或铝合金等金属材料制成；玻璃面板应选用通透性好、强度高的安全玻璃，如：钢化玻璃、夹层玻璃，玻璃应进行均质处理。其中玻璃、铝合金型材、密封材料在8.4节已有提及，在此不再赘述。

9.7.2.1 不锈钢类

屏蔽门所用不锈钢材宜采用奥氏体不锈钢。

1. 相关标准

(1)《不锈钢热轧钢板和钢带》GB/T 4237；

(2)《不锈钢棒》GB/T 1220；

(3)《不锈钢冷轧钢板和钢带》GB/T 3280。

2. 检测参数及检测频率

检测参数：化学成分、拉伸试验、弯曲试验、硬度、冲击、耐腐蚀性能。

检测频率：

(1) 钢板和钢带应该成批提交验收，每批由同一牌号、同一炉号、同一厚度和同一热处理制度的钢板和钢带组成。

(2) 钢棒应按批检查和验收，每批由同一炉号、同一加工方法、同一尺寸和同一交货状态的（同一热处理炉次）的钢棒组成。

(3) 具体取样数量见表9-3。

不锈钢材料取样数量 **表9-3**

检测项目	不锈钢板和钢带	不锈钢棒
化学成分	1个	1个
拉伸试验	1个	不同根钢棒上取2个试样
弯曲试验	1个	不同根钢棒上取2个试样
硬度	1个	不同根钢棒上取2个试样
冲击	1组（3个）/批	不同根钢棒上取2个试样
耐腐蚀性能	参照GB/T 4334	参照GB/T 4334

3. 结果判定

复验和判定都应符合《钢及钢产品　交货一般技术要求》GB/T 17505的规定。

4. 常见检测问题及分析

化学分析（熔炼分析）不合格，可能是钢中杂质元素超标，或是添加的合金元素偏析，材质不均等；力学性能不合格可能与其热处理工艺有关。

9.7.2.2 高耐候钢

高耐候钢具有耐大气腐蚀性能，可用于制作屏蔽门的螺栓连接、铆接和焊接的结构件。

1. 相关标准

《耐候结构钢》GB/T 4171。

2. 检测参数及检测频率

检测参数：化学分析、拉伸、弯曲、冲击。

检测频率：检测频率：钢材应成批验收，每批由同一牌号、同一炉号、同一规格、同一轧制制度和同一交货状态的钢材组成，冷轧产品每批不超过30t，每批不少于1次。具体取样数量见表9-4。

高耐候钢材料取样数量 **表9-4**

检测项目	取样数量
化学分析	1个/炉
拉伸	1个/批
弯曲	1个/批
冲击	1组（3个）/批

3. 结果判定

如果冲击试验结果不符合规定值时，应从同一产品上再取三个试样进行试验，先后6个试样的平均值不小于规定值，允许其中有两个低于规定值，但低于规定值70%的试样只允许有一个。

钢材的其他判定和复验应该符合《钢及钢产品　交货一般技术要求》GB/T 17505的规定。

4. 常见检测问题及分析

钢中杂质元素超标或导致化学分析不合格，杂质元素超标又可能影响钢材的力学性能和工艺性能。力学性能和工艺性能还与钢的熔炼工艺，轧制工艺，热处理制度有关。

9.7.2.3　碳素结构钢类

碳素结构钢可分为普通碳素结构钢和优质碳素结构钢两类。用途很多，用量很大，主要用于铁道、桥梁、各类建筑工程，制造承受静载荷的各种金属构件及不重要、不需要热处理的机械零件和一般焊接件。

1. 相关标准

(1)《碳素结构钢》GB/T 700；

(2)《优质碳素结构钢》GB/T 699。

2. 检测参数及检测频率

检测参数：化学分析、拉伸、冷弯、冲击、布氏硬度。

检测频率：每批由同一牌号、同一炉号、同一质量等级、同一品种、同一尺寸、同一交货状态的钢材组成，每批重量应不大于60t，每批不少于1次。具体取样数量见表9-5。

碳素结构钢类取样数量 **表9-5**

检测项目	取样数量（个）
化学分析	1
拉伸	1
弯曲	1
冲击	3
布氏硬度	3

3. 结果判定

钢材的其他判定和复验应该符合《钢及钢产品 交货一般技术要求》GB/T 17505的

规定。

4. 常见检测问题及分析

钢中杂质元素超标或导致化学分析不合格，杂质元素超标又可能影响钢材的力学性能和工艺性能。力学性能和工艺性能还与钢的熔炼工艺、轧制工艺、热处理制度有关。

9.7.3 站台屏蔽门电气系统

屏蔽门系统由机械和电气两部分构成，机械部分包括门体结构和门机系统，电气部分包括电源系统、控制系统等。电气系统最重要的性能参数为电磁兼容性（EMC），检测涉及的设备有：门机、门控器、就地控制盘、中央控制盘、就地控制盒、紧急控制盘等。

1. 相关标准

(1)《城市轨道交通站台屏蔽门》CJ/T 236；

(2)《计数抽样检验程序　第1部分：按接收质量限（AQL）检索的逐批检验抽样计划》GB/T 2828.1；

(3)《信息技术设备的无线电骚扰限值和测量方法》GB 9254；

(4)《电磁兼容　试验和测量技术　静电放电抗扰度试验》GB/T 17626.2；

(5)《电磁兼容　试验和测量技术　射频电磁场辐射抗扰度试验》GB/T 17626.3；

(6)《电磁兼容　试验和测量技术　电快速瞬变脉冲群抗扰度试验》GB/T 17626.4；

(7)《电磁兼容　试验和测量技术　浪涌（冲击）抗扰度试验》GB/T 17626.5；

(8)《电磁兼容　试验和测量技术　射频场感应的传导骚扰抗扰度》GB/T 17626.6；

(9)《电磁兼容　试验和测量技术　工频磁场抗扰度试验》GB/T 17626.8；

(10)《电磁兼容　试验和测量技术　电压暂降、短时中断和电压变化的抗扰度试验》GB/T 17626.11。

2. 检测参数及检测频率

检测参数：辐射骚扰、传导骚扰、静电放电抗扰度、射频电磁场辐射抗扰度、电快速瞬变脉冲群抗扰度、浪涌（冲击）抗扰度、射频感应的传导骚扰抗扰度、工频磁场抗扰度、电压暂降、短时中断和电压变化抗扰度。

检测频率：

(1) 屏蔽门系统的门体电气零件、部件应按《计数抽样检验程序　第1部分：按接收质量限（AQL）检索的逐批检验抽样计划》GB/T 2828.1 规定的抽样方法进行出厂检验。应按简单随机抽样从批中抽取作为样本中的单位产品。样本可在批生产出来以后或在批生产期间抽取。使用二次或多次抽样时，每个后继的样本应从同一批的剩余部分抽取。

(2) 同一生产厂家的同工艺、同规格、同批次的产品为1批，每批不少于1次。

3. 结果判定

试验结果判定的标准依据见表9-6。

4. 常见检测问题及分析

屏蔽门系统的电子电气产品未进行规范的电磁兼容性设计，电源模块工艺不佳，元器件排布不合理等；未使用正确的防护器件和保护电路；电缆线的屏蔽不足；接地不可靠都可导致测试不合格。

站台屏蔽门电气系统判定依据 表 9-6

试验项目	试验等级和结果判定
传导骚扰	GB 9254
辐射骚扰	GB 9254
静电放电抗扰度	GB/T 17626.2
射频电磁场辐射抗扰度	GB/T 17626.3
电快速瞬变脉冲群抗扰度	GB/T 17626.4
浪涌（冲击）抗扰度	GB/T 17626.5
射频感应的传导骚扰抗扰度	GB/T 17626.6
工频磁场抗扰度	GB/T 17626.8
电压暂降、短时中断和电压变化抗扰度	GB/T 17626.11

9.8 城市轨道交通电磁兼容

城市轨道交通涉及的电子电气设备种类繁多，按设备所在位置主要分为机车车辆与设备、站内设备、轨旁设备，这些设备对于整个系统的安全运行至关重要。一方面，应确保这些产品能抵抗一定的外界干扰、正常工作，另一方面也应保证它们对于外界产生的干扰影响在规定限制以内、不影响其他产品和系统正常工作。因此，要对城市轨道交通领域的各类电子电气设备进行电磁兼容性（EMC）测试，以验证它们的电磁发射和抗扰度性能。

9.8.1 机车车辆与设备

轨道交通机车车辆包含牵引车辆、拖车和城市街道使用的城市车辆。机车车辆上的电子电气设备是指安装在机车车辆上具有固有功能的成品电子电气设备，如：车载信号和通信设备、车门及控制系统、照明设备、制动控制系统、牵引变流器、辅助电动机、直流辅助电源（蓄电池）、电子控制电源、电子人机接口设备、环境调节设备、旅客信息设备、列车运行辅助设备、旅客服务辅助设备、列车管理系统、电子电源等。机车车辆如图9-15所示。

机车车辆和车辆设备应在典型工况（最大发射或最大敏感度）下进行发射和抗扰度试验，确保正常工作时所产生的骚扰不超过妨害其他设备正常工作的水平，且设备本身具备足够的抗干扰能力。

1. 相关标准

（1）《轨道交通　机车车辆电子装置》GB/T 25119；

（2）《轨道交通　机车车辆和列车检测系统的兼容性》GB/T 28807；

（3）《城市轨道交通信号系统通用技术条件》GB/T 12758；

图 9-15　机车车辆

(4)《城市轨道交通基于通信的列车自动控制系统技术要求》CJ/T 407；

(5)《轨道交通车辆用电子装置》IEC 60571；

(6)《轨道交通　电磁兼容　第1部分：总则》GB/T 24338.1；

(7)《轨道交通　电磁兼容　第3-1部分：机车车辆 列车和整车》GB/T 24338.3；

(8)《轨道交通　电磁兼容　第3-2部分：机车车辆 设备》GB/T 24338.4；

(9)《工业、科学和医疗设备　射频骚扰特性　限值和测量方法》GB 4824；

(10)《信息技术设备的无线电骚扰限值和测量方法》GB 9254；

(11)《电磁兼容　通用标准　工业环境中的发射》GB/T 17799.4；

(12)《无线电骚扰和抗扰度测量设备和测量方法规范　第1-1部分：无线电骚扰和抗扰度测量设备　测量设备》GB/T 6113.101；

(13)《无线电骚扰和抗扰度测量设备和测量方法规范　第1-4部分：无线电骚扰和抗扰度测量设备　辐射骚扰测量用天线和试验场地》GB/T 6113.104；

(14)《无线电骚扰和抗扰度测量设备和测量方法规范　第2-1部分：无线电骚扰和抗扰度测量方法　传导骚扰测量》GB/T 6113.201；

(15)《无线电骚扰和抗扰度测量设备和测量方法规范　第2-3部分：无线电骚扰和抗扰度测量方法　辐射骚扰测量》GB/T 6113.203；

(16)《电磁兼容　试验和测量技术　静电放电抗扰度试验》GB/T 17626.2；

(17)《电磁兼容　试验和测量技术　射频电磁场辐射抗扰度试验》GB/T 17626.3；

(18)《电磁兼容　试验和测量技术　电快速瞬变脉冲群抗扰度试验》GB/T 17626.4；

(19)《电磁兼容　试验和测量技术　浪涌（冲击）抗扰度试验》GB/T 17626.5；

(20)《电磁兼容　试验和测量技术　射频场感应的传导骚扰抗扰度》GB/T 17626.6；

(21)《电磁兼容　试验和测量技术　电能质量测量方法》GB/T 17626.30。

2. 检测参数及检测频率

检测参数：

(1) 机车车辆：辐射发射、辐射抗扰度。

(2) 车辆设备：

1) 发射

① 交流或直流辅助电源端口（输入及输出端口）、蓄电池电源端口（输入及输出端口）：传导发射、电能质量。

② 机箱端口：辐射发射。

2) 抗扰度

① 蓄电池参考端口（除能源输出端外）、交流辅助电源输入端口（额定电压方均根值不大于400V）：电快速瞬变脉冲群、浪涌、射频共模。

② 信号和通信、过程测量和控制端口：电快速瞬变脉冲群、射频共模。

③ 机箱机柜端口：射频电磁场辐射、静电放电。

检测频率：

(1) 机车车辆：能正常运行的车辆，相同的客车车厢或货车仅进行一次试验。

(2) 车辆设备：需要完好的整套设备，如果设备是系统的一部分，或能够连接到辅助设备，那么设备应在最小系统配置条件下按GB 9254进行试验。同一生产厂家的同工艺、同规格、同批次的产品为 1 批，每批不少于 1 次，抽取比例 10%，抽取数量不少于 5 个，不足 5 个时全部抽取。

3. 结果判定

列车和整车辐射发射：静态试验和慢行试验限值应符合标准 GB/T 24338.3 的 6.3.3 要求。

列车和整车抗扰度：如果通过电磁兼容管理计划确认所有设备满足 GB/T 24338.4 的抗扰度限值要求，则集成了设备的整车抗扰度满足要求。

机车车辆设备试验结果限值和性能判据见表 9-7。

机车车辆设备试验要求 **表 9-7**

序号	检测参数	端口	试验条件	限值	性能判据	备注
1	传导发射	交流或直流辅助电源端口	0.15MHz～500kHz	99dBμV 准峰值	—	—
			500kHz～30MHz	93dBμV 准峰值		
2		蓄电池电源端口	0.15MHz～500kHz	99dBμV 准峰值	—	—
			500kHz～30MHz	93dBμV 准峰值		
3	辐射发射	机箱端口	30～230MHz	40dBμV/m 准峰值	—	测量距离为 10m，在 3m 处测量时限值增加 10dB
			230～1000MHz	47dBμV/m 准峰值		
			1～3GHz	76dBμV/m 峰值 56dBμV/m 平均值	—	测量距离为 3m
			3～6GHz	80dBμV/m 峰值 60dBμV/m 平均值		
4	射频共模	蓄电池参考端口（除能源输出端外）、交流辅助电源输入端口（额定电压方均根值不大于 400V）、信号和通信、过程测量和控制端口	0.15～80MHz； 10V（方均根值） 1kHz，80%AM； 源阻抗：150Ω	—	A	—
5	电快速瞬变脉冲群		±2kV；5/50ns；5kHz	—	A	—
6	浪涌	蓄电池参考端口（除能源输出端外）、交流辅助电源输入端口（额定电压方均根值不大于 400V）	开路试验电压 1.2/50μs； ±2kV 线—地，42Ω，0.5μF； ±12kV 线—线，42Ω，0.5μF	—	B	—

续表

序号	检测参数	端口	试验条件	限值	性能判据	备注
7	射频电磁场辐射	机箱机柜端口	80～800MHz； 20V/m（方均根值）； 1kHz，80%AM	—	A	—
8	射频电磁场、数字通信装置		800～1000MHz； 20V/m（方均根值）； 1kHz，80%AM	—	A	—
			1400～2000MHz； 10V/m（方均根值）； 1kHz，80%AM			
			2000～2700MHz； 5V/m（方均根值）； 1kHz，80%AM			
			5100～6000MHz； 3V/m（方均根值）； 1kHz，80%AM			
9	静电放电		接触放电±6kV； 空气放电±8kV	—	B	—

注：性能判据等级定义如下：

等级A：在试验过程中和试验后设备能按预期要求连续工作。当设备按预期使用时，设备的性能没有下降或功能丧失不低于制造商规定的性能等级。可以用允许的性能降低来代替性能等级。如果制造商没有规定最低性能等级或允许的性能降低，两者的任何一个可从产品的说明和文件中导出，也可从设备按预期使用时用户相应的要求导出。

等级B：试验后设备能按预期要求连续工作。当设备按预期使用时，设备的性能没有下降或功能丧失不低于制造商规定的性能等级。可以用允许的性能降低来代替性能等级。试验过程中是允许性能下降的，但不允许实际运行状态或存储数据有所改变。如果制造商没有规定最低性能等级或允许的性能降低，两者的任何一个可从产品的说明和文件中导出，也可从设备按预期使用时用户相应的要求导出。

等级C：只要设备功能可自行恢复或通过操作控制来恢复，允许出现暂时的功能丧失。

4. 常见检测问题及分析

(1) 产品未进行规范的电磁兼容性设计，电源模块工艺不佳，元器件排布不合理。

(2) 未使用正确的防护器件和保护电路。

(3) 电缆线的屏蔽不足、接地不可靠。

9.8.2 站内设备

城市轨道交通站内设备主要包括信号系统设备、通信系统设备、车站运营管理相关系统设备等，如：

电视监控系统：包含摄像机、视频切换矩阵、显示器等；

自动售检票系统：包含自动售票机、自动检票机、车站计算机、编码/分拣机等；

火灾自动报警系统：包含触发装置、火灾报警装置、联动输出装置等；

公务及专用电话系统：包含交换机、电话机、调度台、录音装置等；

照明系统：包括各类照明灯具。

站内设备直接为轨道交通运营、管理服务，保证列车安全、快速、高效运行，实现行车指挥和列车运行现代化，提高运输效率。站内设备直接关系着整个系统的正常运转及车站和人员安全，要保证站内各个系统、设备正常工作，就要求各系统、各设备不对外界产生不良的干扰，同时具备较强的抗干扰能力。因此，这些设备均需要通过电磁兼容性检测。站内设备如图 9-16 所示。

图 9-16　站内设备

1. 相关标准

(1)《城市轨道交通信号工程施工质量验收标准》GB/T 50578；

(2)《城市轨道交通通信工程质量验收规范》GB 50382；

(3)《城市轨道交通基于通信的列车自动控制系统技术要求》CJ/T 407；

(4)《城市轨道交通信号系统通用技术条件》GB/T 12758；

(5)《声音和电视广播接收机及有关设备　无线电骚扰特性　限值和测量方法》GB 13837；

(6)《电气照明和类似设备的无线电骚扰特性的限值和测量方法》GB/T 17743；

(7)《一般照明用设备电磁兼容抗扰度要求》GB/T 18595；

(8)《城市轨道交通自动售检票系统检测技术规程》CJJ/T 162；

(9)《城市轨道交通自动售检票系统技术条件》GB/T 20907；

(10)《电气火灾监控系统　第 1 部分：电气火灾监控设备》GB 14287.1；

(11)《电磁兼容 通用标准　工业环境中的抗扰度试验》GB/T 17799.2；

(12)《电磁兼容 通用标准　工业环境中的发射》GB/T 17799.4；

(13)《信息技术设备的无线电骚扰限值和测量方法》GB 9254；

(14)《信息技术设备　抗扰度　限值和测量方法》GB/T 17618；

(15)《轨道交通　电磁兼容　第 1 部分：总则》GB/T 24338.1；

(16)《轨道交通　电磁兼容　第 4 部分：信号和通信设备的发射与抗扰度》GB/T 24338.5；

(17)《电磁兼容　限值　谐波电流发射限值（设备每相输入电流≤16A）》GB 17625.1；

(18)《电磁兼容　限值　对每相额定电流≤16A 且无条件接入的设备在公用低压供电系统中产生的电压变化、电压波动和闪烁的限制》GB/T 17625.2；

(19)《电磁兼容　试验和测量技术　静电放电抗扰度试验》GB/T 17626.2；

(20)《电磁兼容　试验和测量技术　射频电磁场辐射抗扰度试验》GB/T 17626.3；

(21)《电磁兼容　试验和测量技术　电快速瞬变脉冲群抗扰度试验》GB/T 17626.4；

（22）《电磁兼容　试验和测量技术　浪涌（冲击）抗扰度试验》GB/T 17626.5；

（23）《电磁兼容　试验和测量技术　射频场感应的传导骚扰抗扰度》GB/T 17626.6；

（24）《电磁兼容　试验和测量技术　工频磁场抗扰度试验》GB/T 17626.8；

（25）《电磁兼容　试验和测量技术　脉冲磁场抗扰度试验》GB/T 17626.9；

（26）《电磁兼容　试验和测量技术电压暂降、短时中断和电压变化的抗扰度试验》GB/T 17626.11。

2. 检测参数及检测频率

检测参数：

（1）信号、通信设备

发射：传导发射、辐射发射。

抗扰度：

1）机箱端口：射频电磁场（调幅 AM）、数字通信设备的射频电磁场、工频磁场、静电放电、脉冲磁场。

2）I/O 端口：射频场感应的传导骚扰、电快速瞬变脉冲群、浪涌。

3）直流电源端口：射频场感应的传导骚扰、电快速瞬变脉冲群、浪涌。

4）交流电源端口：射频场感应的传导骚扰、电快速瞬变脉冲群、浪涌。

5）接地端口：射频场感应的传导骚扰、电快速瞬变脉冲群。

（2）照明设备

发射：传导发射、辐射发射、谐波电流、电压波动和闪烁。

抗扰度：静电放电抗扰度、射频电磁场辐射抗扰度、电快速瞬变脉冲群抗扰度、浪涌（冲击）抗扰度、射频场感应的传导骚扰抗扰度、工频磁场抗扰度、电压暂降、短时中断和电压变化抗扰度等。

检测频率：需要完好的整套设备，如果设备有大量电气特性类似的端口或连接类似的端口，应选择总数的20%或至少4个端口模拟现场工况，确保涵盖所有不同类型的端口。

同一生产厂家的同工艺、同规格、同批次的产品为1批，每批不少于1次，抽取比例10%，抽取数量不少于5个，不足5个时全部抽取。

3. 结果判定

（1）信号、通信设备试验结果限值及性能判据见表9-8。

信号和通信设备试验结果限值及性能判据　　**表 9-8**

序号	检测参数	端口	试验条件	限值	性能判据	备注
1	辐射发射	外壳端口	30～230MHz	40dB（μV/m）准峰值	—	暗室测试，测量距离10m。在3m处测量时限值增加10dB
			230～1000MHz	47dB（μV/m）准峰值		
			1～3GHz	76dB（μV/m）峰值 56dB（μV/m）平均值	—	暗室测试，测量距离3m。在10m处测量时限值减少10dB
			3～6GHz	80dB（μV/m）峰值 60dB（μV/m）平均值		

续表

序号	检测参数	端口	试验条件	限值	性能判据	备注
2	传导发射	低压交流电源端口	0.15～0.5MHz	70dB（μV/m）准峰值 66dB（μV/m）平均值	—	—
		电信/网络端口	0.5～30MHz	73dB（μV/m）准峰值 60dB（μV/m）平均值	—	—
3			0.15～0.5MHz	97～87dB（μV/m） 准峰值 84～74dB（μV/m） 平均值 53～43dB（μV/m） 准峰值 40～30dB（μV/m） 平均值限值	—	—
			0.5～30MHz	87dB（μV/m）准峰值 74dB（μV/m）平均值 43dB（μV/m）准峰值 30dB（μV/m）平均值	—	—
4	射频电磁场（调幅AM）	机箱端口	80～800MHz； 10V/m（方均根值）； 80%AM，1kHz	—	A	—
5	数字通信设备的射频电磁场		800～1000MHz； 20V/m（方均根值）； 80%AM，1kHz	—	A	—
			1400～2000MHz； 10V/m（方均根值）； 80%AM，1kHz			
			2000～2700MHz； 5V/m（方均根值）； 80%AM，1kHz			
			5100～6000MHz； 3V/m（方均根值）； 80%AM，1kHz			
6	工频磁场		50Hz； 100A/m（方均根值）	—	A	试验时间≥10s
			直流：300A/m			—
7	静电放电		±6kV 接触放电； ±8kV 空气放电	—	B	—
8	脉冲磁场		300A/m	—	A	—

续表

<table>
<tr><th>序号</th><th>检测参数</th><th>端口</th><th>试验条件</th><th>限值</th><th>性能判据</th><th>备注</th></tr>
<tr><td>9</td><td>射频场感应的传导骚扰（共模）</td><td>I/O端口、直流电源端口、交流电源端口、接地端口</td><td>0.15～80MHz；10V/m（方均根值）；80%AM，1kHz</td><td>—</td><td>A</td><td>—</td></tr>
<tr><td>10</td><td rowspan="2">电快速瞬变脉冲群</td><td>I/O端口、直流电源端口、交流电源端口</td><td>±2kV；5/50ns；5kHz</td><td>—</td><td>A</td><td>—</td></tr>
<tr><td>11</td><td>接地端口</td><td>±1kV；5/50ns；5kHz</td><td>—</td><td>A</td><td>—</td></tr>
<tr><td>12</td><td>浪涌</td><td>I/O端口、直流电源端口、交流电源端口</td><td>1.2/50μs；±2kV线一地；±1kV线一线</td><td>—</td><td>B</td><td>—</td></tr>
</table>

注：性能判据等级定义同表 9-7 注。

（2）照明设备试验结果限值及性能判据参照《电气照明和类似设备的无线电骚扰特性的限值和测量方法》GB/T 17743 和《一般照明用设备电磁兼容抗扰度要求》GB/T 18595 标准要求。

4. 常见检测问题及分析

常见检测问题及分析参见 9.8.1 机车车辆与设备中相关内容。

9.8.3 轨旁设备

轨道交通轨旁设备包含地面供电电子和电气设备与系统、地面信号和通信设备与系统。前者包括设备的供电电源、设备自身的保护控制电路，以及变电站、自耦变压器、吸流变压器、变电站开关柜等，后者包括信号机、继电器、转辙机、应答器、计轴器、手持电台、无线接入点（AP）、屏蔽门（详见本指南第 9.7 节）等。轨旁设备如图 9-17 所示。

未安装于变电站内或未与变电站相连的信号和通信设备的发射和抗扰度参照本指南第 9.8.2 小节。本节适用于轨道交通地面供电用电气电子设备和系统、安装于变电站内或与变电站相连的信号和通信设备。

1. 相关标准

（1）《城市轨道交通信号工程施工质量验收标准》GB/T 50578；

（2）《城市轨道交通通信工程质量验收规范》GB 50382；

图 9-17　轨旁设备

(3)《城市轨道交通基于通信的列车自动控制系统技术要求》CJ/T 407；

(4)《城市轨道交通信号系统通用技术条件》GB/T 12758；

(5)《电磁兼容　通用标准　工业环境中的抗扰度试验》GB/T 17799.2；

(6)《电磁兼容　通用标准　工业环境中的发射》GB/T 17799.4；

(7)《信息技术设备的无线电骚扰限值和测量方法》GB 9254；

(8)《信息技术设备 抗扰度　限值和测量方法》GB/T 17618；

(9)《轨道交通　电磁兼容　第 1 部分：总则》GB/T 24338.1；

(10)《轨道交通　电磁兼容　第 2 部分：整个轨道系统对外界的发射》GB/T 24338.2；

(11)《轨道交通　电磁兼容　第 5 部分：地面供电设备和系统的发射与抗扰度》GB/T 24338.6；

(12)《电磁兼容　试验和测量技术　静电放电抗扰度试验》GB/T 17626.2；

(13)《电磁兼容　试验和测量技术　射频电磁场辐射抗扰度试验》GB/T 17626.3；

(14)《电磁兼容　试验和测量技术　电快速瞬变脉冲群抗扰度试验》GB/T 17626.4；

(15)《电磁兼容　试验和测量技术　浪涌（冲击）抗扰度试验》GB/T 17626.5；

(16)《电磁兼容　试验和测量技术　射频场感应的传导骚扰抗扰度》GB/T 17626.6；

(17)《电磁兼容　试验和测量技术　工频磁场抗扰度试验》GB/T 17626.8；

(18)《电磁兼容　试验和测量技术　振铃波抗扰度试验》GB/T 17626.12；

(19)《电磁兼容　限值　谐波电流发射限值（设备每相输入电流≤16A)》GB 17625.1；

(20)《电磁兼容　限值　对每相额定电流≤16A 且无条件接入的设备在公用低压供电系统中产生的电压变化、电压波动和闪烁的限制》GB/T 17625.2；

(21)《电磁兼容　限值　对额定电流≤75A 且有条件接入的设备在公用低压供电系统中产生的电压变化、电压波动和闪烁的限制》GB/T 17625.7；

(22)《电磁兼容　限值　每相输入电流大于 16A 小于等于 75A 连接到公用低压系统的设备产生的谐波电流限值》GB/T 17625.8。

2. 检测参数及检测频率

检测参数：

（1）发射

1）外壳端口：辐射发射。

2）低压交流电源端口、电信/网络端口：传导发射。

（2）抗扰度

1）机箱端口：射频电磁场辐射、射频电磁场数字通信频段、工频磁场、静电放电。

2）信号端口和非处理、控制数据总线端口、处理、测量与控制线端口，以及长总线端口、直流输入和直流输出电源端口、交流输入和直流输出电源端口、接地端口：电快速瞬变脉冲群、射频共模。

3）处理、测量与控制线端口，以及长总线端口、直流输入和直流输出电源端口、交流输入和直流输出电源端口：浪涌。

4）处理、测量与控制线端口，以及长总线端口：阻尼振荡电压（振荡波）。

检测频率：需要完好的整套设备，如果设备有大量电气特性类似的端口或连接类似的端口，应选择总数的20%或至少4个端口模拟现场工况，确保涵盖所有不同类型的端口。

同一生产厂家的同工艺、同规格、同批次的产品为1批，每批不少于1次，抽取比例10%，抽取数量不少于5个，不足5个时全部抽取。

3. 结果判定

未安装于变电站内或未与变电站相连的信号和通信设备的试验结果限值及性能判据见表9-8。

地面供电用电气电子设备、安装于变电站内或与变电站相连的信号和通信设备试验结果限值及性能判据见表9-9。

地面供电用电气电子设备、安装于变电站内或与变电站相连的信号和通信设备试验结果限值及性能判据　　表9-9

序号	检测参数	端口	试验条件	限值	性能判据	备注
1	辐射发射	外壳端口	30～230MHz	40dB（μV/m）准峰值	—	暗室测试，测量距离10m。在3m处测量时限值增加10dB
			230～1000MHz	47dB（μV/m）准峰值		
			1～3GHz	76dB（μV/m）峰值 56dB（μV/m）平均值	—	暗室测试，测量距离3m。在10m处测量时限值减少10dB
			3～6GHz	80dB（μV/m）峰值 60dB（μV/m）平均值	—	

续表

序号	检测参数	端口	试验条件	限值	性能判据	备注
2	传导发射	低压交流电源端口	0.15～0.5MHz	70dB（μV/m）准峰值 66dB（μV/m）平均值	—	—
			0.5～30MHz	73dB（μV/m）准峰值 60dB（μV/m）平均值	—	—
3		电信/网络端口	0.15～0.5MHz	97dB（μV/m）～ 87dB（μV/m） 准峰值 84dB（μV/m）～ 74dB（μV/m） 平均值 53dB（μV/m）～ 43dB（μV/m） 准峰值 40dB（μV/m）～ 30dB（μV/m） 平均值限值	—	—
			0.5～30MHz	87dB（μV/m）准峰值 74dB（μV/m）平均值 43dB（μV/m）准峰值 30dB（μV/m）平均值	—	—
4	射频电磁场辐射	机箱端口	80～800MHz； 10V/m（方均根值）； 80%AM，1kHz	—	A	—
5	射频电磁场数字通信频段		800～1000MHz；20V/m （方均根值）； 80%AM，1kHz	—	A	—
			1400～2000MHz； 10V/m（方均根值）； 80%AM，1kHz			
			2000～2700MHz； 5V/m（方均根值）； 80%AM，1kHz			
			5100～6000MHz； 3V/m（方均根值）； 80%AM，1kHz			
6	工频磁场		50Hz； 100A/m（方均根值）	—	A	试验时间≥10s
			直流；300A/m			—

续表

序号	检测参数	端口	试验条件	限值	性能判据	备注
7	静电放电	机箱端口	±6kV 接触放电； ±8kV 空气放电	—	B	—
8	射频共模	信号端口和非处理、控制数据总线端口、处理、测量与控制线端口，以及长总线端口、直流输入和直流输出电源端口、交流输入和直流输出电源端口、接地端口	0.15～80MHz； 10V/m（方均根值）； 80%AM，1kHz	—	A	—
9	电快速瞬变脉冲群	信号端口和非处理、控制数据总线端口、处理、测量与控制线端口，以及长总线端口	±2kV；5/50ns；5kHz	—	A	使用容性耦合夹
10		直流输入和直流输出电源端口、交流输入和直流输出电源端口	±4kV；5/50ns；5kHz	—	A	—
11		接地端口	±1kV；5/50ns；5kHz	—	A	—
12	浪涌	处理、测量与控制线端口，以及长总线端口、直流输入和直流输出电源端口	1.2/50μs； ±2kV 线—地； ±1kV 线—线	—	B	—
13		交流输入和直流输出电源端口	1.2/50μs； ±4kV 线—地； ±2kV 线—线	—	B	—

续表

序号	检测参数	端口	试验条件	限值	性能判据	备注
14	阻尼振荡电压（振荡波）	处理、测量与控制线端口，以及长总线端口	2.5kV 线一地；1.0kV 线一线	—	B	100kHz 和 1MHz

注：性能判据等级定义同表 9-7 注。

4. 常见检测问题及分析

常见检测问题及分析参见 9.8.1 机车车辆与设备中相关内容。

9.9 复合（SMC）电缆槽

复合（SMC）电缆槽采用高阻燃聚酯与高强度玻璃纤维复合成型，由管箱体、槽盖板、连接件构成，如图 9-18 所示。电缆槽应外形平直，无明显歪斜，槽盖板与槽体配合紧密，具有良好的绝缘性能、阻燃性能和耐温性能。产品广泛应用于高速公路、轨道交通、市政桥梁、隧道、电力、通信等。

1. 相关标准

《复合材料（SMC）电缆槽暂行技术条件》TJ/DW 163。

2. 检测参数及检测频率

检测参数：密度、吸水性、弯曲强度、简支梁冲击强度、热变形温度、绝缘电阻（常态、浸水 24h 后）、可燃性及燃烧性（氧指数、燃烧性、灼热丝可燃性）、耐冲击性能、承载性能检测。

图 9-18 复合（SMC）电缆槽

检测频率：同材料、同生产工艺为一检验批；密度、吸水性、弯曲强度、简支梁冲击强度、热变形温度试验的试样由生产厂家提供，同批试样均应与产品采用相同工艺条件；绝缘电阻、可燃性及燃烧性试验的试样应从成品底部原厚截取。

3. 结果判定

全部检验项目合格方可判定合格，若有不合格项目，则加倍抽样，全部检验项目检验合格则判定为合格，否则整批为不合格。

材料贮存期超过 3 个月则进行重新检验，合格方可使用。

（1）SMC 复合材料的物理、力学及电性能指标见表 9-10。

SMC 复合材料的物理、力学及电性能指标 **表 9-10**

检测项目	技术指标
密度（g/cm^3）	≤1.95
吸水性（mg）	≤20
弯曲强度（MPa）	≥170
简支梁冲击强度（kJ/m^2）	≥90

续表

检测项目		技术指标
热变形温度（℃）		≥240
绝缘电阻（Ω）	常态	$\geqslant 1.0\times 10^{12}$
	浸水 24h 后	$\geqslant 1.0\times 10^{12}$
可燃烧性及燃烧性	氧指数（%）	>28
	燃烧性（级）	V－0
	灼热丝可燃性（℃）	850

（2）耐冲击性能

电缆槽经 15J 能量的锤击试验后，应无裂纹、龟裂和破碎现象。

（3）承载性能

1）均匀载荷：在常温环境条件下，在电缆槽槽体内均匀放置 300kg 铅块，电缆槽中心变形量不应大于 10mm，经低温试验后，电缆槽中心变形量不应大于 15mm。

2）集中载荷：在常温环境条件下，将槽盖盖于槽体上，并在其上中心位置放置 200kg 铅块，电缆槽中心变形量不应大于 10mm，经低温试验后，电缆槽中心变形量不应大于 15mm。

9.10 软 铜 绞 线

软铜绞线是采用多根绞线的铜丝，用高速笼绞机退扭绞合，经过一次绞合或多次复绞而形成，如图 9-19 所示。软铜绞线具有优良的耐折弯性、不断股、不散股、导电率高等特点；可用于电气装置、开关电器、蓄电池等电子电器或元件接线用的软连接线，也可替代铜母线使用。

图 9-19 软铜绞线

1. 相关标准

(1)《电工软铜绞线 第 1 部分：一般规定》GB/T 12970.1；

(2)《电工软铜绞线 第 2 部分：软铜绞线》GB/T 12970.2。

2. 检测参数及检测频率

检测参数：直流电阻、伸长率。

检测频率：同一厂家、同一型号、同一规格为一检验批，随机抽取 1 盘。

3. 结果判定

抽样项目的试验结果若有不合格时，应加倍取样，就不合格项目进行第二次试验，若仍不合格，则判定该批产品不合格。

9.11 阻燃电绝缘橡胶板

绝缘橡胶板又称绝缘橡胶垫、绝缘胶皮、绝缘地胶，如图 9-20 所示，适用于变电站等配电室内使用，铺设于配电柜周围及地面。绝缘橡胶板的作用是与大地绝缘，避免接触到火线时，人体与大地形成闭合回路。

1. 相关标准

《电绝缘橡胶板》HG 2949。

2. 检测参数及检测频率

检测参数：硬度、拉伸强度及扯断伸长率、定伸(150%永久变形)、电绝缘性能（耐电压试验、击穿电压试验）吸水性、热空气老化（拉伸强度降低率）。

检测频率：绝缘胶板以一个月产量为一批，每批胶板随机抽取一卷，从距端部 300mm 起向内取足够试样进行物理机械性能和击穿电压试验。

图 9-20 阻燃电绝缘橡胶板

3. 结果判定

若有一项不符合要求，应另取双倍试样进行该项复试，若仍不符合要求，则该批产品为不合格品。

第 10 章　轨道工程现场取样检测

轨道是线路设备的重要组成部分，其作用是引导机车车辆运行，直接承受列车荷载作用，并把荷载分布传递给路基或桥隧建筑物。轨道可划分为有砟轨道和无砟轨道，有砟轨道一般由钢轨、轨枕、道床、道岔、联结零件及防爬设备组成，无砟轨道是以混凝土等整体结构代替轨枕和散粒道砟道床。

为方便读者，现将轨道工程中涉及的材料、构配件的检验按出厂检验、进场检验的阶段进行分类，如图 10-1 所示。

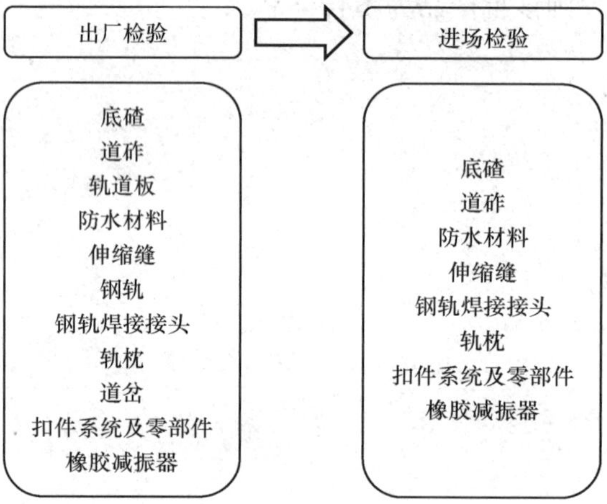

图 10-1　材料、构配件进场检验

10.1　道　　床

道床是轨道的重要组成部分，是轨道框架的基础，主要分为有砟道床和无砟道床。材料检测主要涉及底碴、道砟、轨道板、防水层、保护层及伸缩缝等。

图 10-2　底碴

10.1.1　底碴

底碴位于碎石道床道砟层和路基基床表层之间，可取自天然砂砾材料，也可因开山块石或天然卵石、砾石破碎筛选而成，如图 10-2 所示。

1. 相关标准

（1）《铁路轨道工程施工质量验收标

准》TB 10413；

（2）《铁路碎石道床底碴》TB/T 2897；

（3）《铁路碎石道砟 第2部分：试验方法》TB/T 2140.2。

2. 检测参数及检测频率

检测参数：黏土团及其他杂质含量、颗粒级配、洛杉矶磨耗率、硫酸钠溶液浸泡损失率、液限、塑性指数、粗颗粒中带有破碎面的颗粒所占的质量百分率。

检测频率：同一产地、品种且连续进场的底碴，每 $20000m^3$ 为一批，不足 $20000m^3$ 时亦按一批计，每批取样 400kg。

3. 结果判定

底碴的粒径级配应符合表10-1的规定，且0.5mm筛以下的细集料中通过0.075mm筛的颗粒含量应小于等于66%，其余参数应符合表10-2的规定。

底碴粒径级配 **表10-1**

方孔筛孔边长(mm)	0.075	0.1	0.5	1.7	7.1	16	25	45
过筛质量百分率(%)	0～7	0～11	7～32	13～46	41～75	67～91	82～100	100

底碴技术要求 **表10-2**

检测项目	技术指标	检测项目	技术指标
黏土团及其他杂质含量	≤0.5%	液限	≤25%
洛杉矶磨耗率	≤50%	塑性指数	<6%
硫酸钠溶液浸泡损失率	≤12%	粗颗粒中带有破碎面的颗粒所占的质量百分率	≥30%

4. 常见检测问题及分析

取样时应拨开表层颗粒，分4处从料堆的不同高度取样，并混合均匀，使样品具有代表性。现场料场的储料条件对检测结果也有一定影响。堆场积水、道路泥泞，容易在铲装时造成其他杂质夹带进料场；露天堆场经过雨水冲淋后，表层细颗粒被冲走，级配会发生明显变化。

10.1.2 道砟

道砟位于底碴之上，路轨枕木之下，用于把列车及路轨重量分散在路基上，能够减低列车经过时所带来的振动及噪声。可选用铺公路或铁路路基的粗砂砾或碎石，石质为特级花岗岩，如图10-3所示。

图10-3 道砟

1. 相关标准

（1）《铁路轨道工程施工质量验收标准》TB 10413；

（2）《铁路碎石道砟》TB/T 2140；

（3）《铁路碎石道砟 第2部分：试验方法》TB/T 2140.2。

2. 检测参数及检测频率

检测参数：粒径级配、针状指数、片状指数、风化颗粒和其他杂石含量、颗粒表面清洁度、0.1mm 以下粉末的含量、洛杉矶磨耗率、标准集料冲击韧度、石料耐磨硬度系数、标准集料压碎率、道砟集料压碎率、渗透系数、石粉试模件抗压强度、石粉液限、石粉塑限、硫酸钠溶液浸泡损失率、密度。

检测频率：同一产地、同一级别的道砟，每 $1.5\times10^5 m^3$ 为一批，不足 $1.5\times10^5 m^3$ 时亦按一批计，每批取样 400kg。

3. 结果判定

道砟粒径级配应符合表 10-3 的规定，其余参数应符合表 10-4 的规定。

道砟粒径级配表　　表 10-3

方孔筛孔边长(mm)	16	25	35.5	45	56	63
过筛质量百分率(%)	0～5	5～15	25～40	55～75	92～97	97～100

一级道砟技术要求　　表 10-4

检测项目	技术指标	检测项目	技术指标
针状指数	≤20%	标准集料压碎率	<9%
片状指数	≤20%	道砟集料压碎率	<22%
风化颗粒和其他杂石含量	≤5%	渗透系数	>4.5
颗粒表面清洁度	≤0.17%	石粉试模件抗压强度(MPa)	<0.4
0.1mm 以下粉末的含量	≤1%	石粉液限	>20%
洛杉矶磨耗率	<27%	石粉塑限	>11%
标准集料冲击韧度	>95	硫酸钠溶液浸泡损失率	<10%
石料耐磨硬度系数	>18	实际密度(g/cm^3)	>2.55
		表观密度(g/cm^3)	>2.50

4. 常见检测问题及分析

常见检测问题及分析参见 10.1.1 底碴中相关内容。

10.1.3　轨道板

轨道板是把来自钢轨和扣件的轮载均匀地传递给水泥沥青砂浆垫层，并且把轨道纵向荷载和横向荷载传递给混凝土凸形定位柱的构造物，如图 10-4 所示。

图 10-4　轨道板

1. 相关标准

(1)《铁路轨道工程施工质量验收标准》TB 10413；

(2)《CRTSⅠ型板式无砟轨道混凝土轨道板》TB/T 3398；

(3)《CRTSⅡ型板式无砟轨道混凝土轨道板》TB/T 3399。

2. 检测参数及检测频率

(1) CRTSⅠ型板式无砟轨道混凝土轨道板

检测参数：混凝土抗压强度和弹性模量、抗冻等级、电通量、56d氯离子扩散系数、碱含量、氯离子含量、三氧化硫含量、预埋套管抗拔力、轨道板绝缘性能、静载抗裂强度、封锚砂浆抗压强度和抗折强度、封锚砂浆抗渗性能和收缩率、封锚砂浆氯离子总含量。

检测频率：

1）相同原材料和生产工艺制成的500块轨道板为一批，不足500块按一批计。

2）取样数量及取样方法见表10-5。

CRTSⅠ型板式无砟轨道混凝土轨道板取样数量及取样方法　　表10-5

检测项目	取样数量(个)	取样方法
抗压强度、弹性模量、抗冻等级、电通量、56d氯离子扩散系数	3	GB/T 50080
碱含量、氯离子含量、三氧化硫含量	—	检测原材
预埋套管抗拔力	3	TB/T 3398
绝缘性能	3	TB/T 3398
静载抗裂性能	2	TB/T 3398
封锚砂浆抗折强度	3	GB/T 17671
封锚砂浆抗压强度	6	GB/T 17671
封锚砂浆抗渗性能和收缩率	3	DL/T 5126
封锚砂浆氯离子总含量	—	检测原材

(2) CRTSⅡ型板式无砟轨道混凝土轨道板

检测参数：抗冻等级、电通量、56d氯离子扩散系数、碱含量、氯离子含量、三氧化硫含量、预埋套管抗拔力、绝缘性能、静载试验、疲劳试验。

检测频率：

1）轨道板应按批检验，同一班次、同一台座制成的轨道板为一个检验批。

2）取样数量及取样方法见表10-6。

CRTSⅡ型板式无砟轨道混凝土轨道板取样数量及取样方法　　表10-6

检测项目	取样数量(个)	取样方法
抗冻等级、电通量、56d氯离子扩散系数	3	GB/T 50080
碱含量、氯离子含量、三氧化硫含量	—	检测原材
预埋套管抗拔力	3	TB/T 3399
绝缘性能	3	TB/T 3399
静载试验	轨下截面正弯矩取2块轨枕单元，板中截面负弯矩取1块轨枕单元	TB/T 3399
疲劳试验	轨下截面正弯矩取1块轨枕单元	TB/T 3399

3. 结果判定

（1）CRTSⅠ型板式无砟轨道混凝土轨道板

1）混凝土抗压强度和弹性模量应符合设计要求；

2）混凝土抗冻等级不应低于 F300；

3）混凝土电通量应小于 1000C；

4）氯盐环境下使用的轨道板，其混凝土 56d 氯离子扩散系数 D_{RCM} 不应大于 $5\times10^{-12}m^2/s$；

5）混凝土碱含量不应大于 $3.0kg/m^3$，混凝土氯离子含量不应大于胶凝材料总量的 0.06%，混凝土三氧化硫含量不应大于胶凝材料总量的 4.0%；

6）预埋套管拉拔力不应小于 100kN，试验后其周围无可见裂纹，允许有少量砂浆剥离；

7）单块轨道板钢轨电感相对偏差量不应大于±3%，钢轨交流电阻相对偏差量不应大于 15%；

8）预应力混凝土轨道板静载抗裂强度检验时不应出现裂缝，若有 2 个截面开裂，判定轨道板静载抗裂不合格，若有 1 个截面开裂，允许重新抽样进行试验，若无开裂，判定轨道板静载抗裂合格，若仍有截面开裂，判定轨道板静载抗裂不合格。

（2）CRTSⅡ型板式无砟轨道混凝土轨道板

1）混凝土抗冻等级不应低于 F300；

2）混凝土电通量应小于 1000C；

3）氯盐环境下使用的轨道板，其混凝土 56d 氯离子扩散系数 D_{RCM} 不应大于 $5\times10^{-12}m^2/s$；

4）混凝土碱含量不应大于 $3.0kg/m^3$，混凝土氯离子含量不应大于胶凝材料总量的 0.06%，混凝土三氧化硫含量不应大于胶凝材料总量的 4.0%；

5）预埋套管拉拔力不应小于 60kN；

6）单块轨道板钢轨电感相对偏差量不应大于±3%，钢轨交流电阻相对偏差量不应大于 15%；

7）静载强度应满足表 10-7 要求。

轨道板静载强度要求 **表 10-7**

轨下截面正弯矩		板中截面负弯矩	
M_{SR}	≥21kN·m	M_{mR}	≥21kN·m
$M_{S0.1}$	≥26kN·m	$M_{m0.1}$	≥21kN·m
$M_{S0.05}$	≥34kN·m	$M_{m0.05}$	≥37kN·m
M_{SB}	≥48kN·m	M_{mB}	≥42kN·m

注：1. M_{SR}、M_{mR}—轨下截面和板中截面的设计开裂弯矩，在此弯矩作用下板两侧出现第一条长约 15mm 裂缝；

2. $M_{S0.1}$、$M_{m0.1}$—设计开裂弯矩，在此弯矩作用下第一条裂缝宽度承载状态下达到 0.1mm；

3. $M_{S0.05}$、$M_{m0.05}$—设计开裂弯矩，在此弯矩作用下裂缝在卸载后最大宽度为 0.05mm；

4. M_{SB}、M_{mB}—设计断裂弯矩。

8）轨道板疲劳性能（轨下截面）要求：经 2×10^6 次荷载循环后，在有荷载状态下裂纹宽度不应大于 0.2mm，卸载后残余裂纹宽度不应大于 0.07mm。

4. 常见检测问题及分析

参考本指南第6.1节。

10.1.4 防水层、保护层及伸缩缝

防水层：为了防止雨水渗入桥梁结构而设的材料层，卷材类防水层包括氯化聚乙烯防水层和高聚物改性沥青防水层，涂料类防水层包括聚氨酯涂料防水层。

保护层：浇筑在防水层上的掺加聚丙烯腈纤维或聚丙烯纤维网C40细石混凝土。

伸缩缝：设置在桥梁梁端、对相邻梁端或梁与桥台间的下部结构起到防水作用，并可适应梁体变形的装置。

1. 相关标准

(1)《铁路轨道工程施工质量验收标准》TB 10413；

(2)《铁路混凝土工程施工质量验收标准》TB 10424；

(3)《铁路桥梁混凝土桥面防水层》TB/T 2965；

(4)《铁路混凝土桥梁梁端防水装置》TB/T 3435。

2. 检测参数及检测频率

(1) 防水层、保护层

检测参数：详见《铁路桥梁混凝土桥面防水层》TB/T 2965。

检测频率：详见《铁路桥梁混凝土桥面防水层》TB/T 2965。

(2) 伸缩缝

检测参数：尺寸偏差、外观质量、防腐涂装、成品性能。

检测频率：每种规格取一件。

3. 结果判定

(1) 防水层、保护层

应符合《铁路桥梁混凝土桥面防水层》TB/T 2965的要求。

(2) 伸缩缝

检测参数全部合格则判定为合格，当有不合格项时应取双倍试样复检，复检仍有不合格项，则判为不合格。

4. 常见检测问题及分析

防水材料存储不当，导致样品受物理损伤、老化等不利影响。在制备细石混凝土保护层时，混凝土配合比的控制质量、试件的成型养护条件等均对硬化混凝土的性能有影响。

10.2 轨　　道

轨道一般由钢轨、轨枕、扣件及联结零件组成，另外还包括道岔、钢轨伸缩器、减振设备及附属设备等。

10.2.1 钢轨与联结零件

钢轨是铁路轨道的主要组成部件。它的作用在于引导机车车辆的车轮前进，承受车轮的巨大压力，并传递到轨枕上。钢轨必须为车轮提供连续、平顺和阻力最小的滚动表面。

在电气化铁道或自动闭塞区段，钢轨还可兼作轨道电路之用。

1. 相关标准

(1)《铁路轨道工程施工质量验收标准》TB 10413；

(2)《城市轨道用槽型钢轨闪光焊接质量检验标准》CECS 429；

(3)《城市轨道用槽型钢轨铝热焊接质量检验标准》CECS 430；

(4)《43kg/m～75kg/m 钢轨订货技术条件》TB/T 2344；

(5)《钢轨　第 3 部分：异型钢轨》TB/T 2344.3；

(6)《钢轨焊接 第 1 部分：通用技术条件》TB/T 1632.1；

(7)《钢轨焊接 第 2 部分：闪光焊接》TB/T 1632.2；

(8)《钢轨焊接 第 3 部分：铝热焊接》TB/T 1632.3；

(9)《钢轨焊接 第 4 部分：气压焊接》TB/T 1632.4；

(10)《钢轨胶接绝缘接头》TB/T 2975。

2. 检测参数及检测频率

检测参数：检测参数见表 10-8～表 10-13。

钢轨闪光焊接型式检验检测参数及取样数量　　表 10-8

检测项目	取样数量（个）
平直度	全部试件
表面质量	全部试件
探伤	全部试件
落锤	移动式 15、固定式 25
静弯	15
疲劳	3
拉伸性能	1
冲击性能	2
硬度	2
宏观检验、显微组织和晶粒度	1（利用硬度试件）
断口	15（利用落锤试件）

钢轨闪光焊接生产检验检测参数及取样数量　　表 10-9

检测项目	取样数量（个）
平直度	5
表面质量	
探伤	
落锤	
硬度	2
宏观检验、显微组织和晶粒度	1（利用硬度试件）
断口	5（利用落锤试件）

钢轨铝热焊接型式检验检测参数及取样数量　　表 10-10

检测项目	取样数量（个）
平直度	全部试件
表面质量	全部试件
探伤	全部试件
静弯	10
疲劳	3
拉伸性能	1
硬度	2
显微组织	1
断口	10（利用静弯试件）

钢轨铝热焊接生产检验检测参数及取样数量　　表 10-11

检测项目	取样数量（个）
平直度	
表面质量	3
探伤	
静弯	
硬度	1
断口	3（利用静弯试件）

钢轨气压焊接型式检验检测参数及取样数量　　表 10-12

检测项目	取样数量（个）
平直度	全部试件
表面质量	全部试件
探伤	全部试件
落锤	15
静弯	15
疲劳	3
拉伸性能	1
冲击性能	1
硬度	2
宏观检验、显微组织和晶粒度	1（利用硬度试件）
断口	15（利用落锤试件）

钢轨气压焊接生产检验检测参数及取样数量　　表 10-13

检测项目	取样数量（个）
平直度	
表面质量	5
探伤	
落锤	
硬度	2
宏观检验、显微组织和晶粒度	1（利用硬度试件）
断口	5（利用落锤试件）

检测频率：

（1）型式检验受检试件所用钢轨的生产厂、轨型、钢牌号、交货状态应与焊接生产用钢轨相同，受检试件应是相同工艺焊接的接头。

（2）生产检验受检试件所用钢轨的生产厂、轨型、钢牌号、交货状态应与焊接生产用钢轨相同。生产检验使用随机加焊的试件，应采用与焊接生产相同的工艺焊接的受检试件。

（3）检测频率见表 10-14～表 10-16。

钢轨闪光焊接检测频率　　表 10-14

钢轨闪光焊接	
型式检验	出现下列情况之一时应进行型式检验： （1）焊轨组织初次焊接铁路钢轨； （2）正常生产后，改变焊接工艺； （3）更换钢轨焊机，或焊机停用 1 年后恢复生产前； （4）取得型式检验报告的时间已满 5 年； （5）生产检验结果不合格； （6）钢轨的钢种、生产厂、交货状态、轨型之一改变，首次焊接时。 如果钢种相同但生产厂不同，或钢种相同但交货状态不同的两种钢轨已经各自通过了焊接型式检验，这两种钢轨之间的焊接： （1）在全部生产检验项目合格的情况下，可以焊接生产； （2）在生产检验不合格的情况下，应进行这两种钢轨之间的焊接型式检验
生产检验	出现下列情况之一时应进行生产检验： （1）固定式闪光焊每焊接 500 个接头，移动式闪光焊每焊接 200 个接头； （2）焊机工况变化，对某个焊接参数进行修正之后； （3）焊机出现故障、记录曲线异常，故障排除之后； （4）焊机停焊钢轨 1 个月以上，开始焊接生产前； （5）每隔 3 个月或固定式闪光焊接生产 8000 个接头、移动式闪光焊接生产 600 个接头； （6）调整热处理工艺参数之后； （7）更换热处理设备之后； （8）加热器（感应、火焰）的供方或加热器的结构、尺寸改变之后

钢轨铝热焊接检测频率　　表 10-15

钢轨铝热焊接	
型式检验	出现下列情况之一时应进行型式检验： （1）焊轨组织初次焊接铁路钢轨； （2）采用新型焊剂或调整工艺时； （3）停产 1 年后恢复生产前； （4）取得型式检验报告的时间已满 5 年； （5）生产检验结果不合格； （6）钢轨的钢种、生产厂、交货状态、钢轨轨型之一改变，首次焊接时。 如果钢种相同但生产厂不同，或钢种相同但交货状态不同的两种钢轨已经各自通过了焊接型式检验，这两种钢轨之间的焊接： （1）在全部生产检验项目合格的情况下，可以焊接生产； （2）在生产检验不合格的情况下，应进行这两种钢轨之间的焊接型式检验
生产检验	出现下列情况之一时应进行生产检验： （1）连续焊接 200 个接头； （2）两次焊接生产间隔达 6 个月及以上

钢轨气压焊接检测频率 **表 10-16**

	钢轨气压焊接
型式检验	出现下列情况之一时应进行型式检验： （1）焊轨组织初次焊接铁路钢轨； （2）正常生产后，改变焊接工艺，可能影响焊接接头质量； （3）停产 1 年后恢复生产前； （4）取得型式检验报告的时间已满 5 年； （5）生产检验结果不合格； （6）钢轨的钢种、生产厂、交货状态、钢轨轨型之一改变，首次焊接时。 如果钢种相同但生产厂不同，或钢种相同但交货状态不同的两种钢轨已经各自通过了焊接型式检验，这两种钢轨之间的焊接： （1）在全部生产检验项目合格的情况下，可以焊接生产； （2）在生产检验不合格的情况下，应进行这两种钢轨之间的焊接型式检验
生产检验	出现下列情况之一时应进行生产检验： （1）每焊接 200 个接头； （2）更换加热器，氧气、乙炔生产厂家变更时； （3）更换主要焊接操作人员，或调整焊接工艺参数； （4）焊机停焊钢轨 1 个月以上，开始焊接生产前； （5）每隔 3 个月或累计焊接 600 个接头； （6）调整热处理工艺参数之后； （7）更换热处理设备之后； （8）加热器（感应、火焰）的供方或加热器的结构、尺寸改变之后

3. 结果判定

（1）型式检验

各检验项目全部合格后，方可判定型式检验合格。闪光对焊时，落锤检验合格后，如果有 1 个接头断口灰斑超标，应补做 2 个接头进行落锤和断口检验，补做接头的落锤和断口合格后，可以认为断口检验项目合格。

（2）生产检验

生产检验有 1 个及以上试件不合格时应予以复验。

第 1 次复验：对不合格试件加倍取样复验，经检验合格表示生产检验结果合格；若试件中有 1 个及以上不合格，应再复验。

第 2 次复验：对不合格试件加倍取样复验，经检验合格表示生产检验结果合格；若试件中有 1 个及以上不合格，应判生产检验结果不合格。

4. 常见检测问题及分析

焊接设备、焊接材料、气温条件和操作工艺等因素都会影响焊接质量，在焊缝内产生缺陷。

10.2.2 轨枕

轨枕是支承钢轨，保持钢轨的位置，还要把钢轨传递来的压力再传递给道床的构件，具有使用寿命长、轨道稳定性、能满足高速等优点。

1. 相关标准

（1）《铁路轨道工程施工质量验收标准》TB 10413；

（2）《铁路混凝土工程施工质量验收标准》TB 10424；

（3）《混凝土枕》TB/T 2190；

(4)《预应力混凝土枕疲劳试验方法》TB/T 1878；

(5)《预应力混凝土枕静载抗裂试验方法》TB/T 1879。

2. 检测参数及检测频率

检测参数：预埋铁座抗拔力、静载抗裂强度、疲劳强度和破坏强度。

检测频率：同一厂家、同一批次每 100000 根抽检 1 次，不足 100000 根按 1 次抽检，每次抽检 12 根。

3. 结果判定

静载抗裂强度若有一个受检截面不符合规定，则需重新抽样复检，复检轨枕的全部受检截面应符合规定。

预埋铁座抗拔力、疲劳强度和破坏强度应全部符合规定。

4. 常见检测问题及分析

吊装及运输时操作不当、堆放不规范等造成轨枕的机械损伤，影响其物理力学性能。

10.2.3 扣件系统及零部件

钢轨扣件就是轨道上用以联结钢轨和轨枕（或其他类型轨下基础）的零件，又称中间联结零件。其作用是将钢轨固定在其下部的支承基础上，保持轨距和阻止钢轨相对于轨枕的纵横向移动，另外还有一定的弹性，减缓钢轨对其下基础的冲击。

1. 相关标准

(1)《铁路轨道工程施工质量验收标准》TB 10413；

(2)《高速铁路扣件系统试验方法第 1 部分：钢轨纵向阻力的测定》TB/T 3396.1；

(3)《高速铁路扣件系统试验方法第 2 部分：组装扣压力的测定》TB/T 3396.2；

(4)《高速铁路扣件系统试验方法第 3 部分：组装静刚度的测定》TB/T 3396.3；

(5)《高速铁路扣件系统试验方法 第 4 部分：组装疲劳性能试验》TB/T 3396.4；

(6)《高速铁路扣件系统试验方法 第 6 部分：恶劣环境条件的影响》TB/T 3396.6；

(7)《高速铁路扣件系统试验方法 第 7 部分：预埋件抗拔力试验》TB/T 3396.7；

(8)《扣件组装疲劳试验方法》TB/T 2491；

(9)《弹条Ⅰ型、Ⅱ型扣件弹条疲劳试验方法》TB/T 2329。

2. 检测参数及检测频率

检测参数：

扣件系统及零部件检测参数和取样数量见表 10-17。

扣件系统及零部件检测参数和取样数量　　表 10-17

样品名称	检测参数	取样数量（个）
扣件系统	钢轨纵向阻力	3
	组装扣压力	
	组装静刚度	
	组装疲劳性能	6
	恶劣环境条件的影响	3
	预埋件抗拔力	3

续表

样品名称	检测参数	取样数量（个）
弹条	型式尺寸	15
	表面质量	
	裂纹	
	硬度	
	金相组织	
	脱碳层	
	扣压力	
	残余变形	
	疲劳性能	3
	防锈性能	3
绝缘轨距块	型式尺寸	15
	外观	
	硬度	
	抗剪性能	
	冲击韧性	
	内部空隙	
	绝缘电阻	3
橡胶垫板和复合垫板	型式尺寸	11
	外观	
	硬度	
	拉伸强度	
	拉断伸长率	
	200%定伸应力	
	永久变形	
	工作电阻	
	静刚度	
	耐油性	2
	动静刚度比	2
	疲劳性能	
螺旋道钉	拉力	6
	断后伸长率	
	硬度	
	冷弯性能	
	防锈性能	3
轨距挡板	型式尺寸	10
	外观	
	硬度	
	内部空隙	
	抗压性能	
	绝缘电阻	3

续表

样品名称	检测参数	取样数量（个）
预埋套管	型式尺寸	5
	外观	
	抗拉性能	
	绝缘电阻	3
调高垫板	型式尺寸	3
	外观	
	硬度	
	拉伸强度	
	拉断伸长率	
T 型螺栓	防锈性能	3
锚固螺栓	防锈性能	3
铁垫板	型式尺寸	3
	外观	
	力学性能	
	金相组织	3
轨下调高垫板	型式尺寸	3
	外观	
	硬度	
	拉伸强度	
	拉断伸长率	
螺母	防锈性能	3
平垫圈	防锈性能	3
重型弹簧垫圈	防锈性能	3

检测频率：

（1）同一厂家、同一批次每 200000 套抽检 1 次，不足 200000 套按 1 次抽检。

（2）扣件系统取样时，应包含配套的所有零部件。

3. 结果判定

应符合设计图纸及产品标准的要求。

10.2.4 减振系统

随着城市轨道交通网络的逐渐形成，轨道交通线路不可避免地下穿或近距离接触城市功能建筑，在运营中产生的振动污染越来越引起公众和主管部门的关注。振动与噪声的来源有轮轨、设备、空气动力等多种形式，其中轮轨产生的振动是主要根源。目前城市轨道交通的减振措施主要有两种，一是城市轨道交通轨道橡胶减振器，是一种用于降低城市轨道交通运行中产生的轨下基础的振动水平，从而降低结构振动及其振动噪声的装置，它依靠橡胶材料的压缩、剪切或压缩—剪切变形来缓冲列车运行产生的振动；二是城市轨道交通浮置板橡胶隔振器，是一种将其安装在采用双层隔振原理的浮动整体式道床下，以降低运行时轨道结构振动传递的装置。

1. 相关标准

(1)《城市轨道交通轨道橡胶减振器》CJ/T 286；

(2)《城市轨道交通浮置板橡胶隔振器》CJ/T 285；

(3)《浮置板轨道技术规范》CJJ/T 191。

2. 检测参数及检测频率

检测参数：见表 10-18。

减振系统检测参数和取样数量 **表 10-18**

检测项目	检测参数		取样数量（个）
城市轨道交通轨道橡胶减振器	外观		5
	尺寸偏差		
	金属件	抗拉强度	
		伸长率	
		硬度	
	橡胶	扯断强度	
		扯断伸长率	
		老化变化率	
		与金属粘结强度	
		耐臭氧	
	性能要求	静刚度	
		动静比	
		绝缘电阻	
		疲劳寿命	
城市轨道交通浮置板橡胶隔振器	外观		5
	尺寸偏差		
	金属件	抗拉强度	
		伸长率	
	橡胶	扯断强度	
		扯断伸长率	
		扯断永久变形	
		老化变化率	
		与金属粘结强度	
		耐柴油或机油	
		耐臭氧老化	
	性能要求	静变形	
		固有频率	
		超载试验	
		阻尼比	
		疲劳寿命	

3. 结果判定

应符合设计图纸及产品标准的要求。

第四篇　实体质量检测

近年来，全球城市轨道交通建设事故的频发，引起了社会各界对城市轨道交通安全的重视。城市轨道交通建设工程的质量检测是确保交通建设安全与建设实施的重要手段，可有效减少因建设不到位造成的事故，保证人民的生命财产安全。城市轨道交通工程的建设是在一定的规划与选址上进行的，质量检测的目的就在于保证设计和建设符合一定的标准，减少人们对城市轨道交通工程安全的后顾之忧，创造一个更加安全和放心的交通环境。城市轨道交通结构实体检测是质量检测中一个重要的组成部分，主要包括土建工程、装饰装修工程、机电工程、系统工程、轨道工程等方面的检测。

第 11 章　土建工程实体质量检测

结构实体质量优劣直接影响工程的使用寿命和功能，土建工程阶段需开展的实体检测项目包括：地基基础质量检测、基坑质量检测、盾构法区间质量检测、矿山法区间质量检测、高架区间检测、车站工程及钢结构工程质量检测等方面的内容。

11.1　地基基础与支护工程

地基基础工程的安全与地基条件、设计条件、施工因素等相关，通过合理选择检测方法、检测数量，正确判定检测结果来评定地基基础的施工质量。

11.1.1　地基工程

地基工程是指天然地基在地基处理过程中部分土体得到增强，或被置换，或在天然地基中设置加筋材料，加固区是由基体（天然地基土体或被改良的天然地基土体）和增强体两部分组成的人工地基。在荷载作用下，基体和增强体共同承担荷载的作用。城市轨道交通常见复合地基有水泥土搅拌桩复合地基、高压喷射注浆桩复合地基等。

11.1.1.1　水泥土搅拌桩复合地基

1. 相关标准

(1)《建筑地基基础工程施工质量验收标准》GB 50202；

(2)《建筑地基处理技术规范》JGJ 79；

(3)《建筑地基检测技术规范》JGJ 340。

2. 检测参数及检测频率

检测参数：地基承载力、水泥土抗压强度、单桩的竖向抗拔承载力。

检测频率：地基承载力检测数量不少于总桩数的 1%，且每个单体建筑数量不少于 3 点；水泥土抗压强度检测数量为总桩数的 0.5%且不少于 3 根（《建筑地基处理技术规范》JGJ 79 检测频率为水泥土抗压强度检测数量为总桩数的 0.5%且不少于 6 点，建议采用《建筑地基基础工程施工质量验收标准》GB 50202 规定）。

3. 结果判定

地基承载力及水泥土抗压强度均不低于设计要求。

4. 检测时机和现场准备

检测时机：静载荷试验必须在桩身强度满足试验荷载条件时，并宜在成桩 28d 后进行；取芯法应在混凝土浇灌 28d 进行，或受检桩同条件养护时间强度达到设计强度。一般要求钻孔垂直度不得大于 0.5%。

现场准备：

(1) 施工场地应事先平整，清除桩位处地上、地下一切障碍物（包括大块石、树根和生活垃圾等)。场地低洼时应回填黏性土料，不得回填杂土。做好排水系统设置，使地表水迅速排出。

(2) 桩位放样后，应洒石灰或用其他方式进行明显标识。

(3) 各施工作业点必须有一名施工技术人员和一名现场监理，进行技术指导和现场监理。

(4) 待检桩的基础资料：包括工程名称、检测段落或位置、桩长、间距、布置形式、水泥用量、成桩时间等。

(5) 现场提供桩位图、地质报告、施工记录。

(6) 其他需现场配合及协调的相关工作。

5. 不合格原因分析

高压喷射注浆地基承载力不足主要体现在单桩承载力不足及复合地基承载力不足，复合地基承载力满足要求但单桩承载力达不到设计要求等情况。

单桩承载力不足的原因主要有：

(1) 桩端未进入到设计持力层，部分桩端位于软弱土层。

(2) 桩身成桩质量差，存在因搅拌不均，复搅次数偏少、水灰比偏大等未能使土体与水泥浆有效凝结。

(3) 桩顶 3 倍桩径范围的桩体质量较差，该部位为应力较大区域，桩体上部应力传递受到制约。

(4) 土质原因使成桩情况不理想，如有机质含量较高、含水量较高、土质 pH 值呈酸性等原因。

复合地基承载力不满足要求的主要原因有：

(1) 桩身质量差，桩体的贡献未达到要求。对于桩长较长的情况，往往单桩承载力受桩身强度控制，按土层侧阻力及端阻力计算单桩承载力远远大于设计荷载，因桩身质量缺陷导致单桩承载力不足的情况时有发生。

(2) 桩间土质较差，基槽开挖后对土体扰动较大，同时因雨季开挖土体浸泡，强度降低，未能充分发挥桩土共同作用的效果。

6. 试验照片

现场试验如图 11-1 和图 11-2 所示。

图 11-1　承载力试验

图 11-2　钻芯检测

11.1.1.2　高压喷射注浆桩复合地基

1. 相关标准

(1)《建筑地基基础工程施工质量验收标准》GB 50202；

(2)《建筑地基处理技术规范》JGJ 79；

(3)《建筑地基检测技术规范》JGJ 340；

(4)《建筑基桩检测技术规范》JGJ 106。

2. 检测参数及检测频率

检测参数：地基承载力、水泥土抗压强度。

检测频率：检测数量不少于总桩数的1%，且每个单体工程复合地基静荷载试验的数量不得少于 3 点；钻芯法检测桩体强度，检测数量不少于施工孔数的 0.5%且不少于 3 根。

3. 结果判定

地基承载力及水泥土抗压强度均不低于设计要求。

4. 检测时机和现场准备

检测时机：静载荷试验必须在桩身强度满足试验荷载条件时，并宜在成桩 28d 后进行。取芯法应在浇灌 28d 进行，或受检桩同条件养护时间强度达到设计强度。

现场准备：

(1) 试验前，委托方应整理好相关资料，包括：委托资料、检测抽样单、相关图纸(主要是桩位平面图)、地勘报告、桩基的施工资料以及设计对检测方面的要求等。

(2) 桩身强度必须达到设计强度要求，桩头强度须高于桩身强度。

(3) 小吨位（＜1500kN）的试桩在静载试验前，应在试桩周围（以试桩为中心）平整一块至少 10m×14m 的场地，场地土应密实，不得有虚土。大吨位的静载试验平整场地面积还应适当增大。

(4) 应先凿掉桩顶部的破碎层和软弱混凝土，并凿平桩头顶部。必要时，桩头残缺部分需用硫磺胶泥抹平或用高强度等级水泥抹平，并在桩头周围用钢箍加固，桩头达到强度后方可进行试验。

(5) 桩头顶面应水平、平整，桩头中轴线与桩身中轴线应重合，桩头截面积应与原桩身截面积相同。

5. 不合格原因分析

(1) 水泥未严格按照设计要求的配合比配置，或使用受潮或过期的水泥。

(2) 未按设计桩径及强度要求，设置注浆压力及注浆量。

(3) 掺粉煤灰后的水泥浆使用前未经过筛，堵塞喷嘴，出现断浆现象。

(4) 在喷射注浆过程中，未观察返浆情况的发生，未及时了解土层情况、喷射注浆效果和喷射参数是否合理。返浆量小于注浆量的20%属正常现象，超过20%或完全不冒浆时，应查明原因并采取相应的处理措施。

6. 试验照片

现场试验如图 11-3 和图 11-4 所示。

图 11-3　承载力试验

图 11-4　钻芯检测

11.1.1.3　水泥粉煤灰碎石桩复合地基

1. 相关标准

(1)《建筑地基基础工程施工质量验收标准》GB 50202；

(2)《建筑地基处理技术规范》JGJ 79；

(3)《建筑地基检测技术规范》JGJ 340。

2. 检测参数及检测频率

检测参数：地基承载力、桩身完整性、桩身强度。

检测频率：复合地基静载荷试验和单桩静载荷试验的数量不应少于总桩数的1%，且每个单体工程的复合地基静载荷试验的试验数量不应少于3点。

桩身完整性试验采用低应变动力方法，检测数量不少于总桩数的10%。

有单桩强度检验要求时，每台机械每台班不少于1组。

3. 结果判定

地基承载力满足设计要求。

4. 检测时机和现场准备

检测时机：静载荷试验必须在桩身强度满足试验荷载条件时，并宜在成桩28d后进行。

现场准备：

(1) 主要道路要通畅，试验道路及试桩检测范围内各项临时施工用水管道要加大深埋，切断淌水水源，保持试验场地干燥，以便保证大型重载车辆顺利进出场及场内施工。

(2) 抗压桩检测以桩为中心10m×14m范围内要场地坚实平整。

(3) 确保试桩达到设计强度方可进行试验。

(4) 试桩桩头由施工单位负责处理并满足试验要求。

(5) 进场前做好“三通（水、电、路）一平（场地）”准备工作。

(6) 现场提供桩位图、地质报告、施工记录。

5. 不合格原因分析

(1) 水泥、粉煤灰、砂及碎石等原材料不符合设计要求。

(2) 混合料的配合比、坍落度和提拔钻杆速度（或提拔套管速度）、成孔深度、混合料灌入量等不满足规范或设计要求。

(3) 成桩后成品保护不到位，桩周土体被扰动。

(4) 冬期施工时，保护土层和桩头清除至设计标高后，未对桩间土和桩采用草帘、草袋等保温材料进行覆盖，导致桩间土冻胀而造成桩体拉断，同时桩间土受冻后导致复合地基承载力降低。

6. 试验照片

现场试验如图11-5～图11-7所示。

图11-5　承载力试验

图11-6　低应变法试验

11.1.1.4　夯实水泥土桩复合地基

1. 相关标准

(1)《建筑地基基础工程施工质量验收标准》GB 50202；

图 11-7　钻芯检测

(2)《建筑地基处理技术规范》JGJ 79；

(3)《建筑地基检测技术规范》JGJ 340。

2. 检测参数及检测频率

检测参数：地基承载力、桩体干密度。

检测频率：复合地基承载力的验收检验应采用复合地基静载荷试验，对有粘结强度的复合地基增强体尚应进行单桩静载荷试验。复合地基静载荷试验和单桩静载荷试验的数量不应少于总桩数的 1%，且每个单体工程的复合地基静载荷试验的试验数量不应少于 3 点。

夯填桩体的干密度质量检验应随机抽样检测，抽检数量不应少于总桩数的 2%。复合地基承载力的验收检验应采用复合地基静载荷试验。

3. 结果判定

地基承载力满足设计要求。

4. 检测时机和现场准备

检测时机：静载荷试验必须在桩身强度满足试验荷载条件时，并宜在成桩 28d 后进行。

现场准备：

(1) 试验前保证“三通一平”即通电、通水、通路以及至少整平出一块 10m×14m 的场地供试验使用。

(2) 委托方需提供：地勘报告、桩基施工图纸、施工记录、检测的要求等相关资料。

(3) 试验前应凿掉桩顶部的破碎层以及软弱或不密实的区域。

(4) 桩头顶面应平整，桩头中轴线与桩身上部分的中轴线应重合。

(5) 试桩桩头没有进行加固处理的在试验前需做混凝土桩帽。

(6) 桩头强度需比桩身强度高出 1 至 2 个强度等级。

5. 不合格原因分析

主要原因是桩身质量差，桩体的贡献未达到要求。对于桩长较长的情况，往往单桩承载力受桩身强度控制，按土层侧阻力及端阻力计算单桩承载力远远大于设计荷载。

6. 试验照片

现场试验如图 11-8 所示。

11.1.1.5 注浆加固地基

注浆加固地基是指用气压、液压或电化学原理把某些能固化的浆液通过压浆泵、灌浆管均匀地注入各种介质的裂缝或孔隙中，以填充、渗进和挤密等方式，驱走裂缝、孔隙中的水分和气体，并填充其位置，硬化后将岩土胶结成一个整体，形成一个强度大、压缩性低、抗渗性高和稳定性良好的新的岩土体，从而改善地基的物理化学性质的施工工艺，该工艺在地基处理中应用领域十分广泛，主要用于截水、堵漏和加固地基。

图 11-8 承载力试验

1. 相关标准

(1)《建筑地基基础工程施工质量验收标准》GB 50202；

(2)《建筑地基处理技术规范》JGJ 79；

(3)《建筑地基检测技术规范》JGJ 340。

2. 检测参数及检测频率

检测参数：加固体均匀性、地基承载力。

检测频率：加固体均匀性检验不少于孔数的 2%～5%，检验点合格率小于 80%时，对不合格的注浆区实施重复注浆；注浆加固处理后地基的承载力应进行静载荷试验检验，静载荷试验每个单体建筑的检验数量不应少于 3 点，1000m^2 以上工程，每 100m^2 至少应有 1 点，3000m^2 以上工程，每 300m^2 至少应有 1 点，每一独立基础下至少应有 1 点，基槽每 20 延米应有 1 点。

3. 结果判定

不小于设计值。

4. 检测时机和现场准备

检测时机：静载荷试验必须在桩身强度满足试验荷载条件时，并宜在成桩 28d 后进行。注浆加固处理结束 28d 后进行检测。

现场准备：现场提供桩位图、地质报告、施工记录，为方便检测，须保证场地平整，以保证检测设备能正常移动、工作。

5. 不合格原因分析

加固体均匀性不合格原因主要有：

(1) 旋喷方法与机具未根据地质条件进行选择。

(2) 拔管速度、旋转速度及注浆量未能配合好，造成桩身直径大小不匀，浆液有多有少。

(3) 旋喷的水泥浆与切削的土粒强制拌和不充分、不均匀，直接影响加固效果。

(4) 穿过较硬的黏性土，产生缩径。

(5) 当采用水泥浆液进行旋喷时，在浆液与土搅拌混合后的凝固过程中，由于浆液析水作用，一般均有不同程度的收缩，造成在固结体顶部出现凹穴。凹穴的深度随土质、浆液的析出性、固结体的直径和全长等因素的不同而异。

图 11-9 承载力试验

6. 试验照片

现场试验如图 11-9 和图 11-10 所示。

11.1.1.6 微型桩（树根桩、预制桩、注浆钢管桩等）加固地基

一种较小直径的钻孔灌注桩，直径一般在 10～30cm，长细比一般大于 30，桩体由压力灌注的水泥砂浆或小石子混凝土与加劲材料组成。根据不同的用途，用于微型桩的加劲材料可以是钢筋、钢管或其他型钢。微型桩可以是垂直布置，也可以是倾斜布置；可以成排布置，也可交叉成网状布置形如树根。微型桩的技术较为简单，施工方便，适用于狭窄的施工作业区；对土层适应性强；施工振动、噪声小；桩位布置形式灵活，可以布置成斜桩；与同体积灌注桩相比，其承载力较高。近年来迅速发展，广泛应用于各种土木建筑工程，目前已在深基坑开挖支护、地面沉陷修复、路基加固以及边坡加固等方面得到了成功应用。

图 11-10 钻芯检测

1. 相关标准

(1)《建筑地基处理技术规范》JGJ 79；

(2)《建筑基桩检测技术规范》JGJ 106。

2. 检测参数及检测频率

检测参数：地基承载力、桩身完整性试验。

检测频率：地基承载力检测数量不少于总桩数的 1%，且不得少于 3 根；桩身完整性检测数量不少于总桩数的 10%，且不少于 10 根；每个柱下承台抽检桩数不应少于 1 根。

3. 结果判定

低应变动测法：

基桩完整性检测结果的分类按《建筑基桩检测技术规范》JGJ 106 要求的技术内容划分如下：

Ⅰ类桩：$2L/c$ 时刻前无缺陷反射波，有桩底反射波；

Ⅱ类桩：$2L/c$ 时刻前出现轻微缺陷反射波，有桩底反射波；

Ⅲ类桩：有明显缺陷反射波，其他特征介于Ⅱ类和Ⅳ类之间；

Ⅳ类桩：$2L/c$ 时刻前出现严重缺陷反射波或周期性反射波，无桩底反射波；或因桩身浅部严重缺陷使波形呈现低频大振幅衰减振动，无桩底反射波。

注：L—测点下桩长；c—桩身一维纵向应力波传播速度（简称桩身波速）。

4. 检测时机和现场准备

检测时机：静载荷试验必须在桩身强度满足试验荷载条件时，并宜在成桩 28d 后进行。

(1) 桩身强度符合“受检桩桩身强度至少达到设计强度的 70%，且不小于 15MPa”的规定。

(2) 桩头的材质、强度、截面尺寸应与桩身基本等同。

(3) 桩顶面应平整、密实并与桩轴线基本垂直。

现场准备：

(1) 确认工程现场场地情况，以受检桩为中心 10m×14m 范围需换填及平整。

(2) 试验前需保证“三通一平”，以及试验场地夜间照明设备，场地道路需保证大型重载车辆的顺利进出场。

(3) 确认受检桩（点）顶面是否完好、桩顶标高是否符合要求、是否标明桩（点）编号。

(4) 受检桩（点）龄期及休止期需满足规范要求。

(5) 试验前由委托方提供：地勘报告、桩基施工图纸、施工记录、检测的要求等相关资料，经委托方确认试验桩位与委托一致。

5. 不合格原因分析

(1) 桩长、桩位偏差，桩身垂直度，桩径，入岩情况不满足设计要求。

(2) 清孔不彻底，泥浆浑浊、沉渣过厚。

(3) 水泥浆液未按设计比例配置，没有选择合适的填充石径。

(4) 钢管焊接不牢靠，投放不对中。

(5) 注浆时，在孔口冒浆前未保持一定压力，排出部分纯浆后未继续封闭孔口持压一段时间。

6. 试验照片

现场试验如图 11-11 和图 11-12 所示。

图 11-11　承载力试验

图 11-12　低应变法试验

11.1.2 基础工程

深部土层软弱或建（构）筑物的上部荷载较大，而且对沉降有严格要求的高层建筑、地下建筑以及桥梁基础等，需要采用深基础。桩基础是一种常用的深基础形式。桩基础通常由桩和桩顶承台组成，按受力性质分为摩擦桩和端承桩；按制作方法分为预制桩和现浇桩；按材料分为钢桩、预应力钢筋混凝土桩、钢筋混凝土桩及木桩等。

11.1.2.1 灌注桩

1. 相关标准

(1)《建筑地基基础工程施工质量验收标准》GB 50202；

(2)《建筑基桩检测技术规范》JGJ 106；

(3)《铁路桥涵工程施工质量验收标准》TB 10415；

(4)《建筑地基处理技术规范》JGJ 79。

2. 检测参数及检测频率

检测参数：承载力、桩身完整性

检测频率：

(1) 检验桩数不少于总数的1%，且不少于3根；若施工总桩数少于50根时，检测不少于2根，且每个单体工程的静载荷试验的试验数量不应少于3点。

(2) 抗拔桩、永久性立柱桩、高架区间（含高架车站）灌注桩全数无损检测；支护工程灌注桩，采用低应变动测法检测桩身完整性，检测桩数不宜少于总桩数的30%，且不少于20根。

(3) 对设计等级为甲级或地质条件复杂，成桩质量可靠性低的灌注桩，抽检数量不应少于总数的30%，且不应少于20根。

(4) 其他桩基工程检测数量不少于总数的20%，且不少于10根，每个柱下承台检测桩数不少于1根。

注：1. 若采用高应变检测单桩承载力，应先进行同场地、同地质条件、同桩型规格的单桩动静对比试验，检测数量不少于总桩数的5%，且不得少于5根。

2. 除地下车站基坑内工程桩采用自平衡方法检测承载力外，其余桩基承载力检测采用堆载法或锚桩法。

3. 采用低应变法或声波透射法检测桩身完整性，长径比40及以上或桩长40m及以上或桩径800mm及以上采用超声波检测。

4. 高架区间每个承台下不少于1根桩采用声波透射法进行完整性检测。

5. 当低应变或声波透射出现Ⅲ、Ⅳ类桩时，应在未检测的桩中，增加低应变或声波透射检测数量，具体数量由建设、监理、设计方共同确定，必要时应全数检测。待桩身完整性检测完成后，Ⅲ、Ⅳ类桩应进一步采取钻芯法进行验证检测，必要时还需增加钻芯孔内摄像检测。

(5) 低应变检测现场准备要求：

1) 根据桩身强度确定检测时间，受检桩桩身强度至少达到设计强度的70%，且不小于15MPa。

2) 桩头的材质、强度、截面尺寸应与桩身基本等同。

3) 桩顶面混凝土应平整、密实、无积水并与桩轴线基本垂直。

4) 桩头应打磨3～4个测试点，如图11-13所示。

(6) 混凝土灌注桩桩身完整性检测时，声测管应沿钢筋笼内侧呈对称形状布置，如图 11-14 所示。声测管埋设数量应符合下列要求：

1) $D \leqslant 800$mm，不少于 2 根管；

2) 800mm$<D \leqslant$1500mm，不少于 3 根管；

3) $D>$1500mm，不少于 4 根管；

4) 当桩径 $D>$2500mm 时，宜增加预埋声测管数量。

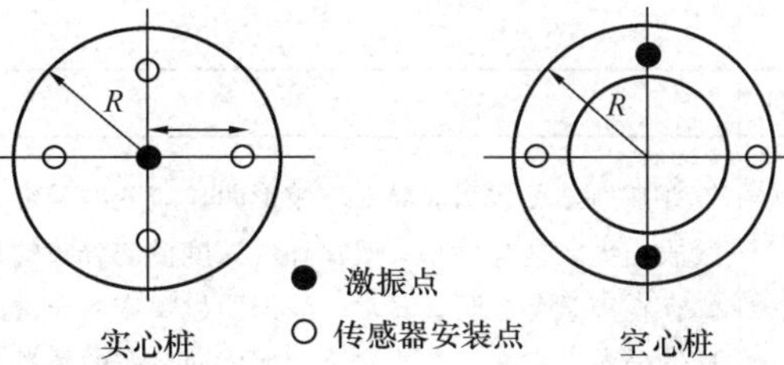

图 11-13 传感器安装点、激振点布置示意

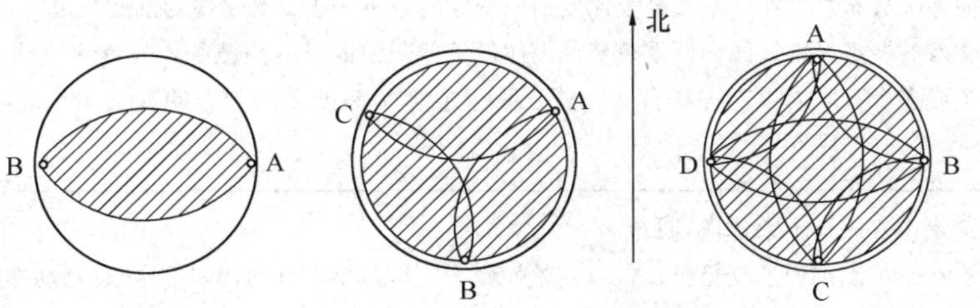

图 11-14 声测管布置示意图

注：检测剖面编组（检测剖面序号为 j）分别为：2 根管时，AB 剖面（$j=1$）；3 根管时，AB 剖面（$j=1$），BC 剖面（$j=2$），CA 剖面（$j=3$）；4 根管时，AB 剖面（$j=1$），BC 剖面（$j=2$），CD 剖面（$j=3$），DA 剖面（$j=4$），AC 剖面（$j=5$），BD 剖面（$j=6$）。

(7) 对抗拔桩承载力有要求的桩基工程，应进行单桩竖向抗拔静载试验，抽检桩数不应少于总桩数的 1%，且不得少于 3 根。若施工总桩数少于 50 根时，检测不少于 2 根，且每个单体工程的单桩竖向抗拔静载荷试验的试验数量不应少于 3 点。

3. 结果判定

(1) 低应变动测法：基桩完整性检测结果的分类按《建筑基桩检测技术规范》JGJ 106 的要求进行划分，详见 11.1.1.6 节中结果判定的相关内容。

(2) 声波透射法：桩身完整性判定见表 11-1。

桩身完整性判定 **表 11-1**

类别	特征
Ⅰ	所有声测线声学参数无异常，接收波形正常； 存在声学参数轻微异常、波形轻微畸变的异常声测线，异常声测线在任一检测剖面的任一区段内纵向不连续分布，且在任一深度横向分布的数量小于检测剖面数量的 50%
Ⅱ	存在声学参数轻微异常、波形轻微畸变的异常声测线，异常声测线在一个或多个检测剖面的一个或多个区段内纵向连续分布，或在一个或多个深度横向分布的数量大于或等于检测剖面数量的 50%； 存在声学参数明显异常、波形明显畸变的异常声测线，异常声测线在任一检测剖面的任一区段内纵向不连续分布，且在任一深度横向分布的数量小于检测剖面数量的 50%

续表

类别	特征
Ⅲ	存在声学参数明显异常、波形明显畸变的异常声测线，异常声测线在一个或多个检测剖面的一个或多个区段内纵向连续分布，但在任一深度横向分布的数量小于检测剖面数量的50%； 存在声学参数明显异常、波形明显畸变的异常声测线，异常声测线在任一检测剖面的任一区段内纵向不连续分布，但在一个或多个深度横向分布的数量大于或等于检测剖面数量的50%； 存在声学参数严重异常、波形严重畸变或声速低于低限值的异常声测线，异常声测线在任一检测剖面的任一区段内纵向不连续分布，且在任一深度横向分布的数量小于检测剖面数量的50%
Ⅳ	存在声学参数明显异常、波形明显畸变的异常声测线，异常声测线在一个或多个检测剖面的一个或多个区段内纵向连续分布，且在一个或多个深度横向分布的数量大于或等于检测剖面数量的50%； 存在声学参数严重异常、波形严重畸变或声速低于低限值的异常声测线，异常声测线在一个或多个检测剖面的一个或多个区段内纵向连续分布，或在一个或多个深度横向分布的数量大于或等于检测剖面数量的50%

注：1. 完整性类别由Ⅳ类往Ⅰ类依次判定；

2. 对于只有一个检测剖面的受检桩，桩身完整性判定应按该检测剖面代表桩全部横截面的情况对待。

（3）单桩竖向抗压静载试验：单桩承载力满足设计要求。

（4）单桩的竖向抗拔承载力试验：单桩的竖向抗拔承载力满足设计要求。

4. 检测时机和现场准备

检测时机：单桩的竖向抗拔承载力试验必须在桩身强度满足试验荷载条件时，并宜在成桩28d后进行。

（1）检测前，应验算预估最大试验荷载是否超过钢筋的抗拉设计强度。

（2）对于钢筋混凝土桩，最大试验荷载不得超过钢筋的抗拉强度设计值，以避免因钢筋拔断提前中止试验或出现安全事故。除此之外，建议检测单位尽量了解设计条件，如抗裂或裂缝宽度验算、作用和抗力的考虑（如抗浮桩设计时的设防水位、桩的浮密度、抗拔阻力取值等），这些因素将对抗拔桩的配筋和承载力取值产生影响。

（3）桩顶上拔量观测点宜设置在桩顶以下不小于1倍桩径处，对于大直径灌注桩，可设置在桩顶面钢筋笼内侧的桩身混凝土上。

（4）桩顶上拔量测量平面必须在桩身位置，严禁在混凝土桩的受拉钢筋上设置位移观测点，避免因钢筋变形导致上拔量观测数据失实。为防止混凝土桩保护层开裂对上拔量测试的影响，上拔量观测点应避开混凝土破裂区域设置。

现场准备：

（1）确认试验场地周边无基坑、塔吊、燃气管道、通信线缆等危险源。

（2）试验前应保证场地平整，确认检测桩位与委托一致。

（3）混凝土桩应凿掉顶部的破碎层以及不密实的混凝土。

（4）桩头顶面应保持平整，必要时应用高强水泥进行抹平。

（5）桩头主筋应全部直通到桩帽混凝土保护层下，各主筋应在同一高度上。

（6）试验前，应保证桩身强度达到设计值，桩头强度应不小于桩身强度，且强度不得低于C30。

5. 不合格原因分析

（1）静载试验不合格可能的原因：

1）桩身质量达不到设计要求。

2）大直径冲孔灌注桩护壁塌孔变成断桩。

3）超长桩吊放钢筋笼过程中由于成孔倾斜，钢筋笼倾斜，成孔与钢筋笼相互作用产生塌孔，变成断桩。

4）清孔不彻底，桩底沉渣过厚。

5）持力层未能穿透孤石，未能穿透夹层。

6）持力层未达到设计要求。

（2）水下灌注桩完整性检测不合格的原因：桩身混凝土中的缺陷与施工方法密切相关，不同施工方法出现缺陷的类型以及不同类型的缺陷出现的几率都不一样。水下灌注施工时，可能出现的缺陷有以下几种。

1）断桩（包括全断面夹泥或夹砂）。这类缺陷多半因为导管提升时不慎冒口，新注入的混凝土压在封口砂浆及泥浆上，以及因机械故障而停止灌注过久，提升导管时把已初凝的混凝土拉松，或继续施工时对表面未加清理等原因所致。断桩部位往往不是一个薄层，而是具有相当厚度的一个缺陷段，检测时不难发现。断桩严重影响桩的承载能力，检测时不应漏检或误判。断桩对承载力的影响程度与其出现的位置有关，应按桩的受力状态分析，但断桩均应采取适当措施修理或加固。

2）局部截面夹泥或缩颈。这类缺陷一般是由于混凝土导管插入深度不适当，导致混凝土从导管流出往上顶托时，形成湍流或翻腾，使孔壁剥落或坍塌，形成局部断面夹泥或周边环状夹泥。局部截面夹泥或缩颈将影响桩的承载面积，同时由于钢筋外露而影响耐久性，对这类缺陷检测时应仅可能检出其面积大小，以便核算桩的承载能力。

3）分散性泥团及“蜂窝”状缺陷。其成因与孔壁因混凝土骚动而剥落有关外，还与混凝土离析及导管中被压入的气体无法完全排出有关。这类缺陷将影响混凝土的强度，若分散性泥团或气孔数量不多，影响面积不大，则对混凝土强度的影响有限，可不予处理。

4）集中性气孔。当导管埋入厚度较深，混凝土流动性不足时，间息倒入导管的混凝土会将导管中气体压入混凝土中而无法排出，有时会形成较大的集中性气孔，将影响断面受力面积。

5）桩底沉渣。在灌注前应彻底清孔，若清孔不净，则导致桩底沉渣。对端承桩而言，桩底沉渣过厚会导致桩受力时沉降位移，因此，应进行桩底压浆处理。

6）桩头混凝土低强区。在混凝土灌注过程中，封口混凝土或砂浆与水接触，在顶托过程中会混入泥水，因而强度较低，灌注完成后应将其铲除，若未彻底铲除，则形成桩顶低强区。在桥梁桩中，桩顶低强区非但影响承载力，而且当河床变化时很容易被水流冲刷和腐蚀。由于桩顶一般均已露出地面，可用多种方法对混凝土强度进行检测，所以其检测值也可作为全桩混凝土强度超声推算值的校验值。

（3）干孔灌注桩完整性检测不合格的原因：干孔灌注时可能出现的常见缺陷有以下几种。

1）混凝土层状离析或断桩。在地下水位较高的地区，常因地下水涌入孔中来不及抽干，浇入的混凝土被水冲刷或浸包，形成层状离析，严重时砂石成层状堆积，水泥浆上浮，形成断桩。

2）局部夹泥或“蜂窝”状缺陷。干孔灌注时常因孔壁护筒渗漏，涌入泥水而形成局部夹泥，或灌注时未予捣实，形成“蜂窝”状缺陷。

3）局部严重离析。混凝土注入高度超过施工规定，往往形成石子滚到边缘的离析现象，此时，石子集中区易形成“蜂窝”，而砂浆集中区因声速下降而被误判。

4）桩底沉渣：操作工未清孔即浇入混凝土，形成桩底沉渣。

6. 试验照片

现场试验如图 11-15～图 11-18 所示。

图 11-15　声波透视法试验

图 11-16　低应变法试验

图 11-17　抗压承载力试验

图 11-18　抗拔承载力试验

11.1.2.2 PHC 管桩基础

PHC 管桩，即预应力高强度混凝土管桩，是采用先张预应力离心成型工艺，并经过 10 个大气压（1.0MPa 左右）、180℃左右的蒸汽养护，制成的一种空心圆筒型混凝土预制构件，标准节长为 10m，直径从 300～800mm 不等，混凝土强度等级≥C80。PHC 管桩具有单桩承载力高、应用范围广、沉桩质量可靠等优点，广泛应用于 60 层以下的多种高层建筑以及工业与民用建筑低承台桩基础，铁路、公路与桥梁、港口、码头、水利、市政、构筑物及大型设备等工程基础。

1. 相关标准

(1)《建筑地基基础工程施工质量验收标准》GB 50202；

(2)《建筑基桩检测技术规范》JGJ 106。

2. 检测参数及检测频率

检测参数：桩身完整性、承载力。

检测频率：桩身完整性检测数量不少于总数的30%，且不少于20根，静载试验检测数量在同一条件下不应少于3根，且不宜少于总桩数的1%。

低应变反射波法；单桩竖向抗压静载试验。

3. 结果判定

基桩完整性检测结果按《建筑基桩检测技术规范》JGJ 106的要求进行划分，详见11.1.1.6节中结果判定的相关内容。

4. 检测时机和现场准备

检测时机：静载荷试验必须在桩身强度满足试验荷载条件时，并宜在成桩28d后进行。

（1）桩身强度符合“受检桩桩身强度至少达到设计强度的70%，且不小于15MPa”的规定。

（2）桩头的材质、强度、截面尺寸应与桩身基本等同。

（3）桩顶面应平整、密实、并与桩轴线基本垂直。

（4）静载荷试验必须在桩身强度满足试验荷载条件时，并宜在成桩28d后进行。

（5）现场检测不得在雨、雪天气开展。

现场准备：

（1）确定试验场地周边无危险源，保证试验场地“三通一平”，所检桩位附近10m×14m范围需整平。

（2）委托方应提供相关设计信息及地勘报告等资料，确认所检桩位与委托部位一致。

（3）受检桩的龄期及设计强度满足规范或设计的相关要求。

（4）试验前，将桩头浮浆打掉，使桩面混凝土强度与桩身混凝土强度一致且外露≥100mm；把外露钢筋向桩外侧扒开压平，方便工作人员入内作业。

（5）在进行低应变检测时，传感器应安装在桩顶面，安装点及其附近不得有缺损或裂缝，安装点必须打磨。

5. 不合格原因分析

（1）桩身完整性不合格原因：①在接头处连接不好；②施工过程中受到外力的挤压。

（2）静载试验不合格可能的原因：①接头处连接不好；②持力层未能穿透孤石，未能穿透夹层；③持力层未达到设计要求。

6. 试验照片

现场试验如图11-19和图11-20所示。

图 11-19　低应变试验

图 11-20　承载力试验

11.1.3　基坑支护工程

基坑支护工程保护着地下主体结构施工和基坑周边环境的安全，是对基坑采用的临时性支挡、加固、保护及地下水控制的措施。

11.1.3.1　地下连续墙

地下连续墙是利用专门的成槽机械在所定位置开挖一条狭长的深槽，再使用膨润土泥浆护壁，当一定长度的深槽开挖结束，就形成一个单元槽段，在槽内吊放钢筋笼，再浇筑混凝土，完成一个单元的墙段。然后又连续开挖、浇筑混凝土，从而形成一道连续的现浇地下连续墙。地下连续墙可以大量节约土方量，缩短工期，施工时不影响邻近建筑物的安全。目前已发展有后张预应力、预制装配和现浇预制等多种形式。

1. 相关标准

(1)《建筑基坑支护技术规程》JGJ 120；

(2)《建筑基桩检测技术规范》JGJ 106。

2. 检测参数及检测频率

检测参数：墙身完整性。

检测频率：墙身完整性检测数量不少于总槽段数的 20%，且不少于 3 个槽段。

3. 结果判定

墙身完整性分类见表 11-2，墙身完整性判定见表 11-1。

完整性分类表（JGJ 106）　　**表 11-2**

完整性类别	分类原则
Ⅰ类	所测断面混凝土完整，无缺陷
Ⅱ类	所测断面墙身有轻微缺陷，不会影响桩身结构承载力的正常发挥
Ⅲ类	墙身有明显缺陷，对桩身结构承载力有影响
Ⅳ类	墙身存在严重缺陷

4. 检测时机和现场准备

检测时机：现场检测需待墙体强度至少达到设计强度的 70%且不少于 15MPa 后才能检测。

现场准备：

（1）检测前应将地下连续墙顶的泥浆等清洗干净，测量出相应声测管外壁间净距离；之后将各声测管内注满清水，采用检查棒检查声测管畅通情况，确保换能器应能在全程范围内升降顺畅。

（2）各施工作业点必须有一名施工技术人员和一名现场监理，进行技术指导和现场监理。

（3）待检桩的基础资料：包括工程名称、检测段落或位置、桩长、间距、布置形式、水泥用量、成桩时间等。

（4）现场提供桩位图、地质报告、施工记录。

（5）其他需现场配合及协调的相关工作。

（6）地下连续墙的墙身完整性检测时，每个槽段声测管埋设数量不应少于 4 根，声测管间距不宜大于 1.2m，且声测管应布置在钢筋笼内侧，如图 11-21 所示。

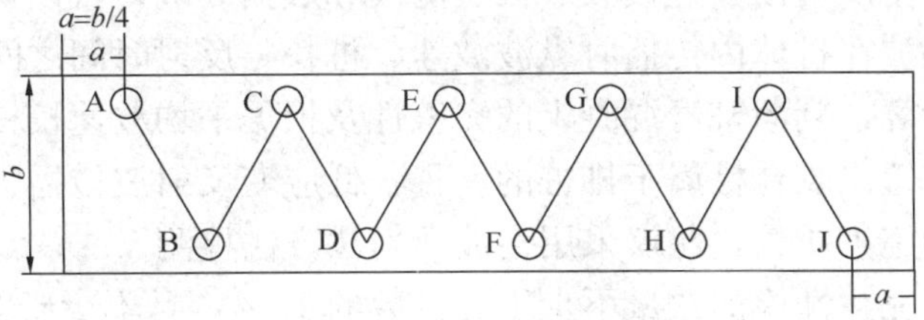

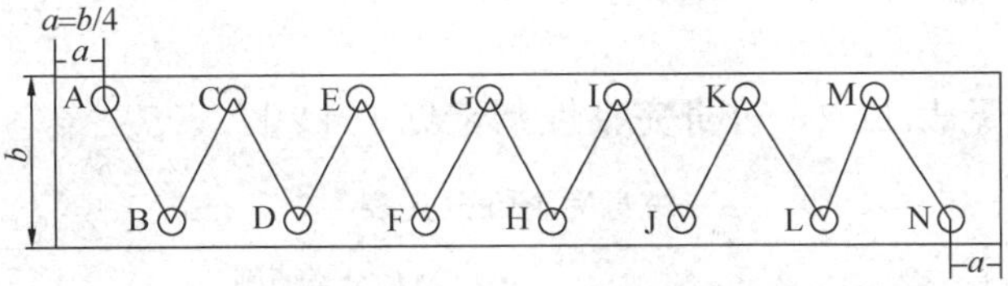

图 11-21　地下连续墙声测管布置示意图

5. 不合格原因分析

（1）混凝土浇筑过程中，导管的埋置深度控制不到位。导管埋深过大或灌注时间过长，会导致已灌混凝土流动性降低，增大混凝土与导管壁的摩擦力；埋深过浅，则会出现泥浆倒灌，影响混凝土浇筑连续性。

（2）工程地质条件较差，由于泥浆指标、液面高度及在混凝土浇筑过程中局部停滞时间过长，发生槽壁坍塌、流砂等，导致土质、泥沙进入墙身混凝土中形成断桩、夹渣。

6. 试验照片

现场试验如图 11-22 所示。

图 11-22　声波透视法试验

11.1.3.2　咬合桩

咬合桩是指相邻混凝土排桩间部分圆周相嵌，并于后序次相间施工的桩内置入钢筋笼，使之形成具有良好防渗作用的整体连续防水、挡土围护结构。咬合桩是在桩与桩之间形成相互咬合排列的一种基坑围护结构。桩的排列方式为一根不配筋并采用超缓凝素混凝土桩（A 桩）和一根钢筋混凝土桩（B 桩）（采用全套管钻机施工）间隔布置。施工时，先施工A桩，后施工B桩，在A桩混凝土初凝之前完成B桩的施工。A桩、B桩均采用全套管钻机施工，切割掉相邻A桩相交部分的混凝土，从而实现咬合。

1. 相关标准

(1)《建筑地基基础工程施工质量验收标准》GB 50202；

(2)《建筑基桩检测技术规范》JGJ 106；

(3)《建筑基坑支护技术规程》JGJ 120。

2. 检测参数及检测频率

检测参数：桩身完整性。反射波法是建立在波动理论基础上，将桩假设为一维弹性连续杆，在桩身顶部进行竖向激振产生弹性波，弹性波沿着桩身向下传播，当桩身存在明显差异的界面（如桩底、断桩和严重离析等）或桩身截面积变化（如缩径或扩径）部位，波阻抗将发生变化，产生反射波，经接收放大、滤波和数据处理，可以识别来自桩身不同部位的反射信息。利用波在桩体内传播时纵波波速、桩长与反射时间之间的对应关系，通过对反射信息的分析计算，判断桩身混凝土的完整性及根据平均波速校核桩的实际长度，判定桩身缺陷程度及位置。咬合桩属于排桩的一种，低应变反射波传播容易造成扩散，为了更好地判别咬合桩的施工质量，建议采用声波透射法方法检测。

检测频率：桩身完整性检测数量不少于总桩数的10%，且不少于3根。

3. 结果判定

桩身完整性分类见表11-3，桩身完整性判定见表11-1。

桩身完整性分类表 **表11-3**

桩身完整性类别	分类原则
Ⅰ类桩	桩身完整
Ⅱ类桩	桩身有轻微缺陷，不会影响桩身结构承载力的正常发挥
Ⅲ类桩	桩身有明显缺陷，对桩身结构承载力有影响
Ⅳ类桩	桩身存在严重缺陷

4. 检测时机和现场准备

检测时机：

(1) 受检桩的混凝土强度不应低于设计强度的70%，且不应低于15MPa（大约成桩后14d）。

(2) 桩头的材质、强度应与桩身相同，桩头的截面尺寸不宜与桩身有明显差异。

(3) 桩顶面应平整、密实，并与桩轴线垂直。

现场准备：

(1) 需将试桩剔凿掉破碎混凝土及软弱混凝土，桩头剔凿平整。

(2) 试验前，需将桩头浮渣清除干净。

(3) 用角磨机将桩头磨平成三块10cm×10cm的平面，磨平面必须在桩身钢筋笼内、距桩中心2/3半径处。

5. 不合格原因分析

(1) 地质存在一半软层，一半硬层，或钻机的倾斜未校正，抓斗取土施工中由于冲力较大，容易造成桩身倾斜。

(2) 成桩过程中石子粒径过大，配合比不适宜，施工机械出现故障，导管漏水或断裂及复杂的地质原因均可导致断桩的发生。

6. 试验照片

现场试验如图 11-23 所示。

图 11-23　声波透视法试验

11.1.3.3　SMW 工法桩

SMW 工法是以多轴型钻掘搅拌机在现场向一定深度进行钻掘，同时在钻头处喷出水泥系强化剂而与地基土反复混合搅拌，在各施工单元之间则采取重叠搭接施工，然后在水泥土混合体未结硬前插入 H 型钢或钢板作为其应力补强材，至水泥结硬，便形成一道具有一定强度和刚度的、连续完整的、无接缝的地下墙体。SMW 工法最常用的是三轴型钻掘搅拌机，其中钻杆有用于黏性土及用于砂砾土和基岩之分，此外还研制了其他一些机型，用于城市高架桥下等施工，空间受限制的场合，或海底筑墙，或软弱地基加固。

1. 相关标准

(1)《建筑地基基础工程施工质量验收标准》GB 50202；

(2)《建筑地基处理技术规范》JGJ 79；

(3)《建筑基坑支护技术规程》JGJ 120。

2. 检测参数及检测频率

检测参数：水泥土抗压强度试验。

检测频率：对变形有严格要求的工程，应在成桩 28d 后，采用双管单动取样器钻取芯样作水泥土抗压强度检验，检验数量为施工总桩数的 0.5%，且不少于 6 点。

3. 结果判定

不低于设计强度。

4. 检测时机和现场准备

检测时机：应在成桩 28d 以后进行检验。

现场准备：现场提供桩位图、地质报告、施工记录。施工场地应事先清除地上、地下障碍物，并予以平整。潮湿或低洼地应抽水和清淤。回填素土分层夯实，施工场地的排水应顺畅，并应满足检测时所需要的足够承载能力。

5. 不合格原因分析

(1) 搅拌体不均匀：①工艺不合理；②搅拌机械、注浆机械中途发生故障，造成注浆不连续，供水不均匀，使软黏土被扰动，无水泥浆拌和；③搅拌机械提升速度不均匀。

(2) 喷浆不正常：①注浆泵损坏；②喷浆口被堵塞；③管路中有硬结块及杂物，造成堵塞；④水泥浆水灰比稠度不合适。

(3) 抱钻、冒浆：①工艺选择不适当；②加固土层中的黏土层（特别是硬黏土层）或夹层，是设计拌和工艺的关键，因这类黏土颗粒之间粘结力强，不易拌和均匀，搅拌过程中易产生抱钻现象；③有些土层虽不是黏土，也容易搅拌均匀，但由于其上覆盖压力较大，持浆能力差，易出现冒浆现象。

6. 试验照片

现场试验如图 11-24 所示。

图 11-24　钻芯试验

11.1.3.4　土钉墙

土钉墙是一种原位土体加筋技术。将基坑边坡通过由钢筋制成的土钉进行加固，边坡表面铺设一道钢筋网再喷射一层混凝土面层和土方边坡相结合的边坡加固型支护施工方法。其构造为设置在坡体中的加筋杆件（即土钉或锚杆）与其周围土体牢固粘结形成的复合体，以及面层所构成的类似重力挡土墙的支护结构。通过以增强边坡土体自身稳定性的主动制约机制为基础的复合土体。不仅有效地提高了土体的整体刚度，弥补了土体抗拉、抗剪强度低的弱点。通过相互作用、土体自身结构强度潜力得到充分发挥，改变了边坡变形和破坏的性状，显著提高了整体稳定性，更重要的是土钉墙受荷载过程中不会发生素土边坡那样的突发性塌滑，土钉墙不仅延迟塑性变形发展阶段，而且具有明显的渐进性变形和开裂破坏，不会发生整体性塌滑。

1. 相关标准

(1)《建筑地基基础设计规范》GB 50007；

(2)《复合土钉墙基坑支护技术规范》GB 50739；

(3)《岩土锚杆与喷射混凝土支护工程技术规范》GB 50086；

(4)《建筑边坡工程技术规范》GB 50330；

(5)《建筑基坑支护技术规程》JGJ 120。

2. 检测参数及检测频率

检测参数：土钉抗拔承载力、喷射混凝土厚度。

检测频率：

(1) 土钉抗拔承载力检测数量不宜少于土钉总数的 1%，同一土层中的土钉检测数量不少于 3 根。

(2) 喷射混凝土厚度数量每 100m² 检测不应少于一组，每组检测点不应少于 3 个。

(3) 抗拔试验可采用逐级加荷法，喷射混凝土厚度采用钻孔法检查，最小厚度不应小于厚度设计值的 80%。

3. 结果判定

土钉抗拔承载力不低于设计值、喷射混凝土厚度不低于设计值。

4. 检测时机和现场准备

检测时机：试验检测应在土钉固结体强度达到10MPa或达到设计强度的70%后进行试验，最大荷载不应小于土钉轴向拉力标准值的1.1倍。

现场准备：

（1）委托单位负责现场的“三通（水、电、路）一平（场地）”工作，试验场地要求平整。

（2）委托单位负责提供电焊协助。

（3）委托单位负责提供有关的勘察、设计和施工资料。

5. 不合格原因分析

土钉抗拔承载力不合格原因：土钉墙深度不合格，注浆体抗压强度低于6MPa。

喷射混凝土厚度不合格原因：爆破效果差、回弹过高、喷射参数、施工控制措施。

6. 试验照片

现场试验如图11-25所示。

图11-25　土钉抗拔试验

11.1.4　土方回填

土方回填是指建筑工程的填土，主要有地基填土、基坑（槽）或管沟回填、室内地坪回填、室外场地回填平整等。常用的填土方法有人工填土方法和机械填土方法，机械填土方法一般有推土机填土、铲运机填土、汽车填土三种。土方回填压实方法一般有碾压法、夯实法和振动压实法以及利用运土工具压实。对于大面积填土工程，多采用碾压和利用运土工具压实。较小面积的填土工程，则宜用夯实工具进行压实。

土方回填时由于填土过深、未分层夯实等原因，回填土密实度达不到设计和规范要求，填土的场地在荷载作用下，地基引起比较大的变形，地基稳定性降低，因此在施工回填的土料及性质必须符合设计要求，通过现场土工试验，并且严格进行分层回填夯实，加强对土料含水量的控制。

城市轨道交通土方回填分为车站路基以下部分回填、明挖区间回填、场站沟塘绿化广场回填；地铁轨道线路、场站轨行区道路回填；车站路基及以上部分、场站非轨行区道路回填；站场房建区回填以及管道沟槽回填。

11.1.4.1　车站路基以下部分回填、明挖区间回填、场站沟塘绿化广场回填

1. 相关标准

（1）《地下铁道工程施工质量验收标准》GB/T 50299；

（2）《城镇道路工程施工与质量验收规范》CJJ 1。

2. 检测参数及检测频率

检测参数：压实系数。

检测频率：当机械碾压时，每层填土按基坑长度50m或基坑面积为1000m^2（不足

50m 或小于 $1000m^2$ 按一组记）时取一组。

当机械夯实时，每层填土按基坑长度 25m 或基坑面积为 $500m^2$（不足 25m 或小于 $500m^2$ 按一组计）时取一组，每组取样点不少于 6 个，其中部和两边各取 2 个。

3. 结果判定

不小于设计值，当基坑位于道路下方时，基坑回填碾压密实度应符合《城镇道路工程施工与质量验收规范》CJJ 1 即表 11-4 的规定。

路基压实度标准 **表 11-4**

填挖类型	路床顶面以下深度（cm）	进路类别	压实度（重型击实，%）	检验频率		检验方法
				范围	点数	
挖方	0～30	城市快速路、主干路	≥95	$1000m^2$	每层 3 点	环刀法、灌水法或灌砂法
		次干路	≥93			
		支路及其他小路	≥90			
填方	0～80	城市快速路、主干路	≥95			
		次干路	≥93			
		支路及其他小路	≥90			
	80～150	城市快速路、主干路	≥93			
		次干路	≥90			
		支路及其他小路	≥90			
	>150	城市快速路、主干路	≥90			
		次干路	≥90			
		支路及其他小路	≥87			

4. 检测时机和现场准备

检测时机：当采用灌砂法检测无机结合料稳定细粒土压实度时，其龄期不宜超过 2d。

现场准备：

（1）测试前应将测试部位表面铲平至密实层，试验地点表面平坦，将面积约 30cm×30cm 的地面清扫干净。

（2）提供与检测工作有关的资料，委托方（配合方）组织检验检测前通知相关的见证单位、见证人员现场见证检测；检测完毕，填写工程检测试验委托单及现场检测确认表。

（3）当采用环刀法检测时，还需准备镐、小铁锹、修土刀、毛刷、直尺、钢丝锯、凡士林、木板及测定含水量设备等。

5. 不合格原因分析

填土压实效果与许多原因都有关，其中最主要原因为：含水量、土质、压实功能及压实工具和压实层厚度等。

（1）含水量的影响

土的含水量对压实效果的影响很大，无论是路基压实还是沟槽回填均应控制其含水量。严格控制含水量在最佳含水量的±2%的范围内。土在此状态下，土粒间引力较小，保持有一定厚度的水膜，起着润滑作用，外部压实功较易使土粒相对移动，压实效果最佳，且碾压完成后土体稳定。当土中含水量过大时，孔隙中出现了自由水，压实时不可能使气体排出，压实功能的一部分被自由水所抵消，减小了有效压力，压实效果反而降低。当土中含水量较小时，土粒间引力较大，虽然干密度较小，但其强度可能比最佳含水量时还要高，可是此时因密实度较低，孔隙多，一经饱水，其强度会急剧下降，进而影响路基的稳定性。在最佳含水量时土处于硬塑状态，较易获得最佳压实效果，压实到最大密实度的土体，水稳定性最好。

(2) 土质的影响

不同性质土的压实性能是不一样的，就填土压实而言，最适宜的是砂砾土、砂土和砂性土。这些土易压实，有足够的稳定性，沉陷小。最难压实的是黏土，在潮湿状态下这种土不稳定，最佳含水量比其他土类大，而最大干密度却较小，但经压实的黏土仍具有良好的不透水性。根据压实试验，在相同的压实功作用下，不同的土类具有不同的最佳含水量和最大干密度。在同一压实功能作用下，含粗颗粒较多的土，其最大干密度越大，而最佳含水量越小，即随着粗粒土增多，其击实曲线的峰点越向左上方移动。在道路施工时，应根据不同取土场的不同土类，分别确定其最大干密度和最佳含水量。

(3) 压实功能

对于同一类土，其最佳含水量随着压实功能的加大而减小，而最大干密度则随压实功能的加大而增大。当土偏干时，增加压实功能对提高土的干密度影响较大，偏湿时则收效甚微。故对偏湿的土企图用加大压实功能的办法来提高土的密实度是不经济的，若土的含水量过大，此时增大压实功能就会出现“弹簧”现象。另外，当压实功能加大到一定程度后，对最佳含水量的减小和最大干密度的提高都不明显了，这就是说单纯用增加压实功能来提高土的密实度未必合算，同时压实功能过大还会破坏土体结构，使效果适得其反。

(4) 压实工具及压实层厚度

不同的压实工具，其压力传播的有效深度也不同。夯击式机具传播最深，振动式次之，碾压式最浅。一种机具的作用深度，在压实过程中不是固定不变的，土体松软压力传播较深，随着碾压遍数增加，上部土层逐渐密实，土的强度相应提高，其作用深度也就逐渐减小。当压实机具的重量不大时，荷载作用时间越长，土的压实度越高，则密实度的增长速度随时间而减小；当压实机具很重时，土的密实度随施荷时间增加而迅速增加，超过某一限度后，土的变形急剧增加，甚至达到破坏；当压实机具过重，以至超过土的强度极限时，会立即引起土体结构破坏。

压实过程中，压路机速度的快慢对压实效果也有影响，当对压实度要求较高，以及铺土层较厚时，行驶速度要慢一些。碾压开始宜用慢速，随着土层的逐渐密实，速度逐步提高。开始时土体较松，强度低，适宜先轻压，随着土体密度的增加，再逐步提高碾压强度。当推运摊铺土料时候，应力求机械车辆均匀分布行驶在整个路堤宽度内，以便填土得到均匀预压。正式碾压时，若为振动压路机，第一遍应静压，然后振动碾压，且由弱振至强振。这样的话，既能使整个填土层达到良好、均匀的压实效果，还保证了路基的平整度。

每一压实土层的密实度随深度的增加是呈递减趋势的，在表面 5cm 范围内的密实度最高，底部最低。路基填土层的压实厚度和压实遍数与压实机械类型、土的种类、压实度要求有关，具体应通过做试验段来确定。如果压实遍数超过 10 遍仍达不到规定的压实度要求，则继续增加遍数的效果很小，应减小压实层厚度，或考虑更改碾压机械和施工工艺。

6. 试验照片

现场检测照片如图 11-26 和图 11-27 所示。

图 11-26　灌砂法检测

图 11-27　环刀法检测

11.1.4.2　地铁轨道线路、场站轨行区道路回填

1. 相关标准

《铁路路基工程施工质量验收标准》TB 10414。

2. 检测参数及检测频率

检测参数：压实系数、地基系数。

检测频率：路基连续长度每 200m、站场路基每 10000m^2，每压实层均匀抽样检验压实系数 6 点。另外，每填高约 60cm 抽样检验地基系数 4 点。

3. 结果判定

地铁轨道线路、场站轨行区道路回填压实标准见表 11-5。

地铁轨道线路、场站轨行区道路回填压实标准　　**表 11-5**

类别	检测项目	
	压实系数 K	地基系数 K_{30}（MPa/m）
细砾土、砂类土	≥0.90	≥80
砾石类、碎石土	≥0.90	≥110
块石类	≥0.90	≥130

注：当碎石类填料的最大粒径大于 75mm 时，地基系数 K_{30} 可采用 K_{60} 换算，取 $K_{30}=1.8K_{60}$。

4. 检测时机和现场准备

检测时机：

(1) 水分挥发快的均粒砂，表面结硬壳、软化或因其他原因表层扰动的土，试验应置于其影响下进行。

(2) 试验应避免在测试面过于潮湿或干燥的情况下进行，宜在压实后 4h 内检测。

(3) 测试面应平整无坑洞。

(4) 试验时测试面应远离震源。

（5）雨雪天或风力大于 6 级的天气不得进行试验。

现场准备：

（1）提供与检测工作有关的资料。

（2）委托方（配合方）组织检验检测前通知相关的见证单位、见证人员现场见证检测；检测完毕，填写工程检测试验委托单及现场检测确认表。

5. 不合格原因分析

地基系数不合格原因分析：在实际工程试验中影响地基系数 K_{30} 测试结果的因素有很多，其中主要包括路基填料含水量、碾压遍数和环境温度等因素，其次路基填铺厚度对 K_{30} 值检测结果也具有一定的影响。以下是对这几种影响因素进行分析。

（1）填料含水量的影响

影响地基系数 K_{30} 检测结果产生偶然误差的因素有很多，其中最主要的因素是路基填料含水量。一般情况下当路基填料含水量最佳时，进行路基压实施工然后再进行 K_{30} 平板载荷试验所检测的地基系数 K_{30} 值越大，路基压实质量就越好。但因受天气气温的影响路基填料水分蒸发程度不同导致其含水量差异较大。大量试验证明路基含水量最优是在路基碾压之后。对于路基填料为粗、细均质土时进行 K_{30} 平板载荷试验的最佳时间为压实后的 2～4h 之内。

（2）碾压遍数的影响

针对路基不同的碾压遍数对地基系数 K_{30} 检测结果会造成很大的影响。在路基不发生"过碾压"的情况下路基碾压遍数越多，K_{30} 检测结果就会越大。但是碾压遍数增加可能会出现路基"过碾压"的现象，"过碾压"破坏了路基的微观结构，造成路基力学性能下降，K_{30} 的测试结果反而会减小。所以在进行路基填筑前需要通过试验段来确定合适的碾压遍数。

（3）环境温湿度的影响

环境温度对于 K_{30} 测试会造成一定的影响。当环境温度过低时，由于路基土体受冻而导致 K_{30} 测试结果偏大造成 K_{30} 测试结果不可信。可见进行 K_{30} 试验时需特别注意环境温度的变化。

（4）填铺厚度的影响

影响地基系数 K_{30} 检测的另外一个重要因素是路基各层填铺厚度。所填筑的材料不同，其填筑厚度需严格控制，否则造成检测的地基系数 K_{30} 不能真实反映路基压实度。因此路基每层填料厚度应严格根据试验段所确定的填料厚度。

图 11-28　地基系数 K_{30} 检测

6. 试验照片

现场检测照片如图 11-28 所示。

11.1.4.3　车站路基及以上部分、场站非轨行区道路回填

1. 相关标准

（1）《城镇道路工程施工与质量验收规范》CJJ 1；

（2）《铁路站场工程施工质量验收标准》TB 10423。

2. 检测参数及检测频率

检测参数：压实系数。

检测频率：根据《城镇道路工程施工与质量验收规范》CJJ 1 要求，见表 11-6。

车站路基及以上部分、场站非轨行区道路回填压实度检测频率　　表 11-6

结构部位	检测参数	检测频率
土方路基、路堤	压实系数	每 1000m^2，每压实层抽检 3 点
路肩	压实系数	每 100m，每侧抽检 1 点
反压护道	压实系数	每压实层，每 200m 检查 3 点

3. 结果判定

（1）根据《城镇道路工程施工与质量验收规范》CJJ 1 进行判定，见表 11-7。

车站路基及以上部分、场站非轨行区道路回填压实标准　　表 11-7

填挖类型	路床顶面以下深度（cm）	进路类别	压实度（重型击实,%）
挖方	0～30	城市快速路、主干路	≥95
		次干路	≥93
		支路及其他小路	≥90
填方	0～80	城市快速路、主干路	≥95
		次干路	≥93
		支路及其他小路	≥90
	80～150	城市快速路、主干路	≥93
		次干路	≥90
		支路及其他小路	≥90
	＞150	城市快速路、主干路	≥90
		次干路	≥90
		支路及其他小路	≥87

（2）根据《铁路站场工程施工质量验收标准》TB 10423。

站场道路填方路基：压实系数符合设计要求。

站场道路路面底基层、基层：压实系数结果见表 11-8。

站场道路路面底基层、基层压实标准　　表 11-8

铺筑材料	压实系数（%）	
	集装箱货场或货区道路	其他站场汽车道、电瓶车道
填隙碎石（矿渣）	固体体积率 85	固体体积率 83
级配碎（砾）石	96	96
石灰土	95	93
石灰稳定粒料	96	95
水泥土	95	93

续表

铺筑材料	压实系数（%）	
	集装箱货场或货区道路	其他站场汽车道、电瓶车道
水泥稳定粒料	96	95
石灰、粉煤灰土	95	93
石灰、粉煤灰稳定粒料	96	95

注：压实系数以重型击实标准为准。

4. 检测时机和现场准备

同第 11.1.4.2 小节。

5. 不合格原因分析

同第 11.1.4.2 小节。

11.1.4.4 站场房建区回填

1. 相关标准

《建筑地基处理技术规范》JGJ 79。

2. 检测参数及检测频率

检测参数：压实系数

检测频率：分层检测，每 50～100m^2 面积内应设不少于 1 个检测点，每一个独立基础下，检测点不少于 1 个点，条形基础每 20 延米设检测点不少于 1 个点。

3. 结果判定

站场房建区回填压实标准见表 11-9。

站场房建区回填压实标准 **表 11-9**

结构类型	填土部位	压实系数
砌体承重结构和框架结构	在地基主要受力层范围内	≥0.97
	在地基主要受力层范围以下	≥0.95
排架结构	在地基主要受力层范围内	≥0.96
	在地基主要受力层范围以下	≥0.94

注：地坪垫层以下及基础底面标高以上的压实填土，压实系数不应小于 0.94。

4. 检测时机和现场准备

同第 11.1.4.2 小节。

5. 不合格原因分析

同第 11.1.4.2 小节。

11.1.4.5 管道沟槽回填

1. 相关标准

《给水排水管道工程施工及验收规范》GB 50268。

2. 检测参数及检测频率

检测参数：压实系数。

检测频率：见表 11-10 和表 11-11。

刚性管道沟槽回填土检测频率 **表 11-10**

检测项目				检测频率
石灰土类垫层				每 100m 一组（每组 3 点）
沟槽在路基范围外	胸腔部分	管侧		两井之间或 1000m² 每层每侧一组（每组 3 点）
		管顶以上 500mm		
	其余部分			
	农田或绿地范围表层 500mm 范围内			
沟槽在路基范围内	胸腔部分	管侧		
		管顶以上 250mm		
	由路槽底算起的深度范围（mm）	≤800	快速路及主干路	
			次干路	
			支路	
		800～1500	快速路及主干路	
			次干路	
			支路	
		＞1500	快速路及主干路	
			次干路	
			支路	

柔性管道沟槽回填土检测频率 **表 11-11**

槽内部位		回填材料	检测频率
管道基础	管底基础	中、粗砂	每 100m 一组（每组 3 点）
	管道有效支撑角范围		
管道两侧		中、粗砂、碎石屑、最大粒径小于 40mm 的沙砾或符合要求的原土	两井之间或 1000m² 每层每侧一组（每组 3 点）
管顶以上 500mm	管道两侧		
	管道上部		
管顶 500～1000mm		原土回填	

3. 结果判定

刚性、柔性管道沟槽回填土压实度见表 11-12、表 11-13。

刚性管道沟槽回填土压实度 **表 11-12**

检测项目			最低压实度（%）	
			重型击实标准	轻型击实标准
石灰土类垫层			93	95
沟槽在路基范围外	胸腔部分	管侧	87	90
		管顶以上 500mm	87±2（轻型）	
	其余部分		≥90（轻型）或按设计要求	
	农田或绿地范围表层 500mm 范围内		不宜压实，预留沉降量，表面整平	

续表

<table>
<tr><th colspan="4" rowspan="2">检测项目</th><th colspan="2">最低压实度（%）</th></tr>
<tr><th>重型击实标准</th><th>轻型击实标准</th></tr>
<tr><td rowspan="11">沟槽在路基范围内</td><td rowspan="2">胸腔部分</td><td colspan="2">管侧</td><td>87</td><td>90</td></tr>
<tr><td colspan="2">管顶以上 250mm</td><td colspan="2">87±2（轻型）</td></tr>
<tr><td rowspan="9">由路槽底算起的深度范围（mm）</td><td rowspan="3">≤800</td><td>快速路及主干路</td><td>95</td><td>98</td></tr>
<tr><td>次干路</td><td>93</td><td>95</td></tr>
<tr><td>支路</td><td>90</td><td>92</td></tr>
<tr><td rowspan="3">800～1500</td><td>快速路及主干路</td><td>93</td><td>95</td></tr>
<tr><td>次干路</td><td>90</td><td>92</td></tr>
<tr><td>支路</td><td>87</td><td>90</td></tr>
<tr><td rowspan="3">>1500</td><td>快速路及主干路</td><td>87</td><td>90</td></tr>
<tr><td>次干路</td><td>87</td><td>90</td></tr>
<tr><td>支路</td><td>87</td><td>90</td></tr>
</table>

柔性管道沟槽回填土压实度 **表 11-13**

<table>
<tr><th colspan="2">槽内部位</th><th>回填材料</th><th>压实度（%）</th></tr>
<tr><td rowspan="2">管道基础</td><td>管底基础</td><td rowspan="2">中、粗砂</td><td>≥90</td></tr>
<tr><td>管道有效支撑角范围</td><td>≥95</td></tr>
<tr><td colspan="2">管道两侧</td><td rowspan="3">中、粗砂，碎石屑，最大粒径小于 40mm 的沙砾或符合要求的原土</td><td>≥95</td></tr>
<tr><td rowspan="2">管顶以上 500mm</td><td>管道两侧</td><td>≥90</td></tr>
<tr><td>管道上部</td><td>85±2</td></tr>
<tr><td colspan="2">管顶 500～1000mm</td><td>原土回填</td><td>≥90</td></tr>
</table>

4. 检测时机和现场准备

同第 11.1.4.2 小节。

5. 不合格原因分析

同第 11.1.4.2 小节。

11.2 盾构法区间质量检测

盾构法以其对环境影响小、适应性好等优越性广泛应用于各地的隧道建设中，在我国现代城市建设过程中占据了很重要的地位。

盾构法区间检测包括管片成品检测及隧道壁后注浆检测，管片成品检测主要控制指标有混凝土强度、钢筋保护层厚度、水平拼装、渗漏、抗拔性能、抗弯性能检验。

11.2.1 管片成品

盾构管片是盾构施工的主要装配构件，是隧道的最内层屏障，承担着抵抗土层压力、地下水压力以及一些特殊荷载的作用。盾构管片是盾构法隧道的永久衬砌结构，盾构管片质量直接关系到隧道的整体质量和安全，影响隧道的防水性能及耐久性能。

1. 相关标准

(1)《盾构隧道管片质量检测技术标准》CJJ/T 164；

(2)《盾构法隧道施工及验收规范》GB 50446；

(3)《地下铁道工程施工质量验收标准》GB/T 50299；

(4)《预制混凝土衬砌管片》GB/T 22082。

2. 检测参数及检测频率

检测参数：混凝土强度、钢筋保护层厚度、水平拼装、检漏检验、抗拔性能检验、抗弯性能检验。

检测频率：详见表 11-14。

管片成品检测频率 **表 11-14**

检测项目	规范要求	抽样依据
混凝土强度	抽检数量不少于同一检验批管片总数的 5%	CJJ/T 164
	采用同养试块规定或设计要求	GB 50446
	全数检查，检查混凝土试件的强度报告	GB/T 50299
钢筋保护层厚度	每生产 15 环管片应抽检 1 环管片主筋保护层厚度检验	GB 50446
	用钢筋保护层厚度测定仪进行测量，在内弧面和外护面各测量 3 点，精确至 1mm，有争议时通过凿开混凝土保护层用深度游标卡尺进行	GB/T 22082
水平拼装	每 1000 环抽检 1 次，不足 1000 环时按 1000 环计	CJJ/T 164
	每 200 环管片应进行水平拼装 1 次	GB 50446
	每 200 环 1 组（3 环）	GB/T 50299
	每 1000 环抽检 1 次，不足 1000 环时也可作为一批	GB/T 22082
检漏检验	每 1000 环抽检 1 次，不足 1000 环时按 1000 环计	CJJ/T 164
	按设计要求进行	GB 50446
	管片的初期检漏测试频率应为每生产 100 环抽取 1 块管片，合格后出具检漏测试报告；如不合格，应抽取 2 块进行复检；如再不合格，应逐块检测。如再不合格，应逐块检测。检测初期连续 3 次合格后，检测频率应改为每生产 200 环抽检 1 块管片；再连续 3 次合格后，检测频率应改为每生产 400 环抽检 1 块管片；如果出现一次检测不合格，应恢复每生产 100 环抽检 1 块管片的检测频率，再按上述要求进行抽检	GB/T 50299
	每 1000 环抽检 1 次，不足 1000 环时也可作为一批	GB/T 22082
抗弯性能检验、抗拔性能检验	每 1000 环抽检 1 环，不足 1000 环时按 1000 环计	CJJ/T 164
	按设计要求进行	GB 50446
	每项地下铁道工程，每个生产厂家在首次生产时做一次型式检验	GB/T 50299
	根据设计方案	GB/T 22082

3. 结果判定

判定要求见表 11-15。

判定要求 表 11-15

<table>
<tr><th>检测项目</th><th colspan="2">技术要求</th><th>判定依据</th></tr>
<tr><td>强度、检漏、抗弯、抗拔</td><td colspan="2">符合设计文件要求</td><td rowspan="7">CJJ/T 164</td></tr>
<tr><td>钢筋保护层厚度</td><td colspan="2">内弧面和外弧面各测 5 点，精确至 1mm，合格点率为 90%及以上时，判定合格</td></tr>
<tr><td rowspan="4">水平拼装</td><td>成环后内径（mm）</td><td>±2</td></tr>
<tr><td>成环后外径（mm）</td><td>+4，−2</td></tr>
<tr><td>环向缝间隙（mm）</td><td>0～2</td></tr>
<tr><td>纵向缝间隙</td><td>0～2</td></tr>
<tr><td>强度、检漏、抗弯、抗拔</td><td colspan="2">设计要求</td><td rowspan="6">GB 50446</td></tr>
<tr><td>主筋保护层厚度</td><td colspan="2">设计要求或−3～5mm</td></tr>
<tr><td rowspan="4">水平拼装</td><td>成环后内径（mm）</td><td>±2</td></tr>
<tr><td>成环后外径（mm）</td><td>+6，−2</td></tr>
<tr><td>环向缝间隙（mm）</td><td>2</td></tr>
<tr><td>纵向缝间隙（mm）</td><td>2</td></tr>
<tr><td>强度</td><td colspan="2">全数检查，检查混凝土试件的强度报告</td><td rowspan="6">GB/T 50299</td></tr>
<tr><td>抗弯、抗拔、检漏</td><td colspan="2">符合设计文件要求</td></tr>
<tr><td rowspan="4">水平拼装</td><td>成环后内径（mm）</td><td>±2</td></tr>
<tr><td>成环后外径（mm）</td><td>+6，−2</td></tr>
<tr><td>环向缝间隙（mm）</td><td>2</td></tr>
<tr><td>纵向缝间隙（mm）</td><td>2</td></tr>
<tr><td>强度</td><td colspan="2">不低于设计强度</td><td rowspan="5">GB/T 22082</td></tr>
<tr><td>钢筋保护层厚度</td><td colspan="2">±5mm，超差点不超过检查点的 20%判定合格</td></tr>
<tr><td>水平拼装</td><td colspan="2">环向缝间隙≤2mm，纵向缝间隙≤2mm，成环后内径±5mm（内径≤6m）或±10mm（内径＞6m），超差点不超过检测点的 20%为该项合格，3 项全部合格则判定合格</td></tr>
<tr><td>检漏</td><td colspan="2">在设计检漏试验压力的条件下，恒压 2h，不得出现漏水现象，渗水深度不超过 50mm，若第 1 块不合格，复检的 2 块均应符合标准</td></tr>
<tr><td>抗弯、抗拔</td><td colspan="2">符合设计文件要求</td></tr>
</table>

4. 检测时机和现场准备

检测时机：现场检测应在管片养护 28d 后进行，管片表面应无表观缺陷，水平拼装时应缓慢起吊，防止造成管片破损。

现场准备：

（1）委派专人协调配合现场进场检验工作，包括方便出入检测工作场地，收集与进场检验有关的盾构隧道管片质量有关的技术资料。

（2）准备 220V 电源、照明、水源及管片的吊装。

（3）现场检测工作完成后进行构件部位的修复工作。

（4）检测前通知相关的见证单位、见证人员现场见证检测；检测完毕，填写工程检测试验委托单及现场检测确认表。

5. 不合格原因分析

影响管片结构受力性能和耐久性能的内在质量因素，主要有混凝土的抗压强度、抗渗性能、钢筋骨架的制作质量等。

（1）混凝土强度不合格原因：①未按设计配合比组织生产，原材料发生变化未调整配合比；②原材料质量不合格；③混凝土拌和、振捣、构件养护，未按施工方案及相关规范执行。

（2）保护层厚度不合格原因：①钢筋骨架加工尺寸偏差不符合要求；②混凝土垫块数量不满足要求或绑扎不牢靠。

（3）水平拼装不合格原因：模具开始时有问题，后期变形。

（4）检漏不合格原因：①混凝土不密实；②测试压力与实际管片不匹配；③试验密封装置密封性差。

（5）抗拔不合格原因：①吊装孔周围混凝土不密实；②吊装孔预埋件质量不合格。

（6）抗弯不合格原因：①混凝土强度不符合设计要求；②背水面钢筋保护层厚度过大。

6. 试验照片

试验照片如图 11-29～图 11-34 所示。

图 11-29　管片水平拼装

图 11-30　管片抗弯检测

图 11-31　管片抗拔检测

图 11-32　管片保护层检测

图 11-33　管片检漏检测

图 11-34　管片回弹检测

11.2.2　管片拼装

管片拼装是结合盾构施工过程，将多个管片拼装成一环，查看拼装完成后管片平整度、螺栓安装质量、环缝纵缝等是否符合要求。

1. 相关标准

(1)《地下铁道工程施工质量验收标准》GB/T 50299；

(2)《铁路隧道工程施工质量验收标准》TB 10417；

(3)《盾构法隧道施工及验收规范》GB 50446。

2. 检测参数及检测频率

检测参数：管片错台。

检测频率：管片错台检测频率见表 11-16。

管片错台检测频率　　**表 11-16**

抽样依据	检验方法	检验数量	
GB/T 50299	钢尺测量	环内逐环、环间逐环	4 点/环
GB 50446	尺量	环内 10 环、环间 10 环	4 点/环
TB 10417	尺量	—	4 点/环
			1 点/环

3. 结果判定

管片错台判定要求见表 11-17。

管片错台判定要求　　**表 11-17**

判定依据	允许偏差
GB/T 50299	环内错台 5mm，环间错台 6mm
GB 50446	环内错台 10mm，环间错台 15mm
TB 10417	相邻同环管片间的径向错台 12mm，相邻环片同环管片间环面环向错台 17mm

注：1. GB/T 50299 中对于管片错台允许偏差要求为施工过程中的允许偏差；
　　2. GB 50466 中对于管片错台允许偏差要求为成型隧道验收的允许偏差；
　　3. TB 10417 中对于管片错台允许偏差要求为成型隧道验收的允许偏差。

轨道交通工程盾构隧道施工质量的过程控制，以《地下铁道工程施工质量验收标准》GB/T 50299 要求进行控制。轨道交通工程盾构隧道质量验收，以《盾构法隧道施工及验收规范》GB 50446 要求进行控制。

4. 检测时机和现场准备

检测时机：管片错台检测待管片拼装完成后进行检测。

图 11-35 管片错台检测

现场准备：

（1）现场检测时量测范围内无障碍物。

（2）委派专人协调配合现场进场检验工作，包括方便出入检测工作场地，收集与进场检验有关的盾构隧道管片质量有关的技术资料。

（3）检测前通知相关的见证单位、见证人员现场见证检测。

5. 不合格原因分析

管片拼装不规范，导致错台。

6. 试验照片

试验照片如图 11-35 所示。

11.2.3 壁后注浆

盾构管片拼装好后，管片外与土体之间存在一点的间隙，就可以通过壁后注浆将空隙填充好，同时可以防止管片及土体沉降等。

1. 相关标准

《地下铁道工程施工质量验收标准》GB/T 50299。

2. 检测参数及检测频率

检测参数：背后充填密实度。

检测频率：每 10 环检查一处。

3. 结果判定

应符合设计要求。

4. 检测时机和现场准备

检测时机：用地质雷达法检测时检测时间宜在注浆层电磁波参数稳定后进行。检测前宜事先测定介质参数，了解其物性特征。

现场准备：

（1）测线布置范围内无障碍物，实体无表面缺陷。

（2）委派专人协调配合现场进场检验工作，包括方便出入检测工作场地，收集与进场检验有关的盾构隧道管片质量有关的技术资料。

（3）检测前通知相关的见证单位、见证人员现场见证检测；检测完毕，填写工程检测试验委托单及现场检测确认表。

5. 不合格原因分析

注浆使用原材料不合格，未按浆液配合比施工，注浆压力不足，注浆量不符合要求。

6. 试验照片

试验照片如图 11-36 所示。

图 11-36 管片壁后注浆检测

11.3 矿山法区间质量检测

矿山法区间的检测包括初期支护厚度、初期支护壁后密实性、锚杆拉拔。

11.3.1 初期支护（锚杆拉拔）

采用矿山法进行暗挖施工时，围岩支护一般分为初期支护和二次衬砌，二次衬砌一般是混凝土或钢筋混凝土结构。在二次衬砌施作之前，刚开挖之后立即进行的支护形式称之为初期支护，一般有喷射混凝土、喷射混凝土加锚杆、喷射混凝土锚杆与钢架联合支护等形式。

1. 相关标准

(1)《岩土锚杆与喷射混凝土支护工程技术规范》GB 50086；

(2)《铁路隧道工程施工质量验收标准》TB 10417；

(3)《地下铁道工程施工质量验收标准》GB/T 50299。

2. 检测参数及检测频率

检测参数：初期支护厚度、初期支护壁后密实性、锚杆拉拔。

检测频率：

(1)《铁路隧道工程施工质量验收标准》TB 10417

1) 喷射混凝土厚度：施工单位每一作业循环检查一个断面，每个断面应从拱顶起，每间隔 2m 布设一个检查点检查喷射混凝土的厚度；全断面开挖每循环检验一个断面；分部开挖每 3～5m 检验一个断面。每 1km 随机抽检不少于 100m，不足 1km 的抽检 100m，不足 100m 的全数检查。每个抽检段拱顶、左右拱腰、左右边墙各不少于 1 条测线，隧底不少于 2 条测线。

2) 密实性：每 1km 随机抽检不少于 100m，不足 1km 的抽检 100m，不足 100m 的全数检查。每个抽检段拱顶、左右拱腰、左右边墙各不少于 1 条测线，隧底不少于 2 条测线。

(2)《岩土锚杆与喷射混凝土支护工程技术规范》GB 50086

1) 喷层厚度：结构性喷层为每 $100m^2$/个，防护性喷层为 $400m^2$/个，隧洞拱部喷层为每 50～$80m^2$/个。

2) 锚杆拉拔：锚杆总量的 5%且不少于 3 根。

(3)《地下铁道工程施工质量验收标准》GB/T 50299

1) 喷层厚度：区间每 20m 检查一个断面，从拱顶中线起，每 2m 检查一个点。

2) 锚杆拉拔：同一批锚杆每 100 根应取一组试件，每组 3 根，不足 100 根也取 3 根，设计文件或材料变更时应另取试件。

3. 结果判定

(1) 厚度

1) 用钻孔法检查的所有点中应有 60%的喷层厚度不小于设计值厚度，最小值不应小于设计厚度的 60%，检查孔处喷层厚度的平均值不应小于设计厚度（《岩土锚杆与喷射混凝土支护工程技术规范》GB 50086）；

2) 喷射混凝土平均厚度应满足设计要求，且 90%以上的检测点应不小于设计厚度值（《铁路隧道工程施工质量验收标准》TB 10417）。

(2) 大于和等于设计文件要求厚度的测点应在 80%以上；最小值不应小于设计要求

厚度的 80%；厚度总平均值不应小于设计文件要求的厚度（《地下铁道工程施工质量验收标准》GB/T 50299）。

（3）密实性

初期支护背部应无空洞、无回填杂物，发现空洞和不密实区，即为不合格。

4. 检测时机和现场准备

检测时机：

（1）厚度：用钻孔法检查初期支护厚度宜在喷射 8h 以内，用短杆将孔凿出进行检查。

（2）拉拔：砂浆锚杆应在砂浆强度达到 100%后进行。

（3）密实性：用地质雷达法检测时检测时间宜在喷射混凝土电磁波参数稳定后进行。检测前宜事先测定介质参数，了解其物性特征。

现场准备：

（1）清理试验场地。

（2）当施工现场出现交叉作业而影响试验进度时，请委托方出面进行协调解决。

（3）因试验设备操作复杂，须人工进行现场移动，请委托方协调。

（4）提前准确标记检测位置里程，提前采用红油漆每隔 5m 做一个标记，标记高度为轨面或路面上 1m 左右；现场检测时标记为 5m/单标的里程标记方式；记录标记里程与现场标记里程允许误差±10cm。

（5）提供隧道工程地质资料、施工图、设计变更资料和施工记录。

5. 不合格原因分析

（1）对初期支护与围岩间不密贴或存在空洞的危害认识不足。初期支护与围岩间不密贴或存在空洞后，造成初期支护失去对围岩的支撑作用，围岩处于自由变形状态，围岩可能进一步松动，有产生塌方的危险；围岩产生的变形、松动也难以发现。

（2）喷射混凝土配合比不正确，养护不到位。

（3）超挖过大时，不愿用大量喷射混凝土进行回填。

（4）偷工减料。

（5）工艺工法落后，作业环境空气污浊，人为减少喷射混凝土数量。

6. 试验照片

试验照片如图 11-37、图 11-38 所示。

图 11-37　初支厚度、壁后注浆密实度检测

图 11-38　锚杆拉拔检测

11.3.2 二次衬砌

二次衬砌是隧道工程施工在初期支护内侧施作的模筑混凝土或钢筋混凝土衬砌，与初期支护共同组成复合式衬砌。

1. 相关标准

(1)《铁路工程结构混凝土强度检测规程》TB 10426；

(2)《混凝土结构工程施工质量验收规范》GB 50204；

(3)《铁路隧道工程施工质量验收标准》TB 10417；

(4)《铁路隧道衬砌质量无损检测规程》TB 10223；

(5)《地下铁道工程施工质量验收标准》GB/T 50299。

2. 检测参数及检测频率

检测参数：二次衬砌强度、钢筋保护层厚度、衬砌拱墙混凝土的厚度、密实度、钢筋间距。

检测频率：

(1) 二次衬砌强度对于混凝土生产工艺、强度等级相同，原材料、配合比、成型工艺、养护条件基本一致且龄期相近的同类结构或构件，按批进行检测的构件，检测数量不得少于同类构件总数的50%且构件数量不得少于2件。每一结构或构件测区数不应少于10个。

(2) 二次衬砌钢筋保护层厚度抽取构件数量的2%且不少于5个构件进行检验。

(3) 二次衬砌厚度、密实度及钢筋间距应在拱顶、左右拱腰、左右边墙不少于5条测线。

3. 结果判定

二次衬砌强度、钢筋保护层厚度、混凝土厚度、密实度、钢筋间距满足设计要求。

4. 检测时机和现场准备

检测时机：

(1) 混凝土龄期达28d。

(2) 表面清洁、平整，无疏松层、浮浆、油垢、蜂窝、麻面。

(3) 雷达测线范围内无障碍物。

现场准备：

(1) 工程名称及设计、施工、监理和建设单位名称。

(2) 检测部位的钢筋品种、牌号、设计规格、设计混凝土强度、设计保护层厚度、结构中是否有预留管道、金属预埋件等。

(3) 检测对象的设计图纸，确定测线范围内，无预埋件。

(4) 提前准确标记检测位置里程，提前采用红油漆每隔5m做一个标记，标记高度为轨面或路面上1m左右；现场检测时标记为5m/单标的里程标记方式；记录标记里程与现场标记里程允许误差±10cm。

(5) 提供隧道工程地质资料、施工图、设计变更资料和施工记录。

(6) 当测线布置较高时，提供必要的登高装置。

5. 不合格原因分析

(1) 强度不合格原因：

1) 原材料质量差或混凝土配合比不当；计量不准，施工中随意加水，使水灰比增大。

2) 提供设计参数有误。

3) 混凝土养护效果较差，导致混凝土碳化深度偏大、混凝土冻伤等。

4) 水泥过期或受潮，活性降低；砂、石集料级配不好，空隙大，含泥量大，杂物多，外加剂使用不当，掺量不准确。

5) 混凝土加料顺序颠倒，搅拌时间不够，拌和不匀。

(2) 钢筋保护层厚度、钢筋间距不合格原因：

1) 钢筋的制作及安装不够准确。

2) 保护层垫块放置不满要求，绑扎不牢靠；垫块设计不合理，制作强度不合格。

3) 钢筋骨架在运输过程中，受外力变形，安装后未及时校正。

4) 钢筋骨架整体固定不牢，混凝土浇筑过程中移位。

5) 细直钢筋在浇筑过程中受人力踩踏或设备碰撞等原因产生变形。

6) 工人对真实保护层厚度理解有误。

(3) 衬砌厚度不合格原因：初期支护侵界。

(4) 衬砌密实性不合格原因：混凝土自身原因或工作性能差；混凝土振捣不到位。

6. 试验照片

试验照片如图 11-39、图 11-40 所示。

图 11-39　二次衬砌质量检测

图 11-40　二次衬砌强度

11.3.3　壁后注浆

矿山法隧道壁后注浆：主要是隧道初期支护施工完成后，初支结构与围岩之间存在一定的间隙，通过壁后注浆将空隙填充密实，可以防止沉降等。

1. 相关标准

(1)《铁路隧道工程施工质量验收标准》TB 10417；

(2)《铁路隧道衬砌质量无损检测规程》TB 10223；

(3)《地下铁道工程施工质量验收标准》GB/T 50299。

2. 检测参数及检测频率

检测参数：壁后注浆检测抗压强度及背后注浆密实性。

检测频率：

（1）每10m检查一次，每个断面应从拱顶附近检查不少于3点，回填注浆强度不大于3个衬砌浇筑段检验一次，回填注浆后拱墙衬砌与初期支护应全数检查。

（2）隧道施工过程中质量检测应以纵向布线为主，横向布线为辅。纵向布线的位置应在隧道拱顶、左右拱腰、左右边墙和隧底各布1条；横向布线可按检测内容和要求布设线距，一般情况线距8～12m；采用点测时每断面不少于6个点。检测中发现不合格地段应加密测线或测点。

（3）隧道竣工验收时质量检测应纵向布线，必要时可横向布线。纵向布线的位置应在隧道拱顶、左右拱腰和左右边墙各布1条；横向布线线距8～12m；采用点测时每断面不少于5个点。需确定回填空洞规模和范围时，应加密测线或测点。

3. 结果判定

抗压强度满足设计要求，密实性应密实无空洞。

4. 检测时机和现场准备

检测时机：壁后注浆宜在龄期达到28d后进行。

现场准备：

（1）工程名称及设计、施工、监理和建设单位名称。

（2）检测部位设计混凝土强度、钢筋布置情况，衬砌厚度等。

（3）检测对象的设计图纸，确定测线范围内，无预埋件。

（4）提前准确标记检测位置里程，提前采用红油漆每隔5m做一个标记，标记高度为轨面或路面上1m左右；现场检测时标记为5m/单标的里程标记方式；记录标记里程与现场标记里程允许误差±10cm。

（5）提供隧道工程地质资料、施工图、设计变更资料和施工记录。

（6）当测线布置较高时，提供必要的登高装置。

5. 不合格原因分析

造成二衬脱空的因素分析：

（1）开挖及初支对二衬脱空的影响。

1）光面爆破效果差是造成隧道二衬背后脱空的首要因素。对于Ⅱ、Ⅲ级围岩段，因初支一般不设钢架，喷混凝土很难使表面平顺，使得防水板很难密贴初支；对于Ⅳ、Ⅴ级围岩段，光爆差则有时会造成钢架架立不平顺，造成起伏现象，使得防水板很难密贴初支。

2）光面爆破效果较好，但由于初支施工时未对局部掉块部位进行挂网处理、喷射手技术水平较差或责任心不强等原因造成局部空洞或表面不平顺。

（2）防水板施工对二衬脱空的影响。

1）防水板铺设松弛度不足，局部紧绷，在防水板与喷混凝土面之间形成空腔。

2）防水板铺设松弛度过大，形成褶皱，造成二衬背后脱空。

3）防水板与初支之间会产生一定的自由度，浇筑混凝土时易造成防水板局部紧绷而背后脱空。

4）防水板固定点数量不足，混凝土浇筑过程中易因混凝土摩擦力而下坍，引起拱部防水板紧绷而脱空。

（3）模板施工对二衬脱空的影响。

1）模板台车底部支撑不牢靠，如果台车在混凝土强度不足以承受自重前发生下沉、变形则可能导致二衬背后脱空。

2）挡头板封堵不严实，漏浆，造成二衬背后脱空或不密实。此情况多出现于拱顶处。

（4）混凝土浇筑对二衬脱空的影响。

1）混凝土浇筑时仅利用个别窗口，混凝土流动距离过长，距灌注窗口远处易因混凝土供应数量不足、压力不足而造成脱空。

2）混凝土浇筑过程中未振捣密实，浇筑完成后混凝土受自重下沉，造成拱部脱空。

3）混凝土浇筑至拱部时，难以精确掌握混凝土量，拱部混凝土灌注量不足而致使拱部局部形成脱空。

4）拱顶混凝土采用一次泵满的方式施工，捣固后混凝土下沉致使拱顶形成空腔。

5）下坡施工时，浇筑段与上循环之间会形成空气囊（拱部）而造成衬砌背后空洞。

6）混凝土扩散度不足，封顶时局部泵送不到位，造成二衬脱空。

（5）养护对二衬脱空的影响。

混凝土自身收缩、徐变由于混凝土本身的特性，其在浇筑后要发生收缩和徐变，致使衬砌与围岩或防水板间出现空隙，此种原因造成的空隙一般小于2cm。

6. 检测照片

检测照片如图11-41所示。

图11-41 二次衬砌背后密实度检测

11.4 高架区间检测

城市轨道交通高架桥，是建在城市里的高架桥，采用轨道结构进行承重和导向的车辆运输系统。依据城市交通总体规划的要求，设置全封闭或部分封闭的专用轨道线路，以列车或单车形式，运送相当规模客流量的公共交通方式，是介于地面和地下之间的一种线路，保持了专用道的形式，占地也较少，对城市交通干扰较小。城市轨道交通高架桥是城市轨道交通中一种重要的线路敷设方式，它具有市政高架桥的特点，如桥梁长度大，穿过居民区、跨过路口、管线；但与市政高架桥又不完全一样，如城市轨道交通高架桥水平压力大、要求后期变形小等。此外，城市轨道交通高架桥又有铁路桥梁的特点，如要求结构刚度大、基础沉降小、维修方便、乘坐舒适，但与铁路桥梁又不完全一样，如城市轨道交通高架桥荷载较小、速度较慢、景观要求高等。高架区间则由上部结构（桥面系、梁）和下部结构（基础、墩柱）组成。

11.4.1 混凝土结构检测

建筑工程施工中混凝土结构质量决定着建筑工程整体质量，对建筑安全性和耐用性都有着直接影响，因此，加大混凝土结构实体检测力度，增强结构实体质量至关重要。在结构实体检测中，主要检测混凝土强度和钢筋保护层厚度，在检测过程中要明确检测项目及具体检测原则和方法，针对不同项目选择合理方法进行实体检测。

1. 相关标准

(1)《铁路工程结构混凝土强度检测规程》TB 10426；

(2)《混凝土结构工程施工质量验收规范》GB 50204；

(3)《城市轨道交通桥梁工程施工及验收标准》CJJ/T 290。

2. 检测参数及检测频率

检测参数：强度、钢筋保护层厚度。

检测频率：

(1) 用回弹法或超声回弹综合法进行检测，对于混凝土生产工艺、强度等级相同，原材料、配合比、成型工艺、养护条件基本一致且龄期相近的同类结构或构件，按批进行检测的构件，检测数量不得少于同类构件总数的50%且构件数量不得少于2件。每一结构或构件测区数不应少于10个。相邻两测区的间距宜控制在2m以内，测区离构件端部或施工缝边缘的距离不宜大于0.5m，且不宜小于0.2m。

(2) 抽检5%的梁、柱和墩台等混凝土构件。每个抽样构件测定不少于3处，每处不少于10点。

3. 结果判定

强度及钢筋保护层厚度满足设计要求。

4. 检测时机和现场准备

检测时机：混凝土养护时间满足规范要求。

现场准备：

(1) 工程名称及设计、施工、监理和建设单位名称。

(2) 检测部位的钢筋品种、牌号、设计规格、设计保护层厚度、结构中是否有预留管道、金属预埋件等。

(3) 检测对象的设计图纸，确定混凝土中是否含有铁磁性物质，必要的混凝土工程施工记录。

(4) 结构或构件名称、外形尺寸、数量及混凝土设计强度等级；混凝土供应商；砂、石种类、粒径；外加剂或掺合料品种、掺量；混凝土配合比等。

(5) 施工时材料计量情况，模板、浇筑、养护情况及成型日期等。

(6) 必要的设计图纸和施工记录。

5. 不合格原因分析

(1) 混凝土强度不合格

原材料原因：

1) 水泥品种经常变换，水泥富裕强度过高或过低，导致混凝土强度忽高忽低。

2) 砂石含泥量太高，混凝土中胶结材料的粘结力不够，导致强度低于设计值。

3) 砂、石的坚固性不符合要求，影响混凝土强度。

4) 碎石的压碎值太大，影响混凝土强度。

配合比原因：

1）配合比设计时，水灰比过大不符合设计强度要求，导致混凝土强度达不到设计强度等级。

2）配合比设计时，水灰比过小，导致混凝土强度超过设计强度等级过多。

3）配合比设计合理，在配合比执行过程中对砂、石的含水率扣除不合理：扣少了，混凝土强度低；扣多了，混凝土坍落度变小，强度偏高。

运输过程：

1）混凝土运输前，搅拌车罐中有水未放干净，混凝土进罐后和水混在一起，混凝土的实际水灰比变大，导致强度偏低。

2）混凝土运输到工地，等待时间过长，和易性变差，为了便于施工，在罐中加水搅拌再施工，增大了混凝土的水灰比，改变了混凝土的配合比，强度变低。

施工过程：

1）施工单位不重视，由于混凝土的专业化，所有现场施工单位只是在形式上配合混凝土生产企业做试块，不按规范和标准要求制作和养护，这样即使做了试块也起不到原有的效果。

2）施工单位有依赖心理和不负责的思想，试块不合格找混凝土供应单位，没有履行作为施工单位的义务。

3）施工过程中有地方漏振，或有地方没振捣。

4）个别施工方为方便施工，打柱时直接拿水管朝混凝土上冲，严重影响混凝土强度。

5）做试块的人员并非是专业技术人员，试块成型时振捣、刮平、收面、拆模、养护，这些施工步骤未能完全掌握。

6）试块做过后，拆模无时间概念，有的试块缺棱掉角的。试模未校正，导致混凝土试块不合格。

养护原因：

1）施工单位现场无标养室，要送标养的试块都要过几天才送到相关检测单位，早期养护对混凝土强度增长至关重要，所以导致夏天混凝土强度过高，冬天混凝土强度不够。

2）与施工同条件养护的试块，在工地不与构件同条件养护，因此这些试块也代表不了构件的同条件强度。

其他原因：

混凝土强度的增长有其一定的客观规律，但由于工程需要赶工期，过早的荷载已经造成混凝土结构受损，再长的养护期也不能弥补早期的结构损伤。为了减少钢管、模板运转周期，柱、墙板的模板甚至不到 48h 就拆除了，混凝土表面未能充分养护，表面强度偏低。

（2）保护层厚度不合格

1）钢筋的制作及安装不准确。主要是承台、系梁、盖梁等部位。主筋弯曲制作时弯起点控制不好，弯起位置控制不准确，导致钢筋主骨架尺寸不合要求，骨架偏小则保护层过厚，骨架偏大则保护层不足。在钢筋下料时应准确控制弯起位置，钢筋骨架制作时应严格控制尺寸绑扎钢筋。所有的扎丝头均要求弯曲向里，防止侵入保护层以免影响保护层厚度。当承台、系梁较大时，钢筋笼较重，混凝土浇筑过程中对钢筋骨架的影响造成钢筋骨架下沉或者变形，普通砂浆垫块强度不足造成承台底部保护层变小。

2）安装钢筋时产生偏差。墩柱的工艺比较简单，多为先行加工。安装钢筋采用定型钢模板控制墩柱的几何尺寸，浇筑混凝土并振捣密实，根据环境采用合适的养护措施。

3）钢筋加工安装原因。墩柱钢筋骨架几何尺寸直接影响成型后墩柱的保护层厚度，在模板几何尺寸一定的情况下，墩柱骨架钢筋尺寸愈大，则相应的保护层厚度愈小，反之亦然。其次由于墩柱的平面位置要求比较严格，《公路工程质量检验评定标准　第一册　土建工程》JTG F80/1 规定墩柱的轴线偏位为 10mm，而墩柱保护层厚度的要求为 ±5mm，这就意味着墩柱钢筋的安装位置必须控制在设计位置±5mm 内，否则墩柱的平面位置、钢筋保护层厚度无法同时满足标准要求。现场出现这种情况时，施工单位往往以牺牲墩柱保护层厚度来保证平面位置的准确。

4）定型钢模板原因。定型模板的几何尺寸直接决定成型后墩柱的几何尺寸。墩柱的几何尺寸与钢筋骨架的几何尺寸及平面位置共同决定了保护层厚度。在其他影响因素不变的情况下，模板几何尺寸愈大将导致保护层厚度愈大，反之亦然。在假设钢筋平面位置与几何尺寸严格与设计一致的情况下，模板的最大几何尺寸误差也不能超过 5mm，如果考虑到钢筋平面位置与几何尺寸的合理误差模板加工要求的精度就更高。

5）保护层垫块的原因。钢筋保护厚度的控制主要利用高强砂浆垫块，垫块的数量及施工质量对成型后的混凝土保护层具有决定性的作用。在施工过程中往往为了图省事或嫌麻烦，少放置垫块甚至不放，或者绑扎垫块的位置不准确、绑扎的不牢靠，导致在混凝土浇筑过程中，因受混凝土卸料的冲击或振捣等原因造成保护层厚度不合格。

6）受外力产生变形。安装后没有及时校正；钢筋骨架整体固定不牢混凝土浇筑过程中移位；细直钢筋在混凝土浇筑过程中受人力踩踏或设备碰撞等原因产生变形。

7）混凝土浇筑。混凝土浇筑工艺直接影响到已经调整并加固完毕的钢筋及模板，如下料方式不当容易造成钢筋与模板间垫块脱离位置；振捣人员操作不当，容易引起钢筋整体晃动并导致位置偏移；振动棒插入位置不当容易导致钢筋移位。

6. 试验照片

试验照片如图 11-42 所示。

图 11-42　钢筋保护层、回弹法现场检测

11.4.2　台后过渡段压实度

在桥台及挡墙基础达到设计及规范允许强度后，应及时进行台后过渡段填筑，填料应分层压实，每层压实度应满足要求。

1. 相关标准

《城市轨道交通桥梁工程施工及验收标准》CJJ/T 290。

2. 检测参数及检测频率

检测参数：压实度。

图 11-43　台后过渡段压实度检测

检测频率：每 $50m^2$ 压实层检查 1 点，不足 $50m^2$ 时至少检查 1 点。

3. 结果判定

台后过渡段填土压实度应大于 96%。

4. 检测时机和现场准备

同第 11.1.4.1 小节。

5. 不合格原因分析

同第 11.1.4.1 小节。

6. 试验照片

试验照片如图 11-43 所示。

11.4.3　电缆槽盖板

电缆（沟）槽盖板实体检测主要对盖板承载能力及抗裂性进行检验，其承载能力及抗裂性均应满足设计要求。

1. 相关标准

《城市轨道交通桥梁工程施工及验收标准》CJJ/T 290。

2. 检测参数及检测频率

检测参数：承载能力、抗裂性。

检测频率：承载能力检验按 0.1%抽检；抗裂性检验按 1%抽检。同一工艺正常生产的盖板不足 100 件时，同类产品按一批记。

3. 结果判定

承载能力、抗裂性满足设计要求。

4. 检测时机和现场准备

检测时机：现场检测应在盖板养护 28d 后进行，盖板表面应无表观缺陷。

现场准备：

（1）委派专人协调配合现场进场检验工作，包括方便出入检测工作场地，收集与进场检验有关的盖板质量有关的技术资料。

（2）检测前通知相关的见证单位、见证人员现场见证检测；检测完毕，填写工程检测试验委托单及现场检测确认表。

（3）荷载准备。

5. 不合格原因分析

承载能力不合格原因主要有：盖板自身承载能力不合格；加载时未按设计提供的内力分布进行加载，加载设备选择不当及采用压力传感器测定荷载值等。

抗裂性不合格原因主要有：盖板自身抗裂强度不合格；在测试时裂缝观察时机不当，未把第一条可见裂缝的最大荷载作为开裂荷载等。

6. 试验照片

试验照片如图 11-44 所示。

图 11-44　电缆槽盖板承载能力、抗裂性检测

11.4.4 静载试验

桥梁静载试验是按照预定的试验目的和试验方案，将静止的荷载作用在桥梁上的指定位置，观测桥梁结构的静力位移、静力应变、裂缝、沉降等参量的试验项目，然后根据有关规范和规程的指标，判断桥梁结构的承载能力以及在荷载作用下的工作性能。静载试验一般可以通过车辆等加载设备来实现加载，静载试验的加载过程是从零开始逐步分级递增，一直到预定的荷载为止。静载试验是了解结构特性的重要手段，不仅用它来解决结构的静力问题，就是在进行结构动载试验时，一般也要先进行静载试验，以测定结构有关的特性参数。

1. 相关标准

《简支梁试验方法　预应力混凝土梁静载弯曲试验》TB/T 2092。

2. 检测参数及检测频率

检测参数：应变（应力）、变形、裂缝。

检测频率：正常生产条件下，同类别、同跨度 T（箱）形梁 60 件或连续三个月产量（三个月产量不足 60 件时）计一批，每批抽 1 件。

3. 结果判定

（1）实测静活载挠度值：$f_{实测} \leqslant 1.05\ (f_{设计}/\Psi)$（其中：$f$—挠度值，$\Psi$—修正系数）。

（2）全预应力梁抗裂合格和允许出现有限拉应力的预应力梁预应力度合格的评定：

1）在 $K=1.20$ 加载等级下持荷 20min，梁体下缘底面未发现受力裂缝或下缘侧面（包括倒角、圆弧过渡段）的受力裂缝未延伸至梁底边，评定全预应力梁抗裂合格。

2）在 $K=1.00$ 加载等级下持荷 20min，梁体下缘底面未发现受力裂缝或下缘侧面（包括倒角、圆弧过渡段）的受力裂缝未延伸至梁底边，评定允许出现有限拉应力的预应力梁预应力度合格。

（3）允许出现裂缝但限制裂缝宽度的预应力梁预应力度和裂缝宽度合格的评定：

1）在 $K=1.00$ 加载等级下持荷 20min，梁体下缘底面未发现受力裂缝或下缘侧面（包括倒角、圆弧过渡段）的受力裂缝未延伸至梁底边预应力度和裂缝宽度合格。

2）在 $K=1.00$ 加载等级下持荷 20min，裂缝宽度≤0.07mm（对采用钢丝、钢绞线的梁）或裂缝宽度≤0.13mm（对采用Ⅳ级精轧螺旋钢筋的梁）；裂缝重新张开时加载荷载等级大于等于 0.90 倍的设计消压荷载系数，且裂缝重新张开时加载荷载等级大于 0.70 级，评定预应力度和裂缝宽度合格。

注：K—加载系数，为加载试验中梁体跨中承受的弯矩与设计弯矩之比。

对全预应力混凝土梁，梁体竖向刚度和抗裂合格，评定该梁静载弯曲试验合格。

对允许出现有限拉应力的预应力混凝土梁，梁体竖向刚度、预应力度和裂缝宽度均合格，评定该梁静载弯曲试验合格。

对允许出现裂缝但限制裂缝宽度的预应力混凝土梁，梁体竖向刚度、预应力度和裂缝宽度均合格，评定该梁静载弯曲试验合格。

4. 检测时机和现场准备

检测时机：简支梁静载试验宜在终张拉或放张 30d 后进行。

现场准备：

(1) 工程名称及设计、施工、监理和建设单位名称。

(2) 结构的设计、施工资料。

(3) 结构或构件名称、外形尺寸、数量及混凝土设计强度等级；混凝土供应商；砂、石种类、粒径；外加剂或掺合料品种、掺量；混凝土配合比等。

(4) 施工时材料计量情况，模板、浇筑、养护情况及成型日期等。

(5) 必要的设计图纸和施工记录。

(6) 荷载准备。

(7) 工作脚手架和桥检车等。

5. 不合格原因分析

静载试验不合格的原因有很多：如材料的弹性模量、构件截面的惯性矩、梁的跨度、梁的支承形式、设计荷载取值及组合正确性、施工质量、预应力桥梁预应力没有达到设计要求等。

6. 试验照片

试验照片如图 11-45 所示。

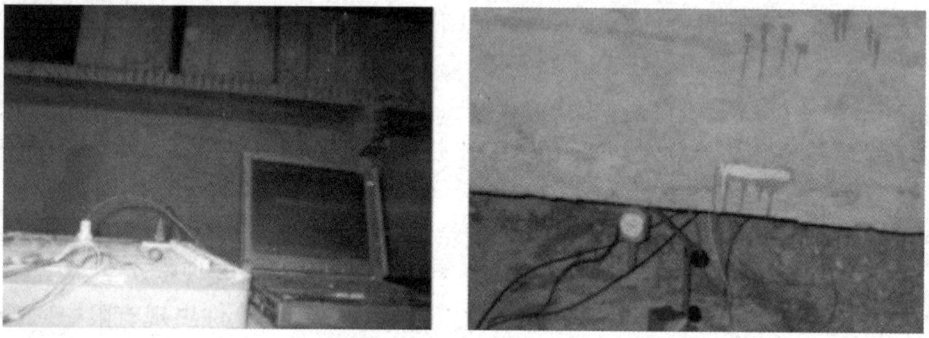

图 11-45 现场测试

11.5 车站工程

城镇化进程的不断加快和城市的快速发展，对城市交通提出了更高要求，城市轨道交通工程成为解决城市交通瓶颈的重要手段。城市轨道交通地铁车站的施工与其他土木工程的区别关键在于其复杂性，这就意味着地铁工程施工安全风险高。工程产品能否达到质量活动的目的——适应性、安全性、可靠性、经济性及环境的协调性和使用功能完全是由施工过程中的作业质量控制的。因此，施工过程中的作业质量控制是工程项目质量控制的重点，是实现质量的决定性环节。

11.5.1 混凝土强度

检测混凝土强度一般采用回弹法，是用一弹簧驱动的重锤，通过弹击杆（传力杆）弹击混凝土表面，并测出重锤被反弹回来的距离，以回弹值（反弹距离与弹簧初始长度之比）作为与强度相关的指标，来推定混凝土强度的一种方法。

1. 相关标准

《混凝土结构工程施工质量验收规范》GB 50204。

2. 检测参数及检测频率

检测参数：强度。

检测频率：

（1）同一混凝土强度等级的柱、梁、墙、板，抽取构件最小数量应符合表 11-18 的规定，并应均匀分布。

（2）不宜抽取截面高度小于 300mm 的梁和边长小于 300mm 的柱。

（3）每个构件应按《回弹法检测混凝土抗压强度技术规程》JGJ/T 23 对单个构件检测的有关规定选取不少于 5 个测区进行回弹，楼板构件的回弹应在板底进行。

（4）对同一强度等级的构件，应按每个构件的最小测区平均值进行排序，并选取最低的 3 个测区对应的部位各钻取 1 个芯样试件。芯样应采用带水冷却装置的薄壁空心钻钻取，其直径宜为 100mm，且不宜小于混凝土集料最大粒径的 3 倍。

回弹构件抽取最小数量 **表 11-18**

构件总数量	最小抽样数量	构件总数量	最小抽样数量
20 以下	全数	281～500	40
20～150	20	501～1200	64
151～280	26	1201～3200	100

3. 结果判定

强度不低于设计要求。

4. 检测时机和现场准备

检测时机：混凝土龄期达 28d，混凝土表面清洁、平整，无疏松层、浮浆、油垢、蜂窝、麻面。

现场准备：

（1）工程名称、监理单位、施工单位。

（2）构件名称、数量及混凝土类型、强度等级。

（3）混凝土浇筑、养护情况及浇筑日期等。

（4）必要的设计图纸和施工记录。

（5）检测原因。

5. 不合格原因分析

参见 11.3.2 二次衬砌不合格原因分析中强度不合格原因。

6. 试验照片

现场试验如图 11-46 所示。

图 11-46 混凝土强度试验

11.5.2 钢筋保护层

钢筋保护层，是受力主筋外边缘至混凝土表面的距离，一般采用钢筋保护层厚度测定仪检测。

1. 相关标准

《混凝土结构工程施工质量验收规范》GB 50204。

2. 检测参数及检测频率

检测参数：钢筋保护层厚度

检测频率：

（1）结构实体钢筋保护层厚度检验构件的选取应均匀分布，对悬挑构件之外的梁板类构件，应各抽取构件数量的2%且不少于5个构件进行检验。

（2）对悬挑梁，应抽取构件数量的5%且不少于10个构件进行检验，当悬挑梁数量少于10个时，应全数检验。

（3）对悬挑板，应抽取构件数量的10%且不少于20个构件进行检验；当悬挑板数量少于20个时，应全数检验。

（4）对选定的梁类构件，应对全部纵向受力钢筋的保护层厚度进行检验；对选定的板类构件，应抽取不少于6根纵向受力钢筋的保护层厚度进行检验。

（5）对每根钢筋，应选择有代表性的不同部位量测3点取平均值。

3. 结果判定

钢筋保护层厚度检验时，纵向受力钢筋保护层厚度的允许偏差应符合表11-19的规定。

钢筋保护层厚度的允许偏差 **表11-19**

构件类型	允许偏差（mm）
梁	+10，−7
板	+8，−5

梁类、板类构件纵向受力钢筋的保护层厚度应分别进行验收，当全部钢筋保护层厚度检验的合格率为90%及以上时，可判为合格；当全部钢筋保护层厚度检验的合格率小于90%但不小于80%时，可再抽取相同数量的构件进行检验；当按两次抽样总和计算的合格率为90%及以上时，仍可判为合格。

4. 检测时机和现场准备

检测时机：混凝土实体浇筑成型后，检测面应清洁、平整，并应避开金属预埋件，无较高的凸起物或浮灰，对于具有饰面层的结构和构件，应清除饰面层。

图11-47 钢筋保护层厚度试验

现场准备：

（1）工程名称、监理单位、施工单位。

（2）构件名称、数量及被测钢筋规格、保护层厚度设计值。

（3）必要的设计图纸和施工记录。

（4）检测原因。

5. 不合格原因分析

参见11.3.2二次衬砌不合格原因分析中钢筋保护厚度不合格原因。

6. 试验照片

现场试验如图11-47所示。

11.5.3 钢筋位置

一般用钢筋位置测定仪测定混凝土中钢筋的位置。

1. 相关标准

《建筑结构检测技术标准》GB/T 50344。

2. 检测参数及检测频率

检测参数：钢筋位置。

检测频率：依施工、监理及业主等单位选定。

3. 结果判定

应符合设计要求。

4. 检测时机和现场准备

检测时机：混凝土实体浇筑成型后，检测面应清洁、平整，并应避开金属预埋件。对于具有饰面层的结构和构件，应清除饰面层。

现场准备：

(1) 工程名称、监理单位、施工单位。

(2) 构件名称、数量及被测钢筋规格。

(3) 必要的设计图纸和施工记录。

5. 不合格原因分析

(1) 钢筋的制作及安装不够准确。

(2) 保护层垫块放置不满要求，绑扎不牢靠；垫块设计不合理，制作强度不合格。

(3) 钢筋骨架在运输过程中，受外力变形，安装后未及时校正。

(4) 钢筋骨架整体固定不牢，混凝土浇筑过程中移位。

(5) 细直钢筋在浇筑过程中受人力踩踏或设备碰撞等原因产生变形。

(6) 工人对真实保护层厚度理解有误。

6. 试验照片

现场试验如图 11-48 所示。

图 11-48 钢筋保护层厚度试验

11.5.4 后置埋件

通过相关技术手段在既有主体结构上设置安装的连接件。

1. 相关标准

《混凝土结构后锚固技术规程》JGJ 145。

2. 检测参数及检测频率

检测参数：抗拔承载力。

检测频率：

(1) 现场破坏性检验宜选择锚固区以外的同条件位置，应取每一检验批锚固件总数的 0.1%且不少于 5 件进行检验。锚固件为植筋且数量不超过 100 件时，可取 3 件进行检验。

（2）现场非破损检验的抽样数量，应符合下列规定：

1）锚栓锚固质量的非破损检验

① 对重要结构构件及生命线工程的非结构构件，应按表 11-20 规定的抽样数量对该检验批的锚栓进行检验。

锚栓抽样数量 **表 11-20**

检验批的锚栓总数	≤100	500	1000	2500	≥5000
按检验批锚栓总数计算的最小抽样量	20%且不少于 5 件	10%	7%	4%	3%

注：当锚栓总数介于两栏数量之间时，可按线性内插法确定抽样数量。

② 对一般结构构件，应取重要结构构件抽样量的 50%且不少于 5 件进行检验。

③ 对非生命线工程的非结构构件，应取每一检验批锚固件总数的 0.1%且不少于 5 件进行检验。

2）植筋锚固质量的非破损检验

① 对重要结构构件及生命线工程的非结构构件，应取每一检验批植筋总数的 3%且不少于 5 件进行检验。

② 对一般结构构件，应取每一检验批植筋总数的 1%且不少于 3 件进行检验。

③ 对非生命线工程的非结构构件，应取每一检验批锚固件总数的 0.1%且不少于 3 件进行检验。

3. 结果判定

（1）非破损检验的评定，应按下列规定进行：

1）试样在持荷期间，锚固件无滑移、基材混凝土无裂纹或其他局部损坏迹象出现，且加载装置的荷载示值在 2min 内无下降或下降幅度不超过 5%的检验荷载时，应评定为合格。

2）一个检验批所抽检的试样全部合格时，该检验批应评定为合格检验批。

3）一个检验批中不合格的试样不超过 5%时，应另抽 3 根试样进行破坏性检验，若检验结果全部合格，该检验批仍可评定为合格检验批。

4）一个检验批中不合格的试样超过 5%时，该检验批应评定为不合格，且不应重做检验。

（2）锚栓破坏性检验发生混凝土破坏，检验结构满足下列要求时，其锚固质量应评定为合格：

$$N_{\mathrm{Rm}}^{\mathrm{C}} \geqslant \gamma_{\mathrm{u,lim}} N_{\mathrm{Rk,*}} \tag{11-1}$$

$$N_{\mathrm{Rmin}}^{\mathrm{C}} \geqslant N_{\mathrm{Rk,*}} \tag{11-2}$$

式中 $N_{\mathrm{Rm}}^{\mathrm{C}}$——受检验锚固件极限抗拔力实测平均值（N）；

$N_{\mathrm{Rmin}}^{\mathrm{C}}$——受检验锚固件极限抗拔力实测最小值（N）；

$N_{\mathrm{Rk},*}$ ——混凝土破坏受检验锚固件极限抗拔力标准值（N）；

$\gamma_{\mathrm{u,lim}}$ ——锚固承载力检验系数允许值，$\gamma_{\mathrm{u,lim}}$ 取为 1.1。

（3）锚栓破坏性检验发生钢材破坏，检验结果满足下列要求时，其锚固质量应评定为合格。

$$N_{\mathrm{Rmin}}^{\mathrm{C}} \geqslant \frac{f_{\mathrm{stk}}}{f_{\mathrm{yk}}} N_{\mathrm{Rk,s}} \tag{11-3}$$

式中 $N_{\mathrm{Rmin}}^{\mathrm{C}}$ ——受检验锚固件极限抗拔力实测最小值（N）；

$N_{\mathrm{Rk,s}}$ ——锚栓钢材破坏受拉承载力标准值（N）。

（4）植筋破坏性检验结果满足下列要求时，其锚固质量应评定为合格：

$$N_{\mathrm{Rm}}^{\mathrm{C}} \geqslant 1.45 f_{\mathrm{y}} A_{\mathrm{s}} \tag{11-4}$$

$$N_{\mathrm{Rmin}}^{\mathrm{C}} \geqslant 1.25 f_{\mathrm{y}} A_{\mathrm{s}} \tag{11-5}$$

式中 $N_{\mathrm{Rm}}^{\mathrm{C}}$ ——受检验锚固件极限抗拔力实测平均值（N）；

$N_{\mathrm{Rmin}}^{\mathrm{C}}$ ——受检验锚固件极限抗拔力实测最小值（N）；

f_{y} ——植筋用钢筋的抗拉强度设计值（$\mathrm{N/mm^2}$）；

A_{s} ——钢筋截面面积（$\mathrm{mm^2}$）。

（5）当检验结果不满足第（1）、（2）、（3）及（4）条规定时，应判定检验批后锚固连接不合格，并应会同有关部门根据检验结果，研究采取专门措施处理。

4. 检测时机和现场准备

检测时机：

后锚固件应进行抗拔承载力现场非破损检验，满足下列条件之一时，还应进行破坏性检验：

（1）安全等级为一级的后锚固件。

（2）悬挑结构和构件。

（3）对后锚固设计参数有疑问。

（4）对该工程锚固质量有怀疑。

现场准备：

（1）工程名称、监理单位、施工单位。

（2）构件名称、数量及被测构件规格、设计参数。

（3）根据受检构配件高度，提供登高装置。

（4）必要的设计图纸和施工记录。

（5）检测原因。

注：1. 植筋锚固基材其纵向受力钢筋的配筋率不应低于《混凝土结构设计规范》GB 50010 中规定的最小配筋率。

2. 冻融受损混凝土、腐蚀受损混凝土、严重裂损混凝土、不密实混凝土等，不应作为锚固基材。

3. 基材混凝土强度等级不应低于 C20，且不得高于 C60；安全等级为一级的后锚固连接，其基材混凝土强度等级不应低于 C30。

4. 用于植筋的钢筋应使用热轧带肋钢筋或全螺纹螺杆，不得使用光圆钢筋或锚入部位无螺纹的螺杆。

5. 用于植筋的有机胶粘剂应采用改性环氧树脂类或改性乙烯基酯类材料，其固化剂不得使用乙二胺。

5. 不合格原因分析

(1) 设计参数提供有误。

(2) 后锚固件施工质量差，锚固件自身材质不合格。

(3) 试验参数与实际参数不符。

6. 试验照片

现场试验如图 11-49 所示。

图 11-49　抗拔承载力试验

11.6　钢结构工程

钢结构工程中主要的检测内容有：连接检测、变形检测、构件尺寸检测、涂层厚度检测等。钢结构的现场检测可以为钢结构质量的评定或钢结构性能的鉴定提供真实、可靠、有效的检测数据和检测结论。

11.6.1　钢结构焊缝无损检测

钢结构焊缝常用的无损检测可采用磁粉检测、渗透检测、超声波检测和射线检测。钢结构的无损检测方法宜根据无损检测方法的适用范围、建筑结构状况和现场条件选择。

1. 相关标准

(1)《钢结构现场检测技术标准》GB/T 50621；

(2)《钢结构超声波探伤及质量分级法》JG/T 203。

2. 检测参数及检测频率

检测参数：焊缝质量。

检测频率：钢结构现场检测可采用全数检测或抽样检测。当抽样检测时，宜采用随机抽样或约定抽样方法。既有钢结构计数抽样检测时，其每批抽样检测的最小样本容量不应小于表 11-21 既有钢结构抽样检测的最小样本容量的限定值。

既有钢结构抽样检测的最小样本容量　　表 11-21

检验批的容量	最小样本容量			检验批的容量	最小样本容量		
	A	B	C		A	B	C
3～8	2	2	3	151～280	13	32	50
9～15	2	3	5	281～500	20	50	80
16～25	3	5	8	501～1200	32	80	125
26～50	5	8	13	1201～3200	50	125	200
51～90	5	13	20	3201～10000	80	200	315
90～150	8	20	32	—	—	—	—

注：1. 表中 A、B、C 为检测类别，检测类别 A 适用于一般施工质量的检测，检测类别 B 适用于结构质量或性能的检测，检测类别 C 适用于结构质量或性能的严格检测或复检；

2. 无特别说明时，样本为构件。

3. 结果判定

既有钢结构计数抽样检测时，根据检验批中的不合格数，判断检验批是否合格。检验批的合格判定，应符合下列规定：

（1）计数抽样检测的对象为主控项目时，应按表 11-22 判定。

（2）计数抽样检测的对象为一般项目时，应按表 11-23 判定。

主控项目的判定　　　表 11-22

样本容量	合格判定数	不合格判定数	样本容量	合格判定数	不合格判定数
2～5	0	1	80	7	9
8～13	1	2	125	10	11
20	2	3	200	14	15
32	3	4	>315	21	22
50	5	6	—	—	—

一般项目的判定　　　表 11-23

样本容量	合格判定数	不合格判定数	样本容量	合格判定数	不合格判定数
2～5	1	2	32	7	9
8	2	3	50	10	11
13	3	4	80	14	15
20	5	6	≥125	21	22

最大反射波幅位于距离-波幅曲线（即 DAC 曲线）Ⅱ区的非危险性缺陷，其指示长度小于 10mm 时，可按 5mm 计。在检测范围内，相邻两个缺陷间距不大于 8mm 时，两个缺陷指示长度之和作为单个缺陷的指示长度；相邻两个缺陷间距大于 8mm 时，两个缺陷分别计算各自指示长度。

当缺陷反射波在 DAC 曲线Ⅰ区未达到定量线时，如探伤者认为有必要记录时，可将探头左右移动，使缺陷反射波幅降低到评定线，以此测定缺陷的指示长度。在确定缺陷类型时，可将探头对准缺陷作平动和转动扫查，观察波形的相应变化，并可结合操作者的工程经验作判断。

最大反射波幅不超过评定线（未达到 DAC 曲线Ⅰ区）的缺陷应评为Ⅰ级。最大反射波幅超过评定线，但低于定量线的非裂纹类缺陷应评为Ⅰ级。

4. 检测时机和现场准备

超声波探伤是目前钢结构工程无损伤施工领域中最常用到的一种技术手段。超声波检测应包括探测面的修整、涂抹耦合剂、探伤作业、缺陷的评定等步骤。检测前，对超声仪的主要技术指标（如斜探头入射点、斜率 K 值或角度）进行检查确认；根据所测工件的尺寸调整仪器时基线，并应绘制距离—波幅（DAC）曲线。检测区域为焊缝和焊缝两侧至少 10mm 宽母材或热影响区宽度（取两者较大值）的内部区域。

探伤人员应了解工件的材质、结构、曲率、厚度、焊接方法、焊缝种类、坡口形式、焊缝余高及背面衬垫、沟槽等实际情况。

耦合剂应具有良好的透声性和适宜的流动性，不应对材料和人体有损伤作用，同时应便于检测后清理。当工件处于水平面上检测时，宜选用液体类耦合剂；当工件处于竖立面检测时，宜选用糊状类耦合剂。

检测配合工作：

（1）工程名称、监理单位、施工单位。

（2）构件名称、数量及被测焊缝设计值。

（3）必要的设计图纸和施工记录。

（4）检测原因。

5. 不合格原因分析

（1）焊接变形

焊接后拼装构件翘曲变形。

原因分析：①结构焊缝布置不对称；②构件刚度不一致，施焊后，变形不一致产生翘曲。

（2）焊缝裂纹

焊接焊缝处局部产生缝隙。

原因分析：①预热温度太低；②焊接材料选择不当或质量差；③焊接工艺选择不当；④锈、油脂、水等杂质未清除干净就施焊；⑤母材及填充金属中含 C、S、P、Cu 等元素多；⑥弧坑未填满。

（3）未焊满（或弧坑）

焊缝表面形成连续或断续的沟槽。

原因分析：①焊接层次或运条速度没控制好；②焊缝收弧时或焊接中断重新引弧时操作不当；③自动焊或半自动焊时，送丝和电源同时切断。

（4）气孔

焊缝表面或内部形成的孔穴。

原因分析：①焊条、焊剂受潮未处理；②锈、油脂、水等杂质未清除干净就施焊；③引弧或熄弧位置重叠；④母材中含 S 或 P 元素多；⑤焊接时电流大、电弧长或焊接速度快。

（5）咬边

焊缝边缘的母材被熔成凹陷或沟槽。

原因分析：①电流过大、电弧过长或焊接速度过快；②焊条、焊丝角度不正确；③埋弧焊时电压过低。

（6）未熔合

焊缝填充金属之间或与母材之间的熔合不良。

原因分析：①焊接时电流过小、速度过快；②焊接坡口形状不当、焊条直径不当；③焊接运条角度不正确；④焊接区域热量不够；⑤金属表面有锈杂物，未清除干净就施焊。

（7）焊脚高度不符

焊脚高度过高或不足。

原因分析：①焊接时焊条直径选用不当；②焊接时焊接层次没控制好；③焊接速度

不当。

(8) 焊缝过高

焊缝上凸出焊接表面高度过高。

原因分析：①焊接电流过小；②焊接速度太慢；③焊接层次没控制好；④埋弧焊起弧点没控制好。

(9) 未焊透

焊缝根部或层间出现未将母材熔化或未填满熔化金属。

原因分析：①采用的焊接电流过小，焊接速度太快；②焊接根部未处理得当；③坡口加工角度太小，钝边过大；④装配间隙过小。

6. 检测照片

超声波检测应包括探测面的修整、涂抹耦合剂、探伤作业、缺陷的评定等步骤，钢结构焊缝超声检测如图 11-50 所示。

(a)

(b)

图 11-50　钢结构焊缝超声检测

(a) 超声仪主机照片；(b) 探伤作业现场照片

11.6.2　变形测量

变形检测可分为结构整体垂直度、整体平面弯曲以及构件垂直度、弯曲变形、跨中挠度等项目。

1. 相关标准

(1)《钢结构现场检测技术标准》GB/T 50621；

(2)《钢结构工程施工质量验收标准》GB 50205；

(3)《钢结构设计标准》GB 50017；

(4)《民用建筑可靠性鉴定标准》GB 50292；

(5)《工业建筑可靠性鉴定标准》GB 50144。

2. 检测参数和检测频率

检测参数：结构整体垂直度、整体平面弯曲以及构件垂直度、弯曲变形、跨中挠度等。

检测频率：在建钢结构按检验批检测时，其抽样检测的比例及合格判定应符合《钢结构工程施工质量验收标准》GB 50205 的规定。钢结构现场检测可采用全数检测或抽样检测。当抽样检测时，宜采用随机抽样或约定抽样方法。当遇到下列情况之一时，宜采用全数检测：

（1）外观缺陷或表面损伤的检查；

（2）受检范围较小或构件数量较少；

（3）构件质量状况差异较大；

（4）灾害发生后对结构受损情况的识别；

（5）委托方要求进行全数检测。

3. 结果判定

在建钢结构或构件变形应符合设计要求和《钢结构工程施工质量验收标准》GB 50205及《钢结构设计标准》GB 50017等的有关规定。既有钢结构或构件变形应符合《民用建筑可靠性鉴定标准》GB 50292、《工业建筑可靠性鉴定标准》GB 50144等的有关规定。

4. 检测时机和现场准备

在对钢结构或构件变形进行检测前，宜先清除饰面层；当构件各测试点饰面层厚度接近，且不明显影响评定结果，可不清除饰面层。

检测配合工作：

（1）工程名称、监理单位、施工单位。

（2）构件名称、数量及被测钢结构规格。

（3）必要的设计图纸和施工记录。

（4）检测原因。

5. 不合格原因分析

钢结构的形成过程为：材料→构件→结构。在形成的过程中变形原因概述如下：

（1）钢材的初始变形

钢结构所用的钢材常由钢厂以热轧钢板和热轧型钢供应。热轧钢板厚度为4.5～60mm，薄钢板厚度为0.35～4.0mm；热轧型钢包括角钢、槽钢、工字钢、H型钢、钢管、C型钢、Z型钢，其中冷弯薄壁型钢厚度在2～6mm。

钢材由于轧制及人为因素等原因，时常存在初始变形，尤其是冷弯薄壁型钢，因此在钢结构构件制作前必须认真检查材料，矫正变形，不允许超出钢材规定的变形范围。

（2）加工制作中的变形

1）冷加工产生的变形

剪切钢板产生变形，一般为弯扭变形，窄板和厚板变形较大；刨削以后产生的弯曲变形，窄板和薄板变形较大。

2）制作、组装带来的变形

加工工艺不合理、组装场地不平整、组装方法不正确、支撑不当等引起的变形有弯曲、扭曲和畸变。

3）焊接变形

焊接过程中的局部加热和不均匀冷却使焊件在产生残余应力的同时还将伴生变形。焊接变形又称焊接残余变形，通常包括纵向和横向收缩变形、弯曲变形、角变形、波浪变形和扭曲变形等。焊接变形产生的主要原因是焊接工艺不合理、电焊参数选择不当和焊接遍数不当等。焊接变形应控制在制造允许误差以内。

（3）运输及安装过程中产生的变形

运输中不小心、安装工序不合理、吊点位置不当、临时支撑不足、堆放场地不平，尤其是现场不具备安装条件但仍强行安装构件，均会使结构构件变形明显。

（4）使用过程中产生的变形

钢结构在使用过程中由于超载、碰撞、高温等原因都会导致变形。

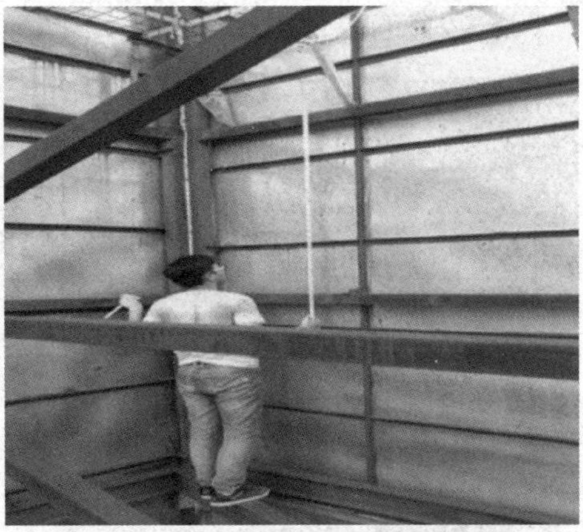

图 11-51 钢结构弯曲变形检测

6. 检测照片

钢结构弯曲变形检测如图 11-51 所示。

11.6.3 钢材厚度检测

当在构件横截面或外侧无法用游标卡尺直接测量厚度时，可采用超声波原理测量钢结构构件的厚度。钢材的厚度应在构件的 3 个不同部位进行测量，取 3 处测试值的平均值作为钢材厚度的代表值。

超声波测量时，将耦合剂涂于被测处，耦合剂可用机油、化学浆糊等。在测量小直径管壁厚度或工件表面较粗糙时，可选用黏度较大的甘油。将探头与被测构件耦合即可测量，接触耦合时间宜保持 1～2s。在同一位置宜将探头转过 90°后作二次测量，取两次的平均值作为该部位的代表值。在测量管材壁厚时，宜使探头中间的隔声层与管子轴线平行。

1. 相关标准

《钢结构现场检测技术标准》GB/T 50621。

2. 检测参数及检测频率

检测参数：钢材厚度。

检测频率：参考焊缝检测和变形测量。

3. 结果判定

钢材的厚度偏差应以设计图纸规定的尺寸为基准进行计算，并应符合相应产品标准的规定。

4. 检测时机和现场准备

在对钢结构钢材厚度进行检测前，应清除表面油漆层、氧化皮、锈蚀等，并打磨至露出金属光泽。检测前应预设声速，并应用随机标准块对仪器进行校准，经校准后方可进行测试。

对于受腐蚀后的构件厚度，应将腐蚀层除净、露出金属光泽后再进行测量。

检测配合工作：

（1）工程名称、监理单位、施工单位。

（2）构件名称、数量及被测钢材规格。

（3）必要的设计图纸和施工记录。

图 11-52　钢材厚度检测

（4）检测原因。

5. 不合格原因分析

由于耦合不良、探头磨损等因素，超声测厚仪的测量误差往往比直接用游标卡尺的大，在构件横截面或外侧可用游标卡尺测量的情况下，宜采用游标卡尺测量。另外不同测量对象时耦合剂的选用也不同。对于小直径管壁或工件表面较粗糙时，由于探头与工件表面间空隙较大，为保证有良好的耦合效果，宜选用黏度较大的甘油作耦合剂。除去测量误差的原因，厚度检测不合格即为材料本身的问题。

6. 检测照片

当具备现场条件时，优先采用游标卡尺检测钢材厚度，检测现场如图 11-52 所示。

11.6.4　涂层厚度检测

涂层厚度检测包括防腐涂层和防火涂层的检测，应在涂层干燥后，经外观检查合格后方可进行。目前钢结构防腐涂层以油漆类材料为主，一些特殊的工程或部位采用橡胶、塑料等材料。对防腐效果的判定以涂层厚度为指标。钢结构防火涂料分膨胀型和非膨胀型，主要有超薄型、薄型、厚型 3 种。

1. 相关标准

《钢结构现场检测技术标准》GB/T 50621。

2. 检测参数及检测频率

检测参数：涂层厚度。

检测频率：

（1）对防腐涂层可采用涂层测厚仪。防腐涂层检验时，同一构件应检测 5 处，每处应检测 3 个相距 50mm 的测点。测点部位的涂层应与钢材附着良好。

（2）对防火涂层的厚度可采用探针和卡尺进行检测，用于检测的卡尺尾部应有可外伸的窄片。测量设备的量程应大于被测的防火涂层厚度。

（3）梁、柱构件的防火涂层厚度检测，在构件长度内每隔 3m 取一个截面，且每个构件不应少于 2 个截面。楼板和墙体的防火涂层厚度检测，可选两相邻纵、横轴线相交的面积为一个构件，在其对角线上，按每米长度选 1 个测点，每个构件不应少于 5 个测点。检测设备的分辨率不应低于 0.5mm。

3. 结果判定

对防腐涂层，每处 3 个测点的涂层厚度平均值不应小于设计厚度的 85%，同一构件上 15 个测点的涂层厚度平均值不应小于设计厚度。当设计对涂层厚度无要求时，涂层干漆膜总厚度：室外应为 150μm，室内应为 125μm，其允许偏差应为－25μm。

对防火涂层，同一截面上各测点厚度的平均值不应小于设计厚度的 85%，构件上所有测点厚度的平均值不应小于设计厚度。

4. 检测时机和现场准备

使用涂层测厚仪检测时，应避免电磁干扰。防腐涂层厚度检测，经外观检查合格后进行。涂层测厚仪的最大量程不应小于1200μm，最小分辨率不应大于2μm，示值相对误差不应大于3%。

防火涂层厚度的检测应在涂层干燥后进行。检测前应清除测试点表面的灰尘、附着物等，并避开构件的连接部位。

检测配合工作：

（1）工程名称、监理单位、施工单位。

（2）构件名称、数量及被测钢结构位置。

（3）必要的设计图纸和施工记录。

（4）检测原因。

5. 不合格原因分析

不合格原因主要有以下几个方面：

（1）厚型钢结构防火涂料需多遍涂刷，根据耐火等级的不同，可达5～10遍。施工中未按预定方案流水作业，造成多涂或漏涂，导致涂层厚度不均匀。

（2）钢柱部位因为耐火等级要求高，涂层较厚。在刷涂最后2～3遍之前包纤布时，赶压量太少或挤压力太小都会使多余胶液不能挤出，使留存在内部的空气形成气泡。

（3）涂刷的涂膜过厚、施工环境温度不宜、湿度过大或雨天施工、稀释剂挥发太快，造成涂料流动性能差。

图11-53　涂层厚度检测

（4）涂刷工具选用不当，抹刀表面锈蚀或余料硬化，导致抹面不够光滑。

（5）涂料中稀释剂掺量过多，降低了涂料正常施工黏度，涂料不能附着在钢梁或涂层表面。

（6）一次涂刷过厚或未滚涂均匀，稀释剂已发挥，造成涂层过早干燥固化。

（7）基层潮湿，灰尘、油污等异物未清除干净，喷枪压力不够，或走速过快导致界面剂厚度不够。

6. 检测照片

涂层厚度的检测应在涂层干燥后进行，检测时构件的表面不应有结露。涂层厚度检测如图11-53所示。

11.7　声屏障工程

声屏障，主要用于公路、高速公路、高架复合道路和其他噪声源的隔声降噪。分为纯隔声的反射型声屏障和吸声与隔声相结合的复合型声屏障。后者是更为有效的隔声方法，指的是为减轻行车噪声对附近居民的影响而设置在铁路和公路侧旁的墙式建筑。

声屏障插入损失检测方法如下：

在保持噪声源、地形、地貌、地面和气象条件不变情况下，在某特定位置上测试安装声屏障前后的声压级之差。声屏障的插入损失，要注明频带宽度、频率计权和时间计权特性。例如声屏障的等效连续 A 计权插入损失。

1. 相关标准

《声屏障声学设计和测量规范》HJ/T 90。

2. 检测参数及检测频率

检测参数：声屏障的等效连续 A 计权插入损失。

检测频率：全线路全数抽检。

3. 检测时机和现场准备

现场准备：

（1）工程名称及施工、监理和建设单位名称。

（2）声屏障设计、施工相关图纸。

（3）建立隔离带，保障检测工作安全进行。

（4）登高车等。

4. 不合格原因分析

（1）声屏障的铺设施工不符合设计要求。

（2）声屏障的安装方式不符合设计要求。

（3）声屏障的吸隔声性能不符合设计要求。

5. 试验照片

声屏障的等效连续 A 计权插入损失检测如图 11-54 所示。

图 11-54　现场试验

第12章　装饰装修工程实体质量检测

装饰工程是用建筑材料及其制品对建筑物室内外进行装饰和装修的工作总称。装饰工程不仅能增加建筑物的美观和艺术形象，且有隔热、隔声、防潮的作用，还可以保护墙面，提高围护结构的耐久性。装饰工程的施工特点是工程量大，材料品种繁多，占的工期长，耗用的劳动量多。装饰工程中，材料的质量很重要，现场实体质量同样重要，实体检测项目主要包括顶棚及吊顶工程、地面工程、墙体工程、幕墙工程、门窗工程、节能工程、环境污染物、细部工程等。

12.1　顶棚及吊顶工程

顶棚及吊顶工程质量的优劣，直接影响整个建筑空间的装饰效果。顶棚及吊顶工程现场实体质量检测内容主要有锚栓和植筋锚固质量的非破损检验，抹灰砂浆拉伸粘结强度检验等。

12.1.1　后置埋件的现场拉拔检验

工程建设中的埋件较为常见，其中一部分是在施工前进行预埋的，还有一部分则是在施工完成后通过一定的技术手段将埋件安装固定到一定的位置。对于预埋构件而言，其整体的抗拉拔性能较高，但是对于后置埋件而言，如果在施工中操作不当，则后置埋件的抗拉拔性能会受到影响，进而影响到建筑物使用的安全性。故需要进行后置埋件现场拉拔试验。在装饰装修工程中吊顶工程和墙体工程中会涉及此项目的现场检测。

1. 相关标准

《混凝土结构后锚固技术规程》JGJ 145。

2. 检测参数及检测频率

检测参数：锚固承载力。

检测频率：

（1）锚固质量现场检验抽样时，应以同品种、同规格、同强度等级的锚固件安装于锚固部位基本相同的同类构件为一检验批，并应从每一检验批所含的锚固件中进行抽样。

（2）现场破坏性检验、锚栓锚固质量的非破损检验、植筋锚固质量的非破损检验的检测频率参见11.5.4后置埋件中相关内容。

3. 结果判定

参见11.5.4后置埋件中相关内容。

4. 检测时机和现场准备

检测时机：混凝土强度应达到设计要求。胶粘的锚固件，其检验宜在锚固胶达到其产品说明书标示的固化时间当天进行。若因故需推迟抽样与检验日期，除应征得监理单位同意外，推迟不应超过 3d。

现场准备：

（1）检测部位混凝土表面应清洁平整。

（2）现场应提供安全稳定的操作平台。

（3）现场需提供施工图纸。

（4）现场检测应有一名施工技术人员和一名监理人员。

5. 不合格原因分析

（1）混凝土基体龄期未达到要求。

（2）钻孔深度未达到设计要求。

（3）孔内粉尘未清理干净。

（4）锚固胶质量不满足要求。

6. 试验照片

锚栓锚固质量检验照片如图 12-1 所示。

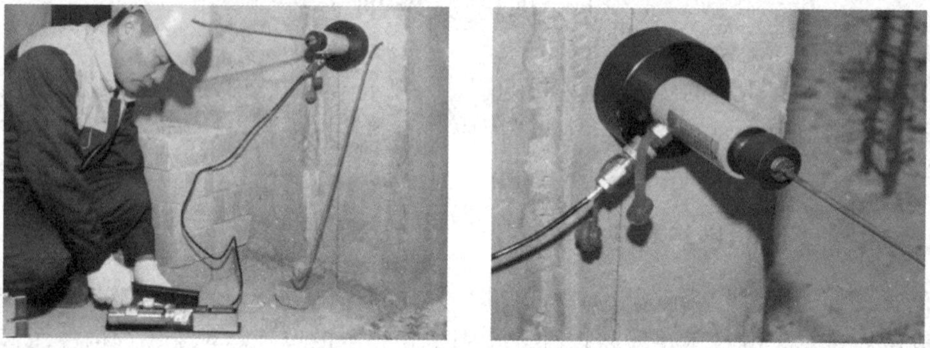

图 12-1　现场试验照片

12.1.2　抹灰砂浆拉伸粘结强度

抹灰砂浆与基层要有足够的粘结强度，使其在施工中或长期自重和环境作用下不脱落、不开裂。所以需要进行抹灰砂浆拉伸粘结强度的现场检测。

1. 相关标准

（1）《建筑装饰装修工程质量验收标准》GB 50210；

（2）《抹灰砂浆技术规程》JGJ/T 220。

2. 检测参数及检测频率

检测参数：拉伸粘结强度。

检测频率：

（1）相同砂浆品种、强度等级、施工工艺的室外抹灰工程，每 1000m^2 应划分为一个检验批，不足 1000m^2 的，也应划分为一个检验批。

（2）相同材料、工艺和施工条件的室内抹灰工程每 50 个自然间应划分为一个检验批，不足 50 间也应划分为一个检验批，大面积房间和走廊可按抹灰面积每 30m^2 计为 1 间。

（3）室内每个检验批应至少抽查 10%，并不得少于 3 间，不足 3 间时应全数检查。

（4）室外每个检验批每 100m^2 应至少抽查一处，每处不得小于 10m^2。

3. 结果判定

应取 7 个试样拉伸粘结强度的平均值作为试验结果。当 7 个测定值中有一个超出平均值的 20%，应去掉最大值和最小值，并取剩余 5 个试样粘结强度的平均值作为试验结果。当剩余 5 个测定值中有一个超出平均值的 20%，应再次去掉其中的最大值和最小值，取剩余 3 个试样粘结强度的平均值作为试验结果。当 5 个测定值中有两个超出平均值的 20%，该组试验结果应判定为无效。

4. 检测时机和现场准备

检测时机：抹灰砂浆拉伸粘结强度试验应在抹灰层施工完成 28d 后进行。

现场准备：

（1）墙面必须干燥、清洁、平整。

（2）现场需提供相关的图纸。

（3）现场应提供安全稳定的操作平台。

（4）现场检测应有一名施工技术人员和一名监理人员。

5. 不合格原因分析

（1）抹灰层龄期未达到要求。

（2）抹灰砂浆未按配合比要配制或未及时使用。

（3）抹灰砂浆施工前，基面表面杂物未清除干净或未将基面油污、隔离剂清除干净。

（4）环境温度较低时，保温措施不当。

（5）环境温度较高或多风、干燥时，养护不当，表面失水严重。

（6）夏季施工，第一层抹灰过于干燥时，未洒水润湿，直接抹第二层。

（7）雨天进行外墙抹灰，未采取有效防雨措施。

6. 试验照片

抹灰砂浆拉伸粘结强度检验照片如图 12-2 所示。现场试验仪器采用粘结强度检测仪。

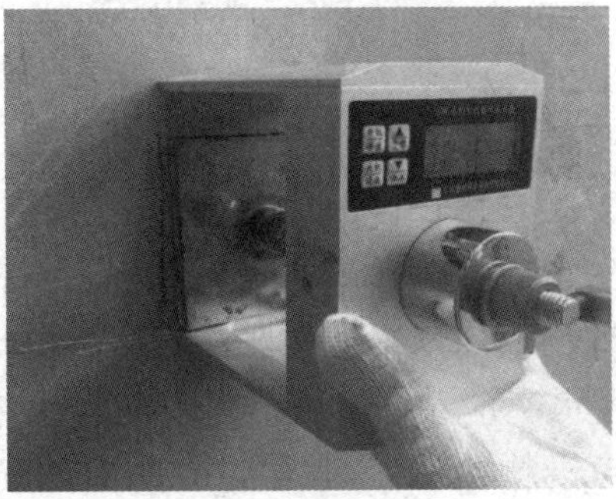

图 12-2　现场试验照片

12.2 地 面 工 程

地面工程的现场实体质量检测，主要包括地面面层接地电阻、表面电阻等。其他检测内容详见第3.2节，本小节不再复述。

防静电工程施工过程中任一环节的不慎或疏忽，都有可能影响整体防静电工程质量，而任一防静电工程质量的缺陷，往往很难事后进行整改，最终将留下不可弥补的可能导致静电放电事件的隐患。因此防静电工程必须强调工序质量控制和隐蔽工程项目的检测及验收。

1. 相关标准

(1)《建筑装饰装修工程质量验收标准》GB 50210；

(2)《防静电工程施工与质量验收规范》GB 50944。

2. 检测参数及检测频率

检测参数：接地电阻、表面电阻、对地电阻、点对点电阻。

检测频率：工程竣工质量检验验收时，抽检方案应符合《计数抽样检验程序　第1部分：按接收质量限（AQL）检索的逐批检验抽样计划》GB/T 2828.1的有关规定。

3. 结果判定

防静电工程防静电性能应符合表12-1的规定。

防静电性能指标 **表12-1**

防静电工程名称		对地电阻、点对点电阻（Ω）
防静电水泥类地面		$1.0\times10^4\sim1.0\times10^9$
防静电贴面板地面	导静电型	$1.0\times10^4\sim1.0\times10^6$
	静电耗散型	$1.0\times10^6\sim1.0\times10^9$
防静电活动地板地面	导静电型	$1.0\times10^4\sim1.0\times10^6$
	静电耗散型	$1.0\times10^6\sim1.0\times10^{10}$
防静电树脂涂层地面		$5.0\times10^4\sim1.0\times10^9$
防静电陶瓷地板地面		$5.0\times10^4\sim1.0\times10^9$
防静电地毯地面		$5.0\times10^4\sim1.0\times10^9$
防静电墙面、顶棚		$\leqslant1.0\times10^{10}$

防静电工程的性能指标还应符合工程设计要求，并应符合《电子产品制造与应用系统防静电检测通用规范》SJ/T 10694的有关规定。

4. 检测时机和现场准备

(1) 环境温度应为5～35℃，相对湿度20%～70%。

(2) 地面应保持干净和整洁，环境洁净度应满足工程设计要求。

(3) 防静电贴面板、防静电树脂涂层地面的防静电应在施工结束5d后进行。

(4) 防静电地面或水泥铺垫层的含水率应符合下列规定：树脂涂层防静电地面的含水率不应大于6%；树脂涂层以外的防静电地面含水率应小于8%；当地面含水率达不到要求时，可将受检地坪样块抽样送到第三方检验机构检验，判定受检地面的防静电性能质量。

5. 不合格原因分析

(1) 施工工艺不符合规范要求。

(2) 地面含水率不满足要求。

(3) 导电层未可靠接地。

12.3 墙 体 工 程

墙体工程的现场实体质量检测内容主要包括：抹灰砂浆拉伸粘结强度、饰面砖粘结强度、后置埋件的现场拉拔检验、防水层厚度、防水层粘结强度等。后置埋件的现场拉拔检验和抹灰砂浆拉伸粘结强度内容详见第 12.1.1、12.1.2 小节，本小节不再复述。

12.3.1 饰面砖粘结强度

建筑工程饰面砖粘结强度关系到人民生命财产安全，建筑物饰面砖因粘结强度问题造成脱落伤人毁物的事故时有发生。故此，饰面砖粘结强度必须严格按照要求进行检测。

1. 相关标准

(1)《建筑装饰装修工程质量验收标准》GB 50210；

(2)《建筑工程饰面砖粘结强度检验标准》JGJ/T 110。

2. 检测参数及检测频率

检测参数：粘结强度。

检测频率：

(1) 相同材料、工艺和施工条件的室内饰面砖工程每 50 间应划分为一个检验批，不足 50 间也应划分为一个检验批，大面积房间和走廊可按饰面砖面积每 $30m^2$ 计为 1 间。

(2) 相同材料、工艺和施工条件的室外饰面砖工程每 $1000m^2$ 应划分为一个检验批，不足 $1000m^2$ 也应划分为一个检验批。

(3) 室内每个检验批应至少抽查 10%，并不得少于 3 间，不足 3 间时应全数检查。

(4) 室外每个检验批每 $100m^2$ 应至少抽查一处，每处不得小于 $10m^2$。

3. 结果判定

(1) 带饰面砖的预制构件

当一组试样均符合判定指标要求时，判定其粘结强度合格；当一组试样均不符合判定指标要求时，判定其粘结强度不合格；当一组试样仅符合判定指标的一项要求时，应在该组试样原取样检验批内重新抽取两组试验检验，若检验结果仍有一项不符合判定指标要求时，则判定其粘结强度不合格。判定指标应符合下列规定：

1) 每组试样平均粘结强度不应小于 0.6MPa；

2) 每组允许有一个试样的粘结强度小于 0.6MPa，但不应小于 0.4MPa。

(2) 现场粘结的同类饰面砖

现场粘结的同类饰面砖，当一组试样均符合判定指标要求时，判定其粘结强度合格；当一组试样均不符合判定指标要求时，判定其粘结强度不合格；当一组试样仅符合判定指标的一项要求时，应在该组试样原取样检验批内重新抽取两组试样检验，若检验结果仍有一项不符合判定指标要求时，则判定其粘结强度不合格。判定指标应符合下列规定：

1) 每组试样平均粘结强度不应小于 0.4MPa；

2) 每组允许有一个试样的粘结强度小于 0.4MPa，但不应小于 0.3MPa。

4. 检测时机和现场准备

检测时机：饰面砖粘结强度试验可以在施工前样板测定饰面砖粘结强度达到合格的龄

期时间进行饰面砖粘结强度检验，也可按照瓷砖胶使用说明书的规定时间进行饰面砖粘结强度检验，龄期28d以内达不到标准或有争议时，以龄期达到28～60d内建设单位为主约定时间检验的粘结强度为准。

现场准备：

（1）待测饰面砖表面应清洁、光滑平整。

（2）现场需提供施工图纸。

（3）施工单位需派专人协助切割待测饰面砖断缝。

（4）现场检测应有一名施工技术人员和一名监理人员。

5. 不合格原因分析

（1）饰面砖粘结龄期未达到要求。

（2）切割饰面砖断缝时，切割机接触或过于靠近标准块，粘结砂浆受损。

（3）饰面砖粘结施工时，粘结层不饱满，导致检测时受力面积不足。

6. 试验照片

饰面砖粘结强度现场检测照片如图12-3所示。

图12-3　饰面砖粘结强度现场检测照片

12.3.2　防水层厚度

防水层厚度的现场检测，分为超声波法和割开法。超声波法适用于涂膜防水层的厚度检测，割开法适用于涂膜和卷材防水层的厚度检测。当对防水层厚度检测结果有异议时，应以割开法的检测结果为准。

1. 相关标准

（1）《建筑装饰装修工程质量验收标准》GB 50210；

（2）《建筑防水工程现场检测技术规范》JGJ/T 299。

2. 检测参数及检测频率

检测参数：厚度。

检测频率：

（1）新建建筑的室内防水工程检测单元的划分应符合表12-2规定。

新建建筑室内防水工程检测单元的划分 **表 12-2**

划分标准		检测单元
自然间	≤10 间	不应少于 1 个
	>10 间且≤50 间	不应少于 3 个
	>50 间且≤100 间	不应少于 7 个
	>100 间	每 100 间不应少于 7 个，不足 100 间的应按本表的划分标准执行
水池	≤$100m^2$	不应少于 1 个
	>$100m^2$ 且≤$1000m^2$	不应少于 3 个
	>$1000m^2$ 且≤$10000m^2$	不应少于 5 个
	>$10000m^2$	每 $10000m^2$ 不应少于 5 个，不足 $10000m^2$ 的部分应按本表的划分标准执行

（2）既有建筑的屋面、外墙和地下等防水工程检测单元应按防水层面积划分，并应符合表 12-3 的规定。

既有建筑屋面、外墙和地下等防水工程检测单元的划分 **表 12-3**

划分标准（m^2）	检测单元
≤1000	不应少于 1 个
>1000 且≤5000	不应少于 3 个
>5000 且≤10000	不应少于 7 个
>10000	每 $10000m^2$ 的检测单元数不应少于 7 个，不足 $10000m^2$ 的部分应按本表的划分标准执行

（3）每个检测单元的测区数量不应少于 3 个，且每个测区的面积不得小于 $10m^2$。检测单元面积不足 $10m^2$，应作为一个测区。每个测区测点数量不应少于 3 个。

3. 结果判定

当测区内各测点检测值的算术平均值符合设计要求或国家现行有关标准的规定，且最小值不小于设计值的 80％或国家现行标准规定值的 80％时，判定该测区所检项目合格。

当测区内测点检测值的最小值不小于设计值的 80％或国家现行标准规定值的 80％，且算术平均值小于设计值或国家现行有关标准的规定时，可在同一测区内加倍选取测点补测，并以前后两批测点检测值的算术平均值和最小值为该测区所检项目的检测结果。

全部测区合格时，判定该检测单元合格。

4. 检测时机和现场准备

检测时机：防水施工完成后。检测涂膜防水层厚度时，应完全固化。

现场准备：

（1）测点表面应清洁平整。

（2）露天检测时，不应在雨、雪及 5 级以上大风天气条件下进行，检测环境温度宜在 5～35℃。

（3）现场需提供施工图纸。

（4）现场检测应有一名施工技术人员和一名监理人员。

5. 不合格原因分析

（1）施工现场组织管理不善，工序搭接不紧凑。

（2）基层强度不足，抗变形能力差，导致基层不平整，防水层相应的厚度不均匀。

（3）卷材防水层施工过程中，排降水措施不完善，水位回升，浸泡卷材。

（4）涂料防水层施工过程中，施工工艺不合理，在施工时上一遍涂料未实干就开始刷后续涂料。

12.3.3 防水层粘结强度

防水层粘结强度的检测，适用于卷材防水层和涂膜防水层。

1. 相关标准

（1）《建筑装饰装修工程质量验收标准》GB 50210；

（2）《建筑防水工程现场检测技术规范》JGJ/T 299。

2. 检测参数及检测频率

检测参数：粘结强度。

检测频率：同第 12.3.2 小节。

3. 结果判定

同第 12.3.2 小节。

4. 检测时机和现场准备

检测时机和现场准备参见 12.3.2 防水层厚度中相关内容。

5. 不合格原因分析

（1）基层清理不干净或有油污、浮灰等，对防水层与基层的粘结起了隔离作用。

（2）对凹凸差异较大的基层没有进行找平处理。

（3）基层强度不足，抗变形能力差，导致基层不平整。

（4）卷材防水层施工过程中，排降水措施不完善，水位回升，浸泡卷材。

（5）涂料防水层施工过程中，施工工艺不合理，在施工时上一遍涂料未实干就开始刷后续涂料。

6. 试验照片

防水层粘结强度现场检测照片如图 12-4 所示。现场试验仪器采用粘结强度检测仪。

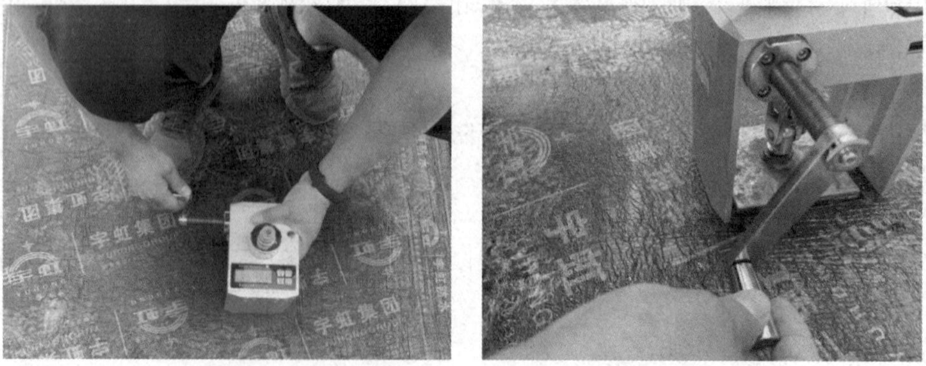

图 12-4　现场检测照片

12.4 幕 墙 工 程

城市轨道交通工程中含有较多幕墙和门窗工程，如轨道交通中心办公大楼外围护幕墙，轨道车站/站点建筑围护幕墙等，从面材上看以玻璃、石材、铝板等较为多见。与普通工民建幕墙类似，这些幕墙为办公楼或者站点建筑提供了采光、保温、建筑装饰等作用。同样这些幕墙工程也经受环境给予的荷载，如风荷载、地震荷载、雨水冲击、温度荷载等。

12.4.1 幕墙现场检测

城市轨道交通工程建筑幕墙属于人员流动密度大的公共建筑，作为建筑物外围护结构的重要组成部分，其性能直接影响到建筑物的美观、安全、环保等诸多方面。对于新建轨道交通工程幕墙除应进行试验室相关性能检测外，某些性能宜进行工程现场检测，更准确反映现场实际工程质量。

1. 相关标准

(1)《建筑幕墙工程质量验收规程》DGJ32/J 124；

(2)《建筑幕墙》GB/T 21086；

(3)《建筑幕墙工程检测方法标准》JGJ/T 324；

2. 现场检测参数及检测频率

检测参数：现场淋水检测、拉索现场张拉力检测、幕墙现场耐撞击。

检测频率：

(1) 幕墙现场检测应选取具有代表性的部位，以及最有可能出现质量问题的部位。

(2) 构件式幕墙现场淋水检测：开启部分不少于工程总数的1%且不少于3樘。明框、半隐框固定部分取3个单元，每单元至少1个楼层高度、3个分格。

(3) 单元式幕墙现场淋水检测：开启部分不少于工程总数的1%且不少于3樘；固定部分取3个单元，每单元至少2个楼层高度、4个分格。

(4) 拉索幕墙拉索现场张拉力检查：现场检查不少于工程总数的3%且不少于10处。

(5) 幕墙现场耐撞击性能：用于现场检测的幕墙单元试件应具有代表性，至少应选择3处位置测量。

3. 结果判定

(1) 现场淋水检测：现场淋水检查按照标准要求进行试验，未发生严重渗漏为合格。

(2) 拉索现场张拉力：按照设计要求进行检测，现场检测的数值与设计要求比较，超出允许偏差值视为不合格。

(3) 幕墙现场耐撞击性能：按照设计要求加载动态撞击，出现不可恢复变形或损坏为不满足要求。

4. 检测时机和现场准备

检测时机：幕墙安装完成，密封胶固化后进行检测。

现场准备：

（1）现场淋水检测位置附近应有水源及电源，现场提供抽样板块位置坐标。

（2）拉索现场张拉力检测时应提供张拉力设计值。

5. 不合格原因分析

（1）现场淋水检测：现场选取已经完成施工的典型板块位置，常见的问题为施工工艺不佳，局部密封瑕疵，开启窗安装不正确等。

（2）拉索现场张拉力：现场选取完成施工的拉索，考虑横向、纵向均被选择到，常见的问题为施工工艺欠妥，主体结构有局部变形、施工时温度变化明显等。

（3）幕墙现场耐撞击性能：现场选取方便撞击的典型板块点，常见的问题为设计布局欠佳，不耐撞击的位置未设置防护，面材与主型材之间出现硬接触等。

6. 试验图片

现场试验如图 12-5 和图 12-6 所示。

图 12-5　现场淋水检测

图 12-6　拉锁现场张拉力检测

12.4.2　站台出入口及玻璃采光顶

随着我国城市轨道交通建设事业的发展，大量的玻璃采光顶应用于城市轨道交通车站。大面积天井上加盖各种形式和颜色的玻璃采光顶，构成一个不受气候影响的室内玻璃顶空间。人们不仅能享受自然光照射，又能观望晴空，倍受人们欢迎。在进行玻璃采光顶实体检测时，主要对其进行现场淋水试验，对水密性进行检测，玻璃采光顶的水密性是指在风雨同时作用下或积雪融化，屋面积水情况下，玻璃采光顶阻止雨水渗漏内侧的能力，这和暴风雨的风速，降雨量及积雪融化后积水量有关。

图 12-7　站台出入口及玻璃采光顶

1. 相关标准

(1)《采光顶与金属屋面技术规程》JGJ 255；

(2)《建筑幕墙工程质量验收规程》DGJ32/J 124；

(3)《建筑幕墙工程检测方法标准》JGJ/T 324。

2. 检测参数及检测频率

检测参数：现场淋水检测。

检测频率：

(1) 站台出入口及玻璃采光顶检测的取样，应选取具有代表性的部位，以及最有可能出现质量问题的部位。

(2) 按照不同的检测项目要求取样，如现场水密，按采光顶面积每 100m^2 抽查一处，每处 10m^2 且不应少于 3 处；接缝密封处每 50m 应抽查一处，每处 5m 且不应少于 3 处。

3. 结果判定

水密性能：现场淋水检查按照标准要求进行试验，未发生严重渗漏为合格。

4. 检测时机和现场准备

检测时机：采光顶安装完成，密封胶固化后进行检测。

现场准备：现场淋水检测位置附近应有水源及电源，现场提供抽样板块位置坐标。

5. 不合格原因分析

根据检测频率选取检测位置，常见的问题为施工工艺不佳，局部密封瑕疵，开启窗安装不正确等。

12.5　门　窗　工　程

城市轨道交通工程中车站建筑离不开门窗工程，门窗为车站提供了采光、通风、防雨、保温、遮阳以及装饰的基本功能，为旅客和工作人员提供舒适的环境。门窗属于外围护结构，应能抵御气候环境的各类破坏，如风荷载、空气渗透、雨水渗漏、高低温度传递、阳光穿透以及产品自身疲劳等。

城市轨道交通工程车站建筑属于人员流动密度大的公共建筑，门窗作为建筑物外围护结构的重要组成部分，其性能直接影响到建筑物的美观、安全、环保等诸多方面。

12.5.1 车站门窗现场检测

新建轨道交通工程门窗除应根据现行标准进行试验室相关性能检测外，还应根据现行标准要求进行工程现场检测。试验室检测主要反映产品质量，工程现场检测则可以反映产品和安装的实际工程质量。轨道站台如图 12-8 所示。

图 12-8　轨道站台

1. 相关标准

(1)《建筑装饰装修工程质量验收标准》GB 50210；

(2)《建筑门窗工程检测技术规程》JGJ/T 205；

(3)《建筑外窗气密、水密、抗风压性能现场检测方法》JG/T 211。

2. 检测参数及检测频率

检测参数：门窗现场气密性、水密性、淋水试验。

检测频率：项目验收之前检测不少于 1 次。

(1) 门窗现场检测的取样，应选取具有代表性的部位，以及最有可能出现质量问题的部位；

(2) 门窗现场淋水试验：每 100 樘窗为一检验批，每个检验批应至少抽查 5%，并不得少于 3 樘，不足 3 樘时应全数检查；高层建筑外窗每个检验批应至少抽查 10%，并不得少于 6 樘，不足 6 樘时应全数检查；

(3) 门窗现场气密性、水密性试验：按门窗面积 $3000m^2$ 为一检验批，每检验批抽查 3 樘窗，不足 3 樘时全数检查；

(4) 按照标段内门窗施工合同确定代表数量，即同一标段内，同一结构/构造形式，每个门窗施工合同至少检测一次。

3. 结果判定

现场淋水试验：现场淋水试验检查按照标准要求进行试验，20min 内未发生渗漏为合格；

现场气密性、水密性能：现场气密性、水密性能按照标准要求进行试验，达到工程设计规定的指标为合格，并不低于国家、行业或地方规定的最低标准要求。

4. 检测时机和现场准备

检测时机：门窗现场检测在现场施工完毕，五金件安装完成，围护结构密封胶已密封并且彻底干燥，门窗已经调试结束。

现场准备：

(1) 施工现场应提供 220V 电源及水源。

(2) 施工现场应提供同一窗型、同一规格型号的样品 3 樘。

(3) 施工现场应有一名监理人员进行现场监理。

(4) 待检门窗的基本资料：包括工程名称、工程地点、检测位置、玻璃及型材的规格型号、工程概况等。

（5）其他需现场配合及协调的相关工作。

5. 不合格原因分析

淋水试验：常见为窗密封胶条未能压实导致窗本身漏水；安装密封塞缝不到位导致窗与墙体接缝处渗水等。

现场气密性、水密性能：常见为窗制作粗劣或密封胶条品质差，密封不严导致窗本身漏气、漏水；安装密封塞缝不到位导致窗与墙体接缝处密封失效等。

6. 试验照片

门窗现场气密性、水密性检测照片如图 12-9、图 12-10 所示。

图 12-9 门窗气密性现场检测照片

图 12-10 门窗水密性现场检测照片

12.5.2 站台出入口门窗现场检测

轨道交通工程中部分站台出入口安装了门窗，为站台出入口提供了采光、通风、防雨、遮阳以及装饰的基本功能，为旅客提供舒适的出入环境。站台出入口门窗也属于外围护结构，应能抵御气候环境的各类破坏，如风荷载、雨水渗漏以及产品自身疲劳等。

城市轨道交通工程站台出入口建筑属于人员流动密度大的公共建筑，门窗作为建筑物外围护结构的重要组成部分，其性能直接影响到建筑物的美观、安全、环保等诸多方面，其中雨水渗漏性能差能导致室内侧霉变，严重影响室内美观并产生霉味影响人体健康等。因此新建轨道交通工程站台出入口门窗除应根据现行标准进行试验室相关性能检测外，还应根据现行标准要求进行工程现场检测。试验室检测主要反映产品质量，工程现场检测则可以反映产品和安装的实际工程质量。

1. 相关标准

（1）《建筑装饰装修工程质量验收标准》GB 50210；

（2）《建筑门窗工程检测技术规程》JGJ/T 205；

（3）《建筑外窗气密、水密、抗风压性能现场检测方法》JG/T 211。

2. 检测参数及检测频率

检测参数：门窗现场水密性、淋水试验。

检测频率：项目验收之前检测不少于 1 次。

（1）门窗现场检测的取样，应选取具有代表性的部位，以及最有可能出现质量问题的部位。

（2）门窗现场淋水试验：每站台至少抽查3樘窗，不足3樘时应全数检查。

（3）门窗现场水密性试验：每站台至少抽查3樘窗，不足3樘时全数检查。

（4）按照标段内门窗施工合同确定代表数量，即同一标段内，同一结构/构造形式，每个门窗施工合同至少检测一次。

3. 结果判定

现场淋水试验：现场淋水试验检查按照标准要求进行试验，20min内未发生渗漏为合格。

现场水密性能：现场水密性能按照标准要求进行试验，达到工程设计规定的指标为合格，并不低于国家、行业或地方规定的最低标准要求。

4. 检测时机和现场准备

检测时机和现场准备参见12.5.1车站门窗现场检测中相关内容。

5. 不合格原因分析

不合格原因分析参见12.5.1车站门窗现场检测中相关内容。

12.6 节能工程

对于节能工程进行实体检测，是验证工程质量的有效手段之一，可以有效验证节能工程实体采用的材料、保温层构造以及施工质量的真实情况。因此，为了保证建筑节能工程质量，不仅需要加强施工过程的节能质量控制，对已完工的建筑节能工程进行实体检测的意义也同样十分重大。

12.6.1 围护结构传热系数

由于不能直观地看到围护结构的内部构造，在没有硬性约束的情况下，以次充好或偷工减料的现象时有发生，从而给建筑节能工程质量埋下隐患。因此，节能工程现场实体检测就显得尤为重要。通过围护结构热工检测可以验证围护结构传热系数是否符合设计要求，从而综合评估建筑节能效果是否达标。

1. 相关标准

（1）《建筑节能工程施工质量验收标准》GB 50411；

（2）《绿色建筑工程施工质量验收规范》DGJ32/J 19；

（3）《民用建筑节能工程现场热工性能检测标准》DGJ32/J 23。

2. 检测参数及检测频率

检测参数：围护结构传热系数。

检测频率：

（1）抽样部位应由监理（建设）与施工双方共同确定，宜兼顾不同朝向和楼层，均匀分布。

（2）同一围护结构保温措施及建筑平面布局基本相同的建筑物作为一个样本随机抽样。

（3）抽样比例不低于样本数的10%，至少1幢；不同结构体系建筑，不同保温措施的建筑物应分别抽样检测。公共建筑应逐幢抽样检测。

（4）抽样建筑应在顶层与标准层进行至少3处墙体、2处屋面的传热系数检测。

3. 结果判定

围护结构传热系数应符合设计要求。

4. 检测时机和现场准备

（1）围护结构传热系数现场检测应在墙体施工完工后、节能分部工程验收前进行。

（2）被检测围护结构所在房间封闭，围护结构表面平整，满足抽样及检测要求。

（3）应有可靠的安全措施，必要时，委托方应搭建可靠的工作平台。

5. 不合格原因分析

（1）使用的节能材料不满足设计要求；

（2）施工工艺、施工质量不符合要求。

12.6.2 节能构造及保温层厚度

本方法适用于检验带有保温层的建筑外墙其节能构造是否符合设计要求。

1. 相关标准

(1)《建筑装饰装修工程质量验收标准》GB 50210；

(2)《建筑节能工程施工质量验收标准》GB 50411。

2. 检测参数及检测频率

检测参数：厚度。

检测频率：

（1）取样部位应由监理（建设）与施工双方共同确定，不得在外墙施工前预先确定。

（2）取样位置应选取节能构造有代表性的外墙上相对隐蔽的部位，并宜兼顾不同朝向和楼层；取样部位必须确保安全钻芯操作安全，且应方便操作。

（3）外墙取样数量为一个单位工程每种节能保温做法至少取3个芯样。取样部位宜均匀分布，不宜在同一房间外墙上取2个或2个以上芯样。

3. 结果判定

在垂直于芯样表面（外墙面）的方向上实测芯样保温层厚度，当实测芯样厚度的平均值达到设计厚度的95%及以上时，应判定保温层厚度符合设计要求；否则，应判定保温层厚度不符合设计要求。

4. 检测时机和现场准备

检测时机：钻芯检验外墙节能构造应在墙体施工完工后、节能分部工程验收前进行。

现场准备：

（1）测点表面应清洁平整。

（2）现场需提供施工图纸。

（3）现场检测应有一名施工技术人员和一名监理人员。

5. 不合格原因分析

（1）板状保温材料厚度的尺寸偏差严重超标。

(2) 整体保温层铺设时，未设立标尺，没有确保设计厚度的有效措施。

(3) 保温层铺设后，后续施工过程中未做保护措施，将保温层压实，厚度减小。

(4) 保温构造施工工艺没有按照设计要求。

6. 试验照片

节能构造及保温层厚度检测照片如图 12-11 和图 12-12 所示。现场试验仪器采用钻芯机。

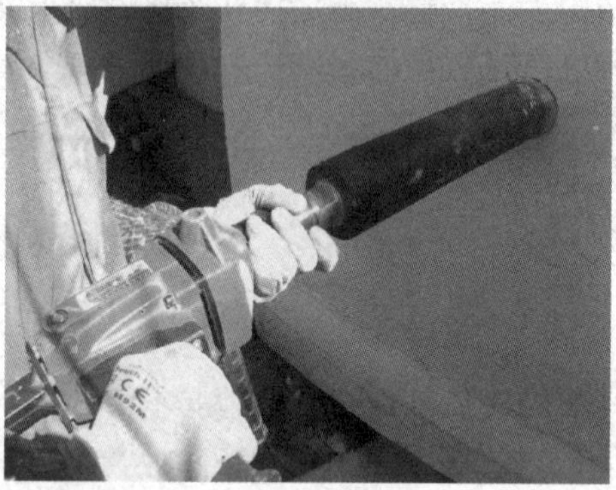

图 12-11　现场检测照片

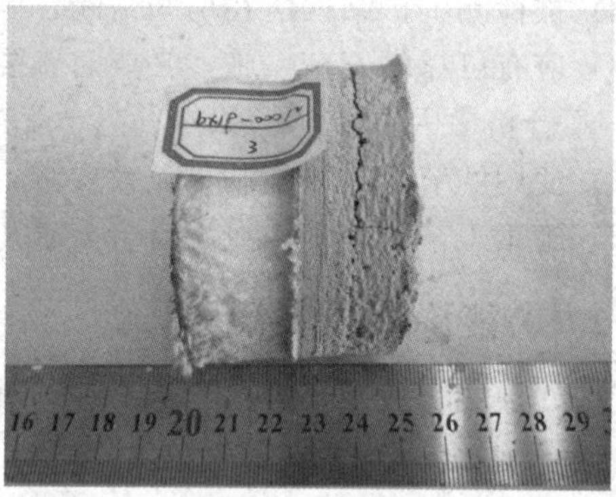

图 12-12　芯样照片

12.6.3　保温系统现场拉拔试验

本方法适用于外墙外保温中保温层与粘结砂浆、粘结砂浆与基层之间的粘结强度检验。

1. 相关标准

(1)《建筑装饰装修工程质量验收标准》GB 50210；

(2)《绿色建筑工程施工质量验收规范》DGJ32/J 19。

2. 检测参数及检测频率

检测参数：粘结强度。

检测频率：

(1) 建筑外墙面积每 1000m^2 为一个检验批，每批取 5 个测试点。

(2) 取样部位应由监理（建设）与施工双方共同确定，宜兼顾不同朝向和楼层，均匀分布。

(3) 取样部位必须确保粘结强度检验时操作安全、方便，不得在施工前预先确定。

3. 结果判定

现场粘结强度拉拔值应符合设计要求。

4. 检测时机和现场准备

检测时机：检验应在保温层养护时间达到粘结材料要求的龄期之后，下道工序施工之前进行。

现场准备：

(1) 测点表面应清洁平整。

（2）现场需提供施工图纸。

（3）现场检测应有一名施工技术人员和一名监理人员。

5. 不合格原因分析

（1）基层表面没有进行界面处理，妨碍粘贴效果。

（2）雨后没有等到墙面干燥就进行保温层施工，造成粘贴失败。

（3）胶粘剂粘结力低，与保温材料不相容，造成粘结不牢。

（4）保温材料表面粉化，导致粘结不牢。

（5）胶粘剂未完全达到终凝时进行后续施工，造成粘贴失败。

（6）保温板拼缝用胶浆粘死，导致排水、排气不畅，造成内部空鼓。

（7）较长、较大建筑物结构沉降不均匀破坏，在伸缩缝附近，造成保温层空鼓或局部脱落。

6. 试验照片

保温系统拉拔现场检测照片如图 12-13 所示。现场试验仪器采用粘结强度检测仪。

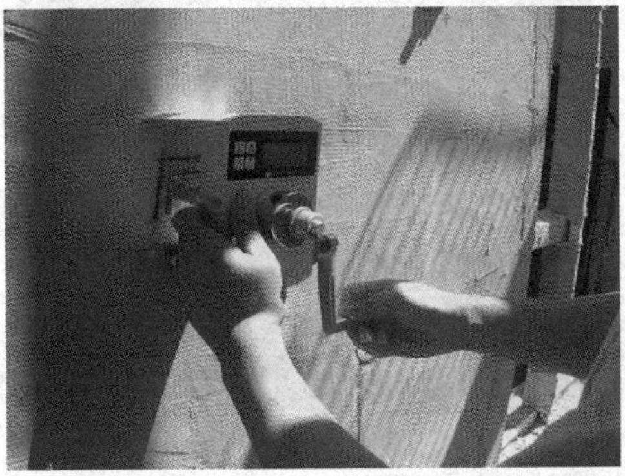

图 12-13　现场检测照片

12.6.4　后置锚固件拉拔力试验

当墙体节能工程的保温层采用后置锚固件固定时，锚固件数量、位置、锚固深度、胶结材料性能和锚固拉拔力应符合设计和施工方案要求。后置锚固件应做锚固力现场拉拔试验并符合设计要求和相关标准的规定。

1. 相关标准

（1）《建筑装饰装修工程质量验收标准》GB 50210；

（2）《绿色建筑工程施工质量验收规范》DGJ32/J 19。

2. 检测参数及检测频率

检测参数：锚固承载力。

检测频率：

（1）采用相同材料、工艺和施工做法的墙面，每 1000m^2 扣除窗洞后的保温墙面面积划分为一个检验批，不足 1000m^2 的也作为一个检验批。

(2) 检验批的划分也可根据与施工流程相一致且方便施工与验收的原则，有施工单位与监理（建设）单位共同商定。

(3) 每个检验批抽查不少于3处。

3. 结果判定

现场拉拔值应全部符合设计要求。

4. 检测时机和现场准备

检测时机和现场准备参见12.6.3保温系统现场拉拔试验中相关内容。

5. 不合格原因分析

(1) 锚固深度未达设计要求。

(2) 孔内粉尘未清理干净。

(3) 锚固件施工工艺不符合要求。

6. 试验照片

后置锚固件拉拔力试验照片如图12-14所示。

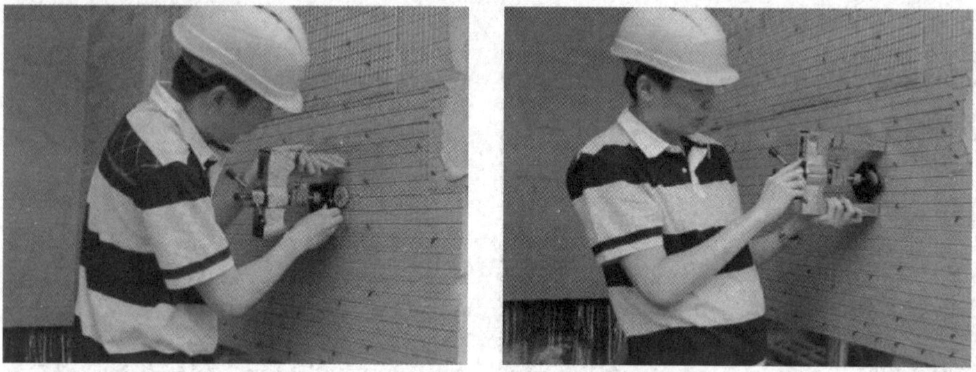

图12-14 后置锚固件拉拔力现场试验照片

12.7 环境污染物

环境的好坏直接影响着人们的身体健康。当今，人类正面临继“煤烟污染”、“光化学烟雾污染”之后，以“室内空气污染”为主的第三次环境污染。随着社会的进步，人们追求生活舒适的同时，也越来越认识到室内环境对健康的重要性，这取决于室内空气中与人体健康有关的物理、化学、生物和放射性四个方面。

12.7.1 室内环境

室内环境污染是指室内空气中混入有害人体健康的氡、甲醛、苯、氨、总挥发性有机物等气体的现象。室内环境问题日益引起人们的重视，有专家检测发现，在室内空气中存在500多种挥发性有机物，其中致癌物质就有20多种，致病病毒200多种。危害较大的有：甲醛、苯、挥发性有机化合物（TVOC）、氨、氡、酯类和重金属等。室内环境污染问题成为现代社会影响人们身体健康和安全的主要问题，特别是室内装饰装修材料和家具造成的室内环境污染，危害极大。

1. 相关标准

《民用建筑工程室内环境污染控制标准》GB 50325。

2. 检测参数及检测频率

检测参数：甲醛、氨、苯、TVOC、氡。

检测频率：

（1）民用建筑工程验收时，应抽检有代表性的房间室内环境污染物浓度，抽检数量不得少于5%，并不得少于3间；房间总数少于3间时，应全数检测。

（2）民用建筑工程验收时，凡进行了样板间室内环境污染物浓度检测且检测结果合格的，抽检数量减半，并不得少于3间。

（3）检测点数量，见表12-4。

室内环境污染物浓度检测点数设置 **表12-4**

房间使用面积（m^2）	检测点数（个）	房间使用面积（m^2）	检测点数（个）
<50	1	≥500，<1000	不少于5
≥50，<100	2	≥1000，<3000	不少于6
≥100，<500	不少于3	≥3000	每1000m^2不少于3

（4）当房间内有2个及以上检测点时，应采用对角线、斜线、梅花状均衡布点，并取各点检测结果的平均值作为该房间的检测值，如图12-15所示。

（5）民用建筑工程验收时，环境污染物浓度现场检测点应距内墙面不小于0.5m、距楼地面高度0.8～1.5m。检测点应均匀分布，避开通风道和通风口。

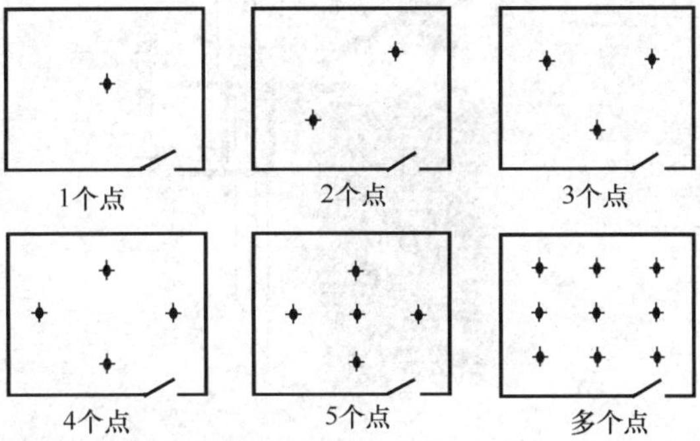

图12-15　室内环境污染物浓度检测点位置示意图

3. 结果判定

（1）当室内环境污染物浓度的全部检测结果符合《民用建筑工程室内环境污染控制标准》GB 50325规定时，应判定该工程室内环境质量合格。

（2）当室内环境污染物浓度检测结果不符合《民用建筑工程室内环境污染控制标准》GB 50325规定时应查找原因并采取措施进行处理。采取措施进行处理后的工程，可对不合格项进行再次检测。再次检测时，抽检量应增加1倍，并应包含同类型房间及原不合格房间。再次检测结果全部符合规范的规定时，应判定为室内环境质量合格。

4. 检测时机和现场准备

检测时机：装饰装修工程完工后不少于7d，并在竣工验收之前。

现场准备：民用建筑工程验收时，若是自然通风状态，环境污染物浓度现场检测前应敞开门窗，充分通风，然后按照门窗关闭时间要求后开始取样检测，见表12-5；若是采用集中空调，则空调正常运转开始取样检测（最好集中空调已运转24h以上）。

室内环境污染物浓度检测条件 **表 12-5**

门窗关闭时间要求	自然通风	集中空调
甲醛、氨、苯、TVOC	1h	空调正常运转
氡	24h	空调正常运转

（1）在对甲醛、氨、苯、TVOC 取样检测时，装饰装修工程中完成的固定式家具，应保持正常使用状态。

（2）充分通风时，把下水道、地漏封堵，防止管道内有害气体逸出。

5. 不合格原因分析

（1）建筑主体材料不符合要求。

（2）室内装饰装修材料不符合要求。

（3）装修工艺、装修质量或承载率不符合要求。

（4）下水道、地漏未封堵。

（5）门窗关闭前，室内通风不充分（自然通风）；集中空调的新风被污染或新风量不满足要求。

6. 试验照片

试验照片如图 12-16、图 12-17 所示。

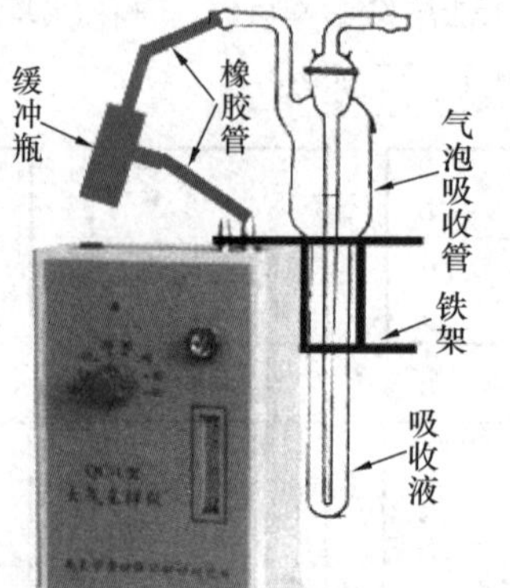

图 12-16　采样管示意图

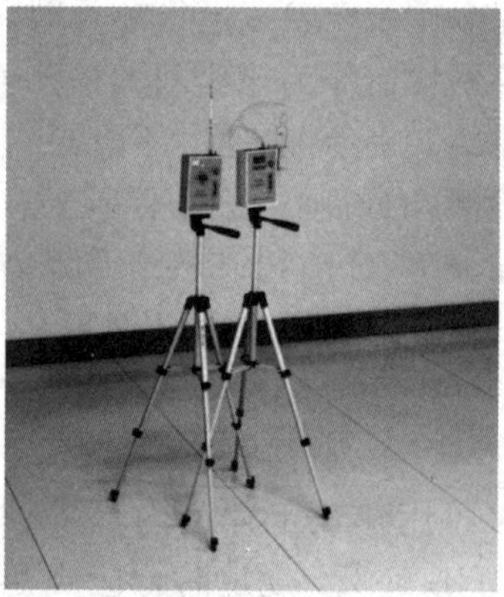

图 12-17　现场采样图

12.7.2　土壤氡浓度

土壤氡浓度是土壤间隙中空气的氡浓度。氡是一种气体，由镭衰变而产生。自然界中任何天然的岩石、沙子、土壤以及各种矿石，无不含有天然放射性核素，主要是铀、钍、镭、钾等长寿命放射性同位素。人类每年所受到的天然放射性的照射剂量为 2.5～3mSv，其中氡的内照射危害大约占了一半，因此控制氡对人的危害对于控制天然放射性照射具有很大的意义。氡的来源主要有两个方面：一是土壤中析出的氡，地层深层含有铀、钍、镭的土壤、岩石中常有高浓度的氡，可以通过地层断裂带进入土壤，并沿着裂缝扩散到室内；二是建筑材料中析出的氡，如花岗石、砖、砂等，特别是含有放射性元素的天然石材，易释放出氡。因此土壤氡的检测具有重要的意义。

1. 相关标准

（1）《民用建筑工程室内环境污染控制标准》GB 50325；

（2）《建筑地面工程施工质量验收规范》GB 50209。

2. 检测参数及检测频率

检测参数：土壤中氡浓度及土壤表面氡析出率。

检测频率：

（1）土壤中氡浓度测定时检测点的布置：在工程地质勘察范围内布点时，应以间距10m作网格，各网格点即为测试点，当遇较大石块时，可偏离±2m，但布点数不应少于16个。布点位置应覆盖基础工程范围。

（2）土壤表面氡析出率测定时检测点的布置：在建筑场地按20m×20m网格布点，网格点交叉处进行土壤氡析出率测量。

（3）同一工程、同一土源地点检查一组。

3. 结果判定

（1）已进行过土壤中氡浓度或土壤表面氡析出率区域性测定的民用建筑工程，当土壤中氡浓度测定结果平均值不大于10000Bq/m^{3}或土壤表面氡析出率测定结果平均值不大于0.02Bq/(m^2·s)，且工程场地所在地点不存在地质断裂构造时，可不再进行土壤氡浓度测定；其他情况均应进行工程场地土壤氡浓度或土壤表面氡析出率测定。

（2）当民用建筑工程场地土壤氡浓度不大于20000Bq/m^{3}或土壤表面氡析出率不大于0.05Bq/(m^2·s）时，可不采取防氡工程措施。

（3）当民用建筑工程场地土壤氡浓度测定结果大于20000Bq/m^3，且小于30000Bq/m^3，或土壤表面氡析出率大于0.05Bq/(m^2·s）且小于0.1Bq/(m^2·s）时，应采取建筑物底层地面抗开裂措施。

（4）当民用建筑工程场地土壤氡浓度测定结果大于或等于30000Bq/m^3，且小于50000Bq/m^3，或土壤表面氡析出率大于或等于0.1Bq/(m^2·s）且小于0.3Bq/(m^2·s）时，除采取建筑物底层地面抗开裂措施外，还必须按现行国家标准《地下工程防水技术规范》GB 50108中的一级防水要求，对基础进行处理。

（5）当民用建筑工程场地土壤氡浓度大于或等于50000Bq/m^{3}或土壤表面氡析出率平均值大于或等于0.3Bq/（m^2·s）时，应采取建筑物综合防氡措施；同时应进行工程场地土壤中的镭-226、钍-232、钾-40比活度测定。当内照射指数（IRa）大于1.0或外照射指数（I_γ）大于1.3时，工程场地土壤不得作为工程回填土使用。

4. 检测时机和现场准备

检测时机：

（1）民用建筑工程场地土壤中氡浓度或土壤表面氡析出率测定必须是原土，没有被扰动。

（2）土壤中氡浓度测定取样测试时间宜在8：00～18：00之间，现场取样测试工作不应在雨天进行，如遇雨天，应在雨后24h后进行。

现场准备：委托方应提供民用建筑工程的工程地质勘查资料以及必要的辅助工具。

5. 不合格原因分析

(1) 区域土壤氡浓度背景值较高。

(2) 土壤可能受污染。

6. 试验照片

试验照片如图 12-18、图 12-19 所示。

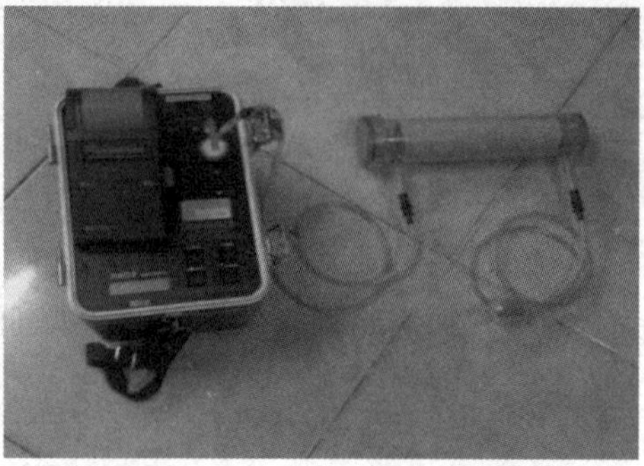

图 12-18　测氡仪

图 12-19　土壤氡浓度现场检测

12.8　细　部　工　程

装饰装修工程中的细部工程通常包括橱柜制作与安装、窗帘盒和窗台板制作与安装、门窗套制作与安装、护栏和扶手制作与安装、花饰制作与安装五个分项工程。依据轨道交通工程装饰装修工程细部工程实际情况，本节将主要介绍护栏和扶手工程的实体质量检测。

楼梯栏杆作为楼梯的一个重要组成部分，主要起着安全防护、方便交通的作用，并有一定的美观装饰功能。要求楼梯栏杆形式安全、牢固耐久、位置合理，做到上下通行方便，有足够的防护能力。

1. 相关标准

(1)《建筑装饰装修工程质量验收标准》GB 50210；

(2)《楼梯栏杆及扶手》JG/T 558。

2. 检测参数及检测频率

检测参数：力学性能（抗水平荷载性能、抗竖向荷载性能、抗撞击性能、竖向立柱刚性、抗风压性能）。

检测频率：每个检验批由同一批原材料、同一规格型号、任一出厂检验批、所有产品组装后长度不小于 500m 的产品组成，力学性能检验每批随机抽取 1 个试件进行检验。

3. 结果判定

力学性能应符合表 12-6 的规定。

力 学 性 能　　　　**表 12-6**

检测项目	技术指标
抗水平荷载性能	试验后各连接部位不出现松动、脱落或破坏现象，栏杆最大相对水平位移≤30mm，扶手的挠度不应大于 $L/250$，残余挠度≤2mm

续表

检测项目		技术指标
抗竖向荷载性能		试验后各连接部位不出现松动、脱落或破坏现象，扶手的挠度不应大于$L/250$，残余挠度≤2mm
抗撞击性能	抗软重物体撞击性能	试验后各连接部位不出现松动、脱落或破坏现象，扶手水平相对位移均不应大于$h/25$（栏杆高度h为扶手高度H与1/2踏步高度之和），试验后残余挠度≤10mm
	抗硬重物体撞击性能	试验后各连接部位不出现松动、脱落或破坏现象，栏板无碎片脱落
竖向立柱刚性试验		试验后各连接部位不出现松动、脱落或破坏现象，立柱最大挠度≤30mm，残余挠度≤5mm
抗风压性能		试验后各连接部位不出现松动、脱落或破坏现象，扶手水平相对位移≤30mm

注：1. 抗硬重物体撞击性能仅针对板式栏杆（例如：玻璃板栏杆、金属板栏杆）；
2. 抗风压性能仅针对室外板式栏杆。

4. 检测时机和现场准备

应以3套立柱、1套扶手和2套栏板装配后作为一个试件。两立柱间距应按照设计尺寸，无要求时尺寸按1200mm；试件长度L为立柱间距l的2倍。需要安装后进行试验的项目，安装方式及安装位置宜与实际工程一致。

5. 不合格原因分析

（1）部分建设单位片面强调美观，忽视了栏杆最重要的安全防护功能，导致栏杆间距、形式不合理，留下了安全隐患。

（2）楼梯栏杆高度不足。

（3）楼梯栏杆、扶手安装位置不当。

（4）楼梯栏杆材料选择不当。

（5）楼梯栏杆安装不牢固。

6. 试验示意图

试验示意图如图12-20～图12-25所示。

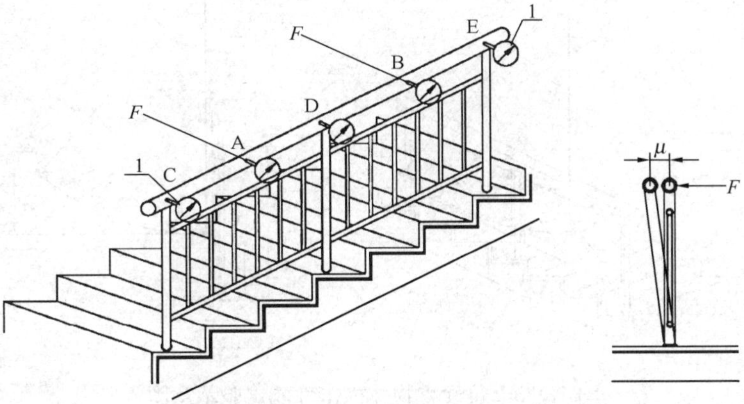

图12-20　抗水平荷载性能试验示意图

A、B—既是施力点又是位移测量点；C、D、E—位移测量点；
1—位移测量装置；μ—挠度；F—施加荷载

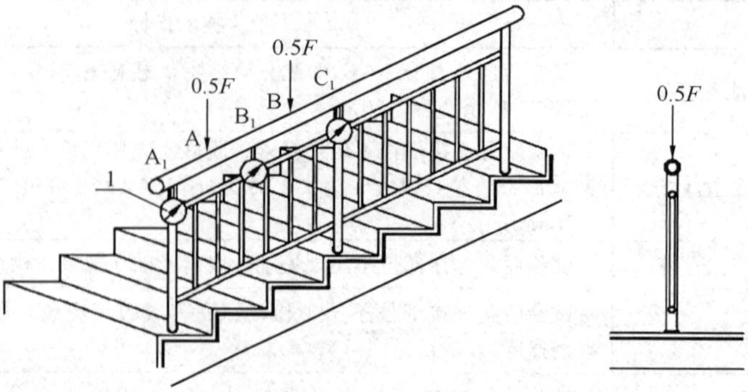

图 12-21　抗竖向荷载性能试验示意图

A、B、C—施力点；A_1、B_1、C_1—位移测量点；

1—位移测量装置；F—施加荷载

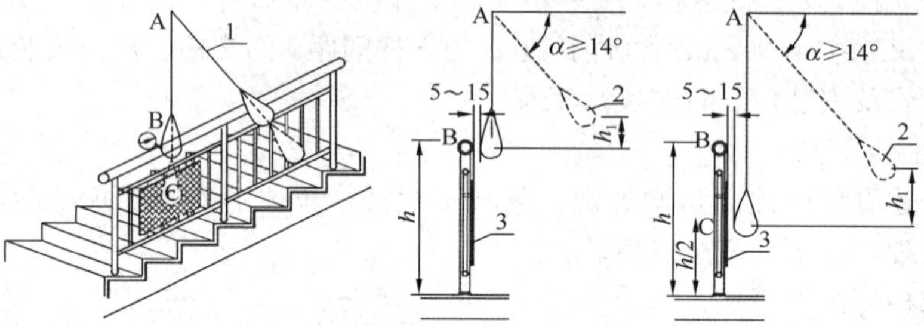

图 12-22　抗软重物体撞击性能试验示意图

A—悬挂装置的挂点；B、C—撞击点；

1—ϕ4 不锈钢绳；2—撞击物；3—耐撞击性木板；α —悬挂钢丝绳与挂点水平面的水平夹角；

h—栏杆计算高度

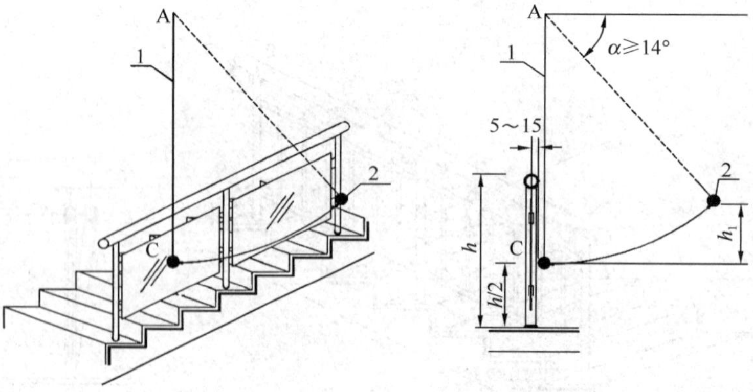

图 12-23　抗硬重物体撞击性能试验示意图

A—悬挂装置的挂点；C—撞击点；

1—ϕ3 不锈钢绳；2—实心钢球；α —悬挂钢丝绳与挂点水平面的水平夹角；

h—栏杆计算高度

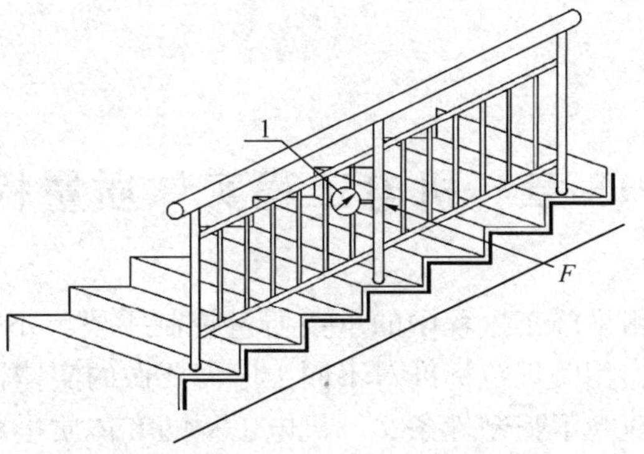

图 12-24　竖向立柱刚性试验示意图

1—位移测量装置；F—施加荷载

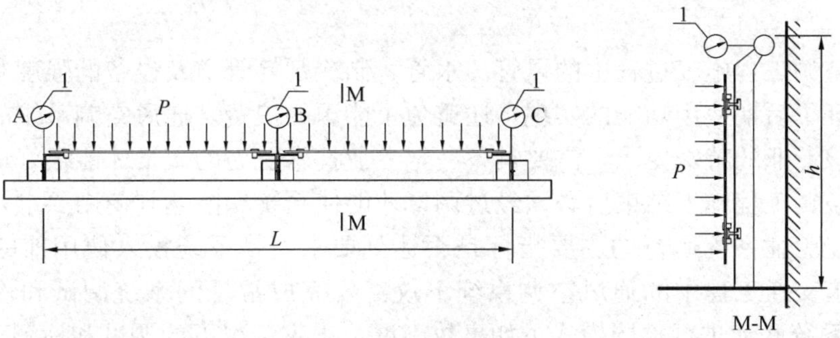

图 12-25　抗风压性能静力试验示意图

A、B、C—位移测量点；

1—位移测量装置；P—抗风压性能指标；L—试件长度

第 13 章　机电工程实体质量检测

机电工程的实体检测是施工过程中的重要质量控制手段，不仅影响后期的使用功能，而且还关系到使用安全。相关规范标准对不同工序需要做的实体检测提出了明确要求，还把关键的实体检测工作列入了强制性条文。机电工程的实体质量检测主要是施工过程中的功能性检测，是前期工程质量情况的检验，检测合格也是进入下阶段工序的前提。

13.1　通风与空调工程

通风与空调工程施工过程中的风管、水管、制冷剂等管道及设备的强度和严密性等检验，不仅保证了后期使用功能的实现，还避免了能源的浪费。通风空调系统的调试及综合性能检测是该专业的特殊要求，需要具备一定专业技术能力的人员才能很好地完成该项工作。通风与空调工程施工结束后必须经过调试才能使系统功能达到使用要求，通过综合性能的检测才能验证系统运行的主要指标是否达到要求，是系统投入使用前的一项关键工作。城市轨道交通工程中的通风空调系统不仅需要完成常规的系统调试和检测，还要和 FAS、BAS 系统联动进行不同模式下如事故工况、火灾工况下的调试和检测。

13.1.1　风管强度与严密性

风管的强度和严密性试验是检验风管安装质量的有效手段。风管强度低或不严密可导致风管漏风量偏大。空调风管漏风量大增加了系统的能耗，室内温度和相对湿度难以达到设计要求；防排烟风管漏风量大不仅增大能耗，当遇有明火和高温烟气时，风管将会成为火源的运输通道，未发生火灾的房间也有发生火灾的隐患。

1. 相关标准

(1)《通风与空调工程施工质量验收规范》GB 50243；

(2)《通风管道技术规程》JGJ/T 141。

2. 检测参数及检测频率

检测参数：强度、严密性。

检测频率：为保证风管加工质量（包括成品风管），风管在安装前应做强度和严密性试验；风管系统安装后应进行严密性检验。风管严密性中的漏风量检测，应以总管和干管为主，宜采用分段检测，汇总综合分析的方法。检验样本风管宜为 3 节及以上组成，且总表面积不应少于 $15m^2$。

3. 结果判定

(1) 风管强度：风管强度应满足微压和低压风管在 1.5 倍的工作压力，中压风管在 1.2 倍的工作压力且不低于 750Pa，高压风管在 1.2 倍的工作压力下，保持 5min 及以上，接缝处无开裂，整体结构无永久性的变形及损伤为合格。

（2）风管严密性：风管的严密性测试应分为观感质量检验与漏风量检测。

（3）观感质量检验：可应用于微压风管，也可作为其他压力风管工艺质量的检验，结构严密与无明显穿透的缝隙和孔洞应为合格。

（4）漏风量检测：应为在规定工作压力下，对风管系统漏风量的测定和验证，漏风量不大于规定值应为合格，见表 13-1。

风管允许漏风量 **表 13-1**

风管类别	允许漏风量［$m^3/(h \cdot m^2)$］
低压风管	$Q_l \leqslant 0.1056P^{0.65}$
中压风管	$Q_m \leqslant 0.0352P^{0.65}$
高压风管	$Q_h \leqslant 0.0117P^{0.65}$

4. 不合格原因分析

风管的加工制作工艺低劣，风管口在法兰处翻边尺寸不够或连接不紧密，存在密封胶脆裂等现象，均可导致风管出现孔洞、缝隙，造成强度和严密性的不足。法兰的配套螺栓选配欠妥，连接螺栓孔的位置设置不当（包括孔距过大），也可导致连接强度不达标或风管不严密。

13.1.2 现场组装的组合式空调机组漏风量

组合式空调机组是由各种空气处理功能段组装而成的不带冷热源的一种空气处理设备，适用于阻力不小于 100Pa 的空调系统，具有对空气进行一种或几种处理功能的单元体。机组空气处理功能段有空气混合、均流、过滤、冷却、一次和二次加热、去湿、加湿、送风、回风、喷水、消声、热回收等功能。城市轨道交通工程地下站车站公共区域（站厅、站台）及人员设备管理用房区域的空气调节均可采用组合式空调机组集中供给的方式。

组合式空调机组漏风过多直接导致送风量不足；在夏季，处于负压的空气处理室漏风，会使未经处理的热湿空气进入送风系统，导致机器露点不能满足设计要求，送风温度参数也就无法得到保证。

1. 相关标准

《组合式空调机组》GB/T 14294。

2. 检测参数及检测频率

检测参数：组合式空调机组漏风率。

检测频率：

（1）多进风口机组，应将各进风口汇集成一个测量风管；试验机组进风口至测量断面应严密，不允许漏气。

（2）仅在负压段工作的机组，按负压 400Pa 试验；在正压下工作的机组，按正压 700Pa 试验；既有正压又有负压下工作的机组，可按正压或分别按正、负压段试验。

（3）净化机组按正压 1000Pa 试验。

3. 结果判定

通用机组在 700Pa 静压下，漏风率不应大于 2%；净化空调系统机组在 1000Pa 静压下，漏风率不应大于1%。

4. 不合格原因分析

组合式空气处理机组的箱体结构一般是面板与铝合金框架或角钢焊接框架组合而成，箱体密封处理至关重要，机组漏风量大一般是密封不严导致的。

13.1.3 多联机空调系统（VRV空调）制冷剂管道的气密性

制冷剂管道系统的作用是将制冷压缩机、冷凝器、节流阀和蒸发器等制冷设备、阀门和仪表等连接在一起，构成一个封闭循环系统，输送或使制冷剂在管道系统内往复循环，从而将冷（热）量传送到末端。

1. 相关标准

《多联机空调系统工程技术规程》JGJ 174。

2. 检测参数及检测频率

检测参数：制冷剂管道的气密性。

检测频率：气密性试验应采用干燥压缩空气或氮气进行。当设计和设备技术条件无规定时，高压系统的试验压力应符合表13-2的要求。试验前应检查系统各控制阀门的开启状况，保证系统的手动阀和电磁阀全部开启，并应拆除或隔离系统中易被高压损坏的器件。

制冷剂管道试验压力 **表13-2**

制冷剂种类	试验压力（MPa）
R22	3.0
R407C	3.3
R410A	4.0

3. 结果判定

系统检漏时，应在规定的试验压力下，用肥皂水或其他发泡剂刷抹在焊缝、喇叭口扩口连接处等处检查，不得泄漏。系统保压时，应充气至规定的试验压力，并记录压力表读数，经24h以后再检查压力表读数，其压力降应按下式计算，且压力降不应大于试验压力的1%。

$$\Delta p = p_1 - \frac{273 + t_1}{273 + t_2} p_2 \tag{13-1}$$

式中 Δp——压力降（MPa）；

p_1——开始时系统中的气体压力（MPa，绝对压力）；

p_2——结束时系统中的气体压力（MPa，绝对压力）；

t_1——开始时环境的温度（℃）；

t_2——结束时环境的温度（℃）。

4. 不合格原因分析

冷（热）量由制冷剂通过制冷剂管道传送到末端，如安装不当，易造成冷媒泄漏，直接影响使用效果。选用劣质铜管、施工工艺不规范，均可增大冷媒的泄漏几率。劣质铜管的胚管精密度及管壁厚度不够稳定，也存在一定的可导致泄漏的隐患。冷媒管加工时需采用专用工具，切割时要避免产生大量的毛刺和铜屑，减少冷媒管道的变形。铜管焊接时冷媒管对接处连接不良，焊接不严密，喇叭口密封不合格，均易出现泄漏。相同管径的冷媒管对接时应使用胀管或束接，不能进行扩口连接。

13.1.4 空调水管道的水压试验

水压试验是对管道、接口等工程质量的检验方法之一。为了检查空调水系统管路的机械强度与严密性，空调水管道在安装完毕后，应进行水压试验。

1. 相关标准

(1)《通风与空调工程施工质量验收规范》GB 50243；

(2)《建筑给水排水及采暖工程施工质量验收规范》GB 50242。

2. 检测参数及检测频率

检测参数：水压试验。

检测频率：管道系统安装完毕，外观检查合格后，管道保温之前进行水压试验。试验压力应符合设计要求。当设计未注明时，应符合下列规定：

(1) 蒸汽、热水采暖系统，应以系统顶点工作压力加 0.1MPa 作水压试验，同时在系统顶点的试验压力不小于 0.3MPa。

(2) 高温热水采暖系统，试验压力应为系统顶点工作压力加 0.4MPa。

(3) 使用塑料管及复合管的热水采暖系统，应以系统顶点工作压力加 0.2MPa 作水压试验，同时在系统顶点的试验压力不小于 0.4MPa。

(4) 冷（热）水、冷却水与蓄能（冷、热）系统的试验压力，当工作压力小于或等于 1.0MPa 时，应为 1.5 倍工作压力，最低不应小于 0.6MPa；当工作压力大于 1.0MPa 时，应为工作压力加 0.5MPa。

3. 结果判定

使用钢管及复合管的采暖系统应在试验压力下 10min 内压力降不大于 0.02MPa，降至工作压力后检查，不渗、不漏；使用塑料管的采暖系统应在试验压力下 1h 内压力降不大于 0.05MPa，然后降压至工作压力的 1.15 倍，稳压 2h，压力降不大于 0.03MPa，同时各连接处不渗、不漏；对于大型、高层建筑等垂直位差较大的冷（热）水、冷却水管道系统，当采用分区、分层试压时，在该部位的试验压力下，应稳压在 10min，压力不得下降，再将系统压力降至该部位的工作压力，在 60min 内压力不下降、外观检查无渗漏为合格。

4. 不合格原因分析

水管被腐蚀或接口处出现防腐层被破坏未修复的情况，运营一定时间后，会出现跑冒滴漏的现象；水管设计压力偏低，长期处于高压工作状态，也可导致密封不严，水压达不到要求。管道的连接有焊接、卡箍连接、法兰连接等，焊接质量不过关、密封圈有损伤、管道连接处夹紧螺栓松动等安装不规范、密封不严也是导致接口处漏水或水压达不到要求的原因。

13.1.5 通风空调系统（环控系统）综合效能与系统节能性能

轨道交通工程与民用建筑通风空调系统区别较大，主要是因为轨道交通工程的地下部分通风空调系统的运行模式多。按系统形式可以分开式系统、闭式系统（集成闭式系统）、屏蔽门系统等，子系统包括区间通风系统、车站隧道通风系统、车站公共区通风空调系统、车站设备及管理用房通风空调系统、车站制冷供冷系统、高架站多联机空调系统等。通风空调系统作为环境控制核心部分，担负着正常工况的通风、供冷、供热以及事故工况的火灾通风等功能，在工程中占有重要的地位。通过控制影响环境的温度、相对湿度、空气流速和空气品质等主要因素，排除余热和余湿，提供人员所需的新风量，创造一个适于工业设备正常运转、人员安全舒适的人工环境。

1. 相关标准

（1）《通风与空调工程施工质量验收规范》GB 50243；

（2）《建筑节能工程施工质量验收标准》GB 50411。

2. 检测参数及检测频率

检测参数：室内温度、相对湿度、室内噪声、各风口风量、通风与空调系统总风量、空调机组水流量、空调系统冷热水、冷却水总流量。

检测频率：

（1）室内温度、相对湿度、噪声按房间总数抽测10%；各风口风量按风管系统数量抽查10%，且不得少于1个系统。

（2）通风与空调系统总风量按风管系统数量抽查10%，且不得少于1个系统。

（3）空调机组水流量按系统数量抽查10%，且不得少于1个系统。

（4）空调系统冷热水、冷却水总流量全数检测。

3. 结果判定

（1）室内温度、相对湿度：舒适性空调的室内温度、相对湿度及波动范围应符合或优于或设计要求。

（2）室内噪声：室内噪声应符合设计要求。

（3）各风口风量：系统经过风量平衡调整，各风口及吸风罩的风量与设计风量的允许偏差不应大于15%；变风量末端装置的最大风量调节结果与设计风量的允许偏差应为0～15%。

（4）系统总风量：系统总风量调试结果与设计风量的允许偏差应为－5%～10%，新风量的允许偏差应为0～10%。

（5）空调机组水流量：水系统平衡调整后，定流量系统的各空气处理机组的水流量应符合设计要求，允许偏差应为15%，变流量系统的各空气处理机组的水流量应符合设计要求，允许偏差应为10%。

（6）空调水系统总流量：各台制冷机及冷却塔的水流量与设计流量的偏差不应大于10%。

4. 不合格原因分析

上述参数互相关联和影响，某个检测参数不合格反映通风空调的系统调试工作没有做好。调试工作对系统实际运行功能是否满足设计和使用要求至关重要，调试工作需要投入大量人力和精力，需要在有经验的、对系统熟悉的技术人员现场指导下进行，该项工作一般包含在通风空调工程施工造价中。只有认真按照设计要求和规范要求进行空调水管道冲洗、设备的单机试运转及调试、系统非设计满负荷条件下的联合试运转及调试，使系统调试后的上述检测指标达到要求才能保证通风空调系统的正常运行。

13.2 给水排水工程

给水排水工程的安全与管道功能性、设计条件、施工因素等相关，通过合理选择检测方法、检测数量，正确判定检测结果来评定给水排水工程的施工质量。

13.2.1 压力管道水压试验

1. 相关标准

《给水排水管道工程施工及验收规范》GB 50268。

2. 检测参数及检测频率

检测参数：压力降值、渗水量值。

检测频率：压力管道水压试验的管段的长度不宜大于 1.0km。

3. 结果判定

(1) 预压试验阶段：将管道内水压缓缓升至试验压力并稳压 30min，期间若有压力下降可注水补压，但不得高于试验压力；检查管道接头、配件等处有无漏水、损坏现象，有漏水、损坏现象时及时停止试压，查明原因并采取相应措施后重新试压。

(2) 主试验阶段：停止注水补压，稳定 15min，当 15min 后压力下降不超过允许压力下降值，将试验压力降至工作压力并保持恒压 30min，进行外观检查若无漏水现象，则水压试验合格。

(3) 压力管道采取渗水量作为最终合格判定依据时，实际渗水量小于等于允许渗水量。

4. 检测时机和现场准备

(1) 试验管段所有敞开口应封闭，不得有渗水现象。

(2) 试验段不得有闸阀作堵板，不得含有消火栓、水锤消除器、安全阀等附件。

(3) 水压试验前应清除管道内的杂物。

(4) 试验段注满水后，宜在不大于工作压力条件下充分浸泡后再进行水压试验，浸泡时间应符合表 13-3 要求。

压力管道水压试验前浸泡时间 **表 13-3**

管材类型	管道直径 D_i（mm）	浸泡时间（h）
球墨铸铁管（有水泥砂浆衬里）	D_i	≥24
钢管（有水泥砂浆衬里）	D_i	≥24
化学建材管	D_i	≥24
现浇钢筋混凝土管渠	D_i≤1000	≥48
	D_i>1000	≥72
预（自）应力混凝土管、预应力钢筒混凝土管	D_i≤1000	≥48
	D_i>1000	≥72

5. 不合格原因分析

（1）试验管段存在敞开口未封闭的。

（2）试验管段里存在杂物未清理干净。

（3）压力管道水压试验前浸泡时间不足。

13.2.2 无压力管道闭气试验

1. 相关标准

《给水排水管道工程施工及验收规范》GB 50268。

2. 检测参数及检测频率

检测参数：气体压力。

取检测频率：100％检查。

3. 结果判定

规定标准闭气试验时间下，管内实测气体压力 $P \geqslant 1500$Pa，则管道闭气试验合格。

4. 检测时机和现场准备

（1）闭气试验时，地下水位应低于管外底 150mm，环境温度应为－15～50℃。

（2）对闭气试验的排水管道两端管口与管堵接触部分的内壁应进行处理，使其洁净磨光。

5. 不合格原因分析

（1）管堵密封胶圈漏气。

（2）管堵对管口不密封。

（3）管道施工质量不合格。

（4）表支管与压力表的连接处、充气管处、气阀等部分小细节存在漏气问题。

13.2.3 无压力管道闭水试验

1. 相关标准

《给水排水管道工程施工及验收规范》GB 50268。

2. 检测参数及检测频率

检测参数：渗水量值。

检测频率：压力管道水压试验的管段长度不宜大于 1.0km；无压力管道的闭水试验，条件允许时可一次试验不超过 5 个连续井段。

3. 结果判定

实测渗水量不得超过允许渗水量。

4. 检测时机和现场准备

（1）管道及检查井外观质量已验收合格。

（2）管道未回填土且沟槽内无积水。

（3）全部预留孔应封堵，不得渗水。

（4）管道两端堵板承载力经核算应大于水压力的合力，除预留进出水管外，应封堵坚固，不得渗水。

（5）顶管施工其注浆孔封堵且管口按设计要求处理完毕，地下水位位于管底以下。

5. 不合格原因分析

(1) 施工单位质量保证体系不完善，关键工序责任制没有落实到人头。现场技术工人经验不足，对施工工艺、技术交底不懂，影响了给水排水施工质量。

(2) 材料原因。各种规格的管材的质量要求必须符合国标和行业相关标准，对闭水影响比较大的管材缺陷主要有：管材强度达不到要求，不密实，孔隙或管壁不够平整光洁，有蜂窝麻面甚至较大砂眼，有的管壁上甚至有贯通性裂纹。此外，搅拌砂浆用的砂不合格也会影响施工质量。由于工程中使用的砂往往是普通的天然河砂，河砂含泥量较高，粒径非常不均匀，容易造成拌制的水泥产生干缩裂缝导致渗水。

(3) 施工过程的质量原因。管道基础条件不良导致管道和基础出现不均匀沉陷，管道接口开裂发生渗漏水。接口管带裂缝空鼓，管带与管座结合处不严密，砂浆与管座混凝土未结合成一体，产生裂缝漏水。检查井底板浇筑后砌筑检查井之前，未对底板清扫处理，底板上有碎石、碎砖，砌筑灰缝砂浆饱满度不够，水从底板缝隙渗漏。检查井井墙水泥砂浆抹面不严，砌筑过程中灰缝不饱满，水从井体渗漏水。管道与检查井连接部位未处理，造成连接部位渗水。闭水试验前，准备不充分，排水管道闭水段端头封堵不严密，造成闭水试验不达标。

13.2.4 给水管道冲洗与消毒

1. 相关标准

《给水排水管道工程施工及验收规范》GB 50268。

2. 检测参数及检测频率

检测参数：水质检测。

检测频率：100%检测。

3. 结果判定

水质检测化验合格。

4. 检测时机和现场准备

(1) 用于冲洗管道的清洁水源已确定。

(2) 消毒方法和用品已确定，并已准备就绪。

(3) 排水管的已安装完毕，并保证畅通、安全。

(4) 冲洗管道的末端已设置方便、安全的取样口。

(5) 照明与安全措施已落实。

5. 不合格原因分析

(1) 消毒方法和用品不对。

(2) 冲洗流速偏小。

13.3 建筑电气工程

建筑电气工程施工质量优劣直接影响列车的运行，建筑电气工程需开展的实体检测项目包括：绝缘电阻试验、防雷及接地工程检测、照明工程等方面的内容。

13.3.1 绝缘电阻试验

线路的绝缘性能是电气安全的重要指标。绝缘电阻测试适于在各种电气设备的保养、维修、试验及检定。

1. 相关标准

《建筑电气工程施工质量验收规范》GB 50303。

2. 检测参数及检测频率

检测参数：电气线路绝缘电阻。

检测频率：

(1) 每检验批的线路数量抽检 20%。

(2) 检测间隔时间 12 个月。

3. 结果判定

电气线路绝缘电阻检测的要求见表 13-4。

电气线路绝缘电阻检测的要求 **表 13-4**

检测项目		技术指标
电气线路绝缘电阻	SELV 和 PELV	≥0.5MΩ
	500V 及以下，包括 FELV	≥0.5MΩ
	500V 以上	≥1MΩ
	矿物绝缘电缆	符合产品标准

4. 不合格原因分析

由于材料质量原因，时间长电缆绝缘层和护套易老化，造成绝缘电阻不合格。由于施工质量原因，敷设过程中刮破护套及绝缘层，也会造成绝缘电阻不合格。

13.3.2 防雷工程

随着我国国民经济的迅速发展，智能设备及电子信息系统的广泛应用对雷击灾害的预防越来越严苛，雷电灾害的发生往往对此类场所造成极其严重的后果。为把雷电灾害减少到最低程度，我们必须增强防雷减灾意识，防雷装置安全检测尤其值得我们重视。

现代建（构）筑物综合防雷包括了直击雷、雷电感应、雷电波侵入防护三大部分。一套完善的防雷设施，为了实现其对不同雷害的防护目的，必须采取接闪、分流、屏蔽、均压、接地等技术措施。因此，建筑物防雷设施应包括接闪器、引下线、接地装置、屏蔽、等电位连接、合理布线、浪涌保护等技术环节。

检测工作应根据建构筑物防雷措施的实际情况及设计图纸，依照不同防雷措施的特点全面、有序地开展工作，同时注重重点场所，重点部位的雷电防护安全性能的检测工作，真实反映建筑物综合防雷系统安全性能的实际状况。

1. 相关标准

(1)《建筑物防雷装置检测技术规范》GB/T 21431；

(2)《建筑物防雷工程施工与质量验收规范》GB 50601；

(3)《建筑物防雷设计规范》GB 50057；

(4)《防止静电事故通用导则》GB 12158；

(5)《建筑物电子信息系统防雷技术规范》GB 50343。

2. 检测参数及检测频率

检测参数：接闪器、引下线、接地装置、等电位连接、电涌保护器（SPD）、雷击电磁脉冲屏蔽、静电防护。

检测频率：具有爆炸和火灾危险环境的防雷建筑物检测间隔时间为 6 个月，其他防雷建筑物检测间隔时间 12 个月。

3. 结果判定

防雷检测的要求见表 13-5。

防雷检测的要求 **表 13-5**

检测项目		技术指标
接闪器	建筑物长、宽、高	实测值
	电气连接（过渡电阻值）	不应大于 0.2Ω
	搭接长度	符合设计要求
	截面锈蚀面积	锈蚀面积≤1/3 面积
	固定支架的间距、高度	符合设计要求
	支持件的垂直拉力	≥49N
	网格尺寸	符合设计要求
	接闪器的高度、长度	符合设计要求
	材料规格尺寸	符合设计要求
	等电位连接环垂直距离	符合设计要求
	安全距离	＞5m
引下线	固定支架的间距	水平或垂直直线部分 0.5～1.0m，弯曲部分 0.3～0.5m
	搭接长度	符合设计要求
	截面锈蚀面积	锈蚀面积≤1/3 面积
	固定支架的垂直拉力	≥49N
	平均间距	符合设计要求
	材料规格尺寸	符合设计要求
	引下线与接闪器的过渡电阻	不应大于 0.2Ω
	断接卡的设置高度	符合设计要求
	过渡电阻	不应大于 0.2Ω
接地装置	过渡电阻	不应大于 0.2Ω
	工频接地电阻值	符合设计要求
	冲击接地电阻值	符合设计要求
	土壤电阻率	符合设计要求
	大型地网接地电阻	符合设计要求
等电位连接	连接导体的材料尺寸	符合设计要求
	过渡电阻	符合设计要求

续表

检测项目		技术指标
电涌保护器（SPD）	连接导体截面积	符合设计要求
	两端引线长度	符合设计要求
	接地系统（电阻值）	符合设计要求
	过渡电阻	符合设计要求
	压敏电压	符合设计要求
	泄漏电流	符合设计要求
	绝缘电阻	≥50MΩ
雷击电磁脉冲屏蔽	过渡电阻值	符合设计要求
	材料规格尺寸	符合设计要求
静电防护	过渡电阻	符合设计要求
	接地电阻	符合设计要求
	静电电位	符合设计要求
	表面电阻率	符合设计要求

4．不合格原因分析

常见不合格项目有防雷接地阻值不合格，一般原因如下：

由于材料质量原因，镀锌接地材料时间长易发生腐蚀，造成接地阻值变大；

由于施工质量原因，材料搭接面积不够、焊接不饱满，也会造成接地阻值不合格。

13.3.3 照明工程

照明工程按应用场所主要分为家居照明、办公照明、商业照明、工业照明、道路照明、景观照明、特种照明等，照明工程检测是对现场照明环境进行检测，可确保照明工程质量，为用户提供健康舒适的照明环境。

1．相关标准

（1）《城市轨道交通照明》GB/T 16275；

（2）《照明测量方法》GB/T 5700；

（3）《建筑照明设计标准》GB 50034。

2．检测参数及检测频率

检测参数：照度、显色指数、统一眩光值、照明功率密度。

检测频率：城市轨道交通各类场所。

3．结果判定

照度、显色指数、统一眩光值、照明功率密度应满足《城市轨道交通照明》GB/T 16275、《建筑照明设计标准》GB 50034 和设计文件中相关功能区域的技术要求。

4. 检测时机和现场准备

(1) 检测前委托方需对照明系统进行试运行，确保系统能够正常运行。

(2) 由于检测条件限制，检测需安排在夜间进行（18：00 后进场）或无自然光影响的情况下进行。

(3) 需要一名熟悉照明系统人员全程配合（了解灯具规格种类、布局、灯具供电系统的配置等），并操作灯具相关的控制。

(4) 选取的检测区域要求无杂物堆放，以免影响测点布置。

5. 不合格原因分析

(1) 灯具数量未按设计要求施工安装。

(2) 灯型的选择不符合设计要求。

(3) 灯具的安装角度等未进行调试。

13.4 人　防　工　程

人防工程即人民防空工程，是国防工程的组成部分，是战时保护国家和人民生命财产安全的重要途径，它直接关系到国家的安全和安定，设计的实体检测包括：人防工程主体结构检测、人防工程防护设备安装质量检测等方面的内容。

13.4.1 人防工程主体结构

人防工程主体结构的好坏直接影响到人防工程的安全性和可靠性。

1. 相关标准

(1)《建筑结构检测技术标准》GB/T 50344；

(2)《人民防空工程施工及验收规范》GB 50134；

(3)《钻芯法检测混凝土强度技术规程》CECS 03；

(4)《混凝土结构工程施工质量验收规范》GB 50204。

2. 检测参数及检测频率

检测参数：外观质量检查、轴线位置、标高、截面尺寸检测，混凝土强度检测、临空墙、门框墙钢筋配置检测、孔口防护、止水螺杆、预埋件检查检测、人防构造钢筋检测。

检测频率：项目验收之前检测不少于 1 次。

(1) 外观质量检查：按《人民防空工程施工及验收规范》GB 50134—2004 第 6.5.1 条，梁、柱的件数和墙、板、拱有代表性的房间应各抽查 10%，且不得少于 3 处。

(2) 现浇混凝土结构轴线位置、标高、截面尺寸检测：检测批的最小样本容量不宜小于《建筑结构检测技术标准》GB/T 50344—2019 表 3.3.13 的相关规定。

(3) 混凝土强度检测：检测批的最小样本容量不宜小于《建筑结构检测技术标准》GB/T 50344—2019 表 3.3.13 的相关规定；当进行检测批推定时，检测批样本容量应满足《钻芯法检测混凝土强度技术规程》CECS 03 的相关规定。

(4) 临空墙、门框墙钢筋配置（主筋数量、箍筋间距）检测：检测批的最小样本容量不宜小于《建筑结构检测技术标准》GB/T 50344—2019 表 3.3.13 的相关规定。

(5) 孔口防护、止水螺杆、预埋件检查检测：检测批的最小样本容量不宜小于《建筑结构检测技术标准》GB/T 50344—2019 表 3.3.13 的相关规定。

（6）人防构造钢筋检测：检测批的最小样本容量不宜小于《建筑结构检测技术标准》GB/T 50344—2019 表 3.3.13 的相关规定。

3. 结果判定

（1）外观质量评定

根据《人民防空工程施工及验收规范》GB 50134，混凝土应振捣密实。当每个检查件有蜂窝、孔洞、主筋露筋、缝隙夹渣层时，其蜂窝、孔洞面积、主筋露筋长度和缝隙夹渣层长度、深度，应符合下列规定：

1）梁、柱上任何一处的蜂窝面积不大于 $1000cm^2$，累计不大于 $2000cm^2$，孔洞面积不大于 $40cm^2$，累计不大于 $80cm^2$，主筋露筋长度不大于 10cm，累计不大于 20cm；缝隙夹渣层长度和深度均不大于 5cm。

2）墙、板、拱上任何一处的蜂窝面积不大于 $2000cm^2$，累计不大于 $4000cm^2$，孔洞面积不大于 $100cm^2$，累计不大于 $200cm^2$，主筋露筋长度不大于 20cm，累计不大于 40cm；缝隙夹渣层长度不大于 20cm，深度不大于 5cm，且不多于 2 处。

3）每一道门框墙的任何一处麻面面积不得大于门框墙总面积的 0.5%，且应修整完好。

（2）轴线位置、标高、截面尺寸评定

根据《人民防空工程施工及验收规范》GB 50134，轴线位置的允许偏差为 10mm，层高的允许偏差为±5mm，全高的允许偏差为±30mm，柱、梁截面尺寸允许偏差±5mm，墙、板（拱）截面尺寸允许偏差＋8mm，－5mm。

（3）混凝土强度检测

混凝土强度应满足设计图纸的要求。

（4）允许偏差

《混凝土结构工程施工质量验收规范》GB 50204—2015 第 5.5.3 条：临空墙、门框墙构件纵向受力钢筋间距允许偏差为±10mm，绑扎箍筋、横向钢筋间距的允许偏差为：±20mm。

（5）人防构造钢筋检测

人防构造钢筋检测结果应满足设计图纸的要求。

（6）根据《人民防空工程施工及验收规范》GB 50134 的相关规定

1）防护门、防护密闭门、密闭门的八字筋、洞口加强筋、门下槛暗梁的布置应符合设计图纸的要求。

2）临空墙、门框墙固定模板的对拉螺栓上严禁采用套管、混凝土预埋件等，应采用一次性止水螺杆。

3）门框墙吊钩安装、外部出入口封堵预埋件等设置情况应符合设计图纸的要求。

4. 检测时机和现场准备

检测时机：外观质量、轴线位置、标高、截面尺寸、孔口防护、止水螺杆、预埋件等检查检测宜为混凝土裸露状态，即装饰装修工程开始前。

现场准备：

（1）工程内部照明系统应安装到位，并能够正常开启。

（2）检测前，应保持工程内部的干燥，确保无大面积积水情况。

（3）委托单位提供相应的人防结构图纸。

（4）其他需现场配合及协调的相关工作。

5. 不合格原因分析

（1）外观质量缺陷的原因：混凝土配合比不准确或材料、用水等用量不准确；混凝土搅拌时间短，拌和不均匀，混凝土和易性差，振捣不密实；模板支设不牢固，振捣混凝土时模板移位，造成漏浆；施工时，模板表面粗糙或清理不干净，混凝土浇筑前模板不湿润或湿润不够，模板拼接不严密等造成麻面。

（2）轴线位置、标高、截面尺寸不合格的原因：施工前放线偏差；模板支设不牢固，振捣混凝土时模板移位导致偏差。

（3）混凝土强度不足的原因：原材料方面、现场施工工艺及后期养护等方面。

（4）隐蔽工程不合格的原因：混凝土浇筑前预埋件布置不到位、绑扎不牢固；施工时振捣导致移位。

13.4.2 人防工程防护设备安装质量

地铁人防工程防护设备安装质量好坏，直接影响到地铁人防工程防护设备的战时使用功能。目前地铁人防工程中，钢结构无门槛双扇（防护）密闭门，清洁式进、排风（双扇）防护密闭门，刚性接触网授电地铁区间防护密闭隔断门以及防淹防护密闭门验收时所需检测的内容类似，故合在一起，不一一赘述。

1. 相关标准

(1)《人民防空工程防护设备试验测试与质量检测标准》RFJ 04；

(2)《人民防空工程质量验收与评价标准》RFJ 01；

(3)《人民防空工程施工及验收规范》GB 50134。

2. 检测参数及检测频率

检测参数：门框（门扇）孔宽偏差，门框（门扇）孔高偏差，门框型材厚度，门扇板材厚度，密封条周边缺胶直径，门扇厚度偏差，门框垂直度，门扇、门框贴合面中心线偏差，门扇、门框贴合面间隙，门扇、门框贴合面平面度，门扇启闭力，关锁操作力，漆膜厚度，漆膜附着力。

检测频率：全数检测。

3. 结果判定

钢结构人防门相关检测要求见表 13-6。

钢结构无门槛双扇（防护）密闭门，清洁式进、排风（双扇）防护密闭门，刚性接触网授电地铁区间防护密闭隔断门以及防淹防护密闭门　　表 13-6

检测项目		技术指标
保证、基本项目	安装的防护设备的规格、型号、性能、开启方向、位置、标高必须符合设计要求	符合
	防护设备所有零部件均齐全，材质、规格必须符合图纸设计要求，安装正确，无锈蚀且有相对运动的部位有涂油保护，固定牢靠	符合

续表

检测项目		技术指标
保证、基本项目	门扇上下铰页受力均匀，门扇与门框贴合严密，门扇关闭后密闭胶条压缩量均匀，严密不漏气。门扇安装后无自开或自关现象。门扇常开状态下的支撑与固定	符合
保证、基本项目	门扇表面平整光滑，油漆均匀一致，不起泡、不剥离。闭锁开关标志、产品铭牌齐全	符合
保证、基本项目	胶条接头必须采用45°坡口搭接，胶条接头单扇门不得超过2处，双扇门不得超过6处。且避开圆弧拐弯处；T形接头是否模具整体制作	符合
保证、基本项目	原材料检测报告与出厂合格证是否满足要求	符合
门框（门扇）孔宽偏差（mm）		L_0（L）≤1500，e≤2；1500＜L_0（L）≤2500，e≤3；L_0（L）＞2500，e≤4
门框（门扇）孔高偏差（mm）		H_0（H）≤1500，e≤2；1500＜H_0（H）≤2500，e≤3；H_0（H）＞2500，e≤4
门框型材厚度（%）		实测厚底/设计厚度≥95
门扇板材厚度（%）		实测厚底/设计厚度≥95
密封条周边缺胶直径（mm）		e≤5
门扇厚度偏差（mm）		e≥－1.5
门框垂直度（mm）		H_0≤2000，e≤2；2000＜H_0≤3000，e≤2.5；3000＜H_0≤5000，e≤3mm；H_0＞5000，e≤4mm
门扇、门框贴合面中心线偏差（mm）		e≤4
门扇、门框贴合面间隙（mm）		LH≤3000，e≤2.5；LH＞3000，e≤3.5
门扇、门框贴合面平面度（mm）		LH≤3000，e≤2.5；LH＞3000，e≤3.5
门扇启闭力（N）		LH≤2000mm，P≤90；2000mm＜LH≤5000mm，P≤170；LH＞5000mm，P≤200
关锁操作力（N）		LH≤2000mm，P≤220；2000mm＜LH≤5000mm，P≤250；LH＞5000mm，P≤260
漆膜厚度（μm）		100～120
漆膜附着力（%）		≤35

注：L_0—门孔宽度（mm）；L—门扇宽度（mm）；H_0—门孔高度（mm）；H—门扇高度（mm）；e—尺寸偏差（mm）；LH—门孔宽度和高度中的较大值（mm）；P—作用力（N）。

4. 检测时机和现场准备

检测时机：施工单位应完成所有土建、安装工作量，所有钢结构门、地铁区间隔断门已安装调试到位，油漆等工艺已完成。

现场准备：

（1）工程内部照明系统应安装到位，并能够正常开启。

（2）检测前，应保持工程内部的干燥，确保无大面积积水情况。

（3）委托单位提供相应的人防工程战时平面图纸。

（4）建设单位需准备梯子两把。

（5）其他需现场配合及协调的相关工作。

5. 不合格原因分析

通常安装质量不合格，主要体现在门框垂直度偏差超标，门扇、门框贴合面中心线偏差超标，门扇启闭力、漆膜附着力等不达标，门框墙中的穿墙孔封堵不到位，防爆地漏高出地坪，门扇下方缺少支撑固定等。

不合格原因：

（1）门框在浇筑门框墙混凝土时，保护措施不当且校准不到位，后期未能跟进监测和控制变形，导致门框垂直度不达标。

（2）门框和门扇的配合尺寸不匹配，容易导致门扇、门框贴合面中心线偏差不达标。

（3）由于人防门长期闲置，加上空气潮湿，门扇铰页及铰页座生锈，导致门扇启闭力不达标。

（4）门扇油漆由于长期处在潮湿环境下，导致漆膜附着力不达标。

（5）施工质量不到位，导致门框墙中的穿墙孔封堵不到位、防爆地漏高出地坪、门扇下方缺少支撑固定。

第 14 章　系统工程实体质量检测

本章系统工程实体检测包括是指对现场材料、设备在安装前、后所开展的现场测试，但不包括单系统的功能和性能调试，以及系统总联调联试。

现场测试使用的检验设备、仪器等的检定和精度要求应符合《中华人民共和国计量法》中强检计量器具（A类）、周期管理计量器具（B类）、一般管理计量器具（C类）的规定，不应超期使用。

14.1 供 电 工 程

城市轨道交通工程供电工程是为地铁运营提供所需电能的系统，它不仅为轨道列车提供牵引用电，而且还为轨道交通运营服务的其他设施提供电能，如照明、通风、空调、给排水、通信、信号、防灾报警、自动扶梯等。供电系统一般包括外部电源、主变电所、牵引供电系统、动力照明系统、电力监控系统等，主要对其绝缘电阻值进行检测及部分接触网锚固后进行的拉拔试验检测。

1. 相关标准

(1)《地下铁道工程施工质量验收标准》GB/T 50299；

(2)《建筑电气工程施工质量验收规范》GB 50303。

2. 检测频率及检测方法

(1) 区间、车站综合接地网安装完成后，进行接地电阻测试。

检测频率：全部检查。

检测方法：仪表测量。

(2) 直流开关柜安装整体框架、整流器柜体、再生电能装置柜体安装对地绝缘电阻值测试；柜体对地绝缘标准应符合设备技术文件要求，绝缘安装柜体对地绝缘电阻值不宜小于 1MΩ。

检测频率：全部检查。

检测方法：兆欧表测量。

(3) 低压开关柜（屏、盘、台、箱）的交接试验和柜屏间线路、环控电控柜柜间线路、应急照明电源装置柜间线路的线间和线对地间的绝缘阻值测试；回路中的电子元件不应参加交流工频耐压试验，48V 及以下回路可不做交流工频耐压试验。

检测频率：全部检查。

检测方法：兆欧表测量。

低压开关柜（屏、盘、台箱）线间和线对地间的绝缘阻值应大于 0.5MΩ，柜、屏间线路的线间和线对地间绝缘电阻值，馈电线路应大于 0.5MΩ，二次回路应大于 1MΩ；低压交流开关柜、屏间二次回路交流工频耐压试验，当绝缘电阻值大于 10MΩ，用 2.5kV

兆欧表摇测 1min，应无闪络击穿现象；当绝缘电阻值在 1～10MΩ 时，用 1kV 兆欧表摇测 1min，应无闪络击穿现象。

（4）接触网绝缘电阻试验应按供电分段进行，架空接触网应大于 0.5MΩ/km，接触轨应符合设计文件要求。

检验频率：全数检查。

检验方法：用兆欧表测试。

（5）排流柜绝缘电阻值、耐压试验，绝缘电阻值不应小于出厂试验值的 70%；主回路工频耐压应符合《地下铁道工程施工质量验收标准》GB/T 50299—2018 表 18.4.1 的规定，二次回路工频耐压应为 2kV。

检测频率：全数检查。

（6）刚性、柔性架空接触网隧道内锚栓在锚固后进行拉拔试验，拉拔力不应小于设计要求。

检测频率：全部检查。

检测方法：锚栓拉拔力测试。

14.2 信号工程

城市轨道交通信号系统是保证列车运行安全，实现行车指挥和列车运行现代化，提高运输效率的关键系统设备。城市轨道交通信号工程造价高，高科技内容含量高，涉及通信技术、计算机技术、网络技术和远程控制技术等。光缆引入及光线配线架检验项目、检验数量、检验方法应按《城市轨道交通通信工程质量验收规范》GB 50382 的有关规定执行。

1. 相关标准

（1）《地下铁道工程施工质量验收标准》GB/T 50299；

（2）《城市轨道交通信号工程施工质量验收标准》GB/T 50578。

2. 检测频率及检测方法

（1）电（光）缆敷设前应进行单盘测试。

检验频率：全部检查。

检验方法：用万用表、直流电桥、兆欧表等测试电缆；用光时域反射仪测试光缆。

（2）矮型信号机金属支架与隧道体或桥梁体间的绝缘电阻应符合设计规定。

检验频率：全部检查。

检验方法：观察、测试检查。

（3）漏泄同轴电缆应在现场进行单盘测试，其内外导体的直流电阻、绝缘介电强度、绝缘电阻等直流电气指标应符合产品技术要求。

检验频率；全部检查。

检验方法：用仪表现场检测。

14.3 通信工程

城市轨道交通通信工程是城市轨道交通的通信中枢，是指挥车辆运行的运营管理和信息传递的重要工具，城市轨道交通通信工程能够对车辆运行中所涉及的各项信息数据（如信号、图像、语音、文字等信息）进行传输。城市轨道交通通信工程的检测，能够有效避免通信系统受到外界的干扰，保障城市轨道交通通信工程的安全运行。

1. 相关标准

(1)《地下铁道工程施工质量验收标准》GB/T 50299；

(2)《城市轨道交通通信工程质量验收规范》GB 50382。

2. 检测频率及检测方法

(1) 漏泄同轴电缆现场单盘测试同信号工程。

(2) 缆线布放电源线、信号线不应断线和错线，对线间绝缘、组间绝缘进行测试。

检验频率：全部检查。

检验方法：用万用表检查断线和错线，用兆欧表测试绝缘电阻。

(3) 电缆接续完成后应检查无错线、断线，绝缘应良好。

检验频率：全部检查。

检验方法：用万用表检查错线和断线，用兆欧表测试绝缘电阻。

(4) 配线架的安装，接线排上任意互不相连的两接线端子之间、任一接线端子和金属固定件之间，其绝缘电阻不应小于 50MΩ。

检验频率：绝缘电阻抽测 10%。

检验方法：绝缘电阻用 500V 兆欧表测试。

(5) 光、电缆线路特性检测，测试光缆线路在一个区间（中继段）内，每根光纤的背向散射曲线应平滑、无阶跃反射峰，测得的接续损耗平均值应符合规范要求。

检验频率：全部检查。

检验方法：用光时域反射仪（OTDR）测试检验。

(6) 测试光缆线路区间或中继段的光纤线路衰减 α_1。

检验频率：全部检查。

检验方法：用光源、光功率计测试检验。

(7) 在同步数字系列（SDH）不同速率口测试光缆线路区间、中继段 S 点的最小回波损耗指标应符合下列检测要求。

检验频率：全部检查。

检验方法：用回波损耗测试仪测试检验。

(8) 测试低频四线组通信电缆音频段电特性。

检验频率：全部检查。

检验方法：用直流电桥、500V 兆欧表、耐压测试仪、电平表、杂音计、串音衰减测试仪测试检验。

(9) 测试市话电缆直流电特性。

检验频率：全部检查。

检验方法：用直流电桥、250V 兆欧表测试检验。

(10) 漏缆线路检测、测试漏缆线路内外导体直流电阻、绝缘电阻、绝缘介电强度、工作频段内电压驻波比和传输衰减等指标应符合设计要求。

检验频率：全部检查。

检验方法：用直流电桥、兆欧表、耐压测试仪、驻波比测试电桥、信号源、功率计测试检验。

(11) 馈线与漏缆连接后的指标驻波比、总衰减应符合规范和设计要求。

检验频率：全部检查。

检验方法：用驻波比测试电桥、信号源、功率计测试检验。

(12) 金属机柜（架）、基础型钢应保持电气连接，并应可靠接地。

检验频率：全部检查。

检验方法：用万用表检查。

(13) 机柜（架）、配线电缆的屏蔽护套应可靠接地。

检验频率：全部检查。

检验方法：用万用表检查。

(14) 接地装置、接地系统的接地电阻应符合规范规定。

检验频率：全部检查。

检验方法：用接地电阻测试仪测试检验。

(15) 电源设备的绝缘性能检测。

检验频率：全部检查。

检验方法：用兆欧表测试检验。

(16) 交流输入电压相线与相线、每相相线与零线之间的电压应符合设计要求。

检验频率：全部检查。

检验方法：用电压表测试检验。

14.4 屏蔽门工程

城市轨道交通站台屏蔽门，简称屏蔽门，安装于地铁、轻轨等轨道交通车站站台边缘，将轨道与站台候车区隔离，设有与列车门相对应，可多级控制开启与关闭滑动门的连续屏障。虽然屏蔽门出厂前已进行了产品检测，但现场安装的施工质量对于屏蔽门系统的运行有很大影响。屏蔽门在工程现场安装好后，需要对其现场运行相关性能进行检测，确保安装质量，使整个系统能正常运行并起到保护乘客安全的作用。

工程现场安装、调试阶段需进行测试的项目主要有：绝缘电阻测试、等电位测试、噪声测试、障碍物探测、关门力测试、防夹力测试、解锁力测试、动能测试等。

1. 相关标准

(1)《城市轨道交通站台屏蔽门》CJ/T 236；

(2)《城市轨道交通站台屏蔽门系统技术规范》CJJ 183；

(3)《地下铁道工程施工质量验收标准》GB/T 50299。

2. 检测参数及检测频率

检测参数：绝缘电阻测试、等电位测试、噪声测试、障碍物探测、关门力测试、防夹力测试、解锁力测试、滑动门开关测试、动能测试等。

检测频率：在每个站台上行、下行线各抽测一个单元进行现场测试。项目验收之前检测不少于1次。

3. 结果判定

满足标准及设计要求。

4. 检测时机和现场准备

检测时机：屏蔽门工程现场检测在现场施工完毕，屏蔽门系统调试结束后进行。

现场准备：

(1) 电气性能检测需要屏蔽门系统所处环境干燥；

(2) 现场应有一名协调人员，需协调好列车停运的时间段，为了确保安全，此段时间内方可进行检测；

(3) 现场应有一名施工技术人员进行现场配合，如手动操作屏蔽门开启、关闭等；

(4) 其他需现场配合及协调的相关工作。

5. 不合格原因分析

(1) 绝缘电阻测试

有金属将屏蔽门与轨道基础部分导通，或者绝缘材料质量或安装不符合要求，现场湿度太大。

(2) 等电位测试

等电位连接不充分；连接线、连接排或连接端子不符合要求；连接不牢固。

14.5 火灾自动报警系统（FAS）

FAS 就是 Fire Alarm System，即火灾报警系统。由于这些系统一般都具有自动监测、自动判断、自动报警功能，所以又称为火灾自动报警系统。它通过设置在保护现场的火灾探测器（如：感烟探测器、感温电缆、对射式探头、火焰式探测器等），感知火灾发生时燃烧所产生的火焰、热量和烟雾等特性，实现火灾早期预警和通报的装置。火灾自动报警的检测主要包括电缆性能检测及对地绝缘电阻的检测。

1. 相关标准

(1)《地下铁道工程施工质量验收标准》GB/T 50299；

(2)《智能建筑工程质量验收规范》GB 50339；

(3)《火灾自动报警系统施工及验收标准》GB 50166。

2. 检测频率及检测方法

(1) 光缆敷设完成后，应对光缆的性能指标进行测试。

检测频率：全部检查。

检验频率：仪表测量。

(2) 火灾自动报警系统导线敷设后，应用 500V 兆欧表测量每个回路导线对地的绝缘电阻，该绝缘电阻值不应小于 20MΩ。

检查频率：全数检查。

检验频率：兆欧表测量。

(3) 系统接地装置施工完毕后，应按规定测量接地电阻。

检查频率：全数检查。

检验方法：仪表测量。

14.6 综合监控系统（ISCS）、环境与设备监控系统（BAS）、乘客信息显示系统（PIS）、门禁系统（ACS）

综合监控系统（ISCS，Integrated Supervisory Control System）：通俗地说是一个高度集成的综合自动化监控系统，其目的主要是通过集成城市轨道交通多个主要强弱电系统，形成统一的监控层硬件平台和软件平台，从而实现对城市轨道交通主要强弱电设备的集中监控和管理功能，实现对列车运行情况和客流统计数据的关联监视功能，最终实现相关各系统之间的信息共享和协调互动功能。通过综合监控系统的统一用户界面，运营管理人员能够更加方便、更加有效地监控管理整条线路的运作情况。

ISCS与子系统的关系，主要有两种：集成和互联。

环境与设备监控（BAS）、门禁系统（ACS）是ISCS采用集成的监控对象。一般轨道交通线各车站、停车场和车辆段设有相对独立的环境与设备监控系统（BAS），负责全线正常、阻塞工况下的通风空调系统、水系统、给水排水系统、照明系统、电扶梯等设备的运行状态监视和控制管理。

乘客信息显示系统（PIS）是ISCS采用互联的监控对象。它可提高轨道交通服务质量、加快各种信息（如：广告、天气预报、新闻、重大事件等）向车站的发布。综合监控系统在控制中心和车站与PIS实现互联。PIS系统需将车载视频信息提供给ISCS系统，同时负责播出画面的合成及播出控制等功能，并负责车站和车载的终端显示功能。

ISCS、BAS、PIS、ACS检测包括电缆性能检测、接头损耗及衰减测试及绝缘电阻测试等。

1. 相关标准

(1)《地下铁道工程施工质量验收标准》GB/T 50299；

(2)《城市轨道交通综合监控系统工程技术标准》GB/T 50636；

(3)《智能建筑工程质量验收规范》GB 50339；

(4)《安全防范工程技术标准》GB 50348。

2. 检测频率及检测方法

(1) 光（电）缆线路敷设、设备安装及配线、电源与接地检查内容同火灾自动报警系统要求。

(2) 乘客信息系统光缆熔接后应进行接头损耗及衰减测试。

检验频率：全部检查。

检验频率：仪表测量。

(3) 光缆敷设完成后，对光缆的性能指标进行测试；导线敷设完成后，每回路的导线对地绝缘电阻值进行测试。

检验频率：全部检查。

检验方法：仪表测量。

(4) 配线电缆、光跳线的芯线应无错线或断线、混线，中间不得有接头。

检验频率：全部检查。

检验方法：用万用表、对号器等检查断线、错线，用兆欧表测试绝缘电阻。

(5) 机柜（架）接地、配线电缆的屏蔽护套接地检查。

检验频率：全部检查。

检验方法：用万用表检查。

14.7 自动售检票系统工程（AFC）

城市轨道交通线各车站和控制中心设有独立的AFC系统，负责监控AFC设备的工作状态、客流引导、各种数据的统计分析等。在控制中心和车站ISCS实现与AFC系统互联，ISCS实现对客流信息和AFC设备状态信息的监视功能。

AFC的检测主要为电缆工作性能、绝缘电阻、光缆布线链路的衰减、连通测试等。

1. 相关标准

(1)《地下铁道工程施工质量验收标准》GB/T 50299；

(2)《城市轨道交通自动售检票系统工程质量验收标准》GB/T 50381。

2. 检测频率及检测方法

(1) 金属线缆管槽、分向盒、接线盒的接地电阻测试；配线用柜、屏、台、箱或盘间线路的线间和线对地间绝缘电阻值测试；控制电缆及电源线缆的芯线间以及对地间的绝缘电阻值用绝缘电阻测试仪进行测试。

检测频率：全数检查。

检验方法：用绝缘电阻测试仪进行测量检查。

(2) 数据线缆终接电气上连通测试。

检测频率：全数检查。

检验方法：用万用表测量。

(3) 光缆布线链路的衰减（或介入损耗）在规定的传输窗口不应大于规范规定。

检验频率：全部检查。

检验方法：用网络分析仪测试光缆布线链路的衰减（或介入损耗），光缆布线链路的波长和光回波损耗。

(4) 数据线缆的特性指标应符合《综合布线系统工程验收规范》GB/T 50312中的有关规定。

检验频率：全部检查。

检验方法：用以太网电缆测试仪测试。

14.8 数据中心（设备机房）

通信系统和信号系统的数据中心相当于城市轨道交通系统的大脑，支配着整个系统的运转，地位十分重要。为了保证能在复杂的电磁环境中正常运行，不受外界干扰，分布在地铁站、车辆段、控制中心等地的通信、信号系统数据中心、设备机房等应具备防电磁干扰能力，对外界的电磁辐射值应在规定范围之内，才能确保整个城市轨道交通系统正常运行。数据中心机房如图14-1所示。

图 14-1　数据中心机房

1. 相关标准

（1）《城市轨道交通初期运营前安全评估技术规范　第 1 部分：地铁和轻轨》（交办运〔2019〕17 号）；

（2）《数据中心基础设施施工及验收规范》GB 50462；

（3）《数据中心设计规范》GB 50174；

（4）《电磁屏蔽室屏蔽效能的测量方法》GB/T 12190；

（5）《电磁环境控制限值》GB 8702。

2. 检测参数及检测频率

检测参数：屏蔽效能、无线电骚扰环境场强、工频磁场场强、接地电阻、表面电阻、温湿度、噪声等。

检测频率：

（1）交付前需要对屏蔽效能、无线电骚扰环境场强、工频磁场场强、接地电阻、表面电阻、温湿度、噪声等进行检测；

（2）交付后，屏蔽效能应保证至少每两年 1 次的检测频率。无线电骚扰环境电磁场场强、工频磁场场强应保证至少每年 1 次的检测频率。

3. 结果判定

屏蔽效能、接地电阻的检测结果应遵循设计要求。

无线电骚扰环境场强、工频磁场场强的检测结果应按照《数据中心基础设施施工及验收规范》GB 50462 进行判定。

4. 检测时机和现场准备

检测时机：

屏蔽效能、接地电阻、表面电阻检测在机房主体完工后、交付前进行。

无线电骚扰环境场强、工频磁场场强、温湿度、噪声检测在机房内设备都安装好并正常使用后、交付前进行。

现场准备：

（1）现场环境应具备人员和设备进入检测的条件。

（2）需提供数据中心（设备机房）图纸。

（3）现场检测应有一名施工技术人员，配合协调和开门等事宜。

5. 不合格原因分析

机房屏蔽效能不合格原因：屏蔽材料本身屏蔽性不好、屏蔽材料的孔缝有泄漏、屏蔽门窗或者通风窗的屏蔽措施不完善、电源线的滤波处理或信号线的屏蔽处理效果不好等。

机房的无线电骚扰环境场强、工频磁场场强不合格原因：机房里的电子电气设备的电场、磁场叠加效应，或屏蔽机房的屏蔽性能不好。

机房的接地电阻不合格原因：施工质量达不到要求；施工过程中偷工减料，未按要求使用铜制材料（铜带、铜排等）进行接地。

第 15 章　轨道工程实体质量检测

轨道工程施工质量优劣直接影响列车的运行，轨道工程需开展的实体检测项目包括：道床施工质量检测（底碴、道砟、混凝土）、轨道施工质量检测（钢轨焊接、有砟道床、螺栓、螺旋道钉）等。

15.1　道　　床

无砟轨道（Ballastless track）是指采用混凝土、沥青混合料等整体基础取代散粒碎石道床的轨道结构，又称作无砟轨道，是当今世界先进的轨道技术。

与有砟轨道相比，无砟轨道避免了道砟飞溅，具有平顺性好、稳定性好、使用寿命长、耐久性好、维修工作少等优点，列车运行时速可达 350km 以上。

有砟轨道是指轨下基础为石质散粒道床的轨道，通常也称为碎石道床轨道，是轨道结构的主要形式之一。它具有弹性良好、价格低廉、更换与维修方便、吸噪特性好等优点。但相对无砟轨道来说，其也具有线路平面几何形状不易保持、使用寿命短、养护维修工作量大等缺点。

15.1.1　底碴

底碴是铁路碎石道床的重要组成部分，位于碎石道床道砟层和路基基床表层之间，起着传递、分布列车荷载，防止面碴和路基基床表层颗粒之间的相互渗透，具有渗水过渡和防冻保温等作用。

1. 相关标准

《铁路轨道工程施工质量验收标准》TB 10413。

2. 检测参数及检测频率

检测参数：压实密度。

检测频率：每 10km 抽检 5 处，每处测 2 个点位。

3. 结果判定

压实密度应不低于 1.6g/cm^3。

4. 不合格原因分析

实际选用的底碴粒径级配不佳、碾压次数不足、施工时底碴含水率过大等都容易造成压实密度不合格。

15.1.2　道砟

道砟是指用作承托路轨枕木的碎石，是较早期出现及常见的轨道道床结构。工程中会在铺设路轨之前，先在路基铺上一层碎石，再加以压实，然后才铺上枕木及路轨。使用道砟可助于排水及调校路轨位置，同时由于道砟把列车及路轨重量分散在路基上，还可减少列车振动及噪声。

1. 相关标准

《铁路轨道工程施工质量验收标准》TB 10413。

2. 检测参数及检测频率

检测参数：压实密度、平整度。

检测频率：

（1）压实密度每 10km 抽检 3 次，每次测 3 个点；

（2）平整度每 10km 抽检 10 处。

3. 结果判定

压实密度应不低于 1.6g/cm^3，平整度不大于 30mm/3m。

4. 不合格原因分析

实际选用的道砟粒径级配不佳、机械碾压强度及次数不足容易造成压实密度不合格。

15.1.3 混凝土

混凝土是由胶凝材料、集料、水以及必要时加入的外加剂和掺合料按一定比例配制，经均匀搅拌、密实成型、养护硬化而成的一种人工石材。

1. 相关标准

（1）《铁路混凝土工程施工质量验收标准》TB 10424；

（2）《地下铁道工程施工质量验收标准》GB/T 50299；

（3）《铁路轨道工程施工质量验收标准》TB 10413；

（4）《混凝土结构工程施工质量验收规范》GB 50204。

2. 检测参数及检测频率

检测参数：混凝土强度。

检测频率：

（1）地下线整体道床实体检测采用钻芯法，高架段整体道床采用回弹法。

（2）普通道床和钢弹簧浮置板道床每个道床块为一个构件（道床块划分依据设计规定），每组道岔为一个构件。

（3）检测频率见表 15-1。

道床混凝土强度（回弹法）抽检频率 表 15-1

总构件数	抽取构件数	总构件数	抽取构件数
2～15	2	1201～3200	50
16～25	3	3201～10000	80
26～90	5	10001～35000	125
91～150	8	35001～150000	200
151～280	13	150001～500000	315
281～500	20	＞500000	500
501～1200	32	—	—

3. 结果判定

混凝土回弹法或取芯检测结果应满足混凝土设计强度等级要求，方为合格；若不满足设计强度等级要求，则判定为不合格。

4. 不合格原因分析

道床混凝土抗压强度（回弹法）不合格产生的主要原因有：

(1) 混凝土配合比未按设计配合比执行。

(2) 混凝土浇筑过程中振捣不密实。

(3) 浇筑完的道床未采取有效的养护措施。

15.1.4 有砟道床

道床是轨道的重要组成部分，是轨道框架的基础。道床通常指的是铁路轨枕下面，路基面上铺设的石砟（道砟）垫层。主要作用是支撑轨枕，把轨枕上部的巨大压力均匀地传递给路基面，并固定轨枕的位置，阻止轨枕纵向或横向移动，大大减少路基变形的同时还缓和了机车车辆轮对钢轨的冲击，便于排水。

1. 相关标准

《铁路轨道工程施工质量验收标准》TB 10413。

2. 检测参数及检测频率

检测参数：道床支撑刚度、道床横向阻力、道床纵向阻力。

检测频率：工艺性试验。

3. 结果判定

(1) Ⅲ型混凝土轨枕轨道：道床支撑刚度不应小于 100kN/mm，道床横向阻力不应小于 10kN/枕，道床纵向阻力不应小于 12kN/枕。

(2) 新Ⅱ型混凝土轨枕轨道：道床支撑刚度不应小于 70kN/mm，道床横向阻力不应小于 9kN/枕，道床纵向阻力不应小于 10kN/枕。

15.2 轨　　道

轨道一般是由钢轨、轨枕、联结零件、道床以及道岔等组合而成。轨道通常由两条平行的钢轨组成。钢轨固定放在轨枕上，轨枕之下为道床。联结零件在钢轨和钢轨之间以及钢轨和轨枕之间起着一个联结作用。现场实体检测主要针对钢轨间、钢轨与枕木间的联结进行试验。

15.2.1 钢轨焊接

通过闪光焊法、接触焊法、气压焊法和铝热焊法将钢轨连接起来，而目前城市轨道使用的钢轨焊接主要采用闪光焊法。

1. 相关标准

(1)《铁路轨道工程施工质量验收标准》TB 10413；

(2)《钢轨焊接　第 1 部分：通用技术条件》TB/T 1632.1；

(3)《钢轨焊接　第 2 部分：闪光焊结》TB/T 1632.2；

(4)《钢轨焊接　第 3 部分：铝热焊接》TB/T 1632.3；

(5)《钢轨焊接　第 4 部分：气压焊接》TB/T 1632.4。

2. 检测参数及检测频率

检测参数：焊接质量。

检测频率：全数接头。

3. 结果判定

焊头不得有未焊透、过烧、裂纹、气孔夹渣等有害缺陷。

4. 不合格分析

钢轨焊接出现不合格主要原因是钢轨材质发生变化、调整焊接参数而未进行型式检验。

15.2.2　螺栓

钢轨接头螺栓又称鱼尾螺栓，钢轨接头夹板的紧固件。

1. 相关标准

《铁路轨道工程施工质量验收标准》TB 10413。

2. 检测参数及检测频率

检测参数：扭矩。

检测频率：

(1) 扣件螺栓扭矩，正线每 2km 抽检 1 处，各检查 10 个扣件；站线每股道抽检 10 个扣件。

(2) 钢轨接头，正线每 2km 抽检 10 个螺栓；站线每股道抽检 10 个螺栓。

3. 结果判定

应符合《铁路轨道工程施工质量验收标准》TB 10413 及设计文件的要求。

15.2.3　螺旋道钉

道钉是指将铁轨固定在轨枕上专用的钉子。

1. 相关标准

《铁路轨道工程施工质量验收标准》TB 10413。

2. 检测参数及检测频率

检测参数：锚固抗拔力。

检测频率：每千米抽检 3 个道钉。

3. 结果判定

锚固抗拔力≥60kN。

4. 不合格原因分析

道钉拉拔力出现不合格有可能是硫磺体与混凝土界面强度不足所导致的。

第五篇　常见质量问题检测识别

城市轨道交通工程中常见质量问题是指工程中经常发生、普遍存在的各类影响工程质量安全、使用功能和外形观感的质量缺陷或质量损伤，它涉及范围广、危害大、控制难度大，已经成为进一步提高工程质量的主要障碍。

针对各地目前面临的突出问题，从常见质量问题（主要是结构、渗漏等典型问题）检测识别入手，为轨道交通的典型质量评定及病害治理提供依据。构建科学的城市轨道交通工程质量常见问题专项检测识别及治理技术，整合全国现有城市轨道交通常见质量问题检测识别及治理的措施及技术要求。

根据城市轨道交通工程建设的特点，对常见质量问题的检测以分部分项工程为主线分为4章，分别是土建工程、装饰装修工程、机电工程和轨道工程的常见质量问题检测识别。

第16章 土建工程常见质量问题检测识别

城市轨道交通工程的土建工程中，影响结构安全、正常使用以及使用寿命，需进行返工处理或加固补强的重要质量问题，主要涉及车站工程、区间工程、地基工程等，具体见表16-1。选取其中常见的质量问题，针对检测依据、检测方法，以及检测结果分析等内容进行介绍。

土建工程常见质量问题汇总表 **表16-1**

序号	常见质量问题		分级
1	围护结构	地下连续墙露筋	一级
2		地下连续墙侵限、鼓包	一级
3		灌注桩桩身偏位	一级
4		钻孔灌注桩塌孔、缩径	一级
5	地下车站	结构混凝土外观质量缺陷	二级
6		混凝土结构开裂	一级
7		出入口洞身塌陷及地面隆起	一级
8		钢管柱偏位	三级
9		扣拱变形	三级
10	高架车站	结构开裂	一级
11		高架车站混凝土外观质量缺陷	二级
12		基础预埋件平面偏差超限	一级
13		站台钢结构涂装开裂、脱落	一级
14		结构线形不顺畅	一级
15	矿山法区间	洞门变形	一级
16		超前支护不到位	二级
17		隧道超欠挖	一级
18		初支侵限	一级
19		初支背后空洞	一级
20		初支开裂	一级
21		初支厚度不足	二级
22		初支强度不够	一级
23		大跨度多部开挖钢架错位	一级
24		防水板搭接、焊接不牢	三级
25		防水节点细部构造施工不到位	二级
26		仰拱隆起开裂	一级

续表

序号	常见质量问题		分级
27	矿山法区间	仰拱曲度不够、浇筑深度不足	二级
28		衬砌钢筋排距不均匀	三级
29		衬砌背后空洞	二级
30		衬砌裂缝	二级
31		小间距隧道变形、开裂	三级
32	盾构区间	洞门钢环安装	三级
33		管片生产质量	三级
34		盾构轴线	二级
35		小半径成型隧道质量	三级
36		成型隧道管片错台	三级
37		成型隧道管片碎裂、缺角、裂缝缺陷	三级
38		管片拼装椭圆度	三级
39		成型隧道管片上浮或下沉	三级
40		联络通道开挖质量	三级
41		联络通道融沉	三级
42	高架区间	钻孔桩塌孔	三级
43		钻孔桩断桩、短桩	一级
44		钻孔桩偏位	三级
45		转体法施工轴线偏位	三级
46		箱梁预应力施加质量	三级
47		挂篮法施工 0 号块混凝土质量	三级
48		挂篮法施工合龙段混凝土开裂	三级
49		悬臂浇筑连续梁整体线形	三级
50		伸缩缝间隙	三级
51		桥梁预制翼板安装	三级
52		路基桥台过渡段基础沉降	三级
53	地基工程	路基沉降超标	一级
54		土工织物或加劲土地基表面开裂	一级
55		高压旋喷注浆地基强度不足	二级
56		回填土方出现“橡皮土”	二级
57		静力压桩时桩身倾斜、接桩处开裂	一级
58		静力压桩桩顶标高达不到设计要求	一级

注：1. 根据城市轨道交通常见质量问题的危害性，将城市轨道交通工程常见质量问题分为三个等级，其中一级的危害性最高；

2. “一级”常见质量问题：严重影响结构使用安全，致使成品构件部分或整体报废，必须返工处理，如支护桩基侵限、断桩、盾构隧道管片变形开裂等；

3. “二级”常见质量问题：影响结构安全、正常使用以及使用寿命，可以采取加固和补强措施，不需返工处理，但给工程实体造成永久缺陷，如地基处理不够造成的隧道衬砌沉降开裂、混凝土达不到设计强度等级等；

4. “三级”常见质量问题：不影响结构使用安全，但影响构件观感质量、轨道交通形成舒适度和美观，给后续施工和使用造成麻烦和不便，如桩基混凝土超高不足、混凝土表面气泡和麻面、地连墙渗水等。

16.1 围护结构工程

城市轨道交通车站的围护结构多种多样，常见围护结构工法主要有地下连续墙、SMW 工法桩、钻孔灌注桩等，本节主要就上述几种常见围护形式的质量通病进行检测识别和结果分析。

16.1.1 地下连续墙渗漏水

1. 检测识别

（1）主要检测依据包括：《地下防水工程质量验收规范》GB 50208 等。

（2）检测方法：表面渗漏检测结合内部渗漏无损检测方法，运用钢尺、量筒、秒表、三维扫描仪、红外热成像仪检测渗漏面积、渗漏量，通过运用微波湿度测试系统、渗漏巡检仪检测出结构内部渗漏源。

（3）检测结果分析：通过上述检测查明渗漏源的位置及影响范围，渗漏水的变化规律、水压力、流量等因素，判定渗漏水状态，对比设计防水等级的防水标准，判定是否符合设计防水等级。

2. 原因分析

（1）挖槽过程中，槽孔垂直度控制不到位，相邻两幅墙体倾斜程度不同，两幅墙咬合面积减小，降低了接缝处的结构止水能力。

（2）挖槽机成孔时，粘附在上一槽段混凝土接头面上的泥皮、泥渣未清除干净就下钢筋笼、浇筑混凝土，形成泥土隔层。

（3）槽段内清槽不理想，沉渣过厚，在混凝土浇筑时，部分沉渣会被混凝土的流动推挤到墙段接头处形成墙段接缝夹泥渗水。

（4）成槽完成后，饱和淤泥质土承载力较差，受临边施工机械等荷载和自身土压力的作用，已成槽孔可能产生缩孔现象，如果未经处理就下放钢筋笼浇筑混凝土会造成钢筋保护层减小甚至产生露筋现象，导致钢筋锈蚀，形成渗水通道。

16.1.2 地下连续墙露筋

1. 检测识别

（1）主要检测依据包括：《混凝土结构现场检测技术标准》GB/T 50784、《建筑地基基础工程施工质量验收标准》GB 50202 等。

（2）检测方法：直接量测结合无损探测法，采用钢卷尺或钢直尺直接测量露筋长度，计算露筋面积，采用钢筋位置探测仪扫描出露筋周围钢筋的位置和保护层厚度。

（3）检测结果分析：测量出露筋位置和范围大小，分析露筋区域周围钢筋间距和保护层厚度，标记出露筋周围薄弱范围。

2. 原因分析

（1）放置钢筋笼等施工工序操作不当，钢筋笼吊放偏向内侧，导致基坑开挖面钢筋保护层厚度不足。

（2）槽壁坍塌从而导致墙体缩颈。

（3）泥浆密度不当易导致坍孔。

（4）路面未硬化，成槽机超重、偏载引起的护壁变形导致槽段截面缩颈。

（5）槽段宽度小于设计值。

（6）槽段垂直度未达到设计及规范要求，或者钢筋笼变形，钢筋笼在吊放后，部分钢筋紧贴开挖面一侧，造成露筋。

16.1.3 地下连续墙侵限、鼓包

1. 检测识别

（1）主要检测依据包括：《混凝土结构现场检测技术标准》GB/T 50784、《城市轨道交通工程测量规范》GB/T 50308 等。

（2）检测方法：鼓包尺寸采用钢尺直接测量，侵限采用全站仪测量控制点坐标。

（3）检测结果分析：侵限的测量以测量侵限的外放尺寸为准，鼓包的测量以测量鼓包超出墙面的大小为准。

2. 原因分析

（1）成槽垂直度允许偏差超过规范允许值。

（2）导墙外放尺寸不足，一般情况应大于开挖深度的 3/1000。

（3）混凝土灌注前槽壁塌孔，钢筋笼偏向基坑内侧。

（4）土层中存在地基土未压实、局部水囊、障碍物等，导致成槽过程中塌方。

（5）护壁泥浆质量缺陷，成槽过程中槽壁塌方。

（6）地质和泥浆原因，导致成槽过程中地下连续墙表面不平整。

（7）地下连续墙施工区域距周边道路近，因过往车辆产生的动荷载扰动槽壁。

16.1.4 灌注桩桩身偏位

1. 检测识别

（1）主要检测依据包括：《城市轨道交通工程测量规范》GB/T 50308。

（2）检测方法：采用钢尺或测距仪，以桩位轴线为参照物，用钢尺或测距仪直接测量桩位中心与桩轴线的偏差；利用全站仪直接测量桩位坐标与原有正确坐标比较。

（3）检测结果分析：桩位的测量以设计轴线为准，对于采用地下连续墙围护基坑时，地下连续墙竣工后，应测定其实际中心位置与设计中心线的偏差，其偏差值应小于30mm；对于采用护坡桩围护基坑时，护坡桩竣工后，应测定各桩位置及与轴线的偏差，其横向允许偏差值为 0～50mm。

2. 原因分析

（1）测量放线，主要是测量放样有误或者放样完成后的桩基点位未得到保护，导致孔位偏差。

（2）钻孔精度，主要是孔径过大或垂直度不够。

（3）钢筋笼安放，主要是指钢筋笼扭曲变形，下放位置误差较大。

（4）施工管控不严，未对作业现场的人员安排、作业组织、技术水平、技术交底、跟踪指导、质量检测、信息反馈、经验总结、资料采集等采取有效的管理措施。

16.1.5 钻孔灌注桩塌孔、缩径

1. 检测识别

(1) 主要检测依据包括：《建筑基桩检测技术规范》JGJ 106。

(2) 检测方法：低应变法检测，采用基桩动测仪，通过在桩顶安装响应传感器，测得激振信号产生的应力波自桩顶至桩端部（或缺陷处）并反射回桩顶的幅值、时间间隔，就可判断桩长、桩身缺陷性质和桩身缺陷位置。

(3) 检测结果分析：塌孔的检测以钢尺测量塌孔处所造成的扩径大小为准，缩径检测以钢尺测量缩径处的大小为准。低应变法检测仅能判断桩身缺陷的相对位置、缺陷性质，对塌孔造成的扩径以及缩径的大小无法做到准确的判断。

2. 原因分析

(1) 未正确安装护筒，泥浆各项指标不符合规范要求，或孔内泥浆水位高度不够，对孔壁产生的压力小，未起到护壁作用。

(2) 施工过程中操作不当，在钻进过程中提升钻头以及后一工序中安放钢筋笼时碰撞孔壁、在松软土层中钻进太快、向孔内加水或泥浆时流速大或直接冲刷孔壁等。

(3) 钢筋笼下放完成后，等待灌注混凝土的时间长，致使泥浆各项指标超限，造成塌孔、缩径。

(4) 钻孔附近有大型设备或车辆振动。

(5) 地质构造中有软弱层，在土的压力下，向孔内挤压形成缩孔。

(6) 地层中有塑性土层，遇水膨胀形成缩径。

(7) 钻锤磨损，补焊不及时，钻出的孔径往往比设计桩径小。

16.1.6 SMW工法桩渗漏

1. 检测识别

参见16.1.1地下连续墙渗漏水中相关内容。

2. 原因分析

(1) 搅拌桩施工过程中，搅拌不均匀，水泥及外掺剂的掺量不符合设计要求。

(2) 搅拌桩垂直度偏差超过1/200，在开挖面范围内分叉，出现未加固的原状泥土。

(3) H型钢垂直度偏差超过1/200，造成局部水泥搅拌土强度不足，引起围护结构渗漏水。

(4) 搅拌桩施工过程中，意外停机，导致搅拌桩出现冷缝，在冷缝位置易发生渗漏水。

(5) SMW工法桩与地下连续墙或其他围护结构连接位置，易发生加固缺陷或者搭接冷缝，导致渗漏水。

(6) SMW工法桩水平位置允许偏差超过设计要求范围，存在漏加固区域，导致渗漏水。

16.2 地下车站工程

城市轨道交通工程是大型市政公共设施、民生工程，各级政府对地铁工程的建设过程都相当重视和关注，管理也相对严格，但很多常见的质量问题依然存在，尤其是地下车站的混凝土结构，若不做好前期预防及后期补救措施，一旦被装修隐蔽，将会给运营期间带来很多问题和隐患。

16.2.1 混凝土外观质量缺陷

1. 检测识别

（1）主要检测依据包括：《混凝土结构现场检测技术标准》GB/T 50784、《混凝土结构工程施工质量验收规范》GB 50204 等。

（2）检测方法：对于外部质量缺陷采用直接量测法对缺陷的形态、位置、大小进行测量；当对混凝土结构构件内部质量存在怀疑时，对孔洞或裂缝深度等内部缺陷可采用超声波法、地质雷达法进行测量；对于混凝土中钢筋位置可采用电磁感应法或地质雷达法进行测量。

（3）检测结果分析：根据《混凝土结构工程施工质量验收规范》GB 50204—2015 第 8.1.1 条的规定，混凝土的外观质量缺陷对结构性能和使用功能影响的严重程度，按表 16-2进行判定。

现浇结构外观质量缺陷 **表 16-2**

名称	现象	严重缺陷	一般缺陷
露筋	构件内钢筋未被混凝土包裹而外露	纵向受力钢筋有露筋	其他钢筋有少量露筋
蜂窝	混凝土表面缺少水泥砂浆而形成石子外露	构件主要受力部位有蜂窝	其他部位有少量蜂窝
孔洞	混凝土中孔穴深度和长度均超过保护层厚度	构件主要受力部位有孔洞	其他部位有少量孔洞
夹渣	混凝土中夹有杂物且深度超过保护层厚度	构件主要受力部位有夹渣	其他部位有少量夹渣
疏松	混凝土中局部不密实	构件主要受力部位有疏松	其他部位有少量疏松
裂缝	缝隙从混凝土表面延伸至混凝土内部	构件主要受力部位有影响结构性能或使用功能的裂缝	其他部位有少量不影响结构性能或使用功能的裂缝
连接部位缺陷	构件连接处混凝土缺陷及连接钢筋、连接件松动	连接部位有影响结构传力性能的缺陷	连接部位有基本不影响结构传力性能的缺陷
外形缺陷	缺棱掉角、棱角不直、翘曲不平、飞边凸肋等	清水混凝土构件有影响使用功能或装饰效果的外形缺陷	其他混凝土构件有不影响使用功能的外形缺陷
外表缺陷	构件表面麻面、掉皮、起砂、沾污等	具有重要装饰效果的清水混凝土构件有外表缺陷	其他混凝土构件有不影响使用功能的外表缺陷

2. 原因分析

（1）混凝土露筋

1）灌注混凝土时，钢筋保护层垫块位移、垫块太少或漏放，致使钢筋紧贴模板。

2）结构构件截面小，钢筋间距小，石子卡在钢筋上，使水泥砂浆不能充满钢筋周围，造成露筋。

3）混凝土配合比设计不当、未按照配合比进行拌制或运输过程中操作不当，产生离析，导致钢筋外露。

4）振捣不到位，混凝土中气体没有排出，导致钢筋外露。

5）由于混凝土保护垫块太小，保护垫块处混凝土振捣不实，振动棒撞击钢筋及人员踩踏钢筋等，导致钢筋位移，造成露筋现象。

6）灌注混凝土前，木模板未浇水湿润或涂刷隔离剂，吸水粘结或脱模过早，拆模时缺棱、掉角，导致露筋。

（2）混凝土蜂窝、麻面、孔洞

1）上、下料不当，造成石子与砂浆离析；模板缝隙未堵严，造成水泥浆流失。

2）钢筋间距小，未进行振捣就继续浇筑混凝土。

3）混凝土漏振或振捣时间不够，气泡未排出。

4）模板表面粗糙或粘附水泥浆渣等杂物未清理干净，拆模时产生麻面。

（3）结构混凝土错台、表面不平整

1）模板外支撑不牢固，混凝土灌注过程中出现局部模板变形引起的外形走样。

2）模板支撑基础没有承载上部荷载的承载力，混凝土浇筑过程中模板整体移位或局部变形，造成现浇混凝土结构错台、表面不平整。

3）混凝土浇筑过程中振捣器靠模板太近，过振造成模板变形、移位。

4）施工缝处模板连接不牢固，产生错台现象。

5）混凝土供应不及时，造成冷缝或错台。

6）混凝土梁板同时浇筑，未采用平板振捣器振捣，标高控制未采取措施，未按规范进行二次收面，导致混凝土表面不平整。

7）混凝土未达到一定强度就上人操作或运输材料，导致混凝土板表面出现凹凸不平的现象。

（4）混凝土烂边、烂根

烂边和烂根主要是由于模板拼缝不严密，接缝处止浆不好，振捣时混凝土表面失浆造成。漏浆较少时边角出现“毛边”，漏浆严重出现混凝土蜂窝麻面。

（5）混凝土表面裂缝

1）由于温度变化或混凝土徐变的影响，形成裂纹。

2）过度振捣造成离析，表面水泥含量大，收缩量也增加。

3）拆模过早，或养护期内受扰动等因素有可能引起混凝土裂纹发生。

4）未加强混凝土早期养护，表面损失水分过快，造成内外收缩不均匀而引起表面混凝土开裂。

16.2.2　混凝土结构开裂

1. 检测识别

（1）主要检测依据包括：《混凝土结构现场检测技术标准》GB/T 50784、《房屋裂缝检测与处理技术规程》CECS 293。

（2）检测方法：首先观察裂缝是否为贯穿裂缝，对于变化中或快速发展中的裂缝宜进行监测。用钢尺或卷尺测量裂缝长度，裂缝宽度仪测量裂缝最大宽度，并对宽度大于或等于 0.1mm 的裂缝进行宽度、长度统计编号；采用超声波法检测裂缝深度。

（3）检测结果分析：依据《房屋裂缝检测与处理技术规程》CECS 293 规定，混凝土结构构件的裂缝应按裂缝宽度限值，并按表 16-3 的要求进行修补处理。

混凝土结构构件裂缝修补处理的宽度限值（单位：mm）　　**表 16-3**

区分	构件类别		环境类别和环境作用等级			防水防气防射线要求
			I-C（干湿交替环境）	I-B（非干湿交替的室内潮湿环境及露天环境、长期湿润环境）	I-A（室内干燥环境、永久的静水浸没环境）	
1）应修补的弯曲、轴拉和大偏心受压荷载裂缝及非荷载裂缝的裂缝宽度	钢筋混凝土构件	主要构件	＞0.4	＞0.4	＞0.5	＞0.2
		一般构件	＞0.4	＞0.5	＞0.6	＞0.2
	预应力混凝土构件	主要构件	＞0.1（0.2）	＞0.1（0.2）	＞0.2（0.3）	＞0.2
		一般构件	＞0.1（0.2）	＞0.1（0.2）	＞0.35（0.5）	＞0.2
2）宜修补的弯曲、轴拉和大偏心受压荷载裂缝及非荷载裂缝的裂缝宽度	钢筋混凝土构件	主要构件	0.2～0.4	0.3～0.4	0.35～0.5	0.05～0.2
		一般构件	0.3～0.4	0.3～0.5	0.4～0.6	0.05～0.2
	预应力混凝土构件	主要构件	0.05～0.1（0.02～0.2）	0.05～0.1（0.02～0.2）	0.1～0.2（0.05～0.3）	0.05～0.2
		一般构件	0.05～0.1（0.02～0.2）	0.05～0.1（0.02～0.2）	0.3～0.35（0.1～0.5）	0.05～0.2
3）不需要修补的弯曲、轴拉和大偏心受压荷载裂缝及非荷载裂缝的裂缝宽度	钢筋混凝土构件	主要构件	＜0.2	＜0.3	＜0.35	＜0.05
		一般构件	＜0.3	＜0.3	＜0.4	＜0.05
	预应力混凝土构件	主要构件	＜0.05（0.02）	＜0.05（0.02）	＜0.1（0.05）	＜0.05
		一般构件	＜0.05（0.02）	＜0.05（0.02）	＜0.3（0.1）	＜0.05
4）需补救的受剪（斜拉、剪压、斜压）、轴压、小偏心受压、局部受压、受冲切、受扭裂缝	钢筋混凝土构件或预应力混凝土构件	任何构件	出现裂缝			

2. 原因分析

（1）混凝土浇筑振捣后，粗集料沉落挤出水分、空气，表面呈现泌水而形成竖向体积缩小沉落，造成表面砂浆层，它与下层混凝土相比有较大的干缩性能，待水分蒸发后，易形成凝缩裂缝。

（2）模板浇筑混凝土之前洒水不够，过于干燥，则模板吸水量大，引起混凝土的塑性收缩，产生裂缝。

（3）混凝土浇捣后过分抹平压光和养护不当也易引起裂缝。

（4）由于基础沉降不均匀导致的沉降裂缝。

（5）顶板浇筑后，上人上料过早，上料集中，也易造成裂缝。

（6）工程采用快拆体系作为顶板模板支撑，施工过程中时有工人不按快拆原理进行施工现象，拆模时将立杆全部拆除然后回顶，也易造成顶板出现裂缝。

（7）由于冬季（温度较低的情况下）浇筑混凝土未加入早强剂或未蓄热，长时间暴露在较低温度下，导致的冻胀裂缝（主要针对寒冷地区）。

16.2.3 出入口洞身塌陷及地面隆起

1. 检测识别

（1）主要检测依据：《城市轨道交通工程测量规范》GB/T 50308。

（2）检测方法：量测出入口洞身的三维坐标。利用水准仪对洞身位置布设测点进行垂直位移的量测，比较开挖前后的变化情况；利用全站仪直接测量洞身附近测点平面坐标，比较开挖前后的变化情况。

（3）检测结果分析：出入口洞身位置的测量以开挖前稳定期为起始，对于不同的地质条件设置不同的报警值，同时结合现场情况及变形趋势判断塌陷的可能性并测定地面隆起量。

2. 原因分析

（1）降水不到位。主要是降水效果达不到开挖要求，造成流砂、坍塌。

（2）抽水试验未做。主要是未进行抽水试验，导致对抽水效果判断有误。

（3）洗井措施不到位。主要是未洗井到位，导致抽出的水中夹带泥沙。

16.2.4 钢管柱偏位

1. 检测识别

（1）主要检测依据：《城市轨道交通工程测量规范》GB/T 50308。

（2）检测方法：利用全站仪直接测量钢管柱各部位的平面坐标，以此计算各项偏差并与钢管柱加工制作允许偏差比较。

（3）检测结果分析：暗挖地下车站钢管柱偏位的测量以设计轴线为准，钢管柱安装的允许偏差如下：

1）钢管柱不垂直度：柱长的 1/1000，且小于等于 15mm；

2）钢管柱中心线：5mm；

3）钢管柱顶面标高：0～10mm；

4）钢管柱顶面不平度：5mm；

5）钢管柱间距：设计柱距的1/1000。

对于不满足允许偏差要求的均为钢管柱偏位情况。

2. 原因分析

（1）定位器安装不到位。主要是定位器安装有误导致钢管柱直接偏位。

（2）钢筋笼倾斜。主要是桩体钢筋笼吊放倾斜或强度不够，受冲击变形。

（3）回填方法不当。主要是钢管柱四周回填时单侧填入过多产生推挤变形。

16.2.5 扣拱变形

1. 检测识别

（1）主要检测依据：《城市轨道交通工程测量规范》GB/T 50308。

（2）检测方法：利用水准仪直接测量扣拱各部位的竖向标高（按照二等水准测量要求），以此计算各期前后的变化情况。

（3）检测结果分析：扣拱位置的测量以开挖前稳定期为起始，对于不同的地质条件设置不同的报警值，同时结合现场情况及变形趋势判断扣拱的变形情况。

2. 原因分析

（1）桩柱梁及扣拱体系施工质量问题。

（2）扣拱上部土体变形不稳定，下部土体开挖时支护不及时。

16.2.6 变形缝及诱导缝渗漏水

1. 检测识别

参见16.1.1地下连续墙渗漏水中相关内容。

2. 原因分析

（1）设计未能满足密封防水、适应变形、施工方便、检查容易等基本要求。变形缝构造形式和材料未根据工程特点、地基或结构变形情况以及水压、水质和防水等级等条件去确定。

（2）原材料抽样复检重视程度不够。

（3）橡胶或塑料止水带接头没挫成斜坡并粘结搭接或搭接长度不满足规范要求。

（4）变形缝及诱导缝处混凝土振捣不密实。

16.2.7 混凝土施工缝渗漏水

1. 检测识别

参见16.1.1地下连续墙渗漏水中相关内容。

2. 原因分析

（1）施工缝混凝土面未凿毛，残渣清理不彻底，新旧混凝土结合不牢。

（2）在支模和绑扎钢筋过程中，锯末、铁钉等杂物掉入缝内没有及时清除，浇筑上层混凝土后在新旧混凝土之间形成夹层。

（3）施工缝未做企口或没有安装止水钢板。

（4）下料方法不当，集料集中于施工缝处。

（5）混凝土墙体单薄，钢筋过密，振捣困难，混凝土不密实。

16.2.8 后浇洞口渗漏水

1. 检测识别

参见 16.1.1 地下连续墙渗漏水中相关内容。

2. 原因分析

（1）后浇带两侧粘贴的橡胶止水条与旧混凝土面不密贴，固定不牢固宜脱落。

（2）两侧旧混凝土面未凿毛，浇筑过程中，混凝土坍落度检测和振捣控制不到位，新旧混凝土结合不牢固。

（3）混凝土养护不及时，不到位，或超前拆模。

16.2.9 预埋件渗漏水

1. 检测识别

参见 16.1.1 地下连续墙渗漏水中相关内容。

2. 原因分析

（1）穿过地下工程墙体的水电套管、固定式主管、模板对拉螺栓等，未满焊止水环，或环板宽度太窄，起不到延长渗水距离的作用。

（2）暗线管接头不严或套管有缝隙，水渗入管内后又由管内渗出。

（3）施工中预埋件固定不牢受振松动，与混凝土间产生缝隙。

（4）预埋件周围，尤其是预埋件密集处，混凝土浇筑困难，振捣不密实。

16.2.10 混凝土开裂渗漏

1. 检测识别

参见 16.1.1 地下连续墙渗漏水中相关内容。

2. 原因分析

（1）模板及其支撑不牢，产生变形或局部沉降。

（2）混凝土和易性差，浇筑后产生分层，出现裂缝。

（3）养护措施不到位及拆模不当，引起开裂。

（4）主筋严重移位，使结构受拉区开裂。

（5）混凝土初凝后受扰动，产生裂缝。

（6）构件受力过早或超载引起裂缝。

16.3 高架车站工程

城市轨道交通高架车站质量问题主要为：混凝土质量缺陷、构件尺寸偏差、构件安装位置偏差、钢结构涂层脱落以及站台积水渗水等，对上述几种质量问题进行检测识别以及原因分析如下。

16.3.1 结构开裂

1. 检测识别

（1）主要检测依据包括：《混凝土结构现场检测技术标准》GB/T 50784、《房屋裂缝检测与处理技术规程》CECS 293。

（2）检测方法：检测裂缝分布位置和裂缝的走向、长度、宽度及其变化情况；对需要观测的裂缝应统一进行编号。每条裂缝应至少布设两组观测标志，其中一组应在裂缝的最宽处，另一组应在裂缝的末端。每组应使用两个对应的标志，分别设在裂缝的两侧。针对不同位置、不同深度的裂缝采用相对应的方法，对裂缝深度进行测量。

（3）检测结果分析：裂缝观测的周期应根据其裂缝变化速度而定。开始时可半月测一次，以后一月测一次。当发现裂缝加大时，应及时增加观测次数。裂缝观测中，裂缝宽度数据应量至 0.1mm，每次观测应绘出裂缝的位置、形态和尺寸，注明日期，并拍摄裂缝照片。

2. 原因分析

参见 16.2.2 混凝土结构开裂中相关内容。

16.3.2 高架车站混凝土外观质量缺陷

1. 检测识别

（1）主要检测依据包括：《混凝土结构现场检测技术标准》GB/T 50784、《铁路混凝土工程施工质量验收标准》TB 10424 等。

（2）检测方法及结果分析：参见 16.2.1 混凝土外观质量缺陷中相关内容。

2. 原因分析

（1）蜂窝、麻面、孔洞、烂根、表面裂缝等参见 16.2.1 混凝土外观质量缺陷中相关内容。

（2）层印：

1）混凝土浇筑顺序控制的不好，浇筑下层混凝土时，上层混凝土等待时间过长，混凝土出现明显的接茬痕迹。

2）在混凝土拌制、运输、浇筑三个环节中机械出现故障，停歇后继续浇筑，而未按照施工缝的要求进行检查处理。

3）分层浇筑时混凝土振捣过度，造成石子下沉，水泥砂浆上浮，浆多的地方颜色发青，石子多的地方颜色发白，形成对比。

4）模板上隔离剂涂刷过多往下流，拆模后在构件表面呈现若断若续的假“分层”。

（3）外形尺寸偏差：

1）模板自身变形，拼装不平整。

2）模板体系的刚度、强度及稳定性不足，造成模板整体变形和位移。

3）混凝土下料方式不当，冲击力过大，造成跑模或者模板变形。

4）振捣时振动棒接触模板过度振捣。

5）拼模完成后因检查核对不细致造成的外形尺寸误差。

16.3.3　基础预埋件平面偏差超限

1. 检测识别

（1）主要检测依据包括：《铁路混凝土工程施工质量验收标准》TB 10424。

（2）检测方法：直接测量法、坐标测量法，测量预埋件的坐标、预埋件位置偏差（螺栓中心偏移、预留孔中心偏移）等。

（3）检测结果分析：实测位置与设计位置比对，进行偏差分析。

2. 原因分析

施工放样存在错误，造成预埋件预埋位置或预留孔位置存在偏差；预埋件模型未固定到位，混凝土浇筑过程中，受混凝土流动及振捣影响，造成预埋件移动。

16.3.4　站台层屋面积水、渗水

1. 检测识别

（1）主要检测依据：《建筑幕墙》GB/T 21086。

（2）检测方法：现场淋水试验，在规定时间内，查找渗水部位，检测渗水量、破损大小。

（3）检测结果分析：

1）排水坡度应满足标准要求，屋面不得小于3%，天沟不得小于1%；

2）胶缝不得出现撕裂、断开情况；

3）金属板搭接处不应有导致渗水的变形、松脱等情况；自攻螺钉应有密封垫圈或注胶密封；

4）密封胶应粘结可靠；

5）无杂物堵塞排水通道；

6）现场淋水试验：不得有渗水进入室内。

2. 原因分析

（1）疏、排水管道堵塞，造成排水不畅积水。

（2）结构表面不平整，在低洼处易积水。

（3）接缝处开裂造成渗漏。

16.3.5　站台钢结构涂装开裂、脱落

1. 检测识别

（1）主要检测依据包括：《钢结构工程施工质量验收标准》GB 50205、《钢结构现场检测技术标准》GB/T 50621 等。

（2）检测方法：检查涂装开裂脱落的位置、形态；对于防腐涂层，用干漆膜测厚仪检查，每个构件检测5处，每处的数值为3个相距50mm测点涂层干漆膜厚度的平均值。对于防火涂层，应将仪器的探针或窄片垂直插入防火涂层直至钢材防腐涂层表面，并记录标尺读数，精确至0.5mm。

（3）检测结果分析：涂装层外观质量及厚度分析。

2. 原因分析

（1）材料原因

1）涂料中含重涂料太多，涂料研磨不均匀，涂料湿润性能不良。

2）涂料中混入泥沙等杂物，涂刷中形成结块。

3）涂料粘结强度不够，不能与基层附着或附着力太小。

4）基层腻子胶性太小，遇潮湿会开裂、卷皮。

5）材料老化。

（2）施工工艺的原因

1）施工过程中涂料涂刷多涂或漏涂，导致涂层厚度不均匀。

2）涂料涂刷过程中，涂料内部形成气泡，且气泡未被挤出。

3）涂刷的涂膜过厚，施工环境温度过低、湿度过大；稀释剂挥发太快，造成涂料流动性能差。

4）涂刷工具选择不恰当。

5）涂料中稀释剂掺量过多，降低了涂料正常施工黏度，涂料不能附着在钢结构或涂层表面。

6）一次涂刷过厚或未滚涂均匀，稀释剂已挥发，造成涂层过早干燥固化。

（3）措施不当

1）基层潮湿、灰尘、油污等异物未清除干净，裸露钢材未进行除锈处理。

2）施工过程中进行过返工，补涂后未对超厚涂层进行处理。

3）涂层有流坠，未予处理即进行后续涂装。

4）基础表面涂刷不均匀或漏刷，且未进行处理。

5）施工人员违反操作规程，涂刷工作不符合规范要求。

16.3.6 结构线形不顺畅

1. 检测识别

（1）主要检测依据包括：《混凝土结构工程施工质量验收规范》GB 50204、《钢结构工程施工质量验收标准》GB 50205。

（2）检测方法：测量构件的截面尺寸、平整度、曲率半径、控制节点坐标、高程等。

（3）检测结果分析：将结构构件轴线位置偏差、尺寸偏差与设计进行比对，分析差值。

2. 原因分析

（1）混凝土构件

1）因施工过程中质量管控不到位造成的混凝土构件尺寸偏差。

2）荷载作用下引起的结构变形。

3）荷载作用下结构变形。

（2）钢结构构件

1）构件连接处拼接不准确。

2）构件运输安装过程中经碰撞等原因变形。

3）荷载作用下结构变形。

16.4 矿山法区间隧道工程

矿山法作为地铁区间隧道施工中应用较为广泛的方法，对施工测量及其控制的要求相对较高。因此，在当前高度重视施工质量与安全的背景下，通过梳理对矿山法地铁区间隧道常见质量问题的检测与识别的方法，来及时发现矿山法隧道的质量缺陷，以更好地服务城市轨道交通工程。

16.4.1 洞门渗漏水

1. 检测识别

检测识别参见 16.1.1 地下连续墙渗漏水中相关内容。

2. 原因分析

(1) 洞门土体颗粒渗透系数较大，土质松软，进洞前未对洞门及周围土体加固；或地表水渗透或雨水冲刷使隧道洞门边仰坡失稳。

(2) 洞门边、仰坡开挖采用大爆破作业方式，对隧道洞口围岩产生扰动，导致洞口岩石裂隙发育，地下水与工作面贯通，水流顺裂隙及贯通面而下，直至洞口。

(3) 洞口在隧道坡度为顺坡时，水流沿坡度直接汇入洞口。

(4) 洞口开挖后防水措施不到位，无引流排水措施。

16.4.2 洞门变形

1. 检测识别

(1) 主要检测依据包括：《城市轨道交通工程监测技术规范》GB 50911、《城市轨道交通工程测量规范》GB/T 50308、《铁路隧道设计规范》TB 10003 等。

(2) 检测方法：见表 16-4。

洞门变形检测、监测方法汇总表　　表 16-4

检测方法		仪器设备	检测要点
接触量测法	位移监测	收敛计	在洞门周边布设监测点，安装收敛计定期量测洞门周边位移值
	地表测量法	激光水准仪	利用在洞门上方的地表预埋位移观测点，实测开挖前后的位移变形量
非接触量测法	三维位移矢量监控量测法	全站仪（配反射膜片）	在洞门周边测点预埋件上贴反射膜片，以膜片式回复反射器作为测点靶标，通过对比不同时刻测点的三维坐标，获得测点在该时段的三维位移变化量

(3) 检测结果分析：各级围岩在确定开挖断面时，除应满足隧道建筑限界要求外，应预留适当的围岩变形量，其量值可根据围岩级别、隧道宽度、埋置深度、施工方法和支护情况等条件，采用工程类比法确定；当无类比资料时，可参照《铁路隧道设计规范》TB 10003，见表 16-5。

预留变形量（单位：mm） **表 16-5**

围岩级别	单线隧道	双线隧道	围岩级别	单线隧道	双线隧道
Ⅰ	—	—	Ⅳ	30～50	50～80
Ⅱ	—	10～30	Ⅴ	50～80	80～120
Ⅲ	10～30	30～50	Ⅵ	设计确定	

注：1. 深埋、软岩隧道取大值；浅埋、硬岩隧道取小值；

2. 有明显流变、原岩应力较大和膨胀性围岩，应根据量测数据反馈分析确定。

当出现下列失稳先兆时应加强支护或尽快施作二次衬砌。

1）局部石块坍塌或层状劈裂、喷混凝土层的大量开裂。

2）累计位移量已达到极限位移的 2/3，且仍未发现隧道周边位移速度有明显减缓的趋势。

3）每日的位移量大于极限位移的 10%。

4）洞室变形的异常加速，即在无施工干扰时的变形速率加大。

2. 原因分析

（1）洞口处受围岩偏压影响，较其他部位更容易产生变形。

（2）自然原因。受冰雪雨水的影响，地表覆盖岩土体受降水侵蚀，削弱了原岩的承载和自稳能力，洞身支护结构受侧向压力、上部岩土体压力荷载急剧增大影响，发生沉陷变形。

（3）地质条件不良的原因。洞门处围岩松散，多系破碎残积土、碎石土及风化岩层，稳定性极差，施工时边仰坡加固注浆、喷锚支护不到位，引起洞口收敛，变形严重。

（4）施工工艺因素。在施工过程中，洞口下导坑已经开挖成型，仰拱锚喷支护施工作业已完成，衬砌钢筋已经绑扎，仰拱混凝土没有及时浇筑，形成支护拱架悬空的局面。地表覆盖层沉降变形过大，加上洞口地形的不利影响，覆盖层岩体沉降对拱架挤压，造成拱架横向变形过大。

（5）初期支护沿纵向强弱逐段分布，两榀钢架间受爆破振动影响易出现环向裂缝，洞门出现收敛。

16.4.3 初支、衬砌渗漏水

1. 检测识别

检测识别参见 16.1.1 地下连续墙渗漏水中相关内容。

2. 原因分析

（1）初支背后不密实，成为汇水节点，容易通过喷射混凝土裂隙渗出。

（2）超前注浆止水未按要求进行，效果不明显。

（3）架设格栅前未喷射保护层，导致地下水沿格栅与喷层之间空隙渗出。

（4）自防水喷射混凝土不规范。

（5）拱顶衬砌不密实。当围岩压力过大时，导致拱腰部位衬砌出现纵向拉裂，拱顶衬砌压碎掉块，导致渗漏。

(6) 支护技术不过关。工程上常用的先拱后墙法施工，循环进尺短衬砌紧跟、以衬代支，致使衬砌接缝过多，且接缝处理不能达到防水标准，导致接缝渗水。

(7) 振捣不到位。在混凝土衬砌的施工中，有时存在振捣不到位的现象，形成透水的开放性毛细管路，尤其是混凝土拌合物在密实泌水过程中，析出水分，部分被挤向上面，部分聚集在集料颗粒的下面，导致衬砌混凝土存在泌水管路。

(8) 混凝土中有空隙。由于施工顺序不当或沉降处理不当或衬砌混凝土中存在杂物等原因，导致衬砌混凝土中存在空隙。

(9) 腐蚀性。天然水对衬砌混凝土有腐蚀性，可能造成漏水孔隙，导致衬砌混凝土剥落开裂。

16.4.4 超前支护不到位

1. 检测识别

(1) 主要检测依据包括：《锚杆锚固质量无损检测技术规程》JGJ/T 182、《公路隧道施工技术规范》JTG/T 3660、《公路工程质量检验评定标准　第一册　土建工程》JTG F80/1 等。

(2) 检测方法：见表 16-6。

超前支护检测方法汇总表　　**表 16-6**

检测方法		仪器设备	检测要点
超前锚杆、小导管孔位	尺量	钢尺	环向间距、纵向排距，检查频率为锚杆（导管）数的 10%
超前锚杆、小导管方向	尺量	钢尺辅以目测	锚杆（或导管）打设方向应根据围岩情况确定，尽量与围岩壁面或岩层主要结构面垂直
超前锚杆、小导管钻孔深度	尺量	带有刻度的塑料管或木棍	钻孔深度不应小于锚杆杆体（导管）有效长度，检查频率为锚杆（导管）数的 10%
超前锚杆、小导管孔径与孔形	尺量	钢尺	孔径应符合设计及相关规范要求，检查频率为锚杆（导管）数的 10%
超前锚杆、小导管数量	目测	目视	数量不得少于设计要求
超前锚杆垫板	目测	目视	要求垫板与岩面紧贴，检查频率为锚杆数的 10%
超前锚杆拔力	拉拔试验	锚杆拉拔计	单根锚杆的抗拔力不得低于设计值的 90%，检测数量为锚杆数的 1%且每次不少于 3 根，同组锚杆抗拔力的平均值应不小于设计值

续表

检测方法		仪器设备	检测要点
超前锚杆轴力	电测式	电阻应变式测力锚杆	锚杆轴力量测属于选测项目，结合围岩内部位移量测，在隧道内选择好拟测断面，进行钻孔、安装和量测。量测锚杆埋设后经过 48h 才可进行第一次观测
		钢弦式测力锚杆	
	机械式	机械式测力锚杆	
全长粘结锚杆锚固密实度	声波反射法	锚杆质量无损检测仪	进行锚杆锚固密实度检测前，宜进行现场模拟试验，用检测结果修正现场实测的计算参数。对现场锚杆实测应在锚杆锚固 7d 以后进行。被检锚杆宜随机抽样，并应重点检测拱部及地质条件较差段锚杆
注浆质量	检查孔法	地质钻机	按设计孔位和角度钻检查孔，提取岩芯进行鉴定。同时，测定检查孔的吸水量（漏水量）
	分析法	—	分析注浆记录，查看每个孔的注浆压力、注浆量是否达到设计要求以及注浆过程中漏浆、跑浆是否严重，从而以浆液注入量估算浆液扩散半径，分析是否与设计相符
	物探无损检测法	地质雷达	在注浆前后，采用地质雷达进行扫描探测浆液填充情况。其具体操作按照地质雷达的操作要求，每 50cm 宽度进行一次扫描
		声波探测仪	采用预埋声测管，利用超声波跨孔检测仪器检测注浆前后岩土体的注浆加固效果

（3）检测结果分析：

1）超前锚杆的基本要求：

①锚杆材质、规格等应符合设计和规范要求。

②超前锚杆与隧道轴线外插角宜为 5°～10°，长度应大于循环进尺，宜为 3～5m；超前锚杆与钢架支撑配合使用时，应从钢架腹部穿过，尾端与钢架焊接；锚杆插入孔内的长度不得短于设计长度的 95%；锚杆搭接长度应不小于 1m。

2）超前小导管的基本要求：

① 钢管的型号、规格、质量等应符合设计和规范要求。

② 超前钢管与钢架支撑配合使用时，应从钢架腹部穿过，尾端与钢架焊接。

③ 钢管插入孔内的长度不得短于设计长度的 95%。

注浆材料通常分为两大类，即水泥浆和化学浆。应根据隧道所在围岩地质环境、地下水环境和造价综合考虑选择合适的注浆浆液，配合比应经现场试验确定。隧道超前锚杆、超前小导管实测项目允许偏差见表 16-7，注浆质量指标等级定义表见表 16-8。

超前锚杆、超前小导管实测项目允许偏差　　表 16-7

检测项目	规定值或允许偏差	检查方法和频率
长度（m）	不小于设计值	尺量：检查 10%
孔位（mm）	±50	尺量：检查 10%

续表

检测项目	规定值或允许偏差	检查方法和频率
钻孔深度（mm）	±50	尺量：检查 10%
孔径（mm）	符合设计要求	尺量：检查 10%
锚杆锚固质量	锚固密实度≥75%且长度合格	声波反射法：单项或单元工程的整体锚杆检测抽样率不低于总锚杆数的 10%，且每批不宜少于 20 根

注浆质量指标等级定义表 **表 16-8**

检测项目	注浆质量等级			
	优	良好	合格	不合格
注后岩体透水率（Lu）	0～1	1～3	3～5	>5
单孔声波波速提高率（%）	>15	10～15	5～10	<5
对穿声波波速提高率（%）	>15	10～15	5～10	<5
岩体完整性系数提高率（%）	>8.5	7.0～8.5	5.5～7.0	<5.5
浆液结石胶结率（%）	>90	80～90	70～80	<70
单孔注浆结束流量（L/min）	<2	2～6	6～12	>12
区域注浆总量控制率	>1.2	1～1.2	0.9～1	<0.9
单孔终孔压力与注浆压力比	>1.2	1.1～1.2	1.05～1.1	1～1.05
注浆质量可靠概率（%）	>90	85～90	80～85	<80

2. 原因分析

（1）施工方法选择不当，或工序间距安排不合理。

（2）锚喷支护不及时、方法不当，超前支护不到位，或喷射混凝土质量、厚度不符合要求。

（3）钢支撑施工时，支撑架设质量欠佳，支撑与围岩不密贴，两者间的空隙填塞不密实，或连接不牢固，不能满足围岩压力所需要的强度要求。

（4）施工管控不严，无可靠的“超前支护”保障措施。

16.4.5 隧道超欠挖

1. 检测识别

（1）主要检测依据包括：《公路隧道施工技术规范》JTG/T 3660、《城市轨道交通工程测量规范》GB/T 50308 等。

（2）检测方法：见表 16-9。

隧道超欠挖检测方法汇总表 **表 16-9**

检测方法		仪器设备	检测要点
直接量测开挖面断面积的方法	以内模为参照物直接测量法	钢尺	以内模为参照物，用钢尺直接测量超欠挖
	激光测距法	激光测距仪	利用激光射线在开挖面上定出基点，并由该点实测开挖断面
	投影法	投影机	利用投影机将基点或隧道基本形状投影在开挖面上，然后据此实测开挖断面

续表

检测方法		仪器设备	检测要点
非接触观测法	极坐标法（断面仪法）	激光断面仪	以某物理方向（如水平方向）为起始方向，按一定间距（角度或距离）依次测定仪器旋转中心与实际开挖轮廓线交点之间的矢径（距离）及该矢径与水平方向的夹角，将这些矢径端点依次相连即可获得实际开挖的轮廓线

（3）检测结果分析：超欠挖的测量以爆破设计开挖线为准，实测数据超过表 16-10 规定值或允许偏差则判定为超挖（炮孔深度大于 3m 时，允许超挖值可根据实际情况另行确定），平均线性超挖值＝超挖面积/爆破设计开挖断面周长（不包括隧底），最大线性超挖值是指最大超挖处至设计开挖轮廓切线的垂直距离。隧道允许超挖值见表 16-10。

隧道允许超挖值（单位：mm） **表 16-10**

检测项目		规定值或允许偏差	检查方法和频率
拱部	破碎岩、土（Ⅴ、Ⅵ级围岩）	平均 100，最大 150	水准仪或断面仪：每 20m 一个断面
拱部	中硬岩、软岩（Ⅱ、Ⅲ、Ⅳ级围岩）	平均 150，最大 250	
	硬岩（Ⅰ级围岩）	平均 100，最大 200	
边墙	每侧	＋100，－0	尺量：每 20m 检查 1 处
	全宽	＋200，－0	
仰拱、隧底		平均 100，最大 250	水准仪：每 20m 检查 3 处

拱脚、墙脚以上 1m 内断面严禁欠挖。当石质坚硬完整且岩石抗压强度大于 30MPa，并确认不影响衬砌结构稳定和强度时，允许岩石个别凸出部分（每 $1m^2$ 内部大于 $0.1m^2$）侵入断面，但其隆起量不得大于 50mm。隧道开挖轮廓应按设计要求预留变形量，预留变形量大小宜根据监控信息进行调整。超挖部分必须回填密实。

2. 原因分析

（1）测量放线。主要是控制测量的精度和现场放样的精度不够准确。

（2）钻孔精度。主要是孔位的偏差和外插角的偏差。

（3）爆破措施不当。主要是指爆破方法、爆破参数、爆破器材及装药方法等选择不恰当。

（4）施工管控不严。未对爆破作业现场的人员安排、作业组织、技术水平、技术交底、跟踪指导、质量检测、信息反馈、经验总结、资料采集等采取有效的管理措施。

16.4.6 初支侵限

1. 检测识别

（1）主要检测依据包括：《地下铁道工程施工质量验收标准》GB/T 50299。

（2）检测方法：见表 16-11。

初支侵限检测方法汇总表 **表 16-11**

<table>
<tr><th colspan="2">检测方法</th><th>仪器设备</th><th>检测要点</th></tr>
<tr><td rowspan="2">接触量测法</td><td rowspan="2">直接测量法</td><td>精密水准仪</td><td>采用精密水准仪和铟钢挂尺，在拱顶立标尺进行测量</td></tr>
<tr><td>收敛计</td><td>常用的收敛计为机械式收敛计和数显式收敛计</td></tr>
<tr><td rowspan="2">非接触观测法</td><td>极坐标法
(断面仪法)</td><td>激光断面仪</td><td>以某物理方向（如水平方向）为起始方向，按一定间距（角度或距离）依次测定仪器旋转中心与实际初支界限交点之间的矢径（距离）及该矢径与水平方向的夹角，将这些矢径端点依次相连即可获得实际初支界限的轮廓线</td></tr>
<tr><td>三维坐标法</td><td>全站仪</td><td>具体量测方法与三维位移量测方法类似，由全站仪与反射膜片来测量隧道拱顶下沉</td></tr>
</table>

（3）检测结果分析：初支侵限的测量以预留变形量为准，超出部分即为侵限范围。通过持续一段时间的定期测量，可得到周边位移变化速率。隧道开挖断面应以二次衬砌设计轮廓线为基准，考虑预留变形量、测量贯通误差和施工误差等因素适当放大。

预留变形量应符合设计规定，或根据围岩级别、隧道宽度、埋置深度、施工方法和支护情况等条件，采用工程类比法确定。当无类比资料时，可参照表 16-12。

预留变形量（单位：mm） **表 16-12**

围岩级别	单线隧道	双线隧道	围岩级别	单线隧道	双线隧道
Ⅰ	—	—	Ⅳ	50～80	80～100
Ⅱ	—	30～50	Ⅴ	80～120	100～150
Ⅲ	20～50	50～80	Ⅵ	现场量测测定	

注：在浅埋、硬岩时取小值；深埋、软岩时取大值。

2. 原因分析

（1）施工原因。在施工过程控制、变形控制、工序衔接方面不到位。工艺施作不到位。支护封闭不及时；台阶长度过大；超前小导管注浆施作不到位；锁脚锚管与钢架连接不牢固；监控量测成果未及时反馈及指导施工；围岩及初支变形量超限时，未及时采取加固措施。

（2）地质原因。围岩软弱，岩层分界面起伏大，差异风化严重，岩体结构松散，围岩稳定性极差，遇连续降雨，雨水下渗后软化岩土体致围岩失稳。

16.4.7 初支背后空洞

1. 检测识别

（1）主要检测依据：《铁路隧道衬砌质量无损检测规程》TB 10223。

（2）检测方法：地质雷达法。

检测前应对衬砌混凝土的介电常数或电磁波速做现场标定，且每座隧道应不少于 1 处，每处实测不少于 3 次，取平均值为该隧道的介电常数或电磁波速。当隧道长度大于 3km、衬砌材料或含水量变化较大时，应适当增加标定点数。实测时将雷达的发射和接收天线密贴于喷层表面，根据接收到电磁波的双程走时、幅度与波形资料推断介质的结构。

实测时将雷达的发射和接收天线密贴于喷层表面，雷达波通过天线进入混凝土衬砌中，遇到钢架、钢拱架、材质有差别的混凝土、混凝土中间的不连续面、混凝土与空气分界面、混凝土与岩石分界面、岩石中的裂面等产生反射，接收天线接收到反射波，测出反射波的入射、反射双向走时，就可计算出反射波走过的路程长度，从而求出天线距反射面的距离。

隧道施工过程中质量检测的测线布置以纵向布线为主，横向布线为辅。纵向布线的位置应在隧道拱顶、左右拱腰、左右边墙和隧底各布1条；横向布线可按检测内容和要求布设线距，一般情况线距为8～12m。采用点测时每断面不小于6个点。若检测中发现不合格地段，应加密测线或测点。

隧道竣工验收时质量检测应纵向布线，必要时可横向布线。纵向布线的位置应在隧道拱顶、左右拱腰和左右边墙各布1条；横向布线的线距8～12m；采用点测时每断面不小于5个点。需确定回填空洞规模和范围时，应加密测线或测点。三线隧道应在隧道拱顶部位增加2条测线。测线每5～10m应有一个里程标记。

当被检隧道长度小于50m时，可采用横向布线。采用横向布线时，可连续测量，也可点测，但一个断面上的测点不应少于6个。

施工过程质量控制也可视情况随时横向布线，重点地段可纵向、横向综合布线。

(3) 检测结果分析：初支背后回填密实度的主要判定指标如下：

1) 密实。信号幅度较弱，甚至没有界面反射信号。

2) 不密实。衬砌界面的强反射信号同相轴呈绕射弧形，且不连续。

3) 空洞。衬砌界面的反射信号强，三振相明显，在其下部仍有强反射界面信号，2组信号时程差较大。

2. 原因分析

(1) 施工原因。开挖断面的爆破效果不佳，产生超挖。初期智慧化工序混乱，初喷时间延迟，围岩在此期间没有约束，易变形，形成空洞。

(2) 地质原因。围岩层理、节理发育，层间结合力弱，极易滑塌。

16.4.8 初支开裂

1. 检测识别

(1) 主要检测依据包括：《喷射混凝土加固技术规程》CECS 161、《公路工程质量检验评定标准　第一册　土建工程》JTG F80/1。

(2) 检测方法：初支喷射混凝土表面与成型混凝土表面相比粗糙、不平整，故表面裂缝的检测以目测普查为主、仪器检测为辅，裂缝的检测方法参见第16.2.2小节。

(3) 检测结果分析：现场通过目测确定裂缝位置，绘制裂缝分布图，记录裂缝处有无渗漏水现象，选择几处裂缝较宽处，量测裂缝宽度，并作标记，间隔数天之后量测裂缝宽度是否呈增大趋势，并计算速率。

2. 原因分析

(1) 施工原因。初期支护的施工工序、质量不满足设计要求，二衬施工不及时等。

(2) 地质原因。围岩受爆破振动作用，形成松动圈，松动圈的岩石碎胀变形压力作用在初支上，当压力超过初支的承载极限时，初支出现开裂破坏。

(3) 材料原因。喷射混凝土因温度、湿度等原因产生收缩裂缝。

16.4.9 初支厚度不足

1. 检测识别

（1）主要检测依据包括：《公路工程质量检验评定标准　第一册　土建工程》JTG F80/1、《铁路隧道衬砌质量无损检测规程》TB 10223。

（2）检测方法：见表 16-13。

初支厚度检测方法汇总表　　表 16-13

检测方法		仪器设备	检测要点
局部破损检测	凿孔法	取芯机	宜在混凝土喷后 8h 以内，用取芯机或短钎将孔凿出。如混凝土与围岩粘结密实，颜色相近而不易分辨时，可用酚酞试液涂抹孔壁，碱性混凝土即呈现红色
无损检测	地质雷达法	地质雷达	选择有屏蔽功能的天线，垂直分辨率应高于 2cm，在混凝土中的最大探测深度应大于 1m

（3）检测结果分析：检查断面数量，凿孔检查时，每 10 延米检查一个断面，每个断面从拱顶中线起每隔 3m 凿孔检查一个点；地质雷达法检查时，从拱顶中线起每隔 3m 布置一条纵向连续测线，按每 10 延米一个断面列出各测点喷层厚度。

（4）合格标准：每个断面上，全部检查点喷层厚度应有 90％以上不小于设计厚度。最小厚度不应小于设计厚度的 50％，且不小于 50mm。检查孔处的平均厚度不得小于设计厚度。

2. 原因分析

（1）爆破效果。隧道断面因光爆效果差而成型不好，容易导致超挖处混凝土喷层过厚，而欠挖处喷层又过薄。有钢架地段，超挖过大时，无法采用喷射混凝土回填密实。

（2）混凝土喷射回弹率。回弹量大，容易造成延长施工作业时间、浪费原材料等问题，继而导致混凝土喷层达不到设计厚度。

（3）施工管理。如果施工管理不严，没有采取诸如拉线覆喷、埋设标准桩等严格控制喷层厚度的措施，容易造成厚度不足。

（4）喷射参数。喷射混凝土的风压、水压、喷头与喷面的距离、喷射角度、喷射料的粒径等，影响对喷层厚度的控制。

16.4.10 初支强度不够

1. 检测识别

（1）主要检测依据包括：《公路隧道施工技术规范》JTG/T 3660、《公路工程质量检验评定标准　第一册　土建工程》JTG F80/1。

（2）检测方法：喷大板切割法、凿方切割法。

喷大板切割法就是在施工的同时，将混凝土喷射在 450mm×350mm×120mm（可制成 6 块）或 450mm×200mm×120mm（可制成 3 块）的模型内，当混凝土达到一定强度后，加工成 100mm×100mm×100mm 的立方体试件，在标准条件下养护至 28d 进行试验

（精确到 0.1MPa）。当采用喷大板切割法对强度有怀疑时，可用凿方切割法。凿方切割法应在具有一定强度的支护上，用凿岩机打密排钻孔，取出长约 350mm、宽约 150mm 的混凝土块，加工成 100mm×100mm×100mm 的立方体试块，在标准条件下养护至 28d，用标准试验方法测得的极限抗压强度，乘以 0.95 的系数（精确到 0.1MPa）。

（3）检测结果分析：用标准试验方法测得极限抗压强度，并乘以 0.95 的系数。

检查试件的制取组数：试件 3 件 1 组。双车道隧道每 10 延米，至少在拱部和边墙各取一组试件。其他工程，每喷射 50～100m^3 混合料或小于 50m^3 混合料的独立工程，不得少于 1 组。材料或配合比变更时，应重新制取试件。

（4）喷射混凝土抗压强度的合格标准：

1）同批试件组数大于或等于 10 时，试件抗压强度平均值不低于设计值，且任一组试件抗压强度不低于 0.85 倍的设计值。

2）同批试件组数小于 10 时，试件抗压强度平均值不低于 1.05 倍的设计值，且任一组试件抗压强度不低于 0.9 倍的设计值。

2. 原因分析

（1）原材料原因，如水泥质量不良、拌合水质量不合格、外加剂质量不合格或组成配合比不当等。

（2）施工工艺不正确，混凝土配合比不当、搅拌不佳，时间过短或过长造成不匀，喷射后养护不到位。

16.4.11 大跨度多步开挖钢架错位

1. 检测识别

（1）主要检测依据包括：《公路工程质量检验评定标准　第一册　土建工程》JTG F80/1、《铁路隧道衬砌质量无损检测规程》TB 10223。

（2）检测方法：地质雷达法。测线选择沿隧道方向纵向布线为主，横向布线为辅，采用连续测量方式，扫描速度不得小于 40 道（线）/s。特殊地段或条件不允许时，可采用点测方式，测量点距不宜大于 20cm。

（3）检测结果分析：雷达数据解释时，应根据现场记录，分析可能存在干扰的预埋管件等刚性构件的位置，准确地区分衬砌内部缺陷异常与预埋管件异常；再通过分析雷达图的信号，判断钢架所在位置，计算钢架间距与设计值作对比。雷达数据解释完后，必须现场打孔验证。

2. 原因分析

（1）测量放线，多步开挖时对工序衔接、测量精度达不到质量要求。

（2）隧道大变形破坏。围岩发生较大的大变形，已施作的初期支护破坏严重，钢架发生错位。

16.4.12 防水板搭接、焊接不牢

1. 检测识别

（1）主要检测依据包括：《公路隧道施工技术规范》JTG/T 3660、《公路工程质量检验评定标准　第一册　土建工程》JTG F80/1、《地下防水工程质量验收规范》GB 50208。

（2）检测方法：见表16-14。

检测方法汇总表　　表16-14

检测方法		仪器设备	检测要点
现场检测	焊缝的密封性检测（充气试验）	注射针、压力表	使用打气筒充气，在压力表达到试验压力值时停止充气，观测15min内是否存在压力下降
试验室检测	焊缝的抗剥离强度检测	剥离强度测试仪	需采用测试精度满足强度试验要求的测试仪，选择合适的加载速度

（3）检测结果分析：充气试验过程中，用肥皂水涂在焊接缝上，产生气泡为焊接欠佳处。当压力表达到0.25MPa时，保持15min，压力下降在10%以内，焊缝质量合格，如压力下降大于10%，证明有未焊好之处。

检查数量：每条焊缝均应做充气检查。

焊缝拉伸强度不得小于防水板强度的70%，焊缝抗剥离强度不小于70N/cm。

防水板的材质、性能、规格必须满足设计要求，铺设防水板的基面应坚实、平整、圆顺，无漏水现象。防水板焊接焊缝应全部进行充气检查。

2. 原因分析

（1）焊接质量。如焊接温度控制不当、速度过快等产生较大范围漏焊、假焊。

（2）基面不平整。锚喷基面平整度不佳，影响防水板的铺贴质量。

（3）环境条件。因根据焊接温度、空气流动性调整焊接温度或爬行速度。

16.4.13　防水节点细部构造施工不到位

1. 检测识别

（1）主要检测依据：《地下防水工程质量验收规范》GB 50208。

（2）检测方法：中埋式止水带主要检查预埋位置和止水带接头粘结情况；止水条主要检查预留槽、止水条嵌入施工和接头粘结情况。

（3）检测结果分析：止水带检查内容，见表16-15。

止水带实测项目　　表16-15

检测项目	规定值或允许偏差（mm）	检查方法和频率
内模到止水带的间距	±50	每环用钢尺检查3处
偏离中心	≤30	每环用钢尺检查3处

中埋式止水带施工检查：

1）止水带安装的横向位置。止水带预埋于衬砌厚度的1/3～1/2处，用钢卷尺量测内模到止水带的距离。与设计尺寸相比，偏差不应超过5cm。

2）止水带安装的纵向位置。止水带以施工缝或伸缩缝为中心两边对称，即埋在相连两衬砌环节内的宽度是相等的。用钢卷尺检查，要求止水带偏离中心不能超过3cm。

3）止水带应与衬砌端头模板正交。浇筑混凝土前应用角尺检查。

4）根据止水带材质和止水部位可采用不同的接头方法。每环中的接头不宜多于1处，且不得设在结构转角处。对于橡胶止水带，其接头形式应采用搭接或复合接；对于塑料止水带，其接头形式应采用搭接或对接。止水带的搭接宽度可取10cm，冷粘或焊接的缝宽不小于5cm。

5）止水带现场接头检查。留设止水带接头时，应尽量避开排水坡度小与容易形成壁后积水的部位，最好留设在起拱线上下。其次应检查接头处上下止水带的压茬方向，此方向应以排水顺畅、将水外引为正确方向，即上部止水带靠近围岩，下部止水带靠近隧道内壁。接头强度：用手轻撕接头，观察接头强度和表面打毛情况，不合格时重新粘结。

止水条施工检查：

1）在先浇混凝土中需预留止水条安放槽。端头应埋设表面涂有隔离剂的楔形硬木条（或塑料条），形成预留浅槽，其槽应平直，槽宽比止水条宽1～2mm，槽深为止水条厚度的1/2～2/3，确保遇水膨胀止水条能够牢固地安装在预留浅槽内。

2）遇水膨胀止水条接头处应重叠搭接后再粘结固定，沿施工缝及沉降缝形成闭合环路。

3）止水条定位后至浇筑下一环混凝土前，应避免被水浸泡。

2. 原因分析

（1）施工管控不严，未对作业现场的人员安排、作业组织、技术水平、技术交底、跟踪指导、质量检测、信息反馈、经验总结、资料采集等采取有效的管理措施。

（2）混凝土的干缩和端头模板漏浆易造成止水带周围不密实。

16.4.14 仰拱隆起开裂

1. 检测识别

（1）主要检测依据：《地下铁道工程施工质量验收标准》GB/T 50299。

（2）检测方法：相对高程量测法。在检测断面仰拱埋设短钢筋或短锚杆作为观测点，用精密水准仪测量其相对高程，计算高程变化值（隆起量变化值）。开裂宽度采用直尺量测。

（3）检测结果分析：仰拱隆起量检测以开挖之后的持续监测数据为依据，每次实测数据与初始量测之差值即为实际隆起量。隆起开裂的裂缝宽度选择裂缝较宽处量测，每处量测以三次读数的平均值作为实测值。

2. 原因分析

（1）地质因素。如围岩遇水软化，导致仰拱基础承载力降低。

（2）高地应力。隧道开挖后应力重新分布，局部产生应力集中，导致仰拱隆起开裂。

（3）施工措施不当。

16.4.15 仰拱曲度不够、浇筑深度不足

1. 检测识别

（1）主要检测依据：《铁路隧道设计规范》TB 10003。

（2）检测方法：检测方法见表16-16。

检测方法汇总表　　表 16-16

检测方法		仪器设备	检测要点
仰拱曲度非接触观测法	极坐标法（断面仪法）	激光断面仪	以某物理方向（如水平方向）为起草方向，按一定间距（角度或距离）依次测定仪器旋转中心与实际仰拱轮廓线交点之间的矢径（距离）及该矢径与水平方向的夹角，将这些矢径端点依次相连即可获得实际仰拱的轮廓线
仰拱浇筑深度接触量测法	地质雷达法	地质雷达仪	检测前应对衬砌混凝土的相对介电常数或电磁波速做现场标定，且每座隧道应不少于1处，每处实测不少于3次，取平均值为该隧道的介电常数或电磁波速
	声波法	声波检测仪	沿隧道里程每8～12m布置一个测试断面，在仰拱位置布设1～3个测点，采用反射波法检测浇筑混凝土厚度

（3）检测结果分析：仰拱填充混凝土的厚度应符合设计要求。仰拱顶面高程和曲率应符合设计要求，高程允许偏差为±15mm，表面坡度应平顺、排水通畅、不积水。

2. 原因分析

（1）浇筑仰拱混凝土不安装内模、两侧混凝土捣固不密实，无法保证仰拱的曲度。

（2）光爆效果不佳，造成超欠挖现象，易导致仰拱混凝土浇筑厚度不够。

（3）施工管控不严，未对作业现场的人员安排、作业组织、技术水平、技术交底、跟踪指导、质量检测、信息反馈、经验总结、资料采集等采取有效的管理措施。

16.4.16　衬砌钢筋排距不均匀

1. 检测识别

（1）主要检测依据包括：《混凝土结构现场检测技术标准》GB/T 50784、《混凝土中钢筋检测技术标准》JGJ/T 152。

（2）检测方法：地质雷达法。检测前应对衬砌混凝土的相对介电常数或电磁波速做现场标定，且每座隧道应不少于1处，每处实测不少于3次，取平均值为该隧道的介电常数或电磁波速。

（3）检测结果分析：进行混凝土内埋钢筋参数检测时，被检测区域应满足以下两个条件：

1）被检测部位至少有一个相对平整的检测面。

2）测线宜垂直于被检测区域钢筋方向。

可通过绘图方式给出钢筋排距检测结果，亦可将数据链接到CAD制图，对被检测区域钢筋进行三维立体显示，并可绘制钢筋平面图。当变异系数小于10%时，可判定检测结果均匀性较好；当变异系数大于10%时，可判定检测结果均匀性较差。在有条件的情况下，可选取一定数量的钢筋，采用钻孔、剔凿等方法进行验证。

2. 原因分析

（1）施工工艺原因。钢筋绑扎不牢，出现松扣、脱扣；钢筋之间、钢筋与模板之间的垫块未安放到位；混凝土振捣时过振影响到钢筋的摆放位置。

（2）施工管控不严，未对作业现场的人员安排、作业组织、技术水平、技术交底、跟踪指导、质量检测、信息反馈、经验总结、资料采集等采取有效的管理措施。

16.4.17 衬砌背后空洞

1. 检测识别

（1）主要检测依据：《铁路隧道衬砌质量无损检测规程》TB 10223。

（2）检测方法：地质雷达法。

具体检测方法同第16.4.7小节。

（3）检测结果分析：同第16.4.7小节。

2. 原因分析

（1）隧道爆破施工时光面爆破措施控制不当，导致围岩超欠挖严重，且未按照规定方案进行处理，从而造成支护与围岩之间接触不良，甚至演化成大型空洞。

（2）在施作二次衬砌时，由于泵送混凝土压力不足而导致混凝土难以填满模板，尤其是在钢筋混凝土段施工时，由于钢筋的阻碍作用，泵送混凝土压力不足的影响更为明显。由于泵送混凝土压力不足而导致的二次衬砌后背后产生空洞的现象很多。

（3）模板的底座基础不坚实，在灌注混凝土结束以后，由于混凝土自身重量的作用，模板产生下沉，导致二次衬砌与初期支护之间产生脱空，严重时可能造成全断面脱空。

（4）混凝土材料质量不合格而产生的衬砌背后空洞。如新拌混凝土的和易性不良、集料级配不良以及混凝土自身的收缩变形等因素均可导致衬砌背后空洞的产生。

（5）养护方面原因。由于施工车辆引起的振动以及围岩中水的作用，可能导致已有空洞周边围岩逐渐松动甚至塌落，出现更大范围的空洞。

16.4.18 衬砌裂缝

1. 检测识别

（1）主要检测依据包括：《混凝土结构现场检测技术标准》GB/T 50784等。

（2）检测方法：裂缝分布、走向、长度、宽度及深度的测量，详见第17.2.2小节。

（3）检测结果分析：二次衬砌的混凝土分项工程中，应满足《地下铁道工程施工质量验收标准》GB/T 50299—2018第5.7节中强度、外观质量的要求。

2. 原因分析

（1）施工工艺或现场操作不规范：

1）隧道开挖成型差，衬砌混凝土厚度严重不均匀；欠挖或初期支护侵入衬砌限界，造成衬砌混凝土厚度不足，个别隧道衬砌混凝土背后存在脱空现象。

2）未开展监控量测工作，仅凭经验来确定二次衬砌的施作时间，安全可靠性差，造成二次衬砌超设计荷载承受围岩压力。

3）混凝土生产时原材料计量误差大，尤其外加剂的掺加随意性大，没有根据砂、石料的实际含水率及时调整施工用水量，造成混凝土水灰比增大。

4）采用整体式钢模板台车施工，混凝土浇筑时不振捣或漏振，混凝土均质性差。

5）盲目追求施工进度，随意提前脱模时间，使低强度混凝土过量承受荷载，破坏了混凝土结构，脱模后没有进行混凝土的潮湿养护。

6）夏季施工时砂、石料露天堆放，无切实有效的降温措施，混凝土入模温度高；冬期施工时采取的防寒保温措施不力。

（2）原材料质量差、配合比设计不合理：

1）水泥品种选择不当，安定性不良，不同批次的水泥混用。

2）碎石、砂级配差，含泥量超标，碎石中石粉含量大，针、片状物过多，影响了水泥与集料的胶结。

3）进行配合比设计时，忽视水泥用量增多对混凝土品质的影响，错误认为水泥用量越多，混凝土强度越高。

4）对掺合料和外加剂的选用缺乏专业技术人员的指导，往往达不到预期的效果。

16.4.19 小间距隧道变形、开裂

1. 检测识别

（1）主要检测依据包括：《城市轨道交通工程测量规范》GB/T 50308、《城市轨道交通工程监测技术规范》GB 50911。

（2）检测方法：见表 16-17。

隧道变形检测方法汇总表 **表 16-17**

检测方法		仪器设备	检测要点
接触量测法	位移监测	收敛计	在洞门周边布设监测点，安装收敛计定期量测断面周边位移值
	尺量	裂缝宽度仪、卷尺	通过目测确定裂缝位置，选择几处裂缝较宽处，用裂缝宽度仪量测缝宽，并用卷尺量测裂缝长度
	声波检测	声波检测仪	通过声波反射原理，检测衬砌混凝土裂缝深度
非接触观测法	三维位移矢量监控量测法	全站仪（配反射膜片）	在隧道周边测点预埋件上贴反射膜片，以膜片式回复反射器作为测点靶标，通过对比不同时刻测点的三维坐标，获得测点在该时段的三维位移变化量

（3）检测结果分析：根据变形速度或监测点（监测断面）距开挖面的距离确定监测频率，对矿山法隧道周边和初支结构变形量进行监测，见表 16-18 和表 16-19。

矿山法隧道变形监测频率（按变形速度） **表 16-18**

变形速度 W（mm/d）	监测频率（次/d）
$W>10$	2/1d
$5<W\leqslant10$	1/1d
$1<W\leqslant5$	1/2d
$W\leqslant1$	1/>7d

注：d—天。

矿山法隧道变形监测频率（按监测点距开挖面距离） 表 16-19

监测部位	监测对象	开挖面至监测点或监测断面的距离	监测频率（次/d）
开挖面前方	周围岩土体和周边环境	$2B<L\leqslant 5B$	1/2d
		$L\leqslant 2B$	1/1d
开挖面后方	初期支护结构、周围岩土体和周边环境	$L\leqslant 1B$	（1～2）/1d
		$1B<L\leqslant 2B$	1/1d
		$2B<L\leqslant 5B$	1/2d
		$L>5B$	1/（3d～7d）

注：1. B—矿山法隧遁或导洞开挖宽度（m），L—开挖面至监测点或监测断面的水平距离（m），d—天；
2. 当拆除临时支撑时应增大监测频率；
3. 监测数据趋于稳定后，监测频率宜为 1 次/（15d～30d）。

2. 原因分析

（1）后期开挖隧道引起土压力重新分配，对前期隧道造成偏压，导致围岩变形，初支开裂。

（2）隧道间围岩加固效果不好，未达到设计要求。

（3）工后沉降不均匀，后期开挖隧道引起前期隧道二次沉降。

16.5 盾构区间工程

目前国内地铁盾构隧道主要由钢筋混凝土预制管片构成，其原理是拼装成环的管片直接成为隧道的最终衬砌，在隧道施工和使用过程中保持结构稳定，并承担盾构机的顶推力、注浆压力、围岩压力和地下水压力。盾构隧道管片是隧道的主要结构形式，也是隧道的防水、防火和耐久性等综合性能的保证，管片拼装后的外观质量和防水质量是影响隧道质量的直接因素。

16.5.1 洞门钢环安装

1. 检测识别

（1）主要检测依据包括：《城市轨道交通工程测量规范》GB/T 50308、《地下铁道工程施工质量验收标准》GB/T 50299。

（2）检测方法：

1）采用全站仪和水准仪测量洞门钢环圆心坐标。

隧道洞门钢环的内侧是空间的一个圆，根据洞门钢环的制作工艺和实际情况，可认为钢环是较稳定，且变形很小的标准圆。以施工场地内平面和高程控制点作为起算数据，将平面坐标和高程传递到洞门附近，利用全站仪及对应的可以贴在钢环边缘的反射片，测量钢环内侧边缘的三维坐标。在考虑施工现场的场地环境前提下，尽可能地保证测量点密度和均匀性，覆盖整个钢环。钢环的圆心坐标可通过 3 个测点的三维坐标计算得到，在实际测量中为了提高测量精度和可靠性，至少应选取 3 个以上的点进行测量，采用最小二乘方法对观测数据进行处理，获取圆心坐标和半径的最或是值。

2）极坐标法（断面仪法）。采用激光断面仪测量洞门钢环椭圆度。

（3）检测结果分析：洞门钢环圆心实测坐标与设计坐标进行比较，计算偏差值。

2. 原因分析

（1）施工单位在设计坐标值计算、施工放样过程中产生误解或错误。

（2）计算和放样洞门中心坐标均采用线路中心线坐标，未考虑平曲线偏移或竖曲线修正坐标，复核制度执行不到位。

（3）钢环刚度、强度不足，钢环内外支撑体系不满足要求；钢环制作安装误差过大、锈蚀、上浮等导致的变形。

16.5.2 管片生产质量

1. 检测识别

（1）主要检测依据包括：《盾构隧道管片质量检测技术标准》CJJ/T 164、《回弹法检测混凝土抗压强度技术规程》JGJ/T 23。

（2）检测方法：见表 16-20。

管片质量检测方法汇总表　　表 16-20

检测方法		仪器设备	检测要点
实体强度	回弹法 钻芯法	回弹仪 取芯机	回弹法对现龄期混凝土强度进行推定；取芯法对芯样抗压强度进行测定
外观质量	尺量法、 超声法	钢尺、深度游标卡尺、裂缝宽度仪、超声分析仪	缺陷大小测量，裂缝宽度、裂缝深度检测
几何尺寸偏差	尺量法、 电磁感应法	钢尺、游标卡尺	进行厚度、宽度、钢筋保护层厚度检测
抗渗性能	抗渗试验	抗渗装置	分级加压，每级稳压时间为 10min，设计抗渗压力下稳压 2h，检查管片内弧面渗漏情况，观察记录渗漏高度
抗弯性能	静载试验	加载支架、千斤顶、应力传感器、数显百分表	分级加载，每级恒载时间不应少于 5min，记录每级荷载值作用下的各测点位移，并观察管片是否出现裂缝，当管片出现裂缝后，应持续荷载 10min，观察混凝土管片裂缝的开展，当加载至设计荷载时，应持续荷载 30min，观察混凝土裂缝开展，记录最大裂缝宽度，并绘制中心点位移、荷载点位移、水平点位移与荷载的关系曲线图
抗拉拔性能	拉拔试验	拉拔仪、数显百分表	分级加载，每级持荷时间不应少于 5min，记录每级荷载作用下螺栓的位移量；当加载达到设计荷载时，应持续荷载 30min，每 5min 测量一次位移，记录荷载和位移，终止试验并观察混凝土管片裂缝开展情况

（3）检测结果分析：管片性能应满足设计、《盾构隧道管片质量检测技术标准》

CJJ/T 164及《盾构法隧道施工及验收规范》GB 50446 的要求。

2. 原因分析

（1）管片模具磨损、尺寸偏差导致管片几何尺寸偏差。

（2）混凝土原材料性能、配合比不合理、浇筑养护不当等导致混凝土强度不足，力学性能、抗渗性能等不符合要求。

（3）成品保护、外观修复不到位、不规范等引起的外观质量缺陷。

16.5.3 盾构轴线

1. 检测识别

（1）主要检测依据：《城市轨道交通工程测量规范》GB/T 50308。

（2）检测方法：轴线偏差测量。采用全站仪和水准仪测量轴线坐标。

（3）检测结果分析：将轴线实测坐标值与设计坐标值进行比较，确定偏差量。

2. 原因分析

（1）因计算、复核、测量误差和坐标输入等环节出现偏差导致的轴线采用坐标不准确。

（2）盾构机姿态控制不合理、纠偏不及时或拼装操作方法不合理等造成轴线偏差超限。

（3）同步注浆浆液质量不合格、注浆量不足、浆液固结时间与掘进速度不匹配等造成隧道偏位。

16.5.4 成型隧道管片渗漏水

1. 检测识别

检测识别参见 16.1.1 地下连续墙渗漏水中相关内容。

2. 原因分析

（1）管片在制作时出现砂眼、气孔、龟裂缩纹等缺陷，且未得到有效修复处理。

（2）管片在堆放、运输、拼装中受挤压、碰撞等造成缺边掉角、裂纹等破损；管片成品吊装、运输过程中防水脱落。

（3）管片密封槽、螺栓孔、结构本身存在裂纹，容易形成渗漏水通道。

（4）管片传力衬垫、防水止水条粘贴不好，管片错台后部分止水条偏出管片止水槽，导致止水条衔接不密实或失效，形成管片渗漏。

（5）同步注浆、二次注浆、堵漏效果不理想。

16.5.5 成型隧道管片错台

1. 检测识别

（1）主要检测依据包括：《盾构法隧道施工及验收规范》GB 50446。

（2）检测方法：尺量。检测相邻管片的径向错台、环向错台。

（3）检测结果分析：依据《盾构法隧道施工及验收规范》GB 50446，地铁隧道错台允许偏差见表 16-21。

地铁隧道错台允许偏差 表 16-21

	允许偏差（mm）	检查频率
相邻管片的径向错台	10	4点/环
相邻管片环向错台	15	1点/环

2. 原因分析

（1）地质因素影响。

（2）盾构机姿态影响。

（3）人员操作水平。

16.5.6 成型隧道管片碎裂、缺角、裂缝缺陷

1. 检测识别

（1）主要检测依据包括：《盾构法隧道施工及验收规范》GB 50446、《盾构隧道管片质量检测技术标准》CJJ/T 164。

（2）检测方法：现场外观质量检查（测）。主要包括管片裂缝、内外弧面露筋、孔洞、疏松、夹渣、蜂窝等主控项目；拼接面裂缝、麻面、粘皮、缺棱掉角、飞边、环纵向螺栓孔等一般项目。

（3）检测结果分析：依据《盾构隧道管片质量检测技术标准》CJJ/T 164—2011 第4.1.2条规定的质量要求，不满足的应进行修补或作废处理。

2. 原因分析

（1）混凝土原材料、配合比、养护等因素影响，管片混凝土强度未达到设计要求。

（2）盾构机械的影响，拼装时管片在吨位中的偏心量太大，管片与盾尾发生磕碰现象，以及盾构推进时盾壳卡坏管片。

（3）施工盾构姿态与推进速度的影响，管片拼装时，传力衬垫粘贴厚度不均或不牢脱落，相邻管片错动等引起的传力不当。

（4）成型隧道上浮或同步注浆施工工艺的影响。

16.5.7 管片拼装椭圆度

1. 检测识别

（1）主要检测依据包括：《盾构法隧道施工及验收规范》GB 50446、《城市轨道交通工程测量规范》GB/T 50308。

（2）检测方法：采用激光隧道断面仪，进行断面椭圆度测量，激光隧道端面仪检测要点可参见第16.4.5小节。

（3）检测结果分析：依据《盾构法隧道施工及验收规范》GB 50446，地铁隧道衬砌环直径椭圆度允许偏差见表16-22。

地铁隧道衬砌环直径椭圆度允许偏差 表 16-22

检测项目	允许偏差（mm）	检查频率
衬砌环直径椭圆度	$\pm 0.6\%D$	10环

注：D—隧道的外直径（mm）。

2. 原因分析

（1）管片的拼装位置中心与盾尾的中心不同心，管片无法在盾尾内拼装成正圆，只能拼装成椭圆形。

（2）管片的环面与盾构轴线不垂直，使管片与盾构的中心不同心。

（3）单边注浆使管片受力不均匀。

16.5.8 成型隧道管片上浮或下沉

1. 检测识别

（1）主要检测依据：《城市轨道交通工程测量规范》GB/T 50308。

（2）检测方法：垂直位移测量。利用水准仪测量管片各部位的竖向标高（按照二等水准测量精度要求），以此计算各期前后的变化情况。

（3）检测结果分析：管片位置的测量以隧道管片成型后为起始，通过在管片上布设沉降观测点，按照二等水准测量的要求施测，通过点位的沉降情况结合现场及变形趋势判断管片上浮或下沉的变形情况。

2. 原因分析

（1）因注浆浆液的静态上浮力或动态上浮力作用使管片上浮。

（2）施工中盾构顶进千斤顶造成的管片纵向偏心荷载，致使管片纵向发生弯曲变形，导致管片上浮或下沉。

（3）泥水盾构掘进使用较大的切口水压，可能造成盾尾上抬，进而带动附件管片上浮。

（4）隧道开挖卸荷导致的地基回弹作用，可能造成盾构隧道的局部或整体上浮；地基土体受扰动塌陷可能造成局部下沉。

16.5.9 后浇环梁（井接头）渗漏水

1. 检测识别

检测识别参见 16.1.1 地下连续墙渗漏水中相关内容。

2. 原因分析

（1）端头土体（含夹心层）加固质量不佳，容易形成渗漏水通道。

（2）盾构接收过程中，作用在最后 10 环左右管片间作用力减小，导致成型隧道环缝密封不密贴，环缝止水能力较正常段要弱。

（3）未能做好成型隧道最后 20 环管片螺栓紧固、复紧、整体连接工作。

（4）未能根据现场实际情况在后浇环梁施工前做好成型隧道最后 20 环注浆、堵漏封堵工作；

（5）后浇环梁施工过程中未能做好防水（止水条粘贴、特殊情况时预留注浆管）及混凝土振捣、养护工作。

（6）后续未能根据现场渗漏情况及时实施注浆封堵等堵漏工作。

16.5.10 小半径成型隧道质量

1. 检测识别

（1）主要检测依据包括：《盾构法隧道施工及验收规范》GB 50446、《城市轨道交通工程测量规范》GB/T 50308。

（2）检测方法：采用全站仪和水准仪测量轴线坐标测量；进行成型隧道缺棱掉角、错台等外观质量检查。

（3）检测结果分析：隧道轴线偏差及外观质量是否满足《盾构法隧道施工及验收规范》GB 50446 的要求。

2. 原因分析

小半径隧道掘进时，由于管片端面与该处轴线存在夹角，在千斤顶的推力作用下产生一个水平分力，管片受此影响向曲线外侧偏移，促使管片发生相对位移，容易产生错台、破损。

16.5.11 联络通道开挖质量

1. 检测识别

（1）主要检测依据：《城市轨道交通工程测量规范》GB/T 50308。

（2）检测方法：采用激光隧道断面仪进行断面超欠挖测量。

（3）检测结果分析：开挖断面尺寸计算，分析是否存在超欠挖、施工偏差等缺陷。

2. 原因分析

（1）冻结施工参数（冻结管深度、间距、角度等）未达到设计或规范要求；冻结系统、冻结时间、中途停冻、保温措施等不到位。

（2）搅拌桩、旋喷桩等施工参数过程控制不严造成土体加固效果不佳；测量偏差、施工偏移等造成的局部效果差。

16.5.12 联络通道渗漏水

1. 检测识别

检测识别参见 16.1.1 地下连续墙渗漏水中相关内容。

2. 原因分析

（1）灌注混凝土过程中振捣不密实或产生冷缝（漏振或欠振）。

（2）模板制作尺寸偏差或模板加固支撑不到位。

（3）施工缝与管片借口处理不当。

（4）外包防水层破损。

（5）钢管片填充混凝土不密实，渗漏水绕过弹性密封垫后沿填充混凝土扩散。

（6）采用冷冻法加固后开挖的联络通道，如果融沉补充注浆处理不到位，易造成钢管片与相邻混凝土管片间差异沉降引起环缝错台或张开，从而引起接缝渗漏。

（7）后期补充及融沉注浆顺序、时间、技术参数等不符合要求。

16.5.13 联络通道融沉

1. 检测识别

(1) 主要检测依据：《城市轨道交通工程测量规范》GB/T 50308。

(2) 检测方法：高程测量。

(3) 检测结果分析：实测高程与设计进行比较，分析偏差量。

2. 原因分析

开挖过程中测量定位出现偏差，容易造成超欠挖。

16.6 高架区间工程

随着城市轨道项目工程数量越来越多，相应地对高架区间工程质量要求就会更高，除了要求高架桥符合质量标准，还需要较好的耐久度，高架区间的质量缺陷轻则影响结构表观质量，重则影响正常的地铁运营。

16.6.1 钻孔桩塌孔

检测识别和原因分析参见16.1.5钻孔灌注桩塌孔、缩径中相关内容。

16.6.2 钻孔桩断桩、短桩

1. 检测识别

(1) 主要检测依据：《建筑基桩检测技术规范》JGJ 106。

(2) 检测方法：见表16-23。

钻孔桩完整性检测方法 **表16-23**

检测方法		仪器设备	检测要点
无损检测	低应变法检测	基桩动测仪	通过在桩顶安装响应传感器，测得激振信号产生的应力波自桩顶至桩端部（或缺陷处）并反射回桩顶的幅值、时间间隔，就可判断桩长、桩身缺陷性质和桩身缺陷位置
	高应变法检测	打桩分析仪	重锤作用下，桩身将发生一定量的位移，并使桩周、桩端土阻力得到充分发挥，运用一维波动理论，求解波动方程，便可直接计算与桩相关的土的静、动阻力及桩的缺陷情况，以对桩的极限承载力和桩身完整性进行定量评估
	声波透射法检测	基桩超声波自动循测仪	声波发射与接收换能器发射超声脉冲，穿过待测的桩体混凝土，并经接收换能器被仪器所接收，判读出超声波穿过混凝土的声时、接收波首波的波幅以及接收波主频等参数来判断桩身完整性
钻芯法检测		钻机	通过钻进取得芯样来判断桩身完整性、桩长等

(3) 检测结果分析：低应变法、高应变法、声波透射法、钻芯法检测能判断桩身缺陷的相对位置，缺陷性质及严重程度和桩长等。

2. 原因分析

（1）断桩

1）由于计算失误，导管下放长度不够，致使导管下端与孔底间距离较大，首灌混凝土不能将导管埋住，形成断桩。

2）混凝土堵住导管，上下晃动导管时幅度过大，导管口被提至混凝土上方，泥浆混入造成断桩。

3）导管埋置过深，无法提起或将导管拔断，造成断桩。

4）混凝土供应不及时，灌注间歇时间超过初凝时间，导管无法拔出，造成断桩。

（2）短桩

1）钻进未达到设计桩底标高。

2）清孔不彻底导致沉渣过厚。

3）灌注即将结束时对混凝土标高误判，未达到设计标高即停止灌注。

16.6.3 钻孔桩偏位

高架区间钻孔桩偏位检测及治理可参见第 16.1.4 节。

16.6.4 转体法施工轴线偏位

1. 检测识别

（1）主要检测依据：《工程测量规范》GB 50026。

（2）检测方法：见表 16-24。

施工轴线测量方法　表 16-24

检测方法	检测仪器	检测要点
测量法	全站仪（选用测角标称精度为±0.5″，测距精度为 1mm+1ppm 的高精度的全站仪）	（1）选择有利的时间段进行测量，提高测角精度； （2）采用严密平差的方法进行平差，提高边角改正； （3）控制点以及目标点采用强制归心，提高基础的稳定性； （4）尽量直接采用首级控制点进行测量
	经纬仪	
	GPS 测量	

（3）测结果分析：允许偏差要求见表 16-25。

误差要求　表 16-25

检测项目		允许偏差
高程控制精度		5mm
轴线偏位	$L \leqslant 100$m	15mm
	$L > 100$m	$L/100000$

2. 原因分析

（1）在施工过程中受到自重、施工工艺、有限元计算模型的偏差。

（2）大气温度、材料收缩、徐变等不确定因素的影响，会导致桥梁结构在施工过程中的实际位置（平面位置、立面标高）偏离设计位置，使成桥线形与设计要求不相符。

（3）施工技术方案制订缺乏严密的技术论证，方案不能有效贯彻执行。

（4）对关键部位施工质量把关不严。

（5）施工测量误差。

16.6.5 箱梁预应力施加质量

1. 检测识别

（1）主要检测依据：《混凝土结构现场检测技术标准》GB/T 50784。

（2）检测方法：预应力质量检测方法见表 16-26。

预应力质量检测方法汇总表 **表 16-26**

检测方法		仪器设备	检测要点
预应力筋检查	目测或 仪器测量	裂缝宽度仪 非金属超声仪 钢卷尺	采用裂缝宽度仪测量裂缝的宽度；采用非金属超声仪测量裂缝的深度；采用钢卷尺测量裂缝的长度；并记录裂缝的走向及发展的趋势
注浆质量检查	钻芯取样	取芯机	从结构混凝土中钻取芯样以检测混凝土强度和检测混凝土内部缺陷的一种方法，该方法直观、可靠、准确，但对结构会造成一定的损伤
	超声波法	非金属超声仪	利用超声脉冲波在混凝土中传播的声时（或声速）、波幅和频率等声学参数的相对变化来分析判断缺陷情况： （1）进行接收波的频谱分析，建立频谱与缺陷的关系，是通常的波形观察量值化； （2）接收波形中相频与幅频的突变点，分析发射振源所产生的一次波与在一次振源作用下在缺陷界面所产生的二次振源所产生的二次波对一次波的干扰作用，以分析缺陷的位置
	冲击回波法	冲击回波仪	冲击回波法是在管道位置的混凝土表面利用一个短时的机械冲击（用一个小钢球或小锤轻敲混凝土表面）产生低频的应力波，当该应力波在混凝土内遇到波阻抗差异界面即混凝土内部缺陷或混凝土底面时，将产生反射波，接收这种反射波并进行快速傅里叶变换可得到其频谱图，频谱图上突出的峰值就是该应力波在混凝土内部缺陷或混凝土底面的反射形成的，根据其峰值频率可计算出混凝土缺陷的位置或混凝土的厚度
	探地雷达法	雷达仪	通过发射器向混凝土发射电磁波，当遇到缺陷或钢筋等电磁性质不同的物质后，电磁波将被反射，接收器接收到此反射电磁波便可得到波形图，据此图可判断混凝土内部缺陷的状况及钢筋的位置等

（3）检测结果分析：

1）预应力筋检查：在后张法施工中，钢束往往在一些客观或主观原因下出现断丝、滑丝现象，当出现滑丝、断丝时，其数量不得大于该断面总数的 1%，即每一束钢绞线的滑丝、断丝数量不得多于一根，否则应换束重新张拉。具体要求见表 16-27。

预应力筋断丝限制 **表 16-27**

方法	类别	检查项目	限制数
先张法	钢丝	同一构件内断丝数不得超过钢丝总数的比例	1%
	钢筋	断筋	不允许
后张法	钢丝束	每束钢丝断丝或滑丝	1 根
	钢绞线	每束钢绞线断丝或滑丝	1 根
	—	每个断面断丝之和不超过该断面钢丝总数的比例	1 根
	单根钢筋	断筋或滑移	不允许

注：1. 钢绞线断丝是指钢绞线内钢丝的断丝；断丝包括滑丝失效的钢丝；

2. 滑移量是指张拉完毕、锚固后，部分钢丝或钢绞线向孔道内滑移的长度。

2）注浆质量检查：

① 现场检测结束后应对每根被检测预应力孔道压浆质量进行评定。具体要求见表16-28。

② 一根梁的每个孔道都应对压浆饱满度进行质量评价。

③ 单孔或每一根梁所有预应力孔道压浆质量全部达到Ⅲ级及以上的应评定为合格，否则应评定为不合格。

单根孔道压浆质量无损检测分级评判 **表 16-28**

压浆质量等级	评价标准
Ⅰ	饱满度为A级，注浆饱满度为85%以上
Ⅱ	饱满度为B级，注浆饱满度为75%～85%
Ⅲ	饱满度为C级，注浆饱满度为65%～75%
Ⅳ	饱满度为D级，注浆饱满度为65%以下

2. 原因分析

（1）预应力筋

1）内部因素：

① 锚具（锚圈、夹片）及钢绞线的几何尺寸不精确。

② 锚圈及夹片硬度不足、不匀，发生变形。

③ 钢绞线、夹片相对硬度大或表面脱碳层过厚。

④ 锚具和夹片的锚固性能不符合要求，锚固效率系数小于规范要求值。

⑤ 夹片齿形圆弧、锚锥孔圆弧不符合要求。

⑥ 夹片齿形尖锐，或硬度超出钢丝硬度过多，则其切口效应加大，使钢绞线的抗破断力下降值 ΔT_3 增加，钢绞线的实际抗破断力 T'_3 变小而断丝。此时，锚圈与夹片间的摩擦系数 μ 值越小，切口深度 ΔL 越大，越易促成断丝。

⑦ 夹片多次使用，齿绞被磨平而滑丝。

⑧ 钢绞线弹性模量较大，夹不牢固。

⑨ 钢绞线、锚具存在质量问题或损伤。

2）外部因素：

① 锚圈锥孔、夹片、钢绞线安装时有污物，或浮锈没有清理干净。

② 锚圈口处分丝时交叉重叠。

③ 夹片安装不平齐，间隙不均匀，不能同时受力，同时降低了夹片抗滑力参数 K_4 及钢绞线的抗滑力参数 K_2。

④ 安装过程中没有做到孔道、锚圈、千斤顶"三对中"，造成钢绞线偏离中轴线，受力不匀。

⑤ 油压表失灵，造成张拉力过大。

⑥ 千斤顶未按规定校验，导致张拉力不准确。

⑦ 锚下垫板喇叭口内有混凝土和其他残渣。

⑧ 锚具偏离锚下垫板。

⑨ 工作锚板当工具锚板使用，造成损坏后又被当作工作锚板。

⑩ 张拉过程中速度过快，产生较大的冲击振动。

⑪ 夹片与锚圈间系数过大，降低了夹片的抗滑力 T_4 及钢绞线的抗滑力 T_2。

⑫ 夹片型号与力筋不配对。

⑬ 穿索时钢绞线没有一一对应相互缠绕，造成钢绞线受力不均匀。

⑭ 孔道阻塞，钢绞线受力不均匀。

⑮ 初应力过小，使钢束中钢绞线受力不均匀，引起钢绞线收缩变形。

⑯ 锚固体系未配套使用，而是与其他体系混用；切割锚头钢绞线留得太短，或未采取降温措施。

（2）注浆质量

1）注浆材料对孔道注浆质量的影响；水泥、减水剂、膨胀剂的质量及其配合比的影响。

2）注浆工艺对注浆质量的影响。

3）注浆环境对注浆质量的影响；注浆环境是除了注浆材料、注浆工艺外的能够影响注浆质量的所有因素的总称，包括孔道的种类、气温、湿度、人的影响、成孔质量等，这是保证孔道注浆质量的外部要素。

4）波纹管因破裂、渗漏、进浆造成堵孔。

5）灌注混凝土过程中，波纹管被振动棒捣偏或捣成死弯致使孔道压浆不实。

16.6.6 挂篮法施工0号块混凝土质量

1. 检测识别

（1）主要检测依据：《混凝土结构现场检测技术标准》GB/T 50784。

（2）检测方法：见表16-29。

0号块混凝土质量检测方法 **表16-29**

检测方法	仪器设备	检测要点
外观检测	裂缝宽度仪 非金属超声仪 钢卷尺	采用裂缝宽度仪测量裂缝的宽度；采用非金属超声仪测量裂缝的深度；采用钢卷尺测量裂缝的长度；并记录裂缝的走向及发展的趋势；目测有无蜂窝、麻面、孔洞、露筋等外观质量缺陷

续表

检测方法		仪器设备	检测要点
内部检测	钻芯取样	取芯机	从结构混凝土中钻取芯样以检测混凝土强度和检测混凝土内部缺陷的一种方法，该方法直观、可靠、准确，但对结构会造成一定的损伤
	超声波法	非金属超声仪	利用超声脉冲波在混凝土中传播的声时（或声速）、波幅和频率等声学参数的相对变化来分析判断缺陷情况： （1）进行接收波的频谱分析，建立频谱与缺陷的关系，是通常的波形观察量值化； （2）接收波形中相频与幅频的突变点，分析发射振源所产生的一次波与在一次振源作用下在缺陷界面所产生的二次振源所产生的二次波对一次波的干扰作用，以分析缺陷的位置
	冲击回波法	冲击回波仪	冲击回波法是在管道位置的混凝土表面利用一个短时的机械冲击（用一个小钢球或小锤轻敲混凝土表面）产生低频的应力波，当该应力波在混凝土内遇到波阻抗差异界面即混凝土内部缺陷或混凝土底面时，将产生反射波，接收这种反射波并进行快速傅里叶变换可得到其频谱图，频谱图上突出的峰值就是该应力波在混凝土内部缺陷或混凝土底面的反射形成的，根据其峰值频率可计算出混凝土缺陷的位置或混凝土的厚度
	弹性波 CT 法	混凝土多功能无损检测仪	弹性波 CT 技术通过弹性波（P 波）对被检断面进行扫描，测试的数据信号经解析、反演、重建得到能真实反映其结构内部情况不失真的弹性波速度分布图像，以达到检知结构物内部缺陷的目的

（3）检测结果分析

裂缝：参照《城市桥梁养护技术标准》CJJ 99—2017 表 5.4.2 中第二项：“采用钢丝和钢绞线的预应力混凝土构件”进行评定，见表 16-30。

恒载裂缝最大限值 **表 16-30**

结构类别	裂缝部位			允许最大裂缝宽度（mm）
钢筋混凝土构件 精轧螺纹钢筋的 预应力混凝土构件	A 类（一般环境）			0.20
	B 类（严寒、海滨环境）			0.20
	C 类（海水环境）			0.15
	D 类（侵蚀环境）			0.15
采用钢丝和钢绞线的预应力混凝土构件	结构裂缝			0.10
	非结构裂缝			不允许
墩台	墩台帽			0.30
	墩台身	经常受侵蚀性环境水影响	有筋	0.20
			无筋	0.30（不允许贯通墩台身截面一半）
		常年有水，但无侵蚀性影响	有筋	0.25
			无筋	0.35（不允许贯通墩台身截面一半）
		干沟或季节性有水河流		0.40（不允许贯通墩台身截面一半）
	有冻结作用部分			0.20

2. 原因分析

(1) 裂缝

1) 水泥水化热：混凝土的温度裂缝，是其内部矛盾发展的结果，一方面混凝土由于内外温度梯度而产生应力和应变，另一方面是结构物外部约束和混凝土各内部质点间的约束（此类约束阻止应变的发生，而产生拉应力导致裂缝开展）。

2) 混凝土收缩变形：混凝土干燥收缩是指混凝土停止养护后，在不饱和的空气中失去内部毛细孔和凝胶孔的吸附水而发生的不可逆收缩，随着相对湿度的降低，水泥浆体的干缩增大。干缩裂缝多出现在混凝土养护结束后的一段时间或是混凝土浇筑完毕后的 7d 左右。

3) 施工工艺产生的裂缝：混凝土施工过程中出现混凝土搅拌、振捣过振、压光不到位、浇筑时间间隔过长、养护不到位等情况都能造成混凝土开裂。

4) 荷载裂缝：混凝土桥梁在常规静、动荷载及次应力下产生的裂缝称荷载裂缝，主要有直接应力裂缝、次应力裂缝两种。

5) 其他裂缝成因：钢筋锈蚀膨胀、气温冻胀、材料因素等。

(2) 其他质量缺陷

1) 振捣不到位，未选择不同半径的振动棒，定点定人振捣，个别死角部位未采用附着式振动器振捣。

2) 一次下料高度过大，因重力原因产生翻浆，在内模底部倒角处设置的压浆板不规范，导致过度翻浆，振捣不充分。

3) 混凝土的配合比不好，集料质量差，导致混凝土和易性差，发生离析。

16.6.7 挂篮法施工合龙段混凝土开裂

混凝土结构的裂缝检测方法参见 16.2.1 混凝土外观质量缺陷、16.2.2 混凝土结构开裂以及 16.6.6 挂篮法施工 0 号块混凝土质量。

16.6.8 悬臂浇筑连续梁整体线形

1. 检测识别

(1) 主要检测依据包括：《工程测量规范》GB 50026。

(2) 检测方法：直接测量法。采用水准仪和水准尺在梁底顶面挂立标尺进行标高测量；采用全站仪对轴线进行测量。

(3) 检测结果分析：

1) 规范标准：《铁路桥涵工程施工质量验收标准》TB 10415 规定预应力混凝土连续梁悬臂浇筑允许偏差应符合表 16-31 的规定。

2) 在浇筑梁体混凝土前，必须保证临时支承稳定可靠，确保模板位置正确。

3) 在悬臂施工过程中，及时对挠度进行计算并做出调整。

4) 为了保证箱梁理论轴线高程的施工精度，应及时准确地控制和调整施工中发生的偏差。

预应力混凝土连续梁悬臂浇筑允许偏差　　　　表 16-31

检测项目	允许偏差（mm）
悬臂梁端高程与设计高程之差	+15 −5
合龙前两悬臂端相对高差	合龙段长的 1/100 且不大于 15
相邻梁端错台	5
轴线偏差	15

2. 原因分析

一般地讲，在施工过程中挠度差值较大的原因有以下几个方面：

（1）预应力问题。主要表现在预应力张拉是否达到设计值，具体地说张拉千斤顶须配套校正；设计者考虑预应力材料的弹性模量与实际材料的弹性模量有一定误差；施工中预应力管道不顺畅，增加了预应力损失等。

（2）挂篮问题。主要是弹性变形计算不准或挂篮未进行预压以消除非弹性变形，或挂篮松动等。

（3）模板变形较大，导致梁体截面变化，引起混凝土浇筑量增加。

（4）混凝土弹性模量与设计不符，一般实际弹性模量相对比较大。

16.6.9　伸缩缝间隙

1. 检测识别

（1）主要检测依据：《公路工程质量检验评定标准　第一册　土建工程》JTG F80/1。

（2）检测方法：现场量测。以钢卷尺测量缝宽，每道伸缩缝测量 2 处。

（3）检测结果分析：将实测值与设计宽度进行比较。

2. 原因分析

（1）伸缩缝运输、堆放、吊装等环节未严格按照要求进行，导致伸缩缝变形。

（2）开槽放样不准，锯缝不整齐、顺直。

（3）伸缩缝安装时操作不规范。

（4）伸缩缝安装时未考虑温度变化、混凝土收缩、徐变等引起的伸缩量。

16.6.10　桥梁预制栏板安装

1. 检测识别

（1）主要检测依据：《钢结构工程施工质量验收标准》GB 50205。

（2）检测方法：现场目测、尺量法。现场对螺栓锈蚀状况、栏板间缝隙进行检查（测）。

（3）检测结果分析：桥梁栏板钢构件是否有锈蚀痕迹，污染桥梁主体结构，影响桥梁景观；栏板间是否存在裂缝，严重影响声屏障隔声降噪效果。

2. 原因分析

（1）桥梁栏板污渍来源于疏散平台预埋钢筋或声屏障预埋螺栓生锈，锈斑脱落后与雨水混合流到梁体及桥墩上。

（2）每块预制栏板留有安装缝，安装后栏板之间的缝隙没有处理。

（3）每孔梁的梁端设有伸缩缝，该处的栏板安装后也留有与伸缩缝等宽的缝隙。

16.6.11 路基桥台过渡段基础沉降

1. 检测识别

（1）主要检测依据：《工程测量规范》GB 50026。

（2）检测方法：垂直位移测量。利用水准仪测量过渡段基础各部位的竖向标高（按照二等水准测量精度要求），以此计算各期前后的变化情况。

（3）检测结果分析：基础沉降的测量以基准点稳定后开始监测，通过在基础上布设沉降观测点，按照二等水准测量的要求施测，通过点位的沉降情况结合现场及变形趋势判断基础的变形情况。

2. 原因分析

（1）桥台台背路堤压实度不满足要求。

（2）桥头引道软土地基处治问题，如处治遗漏或方法不恰当。

（3）桥头引道路堤边坡防护的问题，如防水和排水设施的不适当，台背填土流失，路基强度降低。

16.7 轨道路基及道路工程

随着经济的发展、社会的进步，我国城市轨道交通网络建设在新时期得到了快速发展，技术水平得到了大幅度的提升，尤其是轨道路基及道路工程的施工质量已成为保证地铁轨道整体质量的关键因素。因此，对轨道路基及道路工程常见质量问题的识别就显得尤为重要。

16.7.1 路基沉降超标

1. 检测识别

（1）主要检测依据包括：《铁路工程测量规范》TB 10101、《高速铁路工程测量规范》TB 10601、《工程测量规范》GB 50026。

（2）检测方法：垂直位移测量。利用水准仪测量轨道路基各部位的竖向标高（按照三等水准测量精度要求），以此计算各期前后的变化情况。

（3）检测结果分析：轨道路基沉降的测量以基准点稳定后开始监测，通过在路基上布设沉降观测点，按照三等水准测量的要求施测，通过点位的沉降情况结合现场及变形趋势判断基础的变形情况。

路基总沉降是由不同阶段的沉降组成，与铁路运营直接相关的是路基的工后沉降，路基的工后沉降由路基土的压密下沉、行车引起的基床累计变形及地基沉降这三部分组成，其中地基沉降是最主要的。

为满足沉降变形观测精度要求，按照两水准基点之间沿线路方向按间距不大于200m、距路基中心距离小于100m布设工作基点。观测网中，对工作基点定期与水准基点进行校核。当对沉降观测成果发生怀疑时，随时进行复测校核。

路基沉降观测以路基面沉降和地基沉降观测为主。沉降变形观测断面根据不同的地基条件、不同的结构部位等具体情况设置，测点的设置位置应满足有关规定和设计要求。观测点应设在同一个横断面上，这样有利于测点看护，便于集中观测，统一观测频率，也便于各观测项目数据的综合分析。观测点主要采用沉降观测桩、沉降板、剖面沉降管、单点沉降计和位移桩。

路基面观测断面沿线路方向的间距一般不大于50m；地势平坦、地基条件均匀良好的路堑、高度小于5m的路堤可放宽到100m；地形、地质条件变化较大地段适当加密观测断面。

一般路基填筑至路基基床表层顶面，加堆载预压的路堤填筑至基床底层表面后，在路基面设观测桩，进行路基面沉降观测，时间不少于6个月。

2. 原因分析

（1）自然原因，如冰雪雨水的影响。

（2）地质条件不良的原因。

（3）施工原因，如回填分层厚度不均，碾压不均，下卧软弱土层未清理干净。

16.7.2 土工织物或加劲土地基表面开裂

1. 检测识别

（1）主要检测依据包括：《铁路路基土工合成材料应用设计规范》TB 10118、《铁路工程土工试验规程》TB 10102、《公路土工试验规程》JTG E40。

（2）检测方法：地基表面外观质量检查；现场对地基土的碾压情况进行检测，采用灌砂法、环刀法检测压实系数，平板荷载测试仪检测地基系数 K_{30}，动态变形模量测试仪检测土体动态变形模量 E_{vd}；对地基土中土工织物进行取样，带回试验室进行力学性能试验。

（3）检测结果分析：地基土外观质量、密实度、地基系数、E_{vd} 是否满足设计要求；土工织物原材料是否满足设计或规范要求。

2. 原因分析

（1）土工织物的物理力学性能不符合要求。

（2）铺设时未拉紧。

（3）铺设方向不合理。

（4）搭接长度不满足要求。

（5）未与结构可靠连接。

（6）回填土的分层厚度过大。

16.8 地 基 工 程

在城市轨道交通工程地基基础建设中，常见诸多的质量通病问题，比如：地基基础的大范围沉降、基础不均匀的沉降等，另外在桩基础的施工中，其桩身强度也存在不满足技术要求的情况，桩孔回填由于不均匀或者密松的不一致，很可能导致桩身出现断裂等，这些诸多的质量问题对后期工程的施工产生了很大的影响，甚至还会影响工程整体的性能，对后期城市轨道交通的运营带来安全隐患。

16.8.1 高压旋喷注浆地基强度不足

1. 检测识别

（1）主要检测依据包括：《建筑地基检测技术规范》JGJ 340、《岩土工程勘察规范》GB 50021。

（2）检测方法：见表16-32。

地基强度检测方法 **表16-32**

检测方法		仪器设备	检测要点
钻芯法检测		钻机、压力机	通过钻进取得芯样来判断桩身完整性、桩身芯样强度、桩长等
原位测试	轻型动力触探检测	轻型动力触探仪	将一定质量的穿心锤，以一定高度自由下落，将探头贯入土中，记录贯入一定深度所需的锤击数，判断土的强度

（3）检测结果分析：钻芯法检测能判断桩身完整性、水泥土芯样强度、桩长等。轻型动力触探检测桩上部强度。具体结果合格与否应以设计要求为准。

2. 原因分析

（1）选用的旋喷施工工艺与场地工程地质条件不匹配。

（2）选用的施工设备不适用场地工程地质条件。

（3）旋喷设备出现故障，中断施工后未能下沉到中断点下方就直接恢复施工。

（4）拔管速度、旋转速度及注浆量未能配合好，造成桩身直径大小不均，浆液有多有少。

（5）未根据不同工程地质条件和旋喷施工工艺，设置合理的桩径。

（6）水泥浆与切割的土粒强制拌和不充分、不均匀，直接影响加固效果。

（7）穿过较硬的黏性土，旋喷压力不足，产生缩径。

16.8.2 回填土方出现“橡皮土”

1. 检测识别

（1）主要检测依据：《土工试验方法标准》GB/T 50123。

（2）检测方法：土工试验，检测土体是否呈软塑状态。

（3）检测结果分析：土体含水量、液塑限及密实度。

2. 原因分析

（1）在含水量很大的黏土或粉质黏土、淤泥质土、腐殖土等原状土地基土进行回填，未采取降低含水率的事前措施，碾压时原状土被扰动，颗粒之间的毛细孔遭到破坏，水分不易渗透和散发。

（2）采用含水量很大的黏土或粉质黏土、淤泥质土作土料。

（3）施工时气温较高，进行夯击或碾压后表面易形成一层硬壳，阻止了水分的渗透和散发，因而使土形成软塑状态的橡皮土。

16.8.3 静力压桩时桩身倾斜、接桩处开裂

1. 检测识别

(1) 主要检测依据包括：《工程测量规范》GB 50026、《建筑基桩检测技术规范》JGJ 106。

(2) 检测方法：见表16-33。

检测方法　　表16-33

检测方法		仪器设备	检测要点
无损检测	垂直度测量	吊坠	通过吊坠的倾斜推算管桩的倾斜度
		经纬仪	两个垂直方向经纬仪测量
		管桩测斜仪	通过长柱形探头的倾斜推算管桩的倾斜度
无损检测	孔内摄像	孔内电视摄像系统	采用摄像技术对孔壁进行拍摄及观察，识别接桩处是否开裂
	低应变法	基桩动测仪	通过在桩顶安装响应传感器，测得激振信号产生的应力波自桩顶至桩端部（或缺陷处）并反射回桩顶的幅值、时间间隔，就可判断桩长、桩身缺陷性质和桩身缺陷位置

(3) 检测结果分析：桩身允许垂直度不大于0.5%，接桩处开裂程度通过低应变法检测及孔内摄像观测复查后确定。

2. 原因分析

(1) 地表土层较软，施工时未采取相应技术措施。

(2) 打桩（静压桩）时施工参数控制不合理。

(3) 接桩不良，如接桩处胶结质量或焊接质量不佳，上下节桩垂直度不一致，导致接桩处存在夹角。

(4) 基坑开挖施工方法不当，如一次性开挖土深度过大，放坡不够，引起土体滑动。

(5) 开挖过程中，挖机及运输车辆的作用导致。

16.8.4 静力压桩桩顶标高达不到设计要求

1. 检测识别

(1) 主要检测依据：《工程测量规范》GB 50026。

(2) 检测方法：垂直位移测量。利用水准仪测量桩顶标高（按照二等水准测量精度要求），以此计算与设计标高的变化情况。

(3) 检测结果分析：房屋建筑工程静力压桩桩顶标高的测量是以设计桩顶标高为基准，通过在桩顶上设置监测标识，按照要求的精度等级施测，通过稳定标高与设计标高比较以判断桩顶标高是否达到设计要求。

2. 原因分析

(1) 地质条件原因，实际土层情况与设计不符，遇岩层等障碍物。

(2) 群桩施工时，后沉桩因挤土造成沉桩困难。

(3) 桩身混凝土强度未达到设计要求，沉桩时桩身破碎无法继续下沉。

16.8.5 基础后浇带渗漏水

1. 检测识别

检测识别参见 16.1.1 地下连续墙渗漏水中相关内容。

2. 原因分析

(1) 后浇带施工无构造详图。

(2) 施工缝的凿毛和清理不到位。

(3) 后浇带内的垃圾未清理干净。

(4) 后浇带处混凝土振捣不密实。

(5) 后浇带两侧混凝土灌注时间间隔短，两侧沉降未达到稳定就灌注后浇带混凝土，后期两侧结构差异导致后浇带混凝土开裂，产生漏水。

第 17 章　装饰装修工程常见质量问题检测识别

城市轨道交通装饰装修工程作业量大、工序复杂、工期紧，在装饰装修过程中，常会出现一些质量问题，影响美观，不便使用，有的甚至会在使用过程中产生安全隐患。根据城市轨道交通装饰装修的特点，对门窗幕墙工程、地面工程、墙体及墙饰面工程及吊顶工程等的常见质量问题进行举例介绍。

17.1　门 窗 幕 墙 工 程

门窗幕墙工程作为外装饰工程重要组成部分，在施工过程中常常由于施工工艺不佳、原材料选择不合适，造成各种工程问题。有一些工程问题直接影响安全使用，有一些工程问题对舒适性影响较大。

17.1.1　玻璃幕墙后置埋件变形、松动

1. 检测识别

（1）主要检测依据：《混凝土结构后锚固技术规程》JGJ 145。

（2）检测方法：现场拉拔试验。

（3）检测结果分析：进行现场拉拔试验后，检查埋件是否发生松动、滑脱现象，并且检查墙体是否有裂缝。

2. 原因分析

（1）锚栓埋深不足。

（2）植筋胶水粘结力不足。

（3）化学锚栓施工时有灰尘等杂质导致粘结不足。

（4）位置偏差，如锚栓孔正好在配筋位置，导致埋深不足。

17.1.2　玻璃幕墙脱落

1. 检测识别

（1）主要检测依据：《建筑幕墙》GB/T 21086。

（2）检测方法：见表 17-1。

建筑幕墙检测方法　　**表 17-1**

检测方法		仪器设备	检测要点
建筑幕墙物理性能检测	抗风压性	建筑幕墙物理性能检测设备	根据设计要求，分别加载正负压力，根据试件挠度变形值和试件情况判定结果
	层间变形性		使已安装试件的横梁在幕墙平面内沿水平方向进行低周期反复运动，模拟受地震或风载荷时幕墙产生平面内变形作用，根据试件变形情况进行判定

续表

检测方法		仪器设备	检测要点
结构胶	相容性	电子万能试验机、相容性试验箱、邵氏硬度计	查看附件是否会对胶的各项性能产生影响
	拉伸粘结性		粘结性，查看胶是否可以与工程实际使用基材很好粘结
	邵氏硬度		邵氏硬度，查看胶的硬度和弹性
既有幕墙安全性能评估		超声波测厚仪	查看幕墙与埋件连接是否满足设计要求；检查各型材部件壁厚是否满足要求；测试玻璃厚度是否满足要求；检查打胶处是否存在明显缝隙

（3）检测结果分析：试件抗风压性能检测、平面内变形性能是否满足设计要求。结构胶相容性、拉伸粘结性、邵氏硬度是否符合标准要求。既有幕墙检查各项目是否满足技术要求。

2. 原因分析

（1）抗风压性能问题：设计时风压值偏低；制造阶段构件材料和规格未满足设计要求；安装时未按照图纸施工，局部刚度不足或抵抗风压能力不够。

（2）层间变形性能问题：设计阶段的变形量偏低，胶缝设计过小；制造和安装时存在刚性接触问题。

（3）结构胶问题：原材料本身性能不足，施工时质量不佳。

（4）既有幕墙安全问题：设计问题，施工质量不佳等。

17.1.3 玻璃幕墙渗漏水

1. 检测识别

（1）主要检测依据：《建筑幕墙》GB/T 21086。

（2）检测方法：现场淋水试验。

（3）检测结果分析：在规定时间内，查找渗水部位，检测渗水量、破损大小。

2. 原因分析

（1）窗户在锁闭状态下，窗框与窗扇间隙过大。

（2）密封胶与附框间出现明显间隙。

（3）对于单元式插接型的玻璃幕墙，竖向的公母料插接缝不均匀，横向的上下横梁间配合不紧密。

（4）出现明显的玻璃碎裂、玻璃边缘缺失等情况。

（5）幕墙收口部位、幕墙与墙体衔接部位，密封不严实。

17.1.4 金属板屋面渗漏水

1. 检测识别

（1）主要检测依据：《建筑幕墙》GB/T 21086。

（2）检测方法：现场淋水试验。

（3）检测结果分析：在规定时间内，查找渗水部位，检测渗水量、破损大小。

2. 原因分析

原因分析参见 16.3.4 站台层屋面积水、渗水中相关内容。

17.2 地 面 工 程

在城市轨道交通装饰装修工程中，地面工程是使用率最高的子分部工程之一，在施工过程中出现质量问题，不但影响美观，也给使用带来诸多不便。现对常会出现的地面石材空鼓，环氧地坪起泡、起皮、不平整，厕、浴间地面渗漏水等问题进行举例介绍。

17.2.1 地面石材空鼓

1. 检测识别

（1）主要检测依据包括：《地下铁道工程施工质量验收标准》GB/T 50299、《建筑地面工程施工质量验收规范》GB 50209。

（2）检测方法：用小锤轻击检查或用雷达扫描仪检测出空鼓的位置及空鼓的尺寸。

（3）检测结果分析：通过上述检查，分析空鼓的程度及其所处的位置。

2. 原因分析

（1）基层清理不干净或浇水湿润不够，水泥素浆结合层涂刷不均匀或涂刷时间过长，致使风干硬结，造成面层和垫层一起空鼓。

（2）垫层砂浆应为干硬性砂浆，如果加水较多或一次铺得太厚，砸不密实，容易造成面层空鼓。

（3）板块背面浮灰没有刷净和用水湿润，有的进口石材背面贴有塑料网络，铺贴前没有撕掉，影响粘结效果。

（4）工人操作质量差，锤击不当。

17.2.2 环氧地坪起泡、起皮、不平整

1. 检测识别

（1）主要检测依据包括：《地下铁道工程施工质量验收标准》GB/T 50299、《建筑地面工程施工质量验收规范》GB 50209。

（2）检测方法：观察、手摸检查，靠尺配备塞尺检测。

（3）检测结果分析：通过上述观察、检查，分析地坪起泡、起皮、不平整的程度及其所处的位置。

2. 原因分析

环氧地坪起泡、起皮（起鼓、脱落）、不平整的原因主要有以下几方面：

（1）起泡：环氧地坪涂膜中出现气泡的主要原因是涂料在施工过程中，由于搅拌、施涂等的机械操作而产生气泡，以及环氧树脂同固化剂反应放出热量，使施涂的涂膜中产生很多气泡。由于环氧地坪涂料在配制时，没有加入合适的消泡剂，或者消泡剂加入量不够，产生的气泡不能及时破灭而在环氧地坪涂膜固化后仍保留在涂膜中。

（2）起皮（起鼓、脱落）：造成起皮（起鼓、脱落）的原因是涂层与基层的粘结强度低，基层潮湿以及过于光滑都会导致涂层与基层的粘结强度低。

17.2.3 厕、浴间地面渗漏水

1. 检测识别

(1) 主要检测依据包括：《地下铁道工程施工质量验收标准》GB/T 50299、《建筑地面工程施工质量验收规范》GB 50209、《地下防水工程质量验收规范》GB 50208、《建筑防水工程现场检测技术规范》JGJ/T 299 等。

(2) 检测方法：先对厕、浴间进行蓄水试验，再对厕、浴间楼板底面进行表面渗漏检测结合内部渗漏无损检测，运用钢尺、量筒、秒表、三维扫描仪、红外热成像仪检测渗漏面积、渗漏量，通过微波湿度测试系统、渗漏巡检仪检测出结构内部渗漏源。

(3) 检测结果分析：通过上述检测方法查明渗漏源的位置及影响范围、渗漏水的变化规律、流量等因素。

2. 原因分析

厕、浴间地面渗漏水的原因主要有以下几方面：

(1) 结构钢筋混凝土有裂缝或不密实等缺陷，导致渗漏。

(2) 地面、墙面防水施工不到位，导致渗漏。

(3) 地面与墙面交界处阴角未作增强处理，预留孔洞未先处理，导致渗漏。

(4) 找平层找坡不正确，存在积水现象。

(5) 施工完成后，因结构不均匀沉降，使楼板产生裂缝，从而导致渗漏。

(6) 墙体内的给水排水管损坏，导致渗漏。

17.3 墙体及墙饰面工程

在城市轨道交通装饰装修工程中，墙体及墙饰面工程质量非常重要，如在施工过程中出现质量问题，不但影响美观，甚至会出现抹灰层脱落等现象，带来安全隐患。对墙体及墙饰面工程，以抹灰层空鼓、脱落等问题举例介绍。

1. 检测识别

(1) 主要检测依据包括：《地下铁道工程施工质量验收标准》GB/T 50299、《建筑装饰装修工程质量验收标准》GB 50210。

(2) 检测方法：用小锤轻击检查，必要时用工程雷达扫描仪检测；检查施工记录和隐蔽工程验收记录；检查检验报告。

(3) 检测结果分析：通过上述检测的结果，分析抹灰层空鼓、脱落的程度及其所处的位置。

2. 原因分析

(1) 内墙抹灰层空鼓、脱落的原因主要有以下几方面：

1) 内墙抹灰时基层清理不干净，混凝土基层未进行毛糙化处理，混凝土表面沾有油污、隔离剂等。

2) 抹灰墙面浇水不透、浇水不均匀，干湿不均。

3) 配置砂浆用的水泥安定性不合格；砂子含泥量超标，使用细砂、土砂等。

4) 砂浆停放时间过长，结硬后又加水拌和使用，砂浆的粘结强度降低。

5）基层墙面偏差过大，没有事先找平处理，出现抹灰层厚薄不一，有的局部一次找补太厚，出现抹灰层坠裂或干缩裂纹；有的局部抹的太薄水泥还未全部硬化形成水泥石即失水干燥，出现开裂甚至龟裂；厚薄交界处也会因收缩不一而开裂。

6）抹灰操作时不按要求分遍成活，合并抹灰做法，一次抹灰层太厚出现坠裂或干缩裂纹。

7）墙体异体材料交界处墙面和超厚部位，不按要求加设抗裂网片，未采取抗裂措施。

8）不按设计要求的配合比配制砂浆，随意加大水泥用量，加大配合比；结合层、中间层、面层使用同一配合比的砂浆，增加了砂浆的硬脆性开裂的几率。

9）气候干燥季节，对新抹灰层不及时养护，出现失水性收缩裂缝。

10）秋冬交替季节，无防冻措施，抹灰层表面干燥，内部潮湿，出现冻胀。解冻时出现冻胀性空鼓开裂，或粉化、脱落。

11）强赶工期，主体未完成或刚完成，未经落载时效即进行抹灰，出现落载变形裂缝。

（2）外墙抹灰层空鼓、脱落的原因主要有以下几方面：

1）参见第（1）条中内墙抹灰层空鼓、脱落的原因分析。

2）高温天气抹灰后遮挡不及时，受阳光暴晒，又不及时喷水养护，使砂浆出现脱水急干，特别是一些抹灰较薄的部位。

3）分格条间距过大，单块抹灰面积过大，受温度变化影响，出现温度裂缝，或在抹灰中留有抹灰接搓，出现抹灰接搓裂纹。

4）为了追求光滑的抹灰表面，增加水泥用量，加大水灰比，表面压光时出现一层素水泥浆，或抹面时刮抹水泥膏，出现脆裂纹；受极端天气的影响，如夏季阳光直射墙面，使墙面温度高达50℃以上，或天气突变骤然降雨，墙面遭雨淋后骤然降温，造成墙面龟裂。

5）秋冬交替季节外墙抹灰无防冻措施，抹灰后即受冻，特别是背阴面的抹灰。

17.4 吊 顶 工 程

在城市轨道交通装饰装修工程中，吊顶工程的质量也非常重要，如在施工过程中出现质量问题，不但影响美观，甚至会出现吊顶层脱落等现象，带来安全隐患。对吊顶工程以吊顶开裂、不平整等问题举例介绍。

1. 检测识别

（1）主要检测依据包括：《建筑装饰装修工程质量验收标准》GB 50210、《地下铁道工程施工质量验收标准》GB/T 50299等。

（2）检测方法：对表面平整度、接缝（缝格、凹槽、格栅）直线度、接缝高低差进行检测。运用2m靠尺和塞尺检测表面平整度；拉5m线，运用钢直尺检测接缝（缝格、凹槽）直线度；运用钢直尺和塞尺检测接缝高低差；运用裂缝宽度仪、钢卷尺检测裂缝的宽度和长度。

（3）检测结果分析：通过上述检测的数据分析吊顶开裂、不平整的程度及其所处的位置。

2. 原因分析

吊顶开裂、不平整的原因主要有以下几方面：

（1）吊杆长短不一，安装时高度不一致，或者安装时不在同一条直线上，使吊杆受力不均；龙骨间距不均匀；主龙骨安装时，未调平吊杆，可能造成部分吊杆点的标高不一致。

（2）吊杆安装不牢，局部松脱，造成吊顶受力不均，产生变形。

（3）吊杆间距过大，吊顶内的各种管道、管线等未设置专用吊杆，管线与吊顶共用吊杆；部分吊杆受力过大产生松脱下坠。

（4）吊顶面板质量不符合要求，刚度不足，产生变形。

（5）龙骨刚度不足，产生变形。

（6）在施工过程中，吊顶内管线复杂、空间狭小，施工难度较大，容易出现装修冲突、反复拆装等现象，从而导致吊顶移位。

（7）重型设备或有振动的设备安装在龙骨上，龙骨受力过大，导致变形。

第 18 章　机电工程常见质量问题检测识别

机电工程的质量问题通常在使用过程中才会暴露出来。这些质量问题不仅是因为所使用的材料设备没有通过严格的检验发现质量缺陷，更多的是没有按规范标准要求做好实体质量检测就进入下个工序而使施工中的质量缺陷没有被发现。通过检测可以定量反映机电工程的质量问题，检测技术人员和参建人员依据检测数据可以分析质量问题发生的原因并采取相应的措施。

18.1　通风与空调工程

材料设备的质量缺陷在使用过程中会导致部件及设备的损坏，也会使设备性能下降而不能满足使用功能的要求。通风空调系统没有通过完整的调试和检测会导致在使用时出现风量、温度等主要指标不合格而达不到或不能完全满足使用功能，还会增加通风空调系统的能耗。

18.1.1　空调水系统橡胶软接和金属波纹管爆裂

检测识别：

(1) 主要检测依据包括：《可曲挠橡胶接头》GB/T 26121、《波纹金属软管通用技术条件》GB/T 14525。

(2) 检测方法：在试验室进行耐压试验及爆破试验。

(3) 检测结果分析：除了劣质产品易导致产品失效外，安装时的不规范操作是导致橡胶软接爆裂的主要原因。橡胶软接头在安装时严禁超位移极限安装，必须让其处于自然状态，不可人为地使产品发生变形。平地、悬空、垂直安装时，橡胶接头的实际工作轴向位移压力要小于管道的支撑力，否则应该安装防拉脱装置，防止工作时受压拉脱。

金属软管中的柔性波纹管段，大多采用纵缝焊管，焊接工艺不合理可导致波纹管焊缝处产生虚焊、过烧、气孔等缺陷，使其强度下降，焊缝开裂。在金属软管的制造过程中，材料在成型轧波加工过程中受力不均，易在波峰内表面产生规律性的微裂纹，在焊接和成型工艺过程中，微裂纹起裂于软管内表面，在随后的总成试验及使用过程中，微裂纹产生疲劳扩展，也易导致金属软管失效。软管的取用长度应适中，长度取得过长，会增加流动阻力，并引起附加振动；而长度过短，会使软管经常处在拉伸状态，过长、过短均不能保证软管在自然弯曲状态下工作，造成了软管的疲劳损坏。

18.1.2　通风机的风压和风量偏低

检测识别：

(1) 主要检测依据包括：《一般用途轴流通风机技术条件》JB/T 10562、《一般用途离心通风机技术条件》JB/T 10563、《工业通风机　用标准化风道性能试验》GB/T 1236。

（2）检测方法：在试验室进行空气动力性能试验。

（3）检测结果分析：风机在设计选型的时候会根据所需送/排风量的多少和设计管路的长短等状况选择合适风量、风压的风机。一方面风机厂家为了满足设计参数要求会经常虚标风机的空气动力性能参数，另一方面在实际施工过程中，施工工艺缺陷等原因或现场条件限制，增加了风管长度、弯头数量，导致系统的阻力大于风机的风压，风机的压头不够，风量偏小。高压离心风机叶轮工作时，机内存在压力较高和压力较低的两个区域，气体从通风机转轴与蜗壳之间的间隙处泄漏，形成外泄漏损失，或蜗壳靠近前盘的气流，经过叶轮进口与进气口之间的间隙，流回到叶轮进口的低压区，导致内泄漏损失，会造成高压离心风机风量和风压过小。

18.1.3　多联机空调制冷剂管道爆裂

检测识别：

（1）主要检测依据：《多联机空调系统工程技术规程》JGJ 174。

（2）检测方法：现场用氮气进行制冷剂管道气密性试验。

（3）检测结果分析：中央空调的冷媒运行情况直接决定使用效果，所以制冷剂管道的好坏至关重要。传统的 R22 冷媒（氟利昂）的管内压力一般为 2.0MPa 左右，而 R410 新冷媒，管内压力达到了 3.6MPa。因此使用新冷媒的中央空调需要选择更为优质的制冷剂管道。

用挤压工艺生产的铜管（俗称挤压管），管材壁厚均匀，可承受较高压力。而利用拉伸工艺生产的铜管（俗称拉伸管）壁厚不易均匀，这给冷媒系统的安全埋下隐患。

铜管制造工艺水平较低、选用管材不当或管内压力过高都易导致制冷剂管道爆裂。

18.1.4　风口风量偏小

检测识别：

（1）主要检测依据：《通风与空调工程施工质量验收规范》GB 50243。

（2）检测方法：现场检测风口风量，风口经过风量平衡调整，各风口及吸风罩的风量与设计风量的允许偏差不应大于 15%。

（3）检测结果分析：风机管道过长，机组静压克服不了管道阻力时，或机组静压选型较小时，极易导致风口风量偏小。多风口风管，风量大小一般由风阀控制，不同风口的风阀需调整到合适角度来控制风量平衡。风阀全部开到最大，则前端风量较大，末端风量变小或无风；风阀调整不到位，则风口风量有大有小。只有风阀全部调整到位，风口风量才能平衡。机组长时间使用之后，过滤网积尘严重，出现脏堵情况，也会导致风口风量偏小，需要定期清理干净上面的积尘。

18.1.5　空调送风口温度夏季偏高冬季偏低

检测识别：

（1）主要检测依据：《通风与空调工程施工质量验收规范》GB 50243。

（2）检测方法：现场检测空调送风口温度，舒适性空调的送风温差在 5～10℃。

（3）检测结果分析：氟系统室外机安装不符合规范，通风不畅，或制冷剂充注量不足，影响空调效果，空调送风口温度夏季偏高冬季偏低。

水系统水质不洁，水管路出现结垢、脏堵等情况，也影响风口温度。制冷机组效果达不到设计及运行工作要求，出水口温度高，风口温度也不理想。

18.2 建筑电气工程

城市轨道交通工程的建筑电气工程中，绝缘电阻不达标、防雷接地阻值不合格，将严重影响供电系统的正常运行，留下较大安全隐患。

18.2.1 绝缘电阻不达标

检测识别：

（1）主要检测依据：《建筑电气工程施工质量验收规范》GB 50303。

（2）检测方法：使用兆欧表测试电气线路的绝缘电阻。

（3）检测结果分析参见表13-4。

18.2.2 防雷接地阻值不合格

检测识别：

（1）主要检测依据：《建筑物防雷装置检测技术规范》GB/T 21431。

（2）检测方法：使用接地电阻测试仪，使用直线法或者夹角法。测量各接地点处接地电阻。

（3）检测结果分析：测试值≤设计值为合格，测试值>设计值为不合格。

18.3 人防工程

人防工程的质量，很重要的一点是地铁人防工程防护设备安装质量的好坏。不合格的地铁人防工程防护设备安装质量将直接影响人防工程的战时使用，影响国家和广大人民群众的利益。目前地铁人防工程中，存在以下几个常见问题。

18.3.1 门框垂直度偏差超标

1. 检测识别

地铁人防工程防护设备门框垂直度是门框安装中最重要的指标，无论是前后偏差还是左右偏差，直接影响到门扇的运转性能和门扇与门框的贴合程度，对密闭类防护设备的密闭性能影响极大。

2. 原因分析

（1）门框本身的问题。出厂时不合格而又漏检，或在运输、工地存放期间防护措施不当出现变形而安装前又未进行合格确认。

（2）在浇筑门框墙混凝土时，对门框保护措施不当且校准不到位，后期未能跟进监测和控制变形。

18.3.2 门框、门扇贴合间隙超标

1. 检测识别

门扇与门框的贴合面间隙直接影响到地铁人防工程防护设备的防护以及密闭功能，从而影响到整个人防工程的战时功能。

2. 原因分析

（1）门框、门扇各自（至少其中的一个）接触面平面度超出允许偏差范围，门扇有可能在出厂时就不合格而又漏检，或者运输、工地存放期间防护措施不当出现变形而安装前又未进行合格确认，门框除上面的情况，还有可能在浇筑门框混凝土时出现变形，这种贴合间隙超标属于永久性的。

（2）门框、门扇门框在各自接触面平面度均不超出（或其中之一超出，但配合后由于抵消原因，理论上贴合间隙可不超出）允许偏差范围的情况下，由于调试不当，有可能出现贴合面间隙超标，这种贴合间隙超标属于暂时性的。

（3）由于地铁人防门较重，若支座承力块没有与下铰页座支撑板贴合，没有起到支撑作用，长期门扇下垂变形，影响门框、门扇贴合面间隙。

18.3.3 门框墙中的穿墙孔封堵不到位

1. 检测识别

临空墙、防护密闭隔墙、密闭隔墙上穿墙套管的管孔疏于封堵，会给平战转换等带来重大影响。

2. 原因分析

人防规范中对临空墙、防护密闭隔墙、密闭隔墙上穿墙套管的管孔封堵时机没有硬性的要求，施工单位疏于封堵。

18.3.4 门扇下方缺少支撑固定

1. 检测识别

人防门门扇安装完成后，若门扇下方缺少支撑固定，一方面门扇由于自重可能下垂，另一方面门扇自由活动可能碰到人，使人受伤。人防门门扇安装完成后，应将门扇下方用木楔垫实，固定牢靠，以防门扇自由活动伤人和门扇下垂。

2. 原因分析

人防门施工单位将门扇安装好之后，未对门扇进行支撑固定。

第 19 章　轨道工程常见质量问题检测识别

在城市轨道交通中，轨道作为关键的组成部分，是列车运行的基础，其施工质量的好坏，直接影响整个城轨工程。本章对轨道工程中的常见问题进行分析，引以为戒。

19.1 整 体 道 床

19.1.1 整体道床积水

道床承载了整个轨道，是轨道的基础，基础的破坏必将导致整个结构的破坏。其中因积水导致的破坏比较常见。

1. 检测识别

由于长年粉尘积累外加空气潮湿，在道床上形成一层很厚的累积物，导致道床积水无法流向线路两侧排水沟，而两侧排水沟部分地段淤泥淤堵又无法排出道床与基础之间孔隙积水，在毛细作用下，基础积水会沿着伸缩缝、沉降缝和整体道床沉降不均形成的裂缝上升至道床，在道床表面形成积水，在列车动载反复冲击下形成泥浆冒出，加快了基底局部掏空速度，基底掏空速度的加大，反过来又加快积水生成，形成恶性循环，最终会导致整体道床路基下沉。

常用检测方法如下：

(1) 观察检查。根据道床开裂、渗水、翻浆冒泥等表观现象来判断病害的严重程度。

(2) 钻孔检测。对于已出现明显病害的地段少量抽样，进行钻孔取芯，再判断病害等级。

(3) 地质雷达。采用探地雷达作为检测仪器，通过对不同介质分界面进行连续扫描，来确定道床的内部结构形态，从而检测道床的病害情况。

(4) 钻孔摄像。在应用地质雷达进行检测后，对于雷达显示中出现空洞、脱空、不密实区域的道床，抽样取点进行钻孔摄像，以便更加直观、可靠地判断道床病害情况。

2. 原因分析

(1) 车辆振动因素

列车对整体道床的作用是长期且直接的，由于长期受列车行驶动荷载作用，使道床上下振动而形成抽吸现象，造成进入道床底部的水流在道床与底板间的空隙中反复潜蚀，带走混凝土中的集料，使空隙逐渐变大并恶化，从而形成更大的空隙，使道床积水更严重。

(2) 结构因素

整体道床的上部结构为混凝土，刚性较大，在道床出现变形的时候，结构弯曲应力会增加，如果超过一定的极限，道床截面的弯曲力矩就会急剧加大，一旦超过载荷极限就会产生损害。

（3）施工因素

在实际的施工过程中，整体道床的铺设都是采用混凝土或者钢筋混凝土材料。其施工方法是将结构底板凿毛后将混凝土与隧道洞体结构浇筑在一起，故存在多个层面的结合，使整体性较差，若施工中对接触基面处理不到位，道床和结构底板间很容易形成缝隙，从而造成积水。

（4）地质水文影响

地下水对整体道床的影响不容忽视，地下水位高于隧道底部表面时，隧道底部受地下水长时间的浸泡和压力水的冲刷，沿隧道施工缝隙，夹带基岩的细小颗粒浸入隧道内，形成渗漏水涌出。

（5）养护维修原因

整体道床是一种少维修结构，容易存在养护不及时现象，对排水设施未做到及时清理，泄水孔眼未及时疏通，使道床中心或两边的水沟堵塞，造成排水系统不能正常发挥作用。

（6）其他原因

1）整体道床水沟模板高低不平顺、方向不顺直，导致灌注的整体道床水沟高低不平顺、方向不顺直，影响整体道床水沟排水，导致线路排水不畅，转辙机坑积水。

2）道岔转辙机坑范围混凝土振捣不密实引起附近水沟积水渗入道岔转辙机坑内引起积水。

3）转辙机坑范围内结构底板渗水，击穿道床从而导致基坑内积水。

19.1.2 整体道床伸缩缝开裂

整体道床上需间隔一定距离设置伸缩缝，以适应温度变化及不均匀沉降。

1. 检测识别

整体道床横向裂缝普遍存在，由于静力荷载及基础不均匀沉降、温度变化和收缩作用引起的外加变形和约束变形及施工因素，导致整体道床伸缩缝发生开裂。

常用检测方法为观察检查，根据伸缩缝处混凝土开裂等表观现象来判断病害的严重程度。

2. 原因分析

（1）整体道床伸缩缝模板没有与结构沉降缝对应、施工时模板安装不垂直，模板伸入道床深度不足，模板没有全断面安装导致整体道床开裂。

（2）伸缩缝模板的材质必须符合设计要求，采用硬木并且要沥青浸泡，模板的强度要保证，伸缩缝模板安装要道床全断面覆盖，其深度垂直度必须符合规范规定要求。

（3）隧道整体道床裂纹按成因可分为收缩裂纹、温度裂纹和沉降裂纹。收缩裂纹主要由于混凝土在水化过程中多余水分蒸发而形成，温度裂纹是由于混凝土内部与表面存在温度差，表面产生张力而形成。这两类裂纹宽度不大，一般在 0.2～1mm。由于整体道床伸缩缝与基础沉降缝不吻合，基础产生不均匀沉降形成沉降裂纹，宽度在 1～2mm。整体道床裂纹的产生是多种因素共同作用的结果。

（4）开裂原因还包括施工中振捣不足、基础不均匀沉降、受温度影响混凝土收缩等。

19.2 钢轨、扣件

钢轨一般通过工地现场焊接，连接成整个线路，又通过扣件系统固定在轨枕上。钢轨焊接、线路应力放散、锁定轨温、扣件系统安装等环节均应引起重视，避免质量问题。

19.2.1 钢轨焊接接头错牙

1. 检测识别

焊接钢轨接头处存在上下错牙、左右错牙，由于接头的整体性差，列车荷载对接头的冲击，加剧了接头错牙病害的发展，缩短钢轨使用寿命，影响行车安全。常用的检测方法为观察检查。

2. 原因分析

（1）钢轨断面尺寸不匹配，导致焊接接头错牙、扭曲。

（2）焊接前钢轨打磨除锈不彻底、对位不平顺影响焊接质量。

（3）接头焊接完成正火时温度控制不到位、正火热影响区超限，影响焊接质量。

（4）焊接、正火等工序完成，接头外观精打磨时打磨精度超标，导致接头不平顺，影响舒适度。

19.2.2 线路应力放散不均匀、锁定轨温超限

1. 检测识别

应力放散可以看作是释放温度力的过程以及重新锁定轨温过程，应力放散的最终目的是调节无缝线路的锁定轨温，使其温度变得更加合理，进而缓解无缝线路所承担的温度力。通过应力放散，尽可能避免无缝线路钢轨折断、跑道以及胀轨等问题。

2. 原因分析

（1）线路锁定时应力放散不均匀造成线路状态不稳定。

（2）线路锁定时轨温超限造成线路胀轨或者焊接接头断裂。

19.2.3 钢轨、扣件、垫板安装离缝

1. 检测识别

轨排组装时钢轨与轨距块、轨距块与挡板座之间出现离缝、铁垫板、扣件歪斜，轨下橡胶垫板外露。

2. 原因分析

（1）组装轨排时，扣件扣压力不足，导致螺栓松动。

（2）轨距挡板、绝缘轨距块使用的型号不匹配，导致扣件与钢轨之间产生较大的缝隙。

（3）拼装轨排时轨下橡胶垫板摆放位置不正确，或者钢轨、轨枕发生窜动带动了橡胶垫，导致轨下橡胶垫板歪斜，影响轨距块安装。

参 考 文 献

［1］ 中华人民共和国住房和城乡建设部.《关于印发〈房屋建筑工程和市政基础设施工程实行见证取样和送检的规定〉的通知》(建建〔2000〕211)[S]. 2000.

［2］ 江苏省住房和城乡建设厅. 城市轨道交通工程常见质量问题控制指南[M]. 北京：中国建筑工业出版社，2015.

［3］ 交通运输部办公厅.《关于印发〈城市轨道交通初期运营前安全评估技术规范 第1部分：地铁和轻轨〉的通知》(交办运〔2019〕17号)[S]. 2019.

［4］ 张伟. 关于地铁人防设备的探讨[J]. 四川建材，2018，44(2)：177-179.

［5］ 董绪博. 城市地铁结构混凝土质量缺陷治理探析[J]. 门窗，2017，1(2)：163.

［6］ 兰宪钢. 城市高架桥采用大跨径承台梁跨越地铁车站设计研究[J]. 铁道建筑，2017，1(4)：30-33.

［7］ 陈明辉，翁敦理. 地铁暗挖隧道二次衬砌施工质量控制浅析[J]. 现代隧道技术，2012，49(2)：119-124.

［8］ 王云龙，田野. 地铁车站防水工程质量控制与管理分析[J]. 建设科技，2017(17)：122.

［9］ 李文，蒋双南，左敏，等. 地铁车站高架桥墩下桩基托换施工监测技术[J]. 土木建筑工程信息技术，2016，8(1)：95-99.

［10］ 周克勤，吴耐明. 地铁车站围护结构桩体变形监测中有关问题的初步探讨[J]. 工程勘察，2011，39(2)：74-77.

［11］ 高世夫. 地铁车站主体施工中的关键环节与工艺质量控制要点探析[J]. 建筑知识，2016，18(150)：125-129.

［12］ 郭美贤. 地铁盾构隧道工程质量问题分析及其对策浅析[J]. 广州建筑，2007，12(6)：33-37.

［13］ 梁智杰. 地铁高架车站钢结构、幕墙工程项目重难点探讨：建筑科技与管理学术交流会论文集[C]，2014.

［14］ 孙泽诚. 地铁高架车站站台钢结构雨棚施工技术研讨[J]. 建筑工程技术与设计，2017，13(12)：11-19.

［15］ 朱杰利，赵艳，李晓彤. 地铁矿山法施工质量控制探讨[J]. 煤炭工程，2008，12(2)：115-116.

［16］ 姚玉，谢青林. 地铁施工工地试验检测与工程质量探析[J]. 绿色环保建材，2017，23(6).

［17］ 贾金龙. 地铁施工项目钢筋工厂化加工探析[J]. 建筑技术开发，2016，43(12)：3-4.

［18］ 陈立彩. 地铁围护结构地下连续墙施工常见问题及处理方法[J]. 房地产导刊，2017，11(3)：17-25.

［19］ 盾构隧道管片预制质量控制及拼装问题解析[J]. 工程与建设，2019，33(2)：75-77.

［20］ 汪朝晖，徐广民. 广州地铁3号线车辆段及综合基地软土地基处理质量控制技术[J]. 铁道标准设计，2008，20(10)：9-11.

［21］ 宋仪. 广州地铁矿山法施工区间隧道防水问题的探讨[J]. 现代隧道技术，2002，12(5)：23-26.

［22］ 王岭. 广州地铁石壁站地下连续墙施工技术[J]. 广东土木与建筑，2010，11(1)：45-48.

［23］ 李良. 浅析当前铁路隧道工程矿山法施工质量典型问题及预防措施[J]. 江西建材，2014，11(22)：186-187.

［24］ 梁树雄. 如何有效处理地铁工程混凝土质量问题[J]. 广东建材，2008，19(8)：48-50.

[25] 潘延平. 软土地基城市地铁工程施工安全质量控制研究[D]. 同济大学，2004.
[26] 张小熊，游志诚. 石湾站地铁车站围护结构优化分析研究[J]. 山西建筑，2016，42(7)：181-182.
[27] 孙传博. 长春市地铁工程质量监督体系问题研究[D]. 吉林大学，2017.
[28] 刘文伍，田庆福，余森林. 综合物探技术在地铁路基病害探测中的应用[J]. 城市勘测，2018，12(1)：25-28.
[29] 欧阳德武. 钻孔灌注桩在地铁基础工程中质量控制方法研讨[J]. 低碳世界，2015，28(34)：139-140.
[30] 李春阳. 论阀门标准化现状与发展趋势[J]. 中国标准化，2019，538(2)：233-234.
[31] 陆亚俊，马最良，邹平华. 暖通空调(第2版)[M]. 北京：中国建筑工业出版社，2007.
[32] 蒙桂梅，黄贤涛，张泳源，等. 塑料管材管件的检测与应用探讨[J]. 科技创新与应用，2016，(14)：255-255.
[33] 黄家文，李鑫，朱锐，等. 塑料管道系统质量检测与性能评价的探讨[J]. 工程质量，2013，31(7)：36-39.